# 探索政治現代性

## 從馬基維利到嚴復

蕭高彥————著

謹以本書獻給

愛妻修與愛子漢思

彼〔西方〕以自由為體，以民主為用，
一洲之民，散為七八，爭雄並長，以相
磨淬，始於相忌，終於相成，各殫智慮，
此日異而彼月新，故能以法勝矣，而不
至受法之敝，此其所以為可畏也。

—— 嚴復，〈原強〉


吾幸夫吾同胞之得與今世界列強遇，吾
幸夫吾同胞之得聞文明之政體，文明之
革命也，吾幸夫吾同胞之得盧梭民約
論，孟得斯鳩萬法精理，彌勒約翰自由
之理，法國革命史，美國獨立檄文等書，
譯而讀之也。是非吾同胞之大幸也夫？

—— 鄒容，《革命軍》

# 自序

　　本書是筆者執行科技部計畫「社會契約、歷史與現代國家觀念發展史」（MOST 102-2420-H-001-008-MY5）的研究成果。本計畫歸屬於科技部人文及社會科學發展司於 102 年度起所推動的「人文行遠專書寫作計畫」，這是一個極具創新精神的規劃，其目標為「累積卓越專書與經典著作」，故計畫執行可長達五年，而研究主題則須具有前瞻性。與其他類型計畫最大的不同在於，必須在執行計畫最後兩年舉辦系列主題研討座談會，邀請學有專精的學者，以研討會的方式對書稿提出評論，而計畫主持人除了現場的回應之外，更可作為全書完稿時修正的主要參考。

　　筆者自 2013 年開始執行本計畫以來，除了於 2014 年 7 月至 2015 年底借調至科技部人文及社會科學發展司擔任司長，而忙碌於學術服務工作之外，幾乎所有的研究均集中在這個計畫。相較於筆者前一本學術專書《西方共和主義思想史論》，本書有兩個不同的特色。首先，本書的範圍較廣，從之前對於西方共和主義傳統之研究，擴展到運用比較政治思想的視野，分析現代性的核心政治價值如權利、自由、民主，與憲政的發展史，以及現代主權國家在正當性與組織治理等方面之演進，並由西方的發展，接續到十九世紀下半葉以嚴復為代表的中國思想家對於現代政治價值的吸收與發揮。其次，《西方共和主義思想史論》乃是累積將近十多年執行國科會計畫的研究成果，再彙整成為專書；而本書則自始即為單一學術專書的規劃，然後依據規劃撰寫完成。這兩種寫作模式有相當大的差異，前者每年度的計畫都有學術論文的產出，所以各篇章大體上都曾發表於專業學術期刊，而在彙集成專書時則統整各章的主題，加以系統化，這也是國內人文社會科學學

者在執行國科會或科技部計畫時最有效率的工作模式。然而，在執行「行遠專書寫作計畫」時，緊湊的時間讓研究者必須集中在各章節的實質撰寫，以期在規定的時程中完成初稿。這兩種工作的模式完全不同，以本書而言，筆者在不到七年的時間中，完成了超過五十萬字的書稿，大約是前書的兩倍篇幅。而本書的各章節，除了第一章與第二章最後一節曾整合爲一篇紀念恩師吳庚教授的學術論文發表於《中研法學期刊》、第四章曾發表在《政治與社會哲學評論》、第十六與十八章發表於《思想史》，而十七章發表在中研院文哲所的專書之外，其餘的各章則均未曾發表。[1]

　　對於學術品質，「人文行遠專書寫作計畫」通過執行計畫後期系列主題研討會的方式加以控管。本書的主題研討會以「民主、憲政與現代國家：比較政治思想史的分析」爲題，在 2018 年 7 月 23 日於中央研究院人文社會科學研究中心舉行。本次研討會以本書的三篇爲單元，共有三場：第一場由中央研究院副院長黃進興先生主持，評論人則是本中心的蔡英文先生以及清華大學哲學研究所張旺山教授；第二場則由中研院歐美研究所鄧育仁研究員主持，而鄧先生乃是在擔任國科會人文處處長以及科技部人文司第一任司長的任內，「人文行遠專書寫作計畫」的推手，評論人則爲本中心的錢永祥以及陳嘉銘兩位先生。第三

1　本書各章節曾發表的出處如下：
　第一章與第二章最後一節：蕭高彥，2019，〈馬基維利主義、國家理性說與暴君放伐論──思想史的考察與政治哲學的反思〉，《中研院法學期刊》，2019特刊 2，頁 1-52。
　第四章：蕭高彥，2009，〈霍布斯論基源民主〉，《政治與社會哲學評論》，第二十九期，2009 年六月，頁 49-93。
　第十六章：蕭高彥，2018，〈「嚴復時刻」：早期嚴復政治思想中的聖王之道與社會契約〉，《思想史》，第八期，頁 47-108。
　第十七章：蕭高彥，2017，〈孟德斯鳩《論法的精神》在中國：嚴復與張相文的概念轉譯〉，收錄於楊貞德編，《近代東西思想交流中的傳播者》，頁 43-73，台北，南港：中央研究院中國文哲研究所。
　第十八章：蕭高彥，2014，〈《民約論》在中國：一個比較思想史的考察〉，《思想史》，第三期，2014 年九月，頁 105-158。
　感謝各期刊與學術單位允許筆者將以上論文在校訂、改寫後收入本書。

場由中央研究院王汎森院士主持，評論人乃是本院中國文哲研究所楊貞德研究員以及近代史研究所潘光哲研究員。在一天的研討會中，筆者受教於主持人與評論人對當時初稿的詳盡評論，並於過去兩年焚膏繼晷，而且將個人下一期所執行科技部計畫「比較政治思想視野中的『專制』觀念」（MOST 107-2410-H-001-075-MY3）的研究成果，整合進本書架構，包括第二章第三節、第三章第六節、第五章第七節、第七章第五節、第十章、十一章、十四章、十五章，以及十九章等在 2018年主題研討會所未曾發表的內容，終於完成本書之定稿，比原始構想更為完備。由於所處理的內容包括許多西方與中國重要的思想家，牽涉的議題極為廣泛，筆者的論述雖然一定基於對原典的研讀，並參考當代文獻，提出義理分析與歷史詮釋，但在短期之中，囿於個人的能力，若論述有疏漏之處，仍祈方家不吝斧正。

筆者由研究西方政治思想轉變為比較政治思想，大概緣起於 2010年左右。當時因緣際會參與了為紀念辛亥革命百年的《中華民國發展史》的「學術發展篇」中，政治學發展之撰寫工作。筆者廣泛閱讀了民國時期政治理論家蕭公權、蒲薛鳳，與張奚若，以及台灣 1950 年代張佛泉與殷海光等名家的相關作品，逐漸發展出比較思想史的興趣。另外一個轉變的機緣，則是在擔任中央研究院學術諮詢總會副執行秘書時，北京清華大學歷史系戚學民教授拜訪副院長王汎森先生，筆者亦在座，承蒙戚教授贈與其博士論文，主題在於分析嚴復的《政治講義》乃脫胎於十九世紀末葉劍橋大學政治科學家西萊（John Seeley）的《政治科學導論》（*Introduction to Political Science*）。拜讀之後，深覺此為一極重要之學術議題，並且有進一步理論探討的空間，遂取得兩本著作研讀並仔細比較。在此過程中，筆者過去研究共和主義時所熟悉的劍橋學派脈絡主義方法論，很自然地便運用在對嚴復文本與意旨之分析。在此因緣下筆者撰寫了嚴復與西萊比較分析的英文論文，發表於英國政治思想史期刊 *History of Political Thought*，也開啟了筆者對比較思想研究的路徑。這篇英文論文與本書第十九章雖有部分相同之內容，但分析的重點有異，有興趣的讀者不妨參考（Shaw, 2016）。

　　筆者長期任職的中央研究院人文社會科學中心所屬「政治思想研究專題中心」提供了優良的研究環境以及豐沛的學術資源，是本書得以完成的基礎。本書部分內容與詮釋觀點在筆者於台灣大學政治學研究所開設的「西洋政治思想專題」課程中，通過與學生共同研讀及討論原典而發展完成。這反映了在思想領域中，教學相長是一個顛撲不破的真理。最後，在撰寫本書的過程中，歷任的國科會與科技部研究計畫專任助理馥朵、豫宜與冠甫，耐心地配合筆者寫作打字的習慣，並且仔細校對；最後階段則有國維的排版與校讀，筆者感謝他們的協助。

　　人生活動以圓滿的家庭生活為基礎。愛妻修也是學術中人，以無比韌性面對生命的挑戰，對於學術研究的甘苦也知之甚深，所以一路走來，我們始終彼此互相扶持，無話不談，各自善盡本分耕耘學術園地之際，共同教養愛子漢思，使之卓然而立。謹以本書獻給他們，作為三十二年幸福家庭生活的紀念。

蕭高彥 謹識

2020 年 7 月於台北南港

中央研究院

# 目次

導論

# 現代政治價值與
# 比較政治思想的視野

## 一、前言：西方文明如何開出現代政治價值？

本書的主旨，在於考察西方現代性（modernity）中，自由、民主、權利與憲政等政治價值，及以主權與理性治理為基礎的現代國家之理論發展進程，並進而以**比較政治思想**（comparative political thought）的視野，切入十九世紀末葉中國知識分子追求政治現代性的理論建構。探討西方現代性的發展，本身即是一個極為複雜的課題。本書以重要思想家為單位，前兩篇闡釋西方世界第一波現代性（民權論、社會契約與主權國家）與第二波現代性（文明、商業社會、自由國家與歷史主義）的發展，第三篇則將分析的範圍擴展到甲午戰爭後，以嚴復為代表的中國知識分子，運用思想資源所開展出的政治論述。通過此種比較政治思想的歷史分析，本書同時對西方的政治現代性發展，及其在近代中國的理解與開展加以比較檢視，以期開拓歷史的縱深與寬廣的視野。

中國知識分子對西方政治現代性的系統反思，可以追溯到甲午戰爭之後嚴復的早期思想。在〈原強〉中，他指出「西學」與「洋務」，「近之可以保身治生，遠之可以利民經國」（嚴復，1998, 1: 34）。基於當時世變的格局，他引介達爾文主義關於「爭自存」以及「遺宜種」的概念，也就是後來所謂「優勝劣敗，適者生存」之理論：

> 所謂爭自存者，謂民物之於世也，樊然並生，同享天地自然之利。與接為構，民民物物，各爭有以自存。其始也，種與種爭，及其成群成國，則群與群爭，國與國爭。而弱者當為強肉，愚者當為智役焉。（嚴復，1998, 1: 35）

嚴復所強調的「國與國爭」，反映出一種新的共同體組織型態之觀點，即以「國家」為核心的政治共同體。「所謂群者」，「固積人而成者也」（嚴復，1998, 1: 36）：而成立國家之後，便形成一種有機體：「夫一國猶一身也，擊其首則四肢皆應，刺其腹則舉體知亡」（嚴復，1998, 1:

37），這表達出嚴復當時在國家民族危急存亡之秋時的深刻感受。

　　對於現代性的政治價值，嚴復也有深刻的洞見。他認爲近代西方之所以能夠「達富強之效」（嚴復，1998, 1: 32），「推求其故，蓋彼**以自由爲體，以民主爲用**」（嚴復，1998, 1: 42）。因此，嚴復強調必須改良中國人的「民智、民力、民德」三者，才能產生能夠「自治」的公民（嚴復，1998, 1: 46）。對嚴復而言，自治即意謂民主，在〈主客平議〉（1902）中，他對自由、自治與民主的關係提出了綜合論述：

> 自由者，各盡其天賦之能事，而自承之功過者也。雖然彼設等差而以隸相尊者，其自由必不全。故言自由，則不可以不明平等，平等而後有自主之權；合自主之權，於以治一群之事者，謂之民主。（嚴復，1998, 1: 266-267）

　　嚴復強調，在理解西方富強之道後，國人不可以自餒，所求之道，在於去除「害富害強」的諸要素，此一關鍵在於「與民共治」。換言之，嚴復的改革主張，是以西洋之言治者所稱「國者，斯民之公產也，王侯將相者，通國之公僕隸也」而與中國尊王的傳統相對立（嚴復，1998, 1: 74）。是以，他在說明了西方思想自由的涵義後，馬上對中西政治之道的根本差異，提出了極爲明確的二元對立觀：

> 中國最重三綱，而西人首明平等；中國親親，而西人尚賢；中國以孝治天下，而西人以公治天下；中國尊主，而西人隆民；中國貴一道而同風，而西人喜黨居而州處；中國多忌諱，而西人眾譏評。（嚴復，1998, 1: 31）

　　這樣的二元對立，對當時士大夫階層產生了根本衝擊，譴責他「貶聖賢以遵西洋之善治」。事實上，由於嚴復在闡述西方各國的富強之道時，不可免地將之與中國傳統聖王之道加以對比，從而產生了「二元對立的概念化」傾向，以概念史家科賽列克（Reinhart Koselleck）（1985:

159-197）的分析而言，則爲一種「非對稱性對比概念」（asymmetrical counter- concepts）的論述結構，容易導致激進反傳統主義，深刻影響了近代中國政治意識的趨勢（Yü, 1993; 林毓生，2014）。

相同的思想取向，在五四運動前夕陳獨秀所著〈新青年罪案之答辯書〉中得到更爲激進的表述，並產生深遠影響：

> 追本溯源，本誌同人本來無罪，只因爲擁護那**德莫克拉西**（Democracy）和**賽因斯**（Science）兩位先生，才犯了這幾條滔天的大罪。要擁護那德先生，便不得不反對孔教，禮法，貞節，舊倫理，舊政治；要擁護那賽先生，便不得不反對舊藝術，舊宗教；要擁護德先生又要擁護賽先生，便不得不反對國粹和舊文學。（陳獨秀，1989, 1: 362）

> 西洋人因爲擁護德賽兩先生，鬧了多少事，流了多少血，德賽兩先生才漸漸從黑暗中把他們救出，引到光明世界。我們現在認定只有這兩位先生，可以救治中國政治上道德上學術上思想上一切的黑暗。若因爲擁護這兩位先生，一切政府的壓迫，社會的攻擊笑罵，就是斷頭流血，都不推辭。（陳獨秀，1989, 1: 363）

在五四運動後，西方現代性在中國便與「民主」、「科學」幾乎劃上了等號，並且與儒家傳統文化相對立。

到了 1958 年，港台新儒家懍於中共在五○年代推動一波波的反傳統政治運動，認爲與五四運動的反傳統主義脫不了關係，遂聯名發表〈中國文化與世界：我們對中國學術研究及中國文化與世界文化前途之共同認識〉的著名宣言，提出了「**儒家開出民主論**」。這代表文化保守主義者，基本上也同意在政治上有必要接受並開展出由西方所發展出的現代性。不過，新儒家仍主張，必須在中國文化歷史的基礎之上，開出現代民主：「我們不能承認中國之文化思想，沒有民主思想之種子，其政治發展之內在要求，不傾向於民主制度之建立」（唐君毅，1974:

158）；而「民主憲政，亦即成爲中國文化中之道德精神自身發展之所要求」（唐君毅，1974: 166）。

相對於嚴復的演化論、五四運動的全盤西化論，以及新儒家的民主開出論，本書的主旨在於探討**自由、民主、權利、憲政，以及國家主權這些政治現代性的價值，是如何在西方近代思想中「開出」的**？事實上，這些在當代社會往往被視爲應然的、甚至具有普遍性的政治理念，其實是在具體甚至偶然（contingent）的歷史脈絡中逐漸確立，並產生進一步的理論建構，最後成爲被追求的共同價值。政治現代性的核心價值，既具有此種歷史的偶然性，則唯有通過思想史以及系譜學（genealogical）的考察，方能理解它們的生成與特殊性，並反思其與現代社會的關係，而非視其爲必然成立的普遍價值加以證成或意識型態地推廣。

## 二、方法論的考察

在本書的論述中，政治價值（如權利、自由、自主等）與現代共同體的想像（主權國家或市民社會）雖有緊密關係，但構成兩個不同層次的分析議題，而以憲政（以民主制爲主）作爲中介。然而，比起現代政治價值的系譜，「國家」（state）觀念在思想史研究中有獨特的困難度。以向來即有豐富討論的「自由」觀念爲例，從古典時期亞里斯多德與西塞羅，到近代馬基維利的共和自由、霍布斯的臣民自由、盧梭的政治自由、康德的道德自由，乃至穆勒的社會自由等，吾人可以蒐集不同時期思想家的文本，並重構其論證自由價值的理據。因此，「自由觀念史」的研究對象比較明確，文本之歧義也不難分析比較。相對地，「國家」觀念則具有較大程度的歧義。因爲，國家雖已確立爲當代社會最主要的政治單位，但在現代以前，卻有大量其它關於政治共同體的想像與詞彙，包括城邦（*polis*）、王國（*regnum*）、共和主義傳統的政治共同體如 *civitas* 以及 *res publica*，及其在現代歐洲語言所形成的相應詞彙，

如英文的 *commonwealth* 等。而在英文世界中，"state" 確立其現代用法的里程碑，如本書第五章所論，大約在霍布斯《利維坦》（1651）的時代。然而，現代國家觀念的發展，卻未必能夠僅通過整理前述政治共同體相關詞彙即完成分析工作，因為這將與當代的國家概念難以切割。

在當代社會科學的文獻中，以社會學家韋伯（Max Weber, 1864-1920）對現代國家所提出的界定最具影響力。他在〈政治作為一種志業〉（1919）的重要演說中，強調國家不能從其活動內容，或所追求的目的加以界定、唯有從其特具的手段——直接武力——才能得到妥善的界定。基於此，韋伯指出：

> 國家者，就是一個在某固定疆域內——注意：「疆域」（*Gebiet*）乃是國家的特色之一——（在事實上）肯定了自身對武力之正當使用的壟斷權利的人類共同體。就現代來說，特別的乃是：只有在國家所允許的範圍內，其他一切團體或個人，才有使用武力的權利。因此，國家乃是使用武力的「權利」的唯一來源。（韋伯，1991：171）

接著他將「政治」界定為「追求權力的分享、追求對權力的分配有所影響——不論是在國家之間、或者是在同一個國家內的各個團體之間」（韋伯，1991：171）。韋伯進一步將現代國家中權威（authority）的正當性（legitimacy）與前現代的正當性權威加以區分。在現代國家之前，西方正當性的根據是基於「古已如此的威信、去遵習的習慣，而變成神聖的習俗」，這是古代家父長制（patriarchy）以及家產領主制（patrimonialism）所施行的「傳統型支配」。另一種可能的正當權威根源，則「來自個人身上超凡的恩典之賜」——即所謂的「卡理斯瑪」（charisma）。此種「卡理斯瑪型支配」來自於被支配者對某一個人所顯示出的啟示、英雄氣概或事蹟，或其他超凡入聖的領袖特質，所產生的信賴及服從。相對於這兩種政治支配的理想型，韋伯指出，現代國家主要依賴的，是一種基於規則的「法制型支配」：

　　最後，還有一型支配，靠的是人對法規成文條款之妥當性的信任、對於按照合理性方式制訂的規則所界定的事務性（*sachliche*）「職權」的妥當性有其信任。這也就是說，對於合於法規的職責的執行，人們會去服從。近代的「國家公務員」、以及在這一方面類似公務人員的權力擁有者，所運用的支配便屬此型。（韋伯，1991：172-173）

　　韋伯強調，即使在現代國家中，政治領導及服從的現象仍會混雜著三種正當性權威，這也是他的政治社會學所研究的主旨。然而，韋伯所著重分析西方近代國家的理性性格，展現於現代國家中「行政僚屬（行政官吏和行政事務人員）和具體行政工具的『分離』，終告貫徹──這是『國家』這個概念最重要的一環」（韋伯，1991：177）。換言之，現代國家把政治經營的工具，完全集中於單一的頂點，沒有任何官員能夠「擁有」其所處理的國家資源。對韋伯而言，此種現代國家的制度化是一緩慢而巨大的革命，而最後展現出一種「合理國家」（rational state），它以專業的官僚階層，及合理而系統化的法律這兩個重要的基礎而成立（Weber, 1961: 249-250；Weber, 1978, 2: 354-355）。

　　韋伯關於現代合理國家以及政治權威的論述，深刻影響了當代社會學、政治學，乃至歷史學研究。然而，**吾人是否可以基於韋伯所界定的現代合理國家的理想型，而撰寫一部近代西方國家的思想史？**這並非僅是一個假設性的問題，而實際上是當代劍橋學派重要史家史金納（Quentin Skinner）早期政治思想史研究的出發點。吾人可以關於史金納早期政治思想史研究所引發的討論為例，說明當代學術界如何看待國家思想史或觀念史這個重要議題。

　　史金納的巨著《現代政治思想的基礎》（*Foundations of Modern Political Thought*）是與波考克（J. G. A. Pocock）的《馬基維利時刻》（*The Machiavellian Moment*）並列，被公認為劍橋學派的「脈絡主義」（contextualism）的奠基之作。在上卷〈前言〉中，史金納提綱挈領地指出三個主要撰述宗旨：第一，扼要介紹中世紀後期到近代早期政治

思想的主要流派；第二，通過歷史的回顧嘗試闡釋現代國家概念的興起，特別是如何從統治者維持其個人支配的狀態，發展成為一個獨立自存的法律秩序；第三，運用新的歷史方法，重新詮釋近代早期的政治思想。全書分析西歐十三世紀後期一直到十六世紀末的政治思想之各種流派，包括以修辭學為核心的共和主義（republicanism）或公民人文主義（civic humanism）、羅馬法復興所帶動的法學論述（juristic discourse），以及經院哲學（scholasticism）等。與本書最為相關的是第二個宗旨，史金納提出如下說明：

> 我從 13 世紀後期寫起，一直寫到 16 世紀末，因為我將設法說明，正是在這個時期，逐漸具備了關於國家可公認為近代概念的主要因素。在這個時期，從「維持他的國家」——其實這無非意謂著支撐他個人的地位——的統治者的概念，決定性地轉變到了這樣一種概念：單獨存在著一種法定和法制的秩序，亦即國家的秩序，維持這種秩序乃是統治者的職責所在。這種轉變的一個後果是：國家的權力，而不是統治者的權力，開始被設想為政府的基礎，從而使國家在獨特的近代術語中得以概念化——國家被看做是它的疆域之內的法律和合法力量的唯一泉源，而且是其公民效忠的唯一恰當目標。（Skinner, 1978, 1: ix-x; 史金納，2004, 1: 22）

這個文本所引用的，正是韋伯《經濟與社會》中對國家的著名定義。史金納指出，他會在結語中擱下歷史，轉而對「國家」一詞的歷史語義加以討論。而在全書的結語中，史金納說明了近代國家概念的「先決條件」（preconditions），以及當西方社會在這些先決條件滿足之後，在十六世紀末葉進而發展出的全新概念與詞彙（Skinner, 1978, 2: 249-252；史金納，2004, 2: 493-497）。

值得注意的是，當《現代政治思想的基礎》刊行之後，評論者一方面讚揚其對西方政治思想的爬梳與綜合能力，但也有部分學者質疑全書以脈絡主義分析政治思想，卻又何以在結語中違反脈絡主義的精神，

提出一種所謂韋伯式現代國家概念的發展史？著名的政治理論家歐克秀（Michael Oakeshott）便指出，史金納混淆了概念的理論要素和此概念在偶然的歷史環境中逐漸浮現的過程（Oakeshott, 1980: 452）。另外一位英國學者明諾古則提出更強烈的批判，認爲在本書的結論中「當取得一個非歷史的『現代國家之概念』時，吾人達到一個外於歷史之點」（Minogue, 1988: 184）。[1] 面對政治思想學界的批評，史金納在 1980年代以後，逐漸放棄了這個以宏觀思想史的角度，驗證韋伯所界定現代國家在觀念史層次的發展之計畫。[2] 事實上，史金納曾數次重新撰寫關於現代國家觀念史的論文，等於是重寫了《現代政治思想的基礎》之結語。[3]

　　另一個與本書相關的方法論論辯，則是波考克對德國「概念史」（*Begriffsgeschichte*; conceptual history）學派所提出的批判（Pocock, 1996: 47-58）。波考克指出，劍橋學派脈絡主義的史學方法並不將概念獨立於其歷史脈絡之外而提出綜合性的大論述，因爲如此很容易產生脫離脈絡的理論建構。波考克以國家概念爲例，委婉地指出他並不贊成史金納前述對國家觀念史所提出的韋伯式分析（Pocock, 1996: 55）。而波考克本人對國家觀念史，則提出如下的方法論主張：

---

1　對於《現代政治思想的基礎》的相關書評討論，尚可參見 Pocock（1979）、Mansfield（1983），以及 Nederman（1985）。

2　在紀念《現代政治思想的基礎》刊行二十五週年的專書論文中，Mark Goldie（2006: 8-9）追憶 1970 年代時，史金納希望以歷史書寫的方式驗證韋伯的社會學論題。但隨著專書的撰寫過程，歷史脈絡主義逐漸取代了早期史金納對韋伯正當性與國家概念的關懷。

3　這些論文包括 Skinner (1989)、收錄在 *Visions of Politics* 第二卷的長篇論文（Skinner, 2002a, 2: 368-413）、他在 British Academy 之演講稿（Skinner, 2009），以及 2013 年他於「中央研究院講座」的第三講單篇「國家系譜學」（史金納，2014: 83-114），都是關於國家觀念史的分析作品。比較這一系列著作，讀者可以看出脈絡主義的取向，也就是強調各個歷史行動者或文本在其歷史環境中所意圖產生的作用，越來越被強化；而歷史整體的流變以及某種發展的方向性，則被有意識地加以排除。史家所能做的，最多只能是「系譜學」（genealogical）式的分類與重構。

　　那麼，在歷史中何處能夠定位並書寫「國家概念的歷史」？這個問題必須依據歷史的先決條件來回答。過去必定曾經有過這麼一段時間，彼時當地特定的歷史行動者（agent）不斷地使用之語言中，國家（state）一詞的同源詞（cognate）──或者說，吾人能夠慣常地翻譯自某語言的術語（terminology），並藉該詞與其同源詞加以合理化──以某些方式被運用，俾使歷史學者能夠去建立一個發展的或辯證的概念化（conceptualization）之歷史，伴隨使用語言之歷史作爲其影響之一。我們可能就會發現，一些國家的概念在我們所研究的時期中逐步成形：該概念被確立、獲得權威性、取得語彙表述，並且就其本身即爲討論、批判與爭論的對象。我們甚至會發現歷史中的行動者（actor）主張他們有其國家之概念並爲之辯駁。（Pocock, 1996: 54）

　　波考克這個基於脈絡主義所提出的方法反思，值得吾人參考。特別是他對於不同文化語境之間政治語彙的轉譯及傳布的詮釋原則，將是本書在第三篇分析中國近代政治思想的方法原則。

　　對於脈絡主義方法之運用，史金納則強調，除了內在理路之外，更須細究在時代脈絡下，歷史行動者、文本撰述者，或言說發語者具有何種意圖（intention）。然而，當史家嘗試詮釋行動者之意圖時，並不是探究其行動時刻的某種心理狀態，而是將觀念與論述相關的意義網絡仔細對比之後，確立文本作爲表意的言辭行動（illocutionary act）並加以詮釋（Skinner, 2002a, 1: 79-89）。史金納以馬基維利《君主論》第十八章中所提出的著名主張爲例：想要獲得榮譽（honour）與榮耀（glory）的政治領袖必須學著模仿獅子與狐狸。對於這個文本的理解若僅是達到馬基維利主張政治上的成功有必要同時運用武力與詭計（獅子與狐狸分別是二者的象徵），仍有所不足。對史金納而言，眞正的「詮釋」乃是理解到羅馬思想家西塞羅在《論義務》（De Officiis）第一書中的主張，運用暴力與欺騙會造成不正義的結果，不符合自然法且傷害社會。而這兩種手段皆屬於野獸（獅子與狐狸）的特質，對於有德行的「人」

而言，絕不能爲了政治的成功而採取野獸的手段。西塞羅的主張，奠定了西方人文主義德行論述的基礎，所以，對《君王論》第十八章的詮釋，必須關聯回西塞羅以降人文主義傳統的主張，以及馬基維利同時代文藝復興人文主義者的論述，方能理解其眞意，也就是理解並詮釋馬基維利顚覆人文主義傳統的「意圖」。基於此，史金納對於脈絡主義方法，提出了以下簡潔的說明：

> 　　對我而言重要的是，用這種方式處理與詮釋馬基維利的文本時，並非全然將其作爲信念的表述。不如說，是將文本作爲對其當時的政治辯論一種特定且相當複雜的介入（intervention）。我們不是在問馬基維利在肯認什麼；而是在問，在前述引文〔按指〈君王論〉十八章〕中他在做什麼；甚至可說我們所問的是在說出這段話時，他所打算（up to）的是什麼。
>
> 　　若概化這個論點，我指出的是，最適合文本詮釋的語彙是在討論行動（action）時所用的，而不是信念。我認爲進行詮釋不應只聚焦在人們在說什麼，而應更加關注他們在做什麼，什麼可能是他們在說這些話時的潛在目的。用現下流行的用語來說，我主張應該要把焦點放在文本的表現性（the performativity of texts）。（史金納，2014: 29-30）

　　筆者近年來之研究，基本上服膺劍橋學派的脈絡主義；然而，筆者也意識到倘若嚴格執行脈絡主義，將造成某些實際困難。舉例而言，跨越歷史時代的宏觀性綜合分析，在嚴格的脈絡主義陣營中，成書的可能性將越來越低。即使史金納與波考克這樣的一流史家，其後期的作品，也不再能達到早期巨著──如《現代政治思想的基礎》以及《馬基維利時刻》──高屋建瓴的宏觀角度。是以近年來劍橋學派跨越時代或國家的思想史，往往都靠著多位學者集體努力方有可能成書，如現代共和主義的比較史（Gelderen & Skinner, 2002）以及人民主權的思想史分析（Bourke & Skinner, 2016）等。然而，最近也有劍橋學派學者意

識到綜觀性思想史的重要性，並提出相關分析，與本書關連度較高的，除了史金納 1990 年代末期關於自由觀念之發展（Skinner, 1998）外，還包括塔克（Richard Tuck）關於現代主權觀念的爬梳（Tuck, 2016）以及洪特（Istvan Hont）對商業社會以及民族國家之分析（Hont, 2005; 2015）等。

基於此，本書前兩篇進行的是以思想家為單位，宏觀以及歷時性（diachronic）的思想史分析，而未曾企圖完全回復每一位西方思想家在其自身歷史脈絡中的原始動機。畢竟，對於中文世界的讀者而言，要理解西方現代性的價值發展與現代中國政治價值的形成，自有其不同之關懷及取捨，仍需要綜觀性的分析。

# 三、西方的兩波現代性

本書前兩篇區別西方的兩波現代性，闡釋第一波現代性以社會契約與主權國家為核心之論述，以及第二波現代性環繞著商業社會和文明國家所發展出的歷史主義與有機國家論的思想進程。將西方現代性區別為兩波，為許多不同學派的思想史家的共同結論。如科賽列克（Reinhart Koselleck）曾提出「鞍型期」（*Sattelzeit*）的分期，起訖點約略分期為 1750-1850，乃是西方世界由近代早期（early modern）過渡到現代（modern）的轉型期。在此時期歐洲的政治意識產生四大變化：（1）「時代化」（temporalization），政治概念由古典亞里斯多德式基於目的論與自然的分類，轉變為歷史取向，強調線性發展的過程。行動者基於過去經驗總和，對未來產生「期望的視野」（horizon of expectation）；（2）「民主化」（democratization），概念的影響範圍由傳統的政治菁英擴散到社會不同的階層；（3）「政治化」（politicization）：社會的多元發展，使得概念增加了被操控的可能性，通過口號式的概念來帶領政治期待；（4）「可意識形態化」（*Ideologisierbarkeit*）：概念從具體意義抽象化，並且結合成整體的意識型態系統，以從事政治對抗（cf. Richter, 1995: 37-

38; Richter, 1996: 11-12）。科賽列克強調在鞍型期間，許多歐洲核心的政治概念產生了根本變化，其學派即以此觀點編纂大型概念史辭典。[4]

著名的政治哲學家史特勞斯（Leo Strauss）也將現代性區分爲三波：第一波從馬基維利到孟德斯鳩，第二波橫跨盧梭與馬克思主義，第三波則始自尼采對西方虛無主義的批判，迄於當代的極權主義（Strauss, 1989）。史特勞斯前兩波現代性的區分和科賽列克大體相近，也是本書所採取的分析架構。不過史特勞斯強調政治哲學家可以主導時代，所以他所論述的前兩波現代性，乃是以馬基維利與盧梭思想內部邏輯所產生的後續影響爲主軸（Strauss, 1988: 40-45）。

此外，傅柯（Michel Foucault）1970 年代在法蘭西學院（Collège de France）的系列演講中，對於現代國家興起的政治思想背景，也依據其系譜學觀點提出重要的分析。在這些演講中，傅柯指出一種新歷史主義發展趨勢（Foucault, 2003: 43-79, 124-135），由社會契約的「哲學－法學論述」（philosophico-juridical discourse），轉向「歷史－政治論述」（historico-political discourse）（cf. Foucault, 2003: 49）。他也從「治理性」（governmentality）的角度出發，分析國家理性（Foucault, 2007: 87-360）、現代行政治理乃至自由主義的興起等思想史議題（Foucault, 2010）。

本書前兩篇的內容，將以西方現代重要政治思想家的論述與概念建構爲主軸，廣泛參考當代研究文獻，分析現代性政治價值的形成過程。西方現代性源於馬基維利對西方古典傳統與基督教義的批判，以及後續的宗教改革、宗教戰爭所引發的十六世紀君主與人民的政治對抗。在王權論者陣營這一方，以布丹所論述的主權概念出發建立了**絕對主義**（absolutism），奠定了現代國家的法權基礎。而在人民一方，思想史的流變則相對複雜，筆者接受史金納的歷史分析（Skinner, 2009: 332-340），以「**民權論**」（populist theory）來統稱由中古後期「暴君放

---

4　波考克前述對概念史之批判便是針對概念史辭典的可行性而發。Melvin Richter（1996: 18-19）主張科賽列克概念史可以進一步擴大爲比較政治概念史，其觀點與金觀濤、劉青峰（2008: 480-571）近年所整理的「百個現代政治術語詞意彙編」取向相近。

伐論」（*monarchomach*）所提出的基本主張：個別而言，人民的權力與
尊榮低於君主；但整體而言，則人民權力高過君主，且君主的權力係由
全體人民授權而來。

　　西方第一波現代性的發展，即為十六、七世紀絕對主義與民權論
的對抗，這也是本書第一篇的主題，將以六章的篇幅加以分析。首先論
述「馬基維利主義」與「反馬基維利主義」所形構的國家理性說以及暴
君放伐論（第一章）。而除了布丹著名的主權論述之外，本書也分析其
國家與政府之區別與絕對民主觀念所產生的思想史影響，以及奧圖修
斯所提出的人民制憲權觀念之雛形（第二章）。第三章則論述格勞秀斯
基於歷史經驗所歸納出個人的自然權利，及以此為基礎發展出的國家
與國際秩序。而由於在西方近代思想中，霍布斯扮演了關鍵性的角色，
本書以兩章的篇幅（第四、五章）分別處理其早期思想與後期理論。筆
者主張，霍布斯早期的「基源民主」乃是以其理論對手民權論的理論前
提作為出發點，但嘗試推導出相反的、絕對主義的政治藍圖。然而，在
英國內戰結束成立共和國後，他於《利維坦》一書放棄了基源民主論，
另行建構授權代表論，通過人民的授權，將主權者作為國家「虛擬人
格」的代表者，從而完成了第一個現代國家論述體系，並進一步處理國
家之中人民的自由以及政治忠誠等議題。第六章分析後霍布斯時期的
社會契約論之複雜發展。史賓諾莎確立了思想自由的個人主義以及民
主制之優越；普芬道夫與洛克則可分別作為絕對主義和民權論的終極
表述：普芬道夫所提出的「二約一令」成為社會契約論傳統中最為系統
化的論述；而洛克則運用社會契約所建構的人民作為政治體的理論，
闡述人民整體乃是高於其所建構邦國的權力承載者，對於違反其託付
的濫權者不僅可以反抗，且具有革命權，總結了民權論述，完成第一波
人民主權與主權國家的理論對抗。此外，洛克的財產權理論則開啓了
第二波現代性探討商業社會的論述基礎。

　　西方近代早期的政治論述，自格勞秀斯以來，便是以社會契約為
基本的證成型態。本書將說明，社會契約論的歷史意義，乃是推翻了西
方古典政治哲學自亞里斯多德以降的目的論傳統，視政治共同體為公

民實現德行並追求共善的集合體。與此相對，現代社會契約論以人民的同意作為政治權威的正當性基礎，僅以統治者數量為標準區分君主、貴族與民主三種國家型態，推翻了古典理論具有倫理涵義的「正體」（君主、貴族與民主或共和）以及「變體」（暴君、寡頭與暴民政治）的政體（regime）區分。在現代世界中，「正當性」取代了「實現德行」成為政治的目的，公民只需要消極自由去追求其所欲之目標；而國家作為虛擬人格，則是在自然界中，人們通過協議所創造出的人為制度與慣行，雖是虛擬的，但構成了一個人文化成的世界。這個理論取向的完成，代表西方現代早期主權國家放棄了以古典傳統以及基督教作為政治秩序的形塑基礎，而以世俗化的人民同意建構出國家主權，作為維持和平與安全的保障者，並完成了一般所稱的現代歐洲公法與「西伐利亞體系」（Westphalian system）。

　　從十八世紀中葉（本書以孟德斯鳩《論法的精神》（1748）為分水嶺）開始，商業社會（commercial society）或資本主義論述開始發展，影響到西方政治思想的分析取向。筆者主張，基於商業活動所發展出的市民社會或文明社會（civil society）論述，及其與國家的關係，形成了十八世紀至十九世紀末葉西方政治思想的核心議題。商業社會不但造成了國家觀念的變化，也造就各種不同的社會可能性想像，如文明階段論、國家有機體論，以及民族作為國家形成的基礎等，都成為新的理論課題。從論述型態而言，大體上近代早期的國家觀念皆以社會契約為論述基礎，而第二波現代性的論述，則逐漸揚棄了社會契約論，發展出歷史主義論述，而國家有機體論則強調政治社群的倫理與歷史性格。這也是本書第二篇的分析主題。另外，現代性第一波的地理大發現，在十九世紀逐漸形成了帝國主義，西方的政治論述在第二波現代性中，也產生了與其他文明非對稱對比的思考模式，在探討西方自由政制的進步特質時，對照組不再為羅馬帝國的衰亡，而是東方帝國（特別是中國專制）之停滯。

　　本書第七章以孟德斯鳩所提出的三權分立之立憲政府為主軸，分析自由體制與商業社會的緊密關聯。孟德斯鳩的理論跨越了歐洲的界

線，以世界史的角度理解西方現代性，所以提出了東方帝國作爲一種專制的論述。專制概念雖然源於亞里斯多德，但隨著孟德斯鳩的重新概念化，使得西方現代性與非西方世界的對比，成爲爾後政治思想的核心議題。第八章則論述盧梭對商業社會的批判以及激進平等主義。盧梭所構思的「關於政府的假設性歷史」之後成爲人類普遍史的原形，雖然在政治哲學中盧梭仍運用社會契約論，但其政治社會發展的分析卻奠定了近代歷史主義的基礎。在盧梭之後，本書將以七章的篇幅，分析英國、法國、及德國的政治思想流變。第九章以弗格森的文明理論爲主軸，闡釋他採納盧梭「惻隱之心」的概念，建構出一種著重人際性的權利概念，力主個人與集體都應通過行動來保障每個人的自由與權利，並且在公共領域中追求共善，成爲可適用於商業社會的「共和自由主義」。第十章以「自然權利之實證化」爲主軸，分析現代天賦人權說與憲政主義如何以英國法學家布萊克斯通將自然法論述與英國不成文法結合並系統化所提出的「個人的絕對權利」概念爲出發點，通過美國與法國大革命而確立之進程。第十一章討論法國思想家貢斯當如何通過對盧梭、法國大革命與拿破崙軍事帝國主義之批判，提出與「古代自由」相對之「現代自由」，奠定了自由主義之論述基礎。第十二章分析法國大革命前後，德國觀念論哲學家康德與費希特如何重構社會契約論，並且在費希特的理論系統中，產生德國思想由社會契約轉向國家有機體說的重大轉變，而洪堡特的希臘式個人主義則是連結弗格森與穆勒的中介。第十三章則分析黑格爾如何由青年時期的馬基維利主義，與趨近古代城邦絕對倫理生活的思想取向，提出對社會契約之批判，乃至後期轉變爲以現代自由爲基礎的市民社會與有機體憲政國家之二元體系，並提出倫理整合作爲二者之中介，克服現代性的主客對立異化現象。第十四章以青年馬克思對黑格爾國家論之批判爲主軸，探討他如何通過法國大革命的政治理論，解構黑格爾的國家普遍性，完成激進民主論，最後轉向無產階級革命實踐而終結了西方政治哲學傳統。而第二篇終卷的第十五章，則分析穆勒與柏捷特如何將自由主義政治原則轉化爲文明論述，雖然他們對於現代西方文明的動能有深刻之觀

察，但也同時證成了支配性之帝國自由主義，成為十九世紀下半葉非西方政治思想家所面對的西方霸權論述。

## 四、嚴復與現代中國政治價值的形成

「國家由人民、領土、政府、主權四要素所構成」，這是人人可以琅琅上口的公民教育知識。但前述所舉的例子足以說明，國家觀念恰恰因為已經成為當代對政治共同體的唯一可能想像（無論是自由民主或威權專制），反而讓分析者在面對過去的歷史流變時，容易產生歷史錯置的謬誤，或不易確定分析對象的困難。為克服這個困境，本書在撰寫第三篇關於中國近代政治思想的論述時，將盡量依據嚴格的脈絡主義來進行分析。一方面，顯示脈絡主義可以運用在比較政治思想領域，另一方面則嘗試發掘一些前人所未見之歷史解釋。

梁啓超在《戊戌政變記》卷首曾謂：「吾國四千餘年大夢之喚醒，實自甲午戰敗割台灣償二百兆以後始也」（梁啓超，1960，專集 3: 1）。這個挫敗，拉開了新時代的序幕，中國知識分子急切地引介新的政治價值，尋求救亡圖存之道。1895 到 1925 年因而被張灝（2004: 37-60）稱為近代中國思想的「轉型時代」。傳統的經世思維，在巨大的歷史衝擊下，於思想、價值、制度以及行為層次都產生了重大轉變。本書第三篇闡釋嚴復與中國近代政治價值的形成，將以甲午戰爭後十年左右，「轉型時代」的第一階段為主。若吾人比較戊戌維新前關於變法的討論，以及《民報》與《新民叢報》1906 年前後的大論戰，可以觀察到在短短十年之間，中國知識分子以及行動者用來討論政治價值的觀念和語彙，產生了徹底的變化。原先在鴉片戰爭到甲午戰爭期間所形成的政治觀念，特別是將西方價值託古於某些中國古典理想的做法（cf. 熊月之，2002: 105-149），在這十年之間，轉變為以西方現代性為主軸所發展出的政治詞彙與論述。

這個巨大的變化，當然可以從許多方面加以探討。由於政治議程

很快地集中在立憲與革命的選項，後人的詮釋觀點，往往傾向於探究哪些價值系統影響了中國近代知識分子，如自由主義、憲政主義、民主觀念、革命理論、馬克思主義，乃至無政府主義等，都是可以加以分析的角度。相對地，筆者不從特定的意識形態立場或史觀來探討或批評這個世代政治價值的形成，而關注立憲或革命的思想資源及論述模式。本書的分析集中於下述問題意識：**哪些核心的西方政治理論經典影響了中國現代政治價值的形成？而這些經典的語彙以及理論證成的方式，如何通過在地的知識以及行動，轉化成為中國知識分子及行動者在中國的語境中，用來論辯、說服，以及進行意識形態鬥爭的工具？**[5]換言之，筆者並不從理論的角度關懷某種主義（自由主義、民族主義，或共產主義）在中國的發展或失敗，而將以當時代文本和語彙所構成的語境脈絡，來從事思想史的詮釋。

「讀聖賢書，所學何事？」這是文天祥從容就義時的名言，也是中國知識分子面對西方文本時自然會產生的經世致用心態。鄒容在 1903 年所著之《革命軍》曾說：

> 吾幸夫吾同胞之得與今世界列強遇，吾幸夫吾同胞之得聞文明之政體，文明之革命也，吾幸夫吾同胞之得盧梭民約論，孟得斯鳩萬法精理，彌勒約翰自由之理，法國革命史，美國獨立檄文等書，譯而讀之也。是非吾同胞之大幸也夫？（鄒容，1954: 4）

這雖然是鄒容在昂揚的熱情中對於革命的頌讚，但從這個文本可以看出西方的「文明政體」，其價值基礎對他而言在於《社會契約論》、《論法的精神》、《論自由》、《法國革命史》，以及《美國獨立宣言》。換言之，這些文本大體上構成了鄒容思想中，現代西方文明的核心政治典籍。

進一步而言，究竟**哪些經典文本在「轉型時期」第一階段，成為中**

---

5　請參閱王汎森（2003: 181-194）對「思想資源」與「概念工具」之討論。

國知識分子重新創造政治價值的思想資源？熊月之（2002: 334-337）所整理的「1898-1903 年國內翻譯西方資產階級民主政治學說要目」，可見其端倪。撇開教科書以及介紹性的書籍，西方政治思想傳統中足以稱爲經典的文本，翻譯次數最多者大體如下：盧梭《社會契約論》（3次）、孟德斯鳩《論法的精神》（2 次；但若加上嚴復在 1904 所刊行《法意》前十五卷，則孟德斯鳩被翻譯的次數便與盧梭相當）、穆勒《論自由》（2 次）、斯賓賽不同著作（4 次），而伯倫知理《國家學》則有 3次，均出於梁啓超之手。

對筆者而言，這個譯介狀況特別值得注意的是，所有急切被翻譯的西方經典，都是本書所稱第二波現代性的著作，以及十九世紀英國與德國的代表性理論。雖然梁啓超在 1902 年編了《近世歐洲四大家政治學說》，匯集了霍布斯、洛克、孟德斯鳩和盧梭四人學說成爲專集，其中對四位思想家的介紹，皆依據日本中江兆民所譯《理學沿革史》（1886），原爲法國學者 Alfred Fouillée（1838-1912）所著之 *Histoire de la Philosophie*（1879）。其中洛克一章刊於《國民報》，其餘三章則皆出於梁啓超之手（梁啓超，1902；梁啓超，2005, 1:109-111）。然而，從翻譯經典的分布情況可以看出，西方近代政治思想第一波現代性的重要理論家如霍布斯與洛克，雖前者主張統一的國家，而後者力主人民的革命權利，卻並沒有對中國知識分子產生太大的影響。

本書第三篇即以思想史角度切入，嘗試分析清末民初最重要的翻譯者與思想家嚴復的譯筆及其政治論述。第十六章分三個層次探討在十九世紀末葉的「嚴復時刻」，他如何以西方現代性爲本爲中國的現代性奠基，在《天演論》中發展出一套全新的政治論述，將西方富強之所本舉爲世變之際的新聖王之道，並引進社會契約的正當性理論證成人民參與的「公治」，以及赫胥黎式的「倫理自由主義」，以說服中國士大夫階層瞭解運會之所趨。第十七與十八章，分別以《論法的精神》及《社會契約論》的中譯本以及詮釋爲主軸，探討清末民初的「文本政治」（textual politics）現象：經典文本的時代意義並不在於精確理解其原始的理論涵義，而是在政治場域中迅速創造可資利用的語彙、觀念，

以及政治論述，作爲立憲與革命意識型態戰場上的武器。終卷之第十九章檢視嚴復如何以英國劍橋大學學者西萊所建構的政治科學爲本，構築其立憲論述，使得理論作爲一種實踐，可視爲嚴復本人對當時意識型態場域的介入。而由於西萊政治科學的系統性，讀者可以觀察到國家有機體、政治自由，以及立憲政府論三個理論元素如何從原始文本脈絡，在嚴復如椽巨筆中轉化爲立憲的理據，並介入 1906 年清廷預備立憲後的大論辯。

## 五、結語：超越冷戰自由主義史觀

史華慈在 1960 年代所完成的《尋求富強：嚴復與西方》（Schwartz, 1964），是英美學界對於中國近代思想詮釋的奠基之作。他揚棄了費正清學派認爲現代中國思想僅僅是對於西方挑戰所產生之回應的觀點，著重行動者本身的存在處境以及價值選擇。而在這個議題上，史華慈認爲嚴復對於國家富強的過度關切，使他無法眞正理解西方啓蒙以來自由主義的眞諦，這反映在其翻譯以及論述之中，成爲一種工具性的自由主義。史華慈的詮釋，開啓了「**救亡壓倒啓蒙**」的史觀（李澤厚，1996: 3-39）；然而，這也正是本書從比較政治思想史角度嘗試克服的詮釋觀點。史華慈的論述，預設了當時西方自由主義者所普遍接受的觀點，特別是柏林「**兩種自由概念**」的理論區別（Berlin, 1969: 118-172）。在冷戰的時代氛圍中，主張只有「免於干涉」的消極自由才是自由眞諦，而追求自主的積極自由，則往往成爲扼殺自由的極權主義理據。這個冷戰自由主義（cold war liberalism; cf. Müller, 2008）的史觀，導致對於西方啓蒙至十九世紀思想史的詮釋過份偏向消極自由面向，當然也無法同情理解十九世紀末、二十世紀初中國知識分子的理論努力（cf. 李強，2006）。

事實上，經過本書前兩篇的爬梳，顯示出影響中國近代政治價值深遠的西方第二波現代性，本身就已經是在全球化架構下所形成的政

治思想。自由主義並不是一個抽象的、追求普遍價值的思想運動，也不是可以用「消極自由」便加以窮盡的理論，而是根植於商業社會擴張爲全球資本主義的十九世紀上半葉，針對商業社會與自由政制的關係，在文明論的基礎上，追求西方自由國家公民能夠保持德行與活力，而不致腐化衰頹的政治理想。這個論述與之前的共和主義、國家理性治理的發展，以及市民社會的擴張都有著密切的關係。嚴復以及同時代中國知識分子的探索與價值追尋，應該以更廣闊的歷史視野加以分析。

　　本書力求在比較政治思想的角度下，以筆者自己所建立的詮釋觀點，將西方政治現代性的流變與中國現代政治價值的發展，治於一爐且融會貫通，以完成新的綜合分析，敬祈方家不吝斧正。

# 第一篇

# 第一波現代性

民權論、社會契約與

主權國家

構成民主制的是兩個原理，一個是不被中斷的定期會議所構成的 Δημοζs，即人民，另一是多數決投票所構成的 το κρατος，即權力（potestas）。

　　　　　　　　——霍布斯，《論公民》，VII. 5

# 第一章

# 馬基維利主義、國家理性說與
# 暴君放伐論

## 一、前言：西方現代性之發軔

　　文藝復興時代佛羅倫斯思想家馬基維利（Niccolò Machiavelli,
1469-1527），一般被視爲西方現代政治思想之鼻祖，因爲他衝決了中古
經院哲學自然法體系的網羅，成爲第一位在世俗化的條件下，以此世
爲導向重新進行政治理論建構的思想家。馬基維利的兩本主要著作《君
主論》以及《李維羅馬史疏義》，[1] 前者闡釋君主治術，名列影響人類
歷史的十本鉅著之林；後者則分析平民參與的現代公民共和主義（civic
republicanism），是馬基維利篇幅最長的作品。《君主論》成書於西元
1513 年，當時佛羅倫斯剛剛結束短命的共和（1494-1512），而由梅迪
奇家族奪回統治權，馬基維利不但失去公職（他在共和時期擔任國政
秘書並有豐富的外交以及建軍經驗），且因謀叛罪嫌入獄。出獄後，他
仍然期望恢復公職，所以撰寫了《君主論》獻給梅迪奇家族成員。但此
書並未獲得統治者的青睞，馬基維利回到政治舞台的希望愈趨渺茫。
之後，他參加了佛羅倫斯人文學者所組成的「歐瑞契列理」社團（Orti
Oricellari），定期在近郊的莊園探討學問並談論時事。此會社多數成員
秉持共和自由之理想，其中更有激進成員捲入了 1522 年嘗試推翻梅迪
奇政權的流產政變。由於《李維羅馬史疏義》題獻給兩位年輕的會社成
員（Zanobi Buondelmonti 和 Cosimo Rucellai），我們有理由假定馬基維
利的共和論述乃受到參與這個會社討論活動的深刻影響。相對於《君
主論》有干君祿的嫌疑，《李維羅馬史疏義》則跳脫了之前的存心，將
此書提供給可能有機會治國的年輕人參考，詳細地討論共和國治理之
道，而非僅限於君主治術。
　　本章的主旨，在於分析馬基維利對西方現代國家觀念所產生的關

---

1　本章爲節省徵引篇幅，引用原典縮寫如下：
　　**P**= *The Prince*, tran. Harvey C. Mansfield, Chicago: University of Chicago Press,
　　1985（本章縮寫爲 P，並以章節數徵引之，例如 P. 20:1 即代表二十章第一段，
　　以便查考不同譯本）。
　　**D**= *Discourses on Livy*, tran. Harvey C. Mansfield & Nathan Tarcov, Chicago:
　　University of Chicago Press,1996. （本章縮寫爲 D，徵引方式同上）。

鍵性影響、探究所謂「馬基維利主義」（Machiavellism）形成的歷史過程，以及在十六世紀下半葉義大利「國家理性」（*raison d'etat*）學說的興起，對於歐洲逐漸形成的君主國家及其治理所提出的重要理論論述。另外，對馬基維利提出激烈批判的法國新教政論家，也形塑一種「反馬基維利主義」（anti-Machiavellism）論述，並進一步建構了西方現代早期的民權論或人民制憲權論，奠定了西方近代國家觀念的核心要素。

## 二、君主治術：馬基維利政治觀的有限典範

在西方傳統政治論述中，向有「明君之鑑」（mirror-for-princes）類型的作品，基於基督教義討論君主治國之道（Skinner, 1978, 1:118-128; 2002, 2:373- 378）。表面上看來，《君主論》似乎承襲著這個傳統，馬基維利欲藉此書取得梅迪奇家族的信賴，從而謀得一官半職。但本書由於其思想之原創性，超越了傳統的範圍，成為西洋近代政治理論奠基性經典作品，也是西洋政治思想中少數人盡皆知的著作。

《君主論》探討的主要課題乃是君主治術，分析領導者如何取得、維繫、並擴張其權力。在本書中，馬基維利集中分析「新君主」，也就是在腐化的政治世界中由於機運或個人德行而獲取支配權者，如何能保存並擴張其個人的政治支配。新君主並不嘗試改變其統治下人民的本性，而只在已經形成的傳統、風俗、習慣界限之內，明智地就其個人利益遂行支配。其統治基礎乃德行（*virtù*），但當機運（*fortuna*）的變化超越其德行所能應付或新君主死亡之後，個人支配便瓦解消失，為其他新起之政治力量所取代。

就內容而言，《君主論》大體上可區分為四部分：第一章到第十一章討論國家分類及各種國家的特色；十二章至十四章批判雇傭軍制，並強調國民軍的重要性；十五章至二十三章則是統治者應當加以奉行的行為準則；最後三章分析義大利各君主失國之原因，並說明若一位天縱英明之新君主出現，需要何種外在環境以及個人德行之配合，以

完成統一義大利的政治志業。本節依據《君主論》的內容，說明馬基維利的君主治術論。

《君主論》開宗明義，便對「**國家**」（*lo stato*）提出了與古典傳統完全不同的分類：

> 從古至今，統治（*imperio*）人類的一切國家（*stati*），一切政權（*domini*），不是共和國就是君主國。君主國不是世襲的就是新的。在世襲君主國裡，長期以來君主的後裔就是那裡的君主。新的君主國或者是全新的，……或者是世襲君主國占領的附庸……。這樣獲得的領土，或者原來習慣在一個君主統治下生活，或者向來是自由國家；而其獲得，或者是依靠他人的武力或君主自己的武力，否則就是由於機運（*fortuna*）或者由於德行（*virtù*）。（P. 1:1）

《君主論》對各種君主政體的分析，摒除了所有亞里斯多德式的理論色彩（如目的論及良善生活之實現），而完全以權力之取得（acquisition）方式為唯一主軸。馬基維利將國家區分為君主政體以及共和政體兩大類型，取消亞里斯多德政體分類中的貴族政體，而以《君主論》以及《李維羅馬史疏義》分別加以論述。

關於如何取得政治權力，《君主論》第一部分由歷史中歸納出五種途徑。首先，最卓越的政治領袖能由於其個人之德行，不依賴外力之助或機運之風雲際會而取得政治權力，並能善加運用此權力而完成創建國族之偉大事業，由此而建立個人萬世不朽之功名。馬基維利稱此等超卓之政治領袖為「立法家」（legislator），而於第六章列舉摩西（Moses）、居魯士（Cyrus）、羅慕勒斯（Romulus）、忒修斯（Theseus）等四人作為例證。其次，有些政治領導者乃純然由於機運之眷顧所致，馬基維利以其同時代切薩爾‧波吉亞（Cesare Borgia）的政治事業為範例加以詳盡分析，並指出凡新君主均應以之作為效法典範（第七章）。第三種取得政治權力的方式乃是用邪惡手段（如暗殺或極端殘酷之暴力）而獲致，馬基維利以西西里國王亞卡索克利斯（Agathocles）以及

義大利當時一位城邦之僭主浮爾摩的奧利維洛多（Oliverotto of Fermo）
爲例（第八章）。第四種取得權力的方法馬基維利稱之爲「平民的王國」
（civic principality），乃是運用城邦之中所存在的貴族與平民之鬥爭而
崛起，而馬基維利特別指出由平民擁立之新君主比貴族所擁立的較易
保持其權位，因爲平民期望不被壓迫的自由意志遠較貴族的權力慾望
更易滿足（第九章）。[2] 最後一種非世襲的新君主乃是當時的教會王國
（ecclesiastical principality），也就是羅馬教皇。由於十六世紀教皇仍有
相當大的俗世權力，亦爲義大利諸城邦政治場域中一方之雄，是以馬
基維利立專章加以討論（第十一章）。

　　政治領導者創造秩序的能力主要表現於能夠建立可靠的武力以及
良好的法律。但對新君主而言，沒有自己的軍隊便失去了一切，是以在
《君主論》第二部分中，馬基維利論述了君主在軍事方面所面對的主
要課題，並強調依賴於雇傭兵或其他國家支援所導致的巨大危險，而
唯有自己的武力才能脫離他人意願之類的機運。

　　《君主論》的第三部分，馬基維利模仿中古經院哲學體例，以正反
雙方辯難（disputation）方式論述君主所應具備之政治德行及品格：在
慷慨與吝嗇、仁慈與殘暴、被臣民所愛或爲其所懼、重然諾或不守信用
等特質之間，馬基維利獨排眾議，批判前此各種規範性政治理論所設
想的，能夠具備各種道德德行的明君，純粹是一種背離事實的想像。事
實上，一個新君主若爲了「應該做的事」而把政治事務「實際上是怎麼
回事」置諸腦後，那不僅無法保存其國，反而會導致自我毀滅的結果。
相對於追求應然的規範理論，馬基維利探討政治領域中「**有效之真理**」
（effectual truth），而由這個角度看來，像吝嗇、殘酷無情、狡詐等等「不
好的」品格，由於人君側身於許多邪惡的人當中，所以他必須要視需要
（*necessitá*）而決定是否使用這些普遍視爲邪惡之政治品格。

　　在《君主論》著名的第十八章「論君主應當怎樣守信」中，馬基維

---

2　基於此，馬基維利主張引進人民的力量進入政治場域，本書以下所論西方近代
　　早期的「民權論」以及其後的人民主權論可在其中找到歷史根源（cf. Skinner,
　　2009）。

利指出：

> 　　世界上有兩種鬥爭方法：一種方法是運用法律，另一種方法是
> 運用武力。第一種方法是屬於人類特有的，而第二種方法則是屬
> 於野獸的。但是，因爲前者常常有所不足，所以必須訴諸後者。因
> 此君主必須懂得怎樣善於使用野獸和人類所特有的鬥爭方
> 法。……
>
> 　　君主既然必須懂得善於應用野獸的方法，他就應當同時效法狐
> 狸與獅子。由於獅子不能夠防止自己落入陷阱，而狐狸則不能夠
> 抵禦豺狼；因此，君主必須是一頭狐狸以便認識陷阱，同時又必須
> 是一頭獅子以便使豺狼驚駭。然而那些單純依靠獅子的人們卻不
> 理解這點；所以，當遵守信義反而對自己不利的時候，或者原來使
> 自己做出諾言的理由現在不復存在的時候，一位明智的統治者
> （uno signore prudente）絕不能夠，也不應當遵守信義。假如人們
> 全都是善良的話，這條箴言就不合適了。但是因爲人們是惡劣的，
> 而且對你並不是守信不渝的，因此你也同樣無須對他們守信。（P.
> XVIII: 2-3）

　　馬基維利的結論是，君主不但必須擁有獸性鬥爭的能力，而且必須進一步「做一個偉大的僞裝者」和「假好人」。此種「政治道德」的主張，不但直接顛覆古典傳統，[3] 也挑戰了基督教義將君主聖化爲德行之表率的觀點。

　　馬基維利本人完全意識到他提出了與古典傳統及基督教義徹底決裂的政治道德論述，「**馬基維利主義**」（Machiavellism）也因此而成爲極不光彩之罵名（cf. Cassirer, 1946: 116-128；吳庚，1981: 79-81）。一般所謂馬基維利主義的核心，乃是「目的使手段成爲合理合法的」，也就

---

3　馬基維利此處所運用的獅子與狐狸的獸性鬥爭之喻，源於西塞羅《論義務》第一卷的論述。請參閱蕭高彥（2013: 112-113）。

是可以爲達目的不擇手段的主張。但我們若詳細研讀馬基維利之文本，特別是《君主論》第十五與十八兩章以及《李維羅馬史疏義》第一卷第九章之相關論述，可發現馬基維利強調的重點，並非在政治領域中應當或必須不顧傳統道德爲非做歹。事實上，他主張的是當受外在環境所驅迫時，能夠不受傳統道德之約束，爲了維持國家之目的而採用一切必要的手段：

> 所有人類行動，特別是君主的行動，由於其不能向法院提出控訴，人們就注意其結果（outcomes/ends）。所以，**一位君主如果能夠征服並且保持那個國家的話，他所採取的手段（means）總會被人們認為是光榮的，並且將受到每一個人的讚揚。**因爲庸俗的大眾（vulgar）總是被表象（appearance）以及事物的結果所吸引。（P. XVIII: 6，粗體強調爲筆者所加）

馬基維利強調，新君主所處的環境變動無常，政治之現實與其表象往往是扞格不入、互相抵觸的。常人僅以表象作爲行動之依據，政治人物卻必須依據現實行事。政治既爲一表象世界，並沒有超越於表象外眞實的善。是以君主沒有必要眞正具備各種道德德行，但外表「顯得」擁有這一切德行卻確有其必要，因爲一般人評價行動的善惡完全依賴於善惡之聲譽而非其實質，而新君主必須運用此人性之常而達到自身之目的。馬基維利理想中的政治領袖乃是能克服政治場域的緊張性，在超越常態的活動中結合良善的目的以及邪惡的手段，而沒有任何良心上的不安者。凡是新君主、成功的立法家，甚至共和國的全體公民，都具有這個「超越善惡之外」的特質。馬基維利並提出了常被引用的一段話：

> 一位君主，尤其是一位新的君主，不能夠實踐那些被認爲是好人應做的所有事情，因爲他要**保持國家**（stato），常常不得不背信棄義，不講仁慈，悖乎人道，**違反宗教**。因此，一位君主必須有一

種精神準備（*animo*），隨時順應機運的風向和事務的變化情況而
轉變。……如果可能的話，他還是不要悖離善良之道，但是如果必
須的話，他就要懂得怎樣走上**為惡之途**。（P. XVIII: 5，粗體強調為
筆者所加）

在闡釋了新君主取得政治權力的途徑、君主以自己的武力作為權
力基礎、以及新君主的行為準則之後，馬基維利將他的治國術關聯到
其同時代義大利的政治現況。在《君主論》第四部分，他指出義大利諸
君主之所以失其國，其原因正在於：他們或者過份依賴於忠誠度有問
題的傭兵，或者不曉得運用治國術來操控人民與貴族的衝突（第廿四
章）。由於義大利在列強環伺中落入政治衰敗的惡性循環，當時遂有各
種說法將此種命運歸諸於機運或上帝之決定，而為人類所無法改變者。
馬基維利反對這種命定論的觀點，認為即使機運是一條波濤洶湧的大
河，在水患時沒有任何東西能阻擋其狂瀾；然而，機運僅決定了人類行
動的一半，另一半則還是取決於人的德行。只不過每一個政治領導人
的特質有所不同，有的善用暴力武力，有的精於策劃謀略，有的富有耐
心行動審慎，有的急躁不安鹵莽行事。關鍵在於這些不同的德行是否
與時代精神相符合，所謂的機運不外是與時代相合者成功，背謬者則
失敗。理論上而言，一個政治領袖若能隨環境與時機改變自己的本性，
則機運永遠會伴隨著他；但是在馬基維利的人性論中，個人精神的習
性是固定的，是以政治世界中興衰成敗的循環永遠無法終止，只不過
勇猛精進的人較有可能得到機運的眷顧。

而在《君主論》最後一章中，馬基維利運用了與前二十五章完全不
同的修辭，以熱情的口吻，論述義大利當時的環境是否能讓一個偉大
的新君主施展報負，締造大業。他指出義大利那個時代歷次政治改革
和軍事活動無一不以失敗收場，那是因為古老的傳統已經因為時代的
變遷而完全失效。在新的時代中，必須找到新的行動方式、實行新的法
律、創立新的制度才有可能成功並獲致無可比擬的榮譽。馬基維利一
方面期許梅迪奇家族實施這些超越古人的治術，另一方面則隱含著他

自許發現了與傳統基督教中「明君之鑑」完全不同、符合現實的治國之術，藉以輝映全書獻辭之中希望重得任用的期望。《君主論》最後一章遂也成為後世追求國家統一的重要精神資源，如青年黑格爾在論德意志四分五裂的政治現況時，便援引馬基維利並稱頌之（Hegel, 1999: 79-83）。

　　在馬基維利分析取得政治權力的途徑中，蘊含著他特有的概念範疇，也就是**德行**與**機運**之對立：一個成功的政治領袖，其政治活動蘊含著兩重轉化過程，其一是建立並強化個人支配的基礎以克服機運之變化無常，另一則為改變人民的習性與風俗習慣藉以配合其所建立之政治支配形態。這兩重轉化過程構成了馬基維利治國術的主要議題。在《君主論》中，他分析了較有歷史與現實限制之君主治術，因為新君主並不企求改變民情風俗（例如改變貴族的支配慾望或人民渴望改變主子的本性），而是將此作為既定的質料，運用其治術以達其個人支配之最大利益。然而，相對於本節所述有限的君主治術，馬基維利主張有另一種超越性的政治藝術，也就是「創建者」（founder）或「立法家」（legislator）及其改變人民的習性與風俗習慣以創造共和政體的政治活動。如前所述，《君主論》第六章已經提及摩西、居魯士、羅慕勒斯、忒修斯等四人立法家的典範；馬基維利在《李維羅馬史疏義》加以詳細闡釋。

## 三、共和創建：馬基維利政治觀的超越典範

　　馬基維利強調，與新君主相比，創建者或偉大立法家的德行凌駕於所有的機運以及環境變遷之上。他甚至主張，創建者所面對的人民「質料」越是處於一種無秩序的狀態，創建者越能運用自己的德行與明智，在此種質料之中創造出共和政制的政治秩序（P. VI:3）。事實上，創建者的創造活動，除了創建共和憲政與法律制度外，更重要的是能夠**改變人性**，也就是無論人民的風尚處於何種樣態，均能由其中形塑

出能服從法律並實施自我統治的公民。換言之，創建者超越於新君主之處乃是其非但具有卓越的德行，且能夠適當地運用德行來改變人民質料的被動性與腐化狀態，形塑具有公共德行（civic virtue）的公民，並提供恰當的法律秩序。此種創建者的特質相當接近前引亞里斯多德認為無法與古典城邦政治統治相容的特出人士（*Pol.* 1253a25; 1284a），但在馬基維利思想中，二者不僅可以相容，而且似乎唯有通過創建者的卓越德行方有可能創造共和政制。

　　創建者如何行使其超越性的政治行動？馬基維利之說明如下：

> 以下所述可被視為是一通則：無論共和國或君主國，除非為單一個人所建立，才有可能在根源時便建立良好秩序，或在舊有秩序外得到完全的改革。事實上由單一個人來創立秩序而且讓此秩序依賴於其精神準備（*animo*）是確有必要的。是以共和國的明智創建者，當其意圖並非幫助自身而是幫助共善（*bene commune*; common good），且並非為了自己的後裔而是為了共同的祖國（*comune patria*; common fatherland）時，應該要將權力集於己身（D.I.9:2）。

　　馬基維利接著指出，創建行動有五個重要特徵：第一，創建者必須將權力集中於其一人之手；第二，為了創建一個新的政治秩序，任何「超越常態的行動」（extraordinary action）都可被允許；第三，創建行動必須不是為了個人私利而是共同福祉；第四，創建者不能將其所集中的政治權力交給繼任者，以免此種權力被後者的野心所濫用；第五，為了讓所創造出來的秩序能夠維持下去，必須讓此秩序之維持轉化為成員的共同志業而非依賴於創建者個人之手（D.I.9:2）。這五個特徵構成了馬基維利共和創建論的核心。馬基維利在論述前兩個特質時強調超越一般善惡觀念之外的行為：為了將權力集中於一人之手，羅馬的創建者羅慕勒斯將他的兄弟以及跟他共治的泰特斯（Titus Tatius）均加以殺害（D.I.9）；而羅馬共和的締造者布魯圖（Brutus）則因其親生兒

子與舊政權有所瓜葛而將之處死（D.I.16）。

　　然而，創建者政治藝術與前節所述新君主治術之關鍵差異，在於前述創建者政治藝術的後三個特徵，也就是公共福祉、制度化以及公民德行乃是創建者創建活動的終極目的，而且這個目的的強度足以使前述超越常態的暴力獲得「原諒」。在古典理論中，這個困難的課題乃是暴君（tyranny）論的主要課題。在馬基維利的理論之中，正當的一人統治（創建者、改革者）能否與非正當的新君主以及暴君明確加以區隔？在馬基維利的政治世界中，行動本身無法區別明智的創建者以及濫用權力的暴君，而必須藉由行動的效果（effect）來判斷政治活動的性質。也就是說，必須要有其它的相關活動來證明其一人統治是爲了共善。在羅慕勒斯的事蹟之中，由於他在殺戮之後反而創造了一個元老院做爲自己的諮議機構，便可證成其行動不是基於自己的野心，而是爲了共善。而布魯圖的事蹟更具典範意義，由馬基維利反覆提到此事（D.I.16: 4; D.I.17: 1; D:III. 2-5）可以看出。布魯圖作爲首任執政官（consular），爲了新生共和政制之存續而親自監督其意圖謀叛二子死刑之執行，此事所產生之震懾效果克服了傾向王政復辟之腐化民風，使新生的共和政制得以持續存在。共同祖國的存在超越了布魯圖自身後裔之綿延，而當後裔不復存在時，政治制度化遂成爲創建活動後兩個特徵唯一可能的發展方向。換言之，共和創建者爲了建立政治社群，血親關係亦在所不顧，並從而確立政治共同體**公共性**優位於私人關係的典範，並以此奠定自由政制所需的民情風尙。

　　馬基維利所提出的創建者德行與公民德行的分別，除了與暴君之區別外，尙隱含另一個重要的理論議題：由創建者一人獨具的政治德行如何可能導引出公民自治的集體德行。前面已述及馬基維利稱揚羅慕勒斯，而布魯圖超越常態的刑殺所達到的風行草偃的政治效果，再加上建立良好的法律制度，更因而造就了羅馬共和。但是，吾人若就這個方向進一步思考，便可察覺其間仍有難以跨越的鴻溝。因爲無論是殺一儆百式的刑殺、宗教虔敬所形成的民情或嚴格執法所帶來的效果，僅能造就人民服從法律的習性。吾人若對比於亞里斯多德的政治統治

論，可知公民自治的基本特點乃是結合了積極的統治與消極的被治兩種德行（cf. 蕭高彥，2013: 68-72），然而馬基維利前述一人創建的思考取向，卻僅能解釋服從法律與權威的消極德行如何生成，並無法說明公民的積極德行如何可能產生。換言之，即使馬基維利理想中的創建者能就其政治活動之目的或效果而與暴君區分開來，仍無法說明創建者的德行如何轉化成公民德行。

　　為解決這個困難，吾人必須進一步區分馬基維利思想中兩種不同的取向：一人的創建乃是父權式的，無法轉化成平等公民的自我統治；另一種取向則是不將羅馬的創建視為是一人獨自的創建活動，而是一個持續集體共同建構的過程。此種詮釋是基於政治哲學家鄂蘭（Arendt, 1977: 91-141）對創建與政治權威之分析，但也有其文本根據，特別是羅馬與斯巴達之差異。馬基維利認為，羅馬不像斯巴達，後者有著「第一義的機運」（first fortune），也就是有一個智慧的立法家制定了完美的法律，而不須在實踐的過程中做任何的更動（D.I.2: 7）。羅馬共和僅有著「第二義的機運」（second fortune），因為雖然開國諸王所制定的法律並不完美，但是「偶發事件」（accidents）取代了立法家所應完成的任務，也就是制定良善的政治與法律制度（D.I.2: 7），而此處的偶發事件，馬基維利明白指出乃是因貴族與平民的衝突所引起的。羅馬共和的階級衝突與佛羅倫斯瀕於內戰的階級戰爭有所不同，因為在羅馬兩造均認知到政治作為公共事務本身便需要各階級共享之，有爭議者乃是此種共享政治權力的方式，而非將其他階級或公民排除於政治領域之外所引起的爭議。羅馬共和的發展進程雖然表面上看來僅有「第二義的機運」，事實上它所指向的政治互動過程是前述一人創建所無法達成的：羅馬共和是公民自己在政治場域中互動，透過某種集體學習的過程而逐漸建立互相調整的開放性政治活動，而在這互動過程中間實現的共和政治所需要的公民主動之政治德行本身，正是在此過程中建立發展。在這個意義上，共和政制乃是自我生成（self-generative），而非一人獨自創建的（Piktin, 1984: 276-280）。創建者如布魯圖的行動，乃是將原來王政之下腐化的人民「質料」加以導正，貴族的權力意志和人

民追求自由的意志被法律的力量以及殺一儆百的刑罰所逼迫回到自己
各該有的範圍之內，不至踰越其限而變成侮慢性（insolent）的政治力
量。

　　換言之，創建者即使在創建時期有所作用，也僅是一種導正質料
本身樣態的行動。創建者的「導正」作用，與暴君面對相同質料時乃代
表兩個相反的作用方向。馬基維利在討論羅馬共和衰微的主因之一「十
人政團」（Decemvirate）時，對暴君的本質做了如下的說明：

> 羅馬產生暴君制的原因與暴君制在其他城邦產生的原因相同：
> 由於平民對自由的渴望過分強烈，而貴族則對支配的欲求過分強
> 烈。當其中一派支持一個人，而不尋求建立有利自由的法律時，暴
> 君制便由此產生。（D.I.40: 5）

　　暴君制之所以興起的關鍵在於政治衝突的私化，不尋求依照城邦
的法律途徑以公開的方式尋求解決衝突。政治衝突的私化導致個人以
及集體層次為野心（ambition）所支配，野心導致鬥爭的激烈化，利用
各種手段消滅異己，而非共和政制之下尋求共享政治權力的正當衝突
（D.I.46）。而馬基維利在討論布魯圖將權力集中於一人的行動時，進
一步將此權力區分為有德行的（virtuously）以及野心的（ambitiously）
兩種對立之運用樣態（D.I.9: 2）。也就是說，創建者是通過建立法律作
為一種約束的必然性（necessitá）將**共和政制制度化**；而暴君則實行「非
正當化」的政治，促成法律規範淪喪，以個人野心取代法律的制約，終
使正當的政治衝突退化成為內戰（D.I.37）。

　　能夠將法律制度化構成了立法家創建共和與新君主治術的主要差
別，這也使得「國家」作為一種政治秩序，在馬基維利思想中產生共和
制與君主制之下的不同涵義。在《李維羅馬史疏義》第一卷第十八章
中，馬基維利討論如何在腐敗的城邦中建立或維持自由政體時，他對
「國家」（lo stato）作為一種憲政秩序（constitution）的樣態，提出了
如下的說明：

　　在一個共和國裡，在其誕生之初當人們還是好人的時候制定的
各項秩序（order）和法律，在後來當人們變壞的時候就不再適合。
即使在一個國家裡法律隨著情況的變化而發生變化，但其秩序永
遠不會變或者很少變化；這使得僅僅新的法律是不夠的，因為那
些仍未改變的秩序在腐蝕它們。

　　為了使人更好地理解這個部分，我說，在羅馬，控制公民的是**政
府秩序**（order of government），確切地說是**國家秩序**（order of the
state），此外還有法律以及官員。國家秩序是人民、元老院、護民
官和執政官的權威，競選官員和任命官員的方式，以及制定法律
的方式。這些秩序在事態的發展過程中很少或根本不發生變化。
（D.I.18: 1-2）


　　《李維羅馬史疏義》的這個關鍵文本清楚地顯示出，馬基維利所
運用的「國家」（lo stato）作為一種政治秩序，意指制度化的共和政制，
並蘊含著現代意義下的憲法以及統治機構，不易隨著時間與環境事態
的變化而改變（cf. Rubinstein, 1971; Skinner, 2002a, 2: 381-382）。不過，
馬基維利的政治推理和現代的憲政主義恰恰相反：對憲政主義者而言，
作為基本法的憲政體制，應保障人民的基本權利並建立政府得以運作
之組織，成為之後政治過程所據以運作的藍圖。但對馬基維利而言，則
恰恰相反，「國家秩序」或「政府秩序」在形成之後，往往由於時間與
政治事態之變化，無法作相應的改變，反而成為腐化的根源，所以必須
定期地改變這些政治秩序或制度，這使得馬基維利共和論成為西方現
代改革與革命理論的先河（Arendt, 1977: 136-139）。

　　總結以上兩節關於馬基維利君主論與共和論的分析，將可以回應
史學家 J.H. Hexter（1973）對馬基維利的國家觀念所提出的詮釋與批
判。Hexter 指出，在《君主論》中，馬基維利很少以 "stato" 一詞為客
觀自存的實體，若有提及，則往往是以受格形態出現，而其所關聯的動
詞大部分是一組具有剝削關係（exploitative relation）的動詞，例如取
得、擴張、維繫、失去等等（Hexter, 1973: 156-157）。他將馬基維利的

國家觀稱之爲「掠奪式」理念，它既突破了中古自然法傳統，也與現代
國家概念有所不同，因爲《君主論》中的 *"stato"* 一詞並非客觀存在的
政治共同體，而是以維繫君主本身地位爲前提（Hexter, 1973: 167-168）。
然而，如 Hexter 本人所述，其分析僅適用於《君主論》的語彙；但經
過本節之爬梳，說明了在《李維羅馬史疏義》中共和制已經形成客觀自
存的「國家秩序」，並無疑義（Skinner, 1978, 2: 354-355; 2002a, 2: 372-
373, 381-385）。

　　至於《君主論》一書中 *"stato"* 概念的歧義將在國家理性論得到確
立與概念發展。史學家 Meinecke（1957）在其經典作品《近代史中的
國家理性概念》一書中，即將統治者德行關聯於馬基維利的 *necessitá*
觀念（Meinecke, 1957: 34-35, 41）。在此基礎上，國家理性概念，亦即
統治者根據國家利益之需要所行使的政治決定，超越於一般的道德之
上，乃有形成之可能。從而在「影響史」的層次開啓了近代國家理性
論，力主政治形成一個自主領域，這是本章下節之主題。


# 四、馬基維利主義與國家理性說

　　《君主論》正式刊行於 1532 年，但在 1557 年便因其明白的反基
督教意旨，被教廷列爲禁書（Burd, 1891: 49）。事實上，在十六世紀上
半葉，馬基維利被宗教改革各方的思想家所批判，逐漸演變出「馬基維
利主義」（Machiavellism）代表一種不顧宗教虔敬與自然法的道德準則，
用狡獪詭計遂行其政治目的的名詞（張旺山，1995）。在天主教一方，
大主教波爾（Cardinal Reginald Pole, 1500- 1558）依據傳抄流通中但尚
未刊行的《君主論》，在 1527 年左右便批判馬基維利的書，是脫離宗
教與正義觀念實行謀略（stratagem）的書籍，並將馬基維利的這種主張
稱爲「撒旦的謀略書」（Prezzolini, 1967: 198-199）。

　　雖然馬基維利主義在十六世紀上半葉逐漸演變成政治上可以爲達
目的不擇手段的主張，然而在實際上，《君主論》所主張獨立於道德與

宗教領域之外的政治觀，以及君主必須由此維持其統治地位的觀念，也被反宗教改革（Counter-Reformation）的天主教思想家所吸收轉化，其思想的結晶乃是在十六世紀下半葉所形成的「國家理性」（*ragion di stato*; reason of state）學說，其中最著名的代表作品，乃是波鐵露（Giovanni Botero, 1540-1617）的《國家理性論》（*Della Ragion di Stato*, 1589）。這本書極為成功：在作者過世前，義大利文版便刊行了十版之多，而且馬上有西班牙文、法文、拉丁文，以及較晚出的德文譯本，每一個版本都非常暢銷（Bireley, 1990: 50）。

波鐵露的國家理性說，明確地將「國家」以一種中性客觀的實存加以運用，脫離了 Hexter 所強調，《君主論》中 "*stato*" 呈現為被君主所支配、剝削的對象。在《論國家理性》一書的序言中，波鐵露指出，在他遊歷歐洲各大君主的朝廷時，觀察到「國家理性」已經成為常常被討論的顯學，但往往跟馬基維利以及羅馬史家塔西圖（Tacitus）連在一起：前者乃是關聯於統治人民的技巧，後者則源於其描述羅馬皇帝提貝流士（Tiberius）的支配技藝。對此波鐵露不敢苟同，因為「馬基維利將其國家理性建基於缺乏良心之上，而提貝流士將他的殘忍與暴政通過叛逆法（*Lex Maiestatis*）加以證成」（Botero, 1956: xiii）。

相對於此，波鐵露嘗試重新結合神聖法、基於良心的道德法，以及國家理性三個要素，可以稱之為「**反馬基維利的馬基維利主義**」（anti-Machiavelli Machiavellism），或者毋寧說是一種「**馴化的馬基維利主義**」（domesticized Machiavellism）。雖然研究國家理性學說的史家 Meinecke（1957: 66-67）以及 Viroli（1992: 352-357）均強調波鐵露以及當時義大利國家理性論者在原創性方面遠遠不及馬基維利；但從國家觀念史的角度而言，「國家理性」與同時代布丹所提出的「主權」觀念，成為形塑近代早期歐洲國家觀念的核心詞彙，卻是毋庸置疑的（cf. 張旺山，1998）。以下依序說明波鐵露關於國家理性說、統治者之德行，以及國家治理等議題，討論其對近代早期國家觀念史的貢獻。

《國家理性論》開宗明義提出了以下對「國家」的界定：「**國家是對一群人民的穩定統治，而國家理性則是關於此種支配得以被建立起**

來、並加以維持及擴充之手段的知識」（Botero, 1956: 3）。在這個定義中，「國家」作為「對一群人民的穩定統治」（a stable rule over a people），成為一個已被確立的實體（cf. Foucault, 2007: 256-257）。不僅如此，《國家理性論》預設了有統治者的國家，而統治者是製造者（artificer），國家則是其質料（material）。波鐵露進一步區分統治為「自然的」（natural）以及「取得的」（acquired）兩種，前者依賴於人民的同意或合法繼承，後者則通過金錢購買、武力征服或條約取得等（Botero, 1956: 3-4）。表面上看來，這似乎接近馬基維利《君主論》區分君主取得國家權位的途徑，但事實上預設了一個既存的國家及其統治者；而由波鐵露之後的行文可以看出，他心目中所設定的是歐洲當時既存的中等規模之君主國。

　　其次，《國家理性論》關注於政治支配被建立、維持以及擴充之手段，表面看起來這都是馬基維利式的動詞（found, preserve, extend 等），但在三者中，波鐵露強調他處理的是國家的「維持」及「擴充」，而雖然此二者與「建立」原則相同，但熟悉《君主論》的讀者將可察覺，馬基維利政治思想的激進面向，集中在政治秩序的創建；當焦點放在國家的維持及擴充時，將產生「馴化」的馬基維利。舉例而言，《君主論》中的獅子、狐狸與豺狼之喻，獅子所代表取得政治權力的武力面向，在《國家理性論》中的重要性大幅降低（Prezzolini, 1967: 219）。另一方面，馬基維利在《李維羅馬史疏義》一書中，強調一人統治有利於政治秩序（無論是君主制或共和制）之創建，但只有當維持政制的負擔交由全體公民共同肩負時，國家方有可能持續維持（D. I: 9），這是馬基維利支持共和主義的終極理由，而在其擘畫中的共和國，不但可以持續存在，而且可以向外擴張，達到集體的榮耀（D. II: 1-5）。對比之下，波鐵露的國家理性論述強調統治者所扮演的功能，如此一來，馬基維利系統中的共和主義優越性就不復存在，國家理性說遂成為絕對主義（absolutism）時期君主參照的思想資源。

　　波鐵露指出，任何國家不可或缺的基礎皆在於臣民對君主之服從，而此種服從又源於君主的德行（Botero, 1956: 13-14）。君主的德行作為

維持國家的基礎，並且克服機運的挑戰（Botero, 1956: 43）。這是一個
典型的馬基維利式論述，然而波鐵露努力地將德行論回歸到古典傳統
以及基督教義，所以提出了三組互相關聯的德行論述：正義（justice）
與大度（liberality）可以產生臣民的愛戴；明智（prudence）和勇氣
（valour）則可讓人民崇敬；宗教（religion）及節制（temperance）則
可以維護國境之中無論君主或臣民之德行不至於腐化。[4] 波鐵露關於
重新基督教化以及道德化的德行論，Bireley（1990: 54-59）已做了充分
的討論，本章不再贅述，而僅集中於波鐵露關於「**明智**」的相關論述，
因為這是國家理性學派所提出有別於馬基維利之現代國家觀念發展的
核心議題。

　　波鐵露指出：

> 首先他必須創造明智而非狡獪（astuteness）的聲譽。明智作為
> 一種德行，其功能在於找到能夠完成一個既定目標的權宜手段。
> 而狡獪雖然有相同的目標，但與明智的差別在於：在選擇手段時，
> 明智遵循高尚而非效用，而狡獪則除了利益之外其餘均不考慮。
> （Botero, 1956: 49）

　　這段文字出現於 1589 年的初版，雖然之後被刪除，但可以清楚地
看出波鐵露在構思「明智」作為政治德行時，有意與馬基維利《君主
論》的論述加以區隔，而回歸以西塞羅為代表的古典傳統（cf. 蕭高彥，
2013: 128-130）。對波鐵露而言，明智就像是統治者的眼睛，而勇氣則
是其手臂，唯有具備了明智，統治者才能夠產生好的意見與判斷來治
理國家（Botero, 1956: 34）。值得注意的是，與古典傳統和馬基維利的
思想有異，波鐵露賦予了「明智」一種認識論上的基礎：他主張政治科
學（而非道德哲學）可提供統治者良善治理的準則（rules of good

---

4　波鐵露直接列舉的是前兩組（Botero, 1956: 15-16）；此處加上第三組，依據
　　Bireley（1990: 56）。

government），而這是現代統治者所不可或缺的知識（knowledge; Botero, 1956: 34-35）。如同傅柯在其探討國家理性之演講中所述，這派學說將「知識」的概念引進了現代國家的治理，導致了關於「治理性」（governability）的重大思想變革（Foucault, 2007: 273-278）。對波鐵露而言，好的統治者一方面必須具備對於自然以及世界（歷史地理）的知識（Botero, 1956: 35），但更重要的是，他必須具有對其臣民的知識，因爲「關於臣民的性質、心靈以及特質的知識是統治者良善治理所不可或缺」（Botero, 1956: 38）。而知識的觀念，也緊密地關聯到前述他在國家理性的定義中所指出，國家理性是關於如何維繫統治之「知識」。

　　關於君主明智的德行，核心論述在於《國家理性論》第二卷第六到第八章（Botero, 1956: 41-51）。首先，波鐵露討論君主明智的行爲格律（maxims of prudence）時，強調「**利益**」（interest）的重要性：

> 應當確立在君主決策時，利益永遠會超越任何其他論證；也因此任何與君主打交道的人，都不能信任友誼、親族、條約，或任何其他沒有利益基礎的關係（Botero, 1956: 41）。

　　據 Bireley（1990: 53）的考證，「利益」概念可能是源於與馬基維利同時代義大利思想家 Guicciardini 的《反思錄》（*Ricordi*）。但無論其淵源爲何，自波鐵露開始，「國家理性」便與「君主（統治者）的利益」劃上等號，也就是說，君主必須依據國家理性的知識，找出符合其利益的最有效政策加以施行。而在《國家理性論》第二卷第六章之中，波鐵露列舉了許多君主行爲的格律，基本上都是要使其決策能夠符合最大程度的國家理性原則，而不至於在錯誤的決策中毀滅國家的根基。

　　波鐵露接著強調君主在執行其計畫（execution of plans），特別是關於和平與戰爭的計畫與談判時，必須堅守機密性（secrecy），構成了國家理性學說中，關於「**統治密術**」（*arcana imperii*）的獨特理論。這個詞彙源於塔西圖《歷史學》第一卷，描述羅馬皇帝提貝流士的統治技巧，但爲國家理性論者所大幅發展（Schmitt, 2014: 10-13）。西方政治

思想從亞里斯多德以降，便將政治區分爲審議（deliberation）、執行（execution），以及審判的基本功能（*Pol.* 1297b），而從國家理性說著重統治密術或機密性可以看出，其著眼點在於君主國的統治者，強調君主快捷有效的判斷與執行，因爲這是保持與擴張國家的基本動力。在國家理性以及利益的指導之下，君主要形成穩定的「政策」（policy），唯有通過這些政策，才能避免內亂以及外患，並克服機運的挑戰，以及擴張其國家。然而，亞里斯多德所強調的審議（以及與審議相關聯的立法功能），則爲波鐵露所漠視，幾乎未加討論。[5]

最後必須討論，在國家理性以及君主利益爲指導的「統治密術」，所欲建構的國家其**目的**爲何？波鐵露列舉三個國家目的：除了傳統已經多所討論的正義以及和平作爲國家秩序不可或缺的基礎之外，他還提出了**富裕**（plenty or abundance; Botero, 1956: 73）。而從第三個目標可以明確看出，他脫離了馬基維利君主純粹爲了維繫個人權位，或《李維羅馬史疏義》中自由的共和政體所能達到的擴張性帝國的政治想像，而完成了對現代新興的領土國家（territorial state）的論述。在國家建立後，統治者應當通過對於本國的自然環境以及人民特質的知識，創造出相應的經濟活動條件而達成國家的富裕。是以，波鐵露在分析比較農業以及工業在國家治理中所扮演的角色後，強調工業能夠帶來人民的勤奮，達到富裕的目標，也是君主應該鼓勵臣民多加從事的行業（Botero, 1956: 150-153）。

基於以上所述，「國家理性說」以君主國爲出發點，探討其統治者如何運用知識確立個人以及國家的利益，並依之而行，使得馬基維利主義，在新的脈絡之下，成爲實際上能夠引導新興領土國家發展的學說，這也是波鐵露《國家理性論》一書能風行於世的主要原因。而這派學說，與同時期開始崛起的主權論述分庭抗禮，主權論強調立法權，而強調君主的統治密術的國家理性說則發展出以**行政權**爲核心的治理藝

---

5 關於審議以及立法權在現代國家的重要性，將由同時期另一派學說，也就是以「主權」界定現代國家的法學論述（以布丹爲代表），提出深入的闡釋。此將於下一章討論。

術。這正是傅柯後期所一再強調，現代國家的本質在於，國家理性論述所發展出的「治理性」概念（Foucault, 2007: 255-306）對歐陸的「cameralism」（官房派）[6] 乃至所謂的「治安學」或「警察學」（*Polizeiwissenschaft*; science of police）產生了關鍵性的影響（Foucault, 2007: 296-303），並發展出以國內治安爲核心的治理理論，成爲十七、八世紀別樹一格的公共行政學。史特勞斯亦指出，布丹與霍布斯所發展出基於自然法的歐洲公法（*jus publicum universal seu natural*）以及馬基維利式國家理性論構成了西方近代早期兩種政治哲學之原型。前者奠基於主權概念，建構了「正當政府」（legitimate government）論述；後者則強調治理而發展出「有效政府」（efficient government）論述（Strauss, 1953: 190-191）。史特勞斯強調二者均僅僅探討現實世界可實現之政治原則，背離了古典政治哲學所追求的「最佳政體」（the best regime）理想。然而，「國家理性說」與「主權論」即使在形成期也有所互動：波鐵露顯然讀過布丹的《邦國論六書》（Bireley, 1990: 47）；而布丹不僅提出主權的論述，他事實上也提出了一套政府（government）理論，吸納了同時期國家理性說的內涵，而成爲十六世紀下半葉影響最大的政治與法學著作，此將是下一章探討的主題。

## 五、反馬基維利主義與暴君放伐論

西方近代宗教改革隨著法國宗教戰爭的激化，臣民是否可以反抗被認爲不遵守神聖法或自然法的君主，逐漸成爲一個時代性的重大政治議題。加爾文在《基督教要義》論世俗政府的卷尾篇章中，對於反抗權議題提出了如下的重要主張：

> 不管我們對人的行爲抱什麼意見，主總是藉著這些行爲來作祂

---

6　意指關於國家財政管理之學，請參閱施密特（2006: 44-45）。

的工，毀壞暴君血腥的王權，推翻專制的政府。君王宜傾聽，戒
懼。但是同時我們當極其謹慎，不得輕視或干犯長官的權威，這權
威既是神以最莊嚴的命令設立的，就是該受最大尊重的，即令它
爲最不配的人所掌有，且爲他們的不義所敗壞了。糾正暴政，雖是
神所施的報應，我們卻不能便斷定說，這是交託給我們了。因爲
我們除服從和忍受之外，並沒有受別的命令。這一個道理是我專
對私人而言。因爲今日若有長官被任命來保護百姓來制裁王權，
如古時的五長官（*Ephori*）對拉克代門人（*Lacedaimonians*）的諸
王，[7] 或民衆法官對羅馬的執政官，或市區行政長官（*Demarchi*）
對雅典的元老院施行制裁，又如今日各國三院級議會執掌權柄，
我非但決不禁止他們行使職權來反對君王的殘暴或虐政，我反倒
認爲他們若縱容君王來壓迫人民，乃是極不信不義的，因爲他們
明知自己是爲神派來保障人民自由的，卻把它欺詐地出賣了。（加
爾文，1959, 2: 269）

受到加爾文影響的新教政治論述，依循反馬基維利主義的思想理
路發展。事實上，相較於天主教陣營，宗教改革的新教一方對馬基維利
的批判並不遑多讓。法國胡格諾教派（Huguenots）的理論家詹提耶
（Innocent Gentillet, 1535-1588）在聖巴托羅繆屠殺（Massacre de la
Saint-Barthélemy）四年後（1576），刊行了提名爲《反馬基維利》（*Anti-
Machiavel*）的專書，特別強調《君主論》題獻給梅迪奇家族，而由於
當時法國太后凱薩琳（Caterina de'Medici, 1519-1589）來自義大利，必
然受到馬基維利所主張的反道德、反宗教虔敬的政治謀略觀之負面影
響。詹提耶這本書的體例，以《君主論》爲本，分出君主的諮詢（counsel）、

---

7 本章以下將拉克代門人（亦即斯巴達）的五長官（*Ephori*）翻譯爲「監察官」。
加爾文在此所提出的觀念，John McNeil 在其編譯的英文譯本中特別標註爲「保
障人民自由的憲政捍衛者」（constitutional defenders of the people's freedom），
並且在註解中說明此觀念在宗教改革時期所產生的廣泛影響（Calvin, 1960, 2:
1518-1519）。

宗教（religion）、政策（policie）三大項，整理出三十七條馬基維利主義的「格律」（maxims），而在每一條之後，詹提耶再以神學或歷史的佐證加以辯駁。詹提耶運用這個策略來塑造宗教戰爭時期的公共輿論，但也使得「馬基維利主義」蒙上了歷史的罵名（Prezzolini, 1967: 200-201）。

除了詹提耶之外，其他新教徒的作者也攻擊馬基維利。在法國宗教戰爭中，暴君放伐論的代表著作《反暴君申辯》（*Vindiciae contra Tyrannos*, 1579）亦然。該書作者署名為 Stephen Junius Brutus，現代學者一般認為係出於胡格諾教派的 Philippe Duplessis-Mornay（1549-1623），或其朋友 Hubert Languet（1518- 1581）之手（Garnett, 1994: lv-lxxvi）。這本時代的論戰冊子，由於熟練地結合了神學以及羅馬法論述，成為當時新教反抗權論述的里程碑。而英譯本出版於 1648 年，恰恰是由王政到共和轉變的關鍵時刻，其跨越法國以外的影響力由此可見。在《反暴君申辯》的序言中，馬基維利的理論被稱為 "evil arts, vicious counsels, and false and pestiferous doctrines"（Garnett, 1994: 8）。[8] 然而，該書作者超越詹提耶之處，乃是不自限於對馬基維利的批判，並且進一步探討了「君主的統治以及在其治下人民的權利必須追溯到正當而且確定的第一原則」（Garnett, 1994: 9）。通過這個方法的轉折，西方現代暴君放伐論遂由批判馬基維利主義的政治現實主義，回歸應然領域的法權世界，並且運用羅馬法傳統，探討現代國家之中君主的統治義務（cf. 孔令侃，1970, 2: 41-92），且如施密特所述，放伐論亦建構了憲政主義論述以對抗君主派的絕對主權論和馬基維利主義的國家理性論（Schmitt, 2014: 14-15）。

該書書名所運用的 *"vindiciae"* 一詞，其實乃基於羅馬法的「所有

---

8　關於該書的「反馬基維利」傾向的詳細討論，請參閱 Garnett, 1994: xx-xxii。值得注意的是，在十七世紀馬基維利《君主論》與《反暴君申辯》往往與合為一冊發行，強化了馬基維利主義與反馬基維利主義對立的意象。洛克的藏書即是此種合訂本，請參考 Peter Laslett 所整理的洛克藏書表（Locke, 1960: 141），第 54 項。Cambridge Texts in the History of Political Thought 新版（Locke, 1988）為學生版，未附此表。

權之訴」，表達出該書作者認為國家（即使是王國），其所有權人為全體
人民，而國王只不過是委託的治理者，假如國王變成暴君，那麼人民自
然有權要求其返還所剝奪的財產（Lee, 2016: 125-126）。此書環繞著當
時宗教戰爭的核心議題，提出四問：

(1) 當君主的命令違背神法時，臣民是否有義務服從？
(2) 當君主侵犯神法或破壞教會時，反抗是否是合法的，由誰反
　　抗、如何反抗、在何種限度內反抗是合法的？
(3) 當君主壓迫或要毀滅邦國（republic）時，反抗他是否合法，
　　由誰反抗、如何反抗、依據何種法律或權利反抗是允許的？
(4) 當一國臣民因真正的信仰而受折磨，或受到赤裸裸的暴政壓
　　迫時，鄰國或其君主是否有權利，甚至有義務支援他國被壓
　　迫之臣民？

對於這些重大的政治議題，*Vindiciae* 都肯定人民正當的反抗權，
並且對於反抗的理據以及程序提出了詳盡的說明。本節僅就其最富理
論涵義的論證加以闡釋，包括：（1）社會契約原型之形成、（2）人民優
位論的證成、（3）君主的職能，以及（4）暴君的種類以及反抗之道。

首先，*Vindiciae* 最具原創性之處，在於結合了舊約神學以及羅馬
法，提出了「**盟約**」（*foedus*; covenant）乃是建構國家基礎的重要主張，
雖然仍具有神學色彩（Gierke, 1939: 70-71; 施密特，2004: 106），但其
實已經鋪下了近代社會契約論的基礎。為了證成暴君放伐論的邏輯，
*Vindiciae* 依據舊約的神聖盟約概念以及羅馬王權法（*lex regia*）的模式，
設想了兩種盟約，其一是在神之前，教士、人民以及君主所定的三方盟
約，以及在世俗事務上，人民與君主訂的盟約。以下是這兩種契約的原
始型態：

> 此盟約的條文大致如下：國王以及全體人民都將以個人的身份
> 根據神法的指示來敬拜神，並共同捍衛此一信仰。倘若他們確實
> 履行盟約，神將與他們同在並且保障其邦國，若是他們沒有遵守
> 盟約，則會受到神的厭棄。（Franklin, 1969: 144）

在我們目前所討論的契約中，神（或是做爲其代表的大祭司）是
訂立契約的一方，國王和人民整體（也就是以色列）則是允諾遵守
契約的一方，國王和人民自願共同對同一件事負起義務。大祭司
問人民是否答應成爲神的子民，並且一同承擔義務，維護神的聖
殿與教會，在其中正確地敬拜神。接著，國王做出保證，人民做出
保證（此時人民的集合體有如單一個人般行動）。從誓言的措辭可
以清楚看出，他們同時共同做出了這些保證，而非在不同時間各
自做出保證。因此，國王與以色列成爲了兩個聯合簽署人，對整個
諾言負有同等的義務。（Franklin, 1969: 147）

而第二個盟約，*Vindiciae* 之後提出了更具世俗政治涵義的表述：

此一契約創立了國王。國王的創立是爲了人民，但人民並不是
爲了國王才產生的。因此，毫無疑問地，人民是訂立契約的一方，
國王則是允諾守約的一方。民法上認爲立約人的地位高於守約人
的地位。人民透過契約詢問國王是否會公正並且依據法律施行統
治，待國王做出保證後，人民方才表示，只要其命令合乎正義，他
們就會效忠於國王。因此，國王的承諾是絕對的，人民的承諾是有
條件的。假使國王沒有遵守諾言，根據相同的民法原則，人民即不
再受任何義務的約束。（Franklin, 1969: 180-181）

以舊約神聖盟約爲典範，*Vindiciae* 確立了人民、國王以及教士作
爲神的代表可以作爲契約的訂立者；而通過第二種世俗的政治契約，
進一步確立了人民是主動訂立契約的一方，國王統治的權利乃是源於
他保證會依據法律公正施行統治。在此種「**雙重盟約**」的論述中
（Franklin, 1969: 180; 曹帥，2012: 242），以後者較富理論涵義，且與
政治共同體的奠基有關。值得注意的是，第二重盟約雖然是以舊約爲
敘事的藍本，但在法理的層次，則是由羅馬法的「要式口約」（*stipulatio*）
爲基礎：在口頭契約之中，人民是作爲「要約人」的一方，而君主則是

作為「承諾人」的另一方，「後者就該提問所涉及的義務做出承諾或保證」（cf. Berger, 1953: 716; 黃風，2002: 235）後，契約便成立。換言之，在這個近代社會契約論的原型中，*Vindiciae* 並未探討人民整體如何由個人所組成，並與君主產生契約或盟約關係。事實上，舊約聖經的歷史性預設了猶太人民形成一個共同體，得以在神或大祭司之前，與未來的君主訂定盟約，而且以君主作為承諾人的角色，產生未來治理的問責性。

而 *Vindiciae* 運用盟約論述，特別是要式口約的型態，證成了「全體人民優位於君主」的「**人民優位論**」，形成了西方近代早期**民權論**的核心主張，成為現代人民主權論的重要根源。[9] 其作者對人民優位論反覆加以強調，指出：人民在時間的序列上先於國王：「人民靠自己就能生存，在過去沒有國王的時代他們一直如此，因此國王理所當然地首先要由人民任命」（Franklin, 1969: 160; 曹帥，2012: 186）。也因此，人民的全體高於國王：「既然看到是人民選擇並確立了他們的國王，那麼自然，人民全體處於國王之上；原因很明顯，被其他人確立的人處於那個人之下，從其他人那裡接受權威的人低於給他權力的人」（Franklin, 1969: 161; 曹帥，2012: 188）。於是，暴君放伐論與民權論所主張的人民優位論便得以證成：統治者雖然高於個別臣民，但人民整體卻又大過統治者。[10]

最後，對於國王作為統治者的角色，在 *Vindiciae* 也提出了基於羅馬法的說明：

儘管許多皇帝憑著野心和武力而非合法的權利攫取了羅馬帝國，並且通過他們所謂的王權法（*Lex regia*）授與自己絕對權力；

---

9　人民優位論在霍布斯的《利維坦》中得到清楚的表述：「有些人說主權君主的權力雖然比每一個臣民單獨來說大，但比全體臣民總和的權力小，此種意見，實缺乏根據」（Hobbes, 1994: 116）。對此問題，本書將於第四、五章詳細討論。

10　Gierke（1939: 154-155）仔細分辨了人民優位論的四種政治－法學樣態：大於（major）、優於（superior）、先於（prior）、擁有（dominus）。

然而，那部法律的殘冊和碑銘殘片上面清楚地顯示，授與他們權力和威嚴是爲了保護和治理國家，而不是讓暴政來壓迫和毀滅它。（Franklin, 1969: 182；曹帥，2012: 244）

　　對 *Vindiciae* 的作者而言，國王是受到人民的託付以及授權的治理者（administrator），而且運用了羅馬私法中「監護人」（guardian）的概念，來說明監護人的職權是爲了受監護人（ward）的最佳利益來行使（Franklin, 1969: 195；曹帥，2015: 280; cf. Berger, 1953: 747）。不僅如此，*Vindiciae* 的作者還激進地否定同時代批判王權的理論家以「用益權人」（usufructor; cf. Berger, 1953: 755）的概念來理解國王的職能，因爲如此一來，國王將可以隨心所欲地使用其王國及領土的利益（Franklin, 1969: 177-179；曹帥，2012:236）。總而言之，人民（而非國王）才是王國的正當所有人（*dominus*），國王僅負有治理王國的權限（cf. Lee, 2016: 134）。

　　在說明了人民與國王的盟約以及國王的治理之責之後，*Vindiciae* 進一步論述了「暴君」（tyrant）的涵義。暴君可分爲兩類：一種爲「**僭主**」（tyrant without title），另一類則爲「**行爲的暴君**」（tyrant by conduct）：前者是通過不正當的手段取得大位，後者則指無論其取得王位的方法是否正當，沒有依據法律和公正進行統治，或忽視了那些在他即位之時就受其約束的契約和協議（Franklin, 1969: 185-186；曹帥，2015: 250）。對 *Vindiciae* 的作者而言，後者才是嚴格意義的暴君，而人民依據原始盟約的精神，可以對暴君行使合法的反抗。只不過，反抗暴君並不是私人可以任意行之；而必須「**全體人民**」的集體行動方可對暴君採取放伐的政治行動，而所謂的全體人民的集體行動，必須通過其代表。*Vindiciae* 指出，人民的整體在「常態時刻」是被王國的執政官所代表，而在「非常態時刻」或者以一年爲期，則是由等級會議（Assembly of the Estates）所代表。所以當王國的統治者成爲「行爲的暴君」時，高級執政官（magistrate）便負有義務領導人民反抗，或通過等級會議來反抗暴君（Franklin, 1969: 161-162；曹帥，2015: 190-192）。

　　基於以上，我們可以說 *Vindiciae* 在宗教改革所引發的衝突與意識型態戰爭中，通過舊約聖經的敘事以及羅馬法論證，形塑了近代社會契約論述的原型，闡釋國王係由人民整體通過盟約而建立，王國屬於全體人民而非國王或其家族，官吏雖爲國王所指派，但其權威的根源在於人民與君主所訂立盟約後所產生的治理職責。國王的責任在於良善治理以及保護法律，不能以一己之私恣意妄爲。而當國王成爲暴君，則高級執政官或等級會議應該領導人民起而反抗（Franklin, 1969: 149-150）。*Vindiciae* 一方面以憲政主義精神批駁君主的絕對主權說，強調「絕對權力幾乎只能是暴君，因爲沒有人能夠恰當地行使」（Franklin, 1969: 170）；另一方面則以「君主會死亡，而人民作爲團合體（corporate body）卻永遠不死」（Franklin, 1969: 168）證成了「人民優位論」的政治神學基礎。其理想政體乃是憲政主義化的混合政體，*Vindiciae* 的作者以亞理斯多德的 *"politeia"* 加以表述（Franklin, 1969: 187）。

　　對於 *Vindiciae* 的詮釋文獻，大都承認其政治史以及思想史上的重要性，只不過對於其最具原創性之處，仍有不同見解。一方面，絕大部分學者認爲 *Vindiciae* 仍以神學政治論述爲基礎，其社會契約論述也尙未進入世俗化的樣態，所以雖然可以作爲法國宗教戰爭時期重要的理論作品，但對現代政治思想的發展，仍然需要十七世紀上半葉的思想家來完成（e.g., Gierke, 1939: 70-71）。這個傳統詮釋，近來被新起的歷史研究所挑戰。Lee（2016）在爬梳了 *Vindiciae* 的神學論述與羅馬法式論述後，提出修正主義的歷史詮釋，主張 *Vindiciae* 所提出的人民主權論，不僅僅是一個「反抗權」的主體建構，而且已經趨近於日後法國大革命前夕所建構的「制憲權」（constituent power）觀念，因爲 *Vindiciae* 首先提出了國王的位置，是由人民全體所「建制」或「構成」（constitute）的特殊主張（Lee, 2016: 142-149）。然而，筆者認爲，這個理論取向僅潛伏於 *Vindiciae* 中，將通過與布丹主權論的互動，在奧圖修斯（Johannes Althusius）的理論中才眞正發展完成，此將於下一章討論完布丹的主權理論後再行論述。

# 六、結語：人民優位論的歷史意義

　　本章從政治思想史的角度，檢視了西方近代早期環繞著「馬基維利主義」所產生的政治論述：由馬基維利本人在《君主論》以及《李維羅馬史疏義》中所蘊含完全不同的政治秩序與國家概念開始，以及「馬基維利主義」形成之後，天主教與新教思想家所分別發展出的國家理性論與暴君放伐論，而通過布丹主權概念的引入，終結於人民制憲權與君主主權的對立格局。

　　以本書意旨而言，暴君放伐論所建構的民權論乃至人民制憲權論，與絕對主義所建構的主權觀念及其理論對峙是西方近代國家觀念形成期的關鍵分野。史金納（Skinner, 2002a, 2: 387-394）指出，暴君放伐論的精義在於，個體天生擁有自然自由，唯有通過政治盟約（political covenant）方可能讓渡其個人自由予統治者。此種盟約（也就是現代政治思想中社會契約的根源）形構了一個作為「集合體」（*universitas*）的人民，這個人民集合體與君主締約，建立了界定統治者權利義務的基本法，以維護人民福祉。假如政治權威根源於政治盟約，當統治者違反基本法所規範的權利義務而成為暴君時，人民自然有權反抗。暴君放伐論主張的精髓在於「人民優位論」：統治者雖然高於個別臣民，但人民整體卻又大過統治者。史金納指出，面對暴君放伐論的挑戰，絕對主義者採取**兩種**不同的論述策略。其中一派接受人民可以通過政治盟約而與君主締約，但是認定人民的權利可以完全讓渡給君主，並且以羅馬法中的「王權法」為例，說明羅馬人民即是將其原始統治權完全讓渡給君主，William Barclay（1546–1608）為此一論述方式的代表。另一種論述策略則更具有現代性意義，乃從根本否定人民可以通過某種盟約構成一個集合體，並嘗試論證唯有通過臣服於統治者，才有可能構成人民的集合體，此分析取向主要代表人物即為布丹與霍布斯，將於以下篇章詳論之。

# 第二章

# 布丹與奧圖修斯論主權與人民制憲權

# 一、前言：主權論述對抗暴君放伐論

　　如前章所述，現代政治秩序與世俗化政治道德議題以馬基維利爲開端，挑戰了西方的基督教傳統。然而，「馬基維利革命」並非畢其功於一役，西方近代對於政治秩序的思考，最終成果並非傳統的「共和」或「帝國」觀念，而是現代主權國家（sovereign state）。這個發展由法國思想家布丹（Jean Bodin, 1530-1596）奠基。他以「主權是邦國所具有的絕對且永久的權力」這個全新的理論，爲現代政治找到了「阿基米德點」，使得國家主權得以擺脫中古自然法以及封建制度盤根錯節的網羅。通過主權者立法權的闡釋，布丹更爲絕對主義找到了新的武器，與當時由激進加爾文教派所發展出來的人民抵抗權論述正面交鋒，形成了西方近代政治思想早期最重要的理論對決。

　　史金納在《近代政治思想的基礎》中指出，研究布丹思想有兩個重要脈絡：其一爲法國宗教戰爭之中，胡格諾教派（Huguenot）在 1572 年聖巴托羅謬屠殺中遭到迫害，導致該教派從之前溫和的政治策略轉向激進，刊行大量宣傳冊子，提倡暴君放伐論，並逐漸完成近代的人民主權論（popular sovereignty）之雛形。另一脈絡則是法國十六世紀政治思想由早期有限君主制的古典理想，逐漸轉向絕對主義，而這個取向在布丹思想中集其大成，並奠定了未來君主派論述之基礎（Skinner, 1978, 2: 242-243, 253, 284ff）。

　　布丹對於同時代的暴君放伐論，曾做出如下評論：

> 那些曾論述過執政官（magistrate）責任和其他此類的書籍都錯誤地認爲，人民的等級比君主還要大。這種觀點會誘導臣民不再忠誠於他們本應服從的主權君主，所以除非君主已被俘虜或瘋狂，否則不論是什麼理由或基礎，都不會如此做。（F: 19; C: 53）[1]

---

1　本章援引布丹文本之版本及縮寫如下：

　　相對於此，他以主權的絕對性原則加以抗衡，成為西方近代早期主權國家觀念最重要的代言人。

　　本章的主旨是在思想史脈絡之中，分析布丹的主權、國家、政府以及民主論述，闡釋西方近代絕對主義所開展出的國家理論，並於最後一節論述繼承了暴君放伐論的奧圖修斯自批判布丹主權論出發，奠定了全體人民制憲權論述的基礎。


## 二、布丹論邦國與主權

　　在布丹稍早的《歷史易解方法》中，以主權觀念直接切入其政治理論的核心部分（Bodin, 1966: 172-186）；但在《邦國論六書》（*Les Six Livres de la République*）之中，布丹建構了一個完整的政治理論與公法體系，不以「主權」觀念為開端，而是由「**邦國**」（*république*）[2] 的定義切入：「**邦國可以定義為，在一主權權力之下，一定數量家庭的聚合，及其管**

---

**R**＝ Bodin, Jean. 1986. *Les Six Livres de la République,* 6 vols., texte revu par Christiane Frémont, Marie-Dominique Couzinet, Henri Rochais, Paris: Fayard. 徵引時標註章節數。

**T**＝ Bodin, Jean.1955. *Six Books of the Commonwealth,* abridged and translated by M. J. Tooley, Oxford: Basil Blackwell.

**F**＝ Bodin, Jean. 1992. *On Sovereignty: Four Chapters from the Six Books of the Commonwealth*, edited and translated by Julian H. Franklin, Cambridge: Cambridge University Press.

**C**＝ 博丹，2008，《主權論》，朱利安·H. 富蘭克林編；李衛海，錢俊文譯，北京市：北京大學出版社。

2　*Les Six Livres de la République* 一般英文翻成 *Six Books of the Commonwealth*。本章對於標題的 "*république*" 一詞譯為「邦國」，因為此概念既不能翻譯成「共和」（因為這個觀念包含了君主制、貴族制以及民主制等不同型態的政治共同體）；也不適合翻譯成「國家」，如本章以下所將論述，布丹文本中另有 "*estate*" 一詞，有時指涉等級，但在幾個關鍵文本中已經意指現代所稱的國家。基於此，筆者選擇「邦國」一詞，而非中譯本的「共同體」而已（C:1），因為 "*république*" 源自拉丁文的 "*res publica*"，指涉人民共同的事務，但是偏重於政治層次，是以「邦國」一詞最為恰當，英文的 "commonwealth" 亦然。

**理共同事務的良序政府**（R. I.1; T: 1）。這個定義包含了布丹邦國的三個元素：家庭、主權權力以及良序政府，以下依序討論。

## （一）家庭

　　布丹以「支配」來掌握新興絕對國家的本質：這個邦國的定義，預設了個人的**自然自由**（natural liberty）與**命令－服從**關係（command-obedience）之間的緊張性（R. I.3, T: 9）。對布丹而言，自然自由乃是個人除了服從自我的命令（必須是符合上帝意志的正確理性之命令）以外，不須臣屬於任何其他人的狀態（T:10）。但任何人類共同生活都必須以群體限縮自然自由，服從上位者的支配。布丹通過自然主義證成了命令－服從關係，毫不遲疑地以家庭中丈夫對妻子的夫權以及由此而生的家父長權力，來說明支配關係之原型（R. I.4; T: 9-11）。布丹指出：「家庭可以定義為一群臣民（subject）對於家父長服從，以及與家父長有關的事項所產生的良序政府」（R. I.2; T: 6）。因此，家庭其實便是具體而微的邦國，只不過缺乏後者所特有的「主權權力」面向。而布丹對於家庭內支配關係的分析，幾乎與亞里斯多德《政治學》第一書的分析如出一轍，強調四種上下從屬的支配關係，包括丈夫支配妻子、父親支配孩童、主人支配僕役（servant）以及主人（所有者）對奴隸（slave）的支配。雖然布丹對於奴隸制並沒有好感，但引進這個重要的支配關係主要是為了運用在政治場域，解釋正義之戰中征服者對於戰敗者的無限政治權力。

　　布丹所設想的政治共同體是由家庭所組成的，其中並沒有「社會」或「社會契約」的環節。家庭形成國家時，家庭的家父長在法權的層次脫離私領域，隨後與其他的家父長以平等身份成為邦國的**公民**（citizen），公民之意義為：「一個依賴於另一人主權的自由臣民（free subject）」（R. I.6; T:19）。所謂的「依賴」，是因為公民必須服從主權權力，他們的自由被主權者制訂的法律所限制。布丹明確反對亞里斯多德式共和主義公民觀所認定之服公職及政治參與係公民身份的本質

（cf. 蕭高彥，2013: 39-46），因爲他認爲這是民主國家特性，並不適用於其他政治體制（R. I:6; T: 20）。相對地，自由臣民的服從（submission）與主權者所提供的保護（protection），方爲所有邦國都需具有的基本特性，布丹稱之爲「臣民與主權者的交互義務」（T: 21）。因此，布丹的公民只是邦國主權形成後，依賴主權者、服從法律的消極身份，也就是「臣民」。

## （二）主權權力

在布丹邦國定義中，最具原創性的元素乃是「主權權力」，他在《邦國論六書》第一書第八章提出了「**主權是邦國所具有的絕對且永久的權力**」（*La souveraineté est la puissance absolue et perpétuelle d'une République.*）這個廣爲人知的定義（R. I.8; F: 1, C: 25）。[3] 布丹本人對其理論之原創性相當有自信，認爲在他之前沒有任何法學家或政治哲學家曾定義過此概念。[4] 對於主權的特性，布丹提出三種屬性：**永久性、絕對性**以及**不可分割性**（cf. Tuck, 2016: 22-30），茲分述如下：

（1）**永久性**（perpetual）：布丹首先討論永久性（R. I: 8; F: 1-7; C: 26-37），指出「主權意味著權力在力度、作用和存續時間上都不是有限的」。然而，他已經開始意識到君主制實乃由自然人行使具有位格性質的統治，而貴族以及民主制則是由一群人所形成的社團（*corps*, body）來行使統治，兩者在法權上的「永久性」完全不同。在貴族與民主政體中，主權在眞實意義上「不會死亡」；在君主制度中，主權者作爲自然人是會死亡的。然而，布丹並未如中古後期的「國王雙體論」（king's

---

3　拉丁文本的定義則是「主權是凌駕於公民和臣民之上的最高的和絕對的權力」（Sovereignty is supreme and absolute power over citizens and subjects; *Maiesta est summa in cives ac subditos legibusque soluta potestas.*），請參閱 F: 1, 註。

4　如 Franklin 所指出，布丹的原創性在於以「最高性」（supremacy）作爲理論的基設，其理論對手，自然是中古的封建主義分權式政治支配，統治者相對其下的領主有著相對的優越性（superiority），但是沒有支配者可以宣稱擁有絕對主權（F: xv; cf. Franklin, 1973: 25, 51）。

two bodies;Kantorowicz, 1957: 273ff）般，[5] 建構出一種政治性的、不會死亡的君主身體來保障共同體之持續性與穩定性。相反地，他遷就君主政體的特殊性格，將主權的「永久性」理解成爲主權者「**本人終生擁有權力**」（F: 6; C: 34），因爲在君主制中，有著高於君主的基本法規範繼承問題以及王國的不可讓渡性，以解決君權繼承時期所可能產生的權力眞空困難。

（2）**絕對性**（absolute）：這是布丹主權理論最重要也引起最多討論的議題，布丹的說明如下：

> 擁有主權的人在任何時候都不必服從他人的支配，而且必定能夠頒布適用於其他臣民的法律，並且能廢除或擱置會帶來不利後果的法律，並用新的法律來代替這些有弊病的法律──這一點是必需服從於法律的人或臣服於對自己有支配權的人所不能做到的。這也是爲什麼羅馬法會說君主不需服從法律（*princeps legibus solutus*），實際上「法律」這個詞在拉丁文中意指它是擁有主權的人所下的命令。（F: 11; C: 42-43）

從這段引文中可以清楚地看到，布丹所提出的主權者高於法律之「絕對性」有兩個面向：第一，不能被任何其他政治權力所支配；第二則是高於**實證法**：主權者可以廢止現有法律、頒布新的法律，所有臣民都需要服從；但主權者自身，由於其立法權，不受其所頒布的法律之限制（F: 11; C: 42）。

布丹關於主權「絕對性」的討論，明確標示出現代早期以絕對君主爲樞紐而建構的民族國家，其治理術乃以立法權作爲最主要的工具。相對地，在中古的神學政治觀中，由於世俗世界乃是依神聖秩序而構成，因此在世俗世界的政治與法律脈絡中，統治者的主要職能並不在於立法，而是司法：在具體的事例中將神聖法、自然法以及習慣法所蘊

---

5　關於布丹與「國王雙體論」傳統之討論，請參考 Fell（1987: 161-187）。.

含的正義與衡平加以落實（Skinner, 1978, 2: 289）。隨著十六世紀宗教
改革，此種中古的宇宙觀逐漸式微，而布丹的**立法主權論**（legislative
sovereignty）也顯示出主權者通過立法創制新的法律，以適應益趨分化
與複雜的國家事務。

（3）**不可分割性**（indivisible）：布丹的主權定義中並未出現不可
分割性一詞，然而其重要性可能超過「永久性」並僅略次於「絕對性」。
原因在於，主權的絕對性特質，唯有通過不可分割性才能駁斥混合政
體論，成為真正的一元性政治權力與國家觀。布丹指出：

> 基於同樣的推理，法學家們都承認王權（*droits Royaux*）不能被
> 放棄或讓渡，也不能因為任何時效而消滅。如果君主與他的臣民
> 共享王權，他便與他的僕役成了同伴，那麼他就不再是主權者了。
> 因為主權這個概念是不能適用於把臣民視為同伴的人身上的。就
> 如同上帝，最高的主權者，他絕不能再造一個同他自身一樣的上
> 帝。上帝是無限的，依據邏輯的必然性，兩個無限是不能共存的，
> 所以我們說君主是上帝的映象（image），如果他使一個臣民與自身
> 平等，則必然是他的權力的消滅。（F: 49-50; C: 97）

在此文本中，通過與上帝權能的類比，得出不可能有另一個具有
相同力量的主體可與主權者共享主權之結論，此即主權之不可分割性。

布丹說明了主權的三個主要屬性之後，進一步論述主權者實際的
政治與法律權能，將之稱為「主權的真正標誌」（第一書第十章）。布丹
之前的法國傳統憲政理論家，已經開始整理中古後期多元分立的法權
中何者屬於主權者所必備的權能，亦即所謂的主權「**標誌**」（*marques de
souveraineté*），原始目的在於讓一般臣民在面對這些權力的標誌時，產
生敬畏與服從的感覺（cf. F: 46; Church, 1941:195-198; Skinner, 1978, 2:
262-263, 271, 288）。

對於布丹而言，主權最重要的標誌，其實就是前述立法主權的進
一步陳述：

　　我們可以得出這樣的結論：擁有主權的君主的首要標誌就是為全體臣民制訂普適性的法律和專門適用於個別人的特別法令。但這還不夠充分，我們必需加上「（制訂法律）不必經過任何其他人的同意（consent），不論這些其他人的地位比制訂者高，與之平等，還是較之卑下」。（F: 56; C: 107）

　　布丹特別解釋，除了一般性立法之外，主權者也可以個別給予特權（privilege）；換言之，一般性立法與特權之給予乃是主權者在國家中最重要的兩個權柄。除立法主權的重要性外，布丹更特別強調主權者立法或廢除現有法律，**不需要臣民的同意**。這一說法等於推翻了中古所認為的實證法乃根源於神聖法、自然法以及習慣法的體系，而將主權者放置到神聖法與自然法之下、所有實證法之上，可以通過主權者的立法權能，制訂新法律而治理國家。

　　布丹的主權標誌理論的系統性及基源性值得注意，其它所有標誌都可以從他所定義的立法權之中推導出來。換言之，主權者的權力，不再如中古後期般由法學家在繁多的習慣法中整理歸納而得，而是確立立法權這一個全新的「阿基米德點」之後，就著主權者治理國家的需要，而系統性地發展出來（Skinner, 1978, 2: 288）。因此，布丹主張其它所有標誌都由立法權而來：

　　立法權和廢止法律的權限包含了主權的所有其他權利和特權，因為其他特權包含在主權之中，如宣戰媾和，在終審程序中審理對任何選任官判決不服的上訴，創制和廢除最高級別執政官的職位，向臣民徵稅和收繳貢奉及免稅，為規避嚴法的懲罰而實施特赦或豁免，決定貨幣的名稱、幣值和兌換比例，要求臣民和附屬諸侯宣示只盡忠於接受宣示的那個人等。這些乃是主權的真實標誌，而被包含在對所有人一般性地以及每一個個人特殊性地立法的權力，而且不接受除了上帝以外任何人的法律。（F: 58-59; C: 110-111，譯文有所修正）

　　布丹接著對於這些主權標誌提出了詳細的說明，吾人僅討論其中的「創制和廢除最高級別執政官的職位」這一項。所謂的「高級執政官」（magistrate）的權限，在法國宗教戰爭時期是一個極具爭議性的議題，因為加爾文教派主張有一些官吏是為人民而創制的，而如前章所述，暴君放伐論則主張高級執政官為人民的代表，在君主違反神聖法與自然法而淪為暴君後，可以率領全民加以討伐。事實上，布丹在早期的《歷史易解方法》中列舉的首要主權權限，正是創設高級執政官，其次才是立法與廢止法律（Bodin, 1966: 156）。換言之，通過證成指派高級執政官為主權者之主要標誌而非人民之權力，布丹否定了暴君放伐論的重要理論武器。

　　布丹雖然強調主權者因其立法權限而高於實證法，但也明白指陳主權者的立法權限並非毫無限制。依據其論述，主權之運作至少有兩個限制：第一，**自然法與神聖法**。由邦國定義中「良序政府」的元素，可以清楚地看出實證法律必須符合自然法所確立的衡平。換言之，在布丹的系統中，主權者所訂定的法律，效力雖源於主權者的命令，但其內容仍以自然法為本（F: 13; C: 45）。關於主權的第二個限制，布丹指出：

　　　對於涉及王國國體和基本體制的法律，因為它們像薩里克法（the Salic law）那樣附屬在王權上並與其合為一體，君主就不能取消這些法律。若他要這樣做，其後繼君主仍然會使這種蔑視王室法律的任何做法無效，因為這些法律是主權的基礎和支柱。（R. I.8; F: 18; C: 52）

　　這段文本在布丹的文獻中有大量的討論，而拉丁文將此處「關於王國國體和基本體制的法律」稱為**「基本法」**（leges imperii）。雖然 Church（1941: 233）指出，布丹僅將這些傳統上規範君主制的基本法視為消極性的限制，而非王權權威的積極性基礎。然而，關鍵問題在於，此處明白指陳某些關於政治體制的根本法律，乃是主權者不能撼動的。這

些稱爲「主權的基礎和支柱」的基本法，便形成布丹文獻中憲政主義詮釋的主要依據。

## （三）良序政府

布丹「邦國」定義中第三個元素——管理共同事務之「**良序政府**」（*droit gouvernement*）一詞，在 Knoll 的古典英文譯本中被翻譯爲「合法政府」（lawful government; Bodin, 1962: 1），Franklin 則翻譯爲 "just government"。由於布丹明確地區別此處所用的 "*droit*" 以及 "*loi*"（法律），前者指涉的是自然法所規範的衡平（equity），後者則是主權者之命令（R. I.8, T: 35）；是以，布丹的邦國定義中所稱的良序政府，乃指涉符合自然法的良序（*bien ordonee*, well-ordered）狀態（R. I.1, T: 2）。而「政府」則指涉主權確立以後，對於邦國之中共同事務的治理。換言之，布丹在此引進了「國家公共治理」，成爲穩固的絕對君主國的新興議題。

# 三、國家體制的二元化：「國家」與「政府」

既然布丹的主權理論有意識地對抗亞里斯多德傳統，《邦國論六書》便在第二書討論新的國體分類學。布丹主要的理論目的有二：第一，否定亞里斯多德將政體分爲六種的古典傳統，強調從主權的歸屬中只能得出三種純粹的國家體制；但爲了理解歷史與經驗世界各種繁多的國家統治型態，布丹引進另一個標準，讓國家的分類產生一種全新的比較政治學分析觀點（cf. Tuck, 2016: 11-15, 249-250）。布丹在《邦國論六書》第二書第一章開宗明義指出：

> 既然我們已經討論過主權，以及主權的權利及其標誌；吾人必須檢視在任何政治共同體之中，誰擁有主權以決定它是何種國家

（*estate*; state）：如果主權由君主一人獨享，我們稱之爲君主制國家；如果由全體人民共享，我們會說這國家是民主的；如果是人民的一小部分享有，我們便認定這國家是貴族制。（F: 89; C: 148）

在這個定義中，值得注意的是「**國家**」（*estate*）一詞。假如我們參考前節布丹對「邦國」的定義，便可察覺此處所論述的「國家」及其型態的確是由主權歸屬而決定。布丹對於三種國家體制的個別定義如下：

我們之前已經說過，君主制是一種邦國的形式。在這個制度下，主權僅存在於單一的君主身上；現在是澄清這個定義的恰當時機。我已經提過「單一」（*un seul*）這個特性，而「君主」這個詞本身也帶有單一的涵義。假如我們考慮兩個或更多的君主，那麼他們之中便沒有人是主權者，尤其因爲主權者就是不受任何人指揮而得以指揮所有人的人。如果有兩個力量相當的君主，任一方便沒有力量指揮另一方；此時他們亦無須接受彼此的命令。假若這情況令他們難以接受，他們就不該在地位上相當。（R. II.2）

貴族制是一種共同體的形式，在其中少數的公民運用主權以指揮**其餘**公民，效力亦及於個別。這和民主制恰好相反，在民主制的國家中，多數公民以整體之名來指揮較少數的公民。（R. II.6）

民主制是共同體的一種形式，在其中多數人民共同地以集體之名通過主權指揮其餘（人民），且效力及於個別。民主制國家的原則性要點顯示出，多數人民可以指揮，並擁有主權力量，其效力不僅及於個別，也整體地及於較少的人民。（R. II.7）

《邦國論六書》第二書對「國體」所做的進一步討論分類，乃依據「正當性原則」所做的理論分類與建構。表面上看來，他堅決反對亞里斯多德的古典理論，亦即在統治人數的標準之外，再依倫理標準區別

出正體與變體，從而產生六種政體。因為如前所述，他認為只要具有主權，便決定了國體。然而，布丹的國體理論並未迴避倫理問題，因為在邦國以及主權的定義中，都存在了神聖法、自然法以及衡平等倫理標準，所以，他也針對主權者究竟是否依據衡平標準來立法，提出進一步區分，產生了九種國家體制，可表列如下：

|  | 君主 | 貴族 | 民主 |
|---|---|---|---|
| 正當　Legitimate | 王室君主<br>Royal Monarchy | 正當貴族制<br>Aristocracy | 正當民主制<br>Democracy |
| 暴虐　Tyrannical | 暴君<br>Tyrannical<br>Monarchy | 暴虐貴族制<br>（派閥橫行） | 暴虐民主制<br>（混亂失序） |
| 領主式　Lordly<br>（對被征服國） | 領主式君主制<br>Lordly Monarchy | 領主式貴族制 | 領主式民主制 |

（來源：T: 56-57, 69, 111-112）

　　檢視表格最左欄的標準，可以看出布丹仍然在亞里斯多德的傳統之下進行修正，將三種純粹政體再區分為「正當」（legitimate）和「暴虐」（tyrannical）。此外，布丹加上了「領主式」（seigneurial）這個分類標準，意味著主權者對臣民的統治乃是運用主人對奴隸的支配。不過，這其實也源自於亞里斯多德《政治學》中特別用來描述非希臘社會如波斯帝王視臣民如奴隸的「專制」（despotism）（*Pol.* 1245b）。雖然布丹以「領主式」（seigneurial; lordly）而非以原始希臘文字根的 *despot* 來表示，但已經為「專制」論述，啟動了現代政治思想的分析（Koebner,

1951: 285-286）。[6] 布丹對於「領主式」政體的分析，集中在戰爭（而且必須是正義之戰）之中征服者所取得的權利，在某種程度上反映了事實性主權（*de facto* sovereignty）在政治領域中存在的不可避免性。

至於「正當性」以及「暴虐性」的區分，關鍵的議題產生在君主制之中，這也是布丹只有對君主制的三種次類型分別加以專章討論（T: 54-69）之原因。貴族與民主制雖有相同次類型命名（T: 57），但實際上僅描述其施政是否派閥橫行或民主失序（T: 69-76），而未立專章。關鍵的政治問題在於：在君主制中，當君主主權地位之取得具有正當性（即並非如前章所述暴君放伐論者所稱的「僭主」"tyrant without title"），但在行使統治時，逾越了自然法、神聖法以及基本法的限制（亦即暴君放伐論者所稱「行為的暴君」"tyrant by conduct"），臣民是否有反抗權利？對於這個關鍵性的時代問題，布丹的解決方式是：其他國家具有主權的君主，可以率領被暴君壓迫的臣民揭竿起義加以反抗；但對本國臣民而言，假如君主是絕對主權者（布丹列舉法國、西班牙、英國、蘇格蘭、伊索披亞、土耳其、波斯，以及莫斯科公國），則：

> 沒有任何環境可以允許任何一個個別的臣民，或所有臣民一起，嘗試任何反對──不管是通過法律程序或武力──其君主的生命及榮譽之事，即使君主已經犯下了所有邪惡、不虔敬以及超越想像之外的殘酷舉措。（T: 67）

是以，布丹在此所否定的，乃是在絕對主權已經建立的國家中，人民對「行為的暴君」積極之反抗權利。

布丹在理論層次的另一個重要意圖，在於反駁從亞里斯多德、波利比烏斯以降，以**「混合憲政」**（mixed constitution）矯正君主、貴族與民主制度所個別產生的弊病，並藉由「混合」與「制衡」來達成理想政

---

6　Koebner（1951: 285）指出，《邦國論六書》的拉丁文本是以 *"dominates"* 對應法文本的 *"seigneurial"*。

體的這種古典共和之理想主張（Franklin, 1991: 301-306; cf. 蕭高彥，
2013: 78-85）。對布丹而言，即使在所謂的混合憲政中，也一定能找到
主權的歸屬來確立其真正的國家型態，例如針對波利比烏斯所謂羅馬
共和的混合憲政，布丹便通過制度分析來說明羅馬共和終極而言其實
是民主制（T: 53）。而當時法權狀態紛亂的日耳曼，布丹也在選侯制以
及帝國代表議會和各獨立城邦的關係之中，梳理出其屬於一種貴族制
的結論（T: 70-72）。至於布丹最為關切的法國憲政體制，則其意旨恰恰
在於反駁如 Du Haillan（1570）所提出的混合憲政說：法國憲政由巴力
門代表貴族、等級會議代表民主，而君王則是君主元素。布丹認為此觀
點不但荒謬，而且容易引致叛亂，因為這種觀點將臣民提高到與主權
君主平等的地位（T: 54）。

在主權所決定的國家與「國體」外，布丹在《邦國論六書》第二書
第七章提出「**邦國**」與「**政府**」（government）的區別，並強調其原創
性：「我是唯一做出此種區分者，沒有任何古代人，遑論當代政治的作
者，曾經發展這樣的觀念」（T: 74）。此處的政府概念，連結到邦國定
義中的「良序政府」，意指主權者行使治理的特殊樣態，並且在布丹理
論中，首次得到完整的闡述：

> 國家和政府之間有極大的差別，後者是治理規則（*une reigle de police*），不受任何人的影響。一個國家可以是君主制，但以民主的方式治理。（R. II.2）

這個文本有兩點值得注意。首先，在主權以及國體層次中無法「混
合」的體制，通過國家與政府之區別，可以將主權與治理加以混合運
用，相對於亞里斯多德以降的古典政體論，它提出了完全不同的政治
可能性。[7] 其次，是將「政府」與「**治理**」（*police*）做出了直接關連。

---

7 Tuck（2016: 9-22）在其近作中特別強調此點，並認為開啟了近代代議民主論
之先河。

在上下文中，布丹說明君主可以用民主的方式治理，假如「他將土地、高階官職、一般官職以及榮譽等平等地提供給每一個人，無論其出身、財富或德行」（T: 56）。另外，在討論社團（corps）的管理時，布丹說明，「治理」包括了「正義的管理以及義務的分配」，可關連到前述從家庭過渡到邦國時，他反對亞里斯多德與贊諾芬（Xenophon, 431-354 B.C.）嚴格區別家計管理的「經濟」（economie）與政治共同體的「治理」之論述。他並進一步宣稱，良序家庭在這個脈絡中乃是邦國的真實形象，家計管理乃是邦國良善秩序的典型（R. I.2; T: 6）。換言之，布丹的政治理論，在確立主權以及國體之後，進一步探討「治理」的議題，並以之做爲區分政府體制的基本原則，這呼應了前章所述同時代「國家理性論」思潮，甚至提出更複雜的法學論述。8

## 四、政府治理與官職論

本章第二節討論「主權的標誌」時已經指出，在布丹早期的《歷史易解方法》中，主權的第一個（也是首要）功能乃是「創制最重要的高級執政官以及界定每一位之官職（office）」（Bodin, 1966: 172）。在早期，

---

8　在此吾人必須注意布丹運用 "police" 一詞的特殊性。這個觀念在法國憲政史有著悠久的歷史以及複雜的涵義。從 Claude de Seyssel（1450-1520）的混合憲政論中，認為法國王權有三種約束（frein; bridle），包括宗教（la réligion）、正義（la justice）以及憲政體制（la police）（Seyssel, 1981: 49-57）。Seyssel 運用 "la police" 一詞，意義包含了王國不可讓渡以及薩里克法制訂的王國必須由男性子嗣繼承兩項「基本法」；其次是習慣法的權威，特別是所有階層都接受的習慣；最後則是君王應該接受諮議的意見（cf. Skinner, 1978, 2: 260-261）。史金納指出，隨著君主力量的提升，"la police"在法國憲政的影響力逐漸式微，到了布丹的理論，則徹底將之打破（Skinner, 1978, 2: 298）。不過，史金納並沒有注意到在布丹系統中 "la police" 的概念，從原來混合憲政論述中可以約束君主的基本法與習慣法，轉變為主權國家之中政府的治理活動。傅柯強調當時義大利國家理性學派在形塑現代政府治理性的關鍵角色（Foucault, 2007: 236-237），但布丹其實比前章所述該學派代表人波鐵露的《國家理性論》（1589）更早十年就提出了政府治理的概念以及在大型民族國家中運作的模式。

布丹從羅馬法的角度思考主權問題時，選擇「最高權力」（*summum imperium*）做爲拉丁文中的主權一詞之後，進一步關切羅馬法中「高級執政官的完整權力」（*merum imperium*）之屬性，特別是生死權（*ius gladii*）及其與主權者之關係。布丹特別提出十二世紀法學家 Lothair 與 Azo 的著名爭辯：在神聖羅馬帝國皇帝亨利七世仲裁之下，Lothair 主張 *merum imperium* 只屬於君王，而 Azo 則主張下級執政官（inferior magistrates）也享有這種權力。由於 Lothair 是爲君王的權利辯護，亨利七世判定 Lothair 獲勝並賜予寶馬一匹，但當時大部分的法學家認爲 Azo 的意見才是正確的見解（Bodin, 1966: 173; cf. Skinner, 1978, 2: 126-127; Tuck, 2016: 42-44; Lee, 2016: 85-89）。對這場辯論，布丹站在 Lothair 一方，指出其立論乃源於「帕皮尼亞努斯規則」（rule of Papinian），被賦予職權的執政官，實乃執行者（executor）或正義的管理者（administrator）。布丹並從這個區別出發，指出法律必須被執行，而執行法律的高級執政官必須運用衡平（equity）做爲裁量的根源（Bodin, 1966: 174）。

　　布丹早期對於高級執政官的初步理論建構，在《邦國論六書》中發展成一套完整的官職論。他區分主權者治理的兩種官職：其一爲「**官員**」（officer），爲「一個由法律界定其常態性職權的公共人（public person）」；另一則爲「**委任官**」（commissioner），乃「一個被委任條件所界定的非常態性職權的公共人」（T: 80）。官員並進一步區分爲高階執政官（magistrates）以及下級官員（subordinate officers），只有高階執政官具有命令權（right of command; T: 90）。在這個脈絡中，主權權利以及高階執政官法律權利的區別再度浮現出來。不令人意外地，布丹主張唯有主權權利是「絕對的、沒有限制的，並且高於法律、高級執政官與所有公民」；而高級執政官的命令權則是一種「受制於法律及主權者的法律權利」（T: 92）。由於布丹對這個主張仍不滿意，更進一步重新討論前述 Lothair 與 Azo 關於生死權的論辯，問題因而被重述爲：「生死權究竟是君主所獨有而且無法從他的主權分離，所以高階執政官只有執行高級司法管轄權（high justice）的權力；抑或是此種權力乃

是高階執政官所有，因爲君主已經轉讓（communicate）給他」（T: 92）？
對這個問題，布丹進一步區分出兩個相關連的議題：

第一，官職究竟是屬於主權君主（*prince souverain*）、或其持有
者；抑或是官職屬於公共以及臣民；第二，被託付給高級執政官的
權力究竟是屬於執行此官職的個人，或此權力屬於君主個人但由
高階執政官行使，或此權力爲君主以及高階執政官所共有。（T:
92）。

布丹認爲第一個議題並不困難，因爲除了領主式君主以外，所有
的官職都屬於邦國而其安排僅屬於主權者，所以官職不屬於個人，除
非主權者特許並得到等級的同意。至於第二個議題，布丹主張高級執
政官所行使的權力完全源於該「官職」本身，絕非執政官的個人財產，
所以必須在法律的架構之中行使其職權。至於任期，布丹主張在君主
制中諮議性和司法機構執政官可以爲終身職（T: 130），但執行主權決
策的高級執政官則應有固定期限，以檢驗其工作績效（T: 131）。相對
於民主國盡量縮短官職任期以利平等參與，或暴君任用外國人，君主
制的做法趨於中道，最爲理想。由布丹的闡釋，吾人可清楚地看到，文
藝復興時代羅馬法早期的爭論，在絕對王權國家中，發展出了現代的
官職理論，尤其執政官與職位的分離，這意味著現代國家的客觀性開
始浮現，亦爲韋伯國家社會學所稱現代國家主要特徵的具體展現（cf.
韋伯，1991: 171-173）。[9]
主權國家的治理，在公共層次是通過執政官及委任官；在民事
（civil）層次，則是通過各種社團——布丹列舉了 *corps*、*colleges*、*états*，

---

[9] 從公法學的角度，施密特對於布丹理論中依據法律建立的官員以及委任官的區
分，做了系統的整理，可參閱 Schmitt（2014: 26）。他並且強調，布丹雖然提
出了主權的概念，但是在國家治理的層次，布丹的理論是法治國（*Rechtsstaat*;
Schmitt, 2014: 27）。施密特所關心的主題是布丹委任官中獨裁者（dictator）的
理論。

以及 *communautés* 等例。對此，布丹採取了兩種不同的分析進程。首
先，從發生學的角度，他分析，這些社團乃是在家庭之外，由彼此互相
的情誼（mutual affection）或信任所形成的。這種結社其實早於邦國，
所以布丹認為最早期的君主以及立法家會創立兄弟會、行會和社團等
以凝聚成員之間的情誼，使得後來的政治共同體易於管理（T: 98）。其
次，在發生學之外，布丹又從國家中法律的角度界定這些團體為「臣服
於主權權力並具有法律權利的社群組織」。在之後的討論中，布丹強調
社團可以在法律範圍之內獲得授權而處理團體內部的自治事項，用現
代的觀念來說，則是一種社會組織的自我管理。然而，相較於同時期的
暴君放伐論，特別是本章最後一節所述奧圖修斯的理論，布丹的社會
團體論刻意強調在國家與法律之下所扮演的治理功能，因而社團無法
具備基於其社會性而參與建置主權的政治能力。

## 五、布丹思想中的絕對民主論述

除了主權以及國家與政府的區分，本節將依據較新的歷史詮釋觀
點來論述，布丹在《邦國論六書》第二書中對於三種國家型態所做的理
論建構其實已經產生了另一項突破，察覺到民主國家主權的獨特性。
相較於之前的馬基維利以及同時代的暴君放伐論者，布丹作為絕對主
義主權捍衛者，反而啟動了西方現代政治思想關於民主的觀念理論創
新。當代政治思想史家塔克（Tuck, 2006: 176-185; 2016: 29-30）首先提
出了這個重要的系譜，本節將據此從政治理論的角度，分析布丹的民
主論述，以理解他對於現代民主觀念形成所扮演的角色。

布丹的主權既然是以命令與服從關係所構成，且為具有絕對性的
最高命令權，所以由主權所區分出的國家最主要的特徵，就是統治者
與被治者絕對的**分離性**，以及由上而下統治的**階層性**。由於布丹主權
觀念所嘗試理解或概念化的對象是當時法國的君王，所建構的主權觀
念當然具有濃厚的君主個人統治色彩（Franklin, 1973: 26）。然而，他卻

嘗試將此種以君主制爲原型的主權觀念，擴展到所有國家型態，也就是說，無論是君主或貴族或平民或多數平民，只要居於主權者的位置且有能力行使主權，而且他們所建置的國家在統治樣態上是相同的：主權者可以對臣民制訂一般性法律，亦可針對個人或特殊團體給予特權（privilege）。

　　由於布丹講究邏輯的完整性以及嚴密性，所以他將淵源於君主制的立法以及賦予特權等主權行使，也應用於貴族制以及民主制之中。從相關討論可以看出，他並未考慮到這兩種政體搭配其主權邏輯後，是否會產生相抵觸的理論結果。舉例而言，君主可以制訂一般性的法律，並且賦予特定個人或集體以特權，而免除遵守普遍法律的義務，這當然是君主「高於法律」最重要的標誌，也是其主權特質之展現。然而在民主制之中，難道多數人民可以制訂少數人所構成的臣民應該服從的一般法律，然後又讓臣民中的特殊個人或團體享有特權？這顯然將違反民主制追求平等以及自由的基本特性（T: 190）。

　　換言之，將絕對主義的主權觀念應用到君主制以外的貴族和民主制之中，似乎會產生理論困難。筆者認爲，或許布丹的時代以及其方法論無法完全解決這個理論困境，但是將絕對主義的主權邏輯運用到所有的國家型態之中，卻是布丹建構理論的主要企圖，也影響了在他之後持續朝這個方向發展的政治思想家，包括霍布斯。事實上，「**絕對主義式民主**」，也就是以人民主權作爲政治正當性至高無上的唯一根源，不正是西方近代政治的大趨向之一嗎（cf. Hont, 2005: 456-463, 474-492）？因此，絕對主義的邏輯與民主概念的發展並不互斥；絕對主義的邏輯甚至讓民主由古典的希臘民主以及亞里斯多德分析的傳統（即民主作爲「平民統治」的特殊階級概念），藉由絕對主義的重新形構，轉變成爲現代人民主權觀念。由這個角度觀察，布丹在「影響史」的層次，對於民主概念的發展扮演了啓動角色。

　　就吾人所關心的民主概念而言，關鍵問題在於：根據布丹思想，作爲主權者的究竟是「**全體人民**」或「**多數人民**」？從本章第三節所整理的三個國家體制的個別定義中，我們看到的是由多數所構成的「部分

人民」；但是回到第二書第一章所做的一般性定義「如果（主權）由全
體人民共享，我們會說這個國家是民主的」（F: 89; C: 148）時，可以清
楚地看到，布丹的確意識到了由「全體人民共享」主權的純粹民主國
家。

是以，布丹的部分重要文本顯示出一種「全體人民掌握主權」的現
代民主的論證。舉例言之，在討論主權無法分割，從而混合憲政論必定
是一種謬誤時，他指出：

> 主權的首要特徵性權力就是能夠給臣民制訂法律。但是如果臣
> 民也能夠制訂法律，那麼誰將是臣民呢？這樣的法律應讓誰去服
> 從呢？如果立法之人自身還要受到法律拘束的民眾們的拘束，那
> 麼誰還會有能力進行立法呢？但是**如果沒有一個特定的人能夠獨
> 享立法權，這項權力是由民眾共享，那麼毫無疑問，這必然是一種
> 民主國家**。或者說，如果我們承認人民擁有立法權和創制官職的
> 權力，但是絕不允許人民隨意干涉官吏們行使職權，那麼我們還
> 是要承認賦予官吏們的權力是屬於人民的，官吏們只不過是作爲
> 委託人（trust）才能行使被讓渡的權力。**人民有權開啓這種政治局
> 面，當然也有權結束它，所以這樣的國家將總是民主制的**。（F: 92;
> C: 153，黑體加重爲筆者所加）

這個文本的理論構成了布丹否定羅馬共和係一種混合政體的主要
依據，並且，通過重新檢視羅馬相關機構的權限，布丹得出羅馬共和乃
是民主制的結論。然而，其所提出的理據卻遠遠超過羅馬共和的脈絡，
開啓一種全新的民主想像。

另外一個更具理論意義的文本，則源於布丹討論主權者必須「高
於法律」（legibus solutus）的重要屬性：

> 但是對一個主權的君主來說，爲了更好地施以有效的統治，有
> 權凌駕於法律之上，這是十分有利的；在貴族國家中，對一個統治

者來說，這將更爲便利；**而對民主國家的人民而言，它（按指主權高於法律）則是一種邏輯的必然性**（*necessaire*）。因爲在君主政體中，君主從人民中分離出來；而在貴族政體中，貴族同樣是從平民中分離出來的。所以不論是在君主政體中，還是在貴族政體中，都分成兩派──一派是擁有主權的一人（君主）或者多人（貴族們），而另一派則是廣大的臣民或平民。圍繞著主權權利的行使，兩派間就會產生許多問題。**但是在民主政體中，這些問題就不會存在了**。因爲如果掌控國家的君主或貴族有義務維護法律，正像許多人想到的，他們未經人民或元老院的同意就不能制訂法律，從法律上而言，如果得不到二者的同意，法律也不會被進行任何修改──但**這種情況在民主政體內不會發生，因為人民是唯一的統治實體，不必使自己負擔什麼義務，完全可以按自己的意願制訂或變更法律**。（F: 24; C: 61-62，黑體加重爲筆者所加）

從這個關鍵文本中，吾人可以看出，布丹不但明確認知到全民掌握主權在邏輯上高於法律的必然性，也明白在此議題上它與君主以及貴族制的重大差異。是以，在論述君主制的優越性時（R.VI.5），布丹將君主制提升到一個制高點而對立於貴族制與民主制；但在「主權者高於法律」這個議題上，他則將民主制推到另一個制高點。對民主制而言，全體人民高於法律係一種「邏輯的必然性」，因爲統治者與被治者是合一的；但對君主制以及貴族制而言，由於在其中統治者與被治者、主權者與臣民是分離的，主權者高於法律只是一種便利性而已。也在這個關鍵的文本中，我們看到布丹的體系，將亞里斯多德在《政治學》第四書所論不受法律約束的「**極端民主**」，依據主權邏輯，建構成爲現代民主的原型（cf. Tuck, 2006: 176-177）。

另外一個相關議題，則發生在布丹處理主權的「永久性」議題脈絡中。布丹指出：

讓我們設想一下如果這項權力被授與國王的代理人以終身享

有，會是什麼樣的情況？難道這項權力不是主權性的、不是永久性的嗎？因爲如果永久性被認爲意味著永遠不會終止的話，那麼主權將不會存在了，**除非是在貴族政體和民主政體中，因為只有它們才不會死亡**。即使永久性這個詞也可以用於一個君主身上，那麼我們可以理解成不僅包括他自己而且還適用於他的子嗣身上，由於主權很少是由世襲而獲得的，所以現在只有幾個爲數不多的主權性君主。那些經選舉取得王位的尤其不應看做是主權者。所以我們必須把「永久性」這個詞理解成「本人終生擁有權力」(F: 6; C: 34，黑體加重爲筆者所加）

本章第二節已經指出，布丹將主權的「永久性」理解爲「本人終生擁有權力」，這個觀點係特別屈就於君主制的特殊性。但在這個文本中，布丹指稱在民主制以及貴族制之中「**主權者不會死亡**」。其中的關鍵問題當然在於，在貴族制與民主制之中，是由部分或全體人民所構成的「**團體**」(corp; body) 握有主權並實行統治，除非國家滅亡，或產生政體的變革，否則主權者永續存在。相反地，君主制的主權持久性被定義爲集於君主的一身時，君主繼位之間就必然產生王室缺位以及法權斷裂 (interregnum)，所以布丹必須通過長子繼承的基本法來解決這個棘手的問題 (R.VI)。布丹的文本所未曾直接面對的是，當人民全體作爲一個「團體」而掌握主權時，此種民主將是一個自我構成的整體，而且是一種主權永續存在的國家體制。

表面上看來，布丹並未對絕對民主制的邏輯做進一步的探討；但他在說明君主制的形成假如是通過人民的選擇時（F: 4-7），其實已經在具體的事例當中闡述了此種理論可能性：

讓我們設想一種情況：如果人民選擇一個或幾個公民，給他們絕對的權力來治理國家，自由統治，不必受到他人否決權的約束，也不必擔心自己的裁判會受到任何申訴，雖然這種制度安排每年都要再重新認可一次，但難道我們不應說這幾個公民擁有主權

嗎？因爲除上帝外，他們不承認任何人比他們的權力更大，毫無疑問他們是主權者了。然而，我認爲他們並不擁有主權，因爲他們只是被信任而在特定時期行使權力的受託人。所以**在特定時期，人民選出一位或多位受託人行使絕對的權力，但並沒有放棄自身的主權。即使人民慷慨地沒有事先規定期限，而是根據自己的意願收回權力，也不能表明人民要放棄主權。在上述每一種情況下，受託人都沒有獨立的地位，他必須對擁有最終支配權的人所賦予的官職負責**，而作爲一個主權者的君主，他只向上帝負責。（F: 4; C: 31，黑體加重爲筆者所加）

這個表面上特殊的個案，其實是當時的暴君放伐論者所力主的「人民優位」論，以及君主統治權源於全體人民的論證。然而，布丹對於這個論述，一方面並沒有否定它，另一方面卻也沒有將它標舉爲具有基源性、能夠產生政治正當性的唯一可能途徑。他的論述策略是將之「相對化」，也就是承認全體人民作爲主權者可以將主權託付給君主或少數貴族實施治理，而未曾將主權讓渡給治理者或託付者。但這只是民主國家的特殊型態，布丹拒絕將它作爲唯一的正當性根源。是故，非基於民主之基源性所產生的世襲君主或長期壟斷的貴族制，只要他們符合擁有主權絕對性的樣態，便構成主權者。但這個文本仍然顯示出布丹認知到「絕對民主」的可能性。

這些處理具體法權的文本，誠如施密特（Schmitt, 1985a: 8-9）所述，有時往往比布丹的形式定義還來得重要，因爲這顯示出在法權有矛盾或衝突時，布丹的眞實意向。而在以上所引文本中，吾人清楚地看到，「**人民整體**」（people as a body）可以擁有主權，並且可自行決定是否讓渡給君主，或者僅僅指派有限期的委任管理者。換言之，布丹的文本顯示出，他並未否定暴君放伐論者所述全體人民可以構成一個集合體（*universitas*）之論述，否則他們不可能共同擁有主權，或將之讓渡出去。然而，相對於同時代的暴君放伐論者以及其後的霍布斯，布丹並未對「人民作爲一個集體」如何建構的議題提出充分的說明。

　　由於歷史的限制，布丹尚未發展出此種絕對民主的完整概念；然
而，基於以上相關文本的線索，可以看出此種民主大體上有三個屬性：
第一，無論是全體或多數人民掌握主權，都是以整體的形式，公民會議
也構成了法律上的社團，從而，相對於君主會死亡的自然軀體，「人民
永不死亡」。第二，布丹已經注意到具有統治者與被治者的同一性的民
主和其它政體間的差異。在君主以及貴族政體中，主權者高於法律僅
是對統治者有利的，但在民主制中，這樣的規定對於做為統治主體的
人民來說，乃是符合邏輯的必然性，因為在前兩種政體中，主權者由人
民之中分離出來，所以在其國家中，此二者勢必分成兩派。但是在民主
政體中，這種對立的問題不復存在，「因為人民是唯一的統治實體，不
必使自己負擔什麼義務，完全可以按自己的意願制訂或變更法律」。第
三，布丹在說明羅馬的混合政體其實是人民擁有主權的民主制之後，
提出了以下論辯：假如人民選出一個或幾個公民，賦予他們治理國家
的絕對權力，不受其他人的否決權所約束，其裁判也沒有申訴的管道，
這樣的制度究竟是民主，還是主權已經讓渡給掌握權力的少數人？布
丹的討論清楚指出，只要有任期，被託付行使絕對權力的統治者，頂多
只能稱之為「主權性執政官」（sovereign magistrate），在任期結束之後，
仍要為其行為向人民負責，所以人民保留主權，而由主權性執政官來
實行治理。

　　以上三個理論元素，只是出現在布丹思想系統中的潛流，尚未構
成完整的理論體系。然而，民主的基源性格以及統治者與被治者的同
一性這兩個面向，將在霍布斯的理論中得到系統性地建構；而布丹所
指出的人民委託主權性官吏來統治的體制是屬於民主制或君主制，也
將在霍布斯的早期著作《論法律元素》以及《論公民》中再度出現。


## 六、奧圖修斯的人民主權與制憲權論

　　Salmon（1987: 135）指出，主權的概念或許是布丹與暴君放伐論

者論戰之中所產生的「基於特殊環境之命題」（*these de circonstance*）；
但《邦國論六書》一書卻不只是環境的產物而已，更是布丹深厚歷史法
學素養所建構的完整體系。在布丹建構了絕對主義的主權邏輯後，不
可免地也會影響到對立陣營，亦即暴君放伐論者的人民優位論。奧圖
修斯在 1603 年便將暴君放伐論的思想法學化、體系化，並且在接受布
丹理論出發點（任何一個邦國都需要有最高的主權權力）的同時，將人
民優位論推往另一方向的制高點，完成了人民主權以及制憲權理論。

　　奧圖修斯主張，無論基於理論層次或歷史經驗，國家及其最高權
力的形成，都需要有更廣泛的理論架構方有可能恰當地討論（cf. Lee,
2016: 228-229）。基於此，奧圖修斯將他主要的論著取名爲《政治學》
（*Politica*），副標題強調以系統方法闡釋並佐以神聖與世俗範例，其初
版序（1603）對此做了清楚闡釋。他認爲布丹寫作的方式是法學論述，
其意旨在於從事實（*factum*）中推出法權（*jus*），並由此路徑，討論主
權權利（*jura majestatis*）；相對地，政治學的取徑則更爲重視事實層面，
所以在主權的議題上，奧圖修斯著重的是「主權之根源」（*cupita
majestatis*; sources of sovereignty; Aluthusius, 1995: 5-6）。如此一來，就
回歸亞里斯多德古典傳統，探討人類作爲政治動物如何形成不同層次
的共同體，終極目的則爲實現自足的良善生活之城邦。只不過奧圖修
斯基於中古後期的唯名論（nominalism）與意志哲學，以及加爾文教派
的宗教與神學背景，所以用「同意」（consent）以及「協議」（agreement）
作爲人類結群的基礎。

　　奧圖修斯基於人類的社會天性，以「**結合**」（*symbiotia*）作爲結群
或結社（*consociatio*）的基本動機，由近及遠，通過各種協議、盟約和
契約建立了家庭、社團、城邦、州等結社，最後結合爲具有政治主權的
共同體（Althusius, 1995:17）。他將「邦國」（*regnum*; realm）[10] 稱爲「**普**

---

10　奧圖修斯往往混用 *politia, imperium, regnum, respublica* 這幾個詞彙（如
　　Althusius, 1995: 66），但以 *regnum* 最爲常見。筆者採納 Friedrich（1932: lxxxix）
　　的主張，這是其政治思想中關於政治共同體的核心語彙，與現代「國家」相近，
　　故譯爲「邦國」。

遍性共同體」（*universalis consociation*; universal association），意指「完
整意義的政治體（*politia*），……在一個一元性的法權之下，人民通過
許多結社以及特殊團體，而以協議結合成單一的共同體」（Althusius,
1995: 66）。奧圖修斯對普遍性共同體的定義，若對照於布丹對國家的
定義：「在一主權權力之下，一定數量家庭的聚合，及其管理共同事務
的良序政府」（Bodin, 1986, 1: 27），即可顯示兩者的重大差異。奧圖修
斯承認政治共同體有一種終極的主權權利，也就是國家統治的普遍權
力（universal power of ruling; Althusius, 1995: 69）。關鍵問題在於，此
種普遍性的統治權力之歸屬，以及如何運作。與布丹不同，奧圖修斯強
調**社會**（*societas*）層次之結群是法權與政治權力之根源（Althusius,
1995: 66），否定主權具有高於法律之絕對性（Althusius, 1995: 71）。他
主張終極的主權權利不可能屬於統治者或任何部分成員，而只能屬於
「作為邦國結社成員的整體人民」（*populus, seu membra regni
consociate*; the people, or the associated members of the realm; Althusius,
1995: 70），並且強調「邦國的所有權屬於人民，而其治理則屬於國王」
（Althusius, 1995: 66）。[11] 至於主權之運作，奧圖修斯指出：「**作為邦
國結社成員的整體人民，擁有建立邦國之權利（*jus*）以及束縛自己於
此種權利的權力（*potestas*）**」（Althusius, 1995: 70）。基於這個理論取向，
奧圖修斯對布丹提出了直接的批判，認為布丹所謂高於法律的絕對主
權者，只是一種暴政，因為政治共同體的最高權力只能被普遍性共同
體所擁有（Althusius, 1995: 72）。從這個全體人民所擁有的基源性主權
權力中，才產生了國王、君主或其他執政官；而因為他們是「被構成」
的（constituted），所以可以被指派、取消職位甚至流放。

　　在論證主權屬於全體人民或由人民所組成的普遍性共同體後，奧
圖修斯進一步討論在國家中，如何落實人民之諸種權利，也就是權利
的「**執行**」（administration）議題（Althusius, 1995: 79-84, 92）。他主張

---

11 如同 Friedrich（1932: xc）指出，奧圖修斯的語彙以及論述的關鍵在於將「人民」
　　以及「邦國結社成員的整體」等同起來，所以將產生主權究竟是歸屬於「人民」
　　還是「國家」（邦國）的歧義。筆者持前一種詮釋，但理解兩種詮釋均有可能。

邦國的官吏，乃是由人民整體所選任，從事普遍性共同體中權利的維護與治理工作。基於其加爾文教派的背景，奧圖修斯將行政執政官區別爲「最高執政官」（supreme magistrate）以及「監察官」（ephor）兩種職位（Althusius, 1995: 99）。「最高執政官」是當時憲政論述的核心語彙，基本上指涉王國中的君主以及高級執政官；「監察官」則如前章所述，是加爾文在《基督教要義》卷尾所提出的觀念。奧圖修斯簡略地討論了加爾文的文本並加以落實，指出在邦國之中，監察官乃由全體人民依據該國的習俗與法律所選任，而賦有五項職責：（1）「建置」（constitute）最高執政官、（2）約束執政官在其官職職責之內行使權力，不得逾越、（3）在政治權力輪替的時刻，作爲最高執政官的託付者（trustee）而行使執政權力直至新執政官選出爲止、（4）放伐那些成爲暴君的最高執政官，以及（5）捍衛最高執政官合法的權利（Althusius, 1995: 103）。在這些議題上，吾人可以看出，在奧圖修斯的思想中，通過加爾文的政治神學，轉化出一種可與最高行政權相抗衡的監察權之獨特政府論，可以視爲現代政府權力分立論的根源。

論述完監察官後，奧圖修斯才討論最高執政官之「建置」或「構成」（constituting）。在這個議題上，他完全採用前章所述《反暴君申辯》的雙重契約中之第二約：人民作爲要約者，最高執政官則作爲允諾守約方，通過交互的契約，而建置了最高執政官。換言之，執政官的治理，乃是基於人民通過契約的授權（contractual mandate）。[12]　而在詳細

---

12　在這個脈絡中必須提出一個政治思想史的關鍵議題：在基爾克（Geirke, 1939: 102）的詮釋中，奧圖修斯乃是第一位將現代社會契約形式理論化的思想家。然而，Friedrich（1932: lxxxiv, 註 6）已經指出，這個論斷似乎缺乏文本的論據。的確，在基爾克論證的過程中，他所謂的奧圖修斯的社會契約論，乃指全書卷首關於「結群」或「結社」的論述，但在該部分的文本中，其實並未出現社會契約的具體論證。而在討論最高執政官之建置所運用的契約觀念，則仍然是基於 Vindiciae 的第二約，也就是中古後期傳統思想中的「統治之約」（Gierke, 1939: 91-98）。換言之，奧圖修斯並不能稱之爲現代社會契約之始祖；他真正的思想貢獻，是確立了主權歸屬於全體人民及其結社，並且通過統治契約，建置了最高執政官。事實上，奧圖修斯的結社理論，解決了在 Vindiciae 之中

描述執政官建置的過程時，他引入了監察官的選舉作爲必要的程序之
一（Althusius, 1995: 123），也呼應了前述監察官關鍵的職責之一。不僅
如此，奧圖修斯還強調，在建置最高執政官的契約中，某些核心的權利
並未讓渡給執政官行使，包括捍衛抵禦暴力侵犯的權利以及糾正錯誤
君主的權力，因爲國家最高的權利永遠爲普遍性共同體所有（Althusius,
1995: 125），雖然最高執政官「承載並代表邦國之人格（person）」
（Althusius, 1995: 132）。值得注意的是，奧圖修斯的主權論之理論取
向，導致他並沒有依據主權來討論國家政體種類，而是在全書卷尾，方
以最高執政官類型的論述，區分君主制（monarchy）與**多元政體**
（polyarchy），後者意指最高執政官不只一人，從而包含了傳統的貴族
制與民主制。[13]

　　建立執政官後，國家治理包含了俗世以及宗教兩個面向的治理。
在前一議題上，奧圖修斯吸收了同時代國家理性論者（包括波鐵露以
及 Justus Lipsius [1547-1606]）關於治理的基本主張（cf. Althusius 1995:
135, 149, 152），並以「**政治明智**」（political prudence）作爲執政官所需
具備的能力，即需要理解國家法律、人民的特性，以及政治治理的原則
等（Althusius, 1995: 135-158）。而奧圖修斯也秉持民權論之精神，強調
全體公民會議（universal council）或議會，應通過多數決原則審議邦國
福祉的相關議題，其權威高於執政官（Althusius, 1995: 153）。此外，宗
教事務也構成公共權力運作的另一重要領域，在此脈絡中，他運用「宗

---

所未曾面對的課題，即「人民集體同一性如何產生」的關鍵議題，但尚非屬社
會契約論。

13　雖然奧圖修斯沒有做出「國家」與「政府」的區別，但他對最高執政官類型的
討論，以之後思想史的進程而言，意味的是政府層次的政體論，從而可以視爲
盧梭理論的前身（對盧梭而言，主權只能存在於社會契約所構成的普遍意志，
以及表達此意志的公民大會，一切依據普遍意志統治的國家都是正當的，也就
是共和；只有在《社會契約論》第三卷的政府論層次，才有君主、貴族，以及
民主制的區別）。Gierke（1939: 18）已經強調奧圖修斯對盧梭可能的影響，而
他所舉證的《社會契約論》篇章，包括了第一卷 4 及 6 章，第二卷 1-2,4,7 章，
以及第三卷 1,3,10-11,16 章等（Gierke, 1939: 28 註 19）。不過，Gierke 也強調
這僅僅是「可能」的思想史影響。

教盟約」（religious covenant）的概念，重述了《反暴君申辯》中「雙重契約」之第一約，但奧圖修斯強調監察官作爲人民的代表，與最高執政官締約，成立了這個國家與人民侍奉上帝的形式（Althusius, 1995: 162-163）。

在以上執政官之建置以及宗教事務的管理上，都顯示出《反暴君申辯》的深刻影響，並且被奧圖修斯轉化爲政治學體系的要素。不令人意外地，當最高執政官違反其統治契約或宗教盟約的託付時，人民有權力反抗甚至加以放伐，而在這個過程中，監察官扮演了體制內領導放伐暴君的關鍵角色（Althusius, 1995: 193），也完成了加爾文教義下的反抗權憲政理論。

基於本節論述，奧圖修斯所提出的政治共同體之最高的主權只能屬於全體人民的論點，成爲現代人民主權論之原型。而其運作（「建立邦國權利以及束縛自己於此種權利的力量」），以當代政治理論的觀點加以詮釋，則趨近一種「**制憲權**」（cf. Friedrich, 1932: xci）：全體人民有權力建立一套憲政基本法，一方面約束所有成員，另一方面當然也束縛統治者。也唯有在這個架構中，才有可能產生 Holmes（1995: 108, 134-177）所提出的憲政主義原則：「爲了賦權（empowerment）所做的自我設限」。[14] 擁有終極主權的全體人民，通過自我設限的制憲活動產生邦國的「基本法」（*lex fundamentalis regni*; Althusius 1995: 128），亦即憲法（Friedrich, 1932: xci），而統治者（最高執政官）僅作爲受託付的國家管理者，因爲此種終極的主權權力將永遠在所有人民的手中。在政府與治理層次，奧圖修斯以加爾文所提及之斯巴達監察官爲本，論述了能夠制約君主或最高執政官濫權的制衡機制。

---

14　Holmes（1995: 108, 113-120）主張此爲布丹之理論觀點，筆者認爲其分析缺乏充足的文本理據。說奧圖修斯乃此種憲政論述之首倡者，則較無爭議。

## 七、結語：絕對主義的現代性

　　傳統的政治思想史研究認爲，布丹一方面提升國王作爲主權承載者（即絕對主義式的政治擘劃），但同時又保持某些法國憲政傳統（如所謂「基本法」的限制），結果，這些研究演變出絕對主義（如 Gierke, 1939: 158; Schmitt, 1985a; Sabine, 1953: 407-411; Franklin, 1973; Skinner, 1978, 2: 242-284-301）與憲政主義（如 Church, 1941: 212-245; McIlwain, 1939; Franklin, 1991, 2001;[15] Lee, 2016: 159-224）兩種對立的布丹詮釋。對此議題，筆者主張，兩種思想史線索與文本證據誠然都存於布丹複雜的體系中，但仍應以絕對主義爲主軸。

　　本章分析了布丹在對抗暴君放伐論的論戰中，提出主權概念作爲「邦國所具有的絕對且永久的權力」，並使主權成爲絕對主義者的新武器。而他通過闡釋永久性、高於法律的絕對性以及不可分割性三個主權之屬性，推翻了西方古典傳統的混合憲政理論，開創現代政治秩序論的核心範疇。本章並指出，除了這個政治思想所熟知的原創性以外，布丹之區別「國家」與「政府」，標示著他一方面運用主權來界定現代國家的基本特質，但另一方面又吸收了同時期國家理性論的治理觀點，從而發展出符合自然法的「良序政府」，也就是國家公共治理的重大議題。此外，本章也自布丹主權論述的絕對主義取向中，依據其文本爬梳一種「絕對主義式民主」之可能性。雖然這在布丹思想中僅爲一潛流，但隨著現代性的進程，將逐漸成爲西方政治思想之重要議題。最後，筆者於第六節說明奧圖修斯基於法權論述，徹底轉化暴君放伐論，從整體人民所構成社會爲基礎，主張全體人民擁有建立邦國的法權，以及束縛自己於此種權利的權力。這個理論鋪陳出現代人民主權論以及憲政主義的基礎，隨著時間的進展，將發展爲國民制憲權的理論。但

---

15　Julian H. Franklin 後期詮釋傾向於憲政主義（Franklin, 1991; 2001），有異於前期所強調的絕對主義（Franklin, 1973）。Franklin 在 1970 的詮釋在學界相當有影響力，但他本身之詮釋觀點過份傾向基爾克（Geirke, 1939）的國家人格論，所以對布丹往往提出並不公允的外部批判。請參閱 Tuck（2016: 30-33）之評論。

在建構以人民爲主體的普遍共同體之後，奧圖修斯仍依循布丹的政府理論，通過執政官來執行維護人民之權利，並創設監察官的概念加以制衡。

基於以上分析，可以觀察到西方現代絕對主義的兩種全新樣態：國家統治者主權的制高點之絕對性，以及全體人民在建置或構成政治體時刻的優越性。從思想史的角度而言，是在布丹通過主權論述打造統治者之絕對性後，經奧圖修斯的改造，才發展出這種「全體人民擁有最高的主權權利（或制憲權）之絕對性」的論述。這兩種絕對性將影響其後的歷史進程，成爲西方現代政治價值系譜的重要元素。在此意義上，布丹隱微的絕對民主論逐漸產生了關鍵性影響，可以說，布丹的創新乃是打開了「潘朵拉的盒子」，因爲在此之前，亞里斯多德傳統中可以相互結合的憲政與政治統治，都將隨著兩種絕對性的興起而產生不穩定的結構，並隨著歷史進程產生兩個新的矛盾：在民主政治中，乃是人民主權與憲政主義的矛盾；而人民主權又通過雅各賓主義邏輯（logic of Jacobinism）與威權政治結合，產生洪特所述「民族國家的永存危機」（permanent crisis of nation-state; Hont, 2005: 474-492, 508-528）。這些矛盾在不同的歷史脈絡中形構政治力量，迄今仍是現代政治有待解決的根本課題。

第三章

格勞秀斯論自然權利、
人民與國家

## 一、前言：國際法宗師思想中的國家理論

　　格勞秀斯（Hugo Grotius, 1583-1645）是荷蘭近代早期重要的政治思想家，被法王亨利四世稱爲「荷蘭的奇蹟」（miracle of Holland），公認爲近代國際法思想體系的締造者。他在歐洲的聲名，源於 1604 年的著作《海洋自由論》（*Mare Liberum*），此乃他爲荷蘭東印度公司所撰寫的法律辯護：1603 年 2 月，荷蘭東印度公司的船長在新加坡海峽查封葡萄牙的一艘商船 Santa Catarina 號，其中貿易品價值不斐，在阿姆斯特丹出售時，總價僅略低於當時英格蘭政府的平均歲入，而超過了英國東印度公司資本額的兩倍（Tuck, 1999: 80）。當時格勞秀斯爲荷蘭東印度公司的立場辯護，提出了海洋自由以及正義戰爭理論，主張葡萄牙之前在亞洲的剝削行爲並不符合正義，而荷蘭東印度公司所從事的則是正義之戰，因此，戰爭的戰利品乃是該公司的合法所得。《海洋自由論》爲格勞秀斯博得了極大的聲名，他在撰寫本書時，同時完成《論捕獲法》（*De Jure Praedae Commentarius*; *Commentary on the Law of Prize and Booty*），[1] 系統地處理了相關法律與政治理論議題，不過本書在格勞秀斯生前並未出版，一直到1865 年手稿才被重新發現（JPC: xiii-xvii）。

　　眞正確立格勞秀斯學術地位的，是其巨著《戰爭與和平法》（*De Jure Belli ac Pacis*; *On the Law of War and Peace*, 1625），本書奠立了近代國際法的思想基礎。其著名的〈前言〉（*Prolegomena*）開宗明義即明言，他將嘗試處理基於自然、神聖律令、習俗，以及默示同意等四個基礎所推導出的關於國家之間或國家統治者之間的相關法律（JBP, Prolegomena: 1）。這個源於國際法的關懷，由於格勞秀斯旺盛的企圖

---

1　本章縮寫如下：

**JPC**= *De Jure Praedae Commentarius* (Hugo Grotius, *Commentary on the Law of Prize and Booty (De Jure Praedae Commentarius)*, tran. G. Williams, Oxford: Clarendon, 1950.

**JBP**= *De Jure Belli ac Pacis* (Hugo Grotius. *On the Law of War and Peace ( De Jure Belli ac Pacis)*, tran. F. W. Kelsey, Oxford: Clarendon, 1925.

心，使得他修正了古典自然法傳統，結合布丹的主權觀念以及社會契約論述，成爲布丹之後霍布斯之前影響力最大的政治思想家。

格勞秀斯思想的重要性，可從盧梭的評價得到證實。在《愛彌兒》第五卷，當教導愛彌兒政治知識時，盧梭提出了三位思想家：格勞秀斯、霍布斯，以及孟德斯鳩。他認爲一方面大家把格勞秀斯捧上天，另一方面則把霍布斯罵到狗血淋頭，但這「正好證明根本就沒有幾個明理的人讀過了或理解了這兩個人的著作。事實是，他們兩個人的理論是一樣的，只不過各人使用的詞句不同罷了」（Rousseau, 2010: 649）。不僅如此，格勞秀斯的論證是盧梭《社會契約論》卷首數章中最常引述並批判的理論對象，而第四章討論奴隸制時甚至完全針對格勞秀斯的論證。這個思想史事實，說明了格勞秀斯對西方現代政治價值發展的重要性。

本章以下討論將以格勞秀斯的國家理論爲主。他將古典自然法轉變爲現代的自然權利，由權利主體的角度探討現代國家的主權觀念，並批判十六世紀末葉暴君放伐論的民權論。然而筆者也將進一步論述，格勞秀斯雖然明確批判民權論述的基本邏輯，但是其國家觀念仍將人民整體預設爲一個「政治體」（body politic），而這個民權論的潛流，在經過系統性重構之後，可顯示出格勞秀斯在十七世紀初葉，即運用社會契約論將「絕對主權」以及「人民整體」兩種思想進程結合起來。格勞秀斯的思想將在霍布斯的系統當中得到進一步發展，而其本身理論體系的原創性值得深入探討。

## 二、從自然法共和主義到現代國家

一般認爲，格勞秀斯是從中古自然法傳統過渡到近代自然法，特別是自然權利概念的分水嶺（Tierney, 1997, 316-342）；然而，學界也有不同的詮釋觀點。例如史特勞斯學派便認爲，近代政治思想關於「自然權利」（natural right）的轉變，根源於霍布斯的政治思想，並且引用格

勞秀斯將「自然法」定義為「合宜理性的命令」（dictate of right reason; JBP. I.I.10:1），而與霍布斯「自然權利」的觀念相對比（Strauss, 1963: 157; Cox, 1987: 388）。然而，近年來對格勞秀斯理論的思想史研究則指出，他在對「自然法」（*jus naturale*）的討論中，賦予了 "*jus*" 全新的涵義。[2] 此一思想史上的創新，最佳的對比其實是格勞秀斯本人早期的思想；換言之，他早期未曾發表的《論捕獲法》的〈前言〉，若與《戰爭與和平法》作比較分析，即足以彰顯其思想之變化（Brett, 2002: 47-48）。

《論捕獲法》的前言雖然篇幅不長，但是可視為結合了自然法與公民共和主義所形成的一套完整「政治哲學」（civil philosophy）。[3] 格勞秀斯本人明確表示，自己受了西塞羅以降公民人文主義關於政府技藝（art of civil government）的影響，並且要將這種技藝追尋到自然本身（JPC: 7）。進一步而言，他所採用的方法，是先建立真正具有普遍性的「一般命題」，再運用邏輯加以推論，最後再應用到具體案例。在這樣的方法意識下，其〈前言〉論述了九條規則（rules），並且同時討論相關的十三條自然法（JPC: 8-30）。[4] 仔細爬梳格勞秀斯這部分的論述，將建構一個由個人自保與取得財產為根源，逐步發展到社會、建制邦國（*res publica*）、設立執政官，乃至依法治理的完整圖像。格勞秀斯認為第一條規則是「**上帝所顯示的意志即為法律**」，而在這個規則中的「法」，乃是上帝依其權柄的命令。由於人是受造物，上帝亦賦予人類持續存在的必要性。由此所得出的自然法有二：**自保的正當性**，以及

---

2　如 D'Entrèves（1955: 48-63）所分析，拉丁文 *jus* 一詞如同法文的 *droit* 以及德文的 *Recht*，均有客觀行為準則（*norma agenda*; the rule of action）與主觀權利（*faculta agenda*; the right to act）兩重涵義，但是英文則嚴格區分 law 和 right，沒有統合性的詞彙。近代自然權利論基於理性主義、個人主義，以及激進主義三種理論取向，開創了現代革命精神。爭論之關鍵乃是現代自然權利說之起源。

3　"Civil philosophy" 以及以下 "civil power" 等詞彙不易翻譯為中文，筆者譯為「政治哲學」以及「政治權力」。依據 Koselleck（2002: 210-213），在中古後期 *civis* 泛指權力行使者，包括公共領域及家庭之內。但隨著西方近代國家與社會變遷，自十八世紀以降在法律、政治，以及社會等層面都因為環境變遷而產生意義變化。最後在黑格爾系統中成為「市民」的現代意義。

4　英譯本附錄 A 整理了這些規則與自然法的條文（JPC: 369-370）。

對人的生命有效用（*utilitas*）的事物，可以通過占有（*possessio*）成為
人類的財產（*dominium*）；這兩者構成了最基本的自然法（JPC: 10）。
其次的規則是「依據人類共同同意（common consent）所顯示，所有人
的意志即為法律」（JPC: 12）。這條規則將重點放到人類自身的共同同
意面向，而這就是人類社會的根源（JPC: 14）。在社會生活——格勞秀
斯將之稱為「**普遍社會**」（universal society; JPC: 19）——中，以正義
（justice）為核心，遵循兩條自然法：惡行必須被矯正，善行則應當受
到獎賞。值得注意的是，在此種社會中，每個個人都擁有「自由」或
「自然自由」（natural liberty）：上帝造人乃是使其「**自由並有自主權**」
（free and *sui juris*），[5] 亦即每個個體要如何使用其財產，乃是依據其
個人而非他人之意志。格勞秀斯並強調：「自由相對於行動，等同於所
有權相對於財產」（JPC: 18）。

　　關鍵的理論發展，在於自此種「普遍社會」中建立起政治共同體。
社會成員雖然依據正義原則而行，但是尚未有完善的懲罰機制，所以
當人口增加時，便需要一套穩定的政治法律機制。格勞秀斯所提出的
第三條規則，乃是源於羅馬傳統的「**誠信原則**」：每個個人表明為其意
志的，對他而言就成為法律（JPC: 18）。在個人層次，當每個個人的意志
可以默示或明示地表達時，即成為**契約**（pact）的根源（JPC: 19），彼
此之間的誠信也就成為保障契約遵守的基石。[6] 為了確保人類的社會
生活可以符合正義，穩定持存，人類遂「模仿自然」，因為世上萬物各
部分之間都有相約束的信約（covenant）。基於此：

> 這個為了共善，通過普遍同意而形成的小型社會單元——換言
> 之，這個規模可觀的群體透過互助的方式足以自保，平等地獲取
> 生活必需品——於是稱為邦國（*Respublica*; commonwealth），組成

---

5　*Sui juris* 乃是羅馬法「自權人」的概念，原意指羅馬家庭中不受父權、夫權，
　　以及主人支配權的支配，而享有自主權的人（cf. 黃風，2001: 238），格勞秀
　　斯將其意義轉變為獨立自主的自由人。

6　「誠信原則」淵源於羅馬法傳統，請參閱蕭高彥（2013: 110-112）。

此一邦國的個人則稱爲公民。（JPC: 20）

　　這樣的政治組織，是上帝作爲統治者所賦予，也是經過所有各民族（peoples）共同協議的，因此國家（civitas）就是正當與符合正義的共同體。一旦形成了單一與持久的國家，就成爲單一法律的主體；而其整體意志，當適用於所有公民時，就成爲實證法（lex; JPC: 22），當適用於特殊個人時，則成爲「判斷」（或判決）（judgement; JPC: 23）。此後，公民個人權利的行使，必須通過國家之中的法律程序。

　　格勞秀斯強調，國家之上沒有更高者（JPC: 24），[7] 人民也不會容忍除了他們自身之外的法官。在這兩個前提下，格勞秀斯提出，在法律判決之中所展現的「政治權力」（civil power），本質上將存在於國家自身（the state [civitas] itself），亦即屬於所有公民的權力（JPC: 25）。然而，格勞秀斯強調，在私人事務中，人們可以委託代理人（agency）來從事各種活動；而在規模廣大的社會中，關於公共事物治理的特定職能當然也可以整體地或部分地委派（delegate）給某些成員行使。這些「代表」（representatives）形成了國家中的執政官（magistrates），而在設置執政官之後，他們的意志也就成爲相關的法律或判決（JPC: 25）。

　　在《論捕獲法》〈前言〉極短的篇幅之中，格勞秀斯說明了自然法的一般原則以及個人的自然自由，而邦國或國家乃是通過個人之間的契約而成立，並解釋政治權力存於國家自身，但治理的權限可以委託給代表或執政官來執行。以上思想元素構成了一套完整的政治論述，吾人可稱之爲「**自然法共和主義**」（natural law republicanism）。在《論捕獲法》其後的篇幅中，格勞秀斯發揮其法學長才，繼續論述司法程序的細節，以及當有法律衝突時上位法優位等議題。

　　值得注意的是，在與《論捕獲法》〈前言〉具有相同地位的《戰爭與和平法》〈前言〉中，格勞秀斯完全改變了論述的策略與風格（cf. Straumann, 2015: 66-82）。他指出，關於自然法的證明可以有兩種：一

---

7　這其實即爲之後「主權」的定義。

種是「先天的證明」（prove *a priori*），嘗試證明理性與社會本性都必須基於同意與契約；另一則爲「後天的證明」（prove *a posteriori*），這種證明雖無法取得絕對確定性，但是通過天下萬國，特別是文明（civilization）民族的共同信念，歸納出了「人類的共同常識」（common sense of mankind; JBP. I.12: 1）。換言之，在《論捕獲法》中，格勞秀斯建構了一套自然法的演繹體系，但是到了《戰爭與和平法》時，他的思想則朝向經驗主義、實證主義的方向，修正了原有的自然法理論取向。因此，在後期的著作中，他雖然強調自然法的根源在於斯多噶學派所提的「**社會性**」（sociableness; JBP. Prolegomena: 6）、人類的知性與衡平判斷、上帝的意志，以及個人遵守契約等四者。然而，他並未如《論捕獲法》〈前言〉的取向一般，系統地條列出自然法及其所依據的規則或原理。相對地，他援引古典作者、各代歷史、羅馬法，以及當代作者如布丹和 François Hotman（1524-1598）等人的著作，作爲分析關於戰爭與和平自然法的主要依據（JBP, Prolegomena: 42-56），這屬於一種歷史歸納的經驗方法。

　　更重要的是，後期格勞秀斯降低了上帝神聖意志在自然法體系中的地位。在一段著名的文字中，他指出：「縱使我們承認上帝不存在，或者祂並不關心塵世俗務——當然，若非極其邪惡，難以做如是想——，前述所言仍有其可信度」（JBP, Prolegomena:10）。雖然他馬上澄清，人的理性與傳統都站在此觀點的對立面，許多神蹟（miracles）也證明了一般人的信念。然而，格勞秀斯此處 "even if" 的大膽假設，仍被稱爲「**不虔之假設**」（impious hypothesis）而引起廣泛討論，並被視爲近代「世俗主義」（secularism）之始祖（Hakkonssen, 1985: 348-350; Besselink, 1988; Oakley, 2005: 63-64）。

　　最後，與本章主旨直接相關的，則是格勞秀斯關於自然法和契約的討論。在新的取向中，他提出了如下分類：自然法要求個人遵守契約，特別是當人們「結社」（associate）成爲一個團體，或「臣屬」（subject to）於某人或某些人時，在這兩種情況中，結社的根本原則是多數決，而與臣屬相對的則是權威（authority）的賦予。在同一脈絡裡，他也指

出相互同意（mutual consent）是市民法的基礎。然而，如同 Brett（2002:
48）所指出，在《論捕獲法》〈前言〉中，只有基於契約以及同意的結
社才是平等的公民聯合體；但在《戰爭與和平法》中，格勞秀斯卻新增
了「**臣屬**」這個關鍵範疇於理論體系中。Brett 認為，其原因在於此時
格勞秀斯已被荷蘭驅逐，逃亡到巴黎，其理論架構除了荷蘭的共和政
體外，更需納入其他歐洲國家的不同體制，所以產生此種理論變化。下
節將討論，在格勞秀斯這個新的理論體系中自然權利論之新議題。


## 三、自然權利

相較於《論捕獲法》，《戰爭與和平法》一書對於「法」（*jus*）的定
義賦予了全新的涵義，近代法學意義下的「權利」（right），或「主觀權
利」（subjective right）在格勞秀斯的論述中正式形成（Hakkonssen, 1985:
339; Oakley, 2005: 64）。

格勞秀斯指出，法律在某種意義上可以視為「一組權利」（a body
of rights）。具體而言，在此意義下的「**權利**」意指「一個人〔格〕所
具有的道德能力（moral faculty of a person），使其能合法地擁有或做
某事」（JBP. I.IV）。[8] 他進一步界定嚴格意義下的法律權利，乃是「對
其所有之權利」（the right to one's own），此種權利有時也意指人的**權
力**（*potestas*; power）。他列舉了四項基本權利（JBP. I.IV）：**對自身的
權力**（power over oneself，包括自由 [liberty]）、**對他人的權力**（如父
權以及奴隸主之權）、**所有權**（ownership），以及**契約權利**（contractual

---

8    Cf. Tierney（1997: 325-329）。格勞秀斯之意旨，可參閱普芬道夫在《普遍法
     理學元素》（*Elementorum Juriprudentiae Universalis*）所提出的界定（Pufendorf,
     1931: 44）：「權利（*jus*; right）乃是屬於一個人〔格〕（person）的積極道德
     能力，使他在必要時能從他人接受事物」（Right is an active moral power, belong
     to a person, to receive something from another as a matter necessity），包括對「人」
     命令之權威，以及擁有「物」之權利。中文文獻可參考李猛（2015: 249-254）
     之分析。

rights）。[9] 格勞秀斯在卷首就將四者明列爲個人最重要的權利；這當然是以羅馬法爲本，但也可視爲現代最基本的「自然權利」（natural rights）。在《戰爭與和平法》第一卷中，格勞秀斯區分了公法與私法之後，很快地開始討論國家以及主權（JBP. I.III: 6-7）；然而，要眞正理解他對國家以及主權論述的理據，吾人有必要以前述四項自然權利中，格勞秀斯曾做出詳細討論的文本爲基礎，方可能深入理解其國家主權論的意旨。事實上，格勞秀斯對四項基本自然權利進行理論爬梳的部分，集中在「所有權」以及「對他人的權力」兩項，以下分別加以論述。

## （一）自然狀態與私有財產權的興起

在《戰爭與和平法》第二卷首（JBP. II.I），格勞秀斯闡釋發動**正義戰爭**的原因基本有二：一爲自我防衛，另一則爲保護財產（cf. Straumann, 2015: 170-174）。在這個脈絡中，他探討了所有權以及人對他人的支配權之理據。而在所有權根源的議題中，格勞秀斯提出了一個基於舊約聖經的「**原初狀態**」（primitive state）。他指出，在創世後及大洪水之後，在這兩個時代中，上帝均賦予人類一種主宰自然萬物的一般權利。當時，萬物成爲全體人類共有的原始財產，每個人可以爲了自己所需而取用共同所有物，但不能搶奪別人已經取得的物品。換言之，在初始狀態中，人類已經在共同原始財產中發展了私有財產。此種原初狀態中的人類維持一種簡單的生活，彼此之間也有相互的感情，如同美洲印地安部落的情況（JBP. II.II: 2）。此種「人類初始狀態」（the state of the first men）裡的簡單性，其根源並非對德行的知識，而是對邪惡的無知（ignorance of vices）。

然而人類在逐漸取得各種知識（也就是舊約中辨別善惡的樹所象徵的）後，單純的素樸性就開始改變。一方面，善用知識可以發展出技

---

9　請參考 Hakkonssen（1985: 339）與 Straumann（2015: 170-206）。値得注意的是，兩位作者都沒有討論「對他人的權力」範疇。相對地，Lee（2016: 259-266）則有詳細論述，値得參閱。

藝，而最早的技藝便是農業以及放牧。在這樣的社會生活中，某種原始共有與私有財產並行的狀況仍然存在。舉例而言，牲口慢慢變成放牧人所私有，但土地則長時間地仍處於共有狀態。然而，知識與技藝也可以運用在邪惡的方向，例如酒的發明即促成了享樂的慾望與激情，並激發人與人之間的衝突爭執。影響最大的，則是人類的野心（ambition），舊約聖經所述建立巴別塔的嘗試即為一例。當上帝把人們分散到各地，並且講不同的語言之後，世界又進入到另外一個階段。

格勞秀斯指出，隨著人口增加與牲口繁衍，人類不再滿意穴居於山洞之中，只靠大地自然產生的產物餬口。一旦有了過舒適生活的念頭，就產生了不同的產業（industry）。最後，當土地也需要開始被分配時，原始共有制度便步向式微，被私有財產制所取代。他提出如下之說明：

> 同時，我們將理解到物品是如何成為私有財產。這不僅僅是一個意志的行動（act of will），因為一個人不會知道另一個人所想要的事物從而避免去取得該事物，而且有時相同的事物會被好幾個人同時想要取得。〔私有財產〕是通過一種協議（agreement）而產生，或者為明示的，如劃分（division），或者是默示的，如占有（occupation）。事實上，一旦共同所有被放棄，但尚未劃分時，必須假設所有人都同意，[10] 每一個人所據為己有（possession）的任何事物，都應該是他的財產（property）。（JBP. II.II: 5）

換言之，在原初狀態的最後期，共有制步向式微後，格勞秀斯主張**人類乃是通過協議產生私有財產制**。而在過渡時期，尚未劃分的共有物基於占有而成為私有財產，這是基於彼此同意的基礎，也構成了「先占所有權」的理據。但另一方面，土地的劃分則必須通過明示的協議方

---

10　這個區分，是本書以下第六章第三節討論普芬道夫「消極」（negative）與「積極」（positive）兩種共同體概念之根源。參閱 Horne（1990: 13-14; 32-35）。

可，其重要性使得格勞秀斯援引古代「立法家」（lawgiver）的概念：「古人把西利斯（Ceres）稱爲立法者，並以豐收節（Thesmophoria）來慶祝他所帶來的，因爲從土地的劃分，一個全新的法律（law）誕生了」（JBP. II.II: 5）。[11]

## （二）對他人的權利（權力）[12]

在論述事物成爲私有財產的法理學之後，格勞秀斯討論「對他人的權利」：「不僅對事物，而且對人也可以獲致權利。這些權利的根源主要有生育（generation）、同意（consent），或犯罪（crime）」（JBP. II.VI.）。生育的自然事實，使得雙親取得了對幼兒的權利，這是親權的來源。而對公法而言，真正重要的是第二種權利根源：「由同意所產生對人的權利可以通過結社（association）或臣屬（subjection）而產生」（JBP. II.V.VIII.）。

格勞秀斯將婚姻與家庭視爲一種自然的結社方式，而首先加以討論（JBP. II.V.II-XVII）。但在這種自然的結社之外，尚有其它公共或私人的結社方式（JBP. II.V.XVII-XXII）。他運用「**多數決**」來說明其它結社的基本原則：

　　所有的結社都有下述共同特性，也就是關於社團成員所據以結合的事務之中，所有成員，或以所有成員之名的多數，可以約束個別成員。一般而言，必定認爲那些結合起來的人想要用某種方法來處理事務。但假如多數要被少數所統治，那明顯地不公平。因此自然地，**多數具有和整體（entire body）相同的權利**。（JBP.

---

11　值得注意的是，這段話爲盧梭《論人類不平等起源》所引用（Rousseau, 1997a: 169）。

12　在卷首格勞秀斯稱之爲「對他人的權力」（JBP. I.IV），但之後改稱「對他人的權利」（JBP. II.V.I）

II.V.XVII，黑體強調爲筆者所加）

在此，格勞秀斯呼應了他在〈前言〉之中所述，關於契約與結社必須依據多數決的原則。基於這個原則，在公共領域所形成的共同體就是國家，他將之界定爲：「**由許多家庭的家父長聯合起來，成爲單一民族與國家的結社，讓此一聯合體對其成員享有最高的權力。這事實上正是最完善的社會**」（JBP. II.V.XXIII）。[13]

除了基於同意與多數決原則之外，格勞秀斯強調個人可以自由退出國家，不應受到阻礙（JBP. II.VI.XXIV）。

然而，關鍵在於，格勞秀斯在「同意」的範疇中，除了結社外，還列舉了「臣屬」一項。他認爲，不論是公領域或私領域，都存在「**基於同意的臣屬**」：在私領域中，領養可以使一個人對另外一個人取得家父長的權力。但眞正重要的是，他主張在公領域中也存在著基於同意的臣屬，其中最低階的型態，就是奴隸（JBP. II.VI.XXVI-XXVII）。格勞秀斯將「**公共臣屬**」界定爲，某一群人民或民族（a people）對某個人、某些人，或其他民族投降時所發生的政治臣屬關係，並引用李維（Titus Livius）《羅馬史》中異邦人民投降於羅馬時所採用的盟約條文加以說明（JBP. II.V.XXXI）。這個人民或民族可以基於同意而公共地臣屬於統治者或其他民族的主張，對於判定格勞秀斯的國家理論究竟是傾向絕對主義或民權論，具有關鍵性的影響，將於下節論述。最後，在生育與同意之外，格勞秀斯主張犯罪（crime）也可以使個人因爲其他人的力量（force）而失去自由。

---

13  "An association in which many fathers of families unite into a single people and state gives the greatest right to the corporate body over its members. This in fact is the most perfect society." 值得注意的是，格勞秀斯在第一卷（JBP. I.III.VI-VII）的討論中引述的「國家」定義比較簡單："The state is a complete association of free men, joined together for the enjoyment of rights and for their common interest." 在第一卷的國家定義中，家父長被自由人所取代，較具出共和主義的精神；但在第二卷的定義中，則可以明確地看到布丹的色彩。筆者認爲，第二卷的定義應該是格勞秀斯的完整看法，以下將詳論之。

　　除了對財產以及對他人支配的自然權利，格勞秀斯還論述了以自保（self-preservation）為主軸的「**自然第一原則**」（first principles of nature）。他指出，任何動物都必須自保，並獲致能夠自保的事物以及迴避會導致毀滅的事物（JBP. I.II.I）。在這個脈絡中，格勞秀斯進一步闡釋了他在〈前言〉所述源於斯多噶學派的「**社會性**」。[14] 他指出，人和其他動物相異之處，是人類在發揮自保本能時，會運用正確理性，亦即會依據自然法與社會性來行使。格勞秀斯建立此種「自然第一原則」的意旨在於證成戰爭與自然法是相容的。只要戰爭之目的在於保障人類生命與身體，並且取得或維護對生命有用的事物，那麼戰爭就與「自然第一原則」完全相容。事實上，之後格勞秀斯便將自我防衛、保護或回復財產，以及懲罰三者列為**正義之戰**的主要原因（JBP. II. I. I-II）。進一步而言，這也意味著自然法容許**個人**懲罰（punish）那些侵犯個人生命與財產權的侵奪者（JBP. I.II.I: 6），這未來將深刻影響洛克的政治理論（cf. Tuck, 1979: 78-79, 169-170; Tuck, 1993: 177）。

　　基於本節所論，吾人可以說，格勞秀斯開創了一個全新的自然權利理論，其涵蓋範圍很廣，包括自由、對他人的權利（權力）、所有權，以及契約權四個面向，且主張通過同意可以產生臣屬關係，對現代早期的西方政治思想產生了深遠的影響。

## 四、國家與主權

　　上節闡釋了格勞秀斯的國家觀念，乃是基於對人的支配權利，通過多數決的結社原則所產生的。在對人的支配權脈絡中，他的國家定

---

14　當代研究強調，《戰爭與和平法》〈前言〉第一版（1625）與第二版（1631），在「社會性」議題方面產生了重大變化。第一版比較不強調社會性，接近之後霍布斯反亞里斯多德目的論式之反社會性觀念；但第二版修改成為較符合基督教神學思維之論述，以期能返回荷蘭。對此議題之詳細討論，請參閱Tuck（1979: 72-74; 1999: 97-102）；Hont（2005: 19-20, 169-170）。

義強調了家父長的聯合體，但是卻並沒有具體陳述國家的目的。回到
《戰爭與和平法》第一卷的脈絡，他在討論完自然法之後，很快地便以
國內法（municipal law）角度，對國家做了清楚的界定：「市民法來自
於政治權力。政治權力就是統治國家的權力。**國家是一個由自由人形
成的完備結社，為了享有權利和共同利益而聯合在一起**」（JBP. I.I.XIV，
黑體強調為筆者所加）。[15] 但在這個脈絡中，格勞秀斯對此並未詳細論
述；到了第一卷第三章後半，方才重拾這個課題，並引用前述定義（JBP.
I.III.VI）。這兩處文本必須互相參照，才能重建其完整的國家觀念。格
勞秀斯強調，國家是由「自由人」，也就是所有家庭的家父長所組成完
備的（complete）結社。這個結社的目的有二：權利的享用，以及組成
者的共同利益。然而，國家需要治理，因此「治理一個國家的道德能
力」（moral faculty of governing a state）就構成了「政治權力」（civil
power）。[16] 而在此格勞秀斯所運用的「道德能力」，其實便是他在說明
權利之根源時所用的詞彙（JBP. I.I.IV）。換言之，「**政治權力**」一方面
**是支配的力量（power），但另一方面又是屬於某一個主體的權利**
（right），反應了前述「對他人的權力」與「對他人的權利」之同一性。
唯有理解這個概念關係，才能充分掌握格勞秀斯的意旨。

他首先略述了亞里斯多德以及羅馬史學家戴奧尼修斯（Dionysius
of Halicarnassus）關於構成政體（regime）的幾個主要功能，之後便對
於「政治權力」如何治理國家提出了其獨特理論。格勞秀斯指出，政治
權力的行使，部分通過其自身，部分通過他人的代理。前者乃關乎普遍
利益（general interest），屬於**立法職權**。後者則又可區別為公共利益以
及私人利益：公共利益包括和戰、締約以及稅收，是為「**政治**」職權，

---

15　"Municipal law is that which emanates from the civil power. The civil power is that
which bears sway over the state. **The state is a complete association of free men,
joined together for the enjoyment of rights and for their common interest.**"

16　如前所述，筆者將 "civil power" 翻譯成「政治權力」，在這個脈絡更可見其
理據。因為在此政治權力是相對於主人支配奴隸的權力（masterly power），淵
源於亞里斯多德《政治學》第一卷對於城邦的「政治統治」與家庭內支配所做
的古典區分（*Pol.* 1277b; cf. 蕭高彥，2013: 37）。

而私人的特殊利益與公共相關時，就是**司法職權**運作的範圍（JBP.
I.III.VI）。在這個脈絡中，格勞秀斯將亞里斯多德所論之統治權能
（*Pol.*1291a; cf. 蕭高彥，2013: 48-50）轉化成爲一個布丹意義底下的
政府權力論。

其次，格勞秀斯說明了「**主權**」的特性：「**凡行爲不從屬於其他人
的法律控制，從而不致因其他人意志的行使而使之無效的權力，稱爲
主權**」（JBP. I. III. VII）。相較於前章所述布丹的主權定義，格勞秀斯偏
向法理層次，也就是不受其他人「法律控制」的最高權力。

格勞秀斯進一步指出，主權其實有二重「**主體**」（subject）：**共同**的
（common）以及**特殊**的（special）。他以視力爲例加以說明：其共同主
體乃是身體（body），特殊主體則是眼睛。至於主權，其共同主體是作
爲完備結社的「國家」，而特殊主體則是擁有最高權力的一個人或多數
人之統治者，由各民族的法律或習慣所決定。這個觀點，成爲格勞秀斯
國家理論中最具原創性但也引起最大爭議的主張。因爲，在說明主權
的「共同主體」爲國家之後，他馬上強調，人民或民族（peoples）並非
國家自身，而僅僅構成大國的下屬成員。格勞秀斯並進而批判民權論
的核心論點：「沒有任何例外，在任何地方，主權權力都掌握在人民的
手中，因此人民有權因君主濫用權力而對他們施以限制或懲罰」（JBP.
I.III.VIII）。對於民權論這個主張，格勞秀斯依據其權利與私有財產論
提出反駁：假如可允許個人自願臣屬於他人而成爲奴隸，那麼全體人
民爲何不可將其自身之權利轉讓（transfer）給其他人？這正是盧梭在
《社會契約論》第一卷第四章所引用並強烈抨擊的「自願爲奴論」，其
中牽涉到中古以來人民與君主之間的「統治契約」（pact of rulership）
的核心問題：人民的權利是完全**轉讓**（transfer）給君主，抑或只是**授與**
（concession）（Gierke, 1939: 93-94; Lee, 2016: 31-39）？筆者認爲，雖
然格勞秀斯主張，權利主體可以對其所有物進行處分，但是盧梭在此
處所提的批判，事實上擴大、曲解了格勞秀斯的原意，即便盧梭反對
「自願爲奴」的意圖是道德上無可辯駁的立場。以下嘗試爬梳格勞秀
斯國家主權論的全貌，並於下一節說明他對民權理論的批評。

　　當吾人比較《戰爭與和平法》第一卷以及第二卷兩次對「國家」的定義，將會發現在後者的定義中，許多家庭的家父長（作爲自由人）統一而成的共同體，同時指涉了「人民」（*populus* 或 *gens*）以及「國家」（*civitas*）兩個面向（cf. Tuck, 2016: 72-73），構成了「完善的社會」（perfect society）：「國家」作爲共同體，從自由人的結社面向而言，形成了單一具有主體性的「人民」。依據格勞秀斯關於主權的「共同主體」論，可以提出如下詮釋：他所謂之「國家」作爲主權的共同主體，其實意味著，「人民」構成了主權的「共同主體」，而持有最高政治權力的統治者作爲「特殊主體」，則是由人民授權，或由各民族的法律或習慣所決定的方式產生了主權的行使者（cf. Tuck, 2016: 84-85）。換言之，**主權作為「權利」，永遠是人民所擁有——或主權是人民的「所有」**（*suum*）**——；但主權作為最高政治權力的行使，卻必須通過特殊主體（統治者）而實行。**

　　這個詮釋觀點的有效性，必須重新整合格勞秀斯分散在不同章節的論述方可證成。首先，由自由人組合而成的國家，在原始型態上應該是共和主義傳統意義下的「**自由國家**」（free state），此處的「自由」，包括兩個面向：**個人自由**（personal liberty）以及**政治自由**（civil liberty），前者意指每一個個人所享有的自由，後者則是個人在共同體中所擁有的自由（cf. Lee, 2016: 262-268）。格勞秀斯明確指出，擁有個人自由意味著不臣屬於一個主人，而擁有政治自由則表示不臣屬於一個君主或不受其他人之控制（JBP. I.III.XII）。他強調，政治自由意指「國家自我統治的權利。此種權利在民主國家中最爲完整，但在貴族國家中有所限制；而在沒有限制公民服官職的國家中，這種權利特別完整」（JBP. II.XXIV.VI）。

　　其次，格勞秀斯指出，一個自由的人民（people）或民主，能夠依其所願選擇政府的形式，這個選擇並不會被他們所建立政府形式的優劣所限制，因爲這是他們自身的「自由選擇」（free choice; JBP. I.III.VIII: 2）。換言之，作爲「共同主體」的人民，可以自由地選擇行使最高統治權力的「特殊主體」來行使職權。

　　第三，格勞秀斯進一步區別「**權利**」（rights）以及「**擁有權利的方式**」（manner of possessing rights）。他指出，主權作為可被讓渡的所有物（*suum*）時，產生了四種擁有主權的方式：**完整擁有**（full ownership）、**用益權**（usufruct）、**暫時使用權**（power of temporary use），以及**容許**（sufferance）。格勞秀斯對這四種擁有主權的方式提出了具體說明（JBP. I.III.XI）：「完整擁有」主權的君主，其所有權的來源有二，一為通過正義之戰所取得，另一則為一群人民為了避免更大的災難，自願無保留地臣屬於他。然而，格勞秀斯認為歐洲當時絕大部分的君主都是通過「用益權」而取得主權，包括了選任君主，以及通過合法繼承所取得的王位（cf. Lee, 2016: 268-271）。至於「暫時使用權」型態的主權者，格勞秀斯則以羅馬的獨裁者（dictator）為例，強調在他被任命的期間擁有完整的主權。[17]　最後，對「容許」型態，格勞秀斯以非洲汪達爾人和西班牙哥德人的政制為例，說明了在這種體制中，人民可以任意罷免不合其意的君主。此種統治者的命令，也可以被賦予其權力者（人民）所廢止，甚至收回其被賦予之權力（JBP. I.III.XI）。換言之，格勞秀斯強調「主權」必須和「絕對所有權」（absolute possession）加以區別；因為主權雖然是最高的權力，但是其擁有狀態卻未必是絕對的（JBP. I. III. XIV）。

　　基於以上，格勞秀斯提出了一個獨特的**主權分割論**（JBP. I.III.XVII）。他一方面依循布丹，指出主權具有統一性，就其自身不可分割；但另一方面，在描述「政治權力」時，他修改了亞里斯多德政體論中關於政治職能的區別，使其成為符合現代性的政府結構，強調主權可以被區分為「**潛在部分**」（potential part）與「**主觀部分**」（subjective part）。在這個脈絡中，格勞秀斯提出人民（民族）在選擇國王時，可為自己保留某些權力，但把其它權力絕對地讓渡給國王之可能性。在這種情況下，格勞秀斯評論：

---

17　在獨裁者的議題上，格勞秀斯和布丹的觀點不同。請參考 Tuck（2016: 23-24, 83-84）之討論。

我們必須了解，這只會發生在以下情況中：如前所述的明確權力分立，或是當時仍屬自由的人民對未來的國王提出吩咐，有如永久之命令，或是新增條文，指明國王可以受到限制或懲罰。（JBP. I.III.XVII）

綜合以上的分析，筆者主張格勞秀斯完整的國家理論如下：國家作為政治體的原型，乃是自由民所組成的自由國家，但他在自然權利中所論述的「臣屬」元素也引入了主權轉讓或讓渡之可能性。不過，讓渡與否及其型態，都是由人民自由決定的。只有在被征服，或全體人民遇到重大危機時，才有可能自願地將主權完全讓渡給統治者。除了這兩種狀態，其他的國家形式，基本上都是人民作為主權的「共同主體」，而受人民付託的統治者，也就是掌握並運用「國家首要權力」者，則是「特殊主體」，其權限完全被人民轉讓主權或託付的法權型態所決定。

## 五、民權論的批判與潛流

在分析了格勞秀斯對國家、主權，以及主權主體等議題後，吾人方有可能完整理解他對「人民」的論述以及對民權論的批判。值得注意的是，格勞秀斯在《戰爭與和平法》第一卷第三章討論國家與人民關係的篇章中，尚未提出對「人民」的正式界定，就對民權理論開始進行討論。近來，當代政治思想史學者 Brett（2011: 136-138）以及塔克（Tuck, 2016: 75-78）在仔細爬梳文本後，指出格勞秀斯在第二卷第九章討論「何時主權或所有權終止」時，對「人民」提出了富有哲學甚至神學意味的界定：

人民屬於的實體類別乃由個別成員所組成，但卻以單一名稱為人所理解，理由在於，如普魯塔克所言，他們擁有「同一種基本特性」，或是如法學家保羅所言，有著單一精神。人民的「基本特性」

之精神，就是政治生活充分完善的結合，其首要產物就是主權權力，亦即維繫國家的紐帶，或如塞涅卡所言，數千生靈呼出的生命之息。[18]（JBP. II.IX.III:1）

　　在這段文本中，格勞秀斯同時援引羅馬政治思想家普魯塔克所稱「同一種基本特性」，以及法學家保羅所稱的「單一精神」來界定人民的同一性，此種同一性存在於擁有主權權力的「政治充分完善生活的結合」。在最抽象的理論層次，「**人民的政治體**」（body politic of a people）有解體之可能（JBP. II.IX.V），例如瘟疫或大型叛亂使得公民退出聯合體，或由於戰爭的力量導致人民解體。另外一種情況，乃是人民失去其共享的共同權利時，亦將引發人民之解體。然而，格勞秀斯進一步強調，假如只是政府統治形式的變革，則人民的同一性仍然存在，就稱不上「人民的政治體」之解體。格勞秀斯以羅馬憲政史為例，指出無論是王政、共和乃至帝政時期，羅馬人民的同一性都未曾改變。即使在王政時期，主權權力存在於作為政治共同體頭腦的國王身上，也仍保留於作為身體的人民之中，畢竟頭腦也是身體的一部分（JBP. II.IX.VIII）。[19]

　　在理解格勞秀斯對於「人民的政治體」論述後，方有可能深入詮釋他對民權論的分析批評。事實上，格勞秀斯接受單一實體可以有幾種不同形式的可能性。以國家而言，他認為有兩件事決定了國家的形式：「因此，國家的某一形式就是法律與政府的結合，另一形式則為統治

---

18　"A people belongs to the class of bodies that are made up of separate members, but are comprehended under a single name, for the reason that they have 'a single essential character', as Plutarch says, or a single spirit, as Paul the jurist says. Now that spirit of 'essential character' in a people is the full and perfect union of civic life, the first product of which is sovereign power; that is the bond which binds the state together, that is the breath of life which so many thousands breathe, as Seneca says."

19　從這個文本可以明確看出格勞秀斯思想中主權之「共同主體」與「特殊主體」最切實的例子。

者與被治者彼此間之關係。政治學家考察的是後者，法學家思考的是前者」（JBP. II. IX.VIII）。筆者主張，格勞秀斯在《論戰爭與和平法》第一卷第三章第七至第八節，所討論無法作為主權主體的「人民」，以及用自願為奴為理據，來證成人民可以完全讓渡支配權給統治者的論述，並不是說明統治者與被治者關係的一般理論，而是運用「臣屬」的範疇，鋪陳政治關係的界限或範圍。[20]「臣屬」其實就是主奴支配介入政治領域之所在。而對比於格勞秀斯所論擁有主權的四種方式中，此處所述的完全讓渡，產生的只是關於「完整擁有主權」的方式之論述，包含了征服以及人民為避免重大災禍而自願讓渡統治權兩種情況（JBP. I. III. XI）。換言之，這樣的批判並不能完全反駁民權論的觀點，而格勞秀斯在此脈絡中所重述的民權論也因此乃是一種狹義的民權論述：「**沒有任何例外，在任何地方**，主權權力都掌握在人民的手中，因此人民有權因君主濫用權力而對他們施以限制或懲罰」（JBP. I.III.VIII，黑體強調為筆者所加），筆者認為格勞秀斯所否定的是文本中所顯示的「無例外之普遍主義」，而非民權論本身。

稍後，格勞秀斯通過三組論證重新檢視民權論，而他所提出的分析批評就接近民權論者的原意。首先，格勞秀斯認為民權論者所主張，「賦予權威者（人民）本身地位高過接受權威者（統治者）」的見解並不正確，除非在賦予權威之後，統治者仍然對構成其權威意志有著依賴關係。假如在賦予權威之後，不再能強制統治者依循人民的構成意志，此一民權論所主張的「人民優位論」就無法成立（JBP. I.III.VIII:13）。

其次，某些民權論者主張國王與人民處於一種「相互依賴關係」，所以整體人民應服從良善治理的國王；但當國王無道、治理無方時，就應該臣屬於人民。格勞秀斯認為這種觀點只是一種想像，因為缺乏能夠對國王問責的具體法律途徑。值得注意的是，格勞秀斯並未完全否定這個民權論述，反而主張，假如人民將其主權與國王的統治權做出

---

20 施密特（Schmitt, 1985a: 5）所稱的「邊界概念」（borderline concept），界定邊界範圍而非本質。

實際的劃分，這個主張才有可能眞正落實之可能性（JBP. I.III.IX）。

　　最後，民權論最有力的主張，是所有的政府都是爲了被治者的利益，而非統治者的利益而建立的；並在此前提下，主張人民的利益構成了國家的目的，被治者因此優位於統治者（JBP. I.III.VIII）。對此，格勞秀斯依其精準的分析力及百科全書式的知識指出，「統治」可以有不同的型態，可能爲了統治者的利益（如主奴之治），也可能爲了互相的利益（如婚姻）。國家的統治也因此會有相應的不同種類：統治被征服的國家，爲的就是征服國的統治者而非被征服國之人民；至於人民面臨重大危害無法自助時，自願臣屬於強大的君主則合乎互利的類型。格勞秀斯並不否定**大部分國家**都是以被治者的利益爲主要施政考量，畢竟國王接受權威是爲了使人們能享受正義；這個觀點從赫西俄德（Hesiod）傳給希羅多德（Herodotus），最後再由西塞羅集其大成（JBP. I.III.VIII）。然而，即便如此，格勞秀斯還是主張無法由此推論出人民優位於國王的結論。他與本書第一章所述暴君放伐論者相同，都以羅馬法的監護權（guardianship）爲例，但卻得出相反結論：監護權的建置是爲了被監護人（ward），但監護人卻對被監護人擁有權利（right）以及權力（power）。格勞秀斯當然理解，這個類比一定會有人提出反對，主張既然監護人管理不當時應該被替換，君主亦然。對此質疑，格勞秀斯如此回應：若監護人有上位者（superior），這樣的程序確實有效；但以政府治理的情況而言，並沒有更高上位者的存在，所以最高層級的監護人只對上帝負責。雖然布丹的主權論中也闡釋了此種對上帝負責的論證（Bodin, 1992: 4），但在這個脈絡中，值得注意的是格勞秀斯運用「監護人－被監護人」的關係，來說明統治者與被治者的關係，但其結論卻和本書第一章第五節暴君放伐論運用此比喻之結論相反。

　　關於人民反抗權的議題，格勞秀斯則嘗試調和絕對主義與民權論之間的差異。他引用《反暴君申辯》，指出當時某些博學多聞的人士，嘗試說服自己以及其他人，主權者之下的執政官，有權利抵抗主權者不義的作爲（JBP. I.IV.XI）。對這個重大的時代議題，格勞秀斯首先指出，依據自然本性，所有的人爲了對抗不義，都有反抗之權。假如公共

權威的命令違反自然法或上帝的律令，這樣的命令就不應該執行。然而，政治社會是爲了保障公共安寧而建立，國家爲了完成這個目的，也因此對其成員和財產獲得一種更高的權利：爲了公共和平與秩序之目的，國家可以限制此種共同反抗權（common right of resistance; JBP. I.IV.II）。基於此，面對主權者的不義，格勞秀斯基本上認爲應該順從而非反抗。

然而，格勞秀斯並未完全傾向於絕對主義立場。在極端迫切（extreme necessity）的狀況中，個人遭遇立即危害的可能時，是否仍應抱持不反抗的原則（JBP. I.IX.VII:1）？格勞秀斯對此議題提出了傾向暴君放伐論的論證。他強調，不反抗法律，其效力淵源於人們在建置公民社會時的集體意志，並且從同樣的根源賦予了統治者治理的權利。然而，格勞秀斯進一步問道：假如詢問這些人，是否願意給自己加上一種在任何情況下都不對具有更高權威者抵抗其暴力的義務？格勞秀斯自己回答：他們應該不會應允，除非其反抗將會造成國家重大動亂以及毀滅眾多無辜的人民（JBP. I.IX.VII:2）。他指出，即便是護衛君權的絕對主義神學家如 William Barclay（1546-1608），仍然同意，面對令人髮指的殘酷暴行（atrocious cruelty）時，人民有權利自我防衛（JBP. I.IX.VII:4）。順著這個邏輯，格勞秀斯列出了七種人民可以行使反抗權的情況（JBP. I. IX.VIII-XIV），多數狀況都是人民在共同體法律的架構中仍然保有部分主權的事例；其中最特殊的，則是當國王眞正懷有摧毀整體人民的敵對意圖時，便成爲人民之敵，可以加以反抗（JBP. I.IX.XI）。

基於以上所述，在反抗權的議題上，格勞秀斯不像暴君放伐論者一般，主張高階執政官可以率領人民反抗上位主權者。他將反抗權的議題放在個人**自然權利**的角度，認同個人或整體人民面對立即而重大危害的時刻，可以進行反抗；至於其他情形，仍需依照共同體既定的主權，以及「政治權力」的實際建置與運作而定。

## 六、征服權與專制

　　經過以上對格勞秀斯關於國家、主權以及人民反抗權相關論述的討論後，吾人可以看出，在處理主權與治理的議題時，受到他將「權利」定義爲「個人所有」的思維之重要影響，因此格勞秀斯非常強調擁有主權的「方式」，以及依此所推論出的主權或人民的權利義務關係。相對於布丹，格勞秀斯對國體或政體，無論是君主制、貴族制或民主制，都沒有加以討論。之所以如此，應該是因爲這些議題已經被他轉化爲法學層次的議題，從而可以運用法學論述來處理主權者與人民之間的權利義務關係。

　　然而，在政體論的架構中，格勞秀斯提出了一項前人所未見的創新，而對現代政治思想產生了重要影響：他重新界定了亞里斯多德所述之「專制」（despotism），並運用到國際關係的新領域。本書第二章第三節已經提及，布丹在政體論中引入了以主奴關係爲原型的「領主式君主制」。然而，他所運用的「領主」（seigniorial）一詞較爲接近於中古封建時期的詞彙，與亞里斯多德所提出的「專制」關連並不明顯。格勞秀斯則明白運用來自於亞里斯多德以及羅馬史家塔西圖（Tacitus）的概念，再與猶太君主制對比，指出亞洲的政體往往是專制政府，並且直接引述亞里斯多德《政治學》第三卷第十四章的論述（JBP. I.III.XX: 5; III.VIII）。而在 Jean Barbeyrac（1674-1774）的法文譯本中，直接翻譯爲 "despotic"，確立了現代用法。[21]

　　隨著其論述的展開，格勞秀斯在討論征服者對征服國的權利，以及對戰俘的權利時，重新引用奴隸的概念，並且將被征服國視爲處於被奴役的「臣屬狀態」（JBP. III. IV.VIII）。雖然這在當今已難以令人接受，但吾人仍須檢視他所提出的論證。格勞秀斯強調，依據自然法，或他所描述人類的原初狀態，沒有人生而爲奴。然而，根據歷史上的通

---

21　依據 Barbeyrac 而翻譯的古典英譯本亦然，請參閱 Grotius（2005, 3: 1377）之譯文，以及 Koebner（1951: 286-287）的討論。

例，奴隸制淵源於習俗（convention）或犯罪（crime），並未與自然正義（natural justice）相扞格。格勞秀斯主張，既然在正義之戰中殺敵在所難免（JBP. III. IV&VII），那麼在戰爭結束後，對敵人採取更合乎人道的措施，令其成爲「臣屬」（subjection），並不爲過。他的論述由強者或征服者的角度出發：[22] 既然個人可以依據「對他人的權利」使他人成爲其僕役，那麼，國家使另一群人成爲僕役的臣屬狀態，就並不違反自然。戰敗之後，被征服國的人民進入這種臣屬的奴役關係時，「人民」及「國家」就解體了，因爲他們的政治社會基本關係已經產生了根本上的變化。根據亞里斯多德的區分，政府目的可以是統治者的利益，也可以是被治者的利益，前者是主人對奴隸的支配，後者則是自由人的統治；格勞秀斯引用這項說法，強調「當人民臣屬於這種權力時，他們未來就不構成國家，而是一個大的家計建置（domestic establishment）」（JBP. III.VIII.II）。換言之，在被征服的國家中，人民不再擁有國家的法權，亦不處於共享利益的狀態，而成爲新的主權者「家計支配」的對象，也就是主奴關係的原型。

然而，格勞秀斯仍主張政治寬和，強調即使在被奴役的臣屬狀態，仍然有可能被賦予一種「混合的權威」（mixed authority）；這種支配部分是政治（civil）的，部分則是領主式（master）的。具體而言，這樣的被支配關係雖然處於一種奴役狀態，但仍然享有一定程度的個人自由（personal liberty; JBP. III.VIII.III）。對比於格勞秀斯之前關於「政治自由」與「個人自由」的論述，便可理解，此處被征服的人民喪失了所有的政治自由（格勞秀斯所稱人在共同體中自主之自由）；但是作爲個人自由則仍然可以在被奴役的狀態中繼續享有。在這個例子中，吾人看到古典的主奴支配概念，如何在新的國與國戰爭脈絡中，通過征服的時代議題，重新浮現於現代早期的政治思想，並對之後英國共和革命時期的理論家，特別是 Marchamont Nedham（1969: 39-50）以及霍布

---

22　相較於格勞秀斯，之後霍布斯對征服權的討論，則是基於被征服者同意的角度，兩者取向極爲不同。本書第五章論述霍布斯時將檢視此議題。

斯，產生深遠影響。


# 七、結語：自由與支配

本章分析了格勞秀斯的國家理論，指出他以「權利」作爲「個人所有」的新觀念爲基礎，在對物的權利（財產權）以及對人的權利（支配權）兩個面向上，發展出如下論點：國家乃是一種以保障法律權利和共同利益爲目的之自由共同體，這點接近西塞羅共和主義的精神。但格勞秀斯也將主權視爲一種所有物，此一獨特取向使他發展出與布丹的理論完全不同的思想系統。格勞秀斯同時也在絕對主義和民權論之間取得了一個均衡點，雖然立場仍然比較傾向於絕對主義一方。

從思想史的角度，格勞秀斯開出了以財產權爲核心的個人主義政治圖像。如同 Hakkonssen（1985: 239）所述，這是一個全新現代性的開始。而洛克的思想，就是在此基礎上繼續發展而成（Tuck, 1979: 169-170）。另外，吾人亦可嘗試回應盧梭在《社會契約論》第一書開卷數章對格勞秀斯之批判。不令人意外地，盧梭的批判，係針對格勞秀斯以私法領域人類可以自願爲奴的例證，來說明公法領域之統治正當性的起源。而盧梭所提出的批判具有理論涵義的部分，在於他認爲格勞秀斯**「憑事實來建立權利」**，並且誤解了人類自由的眞義（Rousseau, 1997b: 42）。這兩項批判顯示出的，與其說是格勞秀斯思想內部的缺陷，毋寧是兩位理論家之間的差異。本章已經分析，格勞秀斯的原始個人，基於其自然權利而可以取得外界事物、甚至支配他人。其根源，以格勞秀斯的語彙來說，是權利作爲一種道德能力（moral faculty），而且是一種可以加以落實的權力（power）。至於在原初狀態中，通過占有而成爲自己的財產，是否即爲依據事實來推論權利？筆者認爲，這是盧梭本人將財產排除於個人人格基本界定之外所產生的理論歧義。

換言之，若從盧梭的角度來檢視第三節所述格勞秀斯列出的四類個人的自然權利：對自身之權力（自由）、對他人的權利（權力）、所有

權，以及契約權利（JBP. I.I.V）。將可以看出，格勞秀斯的國家理論以
所有權以及對他人的權利（權力）兩項爲主軸。契約權利與盟約和結社
行動有關，自有其重要性。然而，在格勞秀斯的理論建構中，似乎缺乏
第一項自然權利，也就是對自身之權力的「自由」的深入分析。事實
上，格勞秀斯在其《荷蘭法理學》（*Jurisprudence of Holland*）一書中，
將**自由**與**生命**、**身體**，以及**榮譽**列爲四種人類不可轉讓的事物
（inalienable things; Grotius 1926, 71-73），並且強調契約不能將人的自由
完全放棄。在《戰爭與和平法》中，或許因爲預見了這個困難，所以他
在討論自由人民讓渡統治權時，強調的並不是個體自身權利的讓渡，而
是「將他們作爲一個整體人民永久**統治權利**」之讓渡（JBP. I.III.XII:2）。

　　根據本章論述，在《戰爭與和平法》中，格勞秀斯除了基於同意的
結社之外，還引進了基於同意的臣屬原則，而後者在全書架構中逐漸
取得主導地位，而盧梭正是因此對格勞秀斯的社會契約以及自願爲奴
之可能提出強烈批評。對比這兩位思想家的政治哲學體系，下述判斷
在理論以及思想史層次應該有其理據：格勞秀斯將「自由」（對自身的
權力）、對他人的權力、所有權，以及契約權利四者作爲人類的自然權
利，並依據不同議題之所需，將這些權力交織成完整的國家法乃至國
際法體系。相對地，盧梭則主張自由乃是**唯一**的政治正當性格律
（Rousseau, 1997a: 192），也就是說，在一個半世紀之後，盧梭將人類
天賦不可讓渡的權利僅留下自由一項，作爲建立全新體系的唯一基礎。

　　事實上，此種對格勞秀斯的批判，不待盧梭即已發生。洪特指出
（Hont, 2005: 165-170），本章第二節所述在《戰爭與和平法》中，格勞
秀斯以「後天的證明」的方法，通過文明民族的共同信念，歸納出「人
類的共同常識」的理論取向（JBP. I.12:1），恐仍將遭遇懷疑論
（skepticism）者質疑，基於習俗之雜多性並無法建立符合自然之確定
性。[23] 所以，在格勞秀斯之後，如何建立單一且完整的人性論，以對

---

23　事實上，在《戰爭與和平法》的〈前言〉中，格勞秀斯批判了古希臘懷疑主義
　　者 Carneades（214-129/8 B.C.）以下的主張，由於每個人都被對自身有益的事
　　物所驅使，所以並無一般所稱頌的正義與自然法，法律只不過是基於各民族風

抗懷疑論的自然法學論述，就成為理論上當務之急，而霍布斯以「自保」作為唯一基礎來統攝自然法與自然權利，正是為了克服懷疑論之理論進程。這一方面構成了本書以下兩章所處理之課題，但另一方面，筆者必須強調，本章第三節所述格勞秀斯以自保為主軸的「自然第一原則」，已經形成初步對抗懷疑論的理論起點，霍布斯的理論，便是在此基礎上之系統化建構。

---

尚的權宜之計（JBP. Prolegomena: 5-7, 16-18）。塔克因而主張格勞秀斯的現代自然法理論意在克服同時代的懷疑主義論（Tuck, 1987: 108-111），霍布斯亦然（Tuck, 1989: 7-9, 14-18）。然而，洪特質疑格勞秀斯是否成功地完成此理論志業（Hont, 2005: 165），Tierney（1997: 320-324）對塔克的詮釋觀點亦有所保留。

# 第四章

# 霍布斯早期思想中的
# 基源民主論

# 一、前言：「霍布斯派民主人士」？

在西洋近代政治思想史傳統中，霍布斯（Thomas Hobbes, 1588-1679）的主要貢獻，乃是爲現代國家以及主權觀念作了系統化的工作。在這些議題上，他與法國思想家布丹齊名，成爲絕對主義傳統最重要的代表性思想家。霍布斯極具系統性的政治理論，出發點在於對他所認定的引發當時英國內戰的共和主義以及各派神學政治論述提出懷疑與批判。

史金納便基於此線索，深入探討霍布斯理論的主要面向，包括他在當時宗教衝突中的立場、他對於民主與共和思潮所提出的批判，以及通過現代國家概念的建構以取代傳統的「政治體」（body politic）觀念，並且在此基礎上，提出自由乃是公民或臣民在國家之中，於法律所未規定的領域具有個人選擇與決定之自由，此成爲現代消極自由論的鼻祖（Skinner, 1989; 1998; 2002a, vol. 3）。

史金納的歷史分析，承續並深化了傳統視霍布斯爲絕對主義思想家的歷史觀點。但在慶祝史金納鉅著《現代政治思想的基礎》發行三十週年的紀念文集中，他的學生塔克發表了一篇題名爲 "Hobbes and Democracy" 的重要論文（Tuck, 2006），對於乃師的霍布斯詮釋觀點提出了根本挑戰，認爲霍布斯其實開創了一個深具原創性的民主理論——雖然這個理論乃是霍布斯致力於爲君主制辯護之副產品。

塔克的分析以霍布斯早期的著作《法律的元素》（*The Elements of Law*, 1640）以及《論公民》（*De Cive*, 1642）爲主，認爲早期理論與《利維坦》（*Leviathan*, 1651）的論述有相當大的差異，[1] 並深入分析了三個

---

1　本章以下徵引 Hobbes 著作之版本與縮寫如下：
　　**EL** ＝ *The Elements of Law*, ed. Ferdinad Tönnies, New Impression, London: Frank Cass & Co. Ltd., 1984.
　　**DC** ＝ *De Cive*，本章使用 Richard Tuck 的譯本 *On the Citizen*, Cambridge: Cambridge University Press, 1998，但也參考十七世紀英譯本。
　　**Lev** ＝ *Leviathan, with selected variants from the Latin edition of 1668*, ed., Edwin Curley, Indianapolis: Hackett, 1994.

議題。首先，他指出霍布斯對政治理論的最重要貢獻，在於提出「**統一體**」（union）的觀念，取代了傳統「和諧」（concord）的理念。「和諧」是從西塞羅以降西方共和主義的核心理念，主張政治共同體各個部分能夠彼此協同，形構完整的政治體，並使公共事務順利運作（cf. 蕭高彥，2013: 110-111）。然而，霍布斯的「統一體」觀念則認為，共和主義並不足以造就政治體的統一性，反而容易淪為個別政治勢力對於彼此權力的爭議，由於缺乏共同的判斷標準，而造成政治衝突並導致內戰與政治體的瓦解。塔克的切入點，便在於分析霍布斯為了要建構一個全新的政治共同體理論，借重了亞里斯多德在《政治學》第四書之中關於一種「極端民主」（extreme democracy, *demos eschatos; Pol.* 1296a）的討論。由於此種極端民主制度公民不受法律節制，從而對雅典民主政治產生了不良的政治後果，並孕育了古典政治哲學對民主的敵視態度。但霍布斯卻將此種「極端民主」論述加以翻轉，建構了一個終極的、不受法律節制的「人民」觀念，成為現代政治的民主正當性基礎（Tuck, 2006: 176-77）。

其次，塔克進一步指出，亞里斯多德此種民主觀念的歷史流變，關鍵在於對於羅馬共和制的評價。特別是十六世紀中葉義大利人文主義者 Pietro Vettori 在翻譯亞里斯多德《政治學》並加以分析時，對亞里斯多德原文「人民變成了君主」這樣的說法，做出如下評論：「此種民主乃是由許多實存所構成的，雖然他們個別地都會消亡，但是他們的聚合造成單一個人並形構了一個人民」（Tuck, 2006: 181），塔克認為這是西方政治思想將人民視為「單一個人」（one men）的開端（Tuck, 2006: 181）。法國人文主義者 Nicholos Grouchy 將此種民主論運用到羅馬共和制，主張羅馬共和雖然在治理上託付給貴族，其主權仍在於人民。塔克因之主張，基於亞里斯多德極端民主觀念的重述以及羅馬共和的新解，由 Grouchy 通過布丹到霍布斯，逐步形成了通過民主來構成政治

---

引用時，以章節為主，如：EL, II.I:1-2 指 *Elements of Law* 第二部分第一章，第一至二段。

共同體單一性的重大理論創新（Tuck, 2006: 183）。

塔克的第三個論點乃是，雖然霍布斯從民主出發，但是也深刻認知極端民主的危險，所以提出主權與「治理」（administration）的區分，主張在民主制中，人民擁有終極的政治權威，但最理想的狀況並非人民直接從事治理，而是將治理的任務託付給非民主的治理者（行政或司法機構均屬此類）。據此，塔克主張霍布斯由此奠立了現代政治治理概念的基礎（Tuck, 2006: 189-190）。

史金納在其早期鉅著《現代政治思想的基礎》中，其實並未正式分析霍布斯的政治思想，而只有在結論處理現代國家觀念的形成時稍加論述（Skinner, 1978, 2: 349）。塔克發表在紀念該書的週年慶論文集的論文主題，似乎不免稍嫌突兀。但更罕見的是史金納的另一位學生 Kinch Hoekstra（2006）還特別撰寫了一篇論文，模仿霍布斯的嘲諷，稱塔克等著重以民主來詮釋霍布斯思想者爲「**霍布斯派民主人士**」（democratical Hobbesians; Hoekstra, 2006: 192），[2] 全盤否定塔克的論點並逐一加以批駁。而史金納在其綜合回應之中，也花了相當的篇幅回應塔克的論點（Skinner, 2006: 248-256）。

本章之目的，並不在於爲霍布斯是否眞的有民主傾向加以歷史翻案，而是基於塔克所指出的早期與後期霍布斯思想之差異，深入檢視霍布斯早期系統中「基源民主」（original democracy）的理論結構。畢竟，霍布斯以建構主權及國家等絕對主義範疇，而深刻影響現代政治思想的形成；在一般見解中，他很難與民主觀念之發展有所關連。若其早期思想果眞具有民主元素，其論證自有深入研究的必要。換言之，史金納、塔克以及 Hoekstra 之論爭，絕非劍橋學派內部「茶壺裏的風暴」，而是深具政治理論意義的課題。

然而，在討論霍布斯政治理論的文獻中，關於民主觀念的深入討論並不多見。少數注意到霍布斯思想中的這個元素的文獻（如

---

2　霍布斯在 *Behemoth* 一書中稱當時英國內戰時期共和主義者為「民主派仕紳」（democratical gentlemen），請參閱 Hobbes（1990: 90,103）。

Baumgold, 1988: 41-45, 52-53; Malcolm, 1991: 541-542），也並未對其論
證結構與理論涵義提出深入解釋，即使塔克的論著也不例外。[3] 塔克早
期分析現代自然權利論述時，強調《法律的元素》在權利讓渡之議題
上，與同時代君主派對格勞秀斯自然權利論運用之異同（Tuck, 1979:
80-81, 119-132），但並未分析基源民主論。而在編輯霍布斯《利維坦》
以及《論公民》所撰寫的〈導論〉中，塔克雖已指出基源民主在早期霍
布斯思想中的重要性（Tuck, 1996: xxv-xxxvi; Tuck, 1998: xxxii-xxxiii）；
然而，他偏重於探討其民主論述的思想史資源以及影響力，至於其理
論結構本身反而缺乏充分的闡釋。是以，關於霍布斯的民主理論，塔克
的研究僅為開端，仍有進一步探索的空間，這也是本章主旨之所在。

　　以下於第二節闡釋霍布斯早期理論的出發點：自然狀態與雜眾，
以及雜眾建構具有統一性的政治共同體之課題。第三節則依循多數統
治以及基源民主兩大主軸，深入剖析霍布斯的早期理論。第四節討論
基源民主論述以民主多數統治為主軸，是否有壓迫少數的涵義，並進
一步嘗試以「非支配」來詮釋霍布斯早期思想的理論精神。第五節則指
出在《論公民》一書中，已經產生人民主權與君主制間之緊張性，本章
分析其中的憲政意義，並指出由於早期理論與傳統人民主權論間之親
和性，使得霍布斯在《利維坦》中，以代表與授權的分析途徑取代了早
期的基源民主論。

# 二、霍布斯早期理論：
## 自然狀態、雜眾與原子式個人主義邏輯

　　霍布斯的政治理論，可以說是現代「原子式個人主義」（atomistic
individualism）最重要的代表（Bobbio, 1993: 11-12）。在《法律的元素》

---

3　一個重要的例外是史特勞斯，他不但分析霍布斯的基源民主論（Strauss, 1963:
　　63-67），而且指出此早期理論與後期主權論之根本差異（Strauss, 1963: 67-70,
　　129）。

一書，原子式個人主義的邏輯在霍布斯的「自然狀態」（state of nature）理論中以最簡潔清晰的原始樣貌展現出來（EL, I.XIV）：每一個個體的行為動機都在於自保（self-preservation）；個人對與自保有關的一切事務，具有完全的自由去運用其力量，這種自由構成了個體的「自然權利」（natural right），而且對於自然權利之行使，當事人是唯一的判斷者。霍布斯進一步主張，每個人是平等的，而其平等觀念並沒有道德涵義，僅僅指涉在自然狀態中的物理事實，即使個人的自然稟賦有異，但無論強者或弱者被其他人殺害的機率是相同的（EL, I.XIV）。如此一來，將導致自然狀態中每個個體在表面上都對所有事物擁有「權利」，但實際結果是彼此衝突、沒有任何穩定權利關係的「戰爭狀態」（state of war），於其中人與人互相為敵，彼此恐懼，導致文明生活無法建立發展。對此種作為「戰爭狀態」的「自然狀態」，霍布斯在其著作之中不斷加以描繪，成為他的政治理論最為人所知的圖像。

對本章而言，關鍵議題並不在於此種自然狀態曾否真實存在，而是此理論基設的涵義。吾人所著重的在於，霍布斯的理論進程，也就是原子式個人主義的系統出發點，乃在於他所稱的「**雜眾**」（multitude）。[4] 雜眾被設想為彼此孤立、衝突，缺乏任何穩定關係的個體之聚合；而霍布斯的理論關懷則在於如何從此種雜眾之中創造出一個真正的「統一體」。

霍布斯對於雜眾觀念，在三本著作均有所分析（EL, II.I:1-3; DC, VI.1; Lev, XVI:13），其中最清楚的是《論公民》之說明：

> 第一個關鍵問題乃是：通過自己的決定而組成單一的邦國的雜眾究竟為何？他們並不是單一的個體，而是一群人，其中每個人在每種意見上都有自己的意志和判斷。雖然每個人就特定的契約

---

4　基於 "multitude" 一詞的重要性以及特定指涉，有必要用「雜眾」或「諸眾」這樣的詞彙加以翻譯。塔克在其《論公民》的新譯本之中，認為 multitude 一詞已非現代英文用語，從而用 crowd 加以翻譯（Tuck, 1998: xl），貴州人民出版社之中譯本據以翻成「人群」。筆者認為，考量到《法律的元素》以及《利維坦》兩本英文著作中霍布斯都是運用 multitude 一詞，不應該用當代通用的 crowd 加以取代，因而採用「雜眾」一詞。

而言有自己的權利和財產，以致於一個人會說這個東西是自己的，
另一個人則會說那個東西是自己的，但並沒有什麼東西可以恰當
地對整個雜眾（有別於個別的人）而言是他的而不是其他雜眾的。
即使他們全體或一些部分成員達成了協議，他們所進行的並不是
一種行動，而是許多人個別的行動。……在一個未曾按照我們所
描述的方式集結成一個人格的雜眾中，自然狀態仍然存留著，即
所有人擁有著所有事物。（DC, VI:1）

　　霍布斯強調的重點在於，雜眾是由眾多的個體所構成，雖然聚合
起來，卻不具備同一性，更不能共同採取單一的行動，因為即使產生了
類似單一的集體行動（如群眾暴動），但他們的個別動機都是不同的，
所以不能被稱之為擁有相同行動的整體。

　　「自然狀態」以及「雜眾」乃是原子式個人主義情境的一體兩面：
「雜眾」指的是行動者（human agency）聚集所形成的樣態，「自然狀
態」則是他們所處的情境。由霍布斯對於二者所列舉的例子，可以看出
其中的關連性。以「自然狀態」而言，他在早期理論中所提出的例子是
當時的美洲原住民以及歷史所顯示現有文明的古早狀態（DC, I:13, p.
30）；在《利維坦》中，除了美洲原住民之外，霍布斯進一步列舉了兩
個現實世界的例子：主權式微所導致的內戰狀態，以及國與國之間的
戰爭狀態（Lev, XIII: 10）。至於「雜眾」，霍布斯在《法律的元素》一
書中所提出的例子特別值得注意：他以耶路撒冷被圍城時具有叛逆心
的猶太人為例，指出他們「可以合作反抗敵人，卻又彼此為戰」（EL,
II.I）。從這些具體的案例，可以看出霍布斯所設想的自然狀態以及雜
眾，並非某種遠古的歷史狀態，而是現實條件中缺乏政治共同體時的
客觀環境（自然狀態）以及個人境況（雜眾）。

　　霍布斯建構自然狀態以及「雜眾」等範疇之目的，在於解構西方傳
統思想的共同體理論。他特別否定兩種傳統的理論進程：其一為亞里
斯多德的目的論（teleology），假定人是政治動物，從而在城邦政治共
同體之中結合起來追求共同的善以及幸福。對霍布斯而言，這種自然

的和諧（natural concord）只有某一些群居的動物才會形成，人類的本性既與之不同，所形成的和諧關係就必定是「人為的」（artificial），而非自然的（EL, I.XIX:5）。另一個為霍布斯所拒斥的理論進程則是傳統的「同意」（consent）理論。霍布斯將此種同意界定為：「當許多意志對某一個共同行動或其效果合意，此種意志的合意被稱為同意」（EL, I.XII:7）。他強調，同意乃是許多「個別意志」合意產生相同的結果，並不足以構成穩定的共同體之基礎。目的論與同意論均基於人類的「社會性」預設，而為霍布斯所反對（Hont, 2005: 167-171）。他所建構的「雜眾」概念，其意旨正在於使個人通過個別同意或共同目的來形構共同體之進程不再可能。

換言之，霍布斯通過原子式個人主義，重新定義了現代政治理論的核心問題：一方面必須克服作為戰爭狀態的自然狀態，才能形成共同體以及文明社會；另一方面則以行動者的層次，論述雜眾如何從紛亂鬥爭的狀態成為具有同一性的人民，霍布斯稱之為「單一政治人格」（one person civil; EL, II.I:1）。事實上，這兩個問題乃是同一議題的不同面向：雜眾的存在困境以及社會契約如何可能克服自然狀態？

正因為係同一議題的不同面向，霍布斯論述由「雜眾」過渡到「單一政治人格」的過程，與「自然狀態」過渡到「共同體」的進程，具有相同的邏輯結構。依據塔克的詮釋，霍布斯遵循笛卡兒（René Descartes, 1596-1650）以降現代懷疑主義（skepticism）的傳統，以接近道德相對主義（moral relativism）的角度解構了傳統自然法的規範效力，也就是前述對「自然狀態」以及「雜眾」的概念建構（Tuck, 1998: xxiv-xxvi）。然而，霍布斯的理論創新卻也產生自身必須加以克服的困難：趨近道德相對主義的「自然狀態」以及「雜眾」，如何可能過渡到其對立面，產生同一性與單一意志，也就是「統一體」以及「單一人格」？對此關鍵問題，塔克指出，霍布斯仍然遵循笛卡兒在運用「我思，故我在」（*Cogito, ergo sum*）克服懷疑論後所引進的「暫時性道德法則」（provisional moral code）：為了個人的安全，對常識性的見解以及世俗的道德習慣仍然加以遵循。這樣訴諸一般常識性道德的做法，在霍布

斯的政治理論中,則成爲:自然法乃是一種「集體的暫時性道德法則」,
其目的在於克服戰爭與紛亂的狀態,形成和平的共同生活(Tuck, 1998:
xxvii-xxviii; cf. Tuck, 1989: 14-19)。

　　從這個角度切入分析,吾人可以理解霍布斯對於政治共同體目的
之界定:除了安全(security)與保護(protection)之外,共同體沒有
其他更高的、形而上的倫理或道德目的(EL, II.I:5)。霍布斯的觀點,
有別於古典理論賦予政治共同體實現倫理善的價值,從而奠定了現代
國家的中立性(neutrality)的基礎。當然,從霍布斯這個倫理政治上的
原創性,到政治理論層次完成現代中立國家的自由主義論述,仍有相
當距離。吾人所關切者,仍在於霍布斯早期思想中,如何克服雜眾的紛
亂以及自然狀態的戰爭,而其中之關鍵,乃是雜眾中的個體如何選擇
建制政治共同體。

　　要克服「自然狀態」以及「雜眾」,霍布斯主張必須要建立政治體,
而建立的途徑則有兩種可能:

> 其一爲許多人聚合起來的任意性建制(arbitrary institution),這
> 就像從無之中通過人類智慧加以創造(creation);另一則爲強制
> (compulsion),這就彷彿是由自然的力量而產生(generation)。
> (EL, II.I:1)

　　這兩條路徑形成了霍布斯政治理論的辯證發展最重要之線索,也
就是「**建制的邦國**」(commonwealth by institution)以及「**取得的邦國**」
(commonwealth by acquisition)之區分(EL, II.III; DC, VIII; Lev, XX)。
一般所熟悉的霍布斯政治理論議題,如社會契約以及共同體之建構等,
都屬於「建制的邦國」路徑所建構的範疇,並由此推論出法理層面主權
者的權利以及臣民的義務,但無論是早期或後期思想,霍布斯始終都
維護著以「取得的邦國」作爲事實性(*de facto*)的主權者,以及臣民
應對之服從的義務。本章以下所論,如同霍布斯文本的邏輯,將集中於
「建制的邦國」的創制過程。然而,對於霍布斯接受「取得的邦國」存

在的理據，吾人也不能加以忽略。

簡單地說，爲了論述「雜眾」能夠形成「統一體」，霍布斯對於自然狀態最重要的基設乃是平等。而霍布斯的平等概念，如前所述，並沒有道德涵義，僅僅指涉在自然狀態中，無論個人的力量大小，弱者消滅強者的機率和強者消滅弱者的機率是完全相同的。這個平等的基設極爲重要，因爲這使「雜眾」願意通過社會契約來建置共同體。霍布斯指出：

> 由於鬥爭者的平等，戰爭不可能以戰勝而終結，這種戰爭就其本性而言乃是持久的。因爲戰勝者本身如此經常地面臨各種危險的威脅，以致於如果最強大的人能倖存至因年邁而死亡的話，那就算得是個奇蹟了。（DC, I:13）

也就是說在自然狀態中，無論是強者或弱者，都因爲平等以及持續戰爭的不確定性而有動機參與「建制的邦國」的創設。

政治共同體的建制，乃是在「雜眾」之間建立超越同意之上的「統一體」，但在霍布斯早期思想中，「統一體」（Union）的概念仍然相當模糊，僅初步地被界定爲：

> 當許多意志被涵攝或包括在一個或多個同意意志時（以下將闡明這如何可能），如此一來，此種涵攝多個意志的單一或多意志者即可稱爲「統一體」。[5]（EL, I.XII:8）

此處的重點在於指出，個別的同意只能形成「協同一致」，但是眞正的「統一體」必須讓雜眾之間產生**相同的單一意志**，而唯有通過一個彼此均承認的共同權力（common power）方有可能形成單一意志，因爲「建立某種共同的權力，通過對它的恐懼，他們能夠被強制地維持彼

---

5　"When many wills are involved or included in the will of one or more consenting, (which how it may be, shall be hereafter declared) then is that involving of many wills in one or more called UNION."

此間之和平，並將彼此的力量結合起來以抗外敵」（EL, I.XIX:6）。是以，在霍布斯的理論中，「統一體」的鑑別特質在於**共同權力**；雜眾通過此種共同權力所產生的公約數（單一意志）來彼此關連，而形成統一體。由雜眾通過共同權力建制統一體的過程中，關鍵的動作在於個人放棄並讓渡其權利，特別是必須讓渡個人被侵犯時用於自保的反抗權（right of resistance; cf. EL, I.XIV:11, I.XIX:10）給共同權力。[6] 通過此種個人權利讓渡以及共同權力之建制，在確立共同權力之後，同時產生了個人對此權力服從的義務，而霍布斯用相當物理性的詞彙描述此種服從：「他放棄了自身的力量與工具，讓渡給他締約所要服從者；而那命令者便因此可以運用所有人的工具與力量，以及依此所產生的恐怖（terror）去形構他們所有的意志以產生統一性及協同一致」（EL, I.XIX:104）。

不令人意外地，這個理論進程與前述霍布斯將安全與保護二者作為共同體之目的完全契合。而所構成的政治體（body politic），則依此定義為：「**一群雜眾的人，為了他們的共同和平、防衛、以及利益，通過共同權力統一為單一人格**（united as one person）」（EL, I.XIX:7）。

然而，本節所述霍布斯原子式個人主義邏輯已經將個人自保作為理論基設，「雜眾」之個體何以有意願放棄或讓渡其自保的自然權利？此讓渡過程為何？個人的安全與防衛如何通過政治體的「共同權力」而達成？對於這些課題，早期霍布斯思想透過基源民主加以解決，這是下一節的主要論題。

# 四、基源民主的奠基力量：
## 多數統治、公民會議與社會契約

政治共同體建立的時刻，以二十世紀思想家施密特的觀念而言，

---

6　關於反抗權這個議題在霍布斯之前社會契約論的發展，請參閱 Baumgold（1988: 25-31）以及 Tuck（1979: 122-132）。

乃是形構國家的國民「決斷」（decision）之關鍵時刻（Schmitt, 2004: 30-32）。特別值得注意的是，霍布斯早期理論所運用的機制乃是民主，而非威權的政治決斷。誠如塔克以及許多評論家所指出，霍布斯雖然主觀上偏向君主制，但由於他的論證以社會契約論為基礎，相較於當時以君權神授或父權觀念來證成君主制的各種學說，可說是非主流（unorthodox）的君主派（Tuck, 1998: xxxi）。[7] 正因為霍布斯的系統以社會契約形式加以推導，民主遂成為個人聚集時不可避免需要加以面對的論證元素。

西方政治思想由亞里斯多德確立了古典政治哲學對民主的基本定義以及分析架構，他認為當多數人掌握最高的政治權力，並且僅照顧平民群眾的私利時，便構成民主政體。相對地，假如多數平民統治，而能照顧到城邦全體人民的公共利益，則可稱為「共和政體」（politeia），此乃亞里斯多德心目中的理想政體（Pol. 1279a）。由於此種共和政體在實踐上意味著平民與貴族寡頭兩種力量的混合，開啟了「混合政體」的論述可能，最終成就了羅馬共和理論將王政、貴族與平民混合的古典共和政治理想（cf. 蕭高彥，2013: 60-72）。和布丹相同，霍布斯對於混合政體採取嚴厲批判的態度（EL, II.I:15-16; DC, VII:4），因為這與他觀念中政治體必須具有的統一性無法相容。所以，霍布斯拒斥亞里斯多德之古典政體分類法：依據共同利益而統治的三種「正體」，以及依據統治者私人利益而統治的三種「變體」。對霍布斯而言，政治共同體唯一的重要問題，在於確立主權的承載者，而依此承載者為一人、少數人或全體人民，在邏輯上就僅有三種純粹的政體。

而民主政治的關鍵點，自亞里斯多德起便在於「多數統治」，對於這一個特徵，霍布斯加以接受，甚至提升其理論高度到社會契約的層次。以下以「多數統治」以及「基源民主」兩個議題，分別檢視《法律的元素》以及《論公民》中之相關論證。

---

7　霍布斯本人對主流君主派論述之評論，可參見 DC, X:3.

## （一）多數統治

在《法律的元素》之中，霍布斯並未運用 "majority" 的相關詞彙，而以 "greater part"、"greatest part" 以及 "majority part" 等指涉多數。對他而言，被雜眾賦予「共同權力」的對象可以是一個人或一個會議（council），小型的會議乃是貴族制，而大型的公民會議便構成了民主制。君主制以個人承載共同權力，其「統一性」較無疑義。但會議係由一定數量的人組成，必須要面對的問題是：作爲主權的承載者，會議形式的共同權力如何採取單一的行動？假如這個問題無法克服，就難以解決自然狀態以及雜眾不具有同一性的困境。在霍布斯早期思想中，只要是會議型態的共同權力，便必然是以多數決的方式產生共同決定以及單一意志。在《法律的元素》一書中，有兩個文本處理這個關鍵問題，皆與統一體的構成有關（EL, I.XIX:7; EL, II.1:3）。在第一個文本中，霍布斯明確指出統一體的構成係每一個人通過期約而服從所確立的共同權力，並服從於共同權力的命令，並特別強調若共同權力爲會議形式，則所服從的對象乃是其成員的多數（greater part）。在第二個文本中，他在論述雜眾之後，討論如何進一步構成統一體的脈絡時指出：

> ［欲脫離雜眾狀態］他們第一件需要做的事情乃是每一個人明示地同意某些事物而讓他們能夠趨近於其目的［和平與安全］，而除了以下之外沒有任何其他可以想像的途徑：他們允許其總數中大部分（major part）之意志，或他們所決定並命名的一定數量的人之大部分之意志，或最後某一個單個人的意志，來涵攝並當做是每一個人的意志。只要能夠完成，他們便統一起來，並成爲一個政治體。（EL, II.1:3）

必須強調的是，霍布斯在這兩個文本所確立的是，在貴族制與民

主制之中，作為共同權力的承載者由於係由一定數量的人所構成的會議，所以，多數決所確立的意志便成為政治共同體成員全體的單一意志。假如我們用法國大革命思想家西耶斯（Emmanuel-Joseph Sièyes, 1748-1836）以降「制憲權」的理論角度加以觀察，[8]《法律的元素》此段文本所討論的乃是「憲政權」（*pouvoir constitués*）必須通過多數決而達成集體決定，而尚未達到「制憲權」（*pouvoir constituant*）的制高點。然而，到了《論公民》一書中，多數決已經不僅指涉會議型態的構成成員所必須遵循的決策原則，連邦國的建制（也就是社會契約的締結）亦是通過多數決而完成的。如此一來，多數決便進入了「制憲權」的制高點，而成為早期霍布斯思想中最值得玩味之處。吾人特將之稱為「**多數統治**」（majority rule），以與憲政權之中的「**多數決**」（majority decision）原則加以區隔。[9]

在論述雜眾的多元性格以及缺乏單一意志與單一行動的可能性之後，霍布斯在《論公民》提出了如下的觀察：

> 以下要考慮的一點是：如果要開始進行邦國的形構，一群雜眾之中每個成員都必須與其他人就任何於集團之中所提出的議題達成共識，**多數人的意志應當被看成是所有人的意志**；否則的話，雜眾將永遠不會具有任何意志，因為他們的態度和欲求彼此之間相距甚遠。（DC, VI:2，黑體強調為筆者所加）

引文之中黑體的加重部分明白地顯示出，在《論公民》一書中，霍布斯對《法律的元素》中所描述的統一體之構成做了進一步確立的工作。在《法律的元素》中，關於締結社會契約本身，霍布斯所強調的是每一個人單獨地與其他人締約，而由其上下文似乎可以推論，此種同

---

8　關於西耶斯的制憲權理論，請參閱蕭高彥（2013: 257-293）。研究西耶斯政治思想聞名的 Murray Forsyth 也曾經就霍布斯思想中關於人民的「制憲權」（constituent power of the people）發表論文（Forsyth, 1981）。

9　關於「多數統治」以及「多數決」之區別，請參閱 Arendt（1990: 164）之討論。

意必須是全體一致的。而在《論公民》之中，霍布斯明白地表示締結社
會契約所需要的是對於多數統治的接受。當然，邏輯上可能是全體雜
眾成員共同接受多數決原則，但在實際上，在締結社會契約時，多數決
原則僅需要多數人的同意便可成立，這正是趨近「制憲權」高度的多數
統治原則。換言之，前節所述的「共同權力」在霍布斯早期思想中是通
過多數統治而確立的。

## （二）基源民主

如同多數統治的議題，在霍布斯早期的兩本著作中，也是以《法律
的元素》對於民主概念做初步的建構，而在《論公民》提出較爲詳盡的
理論闡釋，並且提出了「人民」作爲單一人格集體行動者的基源民主理
論。雖然在《法律的元素》中，多數決被侷限在「憲政權」的層次，但
在第二書第二章討論三種個別政體時，霍布斯出其不意地提出了民主
優先性的主張。他指出：

> 三種政體中，依時間序列而言首先者爲民主，而且此爲勢所必
> 然，因爲貴族制與君主制需要提名人選加以同意，而在一個大型
> 的雜眾人群中此種同意必定通過大部分（major part）的同意；而
> 當此大部分的票涵攝了其餘部分的票，這事實上便是一個民主。
> （EL, II.II:1）

在這個關鍵文本中，吾人可觀察到 "major part" 被運用在對於貴
族與君主的同意之上，也就是前述「憲政權」的層次。但若民主具有此
種時間上的優先性，那麼它自身是如何構成的？霍布斯接著論述「民
主之形構」（the making of a democracy）：[10]

---

10　此處應與霍布斯於 EL, I.XIX:7 對於「統一體之形構」（the making of union）
　　的討論加以比較。

建構民主時，在主權者與任何臣民之間並無期約（covenant）。因為當民主正在建構時，並沒有可被簽訂契約的主權者。無法想像雜眾可以與自己簽約，或通過任何單一個人、一定數量的人或自身的一部分來讓自己成為主權者；也不能想像一群雜眾，作為一個群聚，能夠賦予自己其自身之前所無者。鑑於民主的主權並非由任何雜眾的期約所賦予（因為這預設了已經創造出來的統一體以及主權），只剩下一種可能，這（民主的主權）乃是由單個個人的特殊期約所賦予。（EL, II.II:2）

但霍布斯在通過「單個個人的特殊期約」以形構統一體的議題上，並沒有特別對民主要素多所發揮。民主與社會契約等同之分析取向，在《法律的元素》一書中尚未開展，霍布斯並未提出社會契約清楚的條款，僅說明了有效契約所必須具備的條件（EL, II.I:3）。但到了《論公民》一書中，霍布斯的理論有了進一步發展，社會契約條款至此方才成形：

　　每個公民都同意將自己的意志交給多數人的意志，其條件是別人也同樣這麼做。這就好像是每個人都說：「我為了你的利益而將自己的權利**轉讓給人民**，條件是你也為了我的利益而將你的權利**轉讓給人民**。（DC, VII.7，黑體強調為筆者所加）

基於此社會契約條文，吾人可以理解何以民主制在霍布斯的政治思想中具有基源性的作用：因為它是由個別的個人通過彼此之間的協議所達成的，[11] 且這個協議讓雜眾通過**其自身所建制的制度**（多數統治原則以及定期公民會議），而形構了具有統一性的人民。這是一個極為重要的關鍵，因為霍布斯明白宣示是由「**人民**」接收了個人轉讓而來

---

11　霍布斯對傳統社會契約論有所批判，因他自始主張，社會契約不是人民與統治者訂定的，而是雜眾彼此間訂定的，cf. EL, II.II:2; DC, VII:7。

的權利，也就是說，**民主的構成即是社會契約的構成**。對他而言，民主
制具有兩個克服雜眾狀態最重要的理論元素，其一乃是服從多數人的
意志，也就是**多數統治**成為一種法權狀態；其二則為**「人民」**（people）
權力的構成。

西方最重要的民主經驗來自於希臘，霍布斯也以希臘經驗指出：

構成民主制的是兩個原理，一個是不被中斷的定期會議所構成
的 Δημοζs，即人民，另一是多數決投票所構成的 το κρατος，即權
力（*potestas*）。（DC, VII.5）

但霍布斯其實提升了民主的作用，強調基源民主是雜眾聚集起來
之後，唯一可能的政治形式。他指出：

我們現在來看看建國者（founders）在形成每類型式的邦國時
所做的事。當人們聚在一起建立邦國時，**就他們聚會議事這一點
而言，幾乎就可說他們是民主制**。從他們自願聚會議事來說，他
們可被看成是受制於經由多數人的同意所做的決定。而只要這種
會議持續下去，或者在某些時間和地點又重新開始聚會，那就是
民主制。會議的意志是所有公民的意志，它擁有著主權，因為人
們認為每個公民在這種會議中都有投票權，故此，按照本章第一
節中所給出的定義，這就是民主制。[12]（DC, VII:5，黑體強調為
筆者所加）

這個文本擴充了《法律的元素》關於民主在時間上的優先性，明白
指出在統一體的建制時刻民主的優越性格。聚集起來的「雜眾」只要遵
守多數決，便構成一個公民會議，從而便是民主；假如他們彼此衝突分
裂，那麼會議就解體而回復到之前的無政府狀態（anarchy），也就是人

---

12　相似的論證可見於 EL, II.II:2。

與人互相爲戰的自然狀態。

　　這無異是指陳，社會契約的唯一可能型態是民主的，通過民主的社會契約，形構出具有單一性的「**人民**」。是以，霍布斯明確指出，「只有在開會的時間及地點爲公眾所確定並眾所周知、願意與會的人也可以去開會的情況下，人民才能保持其主權」（DC, VII:5）。這雖然可以解讀成消極條件，但是也可以積極地理解成，只要「雜眾」在聚集起來之後，通過多數決的約束力並且在此基礎上設定了日後重新聚集開會的地點與時間，[13] 便脫離了雜眾的狀態，成爲具有統一性與單一性的人格。換言之，基源民主之所以能夠克服雜眾缺乏統一性的紛亂狀態，構成政治共同體，其關鍵在於建制了定期**公民會議**作爲主權的承載者，也就是前節所述「共同權力」的建制。

　　總結本節論述，在早期霍布斯思想中，多數統治原則的規範化以及定期公民聚會的常態化，即構成最原始的社會契約。由《論公民》一書對於「人民」、公民會議，以及民主多數決的進一步界定以及討論，可以清楚地看到相關論述已經躍居「制憲權」的制高點：人民聚合後的議事規則，以及日後重新聚集的時間地點等趨近於根本法的相關規範，是由人民自身所決定的。在這些相關文本之中，吾人明確地觀察到**人民主權**觀念的雛形（雖然霍布斯只運用「人民」，而未運用「人民主權」之語彙），「人民」自身的運作便等於民主制中公民會議的建制化。

## 五、霍布斯早期基源民主的理論涵義

　　上一節說明了，霍布斯早期理論中政治共同體所建構的統一性，是由成員之間自發形構而成，民主多數統治也就成爲政治共同體統一性的基礎。在這個意義之上，我們將霍布斯早期理論的樞紐稱之爲「基源民主」，因爲它具有一種能動性，一方面將雜眾統合成爲政治共同體；

---

13　當然還有一些其它條件，如休會期間不能過長等。

另一方面又成為三種政體當中，唯一通過「人民」本身自我治理，並且可以轉化為其他兩種政體的潛在能力（關於此議題，將於下節處理）。但在闡釋民主制之基源性之後，吾人必須進一步說明：**何以民主多數統治能夠在霍布斯所假定的自然狀態以及雜眾之上，建立統一性與政治共同體？**

霍布斯雖然把「自然狀態」設定成由於每一個人對其他人的恐懼以及平等與無限權利，會成為戰爭狀態的永續持存；然而，他通過「自然權利」與「自然法」的對立，其實鋪下了統一性能夠建立的基石（此將於下一章中分析）。具體而言，即使在自然狀態與戰爭狀態之中，自然法作為某種道德性的律令，仍然約束個人的良心（conscience），只是由於對於其他人侵奪之恐懼，這種內在的約束無法成為足以約束外在行為的有效律令。若以其後所發展出的倫理學範疇而言，霍布斯思想中「自然權利」與「自然法」的對立，在結構上相當接近「實然」與「應然」的對立。只不過其唯物主義傾向使霍布斯不從道德哲學的層次著手，而欲使自然法的道德律令成為約束個人行為的有效規範，他的解決方式是透過「政治」的途徑。

對霍布斯而言，人的內在良心的確能夠通過理性認知自然法，但是由於缺乏安全的基礎，當行動者服從自然法時，很有可能被不服從自然法的他人所侵奪。所以關鍵在於創造一個普遍的**「安全」**條件（這也正是國家的目的），使服從自然法的行動者不會變成輸家（DC, V:3）。而創造安全條件，便是前節所述「共同權力」的最重要課題。然而，共同權力的建構面臨一個明顯的**因果循環**困境：共同權力的建立以及安全的保障，需要通過雜眾某種集體的決定方有可能達成；但通過這個決定所建立的共同權力，在雜眾的進行決定的時刻尚未存在（而是這個決定的結果）。所以，核心的問題在於：當雜眾議決建立共同權力的時刻，如何可能逃脫彼此侵奪的不安全之「囚犯困局」？[14]

---

14　在一定程度上，盧梭社會契約論的「因果循環」也是相近問題的變奏。請參考蕭高彥（2013: 189-192）。

　　對於這個關鍵問題，早期霍布斯的兩本著作都是以服從多數決之方式而加以解決。然而吾人仍須進一步探究，多數統治對於個別雜眾**如何可能**創造安全的條件？在《法律的元素》中，霍布斯對這個議題還沒有提出解釋；但在《論公民》之中，多數決就已經相當完滿地解決了前述雜眾在構成統一性時最困難的安全保障課題。霍布斯指出：

> 如果要開始形成邦國，一個雜眾的每個個人都必須和其他人就任何可能被提出的議題形成如下之同意：多數人的意欲應當被看成是所有人的意志；因爲若非如此，那一個雜眾便永遠不會有任何意志，因爲人的態度和慾望彼此間之差異非常之大。**如果有人拒絕同意這一點，那其他人仍會形成一個不包括他在內的邦國。那就是為什麼邦國保留了其對付異議者的原始權利，也就是戰爭權利，如同對付敵人一般。**（DC, VI:2，黑體強調爲筆者所加）

　　從本引文的加重部分可以推論：雜眾的多數意志的總和，便形成了超越任何單一個體或小集團的更大力量（此爲多數人所讓渡自然權利的總和），所以當有少數個人對於服從多數、遵守自然法、形成統一體以確保每一個人的安全有不同的意見時，他們便自外於這個新形成的政治共同體；而多數人的力量遂可以行使抵抗敵人的自然權利，來對抗雜眾中不願加入共同體之個人。所以，解決安全條件的關鍵議題既不必訴諸目的論，也無需訴求於道德律令，而是純然的個人力量通過多數的總和超過任何單一個人或少數人的物理事實，使得民主多數決能夠成爲有效約束**所有個人**的力量，並使得每個人遵守自然法時的安全條件能夠達成。所以在霍布斯早期理論中，多數決統治與政治共同體的生成是同時完成的：由「雜眾」過渡到「人民」，是基於成員之間彼此的締約，通過多數決原則所產生最大的集體制裁力，成爲共同力量；其承載者（公民會議）就是主權者，亦即政治體最高的共同權力。

　　特別值得注意的是，在通過民主多數決而將「雜眾」統一成爲「人

民」的過程中，霍布斯並未主張社會契約需**全體雜衆的同意**，但這並無礙於霍布斯的政治共同體具有同一性甚至同質性的強烈凝聚力。其原因在於，所謂「多數人」的觀念，是相對於「所有雜衆」而言；具有同一性的政治共同體既然由贊成多數決原則與公民會議作爲主權承載者的多數人所形構，**這些多數人**便成爲政治共同體成員的**整體**。雜衆之中不接受多數決民主原則的「少數人」，則並未被包括到政治共同體之中，而被歸入敵人這一範疇中。[15] 畢竟，政治共同體成立的目的有二：一方面對內克服戰爭狀態以產生同一性，另一方面則爲抵禦外敵。所以，霍布斯才會指出，在多數與少數之間所存在的是原始的戰爭權利關係。

　　然而，這引發一個重大疑義：霍布斯通過民主多數決的方式所形成的政治共同體是否有**排斥少數人**的問題？而政治共同體與未加入者處於戰爭狀態的主張似乎更有著**壓迫少數人**的疑義。

　　要解決這個關鍵問題，吾人必須理解在成立統一體時，哪些「少數人」有不服從多數決的行爲動機？筆者認爲，最有可能的是在「自然狀態」所產生的支配者。本章第二節已經提及，霍布斯將政治體區別爲自

---

15　本章所論之「多數統治」係相對於自然狀態中全體雜衆而言；在成立共同體之後，其便成爲「全體」。在這個議題上，盧梭似乎追隨著早期霍布斯的分析取向。在《社會契約論》第四卷第二章中，盧梭強調普遍意志之形成必須是全體同意的；但在解釋何謂全體同意時，他指出：「唯有一種法律，就其本性而言，必須要有全體一致的同意；那就是社會契約。……可是，如果在訂立社會契約的時候出現了反對者的話，這些人的反對也並不能使契約無效，那只不過是不許把這些人包括在契約之內罷了；他們是公民中間的外邦人。但是在國家成立以後，則居留就構成爲同意；而居住在領土之內也就是服從主權」（Rousseau, 1997b: 123-124）。在這個關鍵文本中，我們可以看到盧梭對於社會契約的全體一致同意，與本章對於霍布斯多數統治原則的說法幾乎完全相同；只不過在最後一句中，補充了洛克在《政府論下篇》第八章§119 中所提出的，居留等於默示地同意社會契約的主張（Locke, 1988: 347）。值得注意的是，在《利維坦》兩個文本（Lev. XVII:13; XVIII:1）中，霍布斯仍然運用多數決原則來說明參與社會契約的成員對於主權者之授權；然而在此，不同意的少數人仍然被包含在因之而起的政治共同體之中。如此一來，所謂「整體」以及「多數」等關係就與本章所述早期基源民主思想有所不同。本書將於下一章處理《利維坦》的相關論述。

願形成的「建制的邦國」以及通過自然力量形成的「取得的邦國」。在
《法律的元素》及《論公民》之中，「取得的邦國」被放在**支配權**
（dominion）的範疇中加以討論，所處理的是包括主人與奴隸（slave）
或僕役（*servus*; servant）之支配，[16] 和父權（或母權）對幼兒的關係
這兩種形式。霍布斯所關注的「取得的邦國」乃是類比於主奴關係，亦
即基於勝利者征服戰敗者的事實而產生的某種法權關係。表面上看來，
這樣的討論貫穿了霍布斯三本主要的理論著作；然而，當吾人仔細考
察其中之差異時，將發覺他在早期的兩本著作中，於分析「支配權」
時，都提出**回歸自然狀態**的分析觀點（EL, II.III: 2,; DC, VIII.1, IX. 2），
但到了《利維坦》第二十章中，這個回歸自然狀態的論述便消失了，霍
布斯改從抽象法權狀態來討論「取得的邦國」，甚至連討論主僕關係的
份量都略有降低。[17]

　　值得注意的是，霍布斯在早期的著作中所論述的「回歸自然狀態」，
與他在之前討論作為政治共同體建立前提的「自然狀態」有極大的差
異。後者是為人所熟知的「戰爭狀態」，其中人與人互相為戰。而最重
要的特徵，乃是霍布斯通過「平等」的基設，令此種自然狀態中，每個
人消滅其他人的機率相同，從而造成一種普遍的互相恐懼以及不穩定
狀態，方有可能讓所有雜眾（無論是征服者或戰敗者）均有意願依據理

---

16　塔克在其《論公民》英譯本中，堅持將 "*servus*" 翻譯為奴隸（slave），而非
　　僕役或奴僕（servant），並提出說明（Tuck, 1998: xlii-xliii）。然而，霍布斯在
　　《法律的元素》相同脈絡之文字均使用 "servant" 一詞，並明確區分 slave 與
　　servant（EL, II.III），所以塔克的堅持令人不解。事實上，對霍布斯而言，奴
　　隸處於被禁錮狀態，僕役則並非處於被禁錮狀態，而擁有一定程度之個人自由
　　並提供勞役（EL, II.III: 3）。這個區別極為重要，因為主人與奴隸之間沒有權
　　利義務關係，但主人與僕役之間已經產生契約，亦即僕役之效忠與主人賦予自
　　由（解除禁錮），所以產生了權利義務關係。對霍布斯而言，臣民與主權者的
　　關係可以比擬為僕役與主人的關係（EL, II.III: 7）——雖然當代人已無法接受
　　此類比——但絕非奴隸與主人的關係。塔克的譯筆恰恰容易發生這樣的誤解，
　　而十八世紀的舊譯本（Hobbes, 1983）並沒有這個問題。
17　《利維坦》中關於自然狀態的討論集中在下述「法理的自然狀態」和政治共同
　　體之建立二者間的關係。依據筆者的詮釋，其原因正與他放棄了民主多數決型
　　態的社會契約而提出授權代表的社會契約有所關連。

性的導引，遵循自然法而締造政治共同體。但在霍布斯早期兩本著作討論「支配權」的篇章中，吾人明確地看到，霍布斯的自然狀態（或戰爭狀態），其實**並非**僅僅是絕對平等所導致的原子式個人主義情境，而事實上存在著人們因爲力量上的差異，強凌弱、眾暴寡所產生的征服者以及主奴的關係。另外，由於新生幼兒的無助，也讓母權或父權成爲一種「自然的」支配權。對於這兩種自然狀態之描述，筆者分別稱之爲**「法理的自然狀態」**（*de jure* state of nature）以及**「事實的自然狀態」**（*de facto* state of nature），前者討論普遍而持續之戰爭狀態的法權意義，後者則著重在戰爭狀態中，因天賦力量的不同所產生的事實性自然支配。進一步而言，這個區分符合霍布斯對政治共同體所做的二元區分：「法理的自然狀態」構成了「建制的邦國」之理論前提，而「事實的自然狀態」則是「取得的邦國」之理論前提。[18]

　　霍布斯對於自然狀態中兩種完全不同性格的個人之說明印證了自然狀態的二元性：

　　就自然狀態而言，所有人都有危害人的意願，但他們並不是出於同樣的理由或該受同樣的責備。有的人實踐了自然的平等，凡應允他自己的東西也應允其他人——這是一個合宜的人（modest man）的標誌，他對自己的能力的把握是符合實際的。而有的人認爲他自己比別人都強，總想被應允一切東西，要求自己得到比別人更多的榮譽——這是一種侵略性格的象徵。在這種情況下，他危害的意志起於虛榮（*inanis gloria*; vainglory）和對自己力量的高估。而對於第一種個人而言，他危害的意志出於維護其財產和自

---

18　如同史特勞斯所指出，這兩條路徑分別以希望（hope）與恐懼（fear）為原則（Strauss, 1963: 66），這在《論公民》中有明確的文本證據（DC, V.1）。但在霍布斯的後期理論中，恐懼與自由和同意結合起來，成為統一的政治秩序論，「建制的邦國」與「取得的邦國」不再代表兩條迥異的理路。本書下一章將處理此議題。

由而與他人對抗之所需。（DC, I: 4）

從這個文本吾人清楚地觀察到，即使「平等」是自然狀態的基設，也是其中個人力量的實際狀態，然而，每個人對自身力量的主觀評價仍然有很大的歧異，因而發生虛榮者高估自己的力量而侵略他人的情況，而「合宜的人」對於自身能力有實際的評估（要旨在於維護其財產與自由而進行自衛）。「虛榮的人」所從事的戰爭乃源起於自我感覺之優越性，將導致勝利與征服的結果，從而運用「事實的自然狀態」完成「取得的邦國」。相反地，「合宜的個人」正視平等，爲了維護他們的財產與自由，從而運用「法理的自然狀態」之邏輯，通過社會契約與基源民主建立「建制的邦國」。

依據霍布斯早期思想的理論脈絡，兩種自然狀態其實同時並存，「雜眾」聚集起來所需克服的情境，除了普遍的戰爭狀態之外，也包括在戰爭狀態中兩種不同性格的個人彼此爲戰，造成強凌弱、眾暴寡的「自然支配」，即主奴關係。[19] 而他們要通過建立政治共同體來產生一種共同權力從而克服自然狀態的諸種問題，當然包含了戰爭狀態**以及**主奴關係。

由這個角度切入，吾人方能理解，在基源民主的社會契約締結過程中，不願意加入政治共同體的少數個人，最有可能的便是在自然狀態中享有部分支配權的主人（當然也還有受自利心驅使而想「搭便車」的人 [free rider]）。而前節所述民主多數決的社會契約之作用，正在於通過聚集超過半數以上「合宜的人」之集體力量，轉移到作爲主權者的公民會議手中，運用匯聚起來的多數統治之力量與資源來對抗自然狀態中這些部分的支配性力量，以創造安全的條件。

換言之，「多數統治」蘊含著人民追求自保、自身利益之維護、以及集體安全保障，當然不會自我傷害（EL, II.II:3）；而基源民主所要對

---

19　這一點或許影響到盧梭在《論人類不平等起源》第二部分（Rousseau 1997a: 173-188）對於自然狀態墮落後，引入社會政治關係所產生的劇烈變化。

抗的，除了普遍戰爭狀態外，更在於事實性的主奴支配。而霍布斯基源
民主論表面上排斥少數人或壓迫少數人的疑義，其實蘊含著「合宜的人」
對抗「虛榮的人」之支配意志的機制。假如這個詮釋無誤，吾人將達到
一個與劍橋學派主流見解相反的觀點：早期霍布斯的基源民主論所建構
的政治共同體，其真正精神在於**非支配**（non- domination）。[20]

## 五、霍布斯早期思想的緊張性：人民主權與君主制

　　基源民主雖然在邏輯上成為霍布斯早期理論最重要的論證工具，
通過多數決所建構的「人民」也成為政治共同體之中原始的主權承載
者，但在《利維坦》中霍布斯終究將其放棄。其中之原因他並未明白表
示，但我們通過比較早期與後期作品中論證結構上的差異，不難推斷
其中的理由。霍布斯在《論公民》一書的致讀者前言中，對於其個人主
張君主制優越論提出了如下的說明：

> 我雖然在第十章中提出若干論證，強調了君主制優於其他邦國
> 的型態（**我承認，這是本書中唯一未加證明而只是作為可能性所
> 提出的觀點**），但我在所有的地方都明確指出，每個邦國都必須掌
> 握至高無上而平等的權力。（DC, Preface to the Reader: 14，黑體強
> 調為筆者所加）

　　霍布斯承認君主制的優越性**未被證明**，顯然是一個值得注意的說
法。畢竟，他認為自己所從事的是以科學原則來建構政治理論，也唯有
經過證明的政治原則才能夠達到「真理」並被稱之為「智慧」（否則僅

---

20　"Non-domination" 被 Philip Pettit 標舉為共和主義政治自由觀（有別於消極自
　　由、積極自由之外的「第三種自由概念」）的主要特徵，霍布斯被刻畫成顛覆
　　此種共和自由概念的主要代表（Pettit, 1997: 66ff），Skinner（2002b）亦受 Pettit
　　之影響而抱持此種看法。

不過是個人的意見而已，cf. EL, I.VI:4-6）。對此困難，吾人可以通過其早期思想中關於三種政體的論述加以說明。

本章已於第三節說明，在霍布斯早期思想中，民主的構成即是社會契約的構成，他明白宣示是由「人民」接收了從個人讓渡而來的權利。至於貴族以及君主制，由於需要對於**特定人**（統治者）的提名以及人民的同意，[21] 故必須預設民主制的先在性。因為需要對統治的候選人進行多數決（EL, II. II: 1），而且由基源民主轉化為貴族或君主制度時，均牽涉到「人民」權利的轉讓（EL, II. II:6; DC, VI: 8），因此，以下就依此議題闡釋霍布斯的觀點。

基源民主對貴族制的影響較小，因為民主制與貴族制其實都是通過會議來從事統治活動，只是會議的規模不同：在民主制是大型的公民會議、在貴族制則為小型的政治菁英會議。以會議為核心的政體，其主權的承載者既在於會議，便不是自然人，其承載主權的共同意志也是一個多數決所形成的意志。所以民主和貴族制邦國的單一人格都不是自然的（natural），而是人為（artificial）或虛擬的（fictitious），但二者在理論上都不存在所謂的自然死亡，而是永久存在的（perpetual）。所以民主的大型公民會議過渡到貴族的菁英會議統治時，**「人民」必須解體消逝**（EL, II.II:6; DC, VII.8）。霍布斯沒有明言，但吾人可以推斷的結論是：貴族制無法過渡到其他政體（無論是回到民主的「人民」或君主的個人統治），而只能在同一政體發展直到解體為止（也就是說，只有民主制中的「人民」具有基源性格）。

由民主制轉化為君主制，牽涉的問題遠為複雜，正是霍布斯早期討論三種政體的章節著墨最多（EL, II.II:9-10; DC, VII:11-17），**但在《利維坦》之中卻完全消失的論述**（Lev, XIX），故也是詮釋霍布斯早期與晚期理論差別的關鍵性文本。在霍布斯早期理論中，君主制和貴族制相同，也是由民主制中的「人民」轉讓主權者之權利而形成的。然而，

---

21 在《法律的元素》中，這被稱為是一「命令」（decree），預見了本書第六章所分析的普芬道夫「二約一令」之「令」，以及盧梭在《社會契約論》第三卷中所論的建置政府之特殊命令（cf. 蕭高彥，2013: 184-186）。

君主制與民主和貴族制不同，是由一位**自然人**作爲主權的承載者，並實施治理。君主制的優點在於，政治共同體的統一性是完全無可置疑的：在君主自然人格以及意志決定之中，便展現了君主制的政治同一性。但君主作爲自然人必定面臨的死亡與繼承之問題，則爲民主或貴族「會議」之虛擬人格不需面對的特殊課題。

　　基源民主轉化爲君主制時，與貴族制有一重大差異：人民讓渡主權權利給君主時，可以不解散而持續存在。君主是自然人，並沒有永續存在的生命，從而產生繼承議題；但霍布斯並沒有因此推論，若人民轉讓主權權利給一位君主時，必然同時包含同一君主的繼承權（從而形成所謂的「王朝原則」[dynastic principle]）。相對地，他指出人民在轉讓其主權權利給一人時，可以「單純的對主權不加時間限制」，但也可以是「一個固定明確的時期」（DC, VII:15）。假如人民依前者單純的方式轉讓其主權給君主時，讓渡之後「人民」便解散，只留下臣民的被統治身份。然而，若人民轉讓其主權給君主，具有特定期限，而且設定了在這個期限來臨前後需要召開公民會議再次議決往後的主權歸屬時，便產生了早期理論中相當特別的一個論述：**在政治共同體中，有一個永久存在、獨立於個別政體之上的「人民」，作爲主權的承載者**。而這正是霍布斯基源民主論可以作爲現代「人民主權」論述的思想史前身最饒富興味之處，但這在《利維坦》中卻完全消失。在此理論進程中，君主只不過是在特定期限被付託行使治理的統治者，但「人民」並未解散，更未解體，仍然在這樣的政體中持續存在。

　　基於維護君主制，霍布斯遂強調，混淆「人民」與「雜眾」很容易造成政治動盪。而在此脈絡中提出了一個著名的論述：

　　人民在每一個國家都統治著；即使在君主制中，人民也行使權力，只是人民的意志是通過某個人的意志來體現的。而（君主制中）公民及臣民，則是雜眾。在民主制和貴族制中，公民是雜眾，但（掌權的）會議是人民；而在君主制中，臣民是雜眾，但弔詭的是君主乃是人民。（DC, XII.8）

這樣的說法，看來雖無異於《利維坦》的主張，而與基源民主論扞格不入，但是，吾人仍須注意，「人民」這集合名詞仍然存在於這個關鍵文本，所以仍與《利維坦》的終極解決有所不同，並引起了史金納（Skinner, 2006: 254-255）與塔克（Tuck, 2006: 183-184）對此文本之不同解讀。

筆者認為，霍布斯的早期理論，之所以無法真正用他所認定的科學原則「證明」君主制度的優越性，關鍵在於：「人民」觀念在其基源民主論述中**已被證成**。換言之，基源民主論使得民主制在「建制的邦國」路徑上優先於（甚至優越於）君主制，[22] 其結果是君主制必須依賴於「取得的邦國」此種強制性路徑，產生「家產君主制」（patrimonial monarchy）的證成方式，但這顯然有所不足。[23] 不僅如此，他所論述人民有期限地讓渡統治權而自身並未解散的分析，將使得「人民」在此種君主制之中不但持續存在，而且在期限終止後對於政體的進一步發展具有決斷的終極權力。此種理論涵義，將導致霍布斯早期的基源民主論會面臨到他後來在《利維坦》中對暴君放伐論所提出的批判：

有些人說主權君主的權力雖然比每一個臣民單獨來說大但比全體臣民總的權力小的這種意見，實缺乏根據。因為他們所說的全體（all together），如果不是如同一個人一樣的集體，那麼全體一詞和每一個人一詞所指的便是同一回事，這句話便荒謬不通了。但如果他們所謂的全體所指的是把全體臣民當成一個人看待，而這一個人格又由主權者承擔，那麼全體的權力和主權者的權力便是同一回事，在這種情形下，這話便也是不通的。這種不通的情形，當主權者由一群人民組成的集會（an assembly of the people）握有時，他們看得很清楚，但在君主身上時，他們卻看不到，然

---

22 本書第六章第一節將論述，這是史賓諾莎著重提出的結論。

23 也就是之前引文中的霍布斯承認「君主制優於其他邦國的型態」「是本書中唯一未加證明而只是作為可能性所提出的觀點」。參見 Strauss（1963: 63-71）的討論。

而，主權無論操在誰的手中總是一樣的。（Lev, XVIII:18）

　　許多詮釋者已經注意到這個困難（Baumgold, 1988: 52），史金納則特別指出，霍布斯的理論對手乃是中古後期由法國宗教戰爭所產生的暴君放伐論，本書第一章亦對此提出了分析。在《反暴君申辯》中，通過對以色列君主制的討論，這派學者力主君主與人民係社會契約的兩造，也就是說兩造均具有單一人格：君主本身具有自然人格，而人民則因爲構成了一個「集合體」，從而能夠扮演一個單一個人的角色（Skinner, 2002a, 2: 389-390）。

　　爲了對抗暴君放伐論，霍布斯有兩個課題需加以克服。首先，社會契約不能發生於人民與君主之間；其次，人民不能構成一個獨立於君主之外的聯合體。關於第一個議題，霍布斯從早期開始便加以注意，而在《法律的元素》（EL, II.II:2）以及《論公民》（DC, VI:1）之中，他都已經說明社會契約係發生於個別成員此之間的期約，而非人民與統治者間的期約。但對第二個議題，本章的分析指向霍布斯在早期思想中並未做出有效回應，甚至在不同基礎上（社會契約係發生於個別成員彼此之間），仍然推論出「人民」的永續存在。[24]

　　霍布斯早期基源民主在憲政層次最重大的涵義，乃是在「制憲權」的制高點完成了「人民」作爲單一人格的理論證成，並且決定了之後的政體變遷（是否將主權讓渡而形構貴族制或君主制）。這樣的理論結果，應該是霍布斯所不樂見的，因而在《利維坦》一書中，他完全捨棄了基源民主以及由民主轉化出另外兩種政體的相關論述，而以授權理論加以替代。姑且不論之後的理論發展，即使在《論公民》中，霍布斯已經提出與暴君放伐論相關的理論困難，但仍試圖在實際政治層次降低其危險性：

---

24　是以，在後期思想中，霍布斯必須讓社會契約的進程排除一個集體人民產生的理論可能性，這也是《利維坦》與前期思想最大的差異，而其主要分析工具，如下章之論述，乃是授權代理理論。

　　所有的契約都從各契約的意志中獲得力量，而同樣也會因爲這
些契約方的贊同而失去力量或被解除。有人也許會說，主權也可
以由於所有臣民同時達成的一致意見而被廢除。就算這說得對，
我也看不出會對主權者產生什麼合法的威脅。（DC, VI: 20）

　　霍布斯接著指出了幾種狀況，他所強調的在於「很難想像會發生
**所有**公民毫無例外地在反對主權者的陰謀中聯合起來的事情」，所以主
權者並沒有什麼危險。然而，在建制統一體時，如前所述，是通過**多數
決**而完成的，何以解除契約需要所有公民，甚至非契約一方的君主之
同意？對此，霍布斯做了如下之陳述：

　　多數人相信，無論臣民是被國家的權威所召集起來的或是因受
煽動而召集起來的，所有人的同意都取決於多數人的同意。但這
事實上是錯誤的，因爲，多數人的同意應被看成是所有人的同意，
這一點並非自然的規則。經煽動而聚集起來的人的同意也不是所
有人的同意。這個規則發端於政治制度內，只有在下面這種情況
下，它才成立，即：掌握著主權的人或會議召集公民，鑑於公民人
數眾多，同意他們推舉一些人出來，讓這些人接受代表推舉者發
言的權威；主權者決定在他們所提交與討論的議案上，多數代言
人的意見可以代表他們全體代言人的意見。但不要認爲掌握主權
的人是爲討論他自己的權利而召集起公民的，除非是他出於極端
的厭惡，而用明確的方式放棄了權力。（DC, VI: 20）

　　從這個關鍵性的文本可以看出，霍布斯對於其理論本身「隱微的
自我批判」（Baumgold, 1988: 51）：社會契約論述不能夠防止契約通過
相同程序而被解除的可能，霍布斯只能強調這在實際政治上並不具有
危險性。但關鍵問題在於：當「例外狀態」發生，人民聚集起來時，是
否有權利用民主多數決的方式解除與主權者的契約並重新創設政治共
同體？霍布斯在上述引文後半段所稱多數決成立的情形，假如以西耶

斯「制憲權」與「憲政權」的區分來看，可以看出，霍布斯將原來在說明社會契約的基源民主性格時，具有「制憲權」高度的「人民」，在此脈絡中刻意地矮化成由主權者召集的體制內、「憲政權」層次的代表機構。但關鍵在於，何謂「受煽動而聚集起來的人民」？畢竟，這並非體制內的代表機構；而如前所述，霍布斯已經明確證成了，聚集起來的「雜眾」，只要同意服從多數決、並確立以後的集會的時間地點，便是民主，並構成了單一意志的「人民」，可以採取共同行動。

顯然，這是霍布斯在此文本中希望加以迴避的結論。但參考霍布斯早期理論對於**叛亂**（rebellion）的討論即可看出，他在邏輯上並不能否定這樣的結論。在《法律的元素》第二部分第八章討論叛亂問題時，他指出只要符合四個條件（不滿意者相互地具有充足的知識、他們有一定的數量、他們擁有武力、他們同意一個領導），便構成了一個「**反叛的共同體**」（one body of rebellion; EL, II.VIII:11）。這個文本似乎才是霍布斯早期基源民主的真正結論，也無怪乎當時保王派視其理論為「**叛亂之宣教**」（catechism of rebellion; cf. Hampton, 1986: 199）！

以史金納的詮釋觀點而言，霍布斯的修辭藝術在於有意識地採用了人民主權論的理論前提，企圖在相同的前提之下，證成完全相反的結論，也就是主權者的絕對性與君主制的優越性（Skinner, 2008: 209）。[25]但本章的分析顯示，霍布斯的早期理論並未達成此目標，反而在採用社會契約的架構之後，證成了人民主權論然後再力圖壓抑。


# 六、結語：「霍布斯派民主人士」與「理性的狡獪」

本章基於塔克所指出的早期與後期霍布斯思想之差異，討論其早期民主觀念，通過多數統治以及基源民主兩個主軸，形構了社會契約的核心論述，吾人也進一步討論這個理論進程所引起的相關議題。然

---

25　Strauss（1963: 66）已經提出類似之觀察。

而，霍布斯在後期的《利維坦》一書中完全放棄了基源民主以及以民主
為起點的政體變遷論述，另外運用「授權代表論」重構其社會契約。霍
布斯何以放棄此早期立場？一個比較明確的理由，也就是前節所分析
的，此基源民主論終極地和他所反對的民權論者產生相近的理論涵義。
雖然他辯稱即使在君主制中也是人民行使最高主權，或人民在反叛時
其實是「以雜眾之名對抗人民」（DC, XII:8），但這顯然是一種修辭學
上的策略，無礙於「人民」構成了單一的行動者並產生極為重要的憲政
結果。然而，筆者認為，霍布斯的放棄並不代表著此早期基源民主論述
內部有所矛盾。相反地，本章對於霍布斯論述所提出的重構以及詮釋，
其目的正在於說明早期理論的原創性。

　　事實上，基源民主論並非如 Hoekstra（2006: 212-213）所強烈主張
的，因為在後期被霍布斯本人所放棄而失去了研究的意義。比起
Hoekstra，史金納的回應對基源民主論述比較有同理的關照。雖然他仍
然認為霍布斯與布丹、William Barclay，與格勞秀斯等，均為「反革命」
（counter-revolutionary）的代表性思想家（Skinner, 2006: 251）；但在一
定程度上，史金納也能接受霍布斯早期的基源民主論述蘊含著影響到
普芬道夫、萊布尼茲、史賓諾莎，乃至盧梭的民主觀念。然而史金納強
調這是屬於「影響史」的範圍，與劍橋學派探索歷史行動者與文本在脈
絡之中的動機或意圖無涉（Skinner, 2006: 255-256）。

　　在史金納討論霍布斯自由觀念的著作（Skinner, 2008）中，雖然並
未直接闡釋其民主理論，但由其分析的角度，可以看出史金納試圖否
定塔克民主分析取向的涵義。史金納將《法律的元素》一書描繪成最為
極致的君主辯護系統，而在該書流傳之後，由於某些論證被當時的保
王派所援引，使得他自覺有生命危險而逃到巴黎，並修改了過份偏向
君主制的元素，完成《論公民》一書（Skinner, 2008: 82-89）。在英國內
戰於國會派與克倫威爾（Oliver Cromwell, 1599-1658）取得決定性的勝
利之後，他更需要用非人稱國家的主權論述來完成理論體系，因而成
就了《利維坦》的系統。從純歷史學的觀點而言，史金納的觀點應無疑
義，但吾人也不能忽略他對於《法律的元素》一書所指稱的極致的君主

論色彩基本上是以**旁證**的方式完成的。而塔克所指出的民主論述，通過本章進一步分析相關文本，則在在顯示出霍布斯早期理論進程中的民主要素。

從現代政治思想史的角度加以觀察，霍布斯早期「基源民主」論述其實有著深刻的理論涵義可資探討。如同塔克所述，《論公民》因爲以拉丁文寫作，並隨即出現了 Samuel Sorbière 的法文譯本，故乃是霍布斯流傳最廣的著作，廣爲歐洲知識分子所閱讀（Tuck, 1998: viii-ix）。這也使得霍布斯雖然心中偏好君主制，甚至如史金納所認定的，其早期民主理論有著反諷（irony）意味（Skinner, 2006: 252-253），但在影響史的層次上，霍布斯的基源民主論仍然成爲現代民主思想史不可或缺的一環。是以，「霍布斯派民主人士」並非一個奇特的政治標籤，民主的政治想像也不見得僅僅發軔於民主思想家。霍布斯早期思想的現代意義，不妨以黑格爾的歷史辯證法稱之爲「理性的狡獪」（cunning of reason; cf. Hegel, 2011: 96）：當歷史的發展乃民主之洪流不斷往前推移時，往往容易爲人所忽略，一般被視爲絕對主義者霍布斯的早期基源民主論（以及前章布丹之絕對民主論述），將通過史賓諾莎與盧梭的影響，產生了重大而關鍵性的影響。當代的國家主義者仍試圖在霍布斯思想中追尋靈感時，或許最佳的民主性對抗武器也存在於同一個源頭！

深層的理論問題則在於，基源民主所形成的「人民」作爲主權的承載者，屬於一種直接擁有以及行使的政治權力觀。在這圖像中，政治共同體或國家的客觀存在比較缺乏單獨被證成的面向（Forsyth, 1981:194-196）。到了《利維坦》之中，傳統的政治共同體或邦國正式地被具有非人稱性格的現代國家所取代（Skinner, 2002a, 3: 177-208），霍布斯將證成一個高於所有政體的國家，再推導出特定的政體，從而放棄了基源民主論述，此乃本書下一章所處理的議題。

# 第五章

# 《利維坦》的授權代表與
# 國家虛擬人格論

# 一、前言：「國家」概念正式登場

霍布斯在《利維坦》〈引言〉中宣稱：

> 人爲藝術（art）進一步模仿自然最爲理性以及傑出的作品——
> 人。因爲通過人爲藝術，創造了那偉大的利維坦（Leviathan），被
> 稱爲一個邦國（commonwealth）或國家（state），拉丁語爲 *civitas*，
> 它僅是一個人造的人。（Lev, Introduction: 1）[1]

　　這個文本在英語世界，乃至西方政治思想中，以現代意義明確運
用「國家」（state）一詞，使得《利維坦》成爲分析現代國家理論最重
要的奠基性作品。在霍布斯早期作品中，「邦國」（commonwealth）是
經常被運用的詞彙，從《利維坦》之後，"state" 這個詞就逐漸取代了
具有深厚古典傳統 "commonwealth"，成爲現代政治思想的核心觀念。
　　《利維坦》成書於 1651 年，時值英國十多年的內戰告一段落，倡
導共和主義的議會獲勝，並且在 1649 年將英王查理一世處死，以共和
國之名，開啓了歷史的新頁。在這個關鍵性的時刻，長期支持君主制的
霍布斯，面臨著政治義務以及忠誠的問題：什麼樣的政治共同體具有
統治正當性，使得人民應該服從？《利維坦》便是在這個歷史時刻，也
是霍布斯個人生涯的重要轉折時刻所重新建構的思想體系。英國思想
家歐克秀（Michael Oakeshott）稱譽本書爲英語世界最重要的政治哲學
經典，可與柏拉圖的《理想國》與黑格爾的《法哲學原理》鼎足而立，

---

1　本章徵引 Hobbes 著作之版本與縮寫同前章：
　　**EL** = *The Elements of Law*, ed. Ferdinad Tönnies, New Impression, London: Frank
　　Cass & Co. Ltd., 1984.
　　**DC** = *De Cive*，本章使用 Richard Tuck 的譯本 *On the Citizen*, Cambridge:
　　Cambridge University Press, 1998，但也參考十七世紀英譯本。
　　**Lev** = *Leviathan, with selected variants from the Latin edition of 1668*, ed., Edwin
　　Curley, Indianapolis: Hackett, 1994.
　　引用時，以章節爲主，如：Lev, XIV:1 指 *Leviathan* 第十四章第一段。

分別代表意志（will）、理性（reason），與理性意志（rational will）三種基本的政治哲學思考取向（Oakeshott, 1975: 3-4）。

　　本章的主旨，乃是以劍橋學派，特別是史金納近期極具影響力的研究成果（如 Skinner, 2002a, vol. 3; Skinner, 2008）分析《利維坦》中的國家概念以及新發展出的政治觀念。本書上一章已經以「基源民主」的概念分析霍布斯早期作品；本章的出發點，乃在於關注《利維坦》由於歷史環境與意識型態的轉變，而形成了一個全新思想體系。相較於《法律的元素》與《論公民》，《利維坦》的篇幅超過三、四倍，比較明顯的篇幅擴張，包括國家功能的詳細討論（第 21-31 章）以及政治神學的論述（第 32-47 章）。這反應出在國家政治體制變遷之後，必須詳細處理政府的治理功能，以及當時極為複雜的政教關係。

　　以下將基於政治思想史，分析《利維坦》中國家之生成及其所運用的證成論述。從這個角度比較霍布斯的前後期思想，關鍵差異在於：《利維坦》在討論了自然法之後，新增第十六章「論人、授權人和由人代表的事物」，並且用「人」或「**人格**」（person）的新觀念，重構其社會契約理論，引進了個人授權，以及主權者作為代表的政治功能。[2] 在這個新的基礎上，霍布斯在《利維坦》中，幾乎完全摒除了基源民主論將「雜眾」構成統一體的分析，改由代表（representation）授權的理論邏輯加以證成。筆者主張，霍布斯為了克服早期的基源民主論證成具有統一性的人民，遂通過「人格」以及代表、授權的論述，嘗試建立一個更為激進的個體主義（radical individualism; cf. Hampton, 1990: 6-11）體系。若以施密特（2004: 273-289）的分析觀點而言，則可以說霍布斯早期基源民主論追求的同一性（identity）概念，在《利維坦》中被「代表性」所取代（cf. 蔡英文，2015: 99-106）。

　　然而，在《利維坦》中，早期的社會契約論述仍然存在。事實上，霍布斯重新論述了早期理論中已經初步分析過的自然權利、自然法、

---

2　《利維坦》第十六章由於與自然法和自然權利均無直接關係，該如何詮釋，遂
　　成為詮釋者多所討論的議題（如 Pitkin, 1964a, 1964b; Gauthier, 1969: 121-126;
　　Skinner, 2002a, 3: 177-208）。

自然狀態，以及雜眾如何建立國家的論述，但又嘗試將新建構的授權代表論整合進來，形成了《利維坦》中複雜的理論結構。本章首先處理霍布斯如何重構自然法傳統的理論要素，之後再分析授權代表以及社會契約的理論進程，最後檢視主權職責、法治理念、臣民自由，以及政治義務的終止等關鍵議題。

## 二、自然權利與自然法

自然權利（natural right）以及自然法（natural law）是霍布斯在早期理論體系中，就已經開始探討的概念（EL, I.14:6; I.15; DC, I:7-10, II），但論述未臻完善。而在《利維坦》中，他運用累積將近十年的哲學思辯功力，將這兩個概念重新加以嚴格定義，並由此建構後期理論的基石。

在《利維坦》中，這兩個核心概念是以對照的方式出現在第十四章之中：

著作家們一般稱之爲自然權利的，就是每一個人按照自己所願意的方式運用自己的力量保全自己的天性——也就是保全自己的生命——的自由。因此，這種自由就是用他自己的判斷和理性認爲最適合的手段去做任何事情的自由。（Lev, XIV:1）

自然法是理性所發現的誡條或一般法則。這種誡條或一般法則禁止人們去做毀損自己的生命或剝奪保全自己生命的手段的事情，並禁止人們不去做自己認爲最有利於生命保全的事情。（Lev, XIV: 3）

在史特勞斯的詮釋中，霍布斯將「自然權利」與「自然法」加以區別並且對立起來，標誌著近代政治思想一個重要的分水嶺：在此之前，西方古典傳統乃是通過自然法來確定何者爲「是」（right），但在霍布斯

的理論重構之後，"right" 一詞脫離了古典具有目的論規範意義的自然觀，成爲人類爲追求自保所擁有的「權利」（Strauss, 1953: 179-183; 1963: 154-159）。[3]

　　霍布斯對於**自然權利**的定義，並非僅僅強調「自保」或保全自己的天性（nature）或生命（life）而已；更重要的是，他把三個理論要素放進其定義之中：**自由、權力**，以及**自己的判斷**。在《法律的元素》中，自然權利已經與「自由」相關（EL, I.XIV: 6），但霍布斯尚未提出對自由的實質定義。《論公民》已開始思考自由的界定以及作用（cf. Skinner, 2008: 87-91），但直到《利維坦》，才在此處提出了最終的界定：「**自由這一語詞，按照其確切的意義說來，就是外界障礙不存在的狀態**」。這個定義緊接著自然權利，意味著每個個體作爲自然人格有「自由」去運用其權力來自保。而「權力」（power）一詞，也是《利維坦》一書中，對人類的激情（passion）的運作做總結時所提出的新觀念。霍布斯指出「人的權力普遍來講就是一個人取得某種未來顯得是（apparent）利益的現有手段」（Lev, X:1）。權力原意指涉的是個體的物理力量（*potentia*），但也同時指涉法權權力（*potestas*），因爲每一個人運用其權力的唯一目的，都是爲了取得對他自己而言未來的利益，所以其運用必然擴展到人與人彼此的關係之中。史特勞斯稱霍布斯系統爲現代西方第一個「權力哲學」，因爲他將 "*potential*" 與 "*potestas*" 結合起來以保障政治秩序（Strauss, 1953: 194; Mansfield, 1989: 171-172）。而由於霍布斯在自然權利的定義中除了自由以及權力外，再加上了第三個理論要素：「依據自己的判斷和理性」來行使，其結果，如眾所周知，乃是每一個人都將宣稱對所有事物的無限權利，導致彼此互爭，使得沒有國家政府的自然狀態成爲「**人與人互相爲戰**」（war of every man against every man; Lev,

---

3　近年來，劍橋學派否定此種絕對的斷裂點，而將 "right" 作爲主體的權利之觀點，追溯到中古後期的發展（Brett, 2002），而 Skinner（2008: 39）則認爲霍布斯的觀念是受到十六世紀西班牙法學家 Vazquez de Menchaca 的影響。本書第三章則論述，霍布斯之前的格勞秀斯已經以現代意義下的權利觀來建構其理論。

XIII: 8）的戰爭狀態；而由於人與人之間基本上是平等的，導致「橫死」
（violent death）之可能無時不存。

自然權利是使得沒有國家政府的自然狀態成爲戰爭狀態的主要原
因；但在自然狀態中，另外一種重要的激情——「怕死之恐懼」（fear
of death）——以及對於舒適生活的渴求與通過自己的勤勞取得這一切
之希望，驅使人類運用理性（Lev, XIII: 14; cf. Strauss, 1963: 15-19）。而
理性建議了「可以使人同意的方便易行的和平條款」，這些條款就是霍
布斯接下來討論的**自然法**。他指出，「權利」意味著可以做或不做的自
由；而「法」則決定並約束人們僅能做其中之一。所以法產生的效果是
義務（obligation），而權利則關連於自由，這是二者的關鍵差別（Lev,
XIV: 3）。

在《利維坦》十四章中，霍布斯檢視了前兩條自然法，而於次章簡
略地討論其餘各條。由於形成國家政府的社會契約之可能性，以這兩
條自然法最具關鍵性，以下之討論也僅限於此。相對於自然權利意味
著基於自由去運用個人權力來自保，自然法則禁止人去做對自保有害
的事情；而如霍布斯所言，前者意味著行動的自由，後者方才帶來義
務。他連續陳述第一與第二條自然法如下：

> 每一個人只要有獲得和平的希望時，就應當力求和平，在不能
> 得到和平時，他就可以尋求並利用戰爭的一切有利條件和助力。
> （Lev, XIV: 4）

> 在別人也願意這樣做的條件下，當一個人爲了和平與自衛的目
> 的認爲必要時，會自願放棄這種對一切事物的權利；而在對他人
> 的自由權方面滿足於相當於自己讓他人對自己所具有的自由權
> 利。（Lev, XIV: 5）

霍布斯所說明的第一條自然法，內容其實包括兩個部分：最根本的
自然法是追求並信守和平，也就是說，和平構成了人類政治活動最重要

的理性目的。然而，第一條自然法的第二部分，則是個人自然權利的概括：在無法獲致和平時可以用一切手段保衛自己。所以，第一條自然法是一種假言令式的推理（hypothetical reasoning）：當有希望追求和平時，應該盡量達成這個目標，但假如此種希望不存，就不惜運用戰爭手段。換言之，在霍布斯的第一條自然法中，他還是納入了自然權利的優先性。

霍布斯所提出的第二條自然法，則是爲了追求和平之目的，每個人都「自願放棄」對一切事物的權利。在社會契約論述的脈絡中，這牽涉到的核心議題在：個人是如何放棄其自然權利，並且讓渡給未來的主權者行使？這個議題對於理解霍布斯的意旨極爲重要，值得深入考察（cf. Gierke, 1939: 92- 94）。事實上，霍布斯在論述所謂個體「自願放棄權利」時，他所用的動詞是 "lay down"，直譯爲「放下」更爲貼近原文。霍布斯馬上解釋「放下權利」的意思：「一個人放下對任何事物的權利便是捐棄（divest）自己妨礙他人對同一事物享有權益的自由」（Lev, XIV: 6）。他接著說明：原來每個人對任何事物都有無限的自然權利，所以當個人「放下」其權利時，並沒有讓其他人享有比之前更多的權利，而只不過是退讓開，不去運用自己的自由來妨礙其他人來享受此被放棄的權利。從這個對「放下權利」的說明，霍布斯進一步討論權利的「放棄」（renounce）以及「轉讓」（transfer）。

然而，筆者必須強調，真正重要的理論議題，不在於一般所述霍布斯的社會契約所建基的權利完全放棄與轉讓，而在於精確地理解所謂「放下權利」的真意。事實上，霍布斯在這個脈絡中所提出的「放下權利」，並不意味著個人「放棄」了自然權利，而是如 Gauthier（1969: 157）的分析，行爲者放棄了對其自然權利的「使用」（the use of one's right），但並未放棄自然權利本身。而在霍布斯早期的理論中，其所選用的詞彙更具有政治意味：所謂放下自然權利，意味著個體「不抵抗」（not resist）主權者（權利所轉讓的對象）行使此權利（EL, I.15:3; DC,V: 7; cf. Baumgold, 1988: 26-28）。換言之，在這個議題上，霍布斯早期與後期的思想是一致的：自然權利永遠是每個個體作爲人所天賦的，只是在追求和平、建立國家政府時，可以「放下權利」，不行使自己的自由

與權力去阻礙主權者行使此權利。

## 三、《利維坦》的人格理論

　　霍布斯的早期理論，在論述自然法後接著便討論社會契約（DC,
V）；但《利維坦》則新增一章專門討論人格、授權與代表（Lev, XVI），
之後才論述社會契約，這個轉變有必要加以分析。

　　霍布斯從西方古典傳統借用了「人」或「人格」一詞。他指出，這
個概念在希臘文原始意義指的是人的面貌，在拉丁文則指人在舞台上
裝扮成某一個角色的化妝，甚至具體地專指演戲所用的面具。這個概
念後來轉變成為法庭論辯中行動與言論的代表（Lev, XVI: 3）。在這個
古典背景之上，霍布斯對「人格」提出了正式定義：

> 　　所謂「人格」要不是言語或行動被認為發自其本身的個人，便是
> 其語言和行為被認為代表著別人或（以實際或虛擬的方式歸之於
> 他的）任何其他事物的言語和行為的個人。

> 　　言語和行為被認為發自其本身的個人就稱為自然人，被認為代
> 表他人的言語與行為時，就是擬人或虛擬人。（Lev, XVI: 1-2）

　　在這個界定中，霍布斯區別了「自然人」（natural person）以及「人
為人」（feigned or artificial person）；只有「自然人」具有自主性，也就
是自身可以發動言行。相對地，「人為人」並非自然存在物，而是經由
人們的協議所創造出來，可以代表其他人或存在物的言語和行為。霍
布斯運用「虛擬的」（by fiction）一詞，來表達這是人類約定俗成的產
物。

　　當這個對「人格」的界定被運用到政治哲學論述時，馬上產生了複
雜的可能關係，相關元素包括：代表者、被代表者，以及不同的代表關

係。霍布斯對這組新觀念在政治哲學論述的可能運用提出如下的說明：

> 有些虛擬人的語言與行動乃由被其所代表者所**擁有**。此時這〔虛
> 擬〕人乃是代理人（Actor），而擁有其語言與行動者乃是授權人
> （Author）。在這種情形下，代理人是根據授權而行動的。而在貨
> 品與財產方面，被稱為擁有者（在拉丁文為 *dominus*，在希臘文則
> 為 *kurios*），而指涉行為方面時就被稱為授權人。而正如同占有權
> 被稱為所有權（dominion）一樣，能夠採取任何行為的權利便被稱
> 為權威（AUTHORITY）。因此權威便始終是指做出任何行為的權
> 利，而「依據權威行事」則是根據具有權利的人之委託而行事。[4]
> （Lev, XVI: 4）

這一段文字看似詰屈聱牙，但其意旨並不難索解：霍布斯之目的
乃在於，援引羅馬法之範疇，將主權者與其臣民間之關係，界定為「代
理人」以及「授權人」的關係，[5]並且基本之授權進一步推出「授權人
『擁有』代理人所有的行動，也就是臣民『擁有』主權者所有行動」這
個具有重大政治涵義的結論。

霍布斯進一步主張國家是由人所創立的虛擬事物：

> 一個雜眾的人群經由每一個個人個別地同意由一個人代表時，
> 就成了單一人格；因為這人格之所以成為單一，是由於代表者的

---

4 原文："Of persons artificial, some have their words and actions owned by those whom they represent. And then the person is the actor, and he that owneth his words and actions is the AUTHOR, in which case the actor acteth by authority. For that which in speaking of goods and possessions is called an owner (and in Latin dominus, in Greek *kurios*), dominion, so the right of doing any action is called AUTHORITY. So that by authority is always understood a right of doing any act; and done by authority, done by commission or licence from him whose right it is speaking of actions is called author."

5 關於羅馬法中 *"actor"*、*"auctor"* 等概念，可參閱 Berger（1953: 348, 368）。

統一性而不是被代表者的統一性。承當這一人格而且唯一人格的
是代表者，在一群雜眾中，統一性無法做其他理解。(Lev, XVI:13)

　　此文本之關鍵在於「**人格之所以成為單一，是由於代表者的統一
性而不是被代表者的統一性**」之主張。由這個命題可以清楚地觀察到，
霍布斯後期的理論，放棄了早期基源民主論將共同體的統一性建基於
成員通過民主多數決所創造出的實質同一性之論述。在後期理論中，
國家的統一性存在於具有一個明確的「代表者」即可，而代表者便是主
權者。除了共同的代表者之外，公民如同其前身的「雜眾」一般，並不
需任何其它關連性，這是《利維坦》一書與前期理論最大的差異。當
然，霍布斯必須重新建構一個以代表者的形成爲核心的國家生成論，
亦即以授權代表爲基礎的社會契約論。

## 四、《利維坦》的社會契約與主權論

　　基於社會契約以及授權代表論，霍布斯對於國家形成的過程提出
如下的說明：

如果要建立這樣一種能抵禦外來侵略和制止互相侵害的共同權
力，以便保障大家能通過自己的辛勞和土地的豐產爲生並生活得
很滿意，那就只有一條道路：把大家所有權力和力量託付給某一
個人或一個能通過多數的意見把大家的意志化爲一個意志的多人
組成的會議。這等於是說，指定一個人或一個由多人組成的會議
來代表它們的人格，每一個人都承認授權予如此承當本身人格的
人在有關公共和平或安全方面所採取的和平行爲、或命令他人做
出的行爲，在這種行爲中，大家都把自己的意志服從於他的意志，
把自己的判斷服從於他的判斷。這就不僅是同意或協調，而是全
體眞正統一於唯一人格之中；這一人格是大家人人相互訂立信約

而形成的，其方式就好像是人人都向每一個其他的人說：**我放棄我管理自己的權利，將之授權予這個人或這個會議，但條件是你也把自己的權利放棄，並以相同方式授權他所有的行為**。完成之後，雜眾因此統一於單一人格，便被稱爲**邦國**，在拉丁文中爲 *civitas*。這便是偉大的**利維坦**的誕生，或用更崇高的話語來說，這就是**會死的上帝**（mortal God）的誕生；我們在**永生不朽的上帝**之下所獲得的和平和安全保障就是從它那裡得來的。因爲根據邦國中每一個人授權，他就能運用付託給他的權力與力量，通過其威懾組織大家的意志，對內謀求和平，對外幫助抗禦外敵。邦國的本質就存在於他身上，用一個定義來說，這就是**一群雜眾互相訂立信約，每個人都對它的行為授權，以便使它能按其認爲有利於大家的和平和共同防衛的方式，運用群體的力量和手段的一個人格**。

承載這一人格的人就稱爲主權者並被稱爲具有主權，其餘每個人都是他的臣民。（Lev, XVII: 13-14，黑體強調爲原文所有）

以上是從**生成過程**描述邦國的形成，並且對之加以定義。在下一章中，霍布斯則以**法理**的角度再次敘述了「建制的邦國」之意義：

當一群雜眾確實同意，並且每一個人都與每一個其他人訂立信約（covenant），不論大多數人把代表全體的人格的權利授予任何個人或一群人組成的會議（也就是使之成爲他們的代表者）時，贊成和反對的人每一個人都將以同一方式對這人或這會議爲了在自己之間或和平生活並防禦外人的目的所作爲的一切行爲和裁斷授權，就像是自己的行爲和裁斷一樣。這時邦國就被建制起來了。（Lev, XVIII: 1）[6]

---

6　有論者認爲這個文本出現在《利維坦》十八章第一段，與十七章最後之論述有所重複，而認爲可能係霍布斯編輯上之失誤（cf. Goldsmith, 1966: 161），但筆者不採取此觀點。另外，雖然基源民主喪失了霍布斯早期理論中的能動性格，

在《利維坦》這兩個著名文本中，霍布斯仍然使用早期理論所運用的「邦國」（commonwealth）；但如前所述，在全書的〈引言〉（Introduction）中，他則正式用現代的語彙將此政治共同體稱為「**國家**」（state; Lev, Introduction: 3）。

霍布斯這個為人所熟知的社會契約進程，明顯地融會了授權代表的理論元素，所以，吾人有必要仔細檢視這個「社會契約」的具體內涵。前引《利維坦》十七章第 13-14 段引文的黑體部分，即為對社會契約的描述：「人人都向每一個其他的人說：我放棄我管理自己的權利，將之授權予這個人或這個會議，但條件是你也把自己的權利放棄，並以相同方式授權他所有的行為」（Lev, XVII: 13）。[7] Gauthier（1969: 149-152）指出，此處霍布斯的社會契約實包含了垂直（層級式）的授權關係（the act of authorization），以及橫向（水平式）的契約關係（the act of covenant）兩個環節。而由於在這個社會契約條款中，主詞（"I"）之後有兩個動詞（"authorise" 以及 "give up"），吾人可以將之區分出締約的兩個環節：

1. 我放棄我管理自己的權利，條件是你也把自己的權利放棄；
2. 我授權予這個人或這個會議管理自己的權利，條件是你也以相同方式授權他[們]所有的行為。

將霍布斯的社會契約區分為這兩個環節後，可以清楚地看出，所謂的「契約」僅存在於第一個環節，也就是在水平層次的個人與個人之間，相互地同時放棄自我管理的自然權利。但他們所放棄的自我管理

---

但即使在《利維坦》中，多數決仍在國家或共同體的建制時刻有所作用。在此文本仍然存留著 "major part" 以及 "he that voted for it as he that voted against it" 這些在締約時牽涉到成員同意多數與少數的問題。但英文的文本不容易看出此處與多數決的關係（中文本也的確沒有翻出其中的奧義）。相對於《利維坦》的原始英文本，拉丁文本《利維坦》中的同一段落則有著更明白可與早期理論相對照的說法，英譯文可參見（Lev, VIII:1 註 1）。這個議題將於下節討論。

7　"as if every man should say to every man I authorise and give up my right of governing myself to this man, or to this assembly of men, on this condition, that thou give up thy right to him, and authorize all his actions in like manner."

之權利，同時地被授權給另外一個並非前述契約一造的個人或團體來加以運用。

誠如 Forsyth（1981: 196）指出，通過授權代表契約所產生的法理結果有二：其一，在雜眾之上建立了一個單一的人格作為統一性之代表；其二，此統一代表的行動和語言係由雜眾授權而來。換言之，在《利維坦》之中，此授權代表契約所建立的，並非如霍布斯前期理論一般，尋找雜眾自身的同一性，並通過民主多數決等能夠讓此種同一性得以建立並實際運作。相反地，這個新的社會契約所確立的只是代表的單一位格特性，而在此種統治主體確立之後，便不需要有任何其他政治同一性的元素。在社會契約成立之前以及之後，雜眾均仍為雜眾。或更恰當地說，在社會契約之前雜眾處於沒有組織、彼此無涉的狀態；但通過社會契約，他們有了共同的指涉點，這共同指涉點便是「代表」，而由代表來從事任何與維護和平與人民福祉有關的行為，其餘的個體在國家中的存在狀態，則是必須由此代表加以統治的「臣民」。

《利維坦》的授權代表論進一步主張：通過授權的契約，臣民「**擁有**」（own）主權者的行為和話語。霍布斯堅決反對共和主義所主張的，只有公民自己創設的法律才是自主建立的，公民也因此才有服從的義務。其授權代表論之主要意圖在於，通過授權代表的社會契約，主權者的行為、命令以及法律，其「擁有者」並非主權者本身，而是所有臣民。既然臣民「擁有」代表或主權者的行為和語言，這些法律也正是「他們（臣民）的」，所以臣民不但有服從的義務，而且不服從時，則會陷入一種自我矛盾的悖論情況。悖論乃是違反理性的，從而不可能是符合自然法或神聖律令的行為。

通過授權代表論的論證，霍布斯的意圖在於取消一般「代表」概念中，所可能產生的錯誤代表（misrepresentation）的可能性（Skinner, 2002a, 3: 201）。誠如史金納所強調，霍布斯理論的真實目的，是從代表行動**是否符合授權者的意圖**之問題，轉向到只需探討**是否具有正當的授權**之議題。只要授權的來源（source）無誤，代表者之命令便是具有正當性的法律。而任何「建制的邦國」都是通過此種授權代表而產生的，所以在其

中的主權者一定具有恰當的授權，臣民不可能被錯誤代表，當然也沒有反抗的權利（Skinner, 2002a, 3: 201, 206）。

## 四、授權代表論 vs. 基源民主論

對於《利維坦》中的人格、授權以及國家觀念等，史金納以專文（Skinner, 2002a, 3: 177-208）提出了深入而透徹的闡釋，從羅馬法的根源到霍布斯本身複雜的理論進程，都提出了精彩的分析，本章雖限於篇幅無法詳盡檢討史金納的論述，但他所指出的一個先前評論者較為忽略的面向，則仍有必要加以討論。史金納指出，《利維坦》的授權契約論之結果，雜眾所形構的單一個人是「邦國」或「國家」，而主權者則是 "carry this person" 的位格者，兩者是不同的。史金納闡釋如下：「由雜眾通過其協議指派一代表轉變為單一個人，此個人的名稱乃是國家而非主權者。主權者乃是雜眾聯合承擔一個人代表之名字，也就是國家代表的名稱」（Skinner, 2002a, 3: 199）。史金納所強調的區分具有重大的理論涵義，因為他主張從霍布斯開始，現代國家的觀念取得了獨立於統治者之外的客觀非人稱性（impersonality; cf. Skinner, 2002a, 2: 368-369, 397-404）。史金納特別徵引了拉丁文版《利維坦》的文本，其中論述主權權力的持有者之語句，模仿了西塞羅《義務論》的名句：「承載國家人格者」（he who bears the Person of the State）。通過這樣的詮釋，主權者不但在社會契約中不是訂約的另一方，進一步而言與臣民之間還產生了一個新的中介（國家）。用比較詰屈聱牙的表達方式來說，史金納的詮釋可以表述為：**國家承載了臣民（也就是雜眾）的人格，而主權者又承載了國家的人格**。如此複雜的解釋方式，其要旨在於，國家作為一個獨立的單一人格，乃是人民締約的結果，而主權者係國家之代表，雖然有臣民之授權，但已經沒有早期理論中人民通過民主多數決而產生與君主的直接關連，更沒有權利轉讓的問題。在史金納的研究基礎上，Runciman（2012: 22; cf. Runciman, 2000; 2007）

進一步以下列圖示表達霍布斯代表理論中，雜眾、國家以及主權者
的關係：

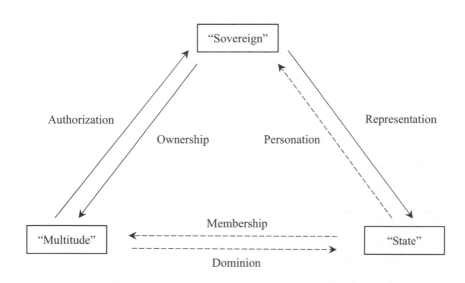

這個詮釋觀點強調《利維坦》的原創性：**霍布斯早期理論通過基**
**源民主所建制的邦國（commonwealth）尚未成為現代意義的國家**
**（state），直到《利維坦》，霍布斯才完成建構現代國家的課題**。因爲
霍布斯早期理論乃由多數決所建構的民主制，以人民或公民會議作爲
主權的**直接**承載者，以及此種主權權利可以轉讓給貴族會議或君主個
人作爲主權承載者，其中所使用的「邦國」概念，仍然沒有脫離亞里
斯多德在《政治學》所界定的「政制」（regime）觀念（cf. 蕭高彥，
2013: 46-54）。因爲亞里斯多德的「政制」以及霍布斯早期理論中的邦
國，都是通過掌握最高權力的**統治者**（及其數量）決定了「政制」的
性質。在這個分析觀點中，「邦國」有別於《利維坦》中的「國家」，
尚未達到一個獨立於統治者之外的人格。相對地，霍布斯後期理論完
成了雙重課題：**一方面，國家自身（獨立於統治者）的人格必須在開**
**端加以證明；另一方面，這個開端所建立的國家觀念，優位於其主權**
**代表者以及不同的政治體制**（無論是民主制、貴族制或君主制）。如

此一來，早期理論中蘊含的民主優先性，以及君主制正當性必須藉助於自然支配而有所不足的情況，遂能通過全新「國家」概念的提出而加以解決。

　　然而，必須強調的是，雖然霍布斯在《利維坦》中取消了基源民主的論述途徑，但人們訂定社會契約所無法迴避的**多數決原則**，仍然是其理論預設。畢竟，社會契約可以由個體與個體之間所訂定；但授權的對象究竟是一人、少數人或公民大會，仍需要通過授權行動中多數人的審議所決定。這是霍布斯在人類的自然平等前提下所必須採取的基本預設。所以，在《利維坦》第十六章論述代表之段落裡，表面上看來是每個人個別地同意代表者（Lev, XVI: 13）；但是在前引描述共同體生成的段落中，他還是必須運用「通過多數人的聲音」（by plurality of voices）加以描述（Lev, XVII: 13）；而在第十八章重述建制的主權者時，也仍需採用「多數」（major part）來論述授權代表（Lev, XVIII: 1）。

　　另外一個霍布斯放棄基源民主論後所產生的相關理論議題是：如前章所述，在早期的論述中，只有在訂定社會契約時，表示同意的「多數人」會成為所成立之共同體的成員，不同意的少數並未包括在其中。然而，在《利維坦》中，霍布斯明白指出在成立建制的共同體時，「贊成和反對的人」（he that voted for it as he that voted against it），都因為多數人的決定而參與了授權的行動。如此一來，似乎將產生一個悖論：授權代表並非由**每一個人**的同意所訂定，或者說，國家從成立的時刻便包含了建制時的同意者與反對者。這個理論取向，似乎並不優於前章所述基源民主時多數決所產生的效力。然而，霍布斯之後的論述，表示他仍然接受多數決的邏輯：

　　　由於多數人以彼此同意的意見宣布了一個主權者，原先持異議的人這時便必須同意其餘人的意見；也就是說，他必須心甘情願地聲明承認這個主權者所做的一切行為，否則其他的人就有正當的理由摧毀他。因為他如果是自願加入這一群人組成的群體，這一行為本身就充分說明了他的意願，也就是以默認的方式約定要

遵守大多數人所規定的事情。（Lev, XVIII: 5）

　　換言之，原先持不同意見者，後來是以「默示同意」（tacit consent）
的方式加入到建制的國家中；他們與主權者的權利義務關係，和訂立
社會契約時刻的多數人完全相同。然而，假如少數人仍有異議，那麼他
們就不屬於建制的國家，而與這個國家處於自然狀態、亦即戰爭狀態
的關係中，如果他們危害了國家的秩序與和平，國家可以正當地摧毀
他們。[8]
　　一人統治（君主政體）、少數統治（貴族政體）以及多數統治（民
主政體）乃是在國家與主權通過社會契約確立的前提下，因為代表被
授權人數的多寡而確立政體型態。所以，三個政體之間沒有任何辯證
發展的可能，而只剩下三種獨立自存的型態。是以，在《利維坦》第十
九章中論述三種政體並加以比較的章節中，霍布斯完全刪除了《法律
的元素》以及《論公民》相對篇章中，由基源民主通過人民的主權權力
轉移而發展出貴族制和君主制的論述。而在早期理論中，如本書前一
章第五節所述，君主體制在繼承問題方面產生的一些理論困境，也終
於在授權代表論與新的國家理論脈絡中，得到令霍布斯滿意的解決，
即作為國家代表的君主，由於其最高權能便預設著對於繼任者有完全
的選任權力（Lev, XIX: 17- 20）。


## 五、主權權限以及法治國的開端

　　對於通過社會契約所建立的國家，霍布斯在《利維坦》引言中提出
以下類比：

　　被稱為「邦國」或「國家」（拉丁語為 Civitas）的這個龐然大物

---

8　本書下一章將論述，普芬道夫「二約一令」的社會契約論解決了這個困難。

「利維坦」是用藝術造成的，它只是一個「人造的人」；雖然它遠
比自然人身高力大，而是以保護自然人爲其目的；在「利維坦」
中，「主權」是使整體得到生命和活動的「人造的靈魂」；官員和其
他司法、行政人員是人造的「關節」；用以緊密連接最高主權職位
並推動每一關節和成員執行其任務的「賞」和「罰」是「神經」，
這同自然人身上的情況一樣；一切個別成員的「資產」和「財富」
是「實力」；人民的安全是它的「事業」；向它提供必要知識的顧問
們是它的「記憶」；「公平」和「法律」是人造的「理智」和「意志」；
「和睦」是它的「健康」；「動亂」是它的「疾病」，而「內戰」是
它的「死亡」。最後，用來把這個政治團體的各部分最初建立、聯
合和組織起來的「公約」和「盟約」也就是上帝在創世時所宣布的
「命令」，那命令就是「我們要造人」。（Lev, Introduction: 3-4）

霍布斯進一步說明，主權的特性（至高無上、絕對、無限等）以及
其權能在每一個政體都是完全相同的，而且在每一種政體中人民都處
於「臣屬」的狀態，他們所享有的自由，只與法律規定的範圍有關，而
與政體性質沒有任何關連。

以本章之篇幅，自不可能討論《利維坦》國家理論的所有內容；本
節將論述主權與法律觀念，而於下一節討論霍布斯最具原創性的「臣
民自由」概念。

在建立國家之後，主權者由於在此過程中所得到的授權，成爲國
家的代表，從而產生了其獨特的權利（right）。霍布斯在《利維坦》第
十八章討論主權者的權利時，總共列了十二項。然而，依據霍布斯本人
的論述，應該區分出主權者的「權利」以及「職能」（faculties; Lev, XVIII:
2）。[9]

依據霍布斯在文本中所擬定的小標題，主權者的**權利**有六項：

---

9　依據《利維坦》引言，則是主權的「權利」以及「正當權力（just power）或權
威（authority）」（Lev, Introduction: 4）。

1. 臣民不能更動政府形式
2. 主權權力無法收回
3. 主權乃是經由多數決而建立，任何人抗議皆屬不義之舉
4. 臣民無法控訴主權者有不義之舉
5. 無論主權者行事如何，臣民都不能加以懲罰
6. 由主權者判斷何者符合和平與保衛臣民之需求

在第七項以後，霍布斯在每一條都加上了「**附屬於主權**」（annexed to the sovereignty），意味著在第七項以後是主權者的「職能」，它們包括了：

1. 制訂規章之權；藉此讓每位臣民知道哪些事物屬於自己，其他臣民若試圖奪取則為不義之舉
2. 主權者亦擁有司法權以及裁決爭端之權
3. 宣戰媾和權，由主權者判斷何者為宜
4. 於平時及戰時，選擇參議人員與大臣之權
5. 於法律未明文規定時，依其心意施行獎懲之權
6. 判定榮譽與品級之權

霍布斯的主權理論，最自然的對照是布丹的主權論。由本書第二章所論布丹的著名定義：「主權是邦國所擁有的絕對且永久的權力」可以看出，他是從「權力」（*puissance*; power）的角度來界定主權。相對地，霍布斯雖然也主張主權者具有不可限制的權力（Lev, XVIII: 20），且此權力不可分割（Lev, XVIII: 16）；但霍布斯是以「權利」來界定主權者。之所以會產生這個差別，乃是因為霍布斯的主權者，具有之前雜眾人民的社會契約以及授權，所以在「利維坦」這個人造人之中，主權者與臣民之間存在一個基於社會契約的權利義務關係。所以，霍布斯的主權者之權利（*jus*），如史特勞斯所述，將 *"potential"* 與 *"potestas"*

結合起來以保障政治秩序（Strauss, 1953: 194）。在霍布斯對主權權利的前五項說明中，基本上表明了，既然有社會契約與授權的同意基礎，主權者的統治就一定是正當的；臣民不應違背之前的契約與授權，嘗試激進的改變，因為這樣只會導致國家的解體，回到自然狀態中人與人各自為戰的情形。換言之，主權的「權利」相對應的乃是臣民的「義務」，而後者的政治義務，一言以蔽之，就是服從主權者作為國家代表所制訂的法律。

以**立法權**為主權者之首要職能，源自布丹的理論。而霍布斯有更確定的理論基礎來鋪陳其國家主權者的立法功能。在上述主權的權利第六條，總結了社會契約的授權，而由主權者單獨地決定對於和平有利或有害的各種可能因素。在這個基礎上，霍布斯論述了主權最重要的立法權力：「訂立規章，使每一個人都知道哪些財物是他所能享有的，哪些行為是他所能做的，其他臣民任何人不得妨害。這種規章就是人們所謂的法度（propriety）」（Lev, XVIII: 10）。這樣的規章，就是「市民法」（civil laws），其制訂構成了主權者最重要的權利。

和早期的《法律的元素》以及《論公民》不同，《利維坦》以專章處理市民法的相關議題。在此章中，霍布斯提出了其著名的法律定義：

> 法律普遍說來都不是建議而是命令，也不是任便一個人對任便另個人的命令，而是專對原先有義務服從的人發布的哪種人的命令；至於國法，則只是加上了發布命令的人的名稱，這就是邦國人格（the person of the commonwealth）。
>
> 考慮了以上的情形之後，我便對市民法提出以下的定義：**市民法對於每一個臣民說來就是國家以語言、文字或其他部分的意志表示命令他〔臣民〕以區別是與非的法規；也就是用來區別哪些事情與規則相合、哪些事情與規則相違。**（Lev, XXVI: 2-3，黑體強調為原文所有）

雖然一般認為霍布斯是「**法律乃是主權者的命令**」的最初提出者

（cf. Schmitt, 1985a: 33-34; Schmitt, 2004: 61-62）；但仔細考察霍布斯此處對法律的正式定義，可看到「命令」的主體是「國家」或「邦國人格」，而非「主權者」。事實上，在兩段之後，霍布斯才繼續指出，在所有國家中「唯有主權者是立法者」，並清楚地說明了前一節所述的授權代表以及國家虛擬人格論的邏輯：「國家是立法者。但國家並非人，除了通過代表者以外也無法做任何事情；而代表者就是主權者，所以主權者便是唯一的立法者」（Lev, XXVI: 5）。換言之，霍布斯的理據非常清楚：國家人格是立法權的承載者，但是只有作為代表的主權者具有立法的意志以及執法的能力。和布丹相同，霍布斯也主張主權者乃高於市民法，因為他有權力立法以及廢除任何的法律，用霍布斯特殊的表述，主權者可以「自由地免於法律的束縛」（Lev, XXVI: 6）。

市民法雖然是國家人格的命令，但是就其內涵而言，霍布斯主張**「自然法和市民法乃是互相包容而範圍相同」**（Lev, XXVI: 8）。對他而言，自然法是約束所有人的道德律令；但是在自然狀態當中，由於外在環境的不確定，它們僅能約束每個人的內在良心，但卻無法約束其外在行為（Lev, XV: 36）。在國家建立之後，主權者的主要職責，就是通過其判斷與意志，將自然法轉變為具有約束力的實證市民法。在這個意義上，自然法與市民法範圍相同，但市民法有主權者的賞罰制裁作為使臣民服從的基礎，使它可以約束臣民的外在行為。

不僅如此，在《利維坦》第三十章中，霍布斯強調主權代表者的職責在於**「為人民求得安全」**（procuration of the safety of the people），而此處的安全不單純意味著保存性命，而是令人滿足的生活（Lev, XXX: 1）。他進一步強調，主權者應該要制訂良法（good law），其意義乃是「為人民的利益所需而又清晰明確的法律」（Lev, XXX: 20）。

換言之，霍布斯的法律理論包含了**意志**以及**理性**兩個不可或缺的要素：在意志的層次，法律是國家或主權代表者的意志所形成的命令（Lev, XXVI: 12）；但法律也同時是國家這個「人造人」的理性（Lev, XXVI: 11）。前者影響了之後西方現代法實證主義的思考，後者則反映出霍布斯繼承了自然法的傳統，並在現代國家中創造出一種符合理性，

並且可以確保人民安全的法律制度。對霍布斯而言，這兩個面向都不可或缺。他認為法律的作用並不在於約束人民不得做自願行動，而是在個人行動中，不要由於自己的魯莽慾望，而不慎傷害了自己或其他人。霍布斯舉道路旁所栽種的籬笆（hedge）為例，說明其目的並不是要阻擋行人，而是為了讓行人能夠在康莊大道上往前行（Lev, XXX: 21），這也正是法律應有之功能。

法律不但應該是明確的行為規則，其規範對象也僅及於人民的言語和行動，而**不包括個人良心**（conscience）。他明確區別罪行（crime）與罪惡（sin），只有前者，也就是以言（word）或行（did）犯法律之所禁，或不為法律之所令時，構成了主權者依法懲罰的對象（Lev, XXVII: 2）。相對地，「罪惡」是對立法者的藐視（在市民法的層次是對主權者的藐視，而在自然法的層次，則是對造物主的藐視）；但若這些想法，沒有通過言、行表達出來的話，就不是法律所應干涉的對象。對霍布斯而言，個人良心是其私人判斷（private judgment），主權者唯有通過教育才能形塑個人判斷以及良心，而非法律所能強行禁制（Lev, XXX: 14）。[10]

最後，法律的實際作用，是限制個人自由。霍布斯指出，「自然權利——人的自然自由——可以由市民法加以削減（abridge）和限制（restrain），甚至可以說，制訂法律的目的就是要限制這種自由，否則就不可能有任何和平存在」（Lev, XXVI: 8）。換言之，法律作為國家中人民所共守的行為準則，通過限制其自由，而完成了安全、和平以及共同生活的可能性。於此，吾人需分析《利維坦》另外一個全新的理論創見：「臣民的自由」。

---

10 法律僅管制人民的外部言行，而不約束個人的良心判斷，乃是霍布斯基於宗教改革後西方現代性權利概念所發展的法律觀。然而，由於錯誤的個人判斷乃是國家解體的主要原因之一，因此，霍布斯雖然主張要通過教育來解決這個問題，但卻被施密特批判，此乃利維坦必然解體的主要原因（Schmitt, 1996: 53-57）。施密特進一步主張，霍布斯的法律不約束個人良心判斷的觀點在史賓諾莎中得到關鍵性轉化，成為積極能動的顛覆政治（Schmitt, 1996: 57-59），此問題本書將於下一章中討論。受到施密特影響所形成的思想史分析，可參考 Koselleck（1988: 35-40）。

# 六、臣民的自由

　　主權者通過法律治理國家，相對地人民在國家中享有自由。雖然在霍布斯早期著作中，自由便已經是一個重要的概念，但直到《利維坦》中，才在第二十一章以〈論臣民的自由〉為題專門處理這個議題。霍布斯首先定義：「自由一詞就其本義來說，指的是沒有阻礙的狀況，我所謂的阻礙，指的是運動的外界障礙」（Lev, XXI: 1）。這個定義，其實重述了本章第二節所論，霍布斯在界定自然權利概念時，便已討論的自由意義。不過，在第二十一章中，他對自由的相關議題（如意志自由、自由與必然性，以及自由與恐懼的關係等）做了進一步的陳述，並對「自由人」（free-man）提出了說明：「〔自由人〕指的是在其力量和智慧所能辦到的事物中，可以不受阻礙地做他所願意做的事情的人」（Lev, XXI: 2）。

　　由於不受外界阻礙的活動是自由，所以霍布斯強調自由一詞「就其本義說來」，指的是人類的「自然自由」（natural liberty; Lev, XXI: 4）。自然自由相應於自然權利，乃是人類在自然狀態中不受限制的自由。然而，通過社會契約與授權所建立的國家，由於主權者設立法律治理國家，所以人們在國家之中所享有的自由，也與自然狀態的自由有所不同。在這個脈絡中，霍布斯提出了其創新的「**臣民的自由**」（liberty of subjects）概念。他指出，沒有任何國家會訂定法律來規定人民的一切言論與行為，所以「臣民自由」的具體範圍乃是：「**在法律未加規定的一切行為中，人們有自由去做自己的理性認為最有利於自己的事情**」（Lev, XXI: 6）。進一步而言，國家中的自由，並不像共和主義傳統所主張的一般，指公民能夠自由參與政治並決定國家法律的能力；相反地，法律是通過武力的後盾來保護臣民的安全與和平，「因此，臣民的自由只有在主權者未對其行為加以規定的事物中才存在，如買賣或其他契約行為的自由，選擇自己的住所、飲食、職業，以及按照自己認為適宜的方式教育子女的自由等」（Lev, XXI: 6）。霍布斯的這個界說，乃是現代西方「**消極自由**」（negative liberty）概念的正式出現（Berlin, 1969:

123, 126; cf. Skinner, 2002b: 245-247），在臣民自由的範圍中，產生了公民身份所擁有的各種市民自由（civil liberties）。

霍布斯不僅開創了現代消極自由概念，他的理論同時也爲「不可讓渡的權利」或「天賦人權」（inalienable rights）奠定了理論基礎。事實上，在之前討論社會契約時，霍布斯就已明確表示，有些自然權利是不可讓渡的，包括下列三項：第一，假如有人用武力攻擊另外一個人，要奪取其生命，後者就不能放棄抵抗的權利；第二，相同的理由，也適用於傷害、枷鎖或監禁，因爲沒有任何個體從這些事情或前述生命的剝奪中可以得到任何好處。第三，由於「放下權利」與轉讓是爲了保障個人的生命與安全，所以假如一個人的言語和行動，似乎使另外一人放棄了前述的目的，那麼後者的表意就不能當做是他的意願，而可能是出於無知（Lev, XIV: 8）。在前兩項中，吾人清楚地看到，生命權，以及不受傷害、枷鎖與監禁的權利，是不能讓渡的。是以，「不可讓渡的權利」或「天賦人權」事實上是源於一般被視爲是絕對主義者的霍布斯之自然權利論述，並非詭詞。

在論臣民自由之章節中，霍布斯進一步指出，有某些事情「雖然主權者命令，但卻可以拒絕不做而不爲不義」（Lev, XXI: 10），例如：「如果主權者命令某人（其判決雖然是合乎正義的）把自己殺死、殺傷、弄成殘廢或對來攻擊他的人不予抵抗，或是命令他絕飲食、斷呼吸、摒醫藥或放棄任何其他不用就活不下去的東西，這人就有自由不服從」（Lev, XXI: 12）。基本上，只要是與當事人的「人格」有關（如人身安全與自由，還包括自證其罪及其它類似的狀況），當事人都不可能在原始的契約中放棄自己行使自然自由的權利；而在國家之中，他們也仍然保有這些不可讓渡的權利。[11] 霍布斯的結論是：「至於其他自由，則取決於法律所**未做規定之處**」（As for other liberties, they depend on the

---

11 Baumgold（1988: 33）認爲，霍布斯在此議題上，乃面對絕對主義而與暴君放伐論理論對立，修正了格勞秀斯的自然權利論使成爲一種「弱權利理論」（weak rights theory）或「無關輕重的權利」（insignificant rights）之觀點。筆者對此並不同意。

silence of the law; Lev, XXI: 18）。[12]

　　霍布斯關於臣民自由的理論，其意圖非常明確：對抗當時國會派援引古典共和主義的「政治自由」觀念作為反抗君主的思想武器（Skinner, 2002a, 3: 225-237）。是以，在《利維坦》第二十一章中，他對共和主義的自由觀，提出了極為嚴厲的批評。霍布斯指出，共和主義傳統的自由觀念，源自於亞里斯多德《政治學》第六書第二章所述：「在民主國家中，自由是當然的，因為一般人認為在任何其他政府之下沒有人是自由的」（Lev, XXI: 9）。在亞里斯多德的觀點中，只有在民主政體中，公民才是自由的；這種觀點將導致主張在君主國家中，人民都是奴隸。霍布斯認為，這是古典傳統所錯誤傳播的「自由之美名」，而人們由於缺乏判斷力，從而接受了這種共和主義的自由觀。他諷刺性地指出：即使在當時，義大利的路加城（Lucca）的塔樓上，大書「自由」（LIBERTAS）一字，但能否因此而推論，路加城的公民比君士坦丁堡的居民，享有更多自由（Lev, XXI: 8）？在這個脈絡中，霍布斯運用了他新建構的臣民自由論，指出在共和政體之下的公民，未必見得比其他政體的臣民享有更多的自由。其論點有三：首先，即使在共和主義所自誇的「自由邦國」（free commonwealth）中，公民也沒有自由反抗他們的代表者；在這個意義上，共和政體和其他政體並無差異。其次，霍布斯進而推論，共和主義所謂的政治自由，並不是個人的自由，而是國家（或其代表者）的自由，因為後者才有權力抵抗甚至侵略其他民族（Lev, XXI: 8）。而這種自由反映的其實是自然狀態中人類無限的自然自由，但這並不是在任何建制國家中，個別人民所享有的自由。第三，霍布斯雖未明示，但吾人可以從其「臣民自由在於法律所未規定之處」推論：法律越多，則干涉越多，而臣民的自由就越少。然而，是否在君主國之中，其法律必然多於共和政體？這應為霍布斯將路加城與君士坦丁堡對比的原因。事實上，由於共和國勢必對於公民的德行以

---

12　中譯本作「至於其他自由，則取決於法律所**來**做規定之處」，明顯誤植（霍布斯，1995: 171）。

及政治參與等議題詳加規定並嚴格執行，而在君主國則只要人民不反抗君主即可；後者所需要的法律管束，未必比前者爲多。是以，對霍布斯而言，君主國臣民其所享有的「臣民自由」極有可能比共和國的公民還多（cf. Berlin, 1969: 129）。

最後，霍布斯的臣民自由理論，關於「自然自由」與「臣民自由」的關係，仍有進一步釐清的必要。在說明自由的一般特質時，霍布斯提出了一個重要的主張：**恐懼與自由是相容的**（Lev, XXI: 3）。他舉了一個來自亞里斯多德《倫理學》第三卷的例子：一個人在快要沈沒的船上，將其攜帶的貨物拋到海中以維持自己的生命時，這個行爲是否「基於自由」？對亞里斯多德而言，這迫於環境的必要性所做的行爲，並不是當事人的意願，所以不是自由的行動（Aristotle, *NE*, 1110a）。然而，但對霍布斯而言，這卻是當事人的自由行動，因爲「假如願意的話，他也可以不這樣做」，而當事人因爲恐懼，在審度衡量後，最後決定拋棄貨物，這當然是基於意志的自由行爲（Lev, XXI: 3）。

這個例子對霍布斯的自由理論乃至政治義務論都有重大的意義（Skinner, 2008: 136-138），本節先討論其與自由論的相關性。在說明沉船拋棄貨物的例子後，霍布斯馬上指出，假如一個人因爲害怕被監禁而還債，由於並沒有人實質上阻擋他不還債（也就是說他的行爲沒有外部的阻礙），所以「這便是有自由的人的行爲」；基於此霍布斯提出了一個極爲重要的結論：「一般說來，人們在國家之內由於恐懼法律而做的一切行爲，都是行爲者**有自由不做**的行爲」（Lev, XXI: 3）。這個結論的弔詭涵義乃是，即使在國家中，行爲者仍然有自由去做法律所禁止的行爲。在這個脈絡中，所謂「有自由去做」顯然是指人仍然有「**自然自由**」或權力去做法律所禁止的行爲，而非「臣民自由」，因爲後者只存在於法律所未規定之處。

對霍布斯的這個分析，史金納強調，在《利維坦》中，霍布斯所全新界定的「臣民自由」，乃是源於國家這個「人造人」中所產生的約束力，但是**人們的「自然自由」卻沒有絲毫的縮減**（Skinner, 2002a, 3: 223-224; 2008: 157-159）。雖然這與某些霍布斯的陳述相矛盾（如 Lev, XXVI:

8，提示了市民法可以削減以及限制人的自然自由），但也有許多文本支持史金納的大膽論斷。其中一個關鍵文本，霍布斯用相當生動的比喻來說明法律的作為主權者與人民之間的「人為鎖鍊」（artificial chain）：

> 正如人們為了取得和平，並由此而保全自己的生命，因而製造了一個人為的人，這就是我們所謂的國家一樣，他們也製造了稱為市民法的若干人為的鎖鍊（artificial chains），並通過相互訂立的信約將鎖鍊的一端繫在他們賦予主權的個人或議會的嘴唇上，另一端則繫在自己的耳朵上。這些鎖鍊就其本質來說是脆弱的，它們之所以得以維持，並不在於難以打破，而是在於打破後所將發生的危險。（Lev, XXI: 5）

史金納指出，此處霍布斯是運用了羅馬文人琉善（Lucian, 125-180 A.D.）的古典譬喻，口才便給的赫克力斯（Hercules）能夠說服人民，彷彿是其舌頭上繫著細細的鎖鍊，另一端則繫在人們的耳垂洞眼上，而赫克力斯能用這細鎖鍊輕鬆地把人們拉到自己身邊（Skinner, 2002a, 3: 224; 2008, 170-172）。這是當時插畫家喜歡運用的主題，史金納也舉出了 Andrea Alciato 在 1550 年刊行的插畫書為例，詳盡說明此古典譬喻的圖像化（Skinner, 2008: 172）。

回到霍布斯的文本，市民法作為「人為鎖鍊」，既然有國家以及主權代表的賞罰制裁為基礎，何以這些人為的鎖鍊就其本質而言是脆弱的？何以它們並「不難以打破」？基於以上的討論，就不難索解：法律是主權者規約臣民行為的準則，但在真實的意義上，它們**並非**「外部阻礙」（external impediment），法律懲罰的意旨在於讓人民產生恐懼並服從，但服從法律的行為，仍然是人們的自由行為。所以真正重要的，是在法律強制力以及恐懼之外，主權者必須通過教育等說服的途徑，讓人民主動服從對所有人的和平與安全都有利的法律。

這個議題還牽涉到霍布斯對於法律運用懲罰（punishment）的特殊

理論。在《利維坦》二十八章中，霍布斯將懲罰定義爲：「公共權威認
爲某人做或不做某事乃是違法行爲，並爲了促使人們的意志更爲服從
之目的，而施加的痛苦」（Lev, XXVIII: 1）。值得注意的是，霍布斯在
提出這個定義後，自己提出「在我沒有根據這一定義做出任何推論以
前，有一個很重要的問題必須解答」：

> 這就是，在任何情況下，懲罰的權利或權威從哪道門跑進來。因
> 爲根據前述，任何人都不能認爲受到了信約的束縛就不得抵抗暴
> 力。因此，不能認爲他賦予了別人以使用暴力傷害自己的權利。
> （Lev, XXVIII: 2）

　　在這個脈絡中，霍布斯重述了從自然狀態成立國家的核心議題，
正是本章已經論述，在成立社會契約的時刻每一個人都「放下」自己的
自然權利。而在二十八章中，霍布斯進一步說明，每一個人所放棄的是
防衛**他人**的權利，但並沒有放棄防衛**自己**的權利。即使人們有義務幫
助主權者去懲罰其他人，但卻不可能擔負這種義務來懲罰自己。但如
此一來，究竟國家或主權者懲罰臣民的權利從何而來？霍布斯再重述
了他的邏輯：

> 但我原先也曾說明（XIV: 4），在建立國家以前，每一個人對每
> 一事物都具有權利，並有權做他認爲對保全自己有必要的任何事
> 情；爲了這一點，他可以征服、傷害或殺死任何人。這就是每一個
> 國家所實行的懲罰權的根據。臣民並沒有將這一權利賦予主權者；
> 只是由於他們放下了（laying down）自己的這種權利之後，就加強
> 了他〔按指主權者，以下同〕的力量，根據他認爲適合於保全全體
> 臣民的方式來運用自己的這一權利。所以這一權利並不是賦予他，
> 而是留下給他了，並且只留下給他一個人。同時除開自然法對他
> 所設下的限制以外，留給他的這一權利就像在單純的自然狀況和
> 人人相互爲戰的狀況一樣完整。（Lev, XXVIII: 2）

事實上，霍布斯所主張恐懼與自由相容的理論觀點，不僅影響其臣民自由論，還對他政治義務的理論具有重大意義，這是下一節的主題。

## 七、政治的邊界：恐懼、同意與政治義務的終止

前文所述國家作爲「人造人」以及主權者頒布的法律作爲「人爲鎖鍊」，雖然創造了臣民自由的空間，但由於人民仍然保留其自然權利（只是「**放下**」其使用），使得**霍布斯的「虛擬國家」必然面對衰弱甚至解體的危險**。如此一來，不可迴避的理論問題乃是：**政治義務何時終止**？人民如何與新的主權者產生政治義務關係？對霍布斯而言，這不是一個抽象的理論議題，而是《利維坦》在 1651 年刊行時最爲重要的核心政治問題：在國王查理一世 1649 年遭處死後，新的共和國正式成立，那麼，原來君主國的臣民何時效忠新的主權者？其理論正當性如何加以證成？劍橋學派的歷史詮釋，特別是史金納在 1960 年代的著作（現收錄於 Skinner, 2002a, 3: 237-307），便是以歷史解釋取代了當時以政治哲學分析爲主，如 Howard Warrender（1957）的取向。因篇幅所限，本節無法詳述這個龐大的思想史論辯。以下的分析，將以劍橋學派史學所建立的詮釋觀點，爬梳霍布斯關於政治義務終結以及新的主權者取得正當性的理論意旨。

事實上，霍布斯從來都認爲社會契約所創造的利維坦是「**會死的上帝**」（Mortal God），在永生不死的上帝（Immortal God）之下，保障人們的和平與安全（Lev, XVII: 13）。利維坦作爲「人造人」，既然是「會死的上帝」，便意味著由人所組成的國家有解體的可能。在〈引言〉中，霍布斯明白指出，內戰就是國家解體的最主要原因。假如從前述「自然」與「人爲」的二元對立來看，內戰乃至政治義務的終止，意味著作爲「人造人」的利維坦解體回歸自然，也就是自然狀態。而由於吾人的詮釋，主張個人在進入國家之後，仍然擁有其自然權利，這個國家解體的議題，便需要仔細檢視。

在《利維坦》第二十九章中，霍布斯討論國家衰弱與解體的因素，明白指出人造之物，本來就無法永生；但國家衰弱與解體的主因，並不在於人作為質料（matter），而在於人作為**建造者**（maker）與**安排者**（orderer）的角色（Lev, XXIX: 1）。換言之，人類的意志與理性活動，使得他們永遠不是單純地被安排在國家中的質料，而是無可避免地，將產生某些對國家與市民社會有所影響的私人判斷。霍布斯列舉了他認為當時對國家有害的觀念學說：保衛國家不需絕對權力、平民可以是善惡行為的判斷者，而違反其良心的都構成罪惡而可不服從、個人假裝有超自然的神感（inspiration）、主權者也需要服從市民法、認為臣民的財產具有絕對性，以及主權權力可以分割等等（Lev, XXIX: 3-12）。這些人們錯誤的知識與判斷，假如搭配上某些客觀條件，例如試圖模仿鄰國的制度（如古代城邦中，貴族派總是想模仿斯巴達政制，平民派則模仿雅典政制；而霍布斯認為英國內戰的部分原因便是由於模仿荷蘭的共和制），或是模仿希臘與羅馬的古典共和制度，反對君主政體，認為誅殺暴君是合法的（Lev, XXIX: 13）。這種種原因，將造成國家的衰弱，最後便導致「**邦國的解體**」（dissolution of a commonwealth），霍布斯界定如下：

> 在對內或對外的戰爭中敵人獲得了最後的勝利，以致邦國的軍隊不能守住疆場，對效忠的臣民不能再加保衛；**這時邦國就解體了**，每一個人都有自由選定保衛自己的辦法。（Lev, XXIX: 22）

在這個定義中，最重要的要素不僅是國家解體的標準，且更在於，此時個人回復了其「自然自由」，依據自然權利以及自保原則來保衛自己。所謂的保衛自己，其實意味著找到新的主權者來保障和平與安全。霍布斯當然瞭解，敏銳的讀者一定會質問：假如人民並沒有反抗主權者的權利，那何以他們可以選擇新的主權者？但這個問題對霍布斯而言並不難解，他馬上指出：「**主權君主**（sovereign monarch）**的權利雖然不能由於另一人的行為而消滅，但臣民的義務卻可以因此而消滅**」

（Lev, XXIX: 22）。霍布斯所提出的解釋是，需要被保護的人可以到任何地方尋求保護，而當他得到保護以後，「就有義務不裝出一副迫於恐懼而服從的樣子」，而且有義務去「保衛他所得到的保護」（Lev, XXIX: 22）。要理解霍布斯在國家解體時政治義務的終止以及轉移，吾人必須重新檢視其「**取得的邦國**」理論。[13]

　　如前章所述，在《法律的元素》以及《論公民》中，霍布斯已經提出了「建制的邦國」以及「取得的邦國」之差異。在早期的理論裡，這兩種建立國家的方式是依循不同的途徑：前者基於自由以及社會契約，後者則基於強制（compulsion），且可區分出兩類：征服（conquest）所取得的國家以及基於自然的生育以及家庭中的家父長制建立的「家產君主制」。但前章亦已論述，在霍布斯早期思想中，建制的邦國是通過「基源民主」的方式，才產生出其他不同種類治理的國家。所以，在他早期思想中，有一重大的缺憾：霍布斯在《論公民》的序言中承認，他並未能證成君主制的優越性。因為，如史特勞斯所指出，霍布斯早期思想中君主制的理據，必須藉助家產與父權的概念，這其實和霍布斯強調的意志論並不相合（Strauss, 1963: 60-70）。

　　到了《利維坦》，由於 1651 年本書刊行的時刻，已經確定英國當時的政制由君主制改變為共和制，所以之前的君主國已經「解體」，議會成為共和國新的主權者。是以，這本書的主要實踐意圖，乃在於說明臣民在何種狀態中，可以由之前對國王的效忠，轉變為對共和國的效忠。

　　國家解體主要與外敵的侵略有關；但與政治義務相關且更困難的議題，其實在於內戰，而這與個人自由和政治義務具有緊密的關連。霍布斯在《利維坦》第二十一章論臣民自由時指出，在建制的邦國的授權活動中，「對他自己原先具有的自然自由並沒有任何限制」（Lev, XXI: 14）。但如此一來，除了臣民有不可讓渡的自然權利之外，很難避免臣民不運用其自由來違反法律、對抗國家。這是理解霍布斯政治義務論

---

13　傅柯對此議題也有精彩分析，請參閱 Foucault（2003: 93-99）。

的關鍵：他雖然主張「任何人都沒有自由為了防衛另一個人而抵抗國家的武力」，因為這樣的自由會使得主權者失去了保護臣民的手段，從而破壞了政府的基本功能（Lev, XXI: 17）。然而，在確立了人民沒有反抗國家的「權利」後，霍布斯舉了一個耐人尋味的例子：

> 但如果有一大群人已經不義地反抗了主權者或犯了死罪、人人自知必將因此而喪生，那麼這時他們是不是有自由聯合起來互相協助、互相防衛呢？當然有，因為他們只是保衛自己的生命，這一點不論有罪沒罪的人都同樣可以做。他們當初破壞義務時誠然是不義的，往後拿起武器時雖然是支持他們已經做出的行為，但卻不是一種新的不義行為了。如果他們只是為了保衛人身，便根本不是不義的行為。但頒布赦令後，就使蒙赦者不得再以自衛為口實，並使他們繼續幫助或保衛他人成為不合法的行為。（Lev, XXI: 17）

基於這個文本，吾人可以說，即使在看似絕對的國家如「利維坦」中，人們運用其自然自由來保衛生命，甚至反抗主權者，都是在「**事實**」（*de facto*）層次不可避免的情況。換言之，個人雖然不能在法理（*de jure*）層次反抗主權者，但這指的是在市民法中體系中；而當其生命與安全遭受危害時，卻在事實層次可以運用其自然權利或權力尋找新的保護。這個論證，並非「臣民的自由」，而是自然自由在國家之中運用的模式，而這也構成了內亂或內戰的根源。[14]

進一步而言，霍布斯論述了在征服中「取得的邦國」的正當性基礎，並非戰勝的事實，而是**被征服者的同意**，這構成了其政治義務論的終極主張。也就是說，在《利維坦》中，霍布斯揚棄了他早期的觀念：「建制的邦國」基於自由，而「取得的邦國」基於強制，建立在完全不

---

14 值得注意的是，由於去除了基源民主論述，所以霍布斯在《利維坦》中，對內戰的根源描述僅止於此。相對地，在《法律的元素》中，內戰被描述為人民可能集體起來反抗主權者，從而對其過程有更為詳盡的描述（EL, II.VIII）。

同的基礎之上。在霍布斯終極的政治義務論中，雖然這兩種取得主權的方式仍然在概念上存在區別，但二者的基礎卻被統一起來，也就是說，霍布斯消解了「自由」與「強制」的區別。

霍布斯對「取得的邦國」所提出的界定如下：

> 以力取得的邦國就是主權以武力得來的國家。所謂以武力得來就是人們單獨地、或許多人一起在**多數意見**下，由於恐懼死亡或監禁而對握有其生命與自由的個人或議會的一切行為**授權**。（Lev, XX: 1，黑體強調為筆者所加）

這個全新的界定，就其理論要素而言，在「多數意見〔或多數人的聲音〕」以及「授權行為」兩個主軸上，可以說是與社會契約的構成型態完全相同，關鍵在於「恐懼死亡」的議題上。霍布斯馬上提出解釋，「取得的邦國」和「建制的邦國」的區別只有一點：在前者，人們所恐懼的是征服者，而在後者，則是自然狀態中人與人互相間之恐懼。但二者出於「恐懼」則完全相同。不僅如此，這個議題直接關連到霍布斯在其自由理論中所強調的「恐懼與自由相容」的主張，而無論在自然狀態或在征服的情境中，人們因為怕死的恐懼或對征服者武力的恐懼，都與他們基於自然自由來決定是否訂立社會契約或臣服於征服者完全相容。換言之，在霍布斯早期思想中依據「自由」與「強制」而取得主權的兩種途徑，在《利維坦》中，都成為在恐懼之下對於自由的行使——也就是自願行動而非受到強制——從而統一起來。

最後且最重要的是，霍布斯主張，在「取得的邦國」成立時，戰敗者對征服者的臣服是基於自己的**同意**以及**信約**，而非戰敗的事實（亦非征服者戰勝的事實）。他的論述如下：戰勝與征服所帶來的是一種戰敗被拘束的狀態（也就是一種完全缺乏自由的狀態），此時戰勝者與被征服者並沒有權利義務關係。然而，當被征服者通過投降來要求饒其性命，而且戰勝者接受了這個要求而給被征服者人身自由的時刻，兩造便發生了類似信約的權利義務關係：被征服者的生命以及人身自由

得到保障，他對戰勝者也就產生了服從的義務，而戰勝者則取得支配權利。這才在法權的層次完成了「取得的邦國」（Lev, XX: 11-14）。

霍布斯依循布丹以及格勞秀斯的見解，將「取得的邦國」稱爲「**專制支配**」（despotic dominion），也就是主權者與臣民的關係接近於領主與主人對僕役的支配關係。而霍布斯區別了奴隸（slave）與僕役（servant），認爲前者是被刑具或牢獄所箝制，完全缺乏自由，從而也不受義務的約束；但僕役則是基於自己同意所訂立的信約，並因而取得了人身自由。也在這個意義上，吾人可以理解霍布斯何以稱人民在國家中的自由爲「臣民自由」，因爲他把臣民服從的樣態，用僕役以比擬（Lev, XX: 10）。

基於以上，霍布斯的結論是：「對於被征服者的支配權利並不是由戰勝而來的，乃是由於他自己的信約而來的」（Lev, XX: 11）；而且這個信約，如同前述對「取得的邦國」之定義，就是一種服從的信約，在成立之後，臣民「擁有」且「授權」統治者的作爲。從而，專制支配與按約建立的主權者所具有的權利以及所根據的理由都完全相同（Lev, XX: 14）。也就是說，「建制的邦國」與「取得的邦國」二者在霍布斯早期思想中分別代表「**應然**」與「**實然**」；但在《利維坦》中，二者同樣作爲「人造人」的國家，都是人們依據其自身的的自由以及同意所建構的，他也就完成了一個統一的政治義務論（Strauss, 1963: 64, 129-170; Skinner, 2002a, 3: 264-286）。

本節關於霍布斯政治義務論的宗旨以及「取得的邦國」之理論重要性，在《利維坦》全書卷尾的〈綜述與結論〉中明白地揭示出來。在此，霍布斯強調必須運用「堅實的推理」（solid reasoning）而非「有力的雄辯」（powerful eloquence），才能理解事物的本性。而就全書的意旨而言，霍布斯明白指出：

> 我在最近印行的各種英文書籍中看到，內戰至今還沒有充分地使人們認識到，在什麼時候臣民對征服者負有義務，也沒有使人認識到征服是什麼，或征服怎樣使人有義務服從征服者的法律。因此，爲了使人們在這方面進一步得到滿意的答案，我便提出這

樣一個説法：當一個人有自由服從征服者時，如以明確的言詞或其他充分的表徵，表示承認成為其臣民，這個時候就是他成為征服者的臣民的時候。（Lev, A Review and Conclusion: 6）

　　這個文本直接處理當時新成立共和國的效忠問題，而如史金納所論，標示著全新的政治義務論（Skinner, 2002a, 2: 402-404, 411-413）。由於霍布斯的核心論旨在於證成政治效忠的轉移，而或許是他覺得強度略有不足，所以做了兩點補充。首先，霍布斯認為《利維坦》第十五章所提出的自然法條目，還需加上一項：「根據自然之理說來，每一個人在戰爭中對於和平時期內保衛自己的權威應當盡力加以保衛」（Lev, A Review and Conclusion: 5）。他指出，這一條自然法雖然可以從該章的某些自然法推論出來，「然而時代卻要求我們諄諄教導並記住這一條」。另外，霍布斯也特別強調，士兵比一般臣民負有更多的政治義務，「當原有權力還在繼續戰鬥並在其軍隊或守備隊中發給給養時，他就沒有臣服於一個新的權力的自由，因為在這種情況之下，他不能埋怨說，沒有得到保護和沒有得到當兵的生計」（Lev, A review and Conclusion: 6）。不過，這也意味著，「當原有權力已經無法繼續戰鬥並在其軍隊或守備隊中發給給養時」，即使是士兵也可以投降、臣服於新的主人並從新的主權者求取保護。是以，霍布斯再度重申了征服權利的根源：

　　用一個定義來說，征服就是根據勝利取得主權的權利。這種權利是由於人民臣服（submission）而取得的，他們通過這種臣服和勝利者立約（contract），為獲得生命和自由而允諾服從（promising obedience）。（Lev, A Review and Conclusion: 7）

## 八、結論：霍布斯與現代歐洲公法之始

　　本章基於劍橋學派的觀點，重新詮釋了《利維坦》一書中的虛擬國

家人格以及政治義務論。在全書的最後一段文字中，霍布斯總結其意旨如下：

  寫到這裡，現時的騷亂局勢促使我對世俗政府與教權政府所做的討論就告終了。這討論不偏不倚、不恍不求，除開向人們闡明**保護與服從之間的相互關係**以外別無其他用心，人類的天性以及神律（包括實訂的與自然的）要求我們神聖不可侵犯地遵守這一關係。（Lev, A Review and Conclusion: 17，黑體強調是筆者所加）

  換言之，「保護與服從之間的相互關係」（mutual relation between protection and obedience）是《利維坦》國家觀念與政治義務論的核心命題：個人（無論在自然狀態的人與人互相為戰中，或戰爭被征服的情境下）通過契約授權主權者，成立作為人造物的國家，並運用法律以及衡平精神治理國家，善盡保護的義務；個人本身則「放下」其自然權利，在國家之享有臣民的自由，從事個人所決定的生活方式，從而產生文明生活。

  在霍布斯的政治圖像中，對立的兩造是保留著**自然權利的個人**，以及具有**絕對權力的主權者**，二者在國家作為「人造人」的利維坦中，共同實現「保護與服從之間的相互關係」。相較於稍早的民權論以及霍布斯早期的基源民主論，在《利維坦》之中，**集體的「人民」**（people）**被消解了**，因為霍布斯認為依據共和主義的自由觀或暴君放伐論的民權觀所形成的人民整體優位論，往往追求虛妄的價值，而帶來政治動盪。但在 1651 年，英國卻已經由君主制轉變為共和國，所以在這樣的歷史時刻中，霍布斯修正了早期的基源民主論，改用授權代表論，並且提出「臣民自由」論述，使得個人自由與恐懼可以相容，從而創造出一個**虛擬但又具有全權可以保障臣民安全的國家**，而所有臣民（包括霍布斯本人）都應該對提供此種保護的主權者加以服從。也就是說，政治效忠或政治忠誠（political allegiance）不再附隨於君主的人身或人民的集體身份，而是新創造出來的虛擬卻又客觀實存的國家（Skinner, 2002a:

2: 410-412），通過主權職權與法治原理保障臣民自由，完成了現代自由主義核心原則之奠基（Schmitt, 1996: 65-67, 73-74; Strauss, 1953: 181-182; Oakeshott, 1975: 67），雖然吾人並不能因此便宣稱霍布斯爲一自由主義者。

　　本書第三章曾討論格勞秀斯所主張四類個人的自然權利：對自身之權力（自由）、對他人的權力（權利）、所有權，與契約權，以及其理論如何靈活運用四者建立政治義務論。以政治思想史的角度而言，霍布斯早期的基源民主論，將自由與強制、社會契約與自然產生作爲兩種建立邦國的途徑，一方面反映出他仍遵循格勞秀斯所提的範疇，將「對他人的權力」作爲一種支配權利獨立於其他範疇，另一方面也因此將民權論的理論前提，通過自由與社會契約加以證成。然而，在《利維坦》中，霍布斯對「取得的邦國」所做的詮釋卻是：在戰爭後義務必須終止甚至轉移的時刻，臣服乃是基於被征服者的「同意」。這無異於代表，**霍布斯將格勞秀斯「對他人的權力」化約到個人自由以及契約的範疇中**，使得《利維坦》發展出了以怕死之恐懼爲理性行爲唯一之動機，且恐懼與自由完全相容，從而完成了以同意與契約爲基礎的統一性政治義務論，成功地建構了當時歐洲新興民族國家所需的正當性基礎。[15] 以歷史的影響力而言，霍布斯後期的國家理論，奠定了近代歐洲的「以自然法爲本之公法」（*jus publicum universal seu naturale*）傳統（Strauss, 1953: 190），其虛擬國家人格論，直接影響到下章所述普芬道夫的國家作爲道德人格論，和本書第十章將討論布萊克斯通（William Blackstone，1723-1780）對英國法的系統建構，以及 Emer de Vattel（1714-1767）之將其運用到國際法層次（Skinner, 2008: 252-254），而開創的現代主權國家與國際關係理論全新格局（Koselleck, 1988: 41-50）。

---

15　雖然共和主義者如盧梭不會滿意霍布斯的這項理論解決。參見《社會契約論》第一卷第五章。

# 第六章

# 社會契約論的三種進路

## 史賓諾莎、普芬道夫與洛克

# 一、前言：社會契約論的各種樣態

在霍布斯之後，十七世紀下半葉的社會契約論有三位具代表性的思想家：史賓諾莎（Baruch Spinoza, 1632-1677）將霍布斯的基源民主論激進化，普芬道夫（Samuel Pufendorf, 1632-1694）則將自然法學系統化，以及洛克（John Locke, 1632-1704），一般被認為是英國光榮革命理論的代言人。格勞秀斯與霍布斯的自然權利論述趨於自然主義，本章將探討史賓諾莎完成了自然主義的法權論述，而普芬道夫與洛克則將之重新拉回神學面向，強調上帝對於世界與個人的統治構成了自然法以及人類社會的根源。在這個「神學復返」的趨勢中，格勞秀斯與霍布斯的激進自然權利概念的重要性降低，而回歸道德取向的自然法。

波考克指出，史賓諾莎用法學論述重構了自然權利以及個人自由觀念（Pocock, 1987），本章則將論述史賓諾莎對近代思想自由原則之確立。而在普芬道夫方面，洪特曾提出，普芬道夫運用了霍布斯的方法，重新建構並系統化了格勞秀斯所建立的自然法學（Hont, 2005: 165-166），本章則將論述普芬道夫的兩個原創貢獻：其一為自然狀態的社會化，使「社會」（*societas*）這個範疇與自然狀態和政治國家（civil state）鼎足而三；其次是普芬道夫把社會契約的理論要素加以系統化，提出了「二約一令」（two contract, one decree）的完整論述，發揮霍布斯的精神，將國家視為一種道德人格（moral person），並運用格勞秀斯所主張的人民可完全讓渡其自我統治權利的理論，證成了絕對王權。相對地，洛克在以神意為基礎的自然法架構中，繼續發揮格勞秀斯所提出的財產權理論，並且批判普芬道夫的論述（Tuck, 1999: 170-177），主張社會契約所建立之政府係以保障個人生命、自由，及財產為目標，人民依此將政治權力託付給統治者，若統治者違反其信託，那麼作為終極裁判者的人民，有權革命，另外設置政府。換言之，洛克的社會契約論運用的雖是格勞秀斯的分析架構（Tully, 1980: 169-173），但卻重構了民權論，成為近代人民革命權理論的淵源。

# 二、史賓諾莎論民主的自由國家

　　史賓諾莎爲猶太人，祖先爲逃避宗教迫害，輾轉由西班牙遷徙到葡萄牙，最後定居於荷蘭。其主要著作是《倫理學》（1675），而在政治思想方面，亦有重要的貢獻，包括開啓舊約聖經批判研究的《神學政治論》（*Tractatus Theologico-Politicus*, 1670）以及未完成的《政治論》（*Tractatus Politicus*）。在政治立場方面，史賓諾莎追求宗教與思想自由，反對當時荷蘭的奧倫治・威廉三世（Willem III van Oranje, 1650-1702）與加爾文教派聯合採取宗教管制的政策，倡議能夠保障思想自由的民主共和國。而其論述的主要思想資源有二：在理論的推導方面，他以霍布斯《論公民》的論述爲基礎，但將之激進化，而產生與霍布斯相反的結論；另一方面，史賓諾莎結合了馬基維利共和論述中的古羅馬政制分析以及荷蘭制度史，對君主以及貴族制提出了理想型的建構。本節以下的論述，將集中在史賓諾莎如何重構霍布斯的自然權利論，並證成民主體制與思想自由。

　　如前章所述，霍布斯區分「自然權利」以及「自然法」，形成了他對古典自然法最爲重要的轉向。在此基礎上，史賓諾莎則採取更爲激進的自然主義（naturalism）：一方面，他將「自然法」完全限制於因果性的規律，去除了道德性及立法性的誡律涵義（PW: 67）；[1]另一方面，他把「自然權利」等同於每個存在物（而非僅限人類）自身的「力量」（*potentia*, power; PW: 267-268; cf. Deleuze, 1988: 97-104）。與霍布斯相同的是，史賓諾莎主張，運用力量以追求自保乃是第一義的自然法（PW: 269, 271）：「人類的自然力量，亦即自然權利，不應該由理性，而應該由人們藉以決定行動和努力保全自己的諸種衝動來予以規定」（PW: 269）。此外，史賓諾莎更進一步提出其獨特而重要的區別：

---

1　本章運用史賓諾莎著作的縮寫及版本如下：
　　**PW**= Spinoza, de Benedict. 1965. *The Political Works: The Tractatus Theologico-Politicus in part and the Tractatus Politicus in full*, ed. & tran. A. G. Wernham. London: Oxford University Press.

> 凡是一個人處於他人的力量之下的時候，他就是處於他人的權
> 利之下（*alterius juris esse*）；反之，只要他能夠排除一切暴力，對
> 於遭到的損害能夠自主地給予報復，而且，一般地說，還能夠按照
> 自己的本性生活，他就是處於自己的權利之下（*sui juris esse*）。
> （PW: 273）

在這個關鍵文本中，史賓諾莎把羅馬法中「**自權人**」（*sui juris*）的概念給哲學化，從原意指羅馬家庭中不受父權、夫權，以及主人支配權的支配，而享有自主權的人，[2] 轉變爲獨立自主的自由人之基本規定。此種自由人最主要的特質，在於具有「**判斷能力**」（faculty of judgement），而「只要能正確運用理性，思想便完全處於自己的權利之下，或得到完全的自由」（PW: 275）。相反地，受制於他人的權利或被支配的狀態，則包括身體與心靈兩種情況，前者可分爲被綑綁或剝奪了自保與逃跑的手段；後者則通過恐懼或恩惠，使得被支配者願意服從。史賓諾莎斷然拒絕身體性的支配，但接受在成立社會或國家時，必須運用恐懼與恩惠的手段，創造共同生活的可能性。

史賓諾莎認定在自然狀態中，每個人只靠自己的力量，並不足以對抗他人的壓迫，所以在自然狀態中，自然權利「實際上就不存在，或者只不過是一番空論，無法保證其實現」（PW: 277）。不令人意外地，唯有通過社會契約，才能克服此種自然狀態中個人自然權利無法自存的窘境。然而，史賓諾莎在《政治論》中，刻意迴避使用社會契約或契約一詞；而在他較爲早期的《神學政治論》中，反而有較爲清晰的論證。其原因大體在於，「自然狀態」與「政治國家狀態」雖然存在著概念上的對立，但對史賓諾莎而言，似乎自然狀態與國家狀態是一個交錯並存的樣態（蔡英文，2015: 116），而如以下所論，這將會產生其獨

---

2　請參考 Steinberg（2002）以及黃風（2001: 238）。同為荷蘭思想家的格勞秀斯在《論捕獲法》也提出相近觀點：上帝創造之人乃「自由並自權」（free and *sui juri*），所以他們的行動不受制於人，也可以自由運用財產（Grotius, 1950: 18）。請參閱本書第三章第二節之討論。

有的理論議題。對史賓諾莎而言，對於自然狀態的「恐懼」，以及對社
會狀態所能帶來效用的「希望」，讓人們願意通力合作，產生更大的「力
量」或「權力」，建立承載共同權利的「統治權」（*imperium*; PW: 277）。
而在其早期理論中，關於社會契約的說明如下：

> 一個社會就可以這樣形成而不違犯自然法，契約永遠嚴格地遵
> 守，就是說，若每個個人都把他的力量讓渡給社會，它就有統治一
> 切事務的自然權利；換言之，國家就有最高統治權（*imperium*），
> 每個人都必須服從，否則就要受最嚴屬的處罰。如此所形成之權
> 利屬於社會的共同體就是民主，而它可以被界定爲人們的一般性
> 集會並在其集體能力上擁有去做它能做一切事情的最高權利。是
> 以，最高權力（*summa potesta*）不受法律的約束，而且所有的公民
> 在一切事務上都必須服從，因爲他們所有人都已經默示或明示地
> 通過契約而將其權力讓渡給它［最高權力］以自我防衛。（PW: 133）

　　這段關鍵引文包含了史賓諾莎關於社會契約的核心論述，值得仔
細分析。以下著重於兩個議題：首先，通過社會契約所創造的政治共同
體乃是一種基源民主；其次，個人作爲「自權人」，究竟讓渡了那些權
利？

　　在基源民主的議題上，史賓諾莎所言每個人都將其力量讓渡給「社
會」，更眞確的意義，是將力量讓渡給「他作爲成員的整體社會之多數」
（PW: 137），並因此形成了「社群權利」（*jura communia*; PW: 277）。
換言之，史賓諾莎發揮了霍布斯在《論公民》中的基源民主論，並且加
以激進地重構。一方面，如此所形成的共同體，可以稱爲「邦國」
（*reipublicae*; PW: 130）；另一方面，由於個人的自然權利與力量係讓
渡於他作爲成員之一的社會，所以在此種共和中，最高統治權
（*imperium*）可以被界定爲**衆民的力量**（*multitudinis potentia*; PW:
277）。

　　吾人於前章已經論述，對霍布斯而言，在社會契約成立之前，人們

無法結群從而構成「雜眾」（multitude）。但史賓諾莎在《政治論》中，刻意將 “multitude” 的概念，同時指涉自然狀態以及政治社會形成後的「眾民」，因爲對他而言，只要眾民將力量集合起來形成群體，就已完成了足以自保的力量聚合，不必區分「雜眾」與「人民」。[3] 只不過在國家中，眾民的力量被單一的心智所指揮（如同是中文所謂「萬眾一心」；PW: 277, 285, 289），而這其實即爲傳統的主權論述。對史賓諾莎而言，主權之權利大體上包括決定善與惡、正當與不正當，並制定法律、解釋法律、在爭訟案件中適用法律，以及宣戰媾和的權利等（PW: 301）。

在這個脈絡中，史賓諾莎特別強調民主制的優越性，認爲經由大型的民主集會，多數人將會選擇比較合理的政策，並在和諧與和平中共同生活（PW: 135），而在這個意義上，民主乃是「最自然的國家型態」（PW: 137），因爲它最能保障人民的自由。然而，在史賓諾莎的基源民主論述中，民主使得個人的自然權利讓渡到社會或多數人民加以行使的優點，與保障個人自由的優點並不完全相同；在這個議題上，吾人將由史賓諾莎的基源民主論，轉向其自由理論。

在前述引文中，史賓諾莎的推理，與霍布斯的社會契約與基源民主論相去不遠；然而，在個人自由的議題上，二者則顯示出徹底的差異性。首先，霍布斯所主張的在締結社會契約時人民「放下」其自然權利的說法，被史賓諾莎轉化成具嚴格意義的不可讓渡的自然權利（PW: 149, 231, 289-291）。在《神學政治論》中，他明白指出，人們所讓渡的只是「**行動的權利**」，而非其「**思考與判斷的權利**」（PW: 231）。換言之，在政治共同體中，臣民的行爲不得違反統治者所制定的法律；然而，臣民運用其思想與判斷力而形成對國家事務的見解，則不違反任何法律。在《政治論》中，史賓諾莎更進一步指出，國家法權的運作，乃是通過威脅與恩賜來形塑人民的恐懼與希望，但超越威脅與恩賜之

---

3　值得注意的是，在較早期的《神學政治論》中，史賓諾莎仍然運用「人民」（populus）一詞，而非「眾民」。

物，如個人的判斷，則非國家的權力所能管制（PW: 289-291）。

　　除了在社會契約中並未讓渡個人的判斷權之外，史賓諾莎更爲激進的主張乃是：社會契約的目的在於創造對眾民皆有效益（utility）的政治社會條件，它的約束力也僅僅關連於此種效益（PW: 131, 305）。換言之，若社會契約及其所創造的政治國家無法發揮此效益，個人將有「**完全的權利收回其允諾**」（PW: 131），因爲任何人的自然權利都不會運用在對自己有害的事務中。史賓諾莎指出，當一個人在口頭上向他人承諾做某事或不做某事，其承諾只有在這個人的意志未曾改變的狀態下，方才持續有效。是以，「對於一個憑自然權利仍然是自己的判斷者的人來說，如果他斷定他的承諾是得不償失的，而且他是根據自己的判斷而決意背棄諾言，那麼，他就是憑自然權利而背棄諾言」（PW: 275）。史賓諾莎的這個激進主張，意味著每個人作爲判斷者，既然未曾讓渡此自然權利，則他隨時可以退出社會契約。若基於霍布斯的角度，如此一來將不可能形成穩定持續的社會契約與共同體；但對史賓諾莎而言，其意圖並非顛覆社會契約的論述基礎，而在於指出社會契約必須是創立對於組成的眾民有利的社會生活，而終極的判斷者是個人，是以，統治者的法律與治理必須符合效益。

　　史賓諾莎的政治理念，乃是**自由眾民**（*multitudo libera*; PW: 311）基於改善其生活的希望，通過社會契約建立政治國家（*status civilis*; PW: 285）。而政治國家內，可以說存在著**二元**性的政治秩序：「精神的自由或堅韌乃是私人的德行；而國家的德行則在於安全穩定」（PW: 265）。對史賓諾莎而言，一方面國家本身也形成一個「自權者」，通過社會契約與基源民主所形成的最高統治權，對內創造安全與和平的秩序，以及改善人民生活的效用，對外則與其他同樣作爲「自權者」的國家互動。另一方面，個人作爲「自權者」，無論是平民基於恐懼或哲學家基於理性而服從法律，所有眾民皆永遠保持著他們部分的自然權利，也就是判斷的自由。此種自由至少有兩種基本樣態：宗教信仰自由以及哲學思想的自由。史賓諾莎在《神學政治論》最後一章中，以「在一個自由國家中每個人都可以自由思想，自由說出其所思」爲題，對於思想

自由的重要性提出了他的終極觀點：

> 　　我們深信，最好的政府會容許哲理思辨的自由，此並不亞於容
> 許宗教信仰的自由。我承認這種自由有時或許引起一些不便，但
> 世上哪有什麼問題能解決得那麼完善且絕對不會發生弊端呢？凡
> 企圖以法律控制萬事萬物的人，其引起罪惡的機會更多於改正罪
> 惡。最好是承認那些無法革除之事，雖然其自身是有害的。有多少
> 害處是起源於奢侈、嫉妒、貪婪、酗酒等等，雖然是罪惡，可是這
> 些都爲人所容忍，因爲是不能用法律的規定來防止的。鑑於思想
> 自由其本身就是一種德行，不能禁絕，則如何更應予以許可呢！
> 而且，我即將指出，其流弊不難由管理世俗事務的當局來遏制，更
> 不用說這種自由對於科學與藝術是絕對必須的，因爲，若是一個
> 人判斷事物不能完全自由，沒有拘束，則從事於科學與藝術，就不
> 會有什麼創獲。（PW: 235）

　　然而，史賓諾莎在《政治論》第五章指出，以上所述的個人自然權利以及基源民主，乃是關於政治共同體在法權層次（*de jure*）之正當性的論述；另外必須處理的議題，則爲政治共同體統治的「最佳狀態」，而他在之後的章節中，針對君主、貴族，以及民主三種統治形式（*imperii formam*; PW: 314）提出關於各個政治體制的相關制度設計。其中，前二者的論述相當詳細，但最後一章論述民主作爲「完全絕對統治的國家」（*omnino absolutum imperium*; PW: 441）的部分，卻未能完成。或許史賓諾莎因爲英年早逝而無法完成其論述，僅簡要說明了「在這種民主體制之下，人民只受本國法律的約束，不受任何人的支配，生活體面，有權在最高議事會議上投票及擔任政府公職」（PW: 443）。但誠如蔡英文（2015: 117-118）綜合相關文獻所述，另一種可能則是史賓諾莎的基源民主觀在轉化成治理形式時，無法進一步提出明確的憲政構想。
　　蔡英文的論斷有其理據，筆者則以霍布斯基源民主論的角度嘗試

說明史賓諾莎何以從「法權」層次過渡到「治理」層次時，會產生理論的困難。如前所述，史賓諾莎的社會契約所產生的是「眾民的力量」作爲最高統治權的承載者；然而，若吾人仔細考察前引其關於社會契約的說明，則將察覺，在指出基源民主作爲社會共同體的最高權力之後，他馬上指出「最高權力不受法律的約束」。其中「最高權力」的原文爲 "*summa potesta*"，而對照於「眾民的力量」（*multitudinis potentia*），則將產生以基源民主式的眾民力量（*potentia*）作爲統治正當性的基礎，但與最高的政治權力（*potesta*）未必同一的格局，[4] 因爲，基源民主的眾民力量可以讓渡給個人或少數人以行使最高權力，成爲君主和貴族制。這一點，如本書第四章所述，霍布斯於其基源民主論已經有詳細的闡釋。霍布斯指出，相對於其它政體，民主具有一種時間上的優先性，而只要基源民主的公民大會未曾解散以及之後定期舉行，就成爲民主的邦國。然而，對史賓諾莎而言，基源民主作爲「最自然的國家型態」，除了時間上的優先性之外，同時蘊含著「優越性」（PW: 135, 137），而這個關於治理品質的論斷，是霍布斯所未曾宣稱的，但困難也在此議題上產生。是以，當史賓諾莎在論述何以人民要將政治權利轉讓給君主（PW: 355）或少數並非由其選任的個人（PW: 367）時，已經展現出理論立場上的猶疑，因爲這將顯示出基源民主有所不足，無法持續存在。雖如此，史賓諾莎還是依據馬基維利等共和傳統的思想資源，詳細討論能夠維護和平與安全以及個人自由的君主和貴族制。然而，在終卷一章的民主論述中，他應當討論的，是掌握終極正當性「力量」的眾民如何轉化爲最高「權力」而實施統治的議題。此議題乃是本書於第二章中所詳論的布丹關於「國家」與「政府」之區別，亦即主權與治理的基本差別。而在史賓諾莎的自然主義的權利與力量體系中，具有完全正當性的「眾民力量」如何在民主作爲「完全絕對統治的國家」中，轉化爲永遠能夠維持良善治理的「最高政治權力」，並達到政治共同體的「最佳狀態」？似乎成爲未解之困難議題。

---

4　關於 *potentia* 與 *potesta* 之關係，請參閱 Campos（2012:133-134）。

　　可以確定的是，史賓諾莎的政治思想，為宗教與思想自由開創了激進啟蒙的理論基礎（Israel, 2006: 155-163）。然而，其思想體系的基本取向，是如本書第三章第四節所論的格勞秀斯的主權分割論，區別主權之「潛在」與「主觀」部分？還是如傳統詮釋所述的乃是現代自由主義之源頭（Feuer, 1983）？或是共和主義的現代型態之一（Gelderen & Skinner, 2002, 1: 76-81）？抑或是當代後現代理論家所言之「新史賓諾莎」（Montag & Stolze, 1997）所發揮的無法馴化的「野性民主」（savage democracy）？[5] 甚或如早期史特勞斯所提出的批判觀點，認為史賓諾莎表面上結合了馬基維利以及霍布斯，但其徹底自然主義式的自然權利觀，過分偏向於本體論，缺乏另外兩位思想家對政治性具體情境的深層理論企圖（Strauss, 1965: 225-241）？

　　由於史賓諾莎並未完成《政治論》終卷關於民主制的討論，所以要真正定位其思想取向，往往與詮釋者自身的分析角度有關。以本書的論旨而言，筆者基本上接受波考克的歷史論斷，認為史賓諾莎在兩個關鍵議題上缺乏共和主義的核心理論要素：公民參與政治而實現其德行，以及混合憲政（Pocock, 1987）。波考克進一步指出，史賓諾莎的論述模式乃是標準的「法學論述」（juridical discourse），往往與其後的自由主義論述有關（Pocock, 1987: 439）。然而，筆者主張，史賓諾莎繼受自霍布斯的法學論式之基源民主論，其實是重新詮釋了本書前述近代早期的「民權論」，特別是「眾民力量」作為社會契約所建構的唯一正當性基礎，可以說史賓諾莎是在後霍布斯時期，運用社會契約的語彙與論述，重新建構了「人民優位論」。而他所提出個人的自然權利以及「判斷自由」，即使在國家中仍然持續存在，而且統治者沒有干涉人民思想自由的權利，此則為民權論的取向，提供了邁向**個人主義**的起點。

---

5　如 Negri（1997）即主張：《神學政治論》與《政治論》理論取向完全不同，前者還有社會契約論色彩，後者則完全摒棄此取向，以眾民權力論證成民主作為「完全絕對統治的國家」，無須制度設計。筆者不採取此種詮釋，而接受 Smith（1997: 118-144）之觀點，《神學政治論》第十六章即已構成史賓諾莎的「民主轉向」（democratic turn），銜接《政治論》之論述。

而如施密特所論，相較於霍布斯之接受個人良心沒有外顯於行為或語言時並不受法律所約束，史賓諾莎所提出的個人在國家中擁有完全的思想與判斷自由，將使個人自由成為更具有積極意義的「**賦予形式原則**」（form-giving principle），並使主權權力成為一個消極的附帶條件（proviso），注定無能維繫國家秩序（Schmitt, 1996: 58）。這雖然是施密特對霍布斯與史賓諾莎之批判，且特別針對史賓諾莎思想之顛覆性；但不被馴化的個人自由，卻恰恰是後現代理論家著迷於史賓諾莎思想的主因。

　　本章以下將以普芬道夫與洛克為例，闡釋絕對主義與民權論在「第一波現代性」的終極系統化表述。


# 三、普芬道夫：自然法與自然狀態的社會化

　　普芬道夫生於薩克森尼（Saxony），其經歷橫跨歐洲，曾於海德堡大學教授法學，並應瑞典國王古斯塔夫（Charles Gustavus）之邀，在新創的倫德大學（University of Lund）擔任法學講座教授，之後也曾任瑞典皇室史學家，並於晚年應霍亨索倫家族「大選侯」（Great Elector）之請，赴柏林撰寫布蘭登堡邦歷史。普芬道夫在自然法學以及國際公法領域最高成就的代表作，為《自然法與萬民法》八卷（*De Jure Natura et Gentium*），刊行於 1672 年，一年後，再發表《人和公民的自然法義務》（*De Officio Hominis et Civis juxta Legem Naturalem*；以下簡稱《自然法義務》）兩卷，作為前書的概要。[6] 這兩本巨著皆為普芬道夫在瑞

---

6　本章普芬道夫著作縮寫如下：

**JNG** = *De Jure Natura et Gentium (Pufendorf, Samuel,Freiherr von. 1934. On the Law of Nature and Nations Eight Books*, tran.,C. H. Oldfather and W. A. Oldfather. Oxford: Clarendon).

**OFF** = *De Officio Hominis et Civis juxta Legem Naturalem* (Pufendorf, Samuel, Freiherr von. 1927. *The Two Books on the Duty of Man and Citizen according to the Natural Law*, tran., F. G. Moore. Oxford: Clarendon. 本書中譯文參考普芬道

典倫德大學時期所撰，其中《自然法與萬民法》爲法國自然法學者 Jean Barbeyrac（1674-1774）翻譯爲法文，並且詳加註解。[7] 本節以較爲簡練的《自然法義務》爲主軸，說明普芬道夫政治思想之要義，但許多理論議題，仍必須詳細徵引《自然法與萬民法》，方可理解其意旨。

在《自然法義務》的序言中，普芬道夫明確區別其論述的三個領域：道德神學（moral theology）、自然法（natural law），以及政治法（civil law）。雖然本書的討論重點主要在於自然法和政治法，不過，普芬道夫在論述人類的絕對義務時，首先列舉的還是人對上帝的義務，例如在思想層次對上帝有正確的觀點，以及在實踐層次中服從上帝的意志等，並由此構成自然宗教（natural religion），自然宗教牽涉到的是此世之生活而非永生的救贖，乃是「人類社會最終極與最緊密之繫帶（the ultimate and strongest bond of human society）」（Off. I.IV: 8）。普芬道夫的自然法理論，可說是在自然宗教的架構中所展開的，其核心觀念在於「**義務**」（duty），根據其界定，義務意指「基於責任，人的行爲與法律的命令相一致」（Off. I.I: 1）。《自然法義務》全書幾乎沒有任何關於「自然權利」的討論，這點似乎和霍布斯大相逕庭。

然而事實上，普芬道夫還是將霍布斯關於自保乃至人類的反社會性等概念，整合進其自然法系統中。他指出，個人對其自身的第一個絕對義務，便是自保（self-preservation）以及自衛（self-defense）。不過，按照普芬道夫的理解，當個人運用其自然自由（natural liberty）來維護其生命乃至財產時，他會服從自然法的律令，因此並不會如霍布斯所言，每個人對萬事萬物擁有無限制之自然權利，導致人人爲戰的戰爭狀態。普芬道夫主張，自然法源於人性（human nature），但究竟何爲人性？他指出，在自保的層次上，人類與野獸無異，但人類的脆弱性，和

---

夫，《人和公民的自然法義務》（2009），鞠成偉譯，北京：商務印書館。但
有修改處不另標示，以免冗贅。

7　事實上，格勞秀斯《戰爭與和平法》的法譯註解本也是由 Barbeyrac 所完成，
這兩個譯本產生了重大的影響，形成了十七世紀政治思想兩套近乎百科全書式
的自然法經典著作（cf. Tuck, 1979: 73），洛克以及盧梭等重要思想家都曾參
考引用。

人類慾望之無窮，使得人與人彼此必須合作。普芬道夫因此強調人性的**兩面性**：

> 人是一種關心自己的生存〔自保〕、需要，沒有同伴的幫助便不能自存，從互助中受益匪淺的動物。然而，同樣地，他同時又具有攻擊性、挑釁的傾向，容易被激怒，一有可能便去傷害別人。因此，結論是：爲了安全，社會化（sociable）對他來講，是必要的。（Off. I.III: 7）

　　普芬道夫在此文本中，嘗試將霍布斯的思想整合進自然法的社會性概念之中。換言之，如史家洪特所強調，普芬道夫已經提出了後來康德所分析的「**非社會的社會性**」（unsociable sociability）觀念，成爲現代自然法必須面對的議題（Hont, 2005: 173-175）。基於人性的兩面性，普芬道夫將**自然法**界定爲：「這種社會性的法律——教導一個人如何使自己成爲人類社會一個良好成員的法律——就是自然法」（Off. I. III: 8）。他認爲這個基本法則是人類天賦的悟性所能理解的，所以每個人都應該從事有助於社會性的活動，而不做違反社會性的事務。《自然法義務》第一卷，便是循著人類「非社會的社會性」以及自然法的律令，討論人除了對上帝之外，對自己及他人的各項義務：從自保與自愛（self-love; Off. I. V）、不侵犯他人並承認每個人的平等與尊嚴（Off. I. VI-VII），最後迄於盡其所能助益他人等道德義務。另外，也討論了誠信、契約與所有權等人際交往的合同與契約這類社會互動的法律基礎（Off. I. IX, XI-XVI）。

　　討論完抽象的自然法諸原理之後，《自然法義務》第二卷所討論的是政治法；本卷以「論人的自然狀態」爲首，但在《自然法與萬民法》一書中，普芬道夫則是在討論自然法之前，即開始討論「論人的自然狀態」（JNG. II. II）。這個轉變值得注意，因爲在《自然法與萬民法》的架構中，自然法乃是由人類的自然狀態導出；相對地，在《自然法義務》中，自然狀態則是從抽象自然法到具體社會政治制度建構之間的

轉折點。本節的論述採取後者，因爲這種理論進程可以明確地看到**自然、社會**以及**國家**三種狀態的邏輯關連性。

　　普芬道夫首先指出，他所謂的「狀態」（*status*, state）是指爲了特定種類義務之履行而給人設置的條件，每一種狀態都有自己特殊的法律（Off. II. I: 1）。他進一步說明，人類或者處於「**自然狀態**」，或者處於某種「**外加狀態**」（adventitious state）。[8] 普芬道夫認爲，自然狀態可以從三個面向加以考察：「**人與造物者的關係**」、「**人與自己的關係**」，以及「**人與他人的關係**」。其中，人與造物者的關係是《自然法義務》新添增的面向：既然人被上帝放在比其他動物更爲優越的位置，意味著人的自然狀態與動物的生活狀態完全不同。值得注意的是，普芬道夫對自然狀態之考察，事實上乃通過人與自己的關係，以及人與他人的關係兩個對比主軸來進行。所謂人與自己的關係的自然狀態，實際上就是霍布斯式的自然狀態：人完全孤立無依，無法得到他人的任何幫助。在此自然狀態觀點下的人極爲軟弱，過著簡陋的生活，其處境「可能會比任何動物都悲慘」。

　　相對地，從第三面向「人與他人的關係」觀之，則因爲自然狀態中的人的脆弱性以及需求無法自足，所以逐步發展出親緣種族關係，和以契約爲基礎的相互交往。此時便脫離了霍布斯式純粹的自然狀態，而進入「外加狀態」，亦即原初的社會狀態。由於人與人之互動，產生了基於偶然性的人爲狀態，而這其實是人類在建立政治國家之前長期所處的狀態。普芬道夫明確指出，「整體人類從來不曾同時處在自然狀態之中」，他所依據的是《聖經》的教導，初始人類社會本就處於父系權威之下（Off. II. I: 7），並在後代逐漸繁衍分散之後，逐步產生「外加狀態」。換言之，他所設想的自然狀態，並非霍布斯式「原子式個體」所構成的自然狀態（這僅僅是「人與自己的關係」意義下的自然狀態）；普芬道夫花最多篇幅討論的「外加狀態」，乃是已經具有種族親緣關係

---

8　這個詞彙意指人類在自然狀態中，政治國家建立前，依己力所營造出的社群與社會。中譯本意譯為「文明狀態」，筆者認為不如維持 adventitious 原意「外加」較妥，理由詳下。

和契約活動的「社會狀態」。在這種「前政治」的社會中，有三種基本的結合原則：婚姻、親權，以及主人與僕役（*servus*）。當然，這是從亞里斯多德到格勞秀斯都討論過的支配關係之基本樣態。根據格勞秀斯，婚姻來自於協議，親權來自於生育，而主僕關係則是「臣屬」關係的原型。普芬道夫並不如格勞秀斯般提出範疇式的解釋，僅僅是提出這三種支配關係，[9] 說明前政治自然狀態中所存在的**原初社會**（prime societies）乃是發展出政治國家此種「完善社會」的前身（JNG. VII. I: 1）。

對普芬道夫而言，廣義的自然狀態，包括純粹的自然狀態以及原初社會作為「偶然外加狀態」；在這個意義下，人生活於自然狀態意味著「他們之間沒有共同的主人，互不隸屬，互相之間也不存在利害關係」。如此一來，自然狀態和「政治國家」（civil state）便處於一種相對立的狀態（Off. II. I: 4-5）。

普芬道夫對於自然狀態中人的處境之論述，混合了霍布斯的觀點和傳統的自然法理念。他認為在自然狀態中，人們擁有的是自然自由，因為他們只對上帝負責，且任何人都是自己的主人，不臣屬於任何人的權威之下。人們的首要之務自然是自保，而努力保持其生命與身體的同時，仍要依循「正確理性的命令以及自然法」（Off. II. I: 8）。當然，在廣義的自然狀態中，由於已經有親族以及社會互動，爭執在所難免。當爭端產生時，自然法促使人們在訴諸戰爭手段前必須先找尋公正的仲裁者（arbiter），以沒有利益糾葛的公正態度和證人的證詞為基礎，排難解紛（Off. II. I: 10）。

然而，即便個人在此種自然狀態中擁有自由並免於臣屬，但與政治國家所能帶來的政治制度相比，仍有相當大的差距。普芬道夫用文

---

9　普芬道夫認為僕役的來源除了戰爭俘虜之外，還有基於自由意志的「賣身為奴」，其動機可能由於智力不足或為了財產，向主人提供服務來換取生活所需。換言之，他並未如格勞秀斯一般，運用「臣屬」的支配範疇來討論主奴或主僕關係，所以這也不構成普芬道夫自然法體系中的核心範疇。雖然他與格勞秀斯相同，認為僕役和其他財產一樣，可以按照主人的意願轉讓，但他仍強調人道（humanity）的精神，主張不能像對待其它財物一般對待人（Off. II. IV: 5）。

學的筆法描述：在只與自己相關的自然狀態中，人類赤身裸體且愚蠢，
尋野草樹根以充飢，覓荒澤坑水以解渴，在山洞中躲避惡劣天候，無時
無刻不面臨著野獸襲擊的危險，心中充滿恐懼。即使已經有聯合產生
的原初社會，仍然相對貧窮，而且無法確保安全。[10] 總結而言，自然
狀態與國家的差異在於：

> 在前者，個人靠自己的力量保護自己，在後者則是依靠全體的
> 力量。在前者個人的勞動成果無法得到有效的保護，在後者，所有
> 人的勞動成果都可以得到保護。前者受激情的統治，充滿了戰爭、
> 恐懼、貧窮、粗俗、孤獨、野蠻（barbarism）、無知、未開化（savagery）；
> 後者受理性的統治，充滿了和平、安全、財富、高尚（beauty）、
> 合作（society）、精緻（refinement）、知識、善意。（Off. II. I: 9）

普芬道夫關於抽象自然法的討論，特別值得提出的，是對**所有權**
的相關論述（Off. I. XII）。在《自然法義務》中，他略述上帝創造的萬
物平等屬於所有人共有，隨後通過慣例（convention），才確定每個人專
屬的份額，也就是私有財產。如同本書第三章所述，格勞秀斯依據聖經
闡釋人類如何由原始狀態逐漸建立財產權；而從《自然法與萬民法》相
關章節（JNG. IV.IV）的詳細討論則可以看出，普芬道夫將格勞秀斯理
論的譬喻性加以法學化。他認為，原始的共有共同體，可以區別為**消極**
（negative）和**積極**（positive）兩種形式，前者完全無個人所有權，一
切事物都由集體來運用；後者則意指事物雖未完全被區分，但人已經
可以個別地加以使用的狀態（JNG. IV.IV:4-5）。普芬道夫主張，在最原
始自然狀態中的共有，只能是消極共有，隨後通過個人對事物的使用

---

10　洪特主張，普芬道夫的原初社會論述，是格勞秀斯理論要素在後霍布斯時代的
　　重構，並因此發展出前政治的「社會」甚至「文化」（culture）觀念。這一點
　　確有見地（Hont , 2005: 172-179），然而，他因此申論普芬道夫的原初社會論
　　已經是蘇格蘭啟蒙運動「社會發展四階段論」的雛形，卻值得商榷，因為洪特
　　所引述普芬道夫的文本（Hont, 2005: 179），似乎並沒有確定的四階段名稱及
　　描述。中文文獻請參閱李猛（2015: 199-207）之分析。

與加工，逐漸產生私有財產制（cf. Tully, 1980: 74-75; Tuck, 1999: 74-75）。在此種對事物有著使用權的原始社會裡，可以通過**協議**（agreement）產生確定的私有財產制，特別是通過「**明示協議**」所爲之土地劃分，或「**默示協議**」所產生的占有權；這兩種符合自然法的協議，使得人類由消極共有制轉變成財產權制度（JNG. IV. IV: 10）。

## 四、普芬道夫：社會契約、國家與主權

上節所述普芬道夫關於自然狀態的理論，就「人與自己的關係」面向而言，具有霍布斯的色彩。而在論述建立國家之動因時，普芬道夫也如同霍布斯，否定人類是一種政治動物，可基於本性建立政治共同體來實現良善生活。即使是在基於「人與他人的關係」的原初社會中，普芬道夫亦認爲，身爲自由人的家父長之所以願意放棄自然自由以創建國家，乃是因爲「他們想要建立屏障，對抗人給人帶來的災禍」（Off. II. V: 7）。不令人意外地，對於國家作爲一種共同體的特質，普芬道夫也採取了霍布斯的立場：爲了提供安全保障，原爲無政治組織之雜眾（multitude），必須將他們眾多的意志聯合起來，形成一致的意見，而其唯一方法「就是使所有人都服從於一個人或一個團體：自聯合的那一刻起，該人或該團體的任何公共安全相關之意願都將被視爲是全體的意志（同時也是每個人的意志）」（Off. II. VI: 5）。而這種權力得以形成的條件則是：「每個人都將力量行使的指揮權交給了同一個人，並按該人的決定使用自己的力量」（Off. II. VI: 6）。如此一來，雜眾就通過「意志和力量的聯合」而形成了最強大的共同體，也就是「國家」（*civitas*）。

接下來的課題，則是闡釋人類在自然狀態與原初社會中建立國家的**進程**。在此議題上，普芬道夫將社會契約（social contract）以及統治契約（contract of ruling）兩者結合起來，創造了一種具有時序的「**二約一令**」（two compacts and one decree）的獨特理論（cf. Gierke, 1939: 96-

97; Dufour, 1991: 572-574; Tuck, 2016: 112-113）。吾人先列舉「二約一
令」的具體條文，再進行討論。他所說的第一約乃是**社會契約**，其條文
如下：

> 倘若我們設想一群雜眾，其中的人擁有自然自由與平等，自願
> 著手建立一個新國家，那麼，作爲第一步，未來的每一位公民有必
> 要互相訂立協約，表明自己樂意進入一個單一且長遠不變的團體，
> 並且通過共同的議會與領導來管理其安全與保障方面的顧慮（雖
> 然在這樣的契約中個人通常會保留自己移民的特權）。（JNG. VII.
> II: 7）

　　在此第一約，也就是社會契約成立後，必須接著通過一道**命令**，來
決定採納何種政府形式（JNG. VII. II: 7）。在這個決策過程中，前述加
入共同體的成員，接受以多數同意（agreement of the majority）作爲選
擇政府形式的程序，並因此而決定了君主、貴族或民主的特定政府形
式。換言之，普芬道夫不贊成霍布斯基源民主論中社會契約與多數決
相結合的論述，而將二者區別爲兩個環節。多數決原則，只有在第二環
節「命令」的形成時才發揮作用，從而解決了前兩章所述關於「多數
決」或「多數的聲音」在霍布斯早期與後期思想中所產生的歧義。

　　在關於政府形式的命令通過後，必須形成一個新的**統治契約**：

> 當個人或單一體成立，構成這個團體的政府，根據契約，統治者
> 要負起共同安全與保障方面的責任，其餘人表達服從，且此團體
> 爲意志的臣屬與聯合，基於此一理由，我們將國家視爲單一個人
> 格（a single person）。[11]（JNG. VII. II: 8）

---

11　"When the individual or body is constituted that receives the government of the
　　group, by which pact the rulers bind themselves to the care of the common security

　　建制國家何以需要如此繁複的過程？普芬道夫的說明大體如下。他所舉出的第一個約，其實即為傳統的「**結社之約**」（social contract; *pactum societatis*），[12] 乃是由個體之間互相達成的協議。他指出，假如個人未曾同意，就不會參與未來的新國家；而即使同意，也可能分為「絕對同意」或「有條件同意」，後者指的是個人對未來的政體有某些定見，所以他們是否參與，將視之後一令一約之內容而定。第一約的結果，就是「**人民**」（people）的形成。[13] 在第一約之後，這個群體還得通過多數決來共同決定政府的形式。最後，他們必須與前述有條件同意此政體者一起，締結第二約，形式即為傳統的「**臣屬之約**」（contract of subjection; *pactum subjectionis*），也就是人民與統治者之約（cf. Bobbio, 1993: 46-50; Gierke, 1939: 91-112）。

　　普芬道夫理解霍布斯嘗試用單一契約來成立國家，也明白霍布斯認為統治之約將人民與統治者置於契約兩端，將造成收回同意或毀約之可能，從而引發政治不穩定（JNG. VII. II: 9-10）。然而，普芬道夫認為此種「二約一令」的進程最符合自然法，也在主權統治以及人民服從之間取得均衡點。若吾人仔細爬梳普芬道夫的論證，可看出他其實是將霍布斯的早期基源民主論整合進古典自然法傳統之中。普芬道夫的第一約，在形式上是結社之約，但其實質就是霍布斯所論的基源民主，因此在討論國家政體時，普芬道夫也與霍布斯相同，強調民主是最基源的政體（JNG. VII. I: 4, 6）。然而，第一約僅構成了國家結社的雛形，需要通過第二約才真正完成統治關係；也就是說，「主權」作為最高命令的權利，係由公民的同意以及「自由地臣屬」（free subjection）互相搭配而形成（JNG. VII. III: 1）。他進一步強調，在第二約創造主權者的過程中，人民將如格勞秀斯所言，真正**讓渡**自然權利，使得主權者有權

---

and safety, and the rest to render them obedience and in which there is that subjection and union of wills, by reason of which a state is looked upon as a single person."

12　必須強調的是，此處的結社指的是形成政治共同體，因為在普芬道夫的系統中，在此結社之約前，已經有了初始的社會團體。這和霍布斯從絕對的自然狀態，通過單一社會政治契約創建國家完全不同。

13　普芬道夫並未明確運用此詞，筆者採用 Dufour（1991: 573）的詮釋。

利處置公民的自由與力量。對霍布斯稱「不抵抗」爲自然權利讓渡的樣態，普芬道夫認爲這並不足以形成道德義務。因此，普芬道夫雖然運用傳統的統治之約，但還是採取了自然自由與權利的「實質讓渡說」，使得主權者的統治具有符合自然法的拘束力。

通過「二約一令」，逐由自然狀態中建立了國家，而「國家」的定義也是以其道德人格爲主軸：

> 這樣被組成的一個國家就是一個獨立的人格（person），所以說，國家就是一個**複合的道德人格**（a composite moral person），它的意志是由某些人的意志調和而成的，因此也被稱做是全體的意志。通過這種方式，他就可以爲了公共和平與安全而調動每一個成員的力量和能力。（Off. II. VI: 10）

這個國家的定義，趨近於霍布斯《利維坦》中，以「人格」的角度來論述通過社會契約而形成的國家（Skinner, 2008: 350-352）。然而，普芬道夫並未運用《利維坦》中單一社會契約或授權代表的理論取向，反而採取了《論公民》中基源民主論與傳統的統治之約作爲基礎，使得所形成的國家，不但具有人格，且具有**道德**人格，亦即主權者所立之法律，將對公民行爲產生道德義務的約束力量。

普芬道夫在社會契約以及國家建制的議題上，吸收了民權論者的部分觀點，但在第二約建立具有主權的統治者之後，他對國家權力的論述，就明顯偏向絕對主義。普芬道夫指出，作爲最高的政治權力，主權的特徵在於「不可問責性」：既然主權者不對任何人負責，那麼，即使未能就其行爲提出令問責人滿意的答覆，他也不會受到來自問責人的懲罰（JNG. VII. VI: 2; Off. II. IX: 2）。因此，不令人意外地，普芬道夫強調主權者的至高性，並特別提出主權者高於法律（*legius solutus*）的觀點（JNG. VII. VI: 3）。進一步而言，普芬道夫堅守布丹所提出的主權之不可分割性，駁斥格勞秀斯認爲某些主權似乎可以分割的理論主張，如所謂的「雙重主權」——將主權區分爲「實體性」（real）以及「個

人性」（personal）——，或主權主體可區別爲「共同的」或「專有的」
（proper）等理論觀點（JNG. VII. VI: 4）。普芬道夫十分清楚，假如在
主權議題上做出此種讓步，主權者的統治有效性將難以持存。他也因
此反對人民反抗權，主張「公民不服從主權者的合法命令是不道德的。
此外，公民還必須忍受它的殘酷行爲，就像好孩子必須忍受他們父母
的壞脾氣那樣」（Off. II. IX: 4）。

　　雖然普芬道夫明確表示主權者有其相應責任：「人民的福祉是最高
的法律」（JNG. VII. IX: 3; Off. II. IX: 3），且不忘強調，君主除了國家
利益外，不得有任何私利，然而，普芬道夫的理論，在主權者建立之後
的篇章之中，卻顯示了比霍布斯更爲強烈的絕對主義色彩。關鍵在於，
他將主權者的職能界定爲依據自然法來建立市民法（Off. II. XII），並
作爲執行法律的最高制裁力，握有生死懲戒權（Off. II. XIII）。但相應
地，公民在這樣的國家以及市民法系統中，則只有普遍義務以及特殊
義務（Off. II. XVIII）。也就是說，人類在自然狀態中所擁有的自然自
由，並未在「二約一令」通過而產生了符合自然的社會契約和具有道德
人格的國家後，取得如霍布斯在《利維坦》中所述之「臣民自由」。[14]
這個在《利維坦》中最具有原創性的思想面向，在普芬道夫的國家中，
卻轉化爲公民具有履行符合自然法的道德義務（Neumann, 1986: 92-
99）。就此議題而言，普芬道夫之立論相較於霍布斯實有所不及。

　　另外，普芬道夫主要的分析，集中在社會契約的構成樣態，以及國
家成立後法律統治的諸型態。但對於國家作爲一種「道德人格」的政治
共同體，其治理的機構，亦即政府機關的權力，他並未有所論述，而維
持在傳統關於君主、貴族以及民主制的討論，並且偏向以絕對主權爲基
礎的君主制。基爾克稱其理論爲「**溫和開明的絕對主義**」（moderate and
enlightened absolutism），可謂一語中的（Gierke, 1939: 173; cf. Neumann,
1986: 98, Krieger, 1975: 14-27）。

---

14　雖然普芬道夫曾清楚地闡釋羅馬法中自由與奴役之區別（Pufendorf, 1931: 14），
　　而他所提出關於自由的界定也是霍布斯式的（Pufendorf, 1931: 228），但普芬
　　道夫並未具體討論在國家中公民或臣民自由之樣態。

關於政府權力的論述，將由同時期的洛克，綜合英國內戰以來由君主制轉爲共和，再經復辟以及光榮革命等政治動盪之後，所產生的政治解決之經驗，提出創新之理論。

## 五、洛克：社會契約與民權論

前兩節論述了普芬道夫以自然法體系建構出的絕對主義理論；而在民權論的一方，則由和他同一年出生的英國哲學家洛克（John Locke, 1632-1704）於其著名的《政府論下篇》（*The Second Treatise of Government*）得到終極的理論表述。本書與其《政府論上篇》刊行於 1690 年，在傳統的詮釋中，這是英國 1688 年「光榮革命」（Glorious Revolution）後，洛克嘗試證成推翻英王詹姆斯二世並將其女婿威廉從荷蘭迎接回來繼承王位的正當性。這個傳統見解（如 Sabine, 1953: 523-526），雖然將洛克描繪爲重要的理論家，但其貢獻畢竟是於事後證成革命之正當性。然而，自從 Peter Laslett 在 1960 年刊行的《政府論上下篇》〈導言〉中通過詳細的考證，確立本書初稿其實完成於 1679 到 1680，[15] 此時洛克乃是輝格黨重要領袖沙夫茨伯里伯爵（Earl of Shaftesbury）的秘書，並且和伯爵共同參與策劃了 1682 年的流產政變（Insurrection Plot），導致伯爵被捕，洛克也流亡荷蘭，其間手稿一直秘密保存。直到 1689 年革命後，才回到倫敦並匿名刊行。在這個斷代研究爲學界所接受之後，[16] 洛克的理論便不再僅是光榮革命的「辯護者」，而是在斯圖亞特王朝絕對主義的專斷支配下，運用自然法及社會

---

15 請參閱 John Locke, 1960, *Two Treaties of Government*, ed., Peter Laslett, Cambridge: Cambridge University Press, Introduction, pp. 31-35. 本章採用這個版本，爲較早的批判版，比 1988 年 Cambridge Texts in History of Political Thought 系列的學生版完整，雖然後者的導言檢視了較新的文獻。
　　爲方便查考，本章縮寫如下：**ST, §1** 表示 *Second Treatise* 第一節。
16 雖然學界對成書的確實年份仍有爭議，但早於光榮革命則無疑義。參見 Ashcraft（1986）以及 Laslett 之回應（Locke, 1988: 123-126）。

契約論，證成人民有置換政府的終極革命權利，完成民權論現代樣態的理論創新者。不僅如此，洛克還發展了深具原創性的財產權理論，主張人類的勞動是價值的根源，而且構成了文明進步的動力，此將成爲十八世紀以後商業社會論的根源。以下三節，以洛克的社會契約論，以及政府應保障人民的財產權，當其有負此信託時，人民有革命的權利等論述，分析洛克在西方近代國家以及市民社會觀念史中的關鍵角色。

　　在《政府論下篇》，洛克開宗明義地指出，他分析的對象是「政治權力（political power），這是執政官對於臣民的權力」（ST, §2），與其他的支配關係（父權、主人的權力等）都有本質上的差異，因爲前者是爲了公共福利而去「規定和保護財產而制定法律的權利」，並且由此所衍伸出必須使用共同體的力量來執行法律的相關議題（§3）。洛克主張，政治權力的起源，必須考察人類的「自然狀態」，以及在這種狀態中，政治權力如何可能產生。他將自然狀態描繪爲一種完美的自由與平等的狀態，在其中每個個人都受到自然法的指引來規約其行動。他將自然法（law of nature）界定爲：

> 自然狀態有一種爲人人所應遵守的自然法對他起著支配作用；而理性，也就是自然法，教導著有意遵從理性的全人類：人們既然都是平等和獨立的，任何人就不得侵害他人的生命、健康、自由或財產（possession）。（ST, §6）

　　正因爲自然法的普遍性，使得自然狀態不至於成爲一種放任的狀態。值得注意的是，洛克雖然並沒有在此定義中稱「生命、健康、自由或財產」爲權利，但在下一節說明人們不應侵犯他人之「權利」（right），而此處之權利必然指涉之前的「生命、健康、自由或財產」，所以將這四個範疇[17]理解爲洛克主張的「自然權利」（natural rights）應有其理據。

---

17　或是之後所提「生命、自由和產業（estate）」三個範疇（ST, §87）。

其次，洛克關於自然法的界定，在同一段中逐漸發展出另一種意義的個人權利。洛克首先說明，「每一個人必須保存自己」，而「當他保存自身不成問題時，他就應該盡其所能保存其餘的人類」（ST, §6）。他接著提出一個重要主張：在自然狀態中，**每個人將自行執行（execute）自然法**。換言之，造物主是自然法的立法者，但其執行以及制裁（sanction），則來自於每個個人的力量。洛克本人指出這似乎是一個「奇怪的學說」（strange doctrine; ST, §9, §13），表示他意在強調這個主張的原創性。[18] 洛克指出，「任何人在執行自然法的時候所能夠做的事情，人人都必須有**權利**去做」（ST, §7）。經過這個轉折，就產生了在自然狀態中，每一個人都有兩種權利：其一為「旨在制止相類罪刑而懲罰犯罪行為的權利」，另一則為「受到損害的一方要求賠償的權利」（ST, §11）。洛克進一步主張，這意味著在自然狀態中，人們將**依據自己的判斷來執行自然法**（ST, §13, §21, §87）。他承認這個「奇怪的學說」將導致在自然狀態中將發生「混亂和失序」（ST, §13），這也是人們成立政府來解決彼此爭端的基本理由，但他仍然堅持這個「奇怪的學說」並回應了可能的批評。對吾人而言，關鍵的問題在於：洛克「執行自然法」所推導出的權利是否即為霍布斯的「自然權利」？而其自然狀態所不可免的「混亂與失序」是否即為霍布斯式的戰爭狀態？

在自然狀態之後，洛克接著討論「**戰爭狀態**」。他指出，這是一種「敵對和毀滅的狀態」，「凡用語言或行動表示對另一個人的生命（life）有沉著的、確定的企圖，而不是出自一時的意氣用事，他就使自己與他

---

18 許多詮釋者注意到這個文本，也同時指出洛克意在強調其理論的創新性（如 Laslett, in Locke, 1988: 97）。而史特勞斯將洛克這個「奇怪的學說」詮釋為，洛克的「自然法」觀念只是表象，其實質乃是霍布斯式的「自然權利」（Strauss, 1953: 222, 226-227; cf. Mansfield, 1989: 193-198）。劍橋學派在自然權利理論方面的代表性學者塔克，則認為這個理論源於格勞秀斯的自然權利論（Tuck, 1979: 169-170）。這個議題牽涉到洛克是否為一「霍布斯主義者」，而成為史特勞斯學派與劍橋學派針鋒相對的議題，因為劍橋學派反對史特勞斯獨特的主張（Strauss, 1953: 181-182），認為霍布斯影響了洛克，成為西方近代自由主義的奠基者，請參閱 Dunn（1969）卷首之討論。

對其宣告這種意圖的人處於戰爭狀態」（ST, §16）。換言之，對洛克而言，戰爭狀態並非如霍布斯所主張，源於每個人無限制的自然權利而成為自然狀態不可免的宿命。對洛克而言，戰爭狀態的起源有著道德上的確定性：違反自然法的理性規約，意圖獲取別人生命、人格或財產者，便成為侵奪者（aggressor），侵奪者由於行使絕對專斷的權力（absolute and arbitrary power），使得自己與其他人處於戰爭狀態（ST, §19）。如此一來，所有其他依循自然法行事的個人，都必須「執行自然法」以維持自保並保護全體人類，通過戰爭的手段來終結侵奪並獲致和平與賠償。而在洛克的描繪中，侵奪者乃將貶抑自身成為如野狼或獅子般的野獸，不受理性自然法之規約（ST, §16），其他人就只能通過戰爭手段來維持人類共同生活的可能性。

　　基於此，洛克區分「自然狀態」、「戰爭狀態」以及「政治社會」（political society）三種不同的法權樣態。自然狀態乃是「不存在具有權威的共同裁判者的情況」；戰爭狀態則是「不基於權利而以強力加諸於人者，不論有無共同裁判者，都構成一種戰爭狀態」（ST. §19）。而政治社會的主要特徵則是通過社會契約而產生具有共同裁判的政治共同體。換言之，「自然狀態」與「政治社會」處於一種對立的狀態，其分野在於是否具有權威性的共同裁判者。**關鍵在於，洛克所論述的戰爭狀態，在自然狀態以及政治社會中都有可能發生**：只要前述的侵奪者出現（包括在政治社會中，當統治者也侵奪人民的生命、自由與財產時），就構成戰爭狀態，個人將有權利個別地或集體地「執行自然法」，對抗侵奪者。

　　洛克雖然將自然狀態描繪為「和平、善意、互助和保存的狀態」（ST, §19），但他也指出，在自然狀態中，「戰爭狀態一經開始便仍然繼續，無辜的一方無論何時只要有可能的話，擁有毀滅另一方的權利（right）」（ST, §20），直到侵奪者願意和解，並且賠償損害為止。基於洛克的論述，似乎可以說，在自然狀態中由於個人必須自行執行自然法，所以第二十節所描繪的自然狀態中的戰爭狀態應該會常態化，而與霍布斯無異（Strauss, 1953: 221-223）。而在政治社會中，通過社會契

約產生共同的裁判者之後，戰爭狀態便從常態轉爲例外狀態，但仍有發生的可能（ST, §21）。

　　基於以上，洛克的論述並不存在自然狀態演變爲戰爭狀態，然後通過社會契約建立國家加以解決此困境的霍布斯主義。對洛克而言，戰爭狀態是一個持續存在的可能：在自然狀態中，每個人都必須聯合其他人來面對侵奪者；而在政治社會中，共同的裁判者取代了個人執行自然法的功能。然而，若裁判者自身也越權，就會再度回歸戰爭狀態，此時全體人民將共同面對成爲侵奪者的統治者。換言之，戰爭狀態成爲洛克理論中獨一無二持續存在的可能情境。

　　在洛克的理論中，自然狀態和政治社會處於一種理論對立的格局，但自然狀態已經具有某種原初的社會關係。換言之，自然狀態已經形成了「社會」（society）。在這個議題上，他接近普芬道夫的自然法理論，而迥異於霍布斯主義。在《政府論下篇》第七章中，洛克分析了三種前政治的原初社會關係：夫與妻、父母與兒女，以及主人與僕役三者，這三種家庭之內的社會關係，也正是格勞秀斯與普芬道夫論述中的原初社會。而洛克的原創性在於，他強調建構國家的正當權力時，不能以這些原初的社會關係作爲藍本，而是必須通過人民的**同意**方能取得正當性。

　　從自然狀態或原初社會，如何建立政治社會？這是社會契約論的標準問題，也是洛克在討論政治社會起源時所嘗試加以回答者。然而在這個關鍵議題上，洛克的論述，比起之前的霍布斯、同時代的普芬道夫，以及之後的盧梭，卻似乎顯得系統性不足，甚至找不到接近社會契約條款的文本。以下嘗試重新建構洛克的政治社會起源論，並說明其契約的型態。

　　在《政府論下篇》中，有兩個文本趨近於社會契約發生的脈絡：其一在第七章論述三種原初社會型態後，轉而討論政治社會（ST, §87-§89），另一則爲第八章論政治社會起源的卷首（ST, §95-§99），而「原始契約（original compact）」一詞只出現在第二個脈絡（ST, §97），可以說是洛克正式的「社會契約時刻」。

在第七章後半段的文本中，洛克的論述大體如下：每一個成員都放棄（quit）自己的自然權利，並將之交付於「共同體」（community）之手，而這個共同體就會成為未來爭端的裁判（umpire）。如此一來，作為單一體（one body）的政治社會就此產生。洛克接著並強調，每個人所放棄自然法的執行權是讓渡給「公眾」（publick），而「任何數量的人」（any number of men）就從自然狀態中進入社會，並形構了「一個人民」（one people），以及一個「政治體」（body politick），也就是形成了具有裁判與決斷權利的「邦國」（commonwealth; ST, §89）。在這個初步描述政治社會形成的文本中，必須追問的是：假如契約的一方是自然狀態下的個人，那麼**契約的另一造為何**？與史賓諾莎相似，在這個文本中，洛克運用的是「共同體」以及「公眾」作為契約的另一方，這意味著其實契約的兩方都是參與成立政治社會的成員，只不過一方是個人，另一方則構成了政治關係的「共同體」。

這個初步的邏輯，在第八章得到更完整的論述。洛克首先標舉出其政治哲學的根本原則：只有本人的同意（consent），才使得個人必須受制於其他人的政治權力。洛克接著指出：

> 因此，凡是脫離自然狀態而聯合成為一個共同體的人們，必須被認為他們把聯合成共同體這一目的所必需的一切權力都交給這個共同體的大多數，除非他們明白地議定交給大於大多數的任何人數。只要一致同意聯合成為一個政治社會，這一點就能辦到，而這種同意，是完全可以作為加入或建立一個國家的個人之間現存的或應該存在的合約的。因此，開始組織或實際組成任何政治社會的，不過是一些能夠服從大多數而進行結合並組成這種社會的自由人的同意。這樣，而且只有這樣，才曾或才能創立世界上任何合法的政府。（ST, §99）

這一段乃是洛克描述「**契約**」（compact）或「**原始契約**」（original compact）最明確的文本。這個契約的要素包括：（1）在自然狀態中，

「任何數量的人」都可以經過依此同意而建立政治社會或國家；（2）原始契約的核心條文乃是結合爲政治社會的人們同意「把聯合成社會這一目的所必需的權力都交給這個共同體的大多數」；換言之，個人執行自然法的權力，是交付給**同一批人所構成的共同體之多數**，這就形成了**多數決原則**；（3）在這個脈絡中所未曾申論的乃是，這個契約必須要參與成員的「明示同意」（express consent）。然而，洛克在稍後的段落中說明，未曾表達明示同意而參與社會契約的其他人，只要在所成立的國家中占有土地或享用政府治理的任何益處時，他們就已經基於「默示同意」（tacit consent）接受政治社會多數人的決定及其法律（ST, §119-§122）；（4）「構成」（constitute）政治社會者乃是自由人通過明示的同意而結合起來，或原有的默示同意人在經過明示的同意而被包含進社會之中；（5）由此而形成的政治共同體，可以被稱爲一個「共同體」、「政治體」並由單一的人民（one people）所形成（ST, §89）。

在以上五個社會契約論述的要素中，最重要的乃是洛克對多數決原則的證成（cf. Tuck, 2016: 118-120）。他指出，任何單一的共同體作爲一個存在物，必須能夠行動，「這就有必要使整體的行動以較大的力量的意向爲轉移，這個較大的力量就是大多數人的同意」（ST, §96）。這個結論表面上看來和霍布斯的基源民主論相去不遠，但洛克接著便將社會契約論述導向證成民權論所需的核心理論議題，其關鍵主張爲：**「多數人的行動必須被當做是全體（the whole）的行動」**（ST, §96）或**「多數的同意」**必須被當做是**「全體的行動」**（ST, §98）。換言之，多數決原則對洛克而言，並不是僅僅爲達成集體決議的程序；更重要的是，這個「多數」與「共同體整體」在理論層次達到完全的同一性，這將使得前述洛克社會契約論五個要素中，最後對於單一共同體的承載者，也就是「人民」能夠通過多數的同意，成爲決定政治體或國家事務的終極裁判者。換言之，在表面上稍嫌凌亂的論述中，洛克把近代早期的民權論，通過社會契約加以轉化，並賦予了全新的理論涵義。

以上的詮釋，可在《政府論下篇》第十章中得到進一步的發展。洛克指出：

正如上面已經表明過的，當人們最初聯合成爲社會的時候，既然大多數人自然擁有屬於共同體的全部權力，他們就可以隨時運用全部權力來爲社會制定法律，通過他們自己委派的官吏來執行那些法律，因此這種政府形式就是完善的民主制（perfect democracy）。（ST, §132）

依據筆者的詮釋，在這個關鍵文本中，洛克指出的「**完善民主制**」乃是前述「原始契約」所達到的最初政治體制。表面上他對此議題的論述與霍布斯的基源民主並無二致；然而，洛克進一步對此「完善民主制」的權力狀態提出了明確界定：**在「共同體」或「人民」的手中，同時握有立法以及執行（行政）兩種政治權力**。但洛克馬上將這個激進的主張略加壓抑，改用熟悉的理論加以說明：立法權（**不含行政／執行權**）可以由少數人掌握而成爲「寡頭制」，或由一人掌控而成爲「君主制」，或放在一個人及其後嗣的手中而成爲「繼承君主制」，也可以只及於個人一身，而在死亡時提名繼承者而成爲「選任君主制」等諸種可能。洛克說明，「政府形式」其實就是立法權作爲最高權力（supreme power）掌握在何人手中而加以確立，雖然他並未用「主權」一詞（Tuck, 2016: 117）。所以，在這個脈絡中，洛克將「**邦國**」（commonwealth）界定爲「任何獨立的共同體」（any independent community）而非民主或任何特定形式的政府（ST, §133）。

然而，將立法權視爲「最高權力」而成爲分類政府形式的標準，其實只是洛克隱藏其核心論證的表面論述。筆者主張，對洛克而言，同時結合立法與行政的雙重權力，其實才是眞正最高的終極權力，而這個權力將永遠掌握在「人民」的手中。只不過在原始契約建立政治社會、政治體、單一人民以及完善民主制之後，人民依據其多數意志，而將立法權託付出去。這個過程可以視爲是「原始契約」之後，「**建制政府**」的另一個環節。洛克本人對此過程提出了精準的說明：

在一個**被建構**（constituted）並按照自己的性質，即爲了保護社

會而行動的有組織的國家中，雖然只能有一個最高權力、即立法權，其餘一切權力都是而且必須處於從屬地位，但是**立法權既然只是為了某種目的而行使的一種受委託的權力**（fiduciary power），**當人民發現立法行為與他們的委託相牴觸時，人民仍然享有最高的權力來罷免或更換立法機關**；這是因為，受委託來達到一種目的的權力既然為那個目的所限制，當這一目的顯然被忽略或遭受打擊時，委託必然被取消，權力又回到當初授權的人們手中，他們可以重新把它授予他們認為最有利於他們的安全和保障的人。因此，共同體始終保留著一種最高權力，以保衛自己不受任何團體，即使是他們的立法者的攻擊和謀算。（ST, §149，黑體強調為筆者所加）

在這個關鍵文本中，實存的邦國被稱為「被建構」的國家，在其中，立法權構成了最高權力。然而，立法權只是一個受人民委託的權力，所以作為政治主體的「人民」才是真正的最高權力，因為它是構成政府的終極權力，而當被託付的政府機關之決策有違其所受之付託時，人民可以「罷免或更換立法機關」。在同一個段落中，洛克繼續強調，共同體永久（perpetually）保留最高的權力，其中「永久」一詞呼應了布丹所分析主權在永久性方面的基本屬性。

關於人民主權與政府政治權力之關係，洛克也提出了具有原創性的理論分析。

# 六、洛克：政府「被構成的權力」與人民的革命權

總結上節論述，洛克通過社會契約說明了政治社會的形成，其特徵是具有正當性的政治權力必須基於人民的同意，而最高的政治權力永遠掌握在人民手中。在這個理論基礎上，他進一步討論政府的目的、權限，以及權力分立的基本型態。

　　對洛克而言，人們成立政府的主要目的，一言以蔽之，乃是「保護他們的財產（property）」（ST, §124）。而在《政府論下篇》的前文，洛克已經說明廣義的「財產」一詞，包括了「生命、自由和產業（estate）」（ST, §87）。由於個人在自然狀態中本來就是通過執行自然法來捍衛其財產權，而洛克所進一步論述政府權力的分工，也是依循著「立法」以及「行政」（執行）兩個基本面向，從而構成了西方近代政治思想傳統中，「權力分立論」的雛型。

　　立法機關的權力相當明確：作為國家中的「最高權威」，它絕不能以臨時的專斷命令支配臣民，而「必須以頒布過的經常有效的法律並由有授權而為人所知的法官來執行正義並判決臣民的權利」（ST, §136）。這是近代西方對於「**法治原則**」（rule of law）在霍布斯之後最重要的證立。作為最高權力的立法權，本身不能濫權成為專斷權力，而必須以頒布的有效法律，規約人民在國家中的活動，其目的是創造依法統治的「確定性」，[19] 因為專斷的權力依賴於統治者不穩定的意志與命令，在這種狀態下，個人的「和平、安寧和財產」就會仍然如之前的自然狀態般不穩定（ST, §136-137）。通過法治原則，一方面使人民知悉其義務，並在法律範圍內可以得到安全與保障；另一方面也使統治者的權限限制在適當的範圍，不至於濫權（ST, §137）。

　　立法權以及法治原則的確立，關連到洛克的核心主張，也就是「**自由**」的議題。在論述自然狀態時，他已經用「完善的自由狀態」加以描述（ST, §4），在第六章中他更明確指出，自由可分為兩種：「**自然自由**」乃是除了自然法之外，不受制於任何上級權力的自由；而「**人在社會中的自由**」（liberty of man in society）則是「除經人們同意在邦國內所建立的立法權以外，不受其他任何立法權的支配；除了立法機關根據對它的委託所制定的法律以外，不受任何意志的統轄或任何法律的約束」（ST, §22）。是以，自由絕非意指個人可以恣意妄為，而「**人在政府之下的自由**」（freedom of men under government）的真義乃是「有長期有

---

19　施密特（2004: 178-179）稱之為法治國的「可測度性」。

效的規則作爲生活的準繩，這種規則爲一切成員所共同遵守，並爲社會所建立的立法機關所制定」（ST, §22）。洛克在這個脈絡中所討論的「人在社會中的自由」或「人在政府之下的自由」，改造了霍布斯被動性的「臣民自由」所述在法律限制之外方有其自由，因爲洛克進一步規定了這些法律必須由人民事先所同意的權威所制定。這將對孟德斯鳩以及西方自由主義傳統產生深遠的影響（cf. Skinner, 2002a, 3: 222）。

對洛克而言，作爲最高權力的立法權，決定了政府的形式，也是他最先處理的邦國中的政治權力。在《政府論下篇》第十二章開始，他通過引介「良序邦國」（well ordered commonwealth），使得其理論趨近於英國傳統的混合憲政（mixed constitution）。在立法權之外，洛克接著討論兩種權力：行政或執行權，以及處理戰爭與和平，聯合與聯盟事務的「邦聯權」[20]（federative power; ST, §146）。雖然在概念上可以區分爲二，但這兩種權力其實是對外與對內提供安全與公共利益的權力，應該集中於同一機關行使（ST, §148），所以吾人僅需論述行政權的理據以及治理樣態。

洛克首先指出，立法權雖是最高權力，但法律並非隨時需要被制定，所以立法權「沒有必要持續存在」；不僅如此，它還可以歸屬於不同的個人集合體，也就是英國的上下兩院（ST, §143）。相對地，法律卻有必要持續不斷被執行，所以行政權是一種「經常存在的權力」（power always in being），且必須要與立法權分離。而英國在光榮革命後的憲政圖像，亦即「議會中的國王」（king-in-parliament）也已經被洛克敏銳地察覺：「在有些邦國中，立法機關不是常設的，行政權屬於單獨一個人，他也參與立法」，而在此憲政結構中，國王可以被稱爲「最高行政權」（supreme execution），而非立法的最高權力。

洛克對於行政權行使樣態的探討，是由某些憲政慣例推論出其獨特功能。主要的核心議題在於，在英國憲政傳統中，國王有召開或解散國會的權力，而此種權力可稱之爲「**專權**」（prerogative; ST, §156）。洛

---

20　中譯本譯爲「對外權」。

克強調，行政權的獨有專權並不因此使其優位於立法權，因爲他仍然是由人民交付的「委任信託」（fiduciary trust），爲了人民的安全，而能在法律狀況不確定或人類事務變動不居的情況下做出明智的執行（ST, §156）。同樣地，當人口結構改變，導致立法權的代表性應該重新規劃時，也很難由立法機關自己執行（因爲將違反其特殊利益），而須有賴於行政權發揮其作用（ST, §117）。在這兩個具體的憲政案例中，行政的「專權」特質得以彰顯：「**這種並無法律規定、有時甚至違反法律依照裁量來為公共福祉而行動的權力，就被稱為專權**」（ST, §160; cf. §158, §164）。換言之，行政權的本質，是在執行法律的過程中，遇到具體情境窒礙難行時，能依據「人民的福祉是最高的法律」（*salus populi suprema lex*）這個公正而基本的律則執行法律（ST, §158）。

洛克對於行政握有專權的觀點，顯示出其國家理論在確立立法權爲最高權力且需經人民同意的前提之下，賦予行政權極大的裁量空間（Mansfield, 1989: 199-204）。除了法律未曾明訂的情況外，甚至在某些狀態中，可以違反既存法律以追求人民福祉。論者指出，在此議題上，洛克可以說吸收了「國家理性論」的核心觀點（Dunn, 1969: 157-164）。洛克雖然賦予行政權此種專權，但他作爲專斷權力的堅決反對者，當然也清楚地意識到，此種權能的行使，在極端狀況中，不免與立法權甚至人民的權力相衝突，此時「**誰是最終裁判者？**」（ST, §168）的議題，就成爲洛克政治理論終極的、最重要的課題。在這個脈絡中，洛克政治理論的基本要素清晰可見：人們通過社會契約建構了邦國，同時塑造了以多數爲意志的人民與共同體；而在邦國之中，被建制的政府權力包括立法、行政，以及邦聯權等，被人民賦予了治理邦國的責任。然而，無論是立法或行政權，都是人民所付託的權力（ST, §149, §156），所以在邦國內最高權力的立法權和行政的專權**之上**，人民擁有高於被建制的政治權力的終極權力：

任何人或人們的社會並無權力把對自己的保護或與此相應的保護手段交給另一個人，聽憑他的絕對意志和專斷統轄權的支配。

當任何人想要使他們處於這種奴役狀況時，他們總是有權來保護
他們沒有權力放棄的東西，並驅逐那些侵犯這個根本的、神聖的
和不可變更的自保法（fundamental, sacred, and unalterable laws of
self-preservation）的人們，而他們是爲了自保才加入社會的。所以
可以說，**共同體在這方面總是最高的權力**，但是這並不能在任何
政府形式下被認爲是這樣，因爲**人民的這種最高權力非至政府解
體時不能產生**。（ST, §149，黑體強調爲筆者所加）

這個段落幾經指向洛克《政府論下篇》最後一章論政府的解體以
及人民的革命權。以下先爬梳洛克的論證，再論述其相對於暴君放伐
論和古典暴政概念的理論創新處。

在最後一章中，洛克區分「**政府的解體**」（dissolution of government）
以及「**社會的解體**」（dissolution of the society）二者。對洛克而言，社
會的解體乃是政治社會以及「共同體」的完全解組，這是較爲罕見的狀
態，只有當外敵入侵並且完成武力征服時，才形成社會解體的狀態。此
時，原始契約所構成的政治權力不復存在，個人回復到之前的自然狀
態，「可以依其自由在某些其他的社會求得其安全」（ST, §221）。

洛克著重的是政府的解體，此情境所發生的乃是邦國中被建制的
政治權力（立法權與行政權）逾越其授權時，多數人民在此暴政之下，
有權利反抗，甚至通過革命而變更政府。換言之，政府的解組並沒有毀
棄社會契約，人民通過原始契約所形成的「共同體」以及「人民」或
「政治體」都繼續存在，並是在既有的邦國中，行使正當的權利來推翻
暴政，重建正當的政治權力。是以，洛克前述「人民的最高權力」以及
「立法權作爲最高權力」必須加以嚴格區分：後者僅僅意指在「被構成
的邦國」之權力分立的政府架構中之最高權力；前者則是高於政府，永
遠存於人民手中至高的終極權力。

不過，人民的終極權力並非時時需要展現，只有在政府解體的狀
況才有必要。洛克所列舉出的情況包含：立法機關變更，轉移到其他人
的手中（ST, §212 以下）；握有最高執行權者，玩忽並放棄其職責，導

致已經制定的法律無法執行（ST, §219）；當立法機關和君主任何一方在行動上違背他們的委託時（ST, §221）。[21] 洛克認爲，當這些危機發生時，意味著統治者（無論是立法權或行政權、國會或君主）違反了人民的付託，依照洛克對戰爭狀態的特殊界定，濫權者使其自身與所有其他人爲敵，也就是說濫權者讓自己和人民之間形成了戰爭狀態。洛克明白主張，在此種危機中，人民有**革命**（revolution）的權利，而暴君放伐論的「人民有權利反抗暴君」的古典論述，遂轉變爲「人民在專斷政治權力下有權利革命」的現代論述。對於可能的質疑：「有人說，這種假設會埋下激發叛亂的根苗」（ST, §224），洛克回應：

> 我的回答是，這種**革命**不是在稍有失政的情況下就會發生的。對於統治者的失政、一些錯誤的和不適當的法律和人類弱點所造成的一切過失，人民都會加以容忍，不致反抗或口出怨言的。但是，如果一連串的濫用權力、瀆職行爲和陰謀詭計都殊途同歸，使其企圖爲人民所了然──人民不能不感到他們是處於怎樣的境地，不能不看到他們的前途如何──則他們奮身而起，力圖把統治權交給能爲他們保障最初建立政府的目的的人們，那是毫不足怪的。（ST, §225）

值得注意的是，審愼的洛克，在《政府論下篇》中，只有兩次使用「革命」一詞。除了這個文本外，另一次是在兩段之前（ST, §223），洛克說明人民並不輕易擺脫舊有的政府形式，而「在這個王國發生的許多次革命中」，仍舊保持著由國王與上、下議院所組成的立法機構。不僅如此，在〈論政府的解體〉一章中，洛克反覆論辯表示的，在於其主張不但不是助長叛亂的學說，反而是「防範叛亂最好的保障，和阻止叛亂最可靠的手段」（ST, §226），其原因在於，濫權的統治者，才是眞

---

21　此處洛克對於政府解組分類的段落號碼，似有不一致之處，請參見 Laslett 註解所提出的說明 （Locke, 1988: 412）。

正違反原始契約的侵奪者，是他們自己違反了良善統治的責任，而使人民不得不訴諸革命手段。

在這個脈絡中，與第十四章論行政專權的最後段落相同，牽涉到的核心政治問題在於：對立法或行政機關是否有濫權的議題，「誰應該作爲裁判？」（ST, §168, §240）對此，洛克毫不猶疑地回答：「**人民應該是裁判者**」（ST, §240），因爲作爲代表的受託人，其行爲是否合乎對他的委託，「除了委託人之外，誰應該是裁判者呢？」不僅如此，在政府解體的狀態中，當大地上不再有適當的裁判者時，「天上的上帝便是裁判者」（ST, §241），因爲祂才是權利的裁判者。然而，在洛克論述戰爭狀態時，已經明白表示，「訴諸上天」（appeal to heaven）並非只是被動的向上帝禱告而已，而是積極的運用每個人源自自然狀態天賦的「執行自然法」的權利，抵禦侵奪者並尋求損害賠償。此時，洛克強調，個人的「**良心**」（conscience）乃是判斷的終極根源（ST, §21）。但在政府解體狀態中，則是「**人民的集體**」（body of the people）成爲適當的裁判，如同前述討論所顯示，多數人民的意志即爲「人民集體」的意志，而由於在政府的解體時，這個集體意志仍然可以形成，也就構成了革命權的發動準據。而洛克最終的結論在於：

> 但是如果他們曾規定他們的立法機關的期限，使任何個人或議會只是暫時地享有這種最高權力，或如果掌權的人由於濫用職權而喪失權力，那麼在喪失權力或規定的期限業已屆滿的時候，**這種權力就重歸於社會，人民就有權行使最高權力，並由他們自己繼續行使立法權，或建立一個新的政府形式，或在舊的政府形式之下把立法權交給他們認爲適當的新人**。（ST, §243，黑體強調爲筆者所加）

這個結論所呈現的革命，其本質乃是**法權式**的，亦即政府權力的重新建制。換言之，在政府解體時，人民所具有的最高權力以及革命權，其實是回到《政府論下篇》第十章論邦國形式時所述，由多數人民

做決定的「**完善民主制**」可以選擇是否過渡到其它的政府形式。也就是說，革命的本質並不在於摧毀舊制度，而是在統治者濫權或原來已經設定的統治期間到期時，作爲最高權力的人民可以重新選擇政府形式。

換言之，對洛克而言，人民作爲最高權力，或「完善民主制」作爲基源的政治體制，只是從**正當性**的層次來說明（Strauss, 1953: 233），基於永恆存在的自然法，人民整體通過多數決原則對於剝奪其生命、自由與財產的暴君，無論其爲立法或行政權，都可以罷免或更換，因爲他們違背了原始的付託。然而，人民此種最高權力，並不意味著他們在政治領域中要親自統治或治理。事實上，洛克明確指出，「人民的這種最高權力非至政府解體時不能產生」（ST, §149）；也就是說，他的人民主權乃是一個「**沉睡之主權者**」（sleeping sovereign; cf. Tuck, 2016），[22] 人民的最高權力乃是在原初契約之中被建構出來，只有在政治權力違背其付託時，「沉睡中」的人民將警醒，重新展現並發揮其基源的立法與行政之雙重權力，通過戰爭狀態制裁侵奪者，更換政府。

洛克思想的基本取向繼承了暴君放伐論的傳統，他在論述行政專權以及最後一章政府解體之間，簡要回顧了一些重要的政治範疇，包括「篡奪」（usurpation）、「暴政」（tyranny）、「專制權力」（despotic power）以及「征服」（conquest）。這些政治範疇並不構成正當的政治權力，因爲它們違反了洛克所界定「政治權力」的本質（ST, §3）。所謂的篡奪，其意義在於「一個人把另一個人享有權利的東西據爲己有」，這永遠不可能產生正當的統治權，此處的「篡奪」呼應的是本書第一章所述暴君放伐論所界定的 "tyrant without title"。而暴政或暴君則意味著「行使越權的、任何人沒有權利行使的權力」（ST, §199），這正是暴君放伐論所稱的 "tyrant by conduct"。在篡奪與暴政之外，洛克還進一步討論了布丹、格勞秀斯與霍布斯所論述的征服與專制，在此議題上，他拒絕前幾位思想家所主張之征服可以產生某種具有正當性的專制支配（Koebner, 1951: 292）。洛克將征服論稱爲「一個奇怪的學說」（a strange doctrine），

---

22　Strauss（1953: 232）則用 "dormant" 一詞來形容。

因爲此論與當時世界上的慣例相反（ST, §180）。他限縮征服的概念，主張只有反擊侵奪者的義戰（just war）的勝利者，才具有征服者的權利，且只有被擊敗的侵奪者及其附隨者會受到征服者專制權的管轄。

## 七、洛克思想的前瞻性：勞動價值論與財產權

前兩節說明了洛克通過社會契約論重構暴君放伐論的民權論述，並且完整建立了人民通過原始契約取得之最高權力，之後建制政府實施統治。而人民的最高權力雖然不干涉政府的日常治理，但在立法或行政機關違反其託付，無法完成保障財產之目的時，人民整體或其多數可以行使革命權，建立新的政府。換言之，洛克完整地建構了人民作爲政治主體的最高權力，亦即人民主權論。雖然或許由於嫌惡絕對主義所主張的專斷權力，他避免運用「主權」、「國家」等詞彙，但其論述仍然反映出人民主權的現代國家，並且對於政府中立法與行政機關的權責與運作，提出了符合現代性的闡發。

洛克思想的原創性不僅於此：他對於私有財產權以人類的勞動所創造的價值加以證成，並由此基礎闡釋了人類文明或市民社會可以持續進步的基本動力。在這個意義上，他的勞動以及財產理論，將法權論轉向爲社會經濟論述，鋪陳出孟德斯鳩以及蘇格蘭啓蒙運動所分析的商業社會以及其相應的寬和政府等新時代的議題。

洛克在《政府論下篇》第五章中，以相當長的篇幅討論財產。一般來說，現代社會契約論者自格勞秀斯起便討論，從自然狀態中財產共有的狀態如何通過同意與契約，形成私有財產，並且在建立國家之後由最高主權所訂定的法律加以保護。洛克的理論，特別是前述政府的目的在於保障人民的財產，似乎承襲著前階段社會契約論述的主題，然而，洛克以新興的商業社會爲觀察基礎，所產生的財產權論述，實質上開展出全新的理論樣貌。

洛克承認，依據《聖經》，「上帝給予世人」意味著人類原始的共有

狀態；但他自述「將設法說明，在上帝給予人類為人類所共有的東西之中，人們如何能使其中的某些部分成為他們的財產，並且這還不必經過全體人類的明示契約（express compact）」（ST, §25）。Tully（1980: 74-77）指出，無論是格勞秀斯或普芬道夫關於消極與積極共同體理論，都強調財產權的成立有賴於人們的同意、協議與約定，而洛克打破了這個傳統觀點。

　　洛克的核心論證在於，上帝不僅將大地及其副產品讓人類共同享用；更重要的是祂也命令人類要從事勞動（ST, §32）。洛克主張「每個人對他自己的人格（person）享有所有權」（ST, §27），而其推論乃是「他的身體所從事的勞動（labour）和他的雙手所進行的工作（work），我們可以說，是恰當地為他所有（properly his）」（ST, §27）。洛克將勞動與工作當成是人作為「人格」的活動特質，將之賦予了核心的社會哲學涵義。對他而言，在人類的勞動把大自然的事物脫離了原初的自然狀態時，「他的勞動就加上了（annexed）一些東西，從而排斥了其他人的共同權利」（ST, §27）。舉例而言，當一個人把樹上的蘋果摘下來時，這個蘋果就不再屬於原來的自然狀態，而是這個人可以食用以維生的材料。所以，摘下來的這個勞動「使他們同公共的東西有所區別」，使得勞動構成一種「**撥歸私用**」或「**據為己有**」（"appropriate"; ST, §26, §29）的活動，成為私有財產之根源。不僅大自然的物產以及牲口可以因此而成為私有財產，土地也可以在自然狀態中，通過人類的「耕耘、播種、改良、栽培」，也就是其勞動所能產生的產品，從而成為其財產。值得注意的是，耕耘等勞動所產生的產品，與所耕耘的土地本身，二者的所有權意義完全不同。前者還是勞動與雙手的產物，後者則已經是超越這個範疇之外的圈用土地（enclosure; ST, §32）。換言之，洛克不但運用勞動理論來說明私有財產的取得，在格勞秀斯以降特別加以區別並分析的土地所有權，也在自然狀態時便可以成為個人的私產。

　　洛克理論的有效性，依存於他的幾項預設。首先，洛克預設了一個不虞匱乏的自然狀態。個人從樹上摘取水果，或從河水中舀起一瓢水飲用，並未對其他的任何人的需要產生負面影響。也就是說，現代經濟

學預設資源稀少性（scarcity of resources）之基本情境，恰恰是洛克自然狀態所欲描繪的對立面。唯有如此，個人從原本共有的萬物中，通過勞動而「撥歸私用」才有根據，因爲沒有侵犯到任何人的可能權利。其次，洛克主張，這種原始的「撥歸私用」依據自然法有其限度：每個人通過其勞動所取得的事物，在爲其所有的狀態中不能腐爛或損壞。當一個人據爲己有的物品腐爛時，表示他獲取了超過其所需要的量，從而也違背了自然法。這乃是自然狀態中財產權的唯一限制（cf. Macpherson, 1962: 199-219）。最後也最重要地是，洛克所主張的財產**權，不需要其他人的同意**（consent）。也就是說，個人從原始共有的事物中，通過其勞動而將特定部分撥歸私用，是一個獨立自存的活動，既沒有妨礙任何其他人的權利，所以無須同意。然而也正基於此，對洛克而言，從原始共有到私有財產的重大轉變，不像先行的社會契約理論家，不存在同意以及契約的要素。

洛克私有財產的初步結論乃是，上帝把這個世界給予勤勞（industrious）以及理性（rational）的人加以利用，而勞動使人取得對它的權利；相對地，上帝絕非將這個世界給予「好事吵鬧和紛爭的人們用來從事巧取豪奪的」（ST, §34）。在這個說明中，可以明確地看到前述遵守自然法的合理個人與侵奪者的差異；對洛克而言，理性的人恰恰就是勤勉的人，因爲不勤勉於運用自己的勞動取得財富者，就很容易覬覦別人的財產而成爲侵奪者。

以上是自然狀態第一階段（洛克稱之爲「世界初期」(the first ages of the world; ST, §36) 中的私有財產狀況。此種原始素樸的私產狀態，隨著貨幣的發明而被徹底改變：「人們已經同意讓一小塊不會耗損又不會敗壞的黃色金屬值一大塊肉或一大堆糧食」時（ST, §37），就展開了第二階段的自然狀態。貨幣的發明與運用，顯然需要同意或至少**默示協議**（tacit agreement; ST, §36），因爲它必須通過人爲的慣行，確定交易或交換兩造的價值相等。但這種「默示協議」如何可能形成？特別是金、銀、鑽石這些物品的使用價值並不高？洛克通過前述易腐壞物品的交換加以說明：一個理性的人會將其勞動所得之梅子換取可以維持

甚久的乾果；這樣的交換，完全不違反前述財產權的限制。洛克進一步
論述，假如他願意將乾果換成「其顏色爲他所喜愛的金屬」，將他的綿
羊換取一些「貝殼」，或者將羊毛換取一塊「閃亮的石頭或鑽石」時，
這一方面符合前述財產權的限制，並未侵犯任何其他人的財產權利；
另一方面這幾個例子所被交換來的物品，他可以「終生加以收藏」，且
這些耐久的東西「他喜歡積聚多少都可以」（ST, §46）。在這個以物易
物，由易腐壞的物品經過交換轉化爲耐久的貴重金屬，有何「協議」或
「同意」的面向？洛克所提出的說明相當簡單：金、銀、鑽石「由於人
們的**愛好**（fancy）或**協議**（agreement）給以比它們的實際用處和對生
活之需的價值更高的價值」（ST, §46）。他所未曾解釋的是，在原始自
然狀態中，當金、銀、鑽石被採集出來成爲私產時，這些貴金屬的價
值，是否是由他之前所主張，採集的勞動者之勞動所附加的價值而決
定的？顯然，貴金屬的價值並不是由勞動所決定，而是在交易的過程
中，由於人們的愛好以及耐久性，迅速超越其他自然物的價值，突破個
人私產「不可腐壞」的自然限制，成爲「理性與勤勉」的個人終極追求
的財產形態。

　　貨幣恰恰就是在這樣的過程中，由以物易物，變成價值的衡量，並
且表達出「交互同意」（mutual consent），用貨幣來交換眞正有用但容
易敗壞的生活必需品（ST, §47）。洛克進一步強調，假如貨幣的發明是
自然狀態中人們通過協議或交互同意而發明出來的，那麼：

　　　　既然金銀與衣食車馬相比，對於人類生活的用處不大，其價值
　　　只是從人們的同意而來，而且大部分還取決於勞動的尺度，這就
　　　很明顯，人們已經同意對於土地可以有不平均和不相等的占有。
　　　它們通過默許和自願的同意找到一種方法，使一個人完全可以占
　　　有其產量超過他個人消費量的更多的土地，那個方法就是把剩餘
　　　產品去交換可以窖藏而不致損害任何人的金銀；這些金屬在占有
　　　人手中不會損毀或敗壞。（ST, §50）

　　洛克論財產章節最重要的結論，就是**財產的不平等**乃是人們在自然狀態中自願交換與交易所產生的志願性（voluntary）結果，因而是爲他們所同意的。洛克特別強調前述過程，乃是「在社會的範圍之外被實行（made practicable out of the bounds of societie）」，而且「並未通過契約（without compact）」，僅僅需要將金銀訂出價值，而且默示同意貨幣之使用即可（ST, §50）。

　　對洛克而言，在此種自然狀態中，要發生成立政治社會的原始契約有兩個條件：一爲人口和家畜的增多，另一則爲貨幣的使用。當土地變成稀有財之後，人們通過「契約與同意」來確立由勞動與勤勞所創造的財產（ST, §45），此時才進入到前兩節所述洛克「原始契約」的成立時刻。

　　不僅如此，洛克還提出另一個論述說明勞動對人類文明所產生的重大影響。他除了主張被勞動「附加」到事物之上的東西可被稱爲「價值」外，更重要的是，人類的勞動，將在上帝所創造的世界（土地）上產生改變。他指出，比較同樣面積經過人類計畫性墾植的土地，以及任何同一面積所自然產生的產品，「他就會知道勞動的改進作用（improvement）造成價值的絕大部分。我認爲，如果說在有利於人身的土地產品中，十分之九是勞動的結果，這不過是個極保守的計算。……在絕大多數的東西中，百分之九十九全然要歸之於勞動」（ST, §40）。這個勞動將徹底「改進」自然的論述，將形成未來商業社會論和文明進步史觀的基礎。在洛克本人的論述中，則已見其端倪：在他著名的比較中，指出「美洲的幾個民族」（several nations of the Americans）其首領雖然是「擁有廣大肥沃土地的統治者」，然而，「在衣食住方面還不如英國的一個粗工」（ST, §41）。

　　總結洛克財產權論述，他主張勞動的「撥歸私用」所產生的財產、交換活動，乃至貨幣發明所產生的交易活動，都存在於「政治社會」成立以前的自然狀態。所以，財產權是「**前政治**」（pre-political）而且「**超越政治**」（trans-political）的，它通過政治社會和政府的建立可以得到進一步的確保，但其根源或理據並不在於政治社會所成立的原始契約

中。相反地，人類通過原始契約建立邦國的目的是在保障其已經取得並具有權利的財產，這意指財產權是「**構成**」（constitutive）政治社會的理據。以「前政治」且「超越政治」的範疇來「構成」政治社會，這代表在洛克思想中，政治社會並非如社會契約傳統所論是「最完善之社會」，而政府功能則趨於工具化。

政府的主要目的既在於保障財產，而個人的自然權利中，所謂的自保或「保持其存在」，預設了一個先在的、通過勞動及交易所獲取的財產，而此財產則構成其「人格」的一部分。原始的私有財產，在貨幣發明後就轉化成為商業社會的原型，個人所累積的私有財產，將不再受限。這個論證使得許多早期的評論者視洛克為近代資本主義初期的主要辯護者（Macpherson, 1962; Strauss, 1953: 240-249）。雖然近年以來，此種「占有式個人主義」（possessive individualism）的詮釋觀點隨著劍橋學派脈絡主義的蓬勃發展，拒斥用史觀的角度將洛克思想與近代資本主義做過分粗糙的連結（cf. Dunn, 1969: 5-10），而逐漸式微；然而，不可否認地，洛克財產權理論，特別是貨幣發明以後，即使在自然狀態中都可以有財產無限累積的觀點，仍然展現出充分的現代性。


## 八、結語：從政治主體到經濟社會主體

本章論述了史賓諾莎、普芬道夫與洛克的社會契約論述，以及他們分別如何運用個人思想自由、絕對主義的主權觀和人民終極的革命權力，總結了一個多世紀以來絕對主義與民權論的理論對抗。

普芬道夫擅長於精密的法學思考，通過「二約一令」的三重建構，爬梳了社會契約、以多數決決定政府形式，以及臣民與統治者所締結的統治之約。並且以「義務」觀念為核心，界定了臣民在作為道德人格的國家中所應該扮演的角色，完成一種溫和開明的絕對主義。

相對地，霍布斯所描述，利維坦成立後臣民必須把自己的判斷服從於主權者的判斷，雖然還保持個人良心形成意見的空間之主張，被

史賓諾莎重構爲在國家中公民仍保有完全的判斷自由，並證成個人之宗教信仰與思想自由。而在洛克的《政府論下篇》，作爲時代的產物以及意識形態鬥爭的思想結晶，運用社會契約的語彙與論述，重新形構暴君放伐論的反抗權理論，主張在對立法或行政機關是否有濫權的議題上，人民永遠是最高的裁判者。據此證成了人民的多數構成了政治領域終極的最高權力，包括人民主權與人民革命權。洛克也在論證過程中，同時分析了人民所託付的政府，在治理時所運用的立法以及行政權的運作樣態。

但洛克思想的前瞻性，在於將自然狀態設想成爲一個已經相對自足的社會，而且超越傳統自然法如普芬道夫所述的家庭關係（由夫婦、家父長以及主僕所構成）。在洛克的自然狀態中，人類因自我改善已經產生高度分化的社會，在其間雖然沒有可作裁判的政治權力，但人們可以通過自發的活動以及彼此的協議與同意，建構複雜的經濟與社會網絡。必須強調的是，洛克將霍布斯與普芬道夫（以及其後的盧梭）所運用的嚴格社會契約邏輯加以放鬆。洛克並不探討某種可明白陳述爲所有人或多數人所共同接受的契約，作爲構成正當性的本源。對他而言，同意與協議是持續發生的過程：人們在以物易物的交換、發明貨幣的默示同意，乃至原始契約的明示同意等，都是一定數量的人，經過志願性活動所形成的。所以，自然狀態與政治社會的狀態，不是一個「非有即無」的零和對立狀態，而是人類在持續改變其生存條件以及大自然環境的過程中，各種活動與行動的產物。所以，洛克的「自然狀態」已經是一個在持續發展中的社會狀態，也就是商業社會與文明進步。這個議題將在蘇格蘭啓蒙運動得到進一步的理論發展。

第二篇

# 第二波現代性

文明、商業社會與自由國家

如同許多人性論哲學的詞彙，「文明」一
詞有兩重意義。有時它意味著一般性的改
進，但有時特指某種改進。……〔在第二個
意義下〕它只代表將富與強的民族區別於
原始或野蠻人之改進。

——穆勒〈論文明〉

The word civilization, like many other
terms of the philosophy of human nature, is a
word of double meaning. It sometimes stands
for human improvement in general, and
sometimes for certain kinds of improvement
in particular…But in another sense it stands
for that kind of improvement only, which
distinguishes a wealthy and powerful nation
from savages or barbarians.

—— John Stuart Mill, "Civilization"

# 第七章

# 孟德斯鳩

## 立憲政府之善與專制之惡

## 一、前言：從哲學到歷史

孟德斯鳩（Baron de Montesquieu, 1689-1755）出生於法國波爾多附近的貴族世家，當時正值十七、八世紀之交，宣稱「朕即國家」的絕對君主制代表法王路易十四（1638-1715）極力將法國憲政體制推往絕對主義的方向發展。孟德斯鳩的巨著《論法的精神》（*De L'esprit des Lois; The Spirit of the Laws*）於 1748 年出版，[1] 卷秩浩繁，議題涵蓋法律論、政治哲學的政體論、立基於地理與氣候的社會學分析，也討論了羅馬和法國法律的歷史變革。本書出版後，由於其範圍廣泛，且思想深刻，在短短兩年之間就印行了二十二版，並有許多外文譯本。

孟德斯鳩的思想，在啓蒙時期結合了自然法理論以及民族歷史，蒐集龐大的政治制度與法律史料，爬梳後予以歸納排比及系統化，並建立因果關係，形成一個宏大的體系。他在序言中自述其著作目的：「我相信，在這樣無限參差駁雜的法律和風俗之中，人不是單純地跟著幻想走的」，所以孟德斯鳩力求歸納歷史經驗而建立原則。其影響由蘇格蘭啓蒙運動思想家 John Millar（1735-1801）的褒揚可以看出：他認爲孟德斯鳩的貢獻可與培根（Francis Bacon, 1561-1626）比擬，指向對的道路，影響了亞當斯密以及蘇格蘭啓蒙運動（cf. Smith, 1980: 275 註 4）。美國開國先賢漢彌爾頓（Alexander Hamilton, 1755-1804）亦在《聯邦論》第九號指稱，近代以來政治科學（science of politics）對政府原則、權力分配以及分立制衡等議題，都比古典理論有長足的進展，這也指向孟德斯鳩的貢獻（cf. 蕭高彥，2013: 222-223）。

《論法的精神》開拓了西方國家觀念發展史的新頁，因爲孟德斯鳩開始擺脫社會契約的「**哲學－法學論述**」（philosophico-juridical

---

1　本章所使用的版本及縮寫：

**SL** = Baron de Montesquieu, *The Spirit of the Laws*, ed. & tran., Anne Cohlar et al., Cambridge: Cambridge University Press, 1989；如 SL, XI: 6 表示 *The Spirit of the Laws* 第十一書第六章。

中文基本上採用張雁深譯，《論法的精神》，台北：臺灣商務，1998。筆者引文會對勘原文，若有修改不另標示以免繁瑣。

discourse），朝向「**歷史－政治論述**」（historico-political discourse）發展
（cf. Foucault, 2003: 49），呈現出古今不同民族的法律、政治制度以及
風俗習慣所交織而成的複雜圖像。孟德斯鳩嘗試從歷史的經驗中，歸
納出「寬和政府」（moderate government）的基本特性，以及立法家
（Legislator）如何調和各種因素（天然環境、民情風俗、社會活動以及
政治制度）建立良善體制。所以，從孟德斯鳩開始，歷史現象成爲主導
政治思想的主軸，而由於其方法在於將繁多的經驗歸納成爲律則，因
此時而被視爲現代社會學的先驅（Aron, 1979, 1: 17-62）。

　　當代政治思想史文獻對《論法的精神》的原創性，在評價上相當分
歧。主流見解將孟德斯鳩視爲憲政主義的思想淵源，主張他所提出的
三權分立原則以及代議政治，構成了現代憲政主義、自由主義，以及法
治國原則的理論核心（Vile, 1998: 83-106; 施密特，2004: 267-273）。近
年來，由於共和主義的興起，也有學者從這個方向，發揮孟德斯鳩對於
政治哲學傳統的修正，強調人類集體行動的積極特性，需要通過共和
建制才能加以落實（Arendt, 2005: 63-69; Shklar, 1987）。但亦有學者
（Althusser, 1982: 96-103）認爲《論法的精神》是法國沒落貴族階層對
於絕對君主以及主權觀念所提出的挑戰與回應。

　　本章的分析角度，將以憲政主義詮釋觀點爲主。原因在於，筆者分
析孟德斯鳩思想的目標，是作爲本書第三篇理解晚清中國思想家在吸
收西方憲政主義資源時的思想取向。在此議題上，憲政主義詮釋觀點
具有獨特的重要性，可以發展出貫穿不同世代、跨文化、跨民族的比較
政治思想史。孟德斯鳩的政府理論，將政體分類爲共和、君主，及專
制；共和制又進一步區分爲民主以及貴族制。此外，他以英國憲政爲典
範，提出立法、行政、司法三權分立制衡以達到政治自由的理論，同時
也以中華帝國爲本建構了東方專制的原型。這個政體分類推翻了亞里
斯多德的古典政體分類，也與布丹和霍布斯主張基於主權原則，僅區
分君主、貴族以及民主三種純粹的國家體制大相逕庭。本章將分析孟
德斯鳩的政府理論、英格蘭政制、東方專制主義等議題，最後闡釋其政
體分類，運用了多重「二元對立」的政治範疇，使其理論對現代歷史主

義論述以及意識型態政治產生了關鍵性的影響。

## 二、法律的精神與立法家的藝術

　　《論法的精神》既以法律爲標題，全書便從法律一般性的討論開始。孟德斯鳩主張，從最廣泛的意義來說，法是由事物的性質所產生出的必然關係（SL, I:1）。換言之，他由萬事萬物（包括上帝的意志）都有根本的理性加以規約的觀點出發，來討論法律，所以說「創造雖然像是一種專斷的行爲，但是它必有不變的規律」；通過法律，人與人之間的衡平（*equité*）才有可能建立。

　　孟德斯鳩將法律分爲神聖法、自然法、國際法、政治法、民法以及家法（SL, XXVI: 1）。在討論自然法的章節中（SL, I:1-2），可以觀察到霍布斯的影響。孟德斯鳩指出，自然法淵源於生命的本質；要認識自然法，就應該「考察社會建立以前的人類」，自然法就是人類在此種狀態下所接受的法律。值得注意的是，孟德斯鳩認爲是自然法將「造物主」這個觀念印入人們的頭腦中（洛克式的主張）；這雖然是最重要的一條自然法，但卻不是順序上的第一條規律。自然法眞正的根源乃是「他應該先思考如何保存自己的生命」，換言之，霍布斯在自然狀態中所設定的自保原則，也是孟德斯鳩自然法的最優先條文。事實上，在論自然法一章中，孟德斯鳩引用了霍布斯「自然狀態乃是戰爭狀態」的觀點，但隨即加以駁斥，指出這將把社會建立以後才有的情況，加諸於社會建立前的人類。對孟德斯鳩而言，社會建立以前，人類所服從的自然法包括下列幾項物理事實：追求和平、尋找食物、兩性自然的愛慕，最後則是在知識擴充之後，人類開始期望互相結合而發展出社會生活（SL, I:2）。

　　進入社會之後，人類不再自覺軟弱，這反而導致了戰爭狀態；此戰爭狀態存在於社會中的個人之間，以及不同社會的國與國之間。爲了解決這兩種戰爭狀態，政治法、民法，以及國際法或萬民法才開始逐步

建立。孟德斯鳩完全摒棄了霍布斯所運用社會契約概念，以及自然狀態的個人如何可能建立共同體的哲學－法學論述。然而，他引用義大利法學家 Giovanni Gravina 的兩個定義時，仍反映出類似思想：「一切個人力量的聯合就形成我們所謂『政治國家』（political state）」；而「這些意志的聯合就是我們所謂的『市民國家』（civil state）」（SL, I: 3）。不過，孟德斯鳩沒有詳論個人的力量或意志如何可能聯合起來；對他而言，只要人類有理性去制訂政治法與民法，就表示了政治國家與市民國家的形成。

立法不只是為了依據自然法以及克服戰爭狀態而已，孟德斯鳩強調：

> 法律應該和國家的自然狀態有關係：和寒、熱、溫的氣候有關係；和土地的質量、形勢與面積有關係；和農、獵、牧各種人民的生活方式有關係。法律應該和政制所能容忍的自由程度有關係；和居民的宗教、性癖、財富、人口、貿易、風俗、習慣相適應，最後，法律和法律之間也有關係，法律和它們的淵源，和立法者的目的，以及和作為法律建立的基礎的事物的秩序也有關係。應該從所有這些觀點去考察法律。（SL, I: 3）

孟德斯鳩指出，這些「關係」綜合起來的整體就是「法的精神」，也是其著作所欲探究的主旨。

從法律及「法的精神」角度從事政治哲學論述，使孟德斯鳩完全脫離了社會契約論的個體主義分析模式。他似乎回到古典政治哲學，強調「立法家」要妥善運用法律和法的精神來建立國家制度。孟德斯鳩指出他撰寫本書的目的，是為了證明「寬和精神」（spirit of moderation）應該是立法者的精神；「政治的『善』就好像道德的『善』一樣，是經常處於兩個極端之間的」（SL, XXIX: 1）。換言之，立法家應當遵循亞里斯多德所提出的「中庸之道」，作為其政治藝術的基本原則。然而，僅具備寬和精神還不夠，立法家必須清楚認知到自己能力的限制：立

法家可以建制法律以規定公民行為，但風俗（mores）和禮儀（manners）卻不是立法家所能任意規定的，因為這兩者與民族精神有關：風俗關乎內心，而禮儀則關係到外在行為（SL, XIX: 16）。

政治原則與民族精神之間，何者為優先？孟德斯鳩強調「在不違反政體的原則的限度內，遵從民族的精神是立法者的職責」（SL, XIX: 5）。由此律則可看出，孟德斯鳩雖然強調各民族文化的特殊精神，但他仍然遵循古典政治哲學的精神，將政治體制列為最優先的考慮。

## 三、政府的新分類

討論了法律的種類與特性後，孟德斯鳩直接進入政府分類的論述。他分類的原創性在於區別了政府的「**性質**」（nature）以及「**原則**」（principle），唯有同時考慮這兩者，立法家才能建立寬和的良善政府。

所謂政府的「性質」，其實就是主權所屬以及政府組織。孟德斯鳩指出：

> 政府有三種：共和、君主、專制。……我假定了三個定義，或毋寧說是三個事實：共和政府是全體人民或僅僅一部分人民握有主權權力（sovereign power）的政體；君主政府由單獨一個人執政，不過，遵照固定的和確立了的法律；專制政府是既無法律又無規章，由單獨一個人按照一己的意志與反覆無常的性情領導一切。……共和國的全體人民握有最高權力時，就是民主制。共和國的一部分人民握有最高權力時，就是貴族制。（SL, II:1-2）

此定義中所提及的「主權權力」，其實孟德斯鳩並未進一步論述。表面上看來，他的思維類似於布丹以及霍布斯以降的主權國家理論。然而，值得注意的是，孟德斯鳩刻意以「政府」取代「國家」（cf. Vile, 1998: 88, 92），且「主權權力」一詞並未運用在君主與專制的界定中，

而僅僅出現於共和政府的定義。

除了政府的「性質」外，孟德斯鳩又提出了政府的「原則」；他指出其區別在於，「政體的性質是構成政體的東西；而政體的原則是使政體行動的東西。一個是政體本身的構造；一個是政體運動所本之人類激情（human passion）」（SL, III:1）。若以現代語彙來說，所謂「性質」和「原則」的區別，其實就是政府組織以及其相應的公民文化。在原則方面，民主制的原則是**德行**（virtue）、貴族制的原則是**節制**（moderation）、君主制的原則是**榮譽**（honor），專制則以「**恐懼**」（fear）爲其原則。《論法的精神》第二書到第八書詳細論述了各種政府基於其性質與原則所建構的政治體制，與其典章制度、法律、教育、民情風俗間之關係，並在最後討論了各個政體的腐化。

在民主制中，人民整體（as a body）握有主權權力，所以人民一方面是君主，另一方面也是臣民。投票權利的典章制度構成了民主政府最重要的基本法，包括公民資格、公民的等級區分等。在描繪民主政府時，孟德斯鳩並未討論現代代議政治，而是以古典城邦的直接民主爲典範，因此他認爲民主制的官職選任應以抽籤爲主，而選舉則比較契合於貴族制（SL, II:2），這點與亞里斯多德的分析相同。然而孟德斯鳩仍然強調人民應該指派高級執政官（magistrate 與 minister）來從事重要施政，甚至設立一個固定的「元老院」（senate）作爲風俗的典範，引導公民的德行（SL, V:7）。民主制的原則是德行，孟德斯鳩特別強調，他所說的德行，既非道德也非宗教意義上的品德，而是「**政治德行**」（political virtue; SL, Author's Foreword, xli- xlii），這是一種愛共和國的情操（sentiment），應爲全體公民不分等級都具備的（SL, V:2）。在此議題上，孟德斯鳩繼承了羅馬以及馬基維利共和主義的基本觀點。在實質的政治價值方面，民主制的基礎在於平等（equality）及儉樸（frugality）。簡單的生活、相近的儀節，是使民主政體中公民不致腐化的最重要社會條件（SL, V:3）。

不過，在民主政治如何腐化的議題上，孟德斯鳩有獨到的見解。民主制當然可能因爲平等的喪失而腐化；然而，他的分析卻著重在「極端

平等」（extreme equality）精神的負面效果：假如每個公民都希望與他們所選出的領導人地位平等時，就不易容忍他們託付給領導者運用的權力而拒受指揮，這時民主便會失序而衰微（SL:VIII:3）。孟德斯鳩強調，不平等將使民主制走向貴族制或君主制，但極端平等的後果更嚴重，因爲將使民主制走向「**所有人的專制**」（despotism of all; SL, VIII: 6），甚至會出現野心家煽動人民的貪婪來掩蓋自己的野心，最後導致「一人的專制」（despotism of one alone; SL,VIII:2）。[2]

在貴族制中，則僅有部分人掌握主權權力，於是產生了統治者與臣民的區別。與民主政體面對的問題不同，貴族制必須防止統治團體與人民差距過大而導致的政治動盪。因此，孟德斯鳩強調貴族政體的原則是節制或寬和，盡力促成貴族們一方面維持彼此間之平等，另一方面則降低貴族與人民間之不平等。孟德斯鳩主張「貴族政治越是近於民主政治，便越是完善；越是近於君主政體，便越不完善」（SL, II: 3）。

實際上比較孟德斯鳩對民主與貴族制的分析，可看出其觀點實際上是：民主制應通過權威機關之建置（如元老院以維繫公民德行，重要施政有代理人等），而趨近於寬和的貴族制；而貴族制當能縮小與人民的差距而趨近平等時，則成爲一種「偉大共和國」（great republic），而能持續存在（SL, III:4）。因此，共和制之下兩個範疇（民主與貴族制）的良序狀態應該是互相趨近，這是它們合稱「共和」的原因。若以亞里斯多德所建立的共和政治藝術而言，古典城邦中民主與寡頭（貴族）的混合就是理想可行的共和（cf. 蕭高彥，2013: 59-72），這應當是對孟德斯鳩共和理論最恰當的詮釋。

君主制是孟德斯鳩政府理論中特具奧義的概念建構。在第二書第一章的定義中，孟德斯鳩說明這是「單獨一個人執政，不過會遵照固定

---

2 孟德斯鳩對古典民主的批判，將成爲十九世紀法國自由主義者重要的思想資源。事實上，孟德斯鳩進一步批判文藝復興時期義大利城邦共和國，將立法、行政與司法三權合併起來，其結果是：「同一個機關，既是法律執行者，有享有立法者的全部權力。它可以用它的『普遍意志』（general wills）去蹂躪全國；因爲它還有司法權，它又可以用它的『特殊意志』（particular wills）去毀滅每一個公民」（SL, XI:6），似乎預見了盧梭式民主共和主義之弊。

的和確立了的法律」（SL, II:1）；而在第二書第四章中則指出「君主政
體的性質是由『中間的』、『附屬的』和『依賴的』這些權力所構成」
（SL, II: 4）。換言之，界定君主政體時，孟德斯鳩刻意壓低君主權限，
甚至避免用「主權權力」（sovereign power）一詞。之所以如此，乃是
因爲他所稱的「君主政體」指的是法國憲政傳統中的「有限君主」
（limited monarchy），重點在於君主必須遵守基本法，並通過世襲貴族
（nobility）所形成的權力機構作爲「中間權力」來施行統治。在這個
意義上，孟德斯鳩宣稱，「君主政體的基本準則是：沒有君主就沒有貴
族，沒有貴族就沒有君主。但是在沒有貴族的君主國，君主將成爲專制
主（despot）」（SL, II: 4）。換言之，孟德斯鳩所描述的君主政體，其實
是君主與世襲貴族所共同構成的宮廷社會（court society）；在其中，政
府的「原則」便不再是民主與貴族制下的德行與節制，而是一種特殊的
「榮譽」，他將之界定爲「每個人和每個階層的成見」（SL, III: 6）。也
就是說，君主制中的政治人物，要依據各個階層的傳統榮譽守則來行
動，爭取社會名聲。雖然從哲學層次而言，這可能是一種「虛假的榮
譽」，不過卻是君主制下宮廷社會的運作法則，有時甚至可以限制君主
的恣意濫權（SL, III: 7）。

　　在民主、貴族以及君主制之外，孟德斯鳩所論第四種政府是「專
制」，其性質被界定爲單獨一人依據一己恣意的意志和反覆無常的性情
來領導，無視於法律規章。此種政體的特有原則是「恐懼」。孟德斯鳩
認爲，在專制政體中人人都是奴隸（SL, III: 8），而當專制主「有一瞬
間沒有舉起他的手臂的時候，當他對那些居首要地位的人不能要消滅
就立即消滅的時候，那一切便都完了」（SL, III: 9），也就是說恐懼癱瘓
了國家的能動性，而當君主的專斷意志渙散之後，就是革命發生的時
刻（SL, V: 11）。

　　值得注意的是，孟德斯鳩以「專制主」的概念來取代亞里斯多德以
降的「暴君－僭主」（tyrant）觀念（cf. Boesche, 1995; Richter, 2005）。
表面上看來，專制是君主制的對立面，孟德斯鳩更刻意運用強烈的對
比來凸顯專制政治的恐怖；不過，從他對各個政體腐化的討論中，可看

出不只君主制有淪爲專制的風險，民主與貴族在極端腐化的狀態下也會成爲專制。如前所述，民主制之中的不平等與「極端平等」之弊將造成專制；而當貴族不遵守法律，違背節制原則時，也會產生出由多數暴君統治的專制國（SL, VIII: 5）。是以，Shklar（1987: 85）強調，孟德斯鳩的專制概念著重政治系統（political system）的運作，而非統治者個人人格。假如前述政體的腐化，都將導致專制，那麼專制的腐化又會是什麼情況呢？對此問題吾人可說，專制政體對孟德斯鳩而言是一種「絕對惡」（Althusser, 1982: 76），不可能形成具有正當性的政治秩序。孟德斯鳩認爲專制「在性質上就是腐化的東西」，所以其原則恰恰是不斷地腐化，直至革命產生（SL, VIII: 10; V: 11; VII: 7）。換言之，共和與君主制都是因爲「某些特殊的偶然變故」導致政體原則的破壞而腐化；相對地，專制的持續腐化狀態，反而是因爲「氣候、宗教、形勢或是人民的才智等等所形成的環境強迫它遵守一定秩序，承認一定規則的時候，才能夠維持」（SL, VIII: 10）。所以與其它政體相較，專制可以說是一種「自然」秩序，而共和與君主制則都是「政治」秩序，性質完全不同。

　　分析了孟德斯鳩的政府論後，必須處理兩個議題：首先，《論法的精神》之後另外提出「英格蘭憲政」作爲最能維繫政治自由的體制，該論述與本節的政府論關係爲何？其次，孟德斯鳩的專制概念，並不僅僅如前八書所顯示的，是與一般寬和政體相對的腐化政體。隨著其論述之開展，他主張東方世界是專制的溫床。換言之，專制不僅是政治現象，更有著族群性與文化性根源，所以在啓蒙時代中，開始建構「東方專制」的論述。唯有檢視這兩個議題後，吾人方能對孟德斯鳩的政府論提出完整的評估。

## 四、「英格蘭憲政」：政治自由、權力分立與商業社會

　　孟德斯鳩在《論法的精神》第一卷前八書之中，有系統地探討了各

種政體的性質及原則。但在進一步討論法律與防禦和攻擊力量的關係之後，於十一書第六章，提出了著名的「英格蘭憲政」（"The Constitution of England"）專章，在其中論述，政府權力的分立制衡以及代議政治是最能維繫政治自由的體制。此種討論方式顯示出英國憲政體制自成一格的獨特性，而由於本章對於憲政主義極為重要，往往被單獨提出討論。不過，孟德斯鳩似乎有意將英國的政治社會體制與民族風尚分散在不同的文本中討論，有必要加以整合，呈現出較為完整的圖像。

第十一書的總標題是「規定政治自由的法律和憲政的關係」，並且在前述各政體的「性質」與「原則」外，又提出了各種國家具有不同之**「目的」**（*object*; purpose）。孟德斯鳩認為，雖然每一個國家都追求自保，但往往各有其獨特目的：羅馬之目的是擴張，斯巴達的目的是戰爭，而專制之目的則是君主的歡樂。相對地，他指出，「世界上還有一個國家它的政制的直接目的就是政治自由」（SL, XI: 5）。

在這個脈絡中，孟德斯鳩考察了**「自由」**與**「政治自由」**的涵義。他強調自由一詞具有多種意義，並用輕鬆的語氣說明各種俗義：有人認為能夠廢黜專制權力就是自由；有人認為選舉政治領袖才是自由；還有人把自由當做是只受本民族的人統治的特權或按照自己法律受統治的特權；甚至俄羅斯人把留長鬍子的習慣當做是自由。此外，「又有一些人把自由這個名詞和某一種政體聯繫在一起，而排除其他政體」（SL, XI: 2）。最常見的，是支持共和政體的人說，共和政體才有自由；特別是，「在民主制中，人民彷彿是意欲做什麼幾乎就可以做什麼，因此，人們便認為這類政體有自由，而把人民的權力（power of the people）和人民的自由（liberty of the people）混淆了起來」（SL, XI: 2）。

孟德斯鳩僅簡略帶過自由觀念的各種歧義，並未如霍布斯一般對共和主義自由觀提出完整的哲學批判。然而，他和霍布斯相同，認為自由觀念和政體沒有直接關係，而是與法律的限制有關。孟德斯鳩對自由的界說是：

在民主制中，人民彷彿意欲做什麼幾乎就可以做什麼，這是真

的；然而，**政治自由**並不是意欲做什麼就做什麼。在一個**國家**裡，也就是說在一個**有法律的社會**裡，自由僅僅是：一個人能夠做他應該做的事情，而不被強迫去做他不應該做的事情。……自由是做法律許可的一切事情的權利；如果一個公民能夠做法律所禁止的事情，他就不再有自由了，因為其他的人也同樣會有這個權利。（SL, XI: 3，黑體強調為筆者所加）

這個重要文本有三點值得注意。首先，孟德斯鳩很少運用的「國家」一詞，在這脈絡中被界定為「有法律的社會」而非關乎主權歸屬。其次，孟德斯鳩把「自由」和「政治自由」等同起來，而且將之界定為公民可做法律所許可的事之自由。最後也最重要的是，其觀點完全繼承了本書前章第六節所述，洛克在《政府論下篇》所提出的自由觀，亦即自由可分為兩種：「自然自由」乃是除了自然法之外不受制於任何上級權力的自由，而「人在政府之下的自由」的真義乃是「有長期有效的規則作為生活的準繩，這種規則為一切成員所共同遵守，並為社會所建立的立法機關所制定」（Locke, 1988: 284）。孟德斯鳩並未運用社會契約論述，所以並無自然自由的觀念；但是其「政治自由」在意義上非常接近洛克「人在政府之下的自由」之觀點。

孟德斯鳩進一步將「政治自由」做出近似消極自由的界定：

一個公民的政治自由是一種心境的平安狀態（tranquility of spirit）。這種心境的平安是從人人都認為他本身是安全的這個看法產生的。要享有這種自由，就必須建立一種政府，在它的統治下，一個公民不懼怕另一個公民。（SL, XI:6）

孟德斯鳩將政治自由視為公民的**安全**（security）且無須恐懼，為自由主義傳統的自由觀念提出了重要貢獻（cf. Shklar, 1987: 86-87; Pangle, 1973: 109-114）。而安全與恐懼的對比，正是「寬和政府」與「專制」的分野。

　　孟德斯鳩進一步指出，無論是民主制或貴族制，它們的性質都未必是「自由國家」（free state），因爲政治自由和一種獨特的政府結構有關：

> 政治自由只在寬和政府裡存在。不過，它並不是經常存在於寬和國家裡；它只在那樣的國家的權力不被濫用的時候才存在。但是一切有權力的人都容易濫用權力，這是萬古不易的一條經驗。有權力的人們使用權力一直到遇有界限的地方才休止。……從事物的性質來說，要防止濫用權力就必須以權力約束權力。我們可以有一種憲政，不強迫任何人去做法律所不強制他做的事，也不禁止任何人去做法律所許可的事。（SL, XI: 4）

　　在這個確立**現代憲政主義「權力分立」原則**的文本中，吾人清楚地看到，孟德斯鳩強調，古典共和政體（民主與貴族）並不足以稱之爲自由國家，而一般意義下的寬和政府，也未必具有足夠的政治自由。唯有在運用「以權力約束權力」原則，確保國家權力無法被濫用的制度下，政治自由才能夠眞正存在。也正是在這個意義下，英國憲政之「直接目的就是政治自由」。

　　在論英格蘭憲政一章的卷首，孟德斯鳩便指出每一個國家都有三種權力：「立法權力」、「有關國際法事項的行政權力」（採自洛克的 "federative power" 觀念）以及「有關民政法規事項的行政權力」。這三種權力的主體都是國王或執政官，所關連到的具體事項有：制訂法律、宣戰媾和並「維護公共安全，防禦侵略」，以及裁決私人訟爭。之後，他才將第三者稱爲「司法權力」（judiciary power），而第二種權力則簡稱爲國家的「行政權力」（executive power），完成了現代國家三種政治權力的根本區分。

　　孟德斯鳩理論最大的原創性，在於將司法權獨立出來（Vile, 1998: 96, 102），並且強調「歐洲大多數王國的政體是寬和的，因爲享有前兩種權力的國王把第三種權力留給他的臣民去行使」。孟德斯鳩也因此主

張司法權「應由選自人民階層中的人員，在每年一定的時間內，依照法律規定的方式來行使；由他們組成一個法院，它的存續期間要看需要而定」。如此一來，「人人畏懼的司法權」，因爲並不爲特定階級或職業所專有，「就彷彿看不見、不存在了」（becomes, so to speak, invisible and null; SL, XI:6）。[3] 孟德斯鳩的論述強調司法權的獨立性，但尚未成爲政府的一個正式部門（branch），這個面向要到美國立憲時期，方始完成（Vile, 1998: 102-103）。

初步討論了司法權之後，孟德斯鳩進一步討論立法權與行政權的關係，這部分論述承繼並發揚了英國傳統「均衡憲政」（balanced constitution）的傳統。他說明兩種權力的特性：立法權是「國家的普遍意志」，而行政權是「這種意志的執行」。孟德斯鳩主張「當立法權和行政權集中在同一個人或同一個機關之手」的時候，政治自由便不再存在了。因爲在這樣的狀況中人民會懼怕國王或議會制訂「暴虐的法律」（tyrannical laws），並「暴虐地執行這些法律」。基於此，孟德斯鳩區別了「創法權」（*faculté de statuer*; faculty of enacting）：「指自己制訂法令或修改別人所制訂的法令的權利」，以及「否決權」（*faculté d'empêcher*; faculty of vetoing）：指「取消別人所做決議的權利」，採擇自羅馬護民官（tribune）的政治權力。值得注意的是，孟德斯鳩所謂的「創法權」，其實就是布丹賦予主權者最重要的標誌，但孟德斯鳩卻有意迴避由此一取向來提升立法權的地位。

他先說明由於行政權需要「急速的行動」，所以應該掌握在國王手中，因爲由一個人管理比幾個人管理要理想。不僅如此，行政權應該根據其所瞭解的情況，來規定立法機關會議的召集時間和期限。

相對地，立法權力由多人來處理較爲理想。在創法職權之外，亦有權審查其所制訂之法律的實施情況，不過不能直接審訊行政官員。在討論立法權時，孟德斯鳩雖然強調「應該由人民集體享有」，然而，他

---

3　孟德斯鳩在同一章稍後再度陳述「在上述三權中，司法權在某種意義上是不存在的」（Among the three powers of which we have spoken, that of judging is in some fashion, null）。

清楚理解不僅在幅員廣大的國家不可能，即使在小國也有諸多不便。基於此，他主張「人民必須通過他們的**代表**來做一切他們自己所不能做的事情」，而且代表一旦受到選民的一般性授權之後，便不需事事詢問選民的特別指示。他認爲當時德意志諸邦國議會每每請示選民的狀況，會產生無限的拖延，並導致全國的力量在緊急時刻反而可能被「一人的任性」所阻遏的情況。代表的作用，在於有能力討論政治事務，制訂法律並且監督其所制訂法律的執行。

孟德斯鳩進一步指出，一國之中總有部分人以「出身、財富或榮譽著稱」，因此他們參與立法權時應該獨立於一般平民。換言之，立法權應由貴族團體和平民團體分別選舉的議會來共同行使。在討論了相關制度的細節之後，孟德斯鳩總結其論述：

> 這就是英格蘭的基本政制：立法權由兩部分組成，它們通過相互的反對權彼此箝制，二者全都受行政權的約束，行政權又受立法權的約束。這三種權力原來應該形成靜止或無爲狀態。不過事物必然的運動，逼使它們前進，因此它們就不能不協調地前進了。
> （SL, XI: 6）

在歷史起源上，孟德斯鳩強調英國政制乃源於日耳曼民族的早期政治制度，而代表制也是一種「哥德式政制」（Gothic government; SL, XI: 8），亦即權力分立以及代表制乃中古蠻族入侵以後的政治建制，而與西方古典傳統無關。

現代讀者很容易因爲孟德斯鳩對英國憲政的分析，而認定他全心全意支持這個制度。然而，事實上，他基於宏觀歷史角度所提出的分析，仍帶有某些保留。孟德斯鳩指出，英國人爲了維護其自由，「把構成他們君主政體的一切中間權力都剷除了」（SL, II: 4），這等於說從君主制度的角度而言，英國政治是一個剷除貴族中間權力的政治體制。所以當孟德斯鳩隱晦地用「**有一個國家，外表是君主制，實際上卻是共和制**」（SL, V:19）來形容英國時，這裡的共和意指民主制（cf. Shklar,

1987: 87）。孟德斯鳩對於民主制中極端自由所可能導致的危害，加以嚴厲批評。是以，他承認雖然英國為保存自由而剷除中間權力有其理據，但「如果他們失掉了這個自由的話，他們便將成為地球上最受奴役的人民之一了」（SL, II: 4）。類似的觀點，孟德斯鳩也在討論英國政制的最後部分中重述。他指出，人世之間，一切事物都有終結，英國「也終於有朝一日會失去自由，也會陷於滅亡」，而「當立法權比行政權更腐敗的時候，這個國家就要滅亡了」。換言之，英國政制腐化的根源，來自於立法權或人民，也就是說英國人所享有的「極端的政治自由」必須在維持其相互制衡的政府體制的前提之下，才能持續運作；假如這個原則受到破壞，此種政治自由的政體仍然將趨於腐化式微。

　　總結孟德斯鳩關於英國憲政之討論，[4] 其體制之所以獨特、自成一格，恰恰在於無法用傳統（也就是《論法的精神》前八書）分類的政體性質與原則來加以分析。更重要的是，所謂政體的性質，其實就是最高主權之所屬。將英國描繪成此種特別的「外表是君主制，實際上為共和制」，顯示了孟德斯鳩在第十一書所討論的政治自由原則，其實和國家主權與國體無關，而是寬和政府的權力分立原則。假如用布丹所提出的區分來說明，孟德斯鳩的權力分立原則是「**政府**」（government）層次的政治原則，而非國家層次的主權原則。唯有從這個角度加以理解，吾人方能恰當理解孟德斯鳩憲政思想的精髓。

　　除了憲政體制的運作，孟德斯鳩還以社會學的取向，分析了英國自由憲政所本的社會經濟基礎。有趣的是，他將這兩個部分區隔開來，而在十九書二十七章〈法律如何有助於一個民族的風俗、習慣和性格的形成〉中，論述自由民族所形成的性格與習慣。關鍵在於理解英國作為自由國家，與古代民主以德行為原則的政治體制有著根本差異。英

---

4　在討論孟德斯鳩所描繪的英國政制文獻中，往往指責他並未如實描繪當時英國的憲政體制（Vile, 1998: 93-94）。不過，孟德斯鳩本人已經強調指出「探究英國人現在是否享有這種自由，這不是我的事。於我而言，只要說明這種自由已由他們的法律建立起來，這就夠了，我不再往前追究」，「也無意藉此貶抑其他政體」（SL, XI: 6）。

國人民雖然熱愛自由，並且「爲了保衛這個自由，寧願犧牲自己的財富、安樂和利益；寧願擔負最重的賦稅，這種重稅就是最專制的君主也不敢讓他的臣民去負擔的」（SL, XIX: 27）。然而，這並不意味著去私從公的民主德行；相反地，在孟德斯鳩筆下，英國人民的性格因爲受到氣候的影響，有某種特殊的「不耐煩的脾氣」（impatience）（SL, XIV: 13），所以導致一種不易寬容的性格，最適宜他們的是這樣的政府：「它使這些人不可能把引起他們的煩惱的責任歸咎於任何人，而且在這個政府之下，他們與其說是受人的支配，毋寧說是受法律的支配」（SL, XIV: 13）。[5] 進一步而言，英國社會被一種無止息的激情（passions）所主導：「在這個國家裡，所有的激情都不受約束：憎恨、羨慕、嫉妒、對發財致富出人頭地的熱望，都極廣泛地表現了出來」（SL, XIX: 27）。但對孟德斯鳩而言，這並非壞事，因爲若非如此，國家就會像被疾病所折磨的人一般，毫無生氣且斷絕熱情。具有極端激情的自由公民，將會形成派系（faction），而由於人是獨立且善變的，所以很容易改變派系的認同。[6] 雖然有黨派形成，但在英國，立法機關還是最受人民所信任，因爲立法機關比人民要有遠見，其審慎的立法能使人民的急躁心情平靜下來。孟德斯鳩認爲「這種政體比古代的民主政治遠勝一籌」，因爲古代是人民直接享有這樣的權利，而在英國則有代議機構的中介。

　　假如說社會與人民的「激情」構成了英國憲政的社會與風俗基礎，那麼其經濟基礎則是新興的**商業**（commerce）：「和平與自由使這個國家安樂舒適，不受有害的偏見的束縛；它變成爲一個從事商業的國家」（SL, XIX: 27）。人類有史以來就從事商業與貿易活動；但孟德斯鳩強調，在傳統的一人政府之下，貿易的基礎是「奢侈」（luxury），也就是那些不完全根據實際的需要出發，而是爲貿易國獲取虛矯逸樂導向的

5　在這個文本中，孟德斯鳩等於是把哈靈頓（James Harrington, 1992: 8-9）所區分的「法治」（empire of law）與「人治」（empire of man），基於英國特殊的氣候與民情，而做出了某種社會心理解釋。

6　值得注意的是，孟德斯鳩並未討論十八世紀英國新興的黨派或政黨（party）政治現象，其原因請參閱 Shackleton（1961: 291-298）之討論。

東西（SL, XX: 4）。相對於此，在多人統治的政府中，貿易的重點則是
「經濟」或節儉（*économie*; economy）。這種經濟型的貿易在確保了個
人財產安全之後，將會致力於獲取更多的資產（SL, XX: 4）。孟德斯鳩
主張，貿易產生的自然結果是**和平**（peace），所以兩國間只要有經濟貿
易，就是一種相互依存的狀態，因為彼此之間以相互的需要為基礎，兩
方都能夠因此而獲利。換言之，經濟型商業是一種現代的精神，把不同
國家加以聯結；相對地，古代的國家則以戰爭和征服為目的（SL, IX-
X），構成了古代與現代社會的關鍵性差異。這個論述未來對法國十九
世紀自由主義將產生重大影響。

　　孟德斯鳩進一步強調，商業具有一種文明化的力量，能夠矯正偏
見，「因此，哪裡有寬厚的風俗，哪裡就有商業。哪裡有商業，哪裡就
有寬厚的風俗。這幾乎是一條普遍的規律」。[7] 所以，經濟型的貿易，
並不如古典思想家（如柏拉圖）所認定會敗壞風俗；相對地，「我們每
天都看到，貿易正在使野蠻的風俗（*moeurs barbares*; barbarous mores）
日趨典雅寬厚」（SL, XX: 1）。

　　整體而言，孟德斯鳩對英國政治社會基本的觀察是：經濟型商業
主導了社會發展，改變民風趨於寬厚善良，但是利益的競逐仍然產生
以激情為主導的社會習俗。在這樣的環境中，個人的獨特性能夠持續
發展，而以權力分立來維護個人自由的政治體制，則是搭配此種商業
社會的最佳政治制度。對孟德斯鳩而言，英國是「世界上最能夠同時以
**宗教**、**商業**和**自由**這三種偉大的事業自負的民族」（SL, XX: 7）。也唯
有在英國，現代的政治藝術得以具體發展，成為現代寬和政體最重要
的典範，其基本原則在於：

　　要形成一個寬和的政體，就必須聯合各種權力，加以規範與調
　　節，並使它們行動起來，就像是給一種權力添加重量，使它能夠和

---

7　商業貿易與溫厚風俗（*moeurs douces*; gentle mores）之論述，是孟德斯鳩對近
　　代資本主義觀念史中的獨特貢獻，請參考 Hirschman（1977: 60-61, 70-80）之
　　討論。

另一種權力相抗衡。這是立法上的一個傑作，很少是偶然產生的，
也很少是僅憑謹慎思索所能成就的。（SL, I: 14）[8]

## 五、「東方專制主義」及其思想史意義

孟德斯鳩以「性質」和「原則」兩個面向來討論政府，從而呈現出
不同體制所特有的統治方式及公民文化。然而，在討論政體原則腐化
的最後，他提出了其它的決定要素：共和政體從性質來說，領土應該狹
小；君主國領土則應該大小適中；而廣大的帝國統治者應該握有專制
權力（SL, VIII: 15-20）。如此一來，他引進了「性質」與「原則」之外
的自然因素，顯示出決定政體的不只是握有主權者的人數以及公民文
化而已。基於此，孟德斯鳩進一步發展他的歷史社會學，引進自然疆
域、氣候、人口特質等對政治制度以及法律的影響。吾人所關注的主題
則在於：孟德斯鳩的專制不僅僅是寬和良善政體的腐化，而是在特定
的地理與天候條件下，專制將自然滋生：「尤其是在世界上專制主義可
以說已經生了根的那塊地方──亞洲」（SL, V: 14）。換言之，亞洲是專
制主義的沃土。不僅如此，《論法的精神》描繪東方專制帝國的原型，
刻意不以常見的奧圖曼帝國爲藍本（cf. Çırakman, 2001），而是以傳統
中國，亦即「中華帝國」爲論述重點（SL, VIII: 21; cf. Rowbotham, 1950;
Volpillhac-Auger, 2008）。

孟德斯鳩深知這與當時耶穌會教士所描繪的中國圖像有根本差
別：[9]

---

8　這個文本強調權力分立後的聯合動能，接近鄂蘭所強調的共和精神（Arendt,
　　2005: 63-69）

9　在利瑪竇（2001: 32）的觀察中，「從遠古以來，君主政體就是中國人民所讚
　　許的唯一政體。貴族政體、富豪政體或任何其他的這類形式，他們甚至連名字
　　都沒有聽說過」。但在描述了皇權與治理，以及只有碩學鴻儒才能參與國家政
　　府的工作後，利瑪竇（2001: 35）提出了進一步的修正：「雖然我們已經說過
　　中國的政府形式是君主制，但從前面所述應該已很明顯，……它還在一定程度

　　我們的傳教士告訴我們，那個幅員廣漠的中華帝國的政體是可
稱讚的，它的政體的原則是恐懼、榮譽和德行兼而有之。那麼，我
所建立的三種政體的原則的區別便毫無意義了。（SL, VIII: 21）

　　相對於此，孟德斯鳩輕蔑地說「但是我不曉得，一個國家只有使用
棍棒才能讓人民做些事情，還能有什麼榮譽可說呢」（SL, VIII:21）。孟
德斯鳩不信任耶穌會教士對中國政體的描述，因爲天主教士本身「就
是受著教皇單一的個人意志的統治」，自然會被專制這種有秩序的外表
所迷惑。相對地，他比較相信歷史、商人的記敘，以及一些西方人的遊
記，並以之作爲依據。[10]

　　依據孟德斯鳩的分析，東方專制的基本特色，是國家與君主家庭
的混淆不清，使得「一切都簡化爲：使政治、民事的管理和君主家庭的
管理相調和，使國家的官吏和君主後宮的官吏相調和」，而「國家的保
存只是君主的保存而已，或者毋寧說只是君主所幽居的宮禁的保存而
已」（SL, V:14）。他也對中國的專制提出相同的批評：「這個政府與其
說是管理民政，無寧說是管理家政」（SL, VIII: 21）。換言之，孟德斯鳩
對於專制政治的批評集中在兩點：國家與家庭的混同（亦即中國傳統
所謂「家天下」），以及在這樣的政治秩序中，後宮（seraglio）對於政
治所產生的腐化作用。孟德斯鳩雖然承認，中國人曾想使「法律」和
「專制」並行，但他認爲「任何東西和專制主義聯繫起來，便失掉了自
己的力量」（SL, VIII: 21），所以高於法律的專斷權力，以及恐懼的政治

---

上是貴族政體。雖然所有由大臣制訂的法規必須經皇帝再呈交給他的奏折上加
以書面批准，但是如果沒有與大臣磋商或考慮他們的意見，皇帝本人對國家大
事就不能做出最後的決定」。在這個從西方角度觀察中國體制的描述中，可看
出利瑪竇是將中國的君主通過士大夫階層從事治理的結構，詮釋爲君主與貴族
的混合政體。唯有基於此，才能理解孟德斯鳩認定耶穌會的觀點會危及其理論
的基礎，因爲中國的政府體制被描繪爲混合政體並具有寬和精神。

10　依據孟德斯鳩的註解，包括：歷史作品以杜亞爾德（du Halde）的《中華帝國
　　誌》、郎治（Lange）在中國的遊記，以及安遜勳爵（Lord Anson）的回憶錄
　　等。關於孟德斯鳩對中國分析的資料來源，可參見 Young（1978）以及許明龍
　　（1989）的詳細考察。

原則，將不斷用鎖鍊武裝自己，它們只能形成某種表面的平靜（tranquility），卻無法形成真正的和平（peace）。孟德斯鳩主張，專制政體和一般的想像不同，在其中並沒有穩定的權威（authority; SL, V: 16），所以專制的命運就是最終被革命所推翻（SL, V: 11）。

孟德斯鳩強調，「專制」所附隨的人民境遇乃是「**政治奴役**」（political servitude; SL, XVII: 1），並認為亞洲國家的專制奴役有著自然條件的基礎，例如氣候上缺乏溫帶特性：「亞細亞是沒有溫帶的；和嚴寒的地區緊接著的就是炎熱的地區，如土耳其、波斯、蒙兀兒（Mogul Empire）、中國、朝鮮和日本等」（SL, XVII: 3）。在此種天候條件下，人民的稟賦趨向疲弱，面對好戰的民族，容易被征服。再加上亞洲廣袤的平原，更造成民族間大規模征服的發生頻率遠遠高過歐洲（SL, XVII: 6）。基於此，孟德斯鳩宣稱：「**這就是亞洲之所以弱而歐洲之所以強的重要原因；這就是歐洲之所以有自由而亞洲之所以受奴役的重要原因**」（SL, XVII: 3）。

孟德斯鳩的專制概念，在啟蒙時期形成了西方現代政治思想的重要轉向（Whelan, 2001），並形構了之後影響深遠的「**東方專制論**」（oriental despotism; cf. Rubiés, 2005; Curtis, 2009）。雖然不少同時代讀者並不接受孟德斯鳩的區分，並認為所謂專制只是君主制的腐化，沒有必要專門獨立列為一個政治範疇（Tracy, 1969: 45-47）。伏爾泰也認為專制只是濫權的君主制，不該任意將東方的大帝國描繪成所謂的專制（Voltaire, 1994: 98），並且精確指出，「原來在希臘文中專制主（despot）一詞意指家庭的主人和父親」，這或許可以用來描述某些歐洲小國的君主、中古的封建領主，但用來描述大帝國的統治者並不妥當（Voltaire, 1994: 97）。

伏爾泰的評論指向專制概念的核心議題。"despot" 一詞出自希臘文，但並不屬於亞里斯多德古典的六種政體分類之一（cf. 蕭高彥，2013: 54-59），而是在亞里斯多德討論主人對奴隸的支配時所建構的概念。亞里斯多德認為，一般而言，理性應該節制慾望，這樣的統治是政治性的，類似政治家或君主的權威；但主人支配奴隸，則是靈魂（soul）

統治身體（body），屬於完全不同的樣態（*Pol.* 1254b）。因此亞里斯多德界定特別能發展共同體良善生活的「自由人的政治統治」，由於包含了公民的輪流統治，使得共同體能夠實現共同利益（cf. 蕭高彥，2013：36-46），而與完全憑依主人專斷意志的主奴關係不同（*Pol.* 1277b）。這個著名的論述，形成了西方古典思想對於「政治」概念的正統界定，也區別出公共領域的政治權威（政治統治）與家庭中家父長與奴隸主的支配基礎，兩者完全不同。[11]

換言之，「專制」構成了亞里斯多德政治概念的邊界（borderline），或者說專制其實就是一個「邊界概念」（cf. Schmitt, 1985a: 5），可以劃分政治統治與非政治支配、正當與非正當政治體制間的絕對界限。「專制主」以支配奴隸的方式統治其臣民，顯然違反了亞里斯多德所劃出的政治界限，其腐化遠遠超過僭主以不正當手段取得最高權力，或暴君不按照法律與正義行使統治。

值得注意的是，除了作為政治概念的邊界，亞里斯多德對於專制一詞的運用還有另一種意義的邊界：族群邊界。他指出，**野蠻**（亦即**非希臘**）民族中，往往出現一種類似僭主的君主政體，其國家雖然有成法（*nomos*），王位也都是世襲的，但其統治則是支配奴隸的專制（*Pol.* 1285a）。亞里斯多德並且提出了專制氣候論的原型：歐洲北方寒冷地區的人民，精神充足但缺乏理解力，因此雖能保持自由，卻沒有政治的德行與功業；至於亞洲人民雖深於理解，但精神卑弱，所以往往屈從於人而為臣民，甚至淪為奴隸。只有希臘各城邦在地理上位處兩大陸之間，兼有兩者稟性之長，所以能保持自由，且發展高度的政治藝術（*Pol.* 1327b）。換言之，亞里斯多德的「專制」概念，其實同時畫下兩種邊界：在族群上劃分了希臘民族與非希臘民族（無論是歐洲北部或亞洲）的差別；而在政治上，則將專制劃分在政治統治之外，設定為家庭中家

---

11 當代政治理論家鄂蘭，便是發揮這個思想史區分最重要的推手。她所提出權力與暴力、公領域與私領域、行動與勞動的區別等，都是發揮亞里斯多德政治觀念的核心精神，雖然賦予了相當程度當代存在主義的色彩。參閱 Arendt（1958：28-38）。

父長與奴隸主的支配，而與城邦政治共同體中君主、貴族或公民的統治截然不同。

　　希臘的專制概念，在拉丁語系的羅馬政治思想中隱遁，中古政治思想則以暴君放伐論爲主軸（cf. 孔令侃，1970）。而當亞里斯多德《政治學》於十二世紀被翻譯成拉丁文後，「專制」概念又回到政治論述，不過重點集中在亞里斯多德所概念化的**政治**部分，並無族群的色彩。中古後期 Ptolemy of Lucca（1236-1327）在論述君主統治的專著中，強調了專制與政治統治的對立，並藉此貶抑君主制，認爲君主制或多或少都有專制主的色彩，藉此提倡公民輪流統治的共和主義政治觀（Ptolemy, 1997: 123-125）。

　　如本書第一篇所述，在宗教改革時期，政治鬥爭的焦點集中在暴君放伐論的人民優位論與絕對主義者的主權論間的互相抗衡，爭論的焦點在於：行事僭越神聖法與自然法的暴君是否能被抵抗甚至放逐。然而，就在這個脈絡中，布丹提出「領主式君主政體」可在義戰中依靠武力，使自己成爲民眾和財產的主人，並像家父管理他的奴隸一樣地支配其臣民（Bodin, 1955: 56-59）。這使得「專制」被引介到民族國家初期國與國之間戰爭的脈絡中，成爲征服者或征服國家可以行使的一種正當權力。這個理論取向爲格勞秀斯所繼承，將被征服的國家理解爲一種「混合主權」（mixed sovereignty），也就是「領主式」與「民事」（civil）的主權混合，使得奴役狀態能與某種程度的個人自由（personal liberties）同時並存。十八世紀流傳最廣的 Jean Barbeyrac 譯本則直接將「領主式」直接翻爲「專制式」（Grotius, 2005: 1377-1378），這清楚地顯示出，當時的政治理論已經在國際關係的層次運用了專制的概念。

　　因爲英國王室諾曼征服（Norman Conquest）的背景，格勞秀斯國際法的新理論在英國內戰時期產生了極大的影響。共和派如 Marchamont Nedham（1620-1678）便強調征服所帶來的事實性權力（*de facto* power），足以成爲國家正當性的來源，由此證成英國新興共和國的統治具有正當性，臣民應宣誓效忠服從（Nedham, 1969; cf. Skinner,

2002a, 3: 238-263）。在同一個歷史脈絡中，如本書第五章所述，由霍布斯再加系統性地發展，戰爭中透過征服而造就的「取得的邦國」，也是基於被征服者的「同意」，而成爲一種正當的國家形式，霍布斯稱之爲專制。[12]

孟德斯鳩的專制理論，若就《論法的精神》前八書所述，仍然屬於亞里斯多德所界定的「政治」領域，只是孟德斯鳩將專制另列爲一個獨立的分類範疇，取代了暴政或僭主的位置。另外，他也否定征服權利論（SL, X: 3），而這等於間接否定了布丹與霍布斯將被征服國家與專制統治加以聯結的理論取向。然而，當孟德斯鳩以中華帝國重塑「專制」概念，並以地理、天候等自然因素加以解釋時，他既重振了亞里斯多德專制概念的**族群**面向，且在更廣大的世界史架構中——亞里斯多德的比較，仍然侷限於北歐、地中海沿岸的希臘以及近東的波斯——進行論述。所以孟德斯鳩在描繪專制帝國的原型時，是以中華帝國爲例，而非如一般以近東的奧圖曼帝國爲本。這個轉變的影響既深且鉅，畢竟如本書第一篇各章所述，從布丹到洛克的專制觀念都以政治面向（戰爭權利與主奴支配）爲主軸。而孟德斯鳩則開啓了啓蒙時代對於文化他者的負面意象，成爲歐洲中心主義的「東方主義」（orientalism）之典範例證。[13] 然而，吾人關注的焦點並非對東方主義進行意識型態批判，而是從思想史的角度理解孟德斯鳩的專制概念，在全球政治思想史的架構中，對後來的西方政治思想乃至東方的政治思想所產生的關鍵影響。

## 六、結語：二元對立範疇化以及政治的意識型態化

綜合本章以上的討論，吾人可將孟德斯鳩的政體分類表列如下：

---

12 近代西方政治思想在專制概念上仍持續發展，並非本書範圍所能窮盡。相關文獻，可參閱 Koebner（1951）; Venturi（1963）; Boesche（1995），以及 Richter（1973; 1995; 2005; 2007）。

13 最著名的分析，乃是 Said（1978），雖然該書分析的範圍以近東爲主。

| 共和制<br>Republic | | 君主制 Monarchy<br>（榮譽） | 專制 Despotism<br>（恐懼） |
|---|---|---|---|
| 民主制<br>Democracy<br>（德行） | 貴族制<br>Aristocracy<br>（節制） | | |
| 英國憲政（三權分立＋代議政府）<br>English Constitution | | | |

　　這個推翻亞里斯多德政體論的架構有何理論涵義？又爲何對其後的政治思想史產生重大的影響？這都是吾人必須深入探討的課題。

　　論者往往主張，孟德斯鳩的思想並非以體系性見長，所以未必需要將某種系統性思維加到《論法的精神》之上（如 Shackleton, 1961: 266-267）。然而，從若干思想的特色，吾人仍可梳理出孟德斯鳩政府理論的原創性。首先，顯而易見的事實是，孟德斯鳩推翻了亞里斯多德以及布丹以降傳統的政體分類。在古典政治哲學傳統中，「政制」（regime）以及掌握統治權力階層的數量，在波利比烏斯（Polybius）的論述中形成了君主、貴族、民主，與其變體的暴君、寡頭、暴民，以及結合三種良善政體所產生的「混合憲政」（蕭高彥，2013: 54-59, 77-85）。本書第一篇已經分析了在近代早期布丹、格勞秀斯與霍布斯的國家理論中，以主權概念分析國家體制，所產生的分類維持著古典傳統的三種體制：君主、貴族與民主。不過，在主權的邏輯之下，霍布斯強調，古典傳統所謂的變體政體，只是論述者將他所不喜歡的政體污名化而已。相對地，孟德斯鳩則完全放棄了六種政制或三種國體的理論。他在《論法的精神》前八書的分析中指出，可以成爲寬和政府的政體基本上包括民主、貴族與君主，他並以「共和」之名來涵攝前二者，所以產生了共和、君主與專制的三個理論要素，並且在第十一書引介英國權力分立的憲政體制作爲新典範。

　　孟德斯鳩建構理論的方法，可以被視爲一種「理念型」（ideal type）的建構：共和體制以古代城邦的民主制與貴族制爲本；君主制以孟德斯鳩自己理想中的法國混合憲政與有限君主制爲藍本；英國自由政制則是依據他在英國的所見所聞，做出一個具有想像力的重構。至於專制則是絕對腐化的君主制，一方面用以批判路易十四與黎西留（Cardinal Richelieu, 1585-1642）的絕對主義政策，[14] 另一方面他用東方專制帝國來加以包裝，強化其批判的能量。另外，他以疆域的大小說明共和制適合小國寡民的政治社群，君主制適合中型的民族國家，而專制可能是廣土眾民大帝國的宿命。

　　除了疆域之外，這個理念型的呈現也蘊含了某種歷史向度（Althusser, 1982: 61- 86）：共和制是歷史的過去，古典城邦的典範制度；君主制則是現在，也就是孟德斯鳩時代可以持續經營的寬和政體；而英國自由政制則是世界歷史未來的趨向，在商業社會中建構一個足以維護政治自由的憲政體制。至於專制則構成了歷史之外、政治領域的絕對邊界，是一種「舉國皆奴」的全然腐化，一種用非政治、不正當的方式來處理公共事務的絕對惡。

　　筆者認爲，除了理念型建構之外，孟德斯鳩的政體分類運用了多組二元對立：包括**君主制 vs.專制**、**古典共和制 vs.現代君主制**、**三權分立的英國憲政體制 vs.傳統形式的政治體制**、**寬和政體 vs.專制**等，從而在自然法體系之中開創了全新的政府論與歷史觀。

　　事實上，二元化的概念，從來不是以理論的客觀性爲主，而是著眼於實際政治的鬥爭概念（polemic concept）。現代二元對立的概念化，可以追溯到本書第一章所述馬基維利在《君主論》開宗明義指陳：「從古至今，統治人類的一切國家，一切政權，不是共和國就是君主國」（Machiavelli, 1985: 5）。在馬基維利的政治圖像中，預示了現代國家將在君主與共和民主的兩大力量間取得具體型態，貴族的政治影響力將

---

14　孟德斯鳩斥責黎西留勸告君主應該不准人民集會以免產生麻煩時，說「如果這個人不是心裡有專制主義，就是腦子裡有專制主義的思想」（SL, V: 10）。

逐漸式微。

　　孟德斯鳩繼承了許多馬基維利的思想元素，但恢復了世襲貴族在君主制中作爲中介團體的政治作用。他的政體理論，從多組二元對照中，逐漸產生鮮明的政治圖像。孟德斯鳩政體論中最明確的二元對立乃是君主制與專制。從他運用混合憲政傳統來重新界定君主制，並以東方帝國與帶奴役色彩的專制加以對照，可見其眞正的主要企圖應該在於針貶法國時事（Shklar, 1987: 83-85）。其次，共和制與君主制也形成一組鮮明的對照，前者由全體人民或一部分政治菁英掌握主權權力實行統治，後者反而是君主通過中間團體與基本法來實施統治。孟德斯鳩也同時在共和概念之下，建構出民主共和與貴族共和的兩元對立，吸納了亞里斯多德的中道理想，指出二者應該互相趨近才能維持政治穩定。另外，英國憲政的引入也產生了另一種二元對立的效果；筆者認爲，英國政制是與共和及君主制皆相對立的**立憲政府**。共和（民主與貴族）以及君主是古典傳統所論述的政治體制，立憲政府則是商業社會中維持政治自由最爲可行的政治制度。

　　在這多重的二元對立與理念型之中，孟德斯鳩作爲一位廣泛蒐集資料，歸納歷史經驗的政治理論家，認爲每個特定的政體（除了專制），立法家都應該考慮政體的性質、原則、歷史傳統與民情風尙，乃至法律系統的特殊性等，以中庸之道，創造寬和政府。換言之，「寬和政府」可以包含良序的民主制、貴族制、君主制以及英國的憲政體制；唯有專制絕不可能成爲寬和政府。所以寬和政府與專制的絕對對立，是孟德斯鳩繁複的概念架構中，最確定的政治原則（SL, III: 9-10）。

　　據德國概念史家科賽列克的分析，近代歷史主義的興起過程中，有一個極爲重大的轉折在於，亞里斯多德的古典政體理論被現代各種二元對立政體觀所取代。亞里斯多德的古典政體觀念配合著古典的「自然」（nature）觀念，在希臘以及羅馬古典時期形成了影響久遠的政體循環論，亦即從政體的循環顯示出政治依循自然而更迭的常軌（Koselleck, 1985: 82-84, 286-288）。科賽列克指出，這概念架構在法國大革命前被打破，循環史觀爲新起的啓蒙「進步史觀」所取代；而當歷

史被「線性化」形構之後，由過去、現在以及未來的發展軸線，產生了
歷史行動者（個人或集體）以現在作為行動出發點，批判過去以成就未
來可能性的全新思考模式。科賽列克以康德為例說明新的二元對立觀：
「專制」屬於過去，而歷史的進程，則是以自由的最終目的來形構「共
和」。如此一來，專制／共和的二元對立，就成為新興政治批判的利器：
一方面批判過去的反啓蒙、非文明專制狀態，另一方面也對現在的行
動者產生未來的指引效果，因為政治之目的在於創造每個人都擁有平
等自由權利的共和政制（Koselleck, 1985: 287）。

　　科賽列克以康德作為新興歷史主義所開創的專制／共和二元對立
政治價值的代表者；但本章的分析論證了科賽列克所指陳的歷史化以
及政體理論的根本變化，其實是由孟德斯鳩所開啓，因為「專制」概念
的二元對立範疇化是由孟德斯鳩所首先建構的。在《論法的精神》一書
中，專制由君主制的對立面，轉化為所有寬和政體的對立面，也就是所
有寬和政體都有可能腐化成為專制。如此一來，專制和古典「暴君制」
概念的最大差別在於：前者不僅是君主一人獨治的腐化型態，而是統
治者將自身置於法律之上成為專斷權力的政治體制。在其後的思想史
進程中，「專制」取代了所有古典傳統中的「變體政制」（僭主／暴政、
寡頭、暴民；cf. 蕭高彥，2013: 79），成為一個單一化的負面政體之典
型。關鍵問題在於，何者是與之相對的良序政治體制。孟德斯鳩看似複
雜的歷史分析，其實創造出一個簡單的政治二元概念範疇，讓現代政
治思想與行動展開全新的一頁。是以，在孟德斯鳩之後，「專制」一詞
迅速在英、美、法、德都產生了重要影響（Richter, 2005; 2007）。而如
Koebner（1951: 300-301）所指出，在法文中「專制主義」（*despotisme*）
於十八世紀初葉才正式取得名詞型態，並且以「**主義**」（-ism）為字尾
的觀念。由於孟德斯鳩也大量使用專制主義一詞，因此吾人將孟德斯
鳩二元概念化的分析，特別是專制主義的概念，作為現代「**主義政治**」
的先河，並不為過。然而，西方政治思想史的發展，仍需要在孟德斯鳩
的理想型架構中，逐漸發展出完整的**歷史序列式**的政體論。

　　思想史家洪特則指出，孟德斯鳩的政體分類，首先區分成具有正

當性（基於法治）以及專制（基於個人權力）二類；而正當的政體（即 *rei publicae*）可進一步依據社會條件，區別爲立基於平等的共和，以及立基於不平等的君主制。事實上，孟德斯鳩在論述君主制之原則爲「榮譽」時，其實是運用了霍布斯的「虛榮」（vainglory）觀念，並主張它在社會不平等的君主制中，通過貴族在政治社會場域的作用，反而可以達成一種均衡。一究其實，這個論述乃是法國舊制度最終極的自我證成方式（Hont, 2015: 43-46, 72-84）。然而，孟德斯鳩對於君主制與榮譽的理論，不旋踵將會被盧梭通過對自尊之愛或虛榮（*amour propre*）的激進批判而摧毀，並導向革命政治觀。這個全新的理論取向，以盧梭對於自然狀態以及社會不平等的徹底批判，以及建構一種「政府發展的假設歷史」而奠基。之後，在英國、法國與德國影響了不同的理論進程：在英國，蘇格蘭啓蒙思想家以孟德斯鳩的政體理論爲基礎，發展出以文明進步史觀爲主軸的社會階段論；在法國，自由主義建構出了現代商業社會所需的「現代自由」，而與古典共和城邦以政治參與爲主軸的「古代自由」相對立；在德國，則發展出歷史哲學，人類歷史的整體被詮釋爲精神展現的歷程。這些發展是本書以下將逐一檢視的思想史議題。

# 第八章

# 盧梭論自然與政治社會之歷史辯證

## 一、前言：盧梭的激進之聲

如前章所述，孟德斯鳩運用自然法以及著重民族精神的史學方法，重新建構了一套政體分類。不僅如此，他也預見了現代商業社會的發展方向：貿易將帶來寬厚的風俗，且矯正各民族的偏見，促進國際貿易，使國與國之間互相依存，實現和平與正義。而在商業社會中，當時貿易最爲發達的英國所發展出的三權分立政府最適合保障政治自由，成爲治理這種新型社會最佳的體制。

然而，《論法的精神》發行不過數年，就引發了激越的聲音吶喊：「古代的政治家們不停地在談論倫理風俗與德行，而我們的政治家卻只談論貿易與金錢」，這個大膽的挑戰，來自於盧梭（Jean-Jacques Rousseau, 1712-1778）的《論科學與藝術》，係盧梭於 1750 年應第戎學院（l'Académie de Dijon）的道德論文獎徵文比賽所完成的論文中提出的警語（盧梭，2015: 85）。比賽的題目是「科學與藝術的復興是否有助於敦風化俗」。據盧梭的《懺悔錄》所述，他看到這個題目的時候，「登時就看到了另一個宇宙，自己變成了另一個人」：

> 我的情感也以最不可思議的速度激昂起來，提高到跟我的思想一致的地步。我的全部激情都被對眞理、對自由、對道德的熱愛窒息掉了，最足驚人的是這種狂熱在我的心田裡持續達四、五年之久，也許在任何別人的心裡都不曾那樣激烈過。（盧梭，1986: 434）

從這段自述可以觀察到盧梭思想的浪漫性格：他的政治論述結合了高度的激情，目標則在於追求自由、眞理以及道德。

《論科學與藝術》一文其實改變了徵文比賽的題目，盧梭文章的標題爲「科學與藝術的進步是有助於傷風敗俗還是敦風化俗」，他主張，科學與藝術的進步帶來了奢侈的民風，其結果將腐化公民的德行與勇氣，最終導致倫理風俗的瓦解。所以，在文明社會中，有物理學家、幾何學家、化學家、天文學家、詩人、音樂家、畫家，「但我們不再有公

民」（D1, I: 54）。[1] 盧梭對自己這篇論文的評價爲「這篇作品雖然熱情洋溢，氣魄雄偉，但完全缺乏邏輯與層次」（盧梭，1986: 435）。

四年之後，盧梭已經因爲第一篇論文獲獎而聲名鵲起，再度爲第戎學院以「人類不平等的起源」爲題的徵文比賽撰寫了《論人類不平等的起源與基礎》（1754）。這時盧梭或許沒有前一次的強烈激情，但爲了寫作準備，他造訪了凡爾賽附近聖・日耳曼（St. Germain）的森林：

> 我就鑽到樹林深處，在那裡尋找並且找到了原始時代的景象，我勇敢地描寫了原始時代的歷史。我掃盡人們所說的種種謊言，放膽把他們的自然本性赤裸裸地揭露出來，把時代的推移和歪曲人的本性的諸事物的進展都原原本本地敘述出來；然後，我拿人爲的人和自然的人對比，向他們指出，人的苦難的眞正根源就在於人的所謂進化。我的靈魂被這些崇高的沈思默想激揚起來了，直升騰至神明的境界；從那裡我看到我們的同類正盲目地循著他們充滿成見、謬誤、不幸和罪惡的路途前進，我以他們不能聽到的微弱聲音對他們疾呼：「你們這些愚頑者啊，你們總是怪自然不好，要知道，你們的一切痛苦都是來自你們自身的呀！」（盧梭，1986:

---

1　本章爲節省徵引篇幅，引用原典縮寫如下：

**D1** = "Discourse on the Sciences and Arts," in *The Discourses and Other Early Political Writings*. Tran. Victor Gourevitch. Cambridge: Cambridge University Press, 1997.（本章縮寫爲 D1，並以段落數徵引之，例如 D1, II: 1 即代表第二章第一段，以便參考其它譯本。段落數是 Victor Gourevitch 所加）。

**D2** = "Discourse on the Origin and Foundations of Inequality among Men," in T*he Discourses and Other Early Political Writings,* tran. Victor Gourevitch. Cambridge: Cambridge University Press, 1997（本章縮寫爲 D2，徵引方式同上）。

以上兩論之中文譯文原則上採用苑舉正譯本（盧梭，2015），但筆者有時會參考原文以及北京商務印書館譯本（盧梭，1962）修改潤飾，不另行標註。

**SC** = "Of the Social Contract," in *The Social Contract and Other Later Political Writings*, tran. Victor Gourevitch. Cambridge: Cambridge University Press, 1997（本章縮寫爲 SC，徵引方式同上）。

480）

　　雖然盧梭在切入這個課題時，充滿著強烈的情感，然而，他的分析卻必須運用理性以及哲學的方法方有可能完成。什麼樣的哲學方法可以承載盧梭的浪漫主義情緒？他對西方現代性的分析，在政治思想史完成了何種創造性的結果？這是本章的主題。

　　《論人類不平等的起源與基礎》（以下簡稱《論人類不平等》）一文大體上可分爲四個部分：對日內瓦共和國的獻詞、序言，正文則在一段簡短的前言之後，分成第一部分與第二部分。盧梭並在〈序言〉以及簡短的〈前言〉中，進行了方法論的反思。盧梭的意旨在於推翻西方近代自然法傳統，創造新論述。如本書第一篇所述，西方近代自然法思想家以自然狀態爲起點，通過人類的社會性，逐漸發展出家庭與社會，最後通過同意與契約建立「政治國家」，作爲完善化的人類結社並實現正義。相對地，盧梭則運用霍布斯式的反社會性作爲出發點（Hont, 2015: 71），建構了一套理論性的歷史論述重構自然狀態，成爲一種關於早期社會的人類學樣態之論述。在此基礎上，他進一步分析政治制度的辯證發展史，他所提出的分析架構，乃是顯示，在社會財富不平等的前提下，政治制度的建立與發展，將永遠朝向更爲腐化的狀態，最終達到專制主義、法權蕩然無存的境況，以致需要激進變革。以下將依原書順序詳論相關議題。

# 二、盧梭的沉思方法

　　在《論科學與藝術》卷尾，盧梭一反之前的批判態度，指出仍需要一種「眞正哲學」：問題不在於哲學思辯，而在於一般的作家運用所謂啓蒙手段導致人類自我的喪失。然而，盧梭並不否認有一種「大自然注定要作爲門徒的人，完全不需要師傅。諸如威虞藍（Vérulam）、笛卡兒及牛頓這些人類的導師，他們自己並沒有設置師傅，並且是什麼樣的

指導者帶領他們直到他們的廣博才華所攜帶他們所至之處呢？」（D1,
II: 59）盧梭所說的威虞藍即爲培根（Francis Bacon, 1561-1626）；假如
參照前章篇首引述蘇格蘭啓蒙學者 John Millar 之言，孟德斯鳩猶如培
根、亞當斯密爲人文社會學的牛頓，那麼吾人似乎可說，盧梭運用了笛
卡兒的方法，重新檢視人的本性，並且處理了笛卡兒所未曾處理的社
會議題。盧梭所稱譽之「眞正的哲學」如下：

> 噢！德行啊！儉樸心靈的崇高科學，眞的需要這麼多的辛勞與
> 工具來認識你嗎？你的原則不是已經刻在每個人的内心中嗎？爲
> 學習你的律法，不是回到自己，並且在激情沈靜中，傾聽他個人良
> 心的聲音就已經足夠了嗎？（D1, II: 61）

　　盧梭將「傾聽良心聲音」作爲《論人類不平等》的方法學基礎，此
語須深入分析，才能理解盧梭的意旨。
　　《論人類不平等》的扉頁，引用了亞里斯多德政治學的一句話：
「什麼是自然的，不應調查來自已經墮落的事物，而應調查那些因自
然而美好的事物」（盧梭，2015: 199）。此引文來自《政治學》第一書
中，討論奴隸制是否合於自然的段落；在此脈絡中，亞里斯多德主張在
生物的範圍裡，最高級，也就是最「自然」的組合，是靈魂與身體的結
合，且由前者統治後者，這構成一種「健全的自然狀態」（*Pol.* 1254a）。
假如倒過來由身體統治靈魂，那就成爲一種腐敗的狀態，亦即盧梭扉
頁引文所述之狀態。與亞里斯多德這段引文的原意對比，已可以看出
盧梭和古典政治思想的根本差異：對亞里斯多德而言，健全的自然是
充分發展後的一種良序狀態；但盧梭則將現實世界墮落腐化的狀態，
往前追索溯源到一種尙未腐化墮落的狀態，因爲那才是眞正的「自然
狀態」（cf. Master, 1968: 112-113）。就此取向而言，盧梭的理論雖立基
於霍布斯以降近代社會契約論傳統；但他對古典共和的熱愛，又使其
論述產生與霍布斯、普芬道夫以及洛克完全不同的新貌。
　　盧梭既然如其他所有文明人一般，都處在墮落腐化的文明狀態，

那麼，如何可能認知到「自然形成人的原始狀態」（D2, Preface: 1）呢？盧梭認為這是一個所有哲學家都想要解決的「棘手問題」。[2] 他用了一個生動的比喻：希臘神話傳奇英雄格勞克斯（Glaucus）的雕像，沈在海中數千年，經過風暴與海水的侵蝕，早已失去原始的樣貌；他不再像神，反而像一隻凶猛的野獸。文明人亦然，在社會發展的過程中，人類的心靈乃至身體結構都已經徹底改變；假如「所有人類進步都不停地使人偏離原初狀態」（D2, Preface: 2），而所有的知識累積都是進一步讓人繼續偏離，那麼究竟如何能「找出區別人差異的最初源頭」（D2, Preface: 3）？

　　盧梭認為，若有人能解決這個重大的議題，能在人類社會中做某種「實驗」來理解自然人，那麼可稱得上是現代的亞里斯多德與普里尼（Plyny, AD 23/24 - 79）。盧梭雖然參考了同時代的自然科學（如動物生理學以及民族誌等），但他對此一主題所進行的是「**沈思**」（meditation; D2, Preface: 4），[3] 並將其所沈思的課題關連到「自然權利」的定義（D2, Preface: 5）以及自然法理論（D2, Preface: 6）。他指出，古典自然法（以羅馬法為代表）同時適用於人與動物，指的是「自然在所有動物中，為他們的共同保存而建立普遍關係」（D2, Preface: 6）。相對地，現代自然法則針對作為獨特道德存有者——也就是具備智性（intelligence）與自由——的人類，規範的是人彼此間的關係。然而，無論古典或現代自然法，所有學派都有自己界定自然法的方式，其複雜程度「除非成為非常偉大的理性者或形上學家，否則是無法理解或是遵守自然法的」（D2, Preface: 6），如此一來，社會的根源反而變成一種極為困難的知識。

　　盧梭進一步對霍布斯以降近代社會契約所建構的「自然狀態」理

---

2　盧梭所迴避明言的乃是，他關於人類墮落之論述，乃以基督神學之原罪論與神義論（theodicy）為對手，是以在其敘述中只有「自然」而無「上帝」，只有哲學思辯而無聖經引述。請參閱 Cassirer（1989: 77-78）；Starobinski（1988: 295-296）；Strauss（1953: 267-268）；Master（1968: 107）。

3　盧梭以「沈思」而非「實驗」作為對不平等起源的探究方法，指向了笛卡兒式的思維（cf. Strauss, 1953: 264-265, 269），因為笛卡兒的主要哲學著作之一正是 *Meditations on First Philosophy*。

論提出批判：「所有曾經檢視社會基礎的哲學家都覺得必須追溯到自然狀態，但是卻沒有哪一個人眞正成功地做到這點」（D2, I: 5）。在這些理論家的設想中，自然狀態裡的人可以具備正義的概念、擁有所有權，或掌握強者的權力等。對盧梭而言，這些理論家的根本謬誤在於「把存在於社會中的概念轉移到自然狀態中，他們談論原始的人（savage men），想的卻是文明人（civil men）」（D2, I: 5）。[4]

　　相對於這些自然法學派複雜的界定以及理論困境，盧梭轉而強調對自我的直接知識。換言之，自然法應該「直接反應出自然的聲音」，方使其成爲自然（D2, Preface: 8）。基於此，在盧梭實際開始考察自然狀態與文明社會的發展之前，他通過自己的「沈思」，提出下列原則：

　　所以，讓我們推開所有學理書籍，因爲它們僅能教導我們人類如何發展自我，而該去思考的，卻是人類靈魂之中最初的與最單純的行動。如此，我可以感受到理性發展之前最優先的兩個原則：第一原則使我們熱烈關心我們的福祉（bien-être）以及我們的保存（conservation）；第二原則引發我們那種不願意見到有感覺動物面對危險或痛苦的情緒，尤其是與我們屬於同一種類的動物。我們心靈活動能夠使這兩個原則協調與合作，不用再引入社會性（la sociabilité）。（D2, Peface: 9）

---

4　本書將 "savage" 翻譯爲「原始」或「未開化」，基本上以前者指人（原始人）並以後者指社會或文明狀態（未開化文明）；而 "barbarian" 則譯爲「野蠻」。savage 以及 barbarian 都是文明的對立面，在盧梭思想以及蘇格蘭啟蒙運動中，將發展出全新的理論意義，所以必須加以區分。簡言之，"savage" 大體上是以北美原住民爲本所做的推斷，"barbarian" 則是以北歐或中亞的民族所形成的政治想像。若依本書下一章所論弗格森所提出的根本差別，則 savage 尚無財產概念，而 barbarian 則已經有初步的財產概念。而以《論人類不平等》的脈絡而言，第二部分的第一句話「第一個圈起一塊地的人，當他膽敢宣稱：『這是我的』，又認爲周遭的人簡單到相信他所說的，那麼他就是公民社會的真正創建人」（D2, II: 1），代表從這時開始才進入所謂 barbarian 階段，之前第一部分的「純粹自然狀態」則爲 savage 時期。

　　這兩個先於理性的原則，顯示出盧梭所選擇的現代自然法的基本取向，其實只是在霍布斯所主張作爲自然權利基礎的**自保**（self-preservation）之外，加上了**憐憫心**（commiseration）作爲節制人類自保本能的另一種自然衝動。這兩項自然權利的原則，是盧梭「沈思」以及「感受」（*apercevoir*）的直接結果，先於理性。[5]

　　盧梭運用沈思與直觀的感受，就可以追尋到人性最自然的脈動，那麼這種自然性又如何能與目前的文明狀態產生關連？盧梭指出，他將「以一些推理爲起點，大膽地提出一些**推測**（conjectures），但它們並非用來解決問題，而是想要釐清問題，並將問題化約至眞實的狀態之中」（D2, Preface: 4），使得文明人瞭解到哪些屬性是「造物者的原意」，哪些屬性是「人類以其能力所造就的」（D2, Preface: 12）。這些「**假設與條件式的推理**」，目標未必在於證明事物實際上的起源，而是「適當地釐清事物的本質」（D2, I: 6）。事實上，盧梭自始便強調，自然狀態可能是「一個不再存在的狀態、一個過去也許從來沒有存在過的狀態，一個或許在未來永遠不會存在的狀態」（D2, Preface: 4），不過，對於自然狀態的沈思，以及關於社會與文明發展的推理，對盧梭而言具有高度的眞實性。他強調：

　　喔，人啊！無論你在何處，無論你有什麼看法，聽著，這是**你的歷史**，它是我所相信且值得閱讀的內容，但不是出自那些說謊者的書，而是出自那從不說謊的自然。（D2, I: 7）

　　盧梭指出，他的論述乃是「人類的生命」，也就是人類整體發展的歷史；他認爲這是對人類饒富意義的「**有關政府發展的假設歷史**」（*hypothetical history of governments*; D2, Preface: 12）。

　　換言之，盧梭通過對於自然狀態的追溯，不但嘗試描繪一個遠比

---

5　若與格勞秀斯做比較，社會性是節制人類自保本能符合理性與自然法之源。換言之，在盧梭系統中，憐憫心取代了社會性之關鍵作用。

霍布斯或洛克還詳盡的圖像；人類脫離自然狀態，或背離其本性的社會發展過程，也形成了一個整體的歷史。因此，在盧梭的系統中，不僅原始的自然成爲判斷的標準；人類的文明也成爲可以進行整體考究的對象，現代「歷史哲學」（philosophy of history）的雛形於焉誕生（Strauss, 1953: 274; 1959: 52-53）。《論人類不平等》即以此出發，分別討論自然狀態、社會發展以及政府建制史。

## 三、「純粹自然狀態」與人的「自然善」

上節已論述，在文明腐化的狀態中不易理解人類的自然狀態，而盧梭在哲學層次上，運用自我沈思以及直接感受的方法，得出了自然權利最根本的兩原則。而盧梭在論文的第一部分，說明了他如何探究其他自然法學家無法得出的眞正自然狀態：「在抽離人的組成中，所有他接受的超自然部分，並排除所有他長期因進步所獲得的人爲能力後，再想想這剩下的部分，簡單說，就是自然之手所給予的部分」（D2, I: 2）。通過此種「**抽離法**」的分析（cf. Starobinski, 1988: 291-292），盧梭所謂的自然人無異於動物：人不若其它動物強壯，也沒有它們敏捷，但自然人卻擁有「最具優勢的組合」（D2, I: 2），盧梭進一步描繪自然人在橡樹下充飢果腹、小溪旁飲水解渴，然後在樹下就寢，只滿足於最單純的自然慾望。

《論人類不平等》第一部分對於自然狀態的描述，可進一步區別爲兩個面向：自然人的生理結構（D2, I: 2-13）及自然人的形上學與道德面向（D2, I: 15-32）。經過說明之後，盧梭並對自然狀態與自然人做出評價（D2, I: 33-53）。

對於自然人的生理結構，盧梭基本上視「自保」爲其唯一關心的事情，自然人會據此訓練自己的攻擊與防禦能力，使他能征服獵物，且避免成爲其他動物的獵物（D2, I: 13）。此外，人作爲一種以雙足行走的哺乳動物，無異於其它動物；以史特勞斯的用語而言，盧梭是以「類

人」或「非人」（subhuman）的圖像來描寫自然人（Strauss, 1953: 271）。
Meier（1988-89: 219, 註 17）則特別強調盧梭本人對《論人類不平等》
所做的第十個註解；在其中盧梭引用當時《旅遊誌》所提及，在東印度
群島被發現的某種可稱之爲猩猩（ouang-outangs）的大型動物，介於人
類與狒狒之間，而在同書第三卷中更有許多這類人形動物以「貝哥斯」
（beggos）與「曼卓爾」（mandrills）爲名。盧梭基於這些旅遊誌的記
載，主張「我們發現牠們與人類的相似程度之高，令人震驚，牠們與人
類的差異甚至少於人與人之間的差異。我們不解爲什麼在這些記載中
作者不能遽稱這些動物爲原始的人（savage man）」（盧梭，2015: 317,
自註 10; cf. Gourevitch, 1988）。

　　換言之，「純粹自然狀態」（D2, I: 26）中的自然人生理特質，就是
動物性。然而，當盧梭進一步以「形上學與道德的角度」來描述自然人
時，就牽涉到人類與動物之別的根本議題，亦即 Meier（1988-89: 217）
所稱的「**人類學差異性概念**」（the conception of anthropological
difference）。從文本的順序看來，盧梭討論了兩個關鍵的人類學差異性：
**自由**（freedom; D2, I: 15-16）以及**完善化能力**（perfectibility; D2, I: 17-
18）。然而，筆者認爲，這兩種形上學或道德角度所產生的人類特殊性，
必須在結束盧梭第一部分討論「純粹自然狀態」後，才有可能仔細分析
其涵義，所以將於本節末以及第六節再予以討論。

　　在純粹自然狀態中，原始人或自然人究竟有何種道德秉賦？盧梭
一再強調自然人的慾望直接而有限，而其注意力僅「針對他當下的存
在，無關於未來的理念，甚至是馬上要發生的情形」（D2, I: 21）。是以，
原始人沒有抽象理性的推演能力（D2, I: 23），更沒有所謂的「社會性」
（D2, I: 33），因爲每個人都是獨立的個體，與其他人之間不存在任何
穩定而持續的關係。古典目的論以及近代自然法理論認爲，人是一種
政治動物，或有某種社會性，可以促成人彼此之間產生一種符合自然
的互動模式，進而建立社會與國家，盧梭則極力加以駁斥。其批判的激
烈程度，導致他認定在純粹自然狀態中，原始人沒有語言及家庭（兩種
最容易作爲社會性之基礎，並發展出社會與國家的能力與組織）。在語

言運用方面，盧梭批評 Étienne Bonnot de Condillac（1714-1780）的語言起源論，認爲他犯了「在思考自然狀態卻引用社會理念的錯誤」（D2, I. 25）。[6] 盧梭認爲，在自然狀態中除了某些情緒表達外，沒有任何表達普遍概念的語言，也因此不可能想像自然人有「數字、抽象字彙、不定過去式、所有的動詞時態、分詞、句法，命題的形成、推理的聯結，以及形成所有論述的邏輯」（D2, I: 32）。至於對另一個重要的社會原型——兩性結合所形成的家庭——的看法，[7] 盧梭理解，人類的激情（passion）中有愛的情感（sentiment of love），但他區別生理與道德的不同面向，強調自然人只有生理的愛，也就是慾望；慾望對象鎖定單一特定目標的道德之愛尚未存在，遑論有慾望的偏愛對象（D2, I: 42），更不會組織穩定之家庭。

假如語言以及家庭都不存在於自然人之中，那麼究竟是否有「自然的」情感？對這個議題，盧梭通過對霍布斯的批判而提出他的主張（D2, I: 35-38）。盧梭與霍布斯均視「自保」作爲人類自然權利的根源，但盧梭認爲霍布斯在推論中，將原始人追求自保的努力「增加了各種只有在社會裡才會產生的各式情緒」，其結果是人看起來似乎天生就是壞的或是會爲惡的，並由此產生了法律與國家的需要。盧梭在自註十五中，主張自保作爲一種自然的情感，應該只與**自我之愛**（*l'amour de soi*）有關，至於霍布斯的主張，則是一種**自尊之愛**（*l'amour propre*），「是一個來自社會以及人工的情感。這種情感認爲自己的重要性超過任何其他人，因此導致一般人對自己以及對他人所造成的傷害外，也是榮耀（honor）的眞正根源」（盧梭，2015: 330-331）。

盧梭批判霍布斯的自保其實混合了自尊之愛，而他則主張與自保

---

6　這是盧梭用來批判之前社會契約與自然法論述的基本論點。然而，《論不平等起源》對語言形成之處理並不充足（cf. Hont, 2015: 47, 57-58），所以他之後撰寫了《論語言的起源》（Rousseau, 1997: 247-299）加以詳論，其中第九章包含部分因篇幅關係從《論不平等起源》刪除的文字。後文對此將有討論。

7　事實上，如本書第六章所述，在普芬道夫的自然法論述裡，於政治國家（civil state）建立之前的自然狀態中，已經包含了兩性結合、父權，以及主僕等三種原始型態的社會。

相關的應爲自我之愛：這「是一種自然的情感，促使所有動物注意自身的保存，而且在人身上理性主導這種情感，並經由憐憫心來調整，從而產生人性（humanity）以及德行（virtue）」（盧梭，2015: 330）。換言之，盧梭主張，能夠調節自保的自然情感乃是**憐憫（pity）**或**惻隱之心**（compassion）。在《論人類不平等》的〈序言〉中，盧梭已經通過「自我內省的『沈思』」，「感知了自我保存以及憐憫或惻隱之心作爲理性發展之前最優先的兩個原則」（D2, Preface: 9）；而在這個脈絡中，盧梭必須說明：雖然自然人不具備理性與社會性，但彼此之間卻有著憐憫心，並足以調節自保的驅迫，使得自然狀態不至惡化成爲霍布斯所描述的戰爭狀態。他舉了幾個例子爲證，包括母親對孩子的憐憫以及所願意擔負的危險，以及動物在經過同類的屍體時似乎感到的哀傷。但在這些例子基礎上，他對「憐憫」或「惻隱之心」的分析，則借重思想家曼德維爾（Bernard Mandeville, 1670-1733）的《蜜蜂寓言》（D2, I. 35-37）。[8] 盧梭引用曼德維爾「爲我們呈現一個動人的情景」：

> 有一個被監禁的人，看到外面一隻凶猛的野獸如何從一位母親的乳房邊奪走她的孩子，用致命的牙齒咬碎他脆弱的四肢，用牠利爪撕裂這個孩子抽動的內臟。我們可以想像，在這個例子中的那個**觀看人**內心將會受到多麼大的衝擊，但這個事件其實是與他**個人利益**毫無關係的：在眼見這一切，以及無能爲昏厥的母親以及垂死的孩子施出援手的心情，將會爲他帶來多麼大的感傷！（D2, I: 35；黑體強調爲筆者所加）[9]

---

8　亞當斯密早已指出，盧梭關於憐憫心的分析來自於曼德維爾，只不過曼德維爾雖然承認憐憫對人類而言是自然的，但卻否定憐憫是德行的來源（Smith, 1980: 250-251），另可參考 Hont（2015:19-22）。

9　本引文來自於 Mandeville 1988, 1: 255；中譯本（曼德維爾，2002）未譯出此章。另外值得注意的是，盧梭改寫了這一段，而盧梭文本中爲筆者所強調的「旁觀者」以及「憐憫」可以超越「個人利益」，則將成爲亞當斯密與蘇格蘭啟蒙

　　基於這個例子，盧梭主張「這就是先於一切反省的自然情感」，而惻隱之心或同情他人的感覺「其實就是將自己當成受苦者」；這樣的感覺在原始人的身上雖模糊但強烈，在文明人的身上卻漸趨消失（D2, I: 37）。

　　盧梭強調，雖然曼德維爾提出了憐憫的天性來支持理性，「然而，他卻沒有察覺所有他所反對的社會德行通通發展自這一種特質」（D2, I: 37）。盧梭進一步主張，慷慨、寬恕、人性關懷，甚至善良以及友誼，都是惻隱之心的產物。這個觀點，其實已經超越憐憫或惻隱之心是否為自然人所具備先於理性的感知能力議題，而是主張正確理解之下的憐憫心乃是**社會德行**的根源。盧梭並且以道德哲學的角度，闡述了惻隱之心的行為格律：**「對自己好的同時，盡可能不傷害別人」**（D2, I: 38）。盧梭稱此為**「自然善的準則」**（maxim of natural goodness）。相對地，基督教的金律則被稱為「理性正義的崇高格律」：你要人怎樣待你，你就怎樣待人（D2, I: 38）。盧梭認為自然善的準則或許不像金律那麼完美，但比較實用而且無需精細的論證，可以直接由自然情感產生。[10]

　　在呈現出「純粹自然狀態」（D2, I: 26）中人的生理與形上道德特質後，盧梭的結論是：「漫遊在森林的原始人，他無須工作、無須談話、居無定所、不與人爭、不與人交、不需同類，也無意加害他們，甚至可能從來也不曾認識哪一個個別的人」（D2. I: 46）。盧梭認為這樣的原始人，存在於一種**「自足」**（self-sufficient）的狀態中。當然，在亞里斯多德古典的目的論中，只有在發展完善的城邦共同體裡，公民才是自足

---

運動承繼盧梭思想繼續發展「道德情操論」（moral sentiment）的重要思想史線索，請參閱 Hont（2015: 26-28）的討論。

10　然而，對於憐憫或惻隱之心是否真正存在於自然人的內心，論者仍有不同的看法。特別是盧梭自己指出：「憐憫心確定是一種自然的感情，它能夠在每一個人的心中，緩和人因為自尊之愛所做的行為，確保整個種類中人與人之間的相互保存」（D2. I: 38），這似乎意味著憐憫心已經存在於某種社會的狀態，因而是對只源於社會的「自尊之愛」加以緩和。參見 Master （1968: 136-146）之討論。事實上，曼德維爾認為憐憫心是「理性與人性的效果」，而且通過藝術（Art），使得人的心靈能夠有更生動的想像力並能妥善地將事物呈現（representation of things）時，憐憫心能夠發揮最大效果（Mandeville, 1988, 1: 257）。

的（cf. 蕭高彥，2013: 5-6）；而盧梭將這個圖像加以顛倒：只有不與其他人互動的自然人才是自足的，若人與人之間產生穩定的互賴關係，自足性便逐漸喪失，不平等以及其他罪惡亦隨之增長。

然而，假如純粹自然狀態裡的原始人類處於自足狀態，且彼此之間沒有任何穩定的關係，那麼爲何會有社會？古典政治哲學將人視爲政治動物，現代自然法則強調人有社會性，理論家據此得以論述如何建立良善的政治共同體。相反地，當盧梭用「抽離法」得出自然所給予的部分其實只是動物皆具備的某些本能感覺時，人類群居生活以及穩定社會關係如何可能，反而成爲一個獨特的理論困難。基於文本可看出，盧梭強調社會的發展是各種不同「偶然因素」（contingencies）所造成的（D2, I: 51），但這些偶然因素爲什麼沒有對其它動物產生相同的結果？何以人類會在外部的偶然因素作用下脫離其純眞的自然狀態，不再是「**高貴的原始人**」（*noble savage*; D2, I: 35）？

對這個問題，吾人必須仔細檢視盧梭在自然人的「形上學與道德角度」所討論的人性：自由與完善化能力。

盧梭認爲，自然除了賦予人和動物一樣的能力外，還單獨地使人成爲「**自由的行動者**」（free agent）；也就是說，動物僅根據本能取捨，而人類則通過自由行動做出選擇，「這使得即使在對其有好處的情況下，動物也無法脫離自然規律而做不同的選擇，但是，人卻經常在有害個人的情況下做出不同的選擇」（D2, I: 15）。所以，「人感受到相同的支配，但他**自由地選擇服從或反抗**，正是在這種自由的意識中，他心靈的精神層面顯示出來」（D2, I: 16，黑體強調爲筆者所加）。換言之，盧梭認爲人類之所以能成爲自由行動者，是因爲具備可以**反抗自然本能的能力**。假如自然狀態中的人類都可以反抗自然所加諸的需求與規律的現狀，那麼人類就必然會走上與自然對立的路徑，此種發展恰恰已經內含於此處對自由的界定之中。[11]

---

11　是以，盧梭的「自然自由」，並非意指自然人可以不受限制、毫無拘束活動的「自然自由」，其涵義將於第六節詳論。

除了自由，盧梭還提出「**完善化能力**」作爲人類與動物在形上學與道德層次的差異。他如此論述：

　　這能力在環境的許可之下，漸漸發展出所有其他的能力，並在我們人類之中，同時出現在集體與個人身上……對我們而言，我們被迫發展出獨特與幾乎沒有限制的能力，悲慘的是，他也是所有人類不幸的源頭。就是這種能力，在時間發展的趨力下，將人類從原始的狀態抽離出來，失去了他原本應該度過的寧靜與無辜的日子。也就是因爲這種能力，在幾世紀中孕育出他的知識與他的錯誤，以及他的惡行與他的德行，在長時間中必將發展成爲一個壓制人類並且欺凌自然的暴君。（D2, I: 17）

　　盧梭對於人類完善化能力的描述，其實與他所界定人作爲自由行動者能夠反抗自然本能的說法是一致的；只不過前者描述此種人類的能力（faculty），而後者則說明這個能力在發揮之後，對於個人靈魂乃至於集體生活所產生的關鍵性影響。史特勞斯指出，在這個意義上，**盧梭用完善化能力取代了自由**（Strauss, 1953: 265, 280; cf. Master, 1968: 147-149），確有見地。事實上，在純粹的自然狀態中，完善化能力隱而未顯，所以並未產生對純粹自然狀態的干擾。盧梭在討論自然人不應該會有複雜的語言時亦明白指出，只有普遍概念所引導出的理解，才有可能產生完善化能力的實際作用（D2, I: 30）。

　　是以，社會與文明是一種人類運用完善化能力，展現自由，克服自然進而創造歷史或文明的過程。[12] 完善化能力從隱而未顯到被啓動，則是純粹外在偶然因素使然。在《論人類不平等》的第二部分，詳細追溯了這個過程。本文以下分成兩部分加以探討：在初始的社會階段，人類的完善化能力因環境改變而被喚醒，產生了直接的作用並導致社會

---

12　科賽列克指出，盧梭「完善化能力」乃是一種後設歷史（meta-historical）的人類學範疇，述明人類作爲歷史存有的基本定義，並作爲「可能歷史」（possible history）之條件（Koselleck, 2002: 232-233）。

不平等；而當人類進一步運用完善化能力來改變其社會條件時，反而因為引進政治組織造成了更大的不平等，最終導致政治奴役的狀態。

## 四、社會的形成

在《論人類不平等》第二部分的開端，盧梭如此描述第一個圈地的人：膽敢宣稱「這是我的」，又認為周遭的人頭腦簡單到相信他所說的，那麼他就是「市民社會的真實創建者」（true founder of civil society; D2, II: 1）。然而，自然狀態中的原始人以及這個時刻的外在環境，其實都還沒有到達此種想像的市民社會創建時刻。盧梭接著描述了文明社會在其設想中真正的發展進程。他對這個過程做了相當細緻的時期劃分，其標準在於人性完善化能力發展的狀況，以及這個發展所導致外在環境的變遷以及相應的人類心智的改變。

盧梭首先需要說明從自然狀態轉變為社會的歷程。到了第二部分，讀者才會理解到，其實純粹自然狀態的原始人也有「完善化」的面向。盧梭曾經指出，「原始人唯一的認知工具，就是他的身體」（D2, I: 5）；而即使在純粹自然狀態中，人對其身體與感官知覺的運用仍需要完善化，才有可能跑得更快、爬得更高，甚至運用樹枝與石頭的自然武器與其他動物戰鬥。換言之，在自然狀態中，人已經需要學會如何超越「自然的障礙」（D2, II: 3）。在重述自然狀態中的人及其有限的完善化之後，盧梭對社會的發生做出了三個階段的分期；用盧梭本人的語彙而言，乃是「初步的進步」（D2, II: 3-10）、「第一次的革命」（D2, II: 11-18）、事物的新秩序（D2, II: 19-29）；第三期也被稱為「大革命」，導致了戰爭狀態，並繼續朝下一階段政治社會發展。以下即略述盧梭對尚未建制政府前的社會發展之討論。

## （一）初步的進步

如上節所述，自然狀態中的人與自然處於均衡關係，人的有限自然慾望能夠得到滿足。但隨著人口增加，這樣的均衡慢慢就被打破了。由於不同的天候與地理條件，人們運用新的技藝發明了工具：在海岸與河流旁發明捕魚的工具，在森林中則發明了弓箭。隨著這些工具的發明以及持續運用，出現了漁民與獵人，而火也變成人類可以運用的工具。在這初步改變的階段，人類的心靈產生了某些因果的概念，從而形成了「機械性的認知」。而這種「新知的啓蒙」也使人類產生優越感（pride; D2, II: 6）。

## （二）第一次革命或初生社會

前述初步的進步產生一些關鍵改變：家庭的形成，以及出現某種財產觀念。在這個時期，人類定居下來；而盧梭在第一部分努力排除於純粹自然狀態之外的家庭以及語言，在定居之後則逐步發展。家庭的形成使得性別的差異性逐漸擴大，但也由此滋生夫妻之情與父母之愛這些全新的情感。語言則可能是在海島之間因應交往合作的需要而逐漸產生。逐漸地，在各個地方形成具有共同風俗與性格的**民族**（nation; D2, II: 15）。只是不可免地，人與人之間的衝突也會擴大，因爲「**偏愛的情感**」（sentiment of preference）隨著家庭與民族的形成而逐漸發展。由於集體生活的擴大，公共讚譽（public esteem）變成人們所追求的榮耀。然而，盧梭強調這正是朝向不平等與罪惡的第一步（D2, II: 16），因爲隨之而起的，是每個人認爲自己都應該有受到尊重的**權利**（right），這構成了最初的文明法度（duties of civility; D2, II: 17）。

但事實上，盧梭對這個「**初生社會**」（nascent society）的評價相當不錯：「縱使人們變得不再那麼堅毅，加上憐憫心也受到一些轉變，但人類能力在這段時期的發展，卻正好處在自然狀態的與世無爭，與我們汲汲於利己的時期之間，形成最幸福與最穩定的時期」（D2, II: 18）。他認爲當時所見的原始人，正處於此一時期（D2, II: 18），並且稱之爲

「世界的眞正青春」（*la véritable jeunesse du Monde*）。[13]而跨越這個時期之後，所謂的進步表面上是爲了追求個人的完善，事實上卻是人類整體的衰敗。

　　筆者認爲，這個初生社會與**洛克所描述的自然狀態**相符合：具有家庭、初步的財產權，但當人們有爭議的時候，沒有共同的政府權威可以調解，「每一個人在還無法律前，都已經成爲受傷害之唯一的審判者與復仇者」（D2, II: 18）。事實上，盧梭在這個脈絡中直接引用了洛克：「正如同智者洛克的公理所言：『沒有財產的地方，就是沒有傷害的地方』」（D2, II: 17）。所以，洛克式的自然狀態是盧梭的純粹自然狀態與政治社會的絕對腐化之間的中間點，具有一定程度的穩定性，以及初生社會所帶來的幸福。只要每一個人都做自己即可勝任的工作，無須與他人合作時，「他們就活在自然爲他們所提供的自由、健康、美好與幸福之中」（D2, II: 19）。這是盧梭對洛克式自然狀態的評價。然而，人的完善性並不會就此停止，很快地，更重大的革命即將到來。

## （三）大革命或事物的新秩序

　　隨著人類需要他人的援助（也就是**社會分工**）後，更大的革命於焉發生，而這關連於兩項最爲複雜的技藝：**冶金**與**農耕**。這兩種技藝都需要對自然的材料進行繁複的加工程序，絕不是自然人在某種直接生活

---

13　史特勞斯指出，這個特殊的概念來自於 Lucretius（Titus Lucretius Carus, cr. 99–55 BC）所著 *De Rerum Natura*《萬物本性論》第五卷，這也是盧梭受到伊比鳩魯學派（Epicureanism）影響的證明（Strauss, 1953: 264, 271, 279-280; cf. Master, 1968: 175, Meier, 1988-89: 214-215）。Hont（2015: 33-34）進一步分析，在西方近代早期的倫理思想中，「伊比鳩魯學派」與「斯多噶學派」構成了根本的對立：斯多噶學派代表正統自然法傳統的理論立場，主張人類有社會性並服從自然法，從而形成社會與政治國家；相對地，伊比鳩魯學派則反對社會性概念，認為德行並沒有基於自然法的本質意義，德行自身不是目的（end）而僅為達成共同生活的手段（means）。從這個角度分析，霍布斯被認為是伊比鳩魯派的代表，盧梭的反社會性主張，也被視為是一個伊比鳩魯派的思想家。

經驗中可以發展出來的。[14]盧梭詳細描述何以煉鐵冶金技術得以產生
（D2, II: 21），而農業技藝更預設土地的分配與運用，並且要求人將眼
光放在未來，努力保障自己可能失去的財物（D2, II: 22-24）。如此一來，
「土地的分配產生一種新的權利，這就是**財產的權利**，它與自然法所
導致的結果是不同的」（D2, II: 24）。而冶金與農耕的技藝，使得原來自
然的差異性，會因為不同社會情境而開展，最終影響人類的命運。

　　在此種新的事物秩序之中，人的文明性完全發展出來：「其中有記
憶力與想像力展開活動，**自尊之愛**加強了，理性顯得活躍，心靈幾乎到
達完美的狀態」（D2, II: 27）。人類完善化的秉性，到此完全實現，臻於
完美；但完善化秉性實現的狀態，為人類社會生活所帶來的效果是其
實負面的。在描述了財產多寡以及心靈力量對社會的影響之後，盧梭
形容在這個狀態中：「最強大的人……依照他們的權力或是他們的需
求，宣稱這是可以占有他人所有物的權利，並且依照他們的觀念，這等
同於財產權利的運用，於是平等被最恐怖的混亂所取代」（D2, II: 29）。
筆者認為，這個「最強大的人」在此所宣稱的主張，其實就是《論人類
不平等》第二部分開端所謂「市民社會的真實創建者」。只不過，這樣
的人是在社會發展到第三階段之後，才在主觀與客觀條件成熟的情況
下提出這種「權利」。

　　盧梭明白指出，此時富人的霸占和窮人的搶劫之間，將產生各種
無節制的激情，使得自然憐憫心與微弱的正義之音完全窒息，「這最強
者之權利與最先擁有者的權利之間，發生一種永恆的衝突」，「初始社
會變成最可怕的戰爭狀態（state of war）」。換言之，第三階段終結於**霍
布斯式的自然狀態（戰爭狀態）**。對盧梭而言，他至此證明了戰爭狀態
絕非自然狀態，甚至不是社會初始的狀態，而是人的完善性在文明技

---

14　值得注意的是，盧梭強調本階段中冶金與農耕兩種技藝必須同時搭配。若一個
　　民族只學會其中一項，則「似乎仍然維持野蠻（barbarian）的生活狀態」（D2,
　　II: 20）。Hont（2015: 98-99）指出，冶金與農耕扮演不同的角色：農耕當然帶
　　來農業社會，冶金則逐漸形成手工業，以技藝生產器物，最後形成文明與商業
　　社會的基礎。

藝以及個人心靈都無節制地發展之後，所產生的可怕結果。

值得注意的是，盧梭在《論語言的起源》第九章，發揮了《論人類不平等》中社會發展的結論，而且與同時代蘇格蘭啓蒙運動所發展的社會階段論相互印證。[15] 盧梭指出，「人類生產隨著需要的增長而發展。適於人的生活方式有三種：捕獵、畜牧、農業」（Rousseau, 1997a：271），而「相應於社會的角度來考慮人的三種狀態，原始人（the savage）是獵人，野蠻人（the barbarian）是牧人，文明人（civil man）是農人」（Rousseau, 1997a：272）。在捕獵時期，人發展了肉體力量以及靈魂的勇氣與狡智；畜牧時期則需要發展較爲複雜的工具，並找尋棲身之所；到了農業時期，就發展出更多的技藝，以及政府與法律的藝術。[16]

換言之，本節所分析盧梭的社會形成論，乃是以人類完善化能力爲基礎，由於環境之變遷而逐漸形成捕獵、畜牧、農業三種社會形態，並從原始人轉變爲野蠻人，最終形成文明人。在這個基礎上，盧梭進一步論述了文明人嘗試建構政府組織或政治社會的努力及終極失敗。

## 五、政治體的壓迫與辯證

政治作爲一種藝術，是人類對所處社會的統治關係，依據良善生活之目的加以妥善安排；亞里斯多德因此主張政治是最高的實踐藝術（NE. 1094a-b）。從盧梭的角度而言，政治的藝術就如同之前的冶金與農業，產生了重大的革命；作爲人類「完善化能力」的極致發揮，政治的藝術代表著人類對自我存在的社會所做的制度安排。換言之，《論人類不平等》之前處理的是純粹自然狀態以及社會的逐漸發展，之後則

---

15 是以，Hont（2015: 47）稱盧梭《論語言的起源》爲其「第三論」。

16 盧梭在此脈絡中所提出的社會發展論有一明顯特徵：缺乏「商業社會」的範疇，而這正是蘇格蘭啓蒙運動所認爲人類社會發展的第四個階段，也是現代性最重要的表徵。然而，由於盧梭對商業活動本質上的憎惡，他並未將之列爲社會發展階段之一。關於此議題，請參考 Hont（2015: 61-64）以及 Meek（1976: 84-89）之討論。

導入了政治藝術**有意識**的運用。但弔詭的是，如同之前各種完善化能力所產生的負面效果，人類運用政治制度嘗試改善其社會條件的努力，反而導致更大程度的不平等以及政治壓迫。

對「**政治體**」（body politic; cf. D2, II: 35）的發展進程（乃是狹義的「有關政府發展的假設歷史」），盧梭也區分為三個階段：

> 如果我們在各種不同的變動中跟隨不平等的發展，我們將會發現，財產法與財產權的建立，是第一階段；執政制度的建立，是第二階段；然後第三與最後的階段，是將合法權力改變成為專斷權力。相對而言，第一階段允許貧富狀態的出現；第二階段允許強弱狀態的出現；第三階段允許主僕狀態的出現，這也是不平等的最後階段，並且是所有其他不平等的階段所要達到的階段，一直延續到新的革命完全推翻政府，或是使它再接近於合法制度為止。（D2, II: 49）

以下即就盧梭所區分的政府建制三階段，說明其政治制度發展史；至於盧梭的論述有部分是對政治哲學一般性的理論反思（D2. II: 35-43），其涵義將於下一節再行討論。

## （一）財產法與財產權的建立（D2, II: 30-34）

初生社會發展的最終結果，是霍布斯式的戰爭狀態；文明的發展到此一階段已經產生了富人與窮人的對立。在無止盡的戰爭狀態（也就是最強者的權力與先占所有權利之間的永恆衝突）中，富人特別感覺到處境的不利。因此，如同盧梭所謂宣稱「這是我的」的「市民社會的真實創建人」（D2, II: 1）一般，戰爭狀態中的富人會說：「這是我建的牆；我透過工作獲得這片土地」（D2, II: 30）。但其他人必然會拒絕這種宣稱，尤其是富人過度享受，導致其他人無法滿足基本生活所需時，更不可能為人所接受。為達一己之私，富人將編造一些動聽的理由，誘

導窮人接受以達到自己的目的。盧梭把富人的說詞呈現如下：

> 他對他們說：「讓我們團結在一起，爲了要使弱者不受壓迫，限
> 制有野心的人，確保每一個人應有財產的安全。讓我們立法設置
> 大家都應遵守正義與和平的法規，沒有人可以例外。對於命運的
> 反覆無常，這些法規做出修正，並將強者與弱者同置於相互盡義
> 務中。簡言之，與其將我們自己的武力用來攻擊自己，讓我們一起
> 聚集成一個最高權力組織，它依照明智的法律治理自己，保護以
> 及防禦所有組織成員，驅逐共同敵人，並讓我們一起維持在一個
> 永久的協同之中。」（D2, II: 31）

對照於社會契約的傳統，這段說詞可以說是**洛克式社會契約**的變
形：接受自然狀態的財富分配現狀，通過原始契約來保障財產權，並且
以共同法律和最高權威來排難解紛。然而，對盧梭而言，這其實是一種
**「僞社會契約」**：基於此種契約所建立的政治體與法律，將使得富人之
前的「巧取豪奪」（skillful usurpation）轉變成「無可取消的權利」
（irrevocable rights），不但維護了先前既成的財富不平等，同時更給弱
者新的鐐銬、給富人新的力量，從而不可逆轉地摧毀了自然自由（D2,
II: 33）。

在這個脈絡中，盧梭對新建立的**「政治體」**（body politic）提出了
一個獨特的分析觀點：一方面，在政治體之內，由於建立市民法成爲公
民的公共準則，而自然法則成爲各個社會之間的萬民法，通過某些協
議，使得社會間的商業貿易（commerce）成爲可能，自然的憐憫心遂
逐漸式微（D2, II: 33）；但另一方面，政治體彼此間的關係，則仍停留
在自然狀態（D2, II: 34）。換言之，盧梭強調，現代政治體的建立促成
了商業活動的常態化，但他並不接受孟德斯鳩認爲商業帶來寬和民風
的觀點，反而強調處於自然狀態中的政治體，將持續製造各種民族偏
見，導致民族的衝突與戰爭（D2, II: 34）。

## （二）執政官的建置（D2, II: 44-54）

在《論人類不平等》之中，盧梭沒有運用主權或國家的詞彙；而採取比較傳統的「執政官」（magistracy）一詞。如本書第一篇各章所述，高階執政官治理的正當性根源是民權論與絕對主義爭議的焦點之一。在這個脈絡中，盧梭意識到他其實尚未「深入研究探討有關政府基本約定本質究竟爲何的老問題」（D2, II: 44），而只能「依照一般信念，將政治體的建立，視爲人民和他們所選出的首領之間的眞實契約（true contract）」（D2, II: 44）。盧梭對這個契約的描述，趨近於憲政主義傳統：統治者與被統治者締約，形成一種新的社會政治關係，在其中「人民將所有他們的意志團結成一個共同意志，解釋這個意志的所有條文，變成全體國家成員毫無例外都必須遵守的基本法（fundamental laws）」（D2, II: 44）。其中一項重要的法律，是規範執政官員的選舉方式及其權力，並負責監督其它法律的執行；這項權力可以維繫基本法，但是不能改變基本法。

盧梭的這個契約論述，一究其實，乃是不同形式**政府**（government）之間差別的起源：單一個人在權力、德行、財富或誠信極爲出眾時，被選爲執政者，就是君主政府；若一個優越的小團體被選出，便是貴族政府；當人民共同負責最高行政，就形成民主政府。盧梭對政府形式的偏好，可從他評論哪一種政府對人民最爲有利時看出：他將君主與貴族放在天平的一端，民主在另一端；「一邊是有錢人與征服者，而另一邊是幸福與德行」，「公民只要維持他們的自由，而臣民只想搶奪鄰居們的自由」。盧梭指出了這一時期設置執政官之後的根本問題：「有些人只服從於法律，另一些人不久要臣服於主人」（D2, II: 47）。

何以有些人不久要臣服於「主人」？原因在於，雖然最初執政官是被選出來的，但政府建制之後，便產生了除了財富（前一階段不平等的根源）之外新的不平等來源：爵位或等級（nobility or rank）、權勢（power）以及個人才能（personal merit）。盧梭指出，「個人才能是所有其他不平

等的起源，財富差距是所有不平等劃歸的最後一種」，但政府建制後新產生出的爵位、等級以及權勢，卻是新的不平等之根源，人人競逐，最終導致一小群有財有勢的人占據尊榮，而一大群活在陰暗與悲慘中的受害大眾被剝奪一切（D2, II: 52）。換言之，執政官的設立，本來是通過統治契約產生執政者來從事治理，但這個領域獨立於人民之外，產生了不可彌補的「強者」與「弱者」對立，不平等遂無限制地深化。

## （三）合法權力變成專制（D2, II: 55-56）

在成立政府建置執政官之後，反而產生了競逐政治權勢的混亂與變動，而社會政治不平等發展的終點則是**專制**（despotism），「終將法律與人民踐踏於足下，並在共和國的廢墟中壯大」，「一切終將被怪獸所吞噬，然後人民將不再擁有領袖，也沒有法律，只剩暴君（tyrant）」（D2, II: 55）。如同孟德斯鳩，盧梭描述專制中唯有一個主人，他不需要正直，也不會諮商，只要求奴隸身上所殘存的唯一德行：盲從。

盧梭對社會不平等的發展，採取一種線性的論述，但是政治體或政府的發展卻是循環的。到達專制個頂點時，他指出：「這是不平等的最後階段，也是**封閉圓圈**的終極點，它和我們所由之出發的起點相遇」（D2, II: 56）。換言之，絕對的腐化導致了成立政治體時所建立的「權利」（right）之淪喪，統治者不再具有正當性。雖然專制者可能是最有力量的主宰，但人民可以用更大的集體力量驅趕，「只靠力量維持地位的專制者，同樣也只遭力量推翻，這就是決定所有事物發展的自然秩序」（D2, II: 56）。盧梭認為，這等於回到了一種「**新的自然狀態**」（new state of nature），他將之對比於最早的純粹自然狀態，強調新自然狀態是過份腐敗的結果。然而，在盧梭所謂的「封閉圓圈」中，相同的終極點與出發點難道真是純粹自然狀態？筆者認為不然：盧梭描述所回歸的是「強者為勝的法則」，這雖然似乎可以描述成原始人在自然狀態中的情境，但更恰當的應該是由社會過渡到政治體建立之前的「戰爭狀態」，因為在此種霍布斯的自然狀態中，是「最強者的權利與先占所有

權利之間的永恆衝突」。而在專制的極度腐化，法權消逝的狀態，其實回歸的乃是政治體開端的「戰爭狀態」。

依據洪特之詮釋，盧梭對政治體的辯證描繪，乃是針對孟德斯鳩所標舉「寬和君主制」通過世襲貴族之中介權力與基本法治理可以達成均衡而持存的論點，所提出之諷刺與批判（Hont, 2015: 71-73）。[17] 盧梭的激進結論是：在社會不平等的基礎上所建立的政治體，必然會正當化既存壓迫，而君主制必然會腐化成爲專制。[18] 是以，孟德斯鳩所標舉之寬和君主制並非可行政治方案。事實上，本節所檢視盧梭關於政治體壓迫的辯證論述，乃是古典共和主義「政體循環論」的變奏（Hont, 2015: 64; cf. 蕭高彥，2013: 79-80），這與其之前的社會形成論述乃改造自現代自然法傳統之自然狀態論述大相徑庭。科賽列克則進一步強調，相對於傳統自然法所提供的規範性的理想，盧梭的論述，開創了近代「危機」（crisis）以及「批判」（critique）的激進政治論，而與現代革命論述直接相關（Koselleck, 1988:163-171）。是以，盧梭的分析以危機循環爲結論，並指向一個根本問題：面對絕對腐化的情境，如何重新創造一個眞正具有正當性的政治體？這個議題，雖然在《社會契約論》中才加以解決，但在《論人類不平等》的論述中，已經可以觀察到盧梭解決方案的端倪。

## 六、完善政治體的擘劃：革命或社會契約

以上三節重構了盧梭在《論人類不平等》所設想的純粹自然狀態，分析外在環境的偶然因素改變如何形塑社會的不平等，以及人類如何

---

17　史特勞斯亦強調此點，請參閱 Strauss（1972: 256-260）。

18　值得注意的是，盧梭運用孟德斯鳩專制概念作爲腐化的頂點，但去除了孟德斯鳩概念取向中的東方主義成分。對盧梭而言，專制政治就是權力的行使高過法律的專斷權力（arbitrary power），只要專斷權力出現，就是腐化的專制政治。這個思考取向，影響了法國大革命思想家，吾人可將之稱爲「政治專制主義」（political despotism）的思考取向。

通過政治藝術創建政治體後，反而導致更大程度的不平等，終結於專制以及「新自然狀態」。在全書的結論中（D2, II: 57-58），盧梭說明，他追溯了人類由自然狀態到政治體的變遷進程，並解釋了「人的靈魂與激情如何在不知不覺中改變，也可以說**改變了本性**」（D2, II: 57）。所以「原始人」（*l'homme sauvage*）與「文明人」（*l'homme policé*）的靈魂有完全不同特質：「原始的人活在自身之內，但社會人永遠在自身之外，僅能在他人的意見中生活」（D2, II: 57）。他進一步總結，「如此每個專心的讀者都將因爲看到這兩種狀態之間的巨大差別而感到震驚，在這些事物緩慢而持續的發展之中，他將會看到一個**解決之道**，克服了那個哲學家不能解決的問題，即和道德與政治相關的無數問題」（D2, II: 57）。

關鍵問題在於，假如盧梭的最終結論是社會不平等明確違反自然法（D2, II: 58），那麼，他所指出的「解決之道」爲何？進一步而言，假如盧梭「關於政府的假設歷史」呈現的是腐化與墮落的進程，那麼讀者的思路，一定會被導向改變此種腐化現狀之可能。盧梭在說明政治體發展的第三階段，即專制中主奴關係的出現時，強調：「這也是不平等的最後階段，並且是所有其他不平等的階段所要達到的階段，一直延續到新的革命完全推翻政府，或是使它再接近於正當制度爲止」（D2, II: 49），由此可看出，盧梭所主張兩種可能的解決之道，是**革命**或**重新正當化**。

盧梭在《論人類不平等》的第二部分，插入了相當長的理論探討（D2, II: 35-43），爲這兩種可能的解決方案提出了初步的反思。在革命的可能性方面，他指出文明社會一直處於不理想的狀態，其原因在於政治社會始終基於「偶然」，新的問題不斷產生，人們又不斷地補正，卻又無法眞正解決。盧梭認爲，若欲眞正解決政治社會的問題，必須「像蓋建築物，必須先清理地面，並且拆除舊物，以便重新建造一座美好的大樓」（D2, II: 36），這正是斯巴達立法家萊克古斯（Lycurgus）的

作爲。[19]

　　然而，在目前的脈絡中，吾人必須探問的是另一個更根本的問題：假如社會變遷是一種腐化的過程，而其最終階段是喪失任何法權的新自然狀態，人類靈魂也被腐化殆盡；那麼，**革命的可能根源何在**？筆者認爲，就《論人類不平等》而言，關鍵在於憐憫或「惻隱之心」所扮演的角色。表面上看來，文明的發展壓抑了惻隱之心，讓「自尊之愛」成爲主導力量，使得個人與他者的關係在社會中與自然狀態完全疏離背反。然而在特定的文本中，盧梭的論述，顯示出「惻隱之心」仍然有可能存於社會人的靈魂中。

　　首先，在討論憐憫心時，他批判理性導致了自尊之愛，使得哲學家對受害者無感地說：「如果你願意，就消失吧，而我是安全的」，這違反人的本性。然而，盧梭強調在文明社會中仍有殘存的憐憫心：「在暴亂時所發生的街頭鬥爭中，**群眾**（*la Populace*）會聚集，而謹愼的人會遠離；只有流氓，市井婦人，會挺身勸息爭鬥，並阻止老實人的相互廝殺」（D2, I: 35）。換言之，在自發性的群眾聚集場域、市井小民的直接互動之中，憐憫心仍會發生作用，因爲只有他們才有可能「將自己當成是受苦者」，也就是惻隱之心的原始意義。

　　其次，盧梭指出惻隱之心殘存的另一種樣態。當所有社會的自然憐憫心都已幾乎喪失原先的力量時，卻有一種例外狀況「僅存於少數幾個偉大世界主義者（great Cosmopolitans Souls）的理想之中，跨越分離人民的想像障礙，並且仿照創造人民的造物者之榜樣，把所有人都籠罩在他們的仁慈（benevolence）中」（D2, II: 33）。以上這兩個文明社會的「例外狀況」（cf. Strauss, 1972: 278-279），表達出改變社會不平等的革命之可能性：前者是自發起義的群眾，後者則是具有仁慈之心的政治領袖，兩者結合之後，近代**社會革命**（social revolution）的全新運

---

19　此處除了牽涉到盧梭政治哲學中，立法家角色之議題（cf. 蕭高彥，2013: 197-204）外，「蓋建築物，必須先清理地面，並且拆除舊物，以便重新建造一座美好的大樓」之論述，也含有笛卡兒主義色彩（Descartes, 1985, 1: 116-118; cf. Strauss, 1972: 287）。

動於爲可能。[20]

由於盧梭是一位思想家而非實踐者，所以他著重的還是**重新正當化**的解決方案，這也正是《論人類不平等》與《社會契約論》的連結點。在《論人類不平等》第二部分的理論反思中，產生了一個全新的議題：**自由**。事實上，在該書第一部分說明自然人的「形上學與道德」面向時，盧梭舉出「自由」與「完善化能力」之後，**便鮮少出現自由一詞**。他對自然人的描述，著重於慾望的直接性以及可滿足性，最後以「自足」以及「自然善的準則」來描述自然狀態中的人及其活動。但是到了第二部分從事理論反思時（其脈絡爲社會發展第三階段的終局，貧富的重大差距已經產生，將過渡到設置執政官），盧梭重新提出自由的重要性，指出自由的不可讓渡（inalienable）特性至爲關鍵。他強調「窮人除了自由可失之外一無所有，因此除非發瘋了，沒有窮人會無代價地自願放棄他唯一的財產」（D2, II: 35）。換言之，富人在原始社會中已經累積了相當的財富，而窮人則是窮到只剩下自由。盧梭在此脈絡意圖回應的，乃是近代自然法思想家認爲人民爲了維護共同利益，可讓渡其自由予統治者以換取各種權利之保障的論點。盧梭舉出了**普芬道夫**的說法：「正如同某人可以因約定或契約，將財產轉讓與他人，同樣地，也可以爲了有利於某人而拋棄自己的自由」（D2, II: 42）。[21] 盧梭認爲，這是一個「拙劣的論證」，而強調自由的不可讓渡性。他指出，人類設置統治者的可能目的只在於「爲了對抗壓迫，以及保護他們的

---

20　鄂蘭在《論革命》一書中，對盧梭所提出的惻隱之心及其與社會革命之關連，提出了嚴厲的批判（Arendt, 1990: 66-109）。鄂蘭認爲惻隱之心訴諸人類的心性（heart），但她以梅爾維爾（Herman Melville, 1819-1891）的小說《比利小子》（*Billy Budd, Sailor*）與盧梭的惻隱之心理論相互對比，指出心性的純粹性未必見得導致德行（virtue）；相反地，純潔的心靈在遇到此世的不義時，有可能因爲訴諸其心性之純潔，而犯下更大的罪惡。鄂蘭因此主張盧梭的憐憫心理論，與法國大革命終結於「恐怖統治」（reign of terror）有密切關連。此議題可參考蔡英文（2002: 139-190）之討論。

21　此處文本根源應爲普芬道夫《自然法與萬民法》第七卷第三章所論。在《社會契約論》第一卷第五章中，盧梭則抨擊格勞秀斯在《戰爭與和平法》第三卷第八章中所提出的類似論證。

財產、自由、生命等那些求生的基本要素」（D2, II: 37）。但窮人在社會中已無財產，只剩下生命與自由。因此，盧梭提出一個「**政治權利的基本格律**」（fundamental maxim of Political Right）：「**人民為自己設立領袖的原因，即為了保護他們的自由，而不是為了奴役他們**」（D2, II: 37）；換言之，「**自由**」與「**政治權利**」產生了本質性的關連。基於此，盧梭才能夠回應普芬道夫「拙劣的論證」，因爲生命與自由是「自然所賦予」，財產權則僅是人類約定的產物：

> 財產權僅是人類組織中約定下的產物，所有人皆可以決定如何處置他所擁有的東西，但這東西與生命及自由這兩種自然所賦予的事物不同，每個人准許享用它們，卻毫無疑問地，沒有人有權利放棄它們。放棄生命，等於是否定個人存在；放棄自由，等於是毀滅內部心靈。在世上，沒有任何東西可以作爲這兩者相互之間的補償，所以若將它們與任何代價做交換，等於同時否定了自然與理性。（D2, II: 42）

盧梭這個駁倒普芬道夫的雄辯論述，強調生命與自由是「自然所賦予」，所以沒有任何人可以放棄或讓渡。

然而，吾人在此有必要進一步探究盧梭此處所論「自由」一詞的真實意義。如前所述，《論人類不平等》第一部分所界定的自由乃是「人類可以依照自由的能力選擇服從或反抗」，從而與動物的本能有所不同。但此種自然人的「自然自由」，與第二部分盧梭在批判普芬道夫時所提出的「自由」是否相同？筆者認爲，二者實有所不同，因爲後者深具道德色彩，乃是盧梭個人所堅持的信念。關於此議題，吾人可參照《社會契約論》第一卷第八章，將「自然狀態」與「社會狀態」或「政治國家」（civil state）相對比所做的論述：「人類由於社會契約而喪失的，乃是他的**自然自由**以及對於他所企圖和所能得到的一切東西的那種無限的權利；而他所獲得的，乃是**市民自由**（civil liberty）以及對於他所享有的一切東西的所有權」（SC, I.VIII:2）。盧梭並進一步說明，自

然自由「僅僅以個人的力量爲其界限」，而市民自由則「被普遍意志所約束」。而自然狀態只有「占有」（possession），這是由強力取得或先占所有而形成；但在政治社會中，則有眞正的「所有權」（property），因爲這必須根據正式的權利。在自然自由和市民自由之外，盧梭還提出了第三種自由概念，**道德自由**：「唯有道德的自由才使人類眞正成爲自己的主人；因爲僅有慾望的衝動便是奴隸狀態，而唯有服從人們自己爲自己所規定的法律，才是自由」。基於這個文本的分類，吾人可以說，在《論人類不平等》第二部分的理論反思中，盧梭看來雄辯的反駁，似乎隱藏著**自由概念的理據不足**。因爲《社會契約論》中所稱的「自然自由」，意指《論人類不平等》第一部分「高貴的原始人」在自然狀態所具有之獨立自足，但在盧梭所建構的圖像裡，並沒有「他所企圖和所能得到的一切東西的那種無限的權利」這種霍布斯式的自然權利，亦即人類爲了自保可以無限制地取得外在事物之權利。假如自然的自由並不包含取得外在事物的無限權利、市民自由又只有隨著眞正的社會契約建立普遍意志之後才有可能享有，那麼只剩下「道德自由」這一個概念，才盧梭是批判普芬道夫論述時所指人類不可讓渡的眞實自由。然而，如此一來將產生一悖論：盧梭在《論人類不平等》第二部分的理論反思，已經運用了道德自由的觀念來批判普芬道夫，**但問題在於，《論人類不平等》第一部分對自然狀態的描述以及第二部分對社會發展的分析，都未嘗論述道德自由作爲「服從人們自己爲自己所規定的法律」的根源或生成**。所以，《論人類不平等》的自由論述，表面上看來關連於《社會契約論》，但事實上中間存在著理論的鴻溝。

要解決這個理論困難，筆者認爲只能立基於史特勞斯前述的詮釋觀點，盧梭用完善化能力取代自由（Strauss, 1953: 265, 280-282），而完善化意味著通過社會契約全盤讓渡一切權利所產生激進的「**去自然化**」，或通過偉大立法家「**改變人性**」之事業（SC, II.VI:3），以期達成個人屬於整體並服從共同體普遍意志，從而證成自我立法之道德自由（cf. Cassirer, 1989: 53-59; 蕭高彥，2013: 191-192, 197-214, 217-218）。這也是以下分析之基礎。

　　在完成《論科學與藝術》之後，盧梭曾有一個關於自由的文稿斷簡，他在其中對自由的界定與政治藝術有關：「哲學中最重大的奇思異想（chimera）乃是找出某種形式的政府，令公民在其中可以僅僅通過法律的力量而獲致自由與德行」（Rousseau, 1994: 12）。而在這個脈絡中，盧梭提出了類似《論人類不平等》中他對「僞社會契約」的批判，嘲笑某些政治思想家主張通過建立主權來維護人民（特別是弱者）的利益與防衛，但事實上他們眞正需要防衛的，其實恰恰是主權者的侵奪。

　　進一步而言，前述盧梭所言「政治權利的基本格律」其實即爲數年之後《社會契約論》的副標題，所以構成不平等起源論與社約論的直接關連。假如吾人比較《社會契約論》的初稿（一般稱爲《日內瓦手稿》）（Rousseau, 1994: 76-124），即可明白看出盧梭獨特的分析取向。《日內瓦手稿》在第一卷第三章就已經引入社會契約，但他大幅修改了第二章預設了狄德羅（Denis Diderot, 1713-1784）在《百科全書》中對自然權利所提出的分析（cf. Rousseau, 1992: 135-139）。狄德羅認爲人類整體形成一種「普遍社會」（general society），擁有「普遍意志」（general will），而個人應該服從。盧梭在《日內瓦手稿》中，否定人類有「自然的與普遍的社會」，並重述了他在《論人類不平等》的論述：雖然在自然狀態中人類有自由，在社會國家中人類卻臣服於其需要，社會化的過程使得人變得邪惡以及不幸福。盧梭進一步強調，面對這種既無德行又無幸福的狀態，其解決之道在於：

　　讓我們嘗試從此種病徵中尋求能夠治癒此病的解藥。可能的話，讓我們運用新的結社來導正此種普遍結社的缺憾。讓我們暴烈的演說者〔按指狄德羅〕自己判斷這樣是否能成功。讓我們對他顯示，在完善化的藝術（perfected art）中，包含了此藝術初始時對自然所造成的病害。（Rousseau, 1994: 81-82）

　　從這個文本可清楚看出，盧梭所追尋的解方，是「**完善化的藝術**」，

特別是政治藝術。此種人為藝術剛剛開始發展時，將對自然造成傷害，也就是前節所述人類建立政治體所導致的不平等深化與壓迫。然而，盧梭心中所設想的解決方案，並不是回歸自然，而是將政治藝術「完善化」：隨機運用時，完善化能力將造成腐化與社會不平等；然而，人類不能往後退，只能往前行，通過將政治藝術完善化，以行動產生全新的政治體，矯正之前所有形式的不平等，在共同體中實現道德自由。這正是《社會契約論》的主旨。

關於《社會契約論》的論述結構，筆者已經提出系統性詮釋（蕭高彥，2013: 166-218），本書不再贅述，以下僅簡要提出與現代政治價值形成有關之理論議題。盧梭所提出的社會契約，條文為：「**我們每個人都將其自身及其全部力量共同置於普遍意志（**_volonté générale_; general will**）的最高指導之下，而且我們在共同體（**_corps_**）之中接納每一成員作為全體不可分割的一個部分**」（SC, I.VI: 9）。他認為只有這樣的結合形式，才能產生一種真正的道德性政治體，使每一個人在此共同體中，所服從的是自己的意志（普遍意志），並且仍然像以往一樣自由（SC, I.VI: 4）。盧梭指出，當這樣的社會契約成立時：

> 只是一瞬間，這一結合行為就產生了一個道德與集體的共同體，以代替每個訂約者的個人；組成共同體的成員數目就等於大會中所有的聲音，而共同體就以這同一行為獲得了它的統一性、它的公共的大我、它的生命和它的意志。這一由全體個人結合所形成的公共人格，以前稱為**城邦**，現在則稱為**共和國**或**政治體**；當它是被動時，它的成員就稱它為**國家**；當它是主動時，就稱它為**主權者**；而以之和它的同類相比較時，則稱它為**權力**。至於結合者，他們就集體地稱為**人民**；個別地作為主權權威的參與者，就叫做**公民**，作為國家法律的服從者就叫做**臣民**。但是這些名詞往往互相混淆，彼此通用；只要我們再以其完全的精確性使用它們時，知道加以區別就夠了。（SC, I.VI: 10）

　　這個文本包含了西方現代政治思想的核心概念，以及盧梭所提出的精確界定。政治共同體乃是一個「由全體個人結合所形成的公共人格」，由於其公共性，所以除了「政治體」之外，應當被稱爲「共和國」，因爲唯有普遍意志成爲主權者的政治體才具有正當性，而這即是共和國。[22]至於國家與公民的關係，我們看到盧梭用兩種政治關係加以界定：一方面，公民個別地參與主權權威的行使就構成主權者；另一方面，主權者的意志也就是國家法律，公民就其臣民的身份必須服從。換言之，國家／主權者這樣的被動與主動的關連性，相應於臣民／公民的關連性，通過普遍意志制訂法律的關鍵性活動，將兩組概念結合起來。

　　基於本書第一篇各章所分析之絕對主義與民權論對立的思想史脈絡加以考察，便可察覺盧梭對民權論做了根本的改造，成爲**基於絕對主義式人民主權的現代民主政治**。不像先前的民權論思想家，只以一般性的共同體整體或人民作爲潛在的主權主體；盧梭運用布丹以及霍布斯的主權理論，將「全體公民」形構爲主權的承載者與主體，創制正當且有效的法律，全體人民必須服從，完成了公民**自我立法**（self-legislation），也就是道德化的政治自由理論（Strauss, 1953: 285-286）。

　　其次，盧梭刻意將社會契約與「政府」或統治者的設置兩組論述徹底分離（cf. 蕭高彥，2013: 178-189）。在布丹的主權論述中，高階執政官的選任是主權者最重要的標誌；而在自然法傳統中，政治社會的成立和政治領袖的產生也緊密關連（如普芬道夫的二約一令）。爲了對抗此種傳統思維，《社會契約論》將政府的創制議題推遲到第三卷才加以討論。對盧梭而言，設置政府與社會契約完全無關，而是主權者（全體公民）的一種「複合行爲」：其一爲法律的確立，也就是主權者決定政府的形式並成爲法律；另一則爲任命官員來管理如此確立的政府，屬於一個特別的行爲（SC, III. XVII）。盧梭的民主主義色彩在以下論述中展現得最淋漓盡致：在設置政府的時刻，主權者（普遍意志）在確立政府形式之後，

---

22　也就是說，「共和國」成爲包含所有正當政府體制（君主、貴族，及民主）的「屬」（genus）。這個論述策略將影響到本書第十四章所論青年馬克思的激進民主論。

「猝然間轉化爲民主制」指定執政官，完成後再轉回普遍意志。不僅如此，爲了防止政府官員的篡權（usurpation），公民大會必須固定舉行，讓人民決定是否保留現有的政府形式，以及是否願意讓目前的行政官員繼續留任（SC, III. XVIII），從而完成了共和主義式的激進民主。23

最後，無論是政治體或人民集體，都構成一種整體性的公共大我。個人不再如自然狀態中一般絕對獨立，也克服了之前社會腐化時自我與他人異化的狀態。通過政治藝術完善化之後社會契約的形構，現代的政治共同體產生爲一種具有**道德性**的整體，個人與個人之間也產生有機的聯繫。在現代社會中，所重新創造出公民的道德聯繫，趨近於惻隱之心在自然狀態下所發揮的效用。在這樣的政治體中，「傷害其中的任何一個成員就不能不是在攻擊整個共同體；而傷害共同體就更不能不使得它的成員同仇敵愾」（SC, I.VII: 4），如此一來，自然的惻隱之心就在現代國家作爲道德共同體所形成的義務與利害關係當中重新落實，並且取得政治與社會法權的支持。霍布斯的「國家虛擬人格」論述也被轉化成爲實體性的道德與集體共同體（Strauss, 1953: 285-286）。24

## 七、結語：推測歷史、文明批判與道德自由

本章以《論人類不平等》爲主，說明了盧梭在面對新興商業社會與

---

23 請參閱蕭高彥（2013: 178-189）之討論。事實上，盧梭所設想的激進民主，對古典自然法學家而言並非完全陌生。舉例而言，如本書第三章第四節所論，格勞秀斯已經提出一種主權持有的樣態，基於「容許」（sufferance；羅馬法意指經默許的準承租人）概念，人民持續擁有主權，君主只是暫行者，人民可以隨時收回主權。另外，盧梭單一的社會契約論以及政府作爲一種僅爲建制的理論，當然需要對比於本書第六章第四節所述，普芬道夫所提出的「二約一令」理論；對比之下，盧梭認爲政府的創制是一個特別的命令，而普芬道夫其實已經明確指出這點。

24 因此，Hont（2015: 73-76）認爲盧梭社會契約論轉化霍布斯的虛擬人格論並不成功之論斷，難謂允當。

現代文明時，所提出的分析與批判。依據本章以上的梳理，盧梭的原創性可以總結如下。

　　盧梭最重要的貢獻，在於提出了「**自然**」、「**社會**」與「**道德**」的三元對立，甚至正／反／合的辯證。他反對亞里斯多德「人是政治動物」以及近代自然法學的「社會性」等觀念，將霍布斯所主張人類的反社會傾向加以極端化，建構了一種全新的自然狀態論。人類在原始的自然狀態中，與野獸的差異不大，追求自保以及有限的慾望滿足，但素樸的憐憫心讓人類的自保本能不至於發展成互相傷害的戰爭狀態。盧梭的理論所預設的「自然」被置於人類初始尚未發展的狀態，從而與古典政治哲學目的論所主張「自然是一種發展完成的狀態」大異其趣。

　　與自然相對立的「社會」，則由於外在環境的變遷，使人類的完善化能力逐漸改變外在自然，同時也改變了人性自身。盧梭將這個過程描述為一種腐化的過程，其社會生成理論雖然是一種「推測歷史」，但是與孟德斯鳩所採取的歸納式歷史觀相反，建構了一個人類整體社會發展的宏觀論述。特別是對現代思想影響甚鉅的「歷史階段理論」（stadial theory of history）也在盧梭的論述中初具雛形。其社會發生論之歷程可歸結為原始人的捕獵時期、野蠻人的畜牧時期，以及文明人的農業社會，或許還可加上政府建制後，將財產關係法權化從而產生的商業社會。換言之，盧梭對於社會腐化的描述，構成了一個人類整體發展的「歷史」觀，也在這個意義上奠下了歷史主義的基礎（Strauss, 1959: 52-53）。

　　在歷史的過程中，由於自由或完善化能力，人性也經歷了徹底的轉變。最明顯的對比，當然是自然狀態中的人是一種「高貴的原始人」，而社會中的人，則是以自尊之心為主導，活在他人意見之中的文明人（D2, II: 57）。換言之，「原始」、「野蠻」、「文明」的三種人類心靈狀態，已經在盧梭所描述社會發生的歷史過程中，成為可以無窮盡改變的人性所發展出來的三種獨特歷史樣貌。這些民族生活的獨特風貌，以及前述社會歷史發展的階段論，構成了啟蒙時期重要的人類學與社

會學思考的結晶。[25]

　　盧梭所建構「有關政府發展的假設歷史」，則以辯證的架構，呈現出人類在隨機運用政治藝術，甚至在富人逞其狡詐以維持其巧取豪奪之不正當財富等狀況下，竟使政治制度成為壓迫平民的新力量，迄於全無法權的專制奴役，最後達至一種「新自然狀態」的危機頂點。事實上，盧梭的「假設歷史」並非追尋歷史事實的重構，而是通過逆轉傳統政治哲學的政體循環論，創造批判空間，追求政治變革之規範基礎。[26]

　　為了矯治社會不平等，盧梭提出了兩種可能的政治解決方案。其一為在特殊個人以及下層階級所殘存的惻隱之心，有可能結合由於社會的不公不義而產生的強烈道德義憤，而成為現代社會革命的道德根源。其二則是提升「自由」正式成為現代政治的唯一格律，而且這種自由絕非霍布斯所謂之消極性的「臣民自由」，也比洛克的「人在社會中的自由」更為積極。盧梭將古典共和主義公民參與的政治自由概念「完善化」，提出公民的「自我立法」，也就是公民平等地參與主權以及普遍意志的運作，制訂法律，而且只服從自主建制的法律。如此一來，自由取得了全新的道德意義，一方面意味著主體之自律、自治，一方面國家則成為通過普遍意志所建構的道德共同體，迥異於霍布斯所建構的虛擬國家人格論。

　　對史特勞斯而言，盧梭是「第二波現代性」（the second wave of modernity）的開創者，上承馬基維利到洛克的第一波現代性，下啟德國觀念論以及歷史主義的政治論述（Strauss, 1989: 89-94）；不僅如此，盧梭論述平等與民主之議題，具有可與古典宗師柏拉圖、亞里斯多德

---

25　Muthu（2003: 31-46）則基於後殖民主義詮釋觀點，認為盧梭對「自然人」的建構，忽略了原住民的文化底蘊。

26　科賽列克（Koselleck, 1988: 170）認為盧梭的假設歷史只是為其「預斷」（prognosis）建構一個「虛擬指引」（fictive guideline），並批評盧梭的理論導致永久革命論以及國家以普遍意志之名實施永久獨裁（Koselleck, 1988: 163-164）。將盧梭的假設歷史關連於「預斷」，確有其見地（cf. Koselleck, 2002: 131-147），但其整體的批判論斷則失之武斷。洪特（Hont, 2015: 42）指出，這是源於施密特政治概念所導致的詮釋觀點。

比肩之原創性（Strauss, 1972: 258-259）。劍橋學派近年來也開始對盧梭的思想史貢獻，提出全面的重新評價，重點之一在於《論人類不平等》對社會發展的「推測」與「有關政府發展的假設歷史」之論述，與蘇格蘭啓蒙運動思想家亞當斯密以及弗格森（Adam Ferguson）所從事的「推測歷史」（conjectural history）二者間之關連。[27] 本書下一章將以弗格森的文明社會史論為論述主軸，其理論一方面乃是此種歷史書寫的重要範例，且形成十九世紀英國文明論之原型，另一方面，則對集德國觀念論之大成的黑格爾之「市民社會論」與歷史哲學產生重大影響。[28]

---

27　蘇格蘭啟蒙運動「推測歷史」的代表著作，除了下一章所論弗格森的《文明社會史論》外，還有 Henry Home（Lord Kames）, *Sketches of the History of Man* 以及 John Millar, *The Origin of the Distinction of Ranks*，參見 Höpfl（1978: 21）。洪特則指出，「推測歷史」在蘇格蘭啟蒙運動中成為主要的論述模式，與休謨（David Hume, 1711-1776）之批判社會契約不可能建立具有規範效力的法律的觀點有關（Hont, 2015: 34-36, 42, 51, 65）。休謨主張正義是一種「人為德行」（artificial virtue），其生成乃是在人與人互動過程中逐漸產生。這個取向，導致了蘇格蘭啟蒙思想家從理論的角度來分析人類互動的歷史，從而產生「推測歷史」或「自然歷史」。洪特（Hont, 2015: 57）承認，盧梭未必讀過休謨的著作，所以盧梭所建構的「假設歷史」乃是平行於蘇格蘭啟蒙運動的發展，甚至可以說影響到這個著名的英國社會政治思潮，因為亞當斯密在 1756 年，於《愛丁堡評論》一篇通訊中，發表了對《論不平等起源》的評論（Smith, 1980: 249-254）。

28　本書以下數章的論述，預設了拙著《西方共和主義思想史論》第五、六、八章對盧梭《社會契約論》與法國大革命思想家西耶斯《第三等級是什麼？》之分析，請讀者參閱。

# 第九章

# 弗格森論
# 文明社會與自由國家

## 一、前言：蘇格蘭啟蒙運動的文明社會論

本書前兩章分析了孟德斯鳩將商業社會視為現代性未來之所趨，且將帶來和平的交易以及民風的純化；而盧梭則基於古典共和主義的立場，通過重構自然狀態，批判商業以及文明的弊病。顯然，在十八世紀中葉，商業社會的興起，及其與政治藝術之間的關係，已成為關鍵議題。對此進一步提出理論分析的，是一般稱之為「蘇格蘭啟蒙運動」（Scottish Enlightenment）的思想家，包括休謨（David Hume, 1711-1776）、亞當斯密（Adam Smith, 1723-1790）以及亞當・弗格森（Adam Ferguson, 1723-1816）等。

盧梭與亞當斯密對商業社會之人性論基礎與政治治理的分析，是近年來思想史研究焦點之一（如 Hont, 2015），本章則選擇以弗格森的名著《文明社會史論》（*An Essay on the History of Civil Society*, 1767）[1]作為十八世紀英國理論家面對商業社會興起與相應的政治制度之反思。弗格森為共和主義者，青年時期曾從軍，1759 至 1785 年擔任愛丁堡大學自然哲學與道德哲學教席。其著作或許沒有亞當斯密開展出古典政治經濟學的《國富論》之原創性，在哲學思辨方面也無法企及休謨；然而，《文明社會史論》在當時受到廣泛的注意，不僅於其在世時便再版七次，並且對德國之後所開展出的「市民社會」論述產生重大影響（Oz-Salzberger, 1995: xxi-xxiii）。原因在於，弗格森結合了孟德斯鳩的歷史取向與盧梭的不平等起源論述，依據歷史材料，發展出完整的文明社會階段史（cf. 郭博文，2000: 100-146）。在他的系統中，可以清楚觀察到古典共和主義與新興商業社會碰撞後，產生了共和自由主義的思想根源。

本章以英國的劍橋史學派所提出的詮釋為基礎，著重弗格森在蘇格蘭啟蒙運動中，由於出身於發展較晚的高地（Highlands），因此較為

---

1　本章縮寫：

　　**HCS** = Adam Ferguson, *An Essay on the History of Civil Society* (1767), ed., Duncan Forbes. Edinburgh: Edinburgh University Press, 1966.

強調傳統社群以及公民德行，並運用馬基維利積極的共和主義精神，
分析並批判逐漸興起的商業社會（Forbes, 1966: xiii-xiv; Pocock, 1975:
499）。弗格森所開出的文明史觀，乃是啓蒙時期「人性史」（history of
human nature）的代表作（McDaniel, 2013b: 64-65, 67-74），此種歷史觀
將孟德斯鳩思想中政體的理想型分類，轉化成爲歷史不同階段所產生
的政治體制。特別是弗格森提出社會發展的序列：原始或未開化民族
（savage nation）、野蠻民族（barbarian nation）以及文明民族（polished
nation 或 civilization）。雖然弗格森認爲由未開化與野蠻狀態朝向文明
開化的發展是一種進步，但他並不是一位樂觀主義者，在其論述中，文
明有進步的一面，也有衰微的可能。衰微的主因在於社會過度分工後，
個人失去了德行以及對公共福祉的關心，導致行政擴權甚至軍政府與
專制政權崛起，這是他對現代商業社會最大的憂慮。對此，他並嘗試運
用古典共和主義精神加以矯正並開展出共和自由主義的新思維。

## 二、弗格森：方法論與人性論

在《文明社會史論》中，盧梭的《論人類不平等》是弗格森所引用
的第一本著作（HCS: 5），他以批判盧梭的純粹自然狀態作爲初始的問
題意識。[2] 弗格森強調，人從來都是存在於某種與他人互動的社會狀態
裡，所以並不存在一種先於社會的自然狀態。是以，自然狀態（state of
nature）的恰當意義應該是「天性的最適狀態」（the proper state of his
nature; HCS: 9）；也就是說，人類盡可能運用稟賦來改善生活，此乃天
性使然，毋須過分解釋。他指出，個人在有限的生命中，當然無法企及
完善，但人類整體作爲「類」（species）的存在，則通過共同的活動產
生進步，最後可能趨於對其官能運用的**完善化**（perfection; HCS:5）。換

---

2　關於弗格森與盧梭思想關係之詳細討論，請參閱 McDaniel（2013b: 83-91）；
　　他於單篇論文（McDaniel, 2013a）中所做的比較則更爲詳盡。

言之，在盧梭的不平等起源論中具有歧義的「完善化能力」
（perfectibility），於弗格森的論述中卸除了不易解釋的理論困境，而成
爲人類在社會生活中創造進步的動能。如此一來，本書前一章所論盧
梭對自然狀態所做的推理和關於政府的「假設歷史」（hypothetic history）
就被轉化成爲人類的「**自然歷史**」（natural history）或「**推測歷史**」
（conjectural history），不再只是哲學家通過思辨所做的推論建構，而
是基於啓蒙時代所累積的各民族歷史以及人類學誌，再加上基於自然
律以及人性的理性分析，所完成一部敘述人類發展的整體歷史，也就
是文明社會史（Forbes, 1966: xv-xvi）。[3]

　　捨棄了自然狀態的假設後，社會契約論述也隨之消解。表面上，弗
格森否定了盧梭的理論出發點；但實際上他仍接受許多盧梭的深刻洞
見（cf. McDaniel 2013b: 66, 84）。弗格森主張自保（self-preservation）
是人類活動的驅動力，並區別出「本能性」及「社會性」兩種自保活動
（HCS: 11）。在本能性的自保方面，弗格森指出人與動物不同之處在
於人能運用理性反思來完成其自保活動，此時，所產生出的行動對象
就是**利益**（interest），也因此而產生了財產（property）、效益（utility）
以及幸福（happiness）等面向（HCS: 15）。然而，假如個人追求其自保
而罔顧他人的利益時，就會產生「自我之愛」（self-love），這是自保的
腐化型態，絕非恰當（HCS: 12-13）。在社會性的自保方面，弗格森則
強調人類組成社會的兩面性：一方面，人類的社會本能，使得他們彼此
合作並產生友善情誼；另一方面，他也指出戰爭（war）以及紛爭

---

3　事實上，「推測歷史」是蘇格蘭啓蒙運動特有的論述模式。此概念係由 Dugald
　　Stewart（1753-1828）在追記亞當斯密之生平與著作時首先提出，意指在客觀
　　資料闕如時，面對當時已知的原始未開化情境，如何可能發展出文明的論述。
　　「推測歷史」雖非描述這個發展過程之實然，卻是基於理性探究在自然因果律
　　下其所以然的原因。Stewart 稱此爲「理論或推測歷史」（theoretical or conjectural
　　history），並說明此即休謨之「自然史」（natural history）以及法國思想家所
　　稱的「理性史」（*histoire raisonée*），參見 Smith（1980: 293）。本章所論弗
　　格森的《文明社會史論》即爲此種書寫取向之著例，雖然弗格森本人並未運用
　　「推測歷史」一詞。關於「推測歷史」之形成之當代文獻，請參閱 Meek（1976）
　　以及 Höpfl（1978）；其對西方近代思想史之影響，則可參考 Palmeri（2016）。

（dissension）的外敵可以在社群內產生內部凝聚，而社群成員的利益
衝突，若運用得宜也對社會活力有所助益。[4]

　　人類聯合起來從事共同活動，其目的在於一起運用心智來增進福
祉；是以，弗格森即使在描寫人的知性能力（intellectual power）時，
所強調的還是經世致用的實踐面向（HCS: 28-29）。他進一步區別「行
動者」（actor）以及「旁觀者」（spectator）的不同角度，前者是每個人
在行動時的動機，後者則是他者在主體心中所產生的相對應情感。在
這個議題上，弗格森和亞當斯密相同，將盧梭式的「**惻隱之心**」
（compassion）作為人類**道德情感**（moral sentiment）的根源（HCS: 31-
40），[5] 而其行為格律乃是：

> 一個有惻隱之心的人，心中往往有這樣一種信念，即作為個人，
> 他自己只不過是他必須尊重的那個整體的一部分。有了這種天性，
> 他就有了所有德行的基礎，就有了蔑視以肉體快樂為主要享樂的
> 基礎；就有了蔑視危險和痛苦的基礎，因為這些危險和痛苦阻止
> 他為公眾謀福利。（HCS: 38）

　　在此文本中，弗格森擴大了盧梭的憐憫論，使人與人結合成整體，
且每個人都是整體的一部分，願意促成整體的福祉，此乃所有**德行**
（virtues）之基礎。不僅如此，他也將惻隱之心詮釋為**權利**（rights）的
根源，並做了一個盧梭式重構。弗格森首先從一般意義下的權利出發，
包括保護其人身、自由行動、保持理性的理解與心靈感受，以及對待他
人是否公正等（HCS: 34-35）。之後他做了一個盧梭式推論：假如人們
在社會上的互動都基於善意與友情，彼此是相互關注的對象，且若每

---

4　在這個議題上，弗格森明顯受到馬基維利的影響（Pocock, 1975: 499-500）。
　　至於弗格森強調敵人（enemy）對於形成文明社會所具有的功能，如 Kalyvas &
　　Katznelson（2008: 71-73）所述，可視為施密特「敵友區分」的前身。
5　當然，弗格森在此運用了亞當·斯密《道德情感論》（*Theory of Moral Sentiments*,
　　1759）之論述。關於此思想史議題，請參閱洪特（Hont, 2015）的精彩分析。

一個人的苦難都「引來一群極爲關注的旁觀者」，那麼雖然人們未必能
夠提供積極的善，但至少不會傷害其他人。恰恰在這種「旁觀者」視域
所形成的人際關係中，「我們維護自己權利的意識也在人性與眞誠的驅
使下延伸到了別人身上」（HCS: 35），此即爲個人權利的社會道德基礎。

　　當弗格森在哲學人類學的層次，將盧梭的惻隱之心轉化成爲基本
人性時，其理論中的個人在自保之外，同時具有利他的行爲動機。不僅
如此，弗格森認爲，自我對他人的仁慈（benevolence）是人類幸福不可
或缺的要素，而這也形成了個人之間的社會傾向（social dispositions;
HCS: 54-55）。弗格森強調這是「人性原則」（principle of humanity）：
「即使腦中想著如何謀取利益時，內心往往還是嚮往友情。雖然交易
是按照自我保存的格律進行，但在無所牽掛時，人們還是樂善好施的」
（HCS: 37）。當每個人都能依此而行時，他們就成爲「整體的一部分」，
且這些行爲的格律，就成爲德行的基礎。在個人的層次，最高的德行乃
是「大度」（magnanimity; HCS: 38, 55），而這正是西方古典政治哲學自
亞里斯多德以來，共和主義傳統描述公民具有最高德行時所運用的核
心觀念（Strauss, 1953: 187）。

　　基於以上，弗格森嘗試結合霍布斯的自保以及盧梭的惻隱之心，
建立一個同時兼顧利己與利他的人性理論。而在個人幸福（happiness
of individuals）之外，他也討論「**民族福祉**」（national felicity; HCS: 57）：
假如文明社會最重要的目標在於個人的幸福，那麼弔詭的是，個人的
主要目標應該是公共善（public good; HCS: 58）。由於個人與文明社會
形成部分與整體的關係，所以個人的個別目標與社會整體的共善乃是
相輔相成，而非有所矛盾。在這個取向之下，弗格森初步提出了他所稱
之「民族福祉」的要素，包含「財富、商業、疆域、藝術知識」等。當
它們被恰當運用，就構成了民族的「自我保存手段」以及「力量的基
礎」。然而，若這些手段與基礎不存，那麼文明社會就會衰退，個人也
無由獲致其幸福（HCS: 58）。

　　承續了古典傳統，弗格森認爲人類整體福祉的決定性因素在於政
府形式（HCS: 62），而他接受孟德斯鳩的政體理論，作爲其論述民族福

祉所需的政治制度基礎（HCS: 65-73）。但是對孟德斯鳩分類學式、理想型式的政府論，弗格森將之歷史化，發展出具有普遍歷史（universal history）意義的文明社會史。

## 三、弗格森的文明社會階段論

在盧梭的《論人類不平等起源》刊行後，歐洲的政治論述迅速被人類社會發展的議題所主導。其中將盧梭基於想像的「假設歷史」轉變爲具有實證基礎的歷史論述，最著名的代表，莫過於與弗格森同時期的亞當斯密所提出的人類社會發展「四階段論」，其將人類社會區分爲漁獵、游牧、農耕，及商業四種型態序列發展史（Smith, 1982: 14-16, 200-210, 404-427; cf. Hont, 2015: 55-56）。這個社會發展階段論所造成的影響既深且鉅，甚至包括後來馬克思的歷史階段論（原始共產社會、奴隸社會、封建社會、資本主義社會、共產主義社會）等。

由於弗格森與斯密同時期，而且採用了類似的範疇，往往令讀者誤用前述標準的四階段論來詮釋《文明社會史論》。然而，理解本書的關鍵，毋寧在於摒除經濟或生產方式爲主軸的歷史觀點，而是關注其中的政治行動模式（Pocock, 1975: 499）。由於弗格森的論述嘗試結合社會經濟發展、古典共和主義、孟德斯鳩的政府論，以及盧梭的不平等起源論等不同論述，所以弗格森的歷史分期採取了相當複雜的標準。簡言之，他以是否具有高度發展的藝術（arts）爲準，區分出「**粗野**」（rude）與「**開化**」（polish）民族：其中前者以是否具有穩定的財產權爲分界，再區別爲「**原始**」（savage）以及「**野蠻**」（barbarian）兩個階段；後者則區分爲具有**政治建制**（political establishment）的階段以及社會分工高度發展後的**商業社會**（cf. 郭博文，2000: 114-132）。這樣的分期方式，一方面借鏡於盧梭在《論人類不平等起源》所論：純粹自然狀態、洛克式的自然狀態、「僞社會契約」建構政府後急速惡化的辯證。另一方面，吾人也可以從現代自然法傳統的角度，理解弗格森的文明

社會四階段：原始或未開化民族、野蠻民族、「政治國家」（civil state; 普芬道夫的用語）或「政治社會」（political society; 洛克的用語），以及商業社會。從現代自然法傳統的角度加以觀察，方能理解弗格森如何將法權對照的自然狀態與政治國家轉化為歷史敘述。以下略述這四個時期的社會政治形態以及其中人類行為的格律。

## （一）原始或未開化民族

由於歐洲的歷史文字記載，基本上僅及於「野蠻」時期的情境，是以，弗格森以對美洲原住民的描述，作為未開化民族的論述材料。雖然盧梭在《論人類不平等》中，用 "savage" 來描述純粹自然狀態的人（如D2, I:6），但弗格森依據歷史與人類學的觀察，強調在未開化的狀態中，人類已經存在於家庭與氏族的集體生活中。他們的主要活動以漁獵為主，但也有某些粗糙的農業（HCS: 82）。此時尚無財產觀念，漁獵農耕所得被視為全民族所公有，但在家庭中已經產生性別區分以及臣屬狀態。而在家庭之外的共同生活中，戰爭中展現出的勇氣是榮譽的來源（HCS: 89, 91），但沒有因此而產生穩定的支配結構，遑論政府。不過，弗格森的共和主義傾向，在其說明此未開化民族的原初社會狀態時得到了印證。他指出，在美洲各族中均存在著某種型態的部落會議（council），而「在這裡，我們找到了元老院（senate）、行政權（the executive power）和人民大會（assembly of the people）這些使古代立法者聞名遐邇的制度」（HCS: 85）。

在未開化民族中，人性當然是簡單的，但並非無知（ignorance），而是對平等及其權利有著堅持的意識（HCS: 84）。此時期人們的行為格律（maxim）乃是：「**人天生互不相欠；所以，他也沒有義務去承擔任何強制或不平等的待遇**」（HCS: 88），而這個格律所反映出獨立的根本價值，不但是正義（justice）的基礎，同時也是自由的根源。

弗格森所描述原始人的素樸慾望，可以看出盧梭對他的深刻影響。慾望基本上是直接自然需求的驅使，而不會對於未來有所期望進而產

生貪婪、虛榮或野心（HCS: 92-93）。不過也因此在這個脈絡中，出現了波考克所指出的核心悖論（central paradox）：「個人素質在其作用（exertion）時有一定的優勢；但在安逸（relaxation）時，個人素質並不會給人們帶來任何權利或獨有專權（prerogative; HCS: 84）」（Pocock, 1999: 337）。這個描述的悖論在於，弗格森一方面接受共和主義傳統，強調勇氣為最重要的個人素質與德行，在公共生活中有優先性；但馬上加上的「安逸」條款，則反映出了盧梭於純粹自然狀態中對「高貴原始人」素樸、自足的基本定調。這兩個思想的潛流，同時在弗格森系統中交互作用。

## （二）野蠻民族

在一般用語中，「野蠻民族」（barbarian nation）大體上指涉歐亞大陸北部的遊牧民族，而與中南部的農耕社會產生長時期的鬥爭。不過，弗格森對野蠻民族的分析，並不以遊牧作為其經濟生活的樣態。對他而言，在西歐以及美洲稍微偏南的區域，自古就已經有農耕與定居，他們與亞洲北部遊牧民族，都有可能形成「野蠻民族」（HCS: 97）。弗格森主張，**野蠻民族的標誌乃是財產觀念的確立**：通過穩定的家庭生活，家長期望給後代更好的生活條件，慢慢地對於土地以及伙食產生排他性擁有的念頭。如此一來，個人就不再願意和公眾分享事物，每個人皆關心其個人財富，且其動機不僅僅是必要的慾望，而常常出於仿效競逐（emulation）以及嫉妒。弗格森運用盧梭式的分析指出，這時的個人就產生了對未來的觀點，而其利益往往與虛榮所欲求的目標相合（HCS: 96-97）。弗格森強調財產乃是進步的動力（HCS: 82），而財產權也使野蠻民族產生重大變化：每個個人有了各自的利益分別後，社會就失去了強烈的凝聚力，內部混亂也愈發頻繁。同一個群體的成員由於競爭和復仇而鬥爭，最後團結在財富顯赫、出身高貴的領袖身邊（HCS: 98）。

弗格森接著以領袖為核心，論述了野蠻民族的政治組織。他雖然強調在未開化與野蠻民族中，尚未有正式的政治建制（HCS: 121），但

某些政治關係的雛型仍是其分析重點。相較於未開化民族的原初共和式部落會議，在野蠻民族中，隨著領袖權力的增長以及世襲制度的產生，形成了**原始君王制**（royalty; HCS: 100）。不過由於野蠻民族的政治制度處於流動的狀態，所以有時原始君王制會轉化爲專制及政治奴役，這在歐亞大陸都曾發生（HCS: 102-103）。有時原始君王無法掌控全局，逐漸被內部的派系紛爭與家族世仇的鬥爭所取代（HCS: 104），弗格森所舉的例子是凱撒對於原始高盧人的描述。

　　整體而言，弗格森不以遊牧作爲界定野蠻民族的標準，而是以具有財產制，但尚未建立穩定的政治制度爲判準。對他而言，荷馬時期的希臘、塔西圖與凱撒所描寫的高盧人，以及一般所公認歐亞大陸北方的遊牧民族，都符合他定義下的野蠻民族。弗格森指出，野蠻民族的特性在於精神的強健勇毅（ferocity of spirit），以及在此基礎上對於自由的追求（HCS: 106-107）。然而，以歐洲的歷史經驗而言，則是在羅馬進入共和時期之後，發展出了完善的政治與戰爭藝術，最終戰勝了其周邊之野蠻民族（HCS: 106）。

## （三）政治建制史

　　如前所述，《文明社會史論》的第二部分，乃是對粗野（rude）民族的歷史描述，包括未開化以及野蠻兩階段；第三部分則篇幅較長，討論的是政治技藝（policy）及藝術（arts）發展後，人類歷史進入開化（polished）民族的階段。弗格森進一步將之區分爲兩個階段：其一具有政治建制，其二則爲商業社會（及與之相應的自由國家）。最後這一種形態，是文明進步的最高成果，也是弗格森關切的主要課題。值得注意的是，弗格森區分粗野民族與具有政治建制國家，實際上對應於社會契約論傳統對「自然狀態」與「政治國家」所作的區別。只不過，社會契約論思想家關心的是不同情境中的法權狀態，而弗格森則將之轉化爲歷史發展的進步史。

　　弗格森認爲，只有羅馬與阿拉伯兩個民族，從粗野無文的蒙昧狀

態，發展到最高等級的藝術文明狀態之後，又走向衰微（HCS: 110），而他集中討論羅馬對歐洲的重大影響。在進行歷史分析之前，弗格森提出兩個重要的方法論述。首先是關於地理天候對於政治制度的影響（HCS: 108-121）。他不否定孟德斯鳩所主張高等文明往往在溫帶才會發生之論點；然而，他並不接受孟德斯鳩極端的天候決定論，而認為人類的行動，仍能創造出文明生活的基礎。其次，弗格森在論述文明社會史之前，分析了社會的發展並非通過人為建構，而是一種自發過程（HCS: 122-125）：[6]

> 群眾在邁出每一步，採取每一個行動時，即使是在所謂的啟蒙時代，都並未考慮到未來。各民族偶然地建立了一些建制，這的確是人類行動的結果，但卻非執行任何人的設計。（HCS: 122）

其原因在於，每個人的行動都有其計畫（project）以及規劃（scheme），但在行動場域中，每個人的計畫都會與他人的規劃遭遇碰撞，產生不同的可能性及後續發展。因此，人類不可能「追隨某個規劃人的計畫」（HCS: 122）。弗格森並提出了一個著名的箴言：「**沒有任何憲法是商議而定，也沒有任何政府是計畫的翻版**」（No constitution is formed by concert, no government is copied from a plan; HCS: 123）。若以當代社會科學的語彙來描述，即人類的行動有著「非意圖性之結果」（unintended consequence），所以政治制度並非通過單一理性規劃便可實現。

以《文明社會史論》之脈絡而言，弗格森所反對的是傳統民族史敘事中，關於古代立法家或國家創建者的神話（HCS: 123）。他認為這種思考只不過是將人類智慧無法預見，以及政治權威很難完成的改變人性與制度創建等課題，歸諸於立法家的偉大智慧。[7] 是以，弗格森批判

---

6　弗格森這個論述由於海耶克的稱揚（Hayek, 1967: 96-105）而廣為當代學界所知。海耶克並倡議一種「自發秩序」（spontaneous order）理論。

7　這當然是對盧梭立法家觀念的駁斥，請參閱蕭高彥（2013: 197-215）。

兩大立法家神話：斯巴達的立法家萊克古斯（Lycurgus）及羅馬創建者
羅慕勒斯（Romulus）。弗格森認爲所謂立法藝術，乃是一種時代的產
物，因爲萊克古斯並非憑空製造出斯巴達的政制，而是將之前未開化
民族的政治制度引進到斯巴達，以控制奢侈與野心（HCS: 94）。而羅慕
勒斯也並非馬基維利所謂的單一個人（*uno solo*），而是一個階級群體
的領袖，因緣際會而能共同創建羅馬（HCS: 124）。

依據以上「**反建構論**」的方法論，弗格森在《文明社會史論》第三
部分第二節中，敘述了歐洲的政治社會發展史，就其內容而言，可以視
爲上接第二部分第三節的野蠻民族史。這一節的標題原爲「臣屬的歷
史」（the history of subordination），但在第二版（1773）後，改爲「政
治建制史」（the history of political establishment），更忠實地反映出這一
節的論旨（cf. Ferguson, 1995: 118 註）。以下簡述弗格森所標示的政治
建制時期的主要特色，以及其進一步的歷史分期。

對弗格森而言，政治建制的開端有兩個最重要的社會事實。首先，
「『我想擁有這片土地，我要把它留給我的子孫。』第一個說這句話的
人不知道自己正在爲市民法與政治建制建立基礎」（HCS: 122）。這個
表述，顯然呼應盧梭在《論人類不平等起源》第二部分卷首，同樣以第
一人稱的宣稱方式作爲文明社會的開端，而弗格森在此處所強調的乃
是土地占有。其次，他以羅馬王政末期，貴族驅趕國王爲例，表達出政
治建制的新開端，而當時公民們的期望是建立合法憲政（legal
constitution）。這固然可以視爲新時期共和國的開端，但從歷史的角度
而言，弗格森強調的是羅馬的共和建制，使得它脫離了之前與其他民
族相同的野蠻時期，而進入新的發展階段。

弗格森以羅馬共和、羅馬帝國時期歐洲民族的形成、中古封建制
度，以及近代代議政府等四個階段，簡要描述了歐洲政治建制史。其共
和主義信念在此歷史敘述中表露無遺。弗格森認爲最初的政治建制，
呼應了未開化時期的共和雛形之部落會議，在此階段則依據「共和格
律」而建立了民主制（HCS: 126）。然而，與之前的粗野民族不同，此
處已出現等級（ranks）的制度化：君主、貴族以及教士，各別追求其

獨自的利益；但同時人民也形成了「政治體」（political body）。而等級
與人民之間的權力假如無法節制，則將導致政體的腐化（HCS: 127）。
在此脈絡中，弗格森發揚了馬基維利在《李維羅馬史疏義》第一卷的共
和自由觀（cf. 蕭高彥，2013: 157-158）：在共和政體中，政治自由
（political freedom）的眞義在於公民堅守其平等的權利，並把其他具有
野心的公民限制在適當的範圍。不僅如此，弗格森也和馬基維利相同，
強調階級衝突乃是共和政體可以繼續存在的動力（cf. Kalyvas &
Katznelson, 2008: 73-76）：

> 　自由是由於多數人持續的分歧和對抗而得以維護的，而不是靠
> 他們支持公正政府的一致熱情來維護的。因此，自由國家中最明
> 智的法律可能都不是依據任何一個階層的人們的利益和精神而定
> 的，它們的提出、否決、修訂都是由不同的人來進行的，最終這些
> 法律成了表達對立黨派相互強迫對方接受的折衷混合的意見。
> （HCS: 128）

　　隨著人口增加以及領土擴大，原始共和制逐漸轉化爲君主制，弗
格森此處的論述，似乎跳過羅馬共和轉向爲帝政的主軸，而以歐洲其
他民族國家的發展爲主：「歐洲各國最初定居下來的方式爲君主政體奠
定了基礎，而且它們都準備好統一在正規且又廣泛的政府（regular and
extensive governments）管轄之下」（HCS: 130）。這些羅馬帝國周遭所
發展出的君主政體，隨著帝國的衰亡，各民族移居歐洲，形成了中古時
期的軍事等級制，軍官得到與其頭銜相應的采邑（fief）作爲其暫時的
報酬。在封建制度中，貴族與國王之間所形成的政治秩序，雖然防止了
國王實施「全面專制」（general despotism）的可能；但另一方面，貴族
本身的好戰與其扈從，使他們自身也在其采邑之中成爲暴君（tyrants）。
這個對封建制度的雙重評價，前者與孟德斯鳩相同，認爲貴族作爲中
介團體形成了國王權利的屏障以及限制，但在後者中，弗格森則強調
貴族制可能之弊病。

## （四）商業社會與自由政制

　　弗格森論述政治建制史的最後階段，事實上即爲對西方現代性的描繪。歐洲近代君主通過保護人民，並且鼓勵商業活動的同時，形成了代議體制：君主制與共和制混合（monarchy mixed with republic），成爲商業社會新時代最重要的政治建制。

　　相較於盧梭在《論人類不平等起源》所述，設置政府導致壓迫加劇最後成爲專制的觀點，弗格森的論述則較爲樂觀。他從歷史的角度，說明了歐洲由中古後期封建制度君主與貴族的衝突之中，人民力量之崛起，最後形成了一種獨特的現代政制：「**自由憲政**」（free constitution）、「**法治政府**」（government of law）或「**合法憲政**」（legal constitution; HCS: 132），而這正是現代英國的政治體制。換言之，弗格森將孟德斯鳩政體分類中，自成一格以追求自由爲目的之英國憲政，放在歷史進步的時序中，成爲西方現代性的制度結晶。弗格森進而對政治現代性以及英國憲政體制提出分析。首先，在政治建制史的最後幾段，他描述在封建最後期，君主壓倒了封建貴族，通過保護人民，並且鼓勵人民經商牟利。而在人民的力量崛起，並通過代表參與政府之後，新型態的代議政府便逐漸產生。在這個脈絡中，弗格森僅簡略描述現代代議政府在實質上乃是「法治政府」，而在形式上則是「君主與共和政體融爲一體」的現代國家（HCS: 132）。在歐洲興起的民族國家，彼此之間維持著權力的均衡（balance），而這樣的國際政治體系，「給人類帶來榮譽，並帶來永久幸福的希望」（HCS: 133）。

　　另一方面，以英國政制爲代表的自由憲政，對現代民族國家最具典範意義，弗格森在第三部分第六節「論公民自由」（Of Civil Liberty）中進一步提出分析。作爲英國學者，弗格森沒有犯下孟德斯鳩的錯誤，用「三權分立」來詮釋英國憲政。弗格森的論述相對持平：在現代國家中，當和平與正義能夠通過政策逐漸建立後，之前的所有理論要素，包括個人的政治權利、財產權，以及個人自由等，都將通過法律而加以保

障（HCS: 155-156）。換言之，政治現代性是以**個人權利**爲出發點，發展出全新的自由觀念以及政治制度（HCS: 161）。而爲了保障個人自由與權利，相同利益的公民會形成團體，所以在現代國家中，以貴族與平民的對立爲基礎所發展出的**政黨**（party），以及兩黨政治的雛形，在英國政治得到最早的落實（HCS: 162-163）。在兩個政黨的對立與平衡中，加上國王所扮演的調和角色，一個新形態的「**混合政府**」（mixed government）於焉形成：

> 在僅靠人民代表行動的地方，人民的力量有可能被單一的運用。他們有可能在一種比其它政體更持久的政府中占有一席之地。在那些政體中，人民擁有或僞稱擁有立法權整體，他們聚合在一起時是暴君，分散開來時是混亂國家的奴隸。在適當的混合政府中，民眾的利益和君主或貴族的利益是相當的，從而他們之間建立了一種平衡（balance）。公共自由（public freedom）和公共秩序（public order）就存在於這一平衡中。（HCS: 164）

弗格森強調，在良好的混合政府中，法律將成爲各個政黨的協約，因此能夠最大程度保障公民的利益。與同時代英國思想家相同，弗格森非常自豪於英國的自由憲政，因爲這個制度不僅實現了政治自由，而且**民族的財富與權力也繁榮滋長**（HCS: 162）。是以，他將現代英國與古代羅馬並舉爲兩個混合政府的典範：

> 羅馬和英國都推行混合政府。一個傾向於民主政體，另一個傾向於君主政體。事實已經證明這兩國都是偉大的立法者。前者爲歐洲大陸留下了其民法的基礎和大部分上層建築。後者在其島國內將法律的權威性和法治政府（government of law）臻至完美，達到了人類史上前所未有的高度。（HCS: 166）

值得注意的是，弗格森的古典共和主義信念，在對英國自由憲政

謳歌的同時，卻也展現出對於未來的深刻憂慮。其關鍵在於：「法治政府」雖然通過制訂良善法律來保障個人自由，但是歷史的例證顯示，**「政治自由」**作爲「個人從自己所處的地位出發，爲自己、爲公眾服務的權利」，雖然以財產及法律權益的保障爲要件，但其眞實根源卻在於心靈力量。但新時代的自由政制，卻有可能與新興的商業社會所帶來的人性變化有所扞格。這個憂慮，使得弗格森與同時代蘇格蘭啓蒙運動思想家有所不同，基於古典共和主義精神，對現代商業社會提出批判，並且尋求解決之道。

## 四、弗格森論社會分工、腐化與民族衰微

商業社會是文明發展與進步的最高階段，而其原則在於「藝術和專業的分工」（HCS: 180）；以當代的語彙來說，就是社會分工。雖然人類自古以來就有商業活動，但弗格森主張在未開化以及野蠻時期，商業功能並沒有從當時人的其他身份分化出來。唯有在現代商業社會，才產生下述現象：

> 藝術家發現他越是把注意力集中於任何工作中的一個特定部分，產品就會越完美，而且產量也會越多。製造商發現如果工人分工越細，雇的工人越多，開銷就越少，獲利就越多。消費者同樣也要求每一種商品的做工會比那些雇來要一心多用的工人生產的商品更完美。商業的進步只不過是手工藝術的繼續分工。（HCS: 181）

商業社會中社會分工的結果，使得每一個現代人都有其獨特的職業或「**志業**」（calling; HCS: 181），終其一生必須專心經營。如此一來，雖然社會的財富快速增長，但人們就彷彿成爲「引擎的各部分」，不約而同地爲一個他們其實一無所知的目的而運作。弗格森在此提出了日後社會學理論所廣泛討論的異化（alienation）現象：在商業社會中，藝

術的進步雖然提高了國力，但分工的結果，使得從事手工藝術者不需要完整的能力，在理智和情感方面會受到壓抑，以免勞動時出錯。所以「製造業最繁榮昌盛地方的人們最不注重思考，而且不花力氣去想像，只是把車間看成是一台由人做零件而組成的引擎」（HCS: 183）。

在引進社會分工作為商業社會的構成要素後，弗格森進一步論述分工所帶來的臣屬（subordination）或不平等。在商業社會興起之前，不平等不外乎兩種原因：自然稟賦不同以及財產分配不均；這在未開化與野蠻時期就已經產生，但在社會分工後，人們在從事不同技藝中所養成的習慣，也成為一種新的不平等之根源。弗格森敏銳地指出，在商業社會中，不受分工制約的菁英可以有更高的視野以及廣泛的思考，但受到分工制約的絕大多數人，思想與理性均逐漸降低（HCS: 182-183）。對這個商業社會所產生的新問題，他基於古典共和主義信念，提出了尖銳的批判。

弗格森指出，商業社會的主要特質有二：首先，對於財富累積的追求，超越了傳統道德的界限，成為一種無限的發展（HCS: 216）；其次，在財富滋長之後，產生了競逐**奢侈**（luxury）的社會現象。他對奢侈的描述與批判，不僅針對財富增長所帶來的品味增進，並且指出一種後來為馬克思所強調的「物化」（reification）現象：沒有任何實用性的裝飾物（ornament）或配飾（equipage）成為競相追求的對象，彷彿這些裝飾品便反映出配戴者的人格特質（HCS: 251）。此種基於虛榮的無謂競逐，其結果是「禮儀」（politeness; HCS: 256）。弗格森指出，文明社會所強調的禮儀，代表著對於古典價值觀的逆轉：之前菁英分子所追求的價值，包括高尚性格以及偉大榮耀；而在文明社會之中，轉化為物化的裝飾品所表達的品味（HCS: 253）。基於古典共和主義精神，弗格森強調奢侈所帶來不可免的後果乃是**腐化**（corruption）。他對於二者的關係提出了如下的說明：

奢侈和腐化總是形影相隨，人們甚至把它們誤認為是同義詞了。但是，為了避免混淆詞意，我們所說的奢侈是指財富積累和享有

財富的方式的改進。它是勤勞的目的或手工藝術和商業藝術發展
的結果。而我們所說的腐化是指存在於藝術發展的任何階段，存
在於任何一種外部條件或外部環境中的真正弊病或人類品格的淪
喪。（HCS: 248-249）

　　弗格森強調，奢侈與腐化對於統治者以及人民都會造成負面的影
響。人民由於受制於社會分工，以及財富積累後造成的奢侈現象，使得
民風產生了弱化以及虛矯的情形（HCS: 253-254）；而統治者由於奢侈
品的競逐，更導致了支配慾望（desire of dominion）滋生，使得野心滋
長，最後目標是成為全體人民的主人，也就是**政治奴役**（political
servitude）。弗格森的奢侈腐化論述之結論是：

　　　　所以，雖然單純利用奢侈的物質有別於真正的惡習，但是，商業
　　藝術高度發達的國家很容易就會走向腐化，因為它們把財富看成
　　是顯赫地位的基礎，而這種財富又不是靠個人的高尚和美德來維
　　持的，還因為它們所關注的焦點是私利，認為私利是通向引人矚
　　目的地位和榮譽的道路。（HCS: 254;）

　　雖然弗格森強調藝術與專業分工會帶來奢侈與腐化，但他並沒有
像盧梭一般走向對於現代商業文明的激進批判，而是展現出明確的馬
基維利共和主義色彩之分析（Pocock, 1975: 499-502）。弗格森承認專業
分工可以造就更好的物質產品，然而，他也指出民族強盛與式微之關
鍵：「國家的財富、擴張、力量往往是德行（virtue）的結果；而這些優
勢的喪失通常是惡習（vice）所造成的」（HCS: 206）。通過這個核心的
辯證關係，弗格森將商業社會由於分工而帶來的腐化，理解成民族與
國家式微的關鍵因素。而他對社會腐化所造成的民族式微之分析，關
鍵的範疇乃是「**專制**」，但其分析取向同時借重了孟德斯鳩論專制政府，
與盧梭在《論人類不平等》卷尾所述之新自然狀態缺乏法權的專制，而
成就了弗格森本人獨特的「軍政府」和「專制帝國」的論述。

　　假如在商業社會中，分工導致「造就公民的藝術和造就政治家的藝術區別開來，將制定政策和進行戰爭的藝術區別開來」時，這樣的分工，將「剝奪了保證自由民族安全的必不可少的因素」。因為，當商業社會中的公民只維持制定政策的角色，而將進行戰爭的任務交付給其他人（如雇傭軍）時，商業社會就會面對軍政府（military government）篡奪政治權力的可能性（HCS: 230）。針對此種危險，弗格森主張必須維持共和主義傳統中的國民兵（militia）制度，因為唯有公民共同參與政治以及軍事活動時，他們才能夠維持德行，並且以此對抗專斷的統治者通過軍事政府實施政治奴役（HCS: 270-271）。不僅如此，《文明社會史論》的終篇，便是依循這個邏輯，闡釋當商業社會的菁英以及平民都受制於奢侈與腐化的邏輯而競逐其私利時，野心家將可以利用此種缺乏公共性的公民狀態，遂行其一己之私，篡奪政治權力，建立軍政府，並完成「**專制帝國**」（despotic empire; HCS: 267-280）。[8]

　　弗格森對於專制的分析，如同孟德斯鳩《論法的精神》，以傳統中國作為最重要的代表。他在論述民族式微的現象時指出，當時中國的發展，原來已經具備了民族幸福與強大的諸種藝術，而其擁有的戰爭資源也非常豐沛。然而他認為中國的治道「把國家事務區分開來，分攤給不同部門負責」，並通過儀式而變成莊嚴的形式主義。弗格森分析，中國的科舉和官僚政治使得政府每個部門都由不同的專業人員來處理，但此種政府部門過分分工的結果，導致「儘管該國擁有所有這些資源以及為利用這些資源所做的知識準備，該國事實上還是衰弱（weak）的」（HCS: 226-227），從而無良策面對北方蠻族的不斷入侵。在《文明社會史論》終篇，弗格森在論述軍事強人篡奪政治權力而形成專制時，提出以下之觀察：

---

8　值得注意的是，弗格森描述在「有限的君主制」（limited monarchy; 按指英國的政治體制）中，「君主」如何可能通過篡奪政治權力而行使專制權力時，由於他明確指出這個「君主」（prince）並非國王（king），使得其分析指向馬基維利在《李維羅馬史疏義》第一書第十章中所討論的「共和國中之君主」（prince in the republic），意指在共和國中，野心家如何通過收買人心，而成為絕對的統治者，而這將是共和政體的覆亡。

　　如果我們認為政府已經將某種程度的平靜（tranquility）作為它最好的果實賜予公眾，而我們有時也希望從這種安定中獲得好處，公眾事務在盡可能不影響商業藝術（commercial arts）和牟利藝術（lucrative arts）的情況下在各個司法和行政部門中進行，那麼這樣的國家就像中國一樣把事務交由不同部門負責。在這些部門，所謂品行端正在於注重細枝末節，循規蹈矩，使一個偉大或自由的思想無法發揮作用。它比我們想像中的還要接近專制。（HCS: 269）

　　值得注意的是，弗格森對於專制的論述，不似孟德斯鳩的專制概念一般，強調凌駕於法律的個人專斷權力、壓迫與殘忍的施政，以及臣民的恐懼。弗格森在此文本中，描繪的乃是一種「**軟性專制**」（soft despotism）：在公民不積極參與公眾事務後，由少數人把持政府，並通過過度的組織分工，終極地扼殺了人民的自由思想以及精神力量。[9]

　　《文明社會史論》終卷對於專制帝國瓦解的分析，具有詮釋的歧義性。對弗格森而言，專制帝國的根源乃是腐敗，也就是商業社會腐化、公民技藝與軍事技藝分離後的最終結果，於是整個系統便失去了恢復自由與政治活力的可能性。如此一來，唯有專制自身瓦解，才可能重新發展。他指出：

　　國家貧困以及壓制商貿是專制政體自我毀滅的途徑。在不再有催人腐化墮落的利潤或嚇唬人們的恐懼感的地方，統治的魔力消失了。衣不蔽體的奴隸也彷彿從夢中驚醒一般驚奇地發現自己獲得了自由。（HCS: 278-279）

---

9　如同 McDaniel（2013:103-104）所分析，弗格森這個「軟性專制」的圖像，直指現代商業社會（以及十九世紀以後所稱的民主社會）之核心問題，並影響了德國的洪堡特（Wilhelm von Humboldt）以及法國的托克維爾，形塑了洪堡特、托克維爾以及穆勒自由主義論述所強調個人自由與參與公共事務的互補性，而其目的則在於維持公民的德行以及國家民族的強盛，不致衰微。請參閱 Rahe（2009）對民主社會軟性專制議題之分析。

　　換言之，專制的終結似乎意味著已經被專制奴役的人們回到了野蠻時代，然後再重新學習政治與商業藝術（HCS: 279; cf. HCS: 102）。是以，弗格森從以人類「完善化」爲出發點的進步史觀，終結於民族衰微以及專制帝國，乃至專制的解體，並似乎意味著人們將從野蠻時期重新開始。

　　弗格森的意旨，可與盧梭在《論人類不平等》卷尾的論述對比。盧梭認爲絕對專制並不構成一個正當的法權狀態，所以主張此時即回到作爲起點的「戰爭狀態」；而爲了脫離戰爭狀態，必須通過一個全新的社會契約，揚棄人類的社會不平等以及政治壓迫，建造一個道德共同體。然而，弗格森既已將盧梭對啓蒙與文明的激進批判，轉化爲文明社會的歷史論述，所以他無法像盧梭一般，提出超越歷史的革命來克服不平等。然則弗格森的解決之道爲何？爲回答這個問題，必須重新檢視其理論的核心爭議。

## 五、弗格森的共和自由主義：權利、自由與德行

　　在分析了弗格森關於文明社會的歷史階段論，以及商業社會所可能帶來的負面影響之後，吾人有必要就其核心的理論架構，進一步分析他所提出之政治方案。學界基本上對弗格森文明社會論，存在兩種詮釋觀點：共和主義與自由主義。英國劍橋史學派以共和主義詮釋爲主，注重弗格森在蘇格蘭啓蒙運動思想家中所特有的馬基維利式共和主義色彩，且以此來分析並批判逐漸興起的商業社會，只不過對於其批判力度有不同評價，波考克即強調，弗格森是蘇格蘭啓蒙思想家中最具馬基維利色彩者（Pocock, 1975: 499）。另一種詮釋觀點，則爲當代自由主義思想家海耶克（F. A. Hayek）所倡議，主張西方現代關於自由理論存在兩個對立的傳統，一爲「英國經驗主義社會演化傳統」，將人類文明的發展解釋爲一種自發性秩序（spontaneous order）；另一則爲「法國唯理主義傳統」，致力於建構抽象的哲學規律，乃至烏托邦。而

英國經驗主義傳統主要代表人物，即爲蘇格蘭啓蒙諸哲，包括弗格森，
但海耶克也把孟德斯鳩與托克維爾歸入經驗主義傳統；至於唯理主義
則以笛卡兒、盧梭和法國大革命的理論家爲代表（Hayek, 1978: 54-70）。
如前所述，弗格森的著名格律：「各國偶然建立了一些機構，事實上，
這是人類行爲的結果，而並非人們有意這麼做」（HCS: 122），也被海耶
克用來作爲一篇文章的主題（Hayek, 1967: 96-105）。

　　以思想史研究而言，共和主義的詮釋應較符合實際的歷史脈絡；
然而，弗格森也的確開創了一種自由主義觀（cf. Kalyvas & Katznelson,
2008: 51-87），這是本節所將探討的主題。事實上，弗格森的論述，在
共和主義詮釋觀點下亦有難解之處。其一爲《文明社會史論》終卷對於
專制帝國瓦解的分析，終結於專制解體以及人們彷彿將從野蠻時期重
新開始的循環史觀；其二則爲波考克所指出，弗格森的論述似乎存在
一個更爲根本的悖論：個人的人性雖以共和式德行爲基礎，但文明社
會發展後，通過商業活動所帶來的社會美德，又將危及個人德行，而導
致共同體的衰微（Pocock, 1975: 501）。如此一來，「進步」與「衰微」
變成一種決定論式的連結，難以克服。[10]

　　關於第一個困難，筆者接受 Duncan Forbes（1966: xv）的主張：弗
格森的論述並非一種決定論式的歷史循環論，也就是說，專制與衰微
並非無可避免。關鍵在於，專制乃是弗格森預見商業社會發展趨向所
提出的警語，而非商業社會必定過渡成爲專制，成爲「推測歷史」的另
一階段。至於波考克所提出的悖論，筆者認爲，波考克的論點預設弗格
森的德行觀乃是**古典**共和主義所主張的德行，從而將發生德行與商業
社會和文明無法調解的矛盾，並導致他所指出的悖論。然而，若吾人改
變分析取向，由弗格森乃針對商業社會的道德性針砭出發，並嘗試調
解共和主義與商業社會，且在現代性條件下論述德行、政治自由，以及

---

10　對波考克所提出的悖論，Hill（2006: 193-213）以及陳正國（2008）將之擴大，
　　成爲弗格森整體道德哲學的基本悖論，並主張必須從弗格森觀念中的神恩
　　（providence）以及個人自由意志的關係中，方有可能做出形上學的解釋。換
　　言之，這個悖論似乎無法從《文明社會史論》自身的論證加以解決。

個人權利等觀念，則將可提出不同的詮釋。換言之，弗格森嘗試在以商業社會爲基礎的自由國家中，發展一套政治論述，使得自由國家可以持續存在。

在論述商業社會中野心家會篡奪政治權力而腐化成爲專制帝國的過程時，弗格森做了一個長註，分析「**政治秩序**」（political order）以及「**文明社會秩序**」（order in civil society）兩個觀念（HCS: 268-269），這可以作爲吾人分析弗格森政治觀的起點。他指出，支持專制的君主甚至臣民，想像專制權力適合迅速而秘密地處理相關事項，從而可以維護這些專制擁戴者所偏愛的「政治秩序」。相對於此種專制觀點，弗格森強調，他所主張的「文明社會秩序」性質則完全不同。專制理論所偏好的「政治秩序」來自於無機物的類比，認爲行動不是人的本質，而應該以順從與機密爲原則，僅通過少數人之手來處理公共事務；弗格森生動地描述此種專制的政治秩序，就好比一堵石牆，假如組成的石頭被擾動，則石牆會坍塌。弗格森反對這種消極、被動的秩序觀，而強調「人們在社會中的秩序，乃在於他們各安其位，並各適其性地行動（act）」（HCS: 268-269 註）。假如在人類社會中建立被動的政治秩序，那將僅構成「**奴隸之秩序**」（order of slaves）；而考慮到行動爲人類的本性時，「文明社會秩序」就必定爲「**自由人之秩序**」（order of freemen）。弗格森關於「文明社會秩序」的觀點，明顯具有共和主義精神，並且以之批判現代商業社會的道德危機：腐化的最具體徵兆乃是德行的式微。

弗格森最重要的理論辯證在於前引關鍵論斷：「**國家的財富、擴張、力量往往是德行（virtue）的結果；而這些優勢的喪失通常是惡習（vice）所造成的**」（HCS: 206）。然而，恰恰在這個議題上，如前所述，弗格森作爲共和主義者，在面臨現代商業社會興起時，必須發展出可維持公民德行，同時又與其文明社會發展階段論相容的理論觀點。

在討論公民自由的章節中，弗格森強調古代斯巴達通過「禁奢法」（sumptuary laws）及財產的平均分配以維持其公民的高度德行，從而在對外的戰爭中取得勝利。他引用贊諾芬（Xenophon, cr. 430-350 BC）之言：「斯巴達人之所以超越其他任何國家，在於它是唯一將德行作爲

政府目標加以研究的國家」（HCS: 159, 161）。然而，如前所述，依據弗格森的分析，斯巴達立法家萊克古斯的施政，乃是將未開化時期的政治制度，運用到已進入野蠻時期的斯巴達城邦中；據此是否可以類比說，弗格森所主張的，乃是在商業社會中恢復古代斯巴達式的德行共同體？[11]

　　從理論角度觀之，弗格森文明社會階段論的歷史性，似乎不太可能讓他如盧梭一般，主張回到小國寡民的古代城邦共同體。事實上，弗格森的確論述了「古代」（ancient）與「現代」（modern）的重大對比，而且選擇了現代之陣營。他提出了兩個論證。首先，在論公民自由的章節中，在闡釋了斯巴達德行模式後，弗格森強調「我們應當滿足於另一種途徑獲得自由：希望從對執政官權力的限制中獲得正義，並依靠保護財產和人身的法律獲得保障」（HCS: 161）。也就是說，現代性的基礎在於自由，而非古典的德行；關鍵在於「從人類的熱情被追求財富（riches）與權力（power）所激起，便進入了如此的時刻」（HCS: 162），也就是商業社會中受到奢侈影響後產生的社會競逐。其次，弗格森在討論「民族目的」時（HCS: 135-154），主張這些目的大體包括國防、實現正義，以及維護國家的內部繁榮（HCS: 135）；達到這些目的的基本途徑有二：**戰爭**以及**商業**。而在不同的民族中，戰爭與商業活動以不同的形式結合在一起，產生了民族間之差異，也構成了古代城邦國家與近代商業社會的重大分野。在未開化以及野蠻時期，人類群體乃是通過戰爭來完成前述的民族目的（HCS: 147-148），所以在古代城邦中，戰士與平民的階級區分具有高度的政治性（HCS: 150），而德行也自然成爲古典城邦的最重要原則。[12]然而，即使戰爭與勇氣的德行以古代人爲勝，但是當不同時期的民族遭遇時，文明民族仍將戰勝未開化與野蠻民族（HCS: 95），這說明了文明發展歷史，已經不容現代商業社會及

---

11　這恰恰是盧梭在《論科學與藝術》一文中，謳歌斯巴達的德行，以批判文明社會的腐化之基調。請參閱 Shklar（1985: 12-32）之分析。

12　關於這個議題，弗格森和孟德斯鳩與盧梭的觀點並無二致。他們的差別，在於現代社會中如何建立良善的政治體制。

自由國家回到之前階段的德行共同體。

在比較文明與粗野民族的差異時，弗格森從戰爭性質的變化，指出了現代國家的本質性變化：

> 古希臘和義大利的戰爭方式源於其共和政體的性質，而現代歐洲國家的戰爭方式則受到了君主政體的影響。在歐洲，由於戰爭頻仍，君主政體對各國，甚至對君主政體還未確立的國家都產生了巨大的影響。基於這一政體的格律（maxims），我們〔現代人〕明白了國家和其成員的區別就是國王和人民的區別，它使得戰爭成為政策施行（operation of policy），而非民眾的互相仇視。（HCS: 193）

換言之，文明的表徵，除了戰爭的人性化之外，「國家與其成員有所區別」是現代國家迥異於古代城邦的主要原因。弗格森在另一個文本中，再度指出現代歐洲的民族國家中，國家與臣民區別的重要性（HCS: 199），因為「文明的」或「有教養的」（polished）這些特徵，都與現代國家的特性有關，包括同情個人但比較不熱心於公共事務、將國際戰爭法加以完善化，並且減輕了戰爭的殘酷性，通過條約與協定來達成國際的和平等（HCS: 199-200）。

基於以上，弗格森雖然強調德行，並觀察到商業社會的物化與奢侈會導致德行的腐化；然而，其終極的政治觀點，仍在於以現代性（商業社會、法治政府、以及自由國家）為基礎，主張政治自由與個人權利不僅需要制度性的保障，更需通過公民的政治行動而持續加以維繫。在政治場域中，弗格森權利理論的最重要原則乃是：「**自由是每個人必須隨時自我維護（vindicated）的權利。試圖將自由權利作為恩惠而施予的人，事實上恰恰因此而喪失了自由權利**」（HCS: 266）。[13]弗格森明

---

13　原文為："Liberty is a right which every individual must be ready to vindicate for himself, and which he who pretends to bestow as a favour, has by that very act in reality denied."

確主張，雖然自由的政治體制，仍然以法治政府作爲標準，其運作機制也以分權制衡爲原則。然而，權利不是一種靜態的、法律所賦予的資格而已；其持續存在，不僅需要關於權利的成文記載，更需要「**捍衛它們的權力**（power erected to guard them）」，以及個人基於維護自由的政治行動（HCS: 263）。換言之，個人維護權利的行動乃是其權利不可或缺的基礎。

確立弗格森理論之旨趣後，方能重新詮釋他在全書卷首所提出基於「道德情感」所形成的權利、德行，以及共善等觀念。如本章第二節所述，弗格森採用了盧梭的「憐憫」或「惻隱之心」作爲個人權利的根源，發展出一種以「旁觀者」的視域所形成之權利觀：「我們維護自己權利的意識也在人性與眞誠的驅使下延伸到了別人身上」。而在檢視了權利、自由與德行等概念在弗格森體系中的核心地位後，將可發現惻隱之心不但可以節制個人追求私利的自保，而且形成了個人與其他人、小我與大我之間的互相關聯，當個人能夠從整體的角度來行動時，德行就能表現出來。弗格森指出，當一個人具有憐憫心時，將會採用以下的行爲格律（maxim）：「作爲個人，他自己只不過是他必須尊重的那個整體的一部分，需要他的注意；而恰恰在此可以發覺，這個原則構成了所有德行（virtues）的基礎」（HCS: 38）。而在引述斯多噶哲人 Epictetus（cr. 55-135 AD）以及孟德斯鳩的相關討論後，弗格森的結論是：「如果德行是最高善，那麼它最好也最顯著的效果乃在於能夠傳播自身」（HCS: 39）。[14] 也就是說，他所主張的德行不是小我的獨善其身，而是通過人與人之間的惻隱之心，能夠在公共領域中激發彼此互助的德行，而唯有這樣的個人才是具有大度（magnanimity）的行動者（HCS: 39）。當國家由具有德行的公民所組成時，他們所共同追求的**共善**（general good）將包括三者：

---

14　弗格森因而被同時代學者視爲是一位反對伊比鳩魯主義（anti-Epicurean）的理論家。而盧梭、休謨和亞當斯密主張以霍布斯反社會性爲起點之理論，則屬伊比鳩魯主義式體系（Hont, 2015: 14-16, 31-32; McDaniel, 2013b: 66-67）。

不傷害，是自然正義的偉大法則（great law of natural justice）；
傳布幸福（diffuse happiness），是道德的法則（law of morality）；
而當我們譴責那種犧牲多數人，讓一人或少數人受益的行為時，
我們是把公共效用（public utility）當做是人類行為應該追求的偉
大目標。（HCS: 38）

　　總結本節論述，弗格森基於惻隱之心的權利，將使得個人與集體
都通過行動來保障每個人的自由與權利，並且在公共領域中追求上述
三種共善（不傷害、傳布幸福、公共效用）。筆者主張，弗格森通過對
商業社會與文明之分析批判的轉化，對共和主義形成了新的理論綜合，
已經成為現代自由主義的開端，[15] 可名之為「**共和自由主義**」
（republican liberalism）或「**公民自由主義**」（civic liberalism），其理論
的核心在於前述「自由是每個人必須隨時自我維護的權利。試圖將自
由權利作為恩惠而施予的人，事實上恰恰因此而喪失了自由權利」的
積極主張，在其中，政治自由與個人權利毫無扞格地結合起來。是以，
弗格森基於共和主義精神，對商業社會的分析批判確與自由主義有關
（Kalyvas & Katznelson, 2008: 63-67），而在影響史的層次，其社會分
工與文明社會腐化論亦可視為馬克思異化理論的前身（Pocock, 1975:
502）。

## 六、結語：從共和主義到自由主義

　　本章分析了弗格森「文明社會論」所開出的文明史觀。在其論述
中，雖然由未開化與野蠻狀態朝向文明的發展是一種進步，但他強調
文明也有衰微的可能，主因在於社會過度分工後，個人失去了政治德

---

15　Kalyvas & Katznelson（2008: 51-87）在討論「自由主義開端」（liberal beginnings）
　　時，定位弗格森的理論立場為具有共和主義色彩的「爭勝式自由主義」
　　（agonistic liberalism）。筆者認為不如稱為「共和自由主義」直接易懂。

行以及對公共福祉的關心，導致行政擴權甚至於軍政府與專制政權的崛起，這是現代商業社會的根本問題。不僅如此，弗格森在共和主義的基本取向下，採納盧梭「憐憫」與「惻隱之心」的概念，建構出一種著重人際性之互為主體性（intersubjective）的權利概念，力主個人與集體都應通過行動來保障每個人的自由與權利，並且在公共領域中追求共善，成為可適用於商業社會的「共和自由主義」。

　　弗格森在面對商業社會與過度分工對自由政制所產生的危害時，主張通過國民兵制的維持，讓共和主義的精神能夠持存。這個表面上看來相當特定的歷史解方，事實上將成為十九世紀以後，在法國大革命終結於拿破崙的強人政治與帝政之後，自由主義者如貢斯當、托克維爾以及穆勒所提出的問題：在民主社會中，假如公民都只追求私利，罔顧公共利益，那麼行政權專制將是顛覆民主社會的主要力量。這個主張自由與民主需要由公民德行加以支持的自由主義論述，其實在弗格森對商業社會的批判以及基於古典共和主義的解方中，已經奠定了基礎，其理論也發揮了橋樑作用，基於古典共和主義發展出商業社會中強調德行的共和自由主義。至於自由主義之進一步落實，則有待十九世紀的思想家來完成，以下將詳細論述。

# 第十章

# 天賦人權與憲政主義

## 美、法大革命與自然權利之實證化

## 一、前言：現代革命與自然權利之實證化

本書第一篇各章詳細論述了從格勞秀斯開始，古典自然法逐漸轉變為現代自然權利，並透過霍布斯的系統加以嚴格定義而完成理論之建構。雖然在普芬道夫與洛克的思想中，「自然權利」一詞並不明顯，但自然自由的概念則被廣泛運用，作為自然狀態人類的主要特性，且依據不同的理論原則，區別了自然自由以及國家中的公民（或臣民）之法律自由。

這些關於自然法與自然權利的思辨看似極為抽象，但如同哈伯瑪斯（Habermas, 1973: 41-141）的分析，現代自然法學其實代表著逐漸興起的布爾喬亞之理論需要，為「社會」（而非古典政治共同體）確立規範基礎以及治理規則。他進一步強調，以追求和平與安全為主軸的現代自然權利論，揚棄了古典自然法的規範取向，以「技術」取向嘗試在治理層次建構一套市民社會理論，亦可名之為「社會哲學」（Habermas, 1973: 43-44）。而基於早期法蘭克福學派批判工具理性的分析取向，哈伯瑪斯指出，美國與法國兩大革命的歷史意義在於「自然權利之實證化」，[1] 在現代革命的進程中，抽象的自然權利概念，被轉化為在先於國家的社會中每個人所擁有的不可讓渡之權利，亦即「天賦人權」，[2] 以及實證法律之內的公民權利。換言之，美國獨立運動與法國大革命的主要貢獻，是創造出現代「權利」論述的理論基礎，並以不同形式的「人權宣言」界定出個人不可讓渡的天賦人權，再通過憲法保障國家中公民的權利。

本章即以哈伯瑪斯所提出的「自然權利之實證化」為分析主軸，因為西方現代權利概念在這個階段才真正形成並落實。然而，筆者並不

---

1　英譯本翻譯為 "positivization of natural law"（Habermas, 1973: 82-86），但筆者認為「自然權利之實證化」更為恰當，請參考 Loughlin（2006）。

2　基本上，「天賦人權」與「自然權利」均指涉 "natural rights"，但前者在中文語境已經通用於美、法大革命的人權論述，所以本書運用「自然權利」一詞於自然法傳統的討論，而以「天賦人權」論述大革命的政治主張。

完全接受哈伯瑪斯從「技術化」的觀點解釋現代自然法。以思想史的角度而言，現代自然法體系乃是由英國法學家布萊克斯通（William Blackstone, 1723-1780）的《英國法釋義》（*Commentaries on the Laws of England*, 1765-1769），將自然法論述與英國不成文法結合並系統化，提出「個人權利」的概念（cf. Jellinek, 1979: 55-56）。而由於美國大革命前，北美十三州殖民地的法學教育受到布萊克斯通的深刻影響，產生了通過「權利法案」來界定人類不可讓渡的基本權利之想法，並影響到美國革命以及立憲，本章將以傑佛遜（Thomas Jefferson, 1743-1826）與潘恩（Thomas Paine, 1737-1809）思想爲主軸加以論述。而法國革命則通過啓蒙普遍主義的理論進程，產生「人權宣言」與憲法保障的理論，本章將以西耶斯（Emmanuel Joseph Sieyès, 1748-1836）所提之人權宣言與潘恩的綜合性論述加以闡釋。通過檢視英、法、美三國思想對天賦人權說的貢獻，方能理解十八世紀關鍵性的思想變化，何以影響及於自由主義、德國觀念論，以及馬克思主義等不同的思想體系。

## 二、布萊克斯通：自然法學與英國普通法

　　布萊克斯通的《英國法釋義》，於 1765-1769 年分四冊出版，是他在牛津大學系統性講授英國法的思想結晶。與吾人論旨最爲相關的，乃是他嘗試結合自然法學的理論架構以及英國普通法，並於此基礎上發展出個人絕對權利的概念。這兩個論述，分別見於其〈導論〉第二節「論法律的一般性質」，以及第一卷第一章〈論個人權利〉，此二文本爲本節分析布萊克斯通思想之主要依據。在〈導論〉卷首，布萊克斯通便指出英國法制最重要的特色，乃是英國憲法體現了政治與市民自由，遠遠超過當時任何國家（Blackstone, 1996, 1: 6）。而在論述法律的一般性質時，他則將「國內法」（municipal law）界定爲「一種由一個國家最高權力所制定，規定對（right）的行爲，禁止不法行爲的公民行爲規則」（Blackstone, 1996, 1: 43-44）。在這個脈絡中，他引述普芬道夫關於

國家作爲道德人格的見解，而在闡釋市民法的理論內涵（包括作爲一種規則、公民行爲、預先制定，以及國家最高權力等四大議題）時，布萊克斯通對於社會與政府性質，以及作爲一國最高權力的主權，作簡明扼要的探討（Blackstone, 1996, 1: 46）。他認爲所謂人與人互不關聯的「自然狀態」不可能確實存在過，因爲社會的形成乃是通過家庭的擴大，而形成游牧國家的家父長制以及農業社會後，通過強制征服或契約而產生的部落聯合而成。對他而言，

> 　　我們所指的原始的社會契約，儘管可能沒有證據可以表明在最初的國家形成時這一契約曾被正式公布過，但每一次聯合在一起的行動，在本質上及理論上而言都必然意味著、也必須被理解爲這樣一種原始契約，即整體應當保護它的所有部分，每一部分則應當服從於整體的意志；或者，換句話說，**社會應當保護每個個人成員的權利，而作爲對得到保護的回報，每個成員必須服從於社會的法律**。沒有全體的服從，社會的保護實際上是不可能及於任何個人的。（Blackstone, 1996, 1: 6；黑體強調是筆者所加）

　　在這個重要的文本中，布萊克斯通依據自然法學社會契約論的邏輯，界定了人類共同體的基本特質，並通過個人權利之保障，以及服從共同體法律兩個面向界定其中的法權關係，正式引入了「權利」概念。

　　布萊克斯通首先討論社會、政府以及國家的權威與法律。在其用語中，特別值得注意的是**社會**（society）一詞。他指出，社會源於個人的需要以及恐懼，可進一步區別爲「自然社會」（natural society）與「政治社會」（civil society），此處仍反映出自然法傳統的取向，以社會契約與政府之建立作爲「政治社會」的主要特質，而與「自然社會」或自然狀態僅有家庭與社會組織而缺乏政治權威的狀態有所不同。在政治社會形成之後，其主要的特性乃是產生了「**一種至高的、不可違抗的、絕對的、不受控制的權威**」（a supreme irresistible absolute uncontrollable authority），亦即主權權利（rights of sovereignty; Blackstone, 1996, 1: 48）。

　　而後，布萊克斯通運用了霍布斯的概念，指出「國家」乃是一種集合體（collective body），由許多為了安全與便利而結合起來的個體雜眾所構成。國家的特質乃是形成一個「政治統一體」（political union），在其中單個人的意志要成為集體的單一意志，而國家主權者的意志，便形成了法律（Blackstone, 1996, 1: 52）。

　　布萊克斯通亦依循英國的憲政傳統，論述政府的組織與權限，他直接將神學層次上帝的三個屬性：智慧（wisdom）、良善（goodness），以及權力（power）運用到政體理論（Blackstone, 1996, 1: 39-40）。他指出，在政府治理的層次，民主政體較具良善之特質，因為人民具有良善的意圖以及公共德行，適合立法；而貴族政體則智慧卓著，能夠在法律建立後找到適當的手段加以實現；至於君主政體則以權力見長，能夠運用行政力量來執行法律。是以，英國憲政體制乃是一種**混合政府**（mixed government），最高主權權利平均地分布在民主、貴族與君主所形成的政府機構中（Blackstone, 1996, 1: 49-50），彼此制衡，並形成一個良序的**立憲政府**（constitutional government; Blackstone, 1996, 1: 51）。

　　布萊克斯通關於自然法、社會契約以及國家主權論述，基本上彙整了洛克、普芬道夫，以及同時代自然法學者 Jean-Jacques Burlamaqui（1694-1748）的理論，往往被認為缺乏原創性。[3] 然而，作為法學家，其原創性在個人權利的議題上展現無遺，並將對美國獨立運動前夕的憲政思想產生深遠影響。

　　如前所述，布萊克斯通闡釋作為政治社會正當性基礎的社會契約，除了成員必須服從整體意志外，相對的命題則是社會必須保護每個成員的權利，而個人權利，便形成了《英國法釋義》第一卷的主題。本書於第六章已經論述，在普芬道夫作為道德人格的國家之相關論述中，公民所有的乃是「義務」，而未嘗論及如霍布斯所提出之「臣民自由」，

---

3　如 Vile（1998: 111-112）便基於 Barker（1951: 120-153，特別是頁 129）之分析，斷言布萊克斯通缺乏原創性思想。

遑論權利；而 Burlamaqui（1972, 2: 86-89）也據此詳細分析臣民之義務。布萊克斯通則開卷便指出「義務」與「權利」的區別：義務乃是每個公民所當爲（due from every citizen），而權利則是屬於他者（belong to him），因而被稱爲權利或 *Jura*（Blackstone, 1996, 2: 122）。布萊克斯通進一步指出，人格權（rights of person）以人的自然身分，可以區別爲絕對以及相對兩種樣態。個人的**絕對權利**（absolute rights）意指「最基本、最嚴格意義上的個人權利，例如只要是處於自然狀態下的人就享有的權利，及每個人無論其是否身處某一社會中，都有權享受的權利」（Blackstone, 1996, 2: 123）。相對地，義務則不論其係絕對或相對的樣態，都只有在政治社會之內通過法律的規約而產生效力。換言之，布萊克斯通在這個脈絡中，已經脫離了之前自然法傳統的義務觀，而發展出個人權利的優先性，不但以「絕對權利」加以稱呼，並且強調此乃先於政治社會的自然狀態個人便已具有的權利。

布萊克斯通指出：

> 人類的絕對權利，作爲一種不受限制的自然力量，包括辨別善惡的天賦洞察力及自主選擇自認爲最合適的判斷標準的能力，這兩者實際上都可被歸入一個定義之下，即人類的自然自由，這種自然自由實際上就是按照個人認爲適宜的方式行事，除了自然法之外不受任何約束和控制的權利。它是每個人與生俱來的固有權利，是上帝在創造人類並賦予它自由意志的同時一起賜予人類的多種天賦之一。（Blackstone, 1996, 2: 123）

社會與國家的主要目的，就是通過法律來維護規範這些權利。然而，個人一旦進入社會，就勢必需要放棄一部分的自然自由，依循其所屬社會認爲得宜而立法規定的各種事項。是以，作爲社會成員所享有的「政治或公民自由」（political or civil liberty），其意義不外「個人的自然自由，只不過通過人類法律基於公眾普遍利益的考慮而對之加以適當而必要的約束而已」（Blackstone, 1996, 2: 124-125）。

布萊克斯通一方面運用自然法學建構了個人權利論，另一方面則通過這些權利主體爲英國人，而連結到英國的普通法傳統：「每個英國人的絕對權利（從政治意義上和廣義上來說，這種絕對權利常被稱爲英國公民的自由權）既是基於自然同時又合乎理性，因此總是與政府的形式同步發展」（Blackstone, 1996, 2: 127）。在這個脈絡中，布萊克斯通簡單回顧了英國的憲政史，從〈大憲章〉（*Magna Carta*, 1215）、〈恩准憲章〉（*Confirmatio Cartarum*, 1297）、〈權利請願書〉（*Petition of Rights*, 1628）、〈人身保護法〉（*Habeas Corpus Act*, 1679）、〈權利法案〉（*Bill of Rights*, 1688），乃至十八世紀初葉的〈王位繼承法〉（*Act of Settlement*, 1701）等，這些「保障自由的偉大憲章」總能在歷史的政治紛爭中，一次又一次確立英國公民的權利以及自由，從而也構成了「關於權利和自由的宣言（declaration）」，並宣告被英國普通法所保障的「英國人民與生俱來的權利」（the birthright of the people of England）。換言之，自然法學、歷史的宣言與憲章，加上英國普通法，構成了一個實現政治社會之內公民自由與權利的體系（Blackstone, 1996, 2: 128）。

關於個人的絕對權利的實際內涵，布萊克斯通列舉了**個人安全**（personal security），包括個人的生命、肢體、軀幹、健康及名譽依法享有不受侵害的權利；**個人自由**（personal liberty），包括個人有權自由行動、改變職業或按自己的意願遷移到任何地方、未經相應的法律程序不得被監禁或管制；以及**私有財產權**（right of property），意指公民對其所有的獲得物都有權自由使用、享有和處理，除了英國法律外，這種權利不受任何其他因素的控制或削弱（Blackstone, 1996, 2: 129-140）。除以上三種絕對的個人權利，布萊克斯通還列舉了五項臣民的**附加權利**作爲輔助（auxiliary subordinate rights of the subject），包括國會的權力與特權、國王專權之限制、向法院提出申請爲所遭損害要求補償的權利、向國王或國會上下兩院請願以求申冤的權利，以及擁有武器以求自衛的權利（Blackstone, 1996, 2: 140-145）。

通過絕對個人權利以及附加權利，布萊克斯通完成了其英國法論述第一卷的核心論旨，而他所建立的權利觀，將現代自然法學（如霍布

斯所提出關於自然自由與臣民自由的對立）轉化爲權利的語言，個人
自然權利乃是政治社會之前提，必須通過法律加以保障並轉爲政治自
由或市民自由。對布萊克斯通而言，這個轉化之目的在於爲英國普通
法提供自然法的基礎；但對本章之論旨而言，則在於其論述爲美洲十
三邦殖民地所發展出的天賦人權論鋪下了基礎。

　　布萊克斯通的《英國法釋義》在當時美洲十三邦殖民地發生了廣
泛的影響，成爲當地菁英學習法律的主要工具書。據統計，在美國初版
刊行於 1772 年之前，英國國內銷售了一千套，而在〈獨立宣言〉之前
美國版的銷售量則達一千五百套之多（Alschuler, 1994: 896），而英國政
治家與思想家柏克（Edmund Burke, 1729-1797）在國會演說關於美洲
殖民地問題時，也指出研究法律乃是在殖民地激起「一種強烈的自由
精神」（fierce spirit of liberty）之主因（Burke, 1999, 1: 237），並評估了
布萊克斯通的影響（Burke, 1999, 1: 241）。

　　事實上，布萊克斯通本人也討論美洲殖民地的法權狀態。他指出
有兩種符合自然法的殖民：一種是英國公民通過發現並占領未經開墾
且無人居住之地，另外一種則是原先已有人居住並從事耕作之地，之
後被英國征服或通過簽訂條約而割讓給英國。布萊克斯通認爲美洲殖
民地屬於後一種型態，所以這些地區原有的法律，在英國國王變更之
前，仍然有效。且嚴格而言，英國普通法在當地並不具有權威性，因爲
這些殖民地並非英國的組成部分，而是特殊的、附屬的自治領；它們並
不受英國國會法案的約束，雖然仍應服從議會的控制，並從英格蘭體
制學習借鏡，建立殖民地的治理組織（Blackstone, 1996, 1: 107-108）。
反諷的是，布萊克斯通在擔任國會議員時期（1761-1770），對美洲殖民
地的請願不表同情，並且投票反對撤銷在殖民地引起極大反彈的「印
花稅法令」（Stamp Act），也投票反對平民院接納批判英國殖民政策的
John Wilkes（1725-1797）成爲議員（Alschuler, 1994: 896）。事實上，
印花稅法令可說是美國獨立運動的號角，在往後的十年中，美洲殖民
地的政治菁英，將運用布萊克斯通所結合的自然法學與普通法，創造
出全新的天賦人權論。

## 三、美國的獨立宣言與權利憲章

　　現代自然權利實證化的進程，由美國開其先河；在哈伯瑪斯的詮釋中，洛克與潘恩的思想，代表了自然權利實證化過程中的自由主義典範（Habermas, 1973: 92-96）。哈伯瑪斯指出，洛克將生命、自由與財產等自然權利視為既存於自然狀態，而設立政府僅是通過法律的建制，將自然權利轉化成為具有法律效力的市民權利。由於自然狀態與政治社會處於一種互相依存的狀態，所以政府與法律的建立並未撼動之前已經存在的社會關係。此種自由主義式的實證法律概念意味著毋須透過革命，亦能完成自然權利之實證化，因為這個進程強調建立政府與法律時必須限制政府的權力。美國革命由於係脫離其母國英國的獨立運動，因而一方面必須切斷政治依附關係，但另一方面則是在獨立後全新的政治組織中，持續保障之前已經存在的各種權利，所以在實踐的層次，恰恰符合自由主義的典範式思考。哈伯瑪斯指出，潘恩對於自然權利以及公民的理解乃是在美國革命中，將洛克的自然權利典範轉化成為社會關係，並且通過政府的建立而加以保障（Habermas, 1973: 94）。

　　哈伯瑪斯的分析，反映了早期法蘭克福學派對自由主義憲政之詮釋觀點。然而，即使吾人接受美國模式為自由主義的政治典範，但若以時代脈絡以及政治語彙詳加檢視，便可察覺哈伯瑪斯的詮釋有一個關鍵的歷史謬誤：潘恩對於自然權利與市民權利的討論，乃是在柏克於《反思法國大革命》（1790）一書對抽象自然權利提出保守主義的批判之後，方才所做的回應（1792）。是以，必須強調 1776 年初潘恩所刊行影響深遠的《常識》（*Common Sense*）小冊，[4] 並沒有關於「權利」

---

4　傑佛遜稱此書正如同西耶斯的《什麼是第三等級？》，激勵了全國的人心
　　（Jefferson, 1984: 83）。據評估在短期之內便銷售了十五萬冊（陳思賢，1995:
　　30）

或「自然權利」的系統論述，[5] 而是以精簡的篇幅論述三大主題：首先，依據社會契約論傳統，區別「**社會**」（society）以及「**政府**」（government）；其次，以共和主義批判英國世襲君主制，認為它必定成為擅權的專制；最後，潘恩具體主張要發表一個「公開與決絕的獨立宣言」（Paine, 1995: 45），表達美洲居民放棄原有作為英國臣民的身分，依據自然權利締造其政府（Paine, 1995: 34），並莊嚴地讓世界各國週知（Paine, 1995: 45-46）。茲略述如下。

潘恩強調，社會的起源乃基於人類的需要，而政府則源於人性之惡；「前者通過集合我們的情感而積極地提升吾人之幸福，而後者則消極地限制吾人之惡行」（Paine, 1995: 6）。是以，任何一個國家的社會都是一種福報（blessing），反之即使在最好的國家中，政府也只不過是一種**必要之惡**（a necessary evil），在腐化的國家中則政府將令人無法容忍。潘恩通過一種簡化的社會契約論述來討論社會與政府之起源。他指出，當一小群人散布在廣袤的大地上，此時乃是一種「自然自由的狀態」（state of natural liberty），他們最先想到的乃是社會，因為通過彼此的協助而可以持續生活。[6] 然而，在社會產生後的群居生活中，人性之惡易於滋長，德行不免淪喪，乃有必要建立政府。而最初始的政府形式，是全體成員聚會共同審議公共事務，並建立彼此生活的規則（regulations）。在這種原始的議會（parliament）中，每個人均基於其自然權利而有一席之地，這也意味著基源的共和民主體制。隨著人口成長與領土擴大，從每個成員都參與原始議會逐漸轉變為選舉代表來行使立法權；在這種狀態下，必須頻繁地選舉，以使代表能夠充分、適時地反映選舉人的共同利益。潘恩的結論是，政府的主要目標有二：自由（freedom）以及安全（security），無論是何種形式的政府，都必須致

---

5　在文本層次，潘恩的確有運用「自然權利」一詞（Paine, 1995: 8, 9, 34），但並沒有理論性、系統性的論述，請參考 Clark（2018: 154-163）之分析。

6　值得注意的是，潘恩在論述社會與政府的起源時，將原初的自然自由狀態稱之為「殖民地」（colony），意味著將開拓屯墾的殖民活動視為一種社會性的活動，從而將北美殖民地的法理狀態，視為先於政府的社會，因此可以與母國英國加以區分。

力實現這兩個目標（Paine, 1995: 7-9）。

在潘恩後續的論述中，展現了更為明確的共和主義取向。首先，他認為政府的構成應該簡單，否則容易因為權責不清而失序。這個政府形式應簡單或純粹的論述，意在批判孟德斯鳩等思想家將英國憲法當做能維護政治自由的混合憲政典範之論述。潘恩認為，所謂的英國混合憲政，只不過是將王權暴政（monarchical tyranny）與貴族暴政（aristocratic tyranny）兩個要素混合進新的共和元素，而只有最後一項，也就是平民院，才是英國自由之所繫（Paine, 1995: 9）。潘恩的批判焦點集中在世襲君主制。他認為，人類生而平等，而依據聖經的記載，王政並非以色列人初始的政治制度，而是模仿自異教徒的政制，實為惡魔的創造物（Paine, 1995: 12-13）。一究其實，王權產生的初始樣態乃是抽籤或選舉，但一旦被選出的君主建立世襲權利時，君主制就轉化為篡權（usurpation）。在世襲君主國中，為爭奪繼承權往往血流成河（Paine, 1995: 18-19）；相對地，共和國如荷蘭與瑞士，則能享有長期和平（Paine, 1995: 32）。對潘恩而言，英國王室源於諾曼征服，乃是標準的篡權；而在美洲殖民地的事務上，英國並未扮演恰當的母國角色，既未提供保護，也沒有促進殖民地繁榮的政策，而斤斤計較自身的利益（Paine, 1995: 22）。是以，無論是篡權的君主制，或逕自干涉殖民地事務甚至兵戎相見，都使得美洲殖民地民眾不應該再尋求和解政策，而必須提出「一個公開與堅決的獨立宣言」，也讓世界各國知道，美洲殖民地的民眾已經不再是英國的臣民，將尋求建立自身的政治制度（Paine, 1995: 45）。

基於以上，潘恩所提出的「常識」，乃是當時殖民地政治事務的事實以及明確論證（Paine, 1995: 20），包括世襲君主制乃基於篡權，從而無法實現良善治理，此乃美洲殖民地被壓迫的主因。然而，「權利」的概念並非這個時期潘恩論述的主軸，就此議題而言，吾人應該將焦點轉向當時美洲殖民地領袖的論述，特別是草擬〈獨立宣言〉草稿的傑佛遜。

1765 年英法北美戰爭（French and Indian War, 1754-1763）結束後，英國頒布了著名的「印花稅法令」，規定殖民地的貨物必須上繳印花稅

給英國，以彌補其巨大的戰爭開支，此舉引發了強烈的反彈，經過殖民地各邦政治領袖的奔走，從而在 1776 年 7 月 4 日發表了著名的〈獨立宣言〉，公開宣言解除殖民地與母邦的政治聯繫，經過十多年「大陸會議」（Continental Congress），以邦聯（confedration）的方式形成十三個自治邦的政治體系，最後在 1787-1789 年制定新憲法，成立聯邦國家。

在印花法令頒布後的論爭中，最能看出布萊克斯通的個人權利理論對美洲十三邦政治菁英的影響者，首推歐提斯（James Otis, 1725-1783）所撰寫的《英屬殖民地之申辯》（A Vindication of the British Colonies, 1765）。歐提斯論辯的對象乃是當時麻賽諸塞州長 Thomas Hutchinson（1711-1780），他主張殖民地臣民的權利僅可能源於成立殖民地時的章程。歐提斯具體引用布萊克斯通的理論駁斥此種說法，指出一般用語中權利、自由以及特權等詞彙，語意不清並產生誤解的可能。而「個人權利與政治權利的區別，乃是一種新的發明」（Wakelyn, 2006, 2: 559）。歐提斯詳細引述了布萊克斯通的權利論，指出人的權利可以區別為自然與政治權利，而關鍵在於，這兩種權利並非對立，而國內法的真義，便是通過法律所規定的公民與政治權利，來保障個人的「自然的、絕對的個人權利」（Wakelyn, 2006, 2: 559），他並且整理了布萊克斯通的個人諸權利之細目。是以，歐提斯主張殖民地人民的權利絕非僅源於成立殖民地時的章程，而是自然的、絕對的個人權利。

類似的權利觀，亦可見於傑佛遜於此時期所撰寫之《英屬美利堅權利概觀》（A Summary View of the Rights of British America, 1774）。他開宗明義地指出，美洲人的先祖在移居美洲前，就已經是英國以及英國在歐洲屬地的自由人，並「擁有大自然賦予一切人的權利」，從而可以選擇移居他地，並「建立新社會，在他們所認為最能促進公共幸福的法律與規約之下生活」（Jefferson, 1984: 105）。而在歷數英國國王與國會的擅權後，傑佛遜於結論中強調，美洲人民的訴求，乃是主張「自己的權利源於自然法而非出於國王恩賜的自由人民」（Jefferson, 1984: 121），因為英國祖先所遺傳下來的「強烈的權利感」，決不會讓其國家主權屈就於不合理的要求（Jefferson, 1984: 106）。事實上，如傑佛遜之

後在《自傳》的追述，此時其主張尚非獨立，而是力主英國與殖民地的關係應該類似英格蘭與蘇格蘭王國政府合併前二者的關係，「擁有相同的行政首長，但是沒有其他必要的政治聯繫」（Jefferson, 1984: 9）。

　　隨著事態的發展，1776 年 5 月中，維吉尼亞代表大會訓令其大陸會議代表提出宣布殖民地脫離英國而獨立之動議，而且指定委員會起草權利宣言與施政綱領，其內容爲：「維吉尼亞州的代表們遵照其選民的指示提出動議：大陸會議應宣布這些聯合起來的殖民地是，而且根據正當權利應該是自由和獨立的州，它們解除對英國國王的全部忠誠，它們與英國之間的一切政治上的聯繫已經而且應該全部取消」（Jefferson, 1984: 13）。基於這個授權，傑佛遜草擬了〈獨立宣言〉提交大會討論，經過激烈的爭辯以及修改，其中卷首的部分，成爲現代讀者所熟知的天賦人權論：

　　在有關人類事務的發展過程中，當一個民族必須解除其和另一個民族之間的政治聯繫並在世界各國之間依照自然法則和上帝的意旨，接受獨立和平等的地位時，出於對人類輿論的尊重，必須把他們不得不獨立的原因予以宣布。

　　我們認爲下面這些眞理是不言而喻的：人人生而平等，造物者賦予他們若干不可剝奪的權利，其中包括生命權、自由權和追求幸福的權利。爲了保障這些權利，人類才在他們之間建立政府，而政府之正當權力，是經被治理者的同意而產生的。當任何形式的政府對這些目標具破壞作用時，人民便有權力改變或廢除它，以建立一個新的政府；其賴以奠基的原則，其組織權力的方式，務使人民認爲唯有這樣才最可能獲得他們的安全和幸福。（Jefferson, 1984: 19）[7]

---

7　此爲美國在臺協會網站譯文，參見：https://web-archive-2017.ait.org.tw/zh/declaration-of-independence.html（2020/6/30 檢視）。

　　〈獨立宣言〉的政治目標，當然是正式宣告斷絕美洲殖民地與母國英國間的政治紐帶；但其思想史的意義，則在於綜合了殖民時期的政治論述，在大陸會議決議效力下，宣告了以平等爲基礎的天賦人權（包括生命、自由以及追求幸福的權利）先於政治社會，而人類建立之政府，除了必須來自於被治者的同意外，更須落實這些先在的、至高無上的天賦人權，否則人民便有權力改變政府。值得注意的是，在傑佛遜的初稿中（Jefferson, 1984: 19），「若干不可剝奪的權利」（certain inalienable rights）原爲「固有的和不可剝奪的權利」（inherent and inalienable rights），與自然法傳統更爲接近。

　　雖然有論者主張〈獨立宣言〉的原則，只不過是剽竊於洛克之論述（cf. Habermas, 1973: 88），但傑佛遜所草擬的「生命、自由與追求幸福」之天賦人權，與洛克所述人類「生命、自由與財產」的自然權利並不完全相同。筆者認爲，除了生命與自由這兩個無可置疑的自然權利外，傑佛遜所提的「追求幸福」乃其共和思想所強調之重點，因爲在《英屬美利堅權利概觀》中，他就已經強調自由民可以尋找新的居所，並按照「在他們看來最有可能促進公眾幸福的法律和規章建立新社會」，表達了相同的權利概念。

　　美國獨立後進入邦聯時期，各邦紛紛創制其邦憲法，其中最具代表性的是維吉尼亞州，首先於 1776 年 6 月 12 日通過〈維吉尼亞權利法案〉，並在同年 6 月 29 日通過邦憲法（Wakelyn, 2006, 3: 700-704），這個由該州領袖梅森（George Mason, 1725-1792）所領導的建立邦憲過程，相當完美地展現了權利法案先行於憲法的經典結構。而前者包含十六條，從人類的自然權利、政府源於人民同意，以及政府的職能等，都有綱舉目張的表述，如第 1 條「人人生而平等地享有自由與獨立，享有特定的固有權利，當他們組成一個社會時，他們不能憑藉任何契約，剝奪其後裔的這些權利，也就是，享受生命與自由的權利，包括獲得並擁有財產，與追尋並獲得幸福和安全的方式」等，詳細內容參見下一節之附表。

　　值得注意的是，在 1787 年 5 月於費城召開的立憲會議所制定的美

國憲法，由於聯邦派（federalists）主張邦聯時期中央政府權力過分限縮，無法發揮作用，所以在新憲法的設計上強調聯邦政府體制，並未列入權利法案作為前言或最初的條款。這是美國立憲史極為重要的憲政爭論，導致反聯邦派（anti-federalists）運用增設權利法案的政治動員策略，幾乎可能使得立憲大業毀於一旦（Rutland, 1995: 106-218; 張福建，2010）。對於這個重大爭議，筆者僅基於傑佛遜的觀點加以分析。當時他已經奉派為駐法國大使，所以人在巴黎並沒有參與立憲。據其《自傳》所述：

> 我在 11 月初收到了一份決議，極其滿意地讀了它，並對它的條款進行了仔細考慮。正如立憲會議沒有一個代表，邦聯沒有一個公民贊成它的所有部分，我也發現有些條款是要不得的。缺乏保證宗教自由、言論自由、人身保護法連續不斷保護下的人身自由以及刑事案件和民事案件一律實行陪審團審判的明確規定，引起了我的注意。而總統可以終身連選連任，我也極不贊成。（Jefferson, 1984: 71-72）

　　傑佛遜所提出的兩個反對意見，其中，權利法案乃基於其天賦人權論，而反對美國憲法初制定時總統可以終身連選連任的規定，則基於其民主共和主義。傑佛遜不但將他的意見通過書信向華盛頓與麥迪遜說明力爭，甚至考慮是否提議重行召開立憲會議議定新憲，或在各邦同意的過程中說服有些邦在修改的前提下方才接受新憲。最終的結果是十三邦均接受新憲，六邦沒有反對意見，七邦提出具體修改意見，針對各種自由、陪審團以及人身保護令留待國會繼續議決，但反對總統連任的修正案則未提出（Jefferson, 1984: 72）。
　　事實上，在傑佛遜與麥迪遜往來的書信中，可以看到傑佛遜屢屢敦促在新憲中增加權利條款，但麥迪遜一開始秉持聯邦派的立場，並不完全同意。麥迪遜認為，應該包含在權利法案的內容其實難以取捨，一方面無法詳盡列舉，而遺漏時會讓他人以為該項權利受到漠視；而

在一個明智政府的治理下，對政治權力最大的威脅是社會的多數而不是執政者。所以當社會的多數沆瀣一氣時，權利法案就僅僅是「紙糊的屏障」（parchment barriers），無法保障人民的權利（Madison, 1999: 420）。傑佛遜對此消極態度不以為然，並且就麥迪遜來信中四點有關權利條款的保留加以駁斥（Jefferson, 1984: 943-944），特別是針對於麥迪遜所謂「紙糊的屏障」，傑佛遜則強調權利法案雖然並非絕對有效，卻具有巨大潛能，如同多一支樑柱往往能確保房屋不致傾倒。權利宣言所帶來的不便，與缺少權利宣言的不便，二者有顯著的不同：權利宣言確實可能阻礙政府有效執行任務，但這種不便是暫時的、有限度的並且可以補救的；而缺少權利宣言卻有可能導致行政部門的專權，這種不便往往造成永久性的、強烈的以及不可補救的損害。

當美國新憲獲得十一邦批准生效後，麥迪遜的態度逐漸修正，關鍵在於必須避免二次立憲所可能帶來的政治動盪。基於此，當他在 1789 年當選成為國會議員後，便開始就權利法案的入憲展開規劃，最終成為目前吾人所見美國憲法第一條到第十條的修正案，亦可稱為〈權利憲章〉，採取反聯邦派以及傑佛遜等共和主義者所力主的權利法案，以修正案的方式成為美國憲法整體的一部分。

# 四、法國大革命與〈人權與公民權利宣言〉

美國革命之本質實為獨立運動與立憲，而在這個過程中，法權以及社會（包含蓄奴問題）並未產生重大轉變，所以才有前節所述潘恩的理論分析：在美國革命的典範中，只是通過切斷與母國的紐帶建立新的政府形式，而社會則保留了同一性以及持續性，甚至可說是社會所發動的重新建制政府之運動。相較之下，法國大革命是西方近代激進革命的源頭，推翻舊制度，重新改造社會、政府、法權，以及國家。在這個過程中，新的正當性如何在革命的成果上建立，並且引導未來的政治發展？1789 年 8 月 27 日國民制憲會議所公布的〈人權與公民權

利宣言〉（*Declaration of the rights of Man and Citizens*）扮演了陳述新的政治正當性原則的公共啓蒙角色，因而被稱爲「89 年原則」（the principles of '89）並且成爲指導制憲的基本政治原則（Stewart, 1969: 112-115）。

　　另一方面，學界對於美國各邦人權宣言與法國〈人權與公民權利宣言〉間之關係，則有著極爲分歧的解釋觀點。雖然大部分學者主張法國與美國模式的根本差異性（如 Habermas, 1973: 85-109; Baker, 1994），但德國著名法學家耶利內克（Jellinek, 1979; 耶利內克，2012）通過詳細的歷史與文本分析，駁斥十九世紀末葉主流的政治思想詮釋觀點認爲盧梭的社會契約概念影響了法國人權宣言。相對於此，耶利內克力主由於拉法葉侯爵（Marquis de Lafayette, 1757-1834）受到當時美國駐法大使傑佛遜的影響，倡議人權宣言，而且其主要內容乃是以美洲諸邦的人權法案爲基礎。這個解釋觀點，即使當代學界仍無定論（Baker, 1994: 154-157），本章也無法涉入這個複雜的歷史議題。然而，耶利內克所整理的〈人權與公民權利宣言〉和美國各邦權利法案的對照表，以前者爲本，所以足以作爲以下討論的出發點以及文本依據（Jellinek, 1979: 27-42; 耶利內克，2012: 21-32）：

| 法國〈人權與公民權利宣言〉 | 美國各權利法案 |
| --- | --- |
| **第 1 條**<br>人人生而擁有且保持自由，在權利上一律平等。社會差別只能基於對公共利益的考慮。<br>**第 2 條**<br>每一種政治聯合體的目的均在於保護自然的與不可剝奪的人權。這些權利是：自由、財產、安全與反抗壓迫。 | **［維吉尼亞］第 1 條**<br>人人生而平等地享有自由與獨立，享有特定的固有權利，當他們組成一個社會時，他們不能憑藉任何契約，剝奪其後裔的這些權利，也就是，享受生命與自由的權利，包括獲得並擁有財產，與追尋並獲得幸福和安全的方式。<br>**［維吉尼亞］第 4 條**<br>除非爲了服務公眾，任何個人或者 |

| | 群體，都無權從共同體獲取獨占的或單獨的報酬或特權。 |
| --- | --- |
| | **[麻賽諸塞州] 憲法序言**<br>政府建立、維持與管理的目的是保護共同體政治的存在，是保護共同體，是為組成共同體的個人提供在安全與寧靜當中，享受其自然權利與生命祝福的權利。 |
| | **[馬里蘭州] 第 4 條**<br>不抵抗專斷權力與壓迫的主張，對人類的美德與幸福而言，是荒唐的、盲從的和具有毀滅性的。 |
| **第 3 條**<br>一切主權在本質上均源於國民。任何團體、任何個人都不得行使主權所謂明確授予的權力。 | **[維吉尼亞] 第 2 條**<br>所有權力都屬於人民，因而也都源於人民；行政官員都是他們的受託人與僕人，無論何時都應服從他們。 |
| **第 4 條**<br>自由的要義在於可以做任何不傷害他人的事情；因此，每個人可以自由行使自然權利，其邊界僅在於確保社會其他成員享受此類同樣的權利。這些邊界只能通過法律加以確定。 | **[麻賽諸塞州] 序言**<br>共同體政治由個人的自願組合形成；它是一項社會契約，因此所有人與每一個公民，每一個公民與所有人締結契約，所有人只受為公共利益而確立的法律的調整。 |
| | **[麻賽諸塞州] 第 10 條**<br>依據永恆的法律，社會的所有人都享有得到其保護的，享受其生命、自由與財產的權利。 |
| **第 5 條**<br>法律僅有權禁止那些有害於社會的行為。任何未被法律禁止的事情都不得阻止，任何人不得被迫去做法律並未明令要做的事情。 | **[麻賽諸塞州] 第 11 條**<br>共同體的所有主體通過訴諸法律，能夠為他的人身、財產或者品質所受到的所有傷害或者過錯找到特定的救濟。 |

|  | [北卡羅來納州]　第 13 條<br>所有自由人，在其自由範圍內，有權獲得救濟，調查其合法性，如若非法，應予以清除；不應拒絕或者拖延此種救濟。<br>[維吉尼亞]　第 7 條<br>任何當局未經人民代表同意，廢除法律或者執行法律的所有權力，如有損他們的權利，不得執行。 |
| --- | --- |
| 第 6 條<br>法律是普遍意志的表達。所有公民有權親自或通過代表參與立法。無論是保護還是懲罰，法律必須一視同仁。所有公民在法律面前一律平等，因而同樣有權根據各自的能力獲得高位、公職與就業，一切視美德與才能而定。 | [馬里蘭州]　第 5 條<br>人民參與立法的權利是對自由的最佳保障，是所有自由政府的基礎。<br>[麻賽諸塞州]　第 9 條<br>所有選舉皆應自由；本共同體的所有居民均享有確立其政府組織的資格，享有平等選舉政府官員與被選舉獲得公職的權利。<br>[新罕布夏州]　第 12 條<br>除非他們的代表已經表示同意，本州居民不受任何其他法律的約束。 |
| 第 7 條<br>非經法律裁定，且遵循法定程序，任何人不得被指控、逮捕或拘留。凡尋求、推動、執行或促進任意裁決者，應受懲罰；但是，任何被依法傳喚或拘留的公民必須立即服從，抵抗即構成犯罪。 | [麻賽諸塞州]　第 12 條<br>任何人不得因為犯罪或者過錯受到懲罰，除非對他而言這一懲罰是確切且清晰的、現實且正式的；不得被迫進行指控或者提供對其不利的證據；每個主體都享有提供所有可能對其有利的證據的權利；享有當面對質對其不利的證詞，並自行或者由其選擇的法律顧問進行充分辯護的權利。非經與其地位相同之人的裁判或者依據國家法律， |

| | 任何人不得被逮捕，入獄，剝奪其財產，豁免或者享受特權，通過賄賂獲得免予起訴，放逐或者剝奪其生命、自由或財產。 |
|---|---|
| | **［維吉尼亞］ 第 10 條**<br>可以命令政府官員或者使者在沒有切實證據的情況下搜查可疑地點，或者抓捕未指定或其罪行未能具體說明之人的一般授權，是令人難以忍受的，是不允許的。 |
| **第 8 條**<br>法律所規定的懲罰應僅限於嚴格且明顯必要的範圍內。對任何人的懲罰必須依據在其犯罪前業已制定且公諸於眾並依法實施的法律。 | **［新罕布夏州］ 第 18 條**<br>所有懲罰應當與罪行之本質相稱。<br>**［馬里蘭州］ 第 14 條**<br>在與國家安全協調的範圍內，殘暴的法律皆屬無效；今後任何情況、任何時間都不應制定給人帶來殘忍的、不同尋常的痛苦與刑罰的法律。<br>**［馬里蘭州］ 第 15 條**<br>具有追溯力的法律，懲罰此種法律出現之前的所作所為，並且僅據此即宣判有罪，這種法律是殘暴的、不公正的，並且與自由衝突；因此不應制定任何溯及既往（*ex post facto*）的法律。 |
| **第 9 條**<br>每個人在被宣判有罪之前推定無罪，即使認為有必要逮捕他，任何為關押其人身所不必要的酷刑，應通過法律嚴加限制。 | 比較前述［麻賽諸塞州］ 第 12 條；進一步<br>**［麻賽諸塞州］ 第 14 條**<br>每個主體都享有保護其不受不合理的搜查與逮捕其人身、房屋、書面文件與所有財產的權利。<br>**［麻賽諸塞州］ 第 26 條** |

| | 地方治安官或者法院不應要求過多的保釋金或者擔保人，強加過多的罰金…… |
|---|---|
| **第 10 條**<br>任何人不得因自己的言論，即便是宗教言論而遭騷擾。只要這些言論的表達不干擾既定的法律與秩序。 | **[新罕布夏州] 第 5 條**<br>每個人都享有一項自然的、不可剝奪的權利，依據他自己的良心和理性的命令，遵信上帝；任何人不應因以最符合他自己良心的方式或者時間，或者因為其宗教職業、態度或者信條遵信上帝，而遭受人身、自由或者財產上的傷害、騷擾或者限制；如果他並未妨礙公共安寧，或者他人的宗教信仰。 |
| **第 11 條**<br>觀點與言論的自由交流是最珍貴的人權之一。因此，任何公民均可以自由地發言、寫作與發表，除非構成法律所認定的對自由的濫用。 | **[維吉尼亞] 第 12 條**<br>出版自由是自由最重要的保障之一，絕不應加以限制，除非是殘暴的政府。<br>**[賓夕法尼亞州] 第 12 條**<br>言論、寫作與發表其觀點的自由是人民享有的一項權利。 |
| **第 12 條**<br>保障人權與公民權，公共武裝力量是必要的；因而該力量的建立是為了所有人的利益，而非供其受託人專門使用。 | **[賓夕法尼亞州] 第 5 條**<br>政府是，並且應當是為公共利益，為保護人民、國家或者共同體的安全而設立的；而不是為了任何只是共同體一部分的個人、家庭或者群體的特殊利益。 |
| **第 13 條**<br>為了維持公共武裝力量及行政開支，普遍稅收必不可少。它應根據支付能力由全體公民分攤，一視同仁。 | **[麻賽諸塞州] 第 10 條**<br>依據永恆的法律，社會的所有人都享有得到其保護的，享受其生命、自由與財產的權利。因此，他有義務為提供此種保護的開支貢獻其份額；必要時，提供其個人服務或 |

| | 者同等價值之物。 |
|---|---|
| **第 14 條**<br>所有公民有權親自或通過代表確定徵收某一公共稅的必要性，自由認可，監督其使用，並決定其比例、依據、徵收與期限。 | **[麻賽諸塞州] 第 23 條**<br>未經人民或其代表以立法形式表示同意，不得以任何藉口，確定、維持、施加或者征繳任何捐、費、稅、關稅或者義務。 |
| **第 15 條**<br>社會有權要求公共官員述職。 | 參考前述[維吉尼亞] 第 2 條；進一步，<br>**[麻賽諸塞州] 第 5 條**<br>所有權力都根源於人民，來自於人民，獲授權力的政府治安官或者官員，無論享有的是立法權、執法權還是司法權，都是替代者與代理人，始終應對人民負責。 |
| **第 16 條**<br>社會如沒有任何明文規定來保障權利或者權力分立，即無憲法。 | **[新罕布夏州] 第 3 條**<br>當人們組成一個社會體時，他們放棄他們的某些自然權利，交與社會，以確保獲得其他人的保護；若無此種對等交換，這一放棄就是無效的。<br>**[麻賽諸塞州] 第 30 條**<br>本共同體的政府當中，立法部門不應行使執法權與司法權，或者其中任何一項；執法者不應行使立法權與司法權，或者其中任何一項；司法者不應行使立法權與執法權，或者其中任何一項； 政府臻於法治，而非人治。 |
| **第 17 條**<br>財產權是不可侵犯的和神聖的，任何人不得剝奪此項權利，除非依法確定屬於公共利益明確需要，且事 | **[麻賽諸塞州] 第 10 條**<br>……未經其本人或者人民代表同意，沒有任何人的任何財產能夠合乎正義地被剝奪或者用於公共用途 |

| 先做出公正補償。 | ……當發生公共緊急狀態需要個人財產應適當用於公共用途之時，應當爲此予以合理補償。 |

　　法國國民制憲會議自 1789 年 6 月起，便有頒布人權宣言的呼聲，憲法委員會（Constitutional Committee）於 7 月成立後，拉法葉在 7 月 11 日提出了第一個草案，經過多次的審議論爭，才於 8 月 27 日正式頒布。雖然歷程不到兩個月，但因關乎確立政治原則，所以論辯過程非常複雜（cf. Lefebvre, 1979: 168-181; Baker, 1990: 261-281; Baker, 1994: 171-196; Furet & Ozouf, 1989: 818-825），在此無法詳論。以下的論述，除了人權宣言本身以外，將集中於各草案中最具理論性的一個版本——西耶斯於 7 月 20 日所提出的〈關於人權與公民權利的理性闡釋〉（*Reasoned Exposition of the Rights of Man and Citizen*; Sieyès, 2014: 118-134）。

　　事實上，西耶斯對美國人權法案典範與法國大革命所面臨政治形勢之差異有深刻的體察，而在一份未刊稿（約 1795 年）中說明了其中的關鍵差別（cf. Forsyth, 1987: 110-111）。他指出傳統的權利法案，基本上預設了統治者與被治者的二元對立，而反抗的臣民則通過權利法案來爭取維護其既有權利。美國革命打破了這個二元結構，因爲其革命的對象乃是遙遠的母國，而沒有專制主在自己的國境中。所以美國式的權利宣言之意旨，乃是陳述新政府成立後必須維護的既有權利。因此西耶斯指出，美國式的權利宣言意味著每個民族都依照其歷史處境，而將有不同的權利需要獲得保障，從而是一種基於**特殊性**的權利宣言。西耶斯的觀察並不令人意外，因爲如前所述，美國各邦權利宣言所欲保障的，本來就是普通法所保障英國人的權利與自由，雖然經過布萊克斯通的重構已經產生與自然法傳統的接榫，但仍然維持著一國之民出生所擁有權利的特殊性。

　　相對地，西耶斯強調，法國大革命所欲爭取的，並非僅僅是在法國

舊制度下臣民的自由與權利，而是「屬於人類與公民的共通性」的權利；從而，權利宣言並非單一民族的事業，而將爲適用於所有民族的共同志業。換言之，西耶斯敏銳地察覺，法國大革命推翻了舊制度，所以無法訴諸過去的法權，來證成當代的權利需求；而唯有基於**普遍性**原則，才有可能爲法國大革命此種與過去斷裂的政治運動，提供正當性的基礎，以及未來在制定憲法、規劃政府權限時之綱領（cf. Forsyth, 1987: 111）。如此一來，法國式的人權與公民權，就在普遍主義取向中與自然法傳統相銜接，並且以啓蒙的政治哲學爲基礎。

在法國國民制憲會議討論人權宣言的初期，對於此宣言的形式有兩派不同意見：一派主張採取美國模式，用系統條列的方式闡明人權與公民權，另一派則主張用理論論述的方式，闡釋政治社會之形成以及人權與公民權利。西耶斯屬於後者。他批判了美國典範，提出〈關於人權與公民權利的理性闡釋〉一文，並且在國民會議提案之後，刊行爲小書冊而廣爲流傳。雖然國民會議經過辯論後採取了美國式的系統條列法（Baker, 1990: 263-264）；然而，西耶斯所提出的系統闡釋，由於其理論性格，提供了理解法國大革命志士思考自然權利實證化的關鍵議題，以下所論，便以該文爲主軸。

〈關於人權與公民權利的理性闡釋〉以公共啓蒙爲目的，運用簡潔精煉的筆法，將複雜的政治思想概念，系統化成爲一般知識分子可以理解的論述（cf. Furet & Ozouf, 1989: 313-323）。全文可以分爲三個主軸（階段）：自然狀態、社會狀態，以及公共建制（pubic establishment）。相對地，關於人權議題，則展現爲人類之自然權利、人在社會中之自由與權利，以及在政治建制後的公民權等三個樣態。

西耶斯關於自然狀態的論述，顯示出結合霍布斯與盧梭思想的企圖。他指出，依人類之本性，必須滿足個人需要並尋求福祉，人類也因此被賦予了知性、意志以及力量滿足其需要。長期而言，他們將能完善化各種能力，促成進步，而當人與人發生互動之後，就產生出新的可能性。西耶斯區分人類關係爲兩種基本型態：其一，人與人彼此視爲阻礙，從而運用強力互爭，導致戰爭狀態；其二，人們彼此視爲可共同達

成幸福的手段（means），並運用自由以完成互利（mutual utility; Sieyès, 2014: 120）。在此，西耶斯顯然運用了霍布斯所提出的「取得的邦國」以及「建制的邦國」之區別，但強調基於強力的社會關係無法產生正當性。唯有在具有交互性與互利的關係中，才能體現「所有自然賦予人類的權利」，包括每個人均為其自身人格的擁有者、都有權利去運用自己的能力，這同時也是他們應善盡之義務。基於盧梭思想精神，西耶斯指出在人類自然關係的兩種可能性中，強者對弱者之壓迫絕無可能形成權利；但相反地，弱者反抗壓迫、從強者之中解放自身，則永遠構成一種權利，且反抗壓迫也是其義務（Sieyès, 2014: 119）。西耶斯的論述，一方面接受了人類的社會性，但也承認自然的不平等，只不過人類的結社必須基於平等權利的自然基礎，去對抗自然狀態中所可能產生的強凌弱、眾暴寡。換言之，最核心的自然權利包含人身權、運用其能力，以及反抗壓迫的權利。

　　西耶斯接著指出，具有正當性的結社（legitimate association）唯有通過自由而交互性的契約方能產生，此種結社即為「社會」，亦可稱為「社會狀態」（*l'état social*; social state）。社會擴大發展了前述自然狀態中具有積極性的自然秩序（natural order），[8] 使得其成員能夠通過彼此的合作，而產生交互性的效益及幸福的生活，保障平等權利並對抗具有傷害性的自然不平等（Sieyès, 2014: 122）。個人權利在社會中發展出新的樣態，首先是個人自由，而自由乃是在不傷害其他人權利的前提下，「行使於個人之所有以及共有之事物」。[9] 在這個意義下，自由與財產產生了本質性的關聯，其中人格所有權（property of one's person）乃是最基本的權利。通過一種洛克式的財產理論邏輯，西耶斯強調每個人都可以運用其人身的行動（act）與工作（work）對外在事物行使其各種能力，而產生結果便是屬於此人之實有財產（Sieyès, 2014: 123），

---

8　「自然秩序」是重農學派（physiocracy）之核心概念，參見 Baker（1994: 165-167）以及哈伯瑪斯（Habermas, 1973: 96-101）之討論。

9　"Liberty is exercised on what is one's own and on things held in common." （Sieyès, 2014: 122）

最後，通過大型公民會議（general convention）的協議賦予了財產權以制裁力。伴隨著財產權，同時產生了移動或遷徙自由，以及思想、言論以及發表意見的自由，形成文明社會之基礎。

在社會中，個人自由的界限乃是不干涉他人之自由，而且唯有法律方能界定個人自由之範圍；在法律規定之外，每個人均平等，有自由運用其天賦能力。然而，在這個脈絡中，西耶斯指出，在社會中個人自由有三個潛在的敵人，包括惡意的公民、行使公共力量之官員，以及外敵（Sieyès, 2014: 124）。是以，相較於自然狀態，社會雖然創造了互利的人際關係、保障個人自由與財產，並完成了人性的啓蒙以及文明，但是這些潛在敵人使得社會不具有自足性，需要通過公共建制或政府來從事治理的工作。

西耶斯指出，個人權利與自由之保障爲社會之目的，而其手段則必須通過設置公共建制，以運用集體力量執行法律並且抵禦自由之敵。公共建制之關鍵在於**憲法**：一方面，在組織層次憲法包含了不同公共權力的形成和內在組織、它們彼此之關係與相互獨立性，以及公共權力之藩籬。公共建制必須具有能動性而能克服障礙，卻絕不能令自身產生危險，所以需要加以節制。西耶斯強調以上乃「憲法一詞的眞實意義指涉，也就是所有公共權力以及它們彼此之間的分立」（Sieyès, 2014: 126）。另一方面，良善的憲法乃是民族與公民得以保護自身免於自由之敵危害的**保障**（guarantee; Sieyès, 2014: 124）。換言之，憲法通過組織政府的公共權力使其順利運作，設立屏障使其不致濫權，使得法律得以施行並確保公民的權利以及自由。

通過以上論述，西耶斯分析了「公民的自然以及市民權利（natural and civil rights of citizens）」（Sieyès, 2014: 127）。這個詞彙與全書的標題「關於**人權與公民權利**的理性闡釋」並不相同，但反映出西耶斯論述的眞實樣態：通過「自然狀態」以及「社會狀態」的雙重分析，他所確立的自然權利乃是人身權，而在社會狀態中，則進一步發展出自由以及財產權。西耶斯強調，這些權利實乃「消極權利」（passive rights），因爲社會的發展乃是爲了保護這些自然與市民權利。相對地，「積極權

利」（active rights）則意指政治權利（political rights）。與消極權利屬於被保障的對象有所不同，政治權利乃是社會所得以形成的根源。而在這個議題上，西耶斯雖指出政治權利亦須基於平等，但卻力主並非所有公民都是積極公民，而只有「貢獻於公共建制者，方爲社會偉大事業的眞實持股者；只有他們才是眞正的積極公民，結社的眞實成員」（Sieyès, 2014: 127）。西耶斯此種雙重公民資格的觀點，乃是在法國大革命進程中，以自由主義憲政原則來保障布爾喬亞市民社會的理論建構；而將與主張激進平等、擴大選舉權，朝向更深更廣社會革命的雅各賓黨之權利觀念分道揚鑣。

西耶斯的論述中，有部分是他理論體系所獨有，並未成爲官方版〈人權與公民權利宣言〉的內容。然而由於西耶斯關注於大革命的正當性議題，牽涉到國民主權，所以仍值得分析。首先，在西耶斯所論的自然與市民權範疇中，包含了其獨特的「制憲權」（*pouvoir constituent*; constituent power）概念，因爲憲法的形成必須預設一個制憲的權力，而擁有制憲權力的只能是全體**國民**（nation）。而「國民」則被界定爲「參與結社者的總和整體，被法律所統治，而這些法律乃是他們的意志之產物；所有人都具有平等的權利，自由地彼此溝通並進入個別的約定關係」（Sieyès, 2014: 126）。另一方面，通過憲法所建制的公共權力，則僅僅爲「憲政權」或「被制訂的權力」（*pouvoir constituè*; constituted powers），它們沒有變更法律及程序規範的能力，必須遵循更高位階的憲法，而憲法只能通過國民制憲權的行使而加以改變。另外，西耶斯將代議政府所不可或缺的代表（representation）觀念列於自然與市民權利之範疇（Sieyès, 2014: 127）。[10] 然而，制憲權與代表兩項「權利」，並非西耶斯所說公民的「自然以及市民權利」或消極權利，亦非積極性的

---

10　塔克對〈關於人權與公民權利的理性闡釋〉一文，通過不同版本的詳細比較，對西耶斯的「國民制憲權」與「代表」兩個概念提出了深入的批判。他指出，西耶斯「制憲權」與「憲政權」的區分，相應於從布丹到盧梭的「主權」與「政府」的區別。然而，制憲權只能制定符合天賦人權的憲法，在民主的議題上，遠遠不及主權以及政府二者的辯證力量（Tuck, 2016: 166-169）。關於西耶斯的代表概念，請參考蕭高彥（2013: 278-282）。

政治權利，而是國民通過代表決定憲政體制的「終極間接權力」，這個
理論進程並未被法國制憲國民會議所接受。

　　基於以上所述，西耶斯主張關於人權與公民權利的宣言應該運用
論述而非條列的方式，方能完成公共啓蒙的任務，使全體國民理解其
自然權利，而創制憲法、設置政府，完全是爲了保障這些權利。然而不
能免俗地，在其系統論述之後，西耶斯也草擬了三十二條（後來的版本
增至三十七條）人權條款（Sieyès, 2014: 129-134）。

　　法國國民制憲會議經論辯後，決定採取簡短序言及簡單條列的美
國模式，完成了共計十七條的〈人權與公民權利宣言〉（Stewart, 1969:
113-115）。在此宣言的序言所闡釋的公共啓蒙論述中，強調人類不幸之
根源乃在於忽略了人權，而唯有通過宣言形式述明「天賦、不可讓渡，
以及神聖的人權」（natural, inalienable, and sacred rights of man），方可
讓全人類銘記於心，並可以此爲標準，檢視現存政治制度是否達成了
保護人權的目標。宣言第一條揭示人人生而自由，且在權利上一律平
等，第二條列舉了必須爲所有政治聯合體所保護的自然權利，包含人
身、財產、安全，以及反抗壓迫（resistance to oppression），其中前三者
大體上符合西耶斯的系統論述精神，比較值得討論的是反抗壓迫一項。
在西耶斯的分析中，專斷和違法的命令完全無效，而當公民被此種命
令所傷害時，他們「有權利運用暴力去除暴力」（the right to repel violence
with violence; Sieyès, 2014: 132），這可以被視爲「反抗壓迫權」之前
身，甚至可追溯到洛克的革命權（Bobbio, 1996: 84）。而如同 Bobbio
（1996: 84, 109）所論，「反抗壓迫權」乃是保障前三種主權利之「從
權利」（secondary right），從嚴格法律邏輯而言，沒有政府能「保障」
此種權利，而是在法治失效時，公民的自然權利或事實（de facto）的
權力。[11]

　　最後，在宣言的政治面向上，如前所述，西耶斯所列舉的自然與市
民權，除了個人的消極權利外，也包含國民創造憲法的權利。唯有通過

---

11　請參閱施密特（2004: 220），個人抵抗權實爲最極端之預防手段。

國民制憲權，才能依據人權宣言的精神與條款，創造憲法，保障自然與
市民權。然而，官方版〈人權與公民權利宣言〉並未採用西耶斯所獨創
的制憲權概念，而運用傳統語彙，在第三條揭示「一切主權在本質上均
源於國民」，第六條提出具有盧梭共和主義色彩的格律：「法律是普遍
意志的表達。所有公民有權親自或通過代表參與立法」，而於第十六條
述明「社會如沒有任何明文規定來保障權利或者權力分立，即無憲法」，
從而完成了**基於國民主權的憲政主義論**。


## 五、結語：天賦人權、憲法與自由主義

　　本章從自然權利實證化的角度，分析了布萊克斯通運用自然法學
改造英國普通法，創造出個人絕對權利的原創性貢獻，並且影響到美
國獨立運動時期的政治論述，通過傑佛遜及其他開國先賢的努力，將
天賦人權論提升為高於政府的憲政基本原則。法國大革命志士雖然理
解美國革命時期權利法案的政治論述，但由於其目的在於推倒舊制度，
創造新的正當性憲法，遂以西耶斯為代表，依據普遍主義的精神，再次
將自然法的核心概念，通過自然狀態、社會狀態與憲法的三階段論述，
完成了以憲法保障人權與公民權利的理論論述。

　　如前所述，關於美國與法國大革命天賦人權論之異同，學界向有
爭論（Jellinek, 1979; Habermas, 1973: 87-101; Bobbio: 99-114）。以思想
史的角度而言，傑佛遜與潘恩在法國大革命初期，便已開始建構美、法
大革命人權論述的親和性。傑佛遜指出，在美國獨立運動時期所進行
的訴諸人權之大業，被法國所接收，成為歐洲第一個倡議人權的國家，
而革命的精神也從法國傳到南歐諸國，雖然北方的暴君聯合起來反抗
此人權大業，但它是不可抗拒的，而終極地將改善文明世界人民的生
活（Jefferson, 1984: 97）。

　　潘恩在 1791 年所刊行的《人權》（*Rights of Man*）一書中，更基於
他參與美國獨立運動以及法國大革命政治論述的經驗，綜合完成了現

代天賦人權的理論體系。潘恩指出，「自然權利」乃關於個人存在
（individual existence）的根本權利，「市民權利」則是個人作爲社會之
成員所具有的權利。而自然權利可進一步區分爲個人在進入社會後所
仍然持有之權利，以及在進入社會後交付給社會共同行使者。這兩種
自然權利之差別在於，前者是個人有充足的力量加以執行，從而在自
然狀態與社會中都屬於個人的，如宗教信仰與思想權利等；後者則屬
個人之力量無法完善地執行，從而必須交付給社會，運用整體的力量
加以執行，從而形成了政府權力的根源。換言之，自然權利（天賦人
權）爲政治正當性之根源，市民權利則是在進入社會時交換（exchange）
而得（Paine, 1995: 466），政府乃是社會成員彼此締約所構成，作爲個
人所讓渡自然權利的委託代行者。

　　潘恩的結論是，美、法大革命的天賦人權論完成了**憲政主義**
（constitutionalism）與**立憲政府**（constitutional government）理論（Paine,
1995: 461-470），具有普世價值。他指出，法國國民會議乃基於自身的
權威（authority），依據人權與人民的權威而建立憲法（Paine, 1995: 505），
而潘恩特別將國民會議稱爲一種「個人的社會契約」（personal social
compact），其成員乃是國民（nation）的委任代表（delegate），基於其
基源性格（original character）而制定憲法（Paine, 1995: 469）。換言之，
憲法在作爲「人民構成政府」（the people constituting a government）的
意義上，其內涵包括政府的組織、其行動之原則，以及權力的限制等。
是以，憲法先行於政府，而政府乃是憲法的產物；憲法與政府的關係，
猶如政府成立後立法權與司法權的關係，均爲前者制定規範，後者加
以落實（Paine, 1995: 467-468）。唯有如此建構的政府，方能稱爲「立
憲政府」（Paine, 1995: 469）。換言之，潘恩在天賦人權說的基礎上所建
立的憲政主義與立憲政府論述，相當接近西耶斯的理論進程。只不過
潘恩並未運用「制憲權」與「憲政權」等西耶斯的特有詞彙，而是採用
社會契約、憲法與政府等傳統概念，但反而更爲符合自然法傳統的論
述邏輯。

　　檢視由布萊克斯通至美、法大革命的天賦人權論之發展進程，關

鍵在於「社會」範疇的重新建構。在布萊克斯通的理論中，可觀察到社
會契約論作爲正當性的法權論述，與歷史層面通過家庭的擴大，而形
成家父長制與農業社會的理論平行發展。到了潘恩與西耶斯，則「社
會」範疇完全以個人主義（individualism）爲基礎，個體通過需要而建
立社會關係，自由與財產權在這樣的理論脈絡中，成爲彼此搭配的基
本價值（權利），政府作爲公共建制，則是爲了保障社會互動所立基的
天賦人權，並且通過憲政主義來保障國家中的人權不受侵害（Bobbio,
1996: 79, 104）。在此全新的基礎上，形成現代權利論的理性主義、個
人主義，與激進主義三種理論取向，開創了現代革命精神（D'Entrevès,
1955: 48）。

　　事實上，天賦人權論所形塑的基於理性主義之憲政，自始便遭受
到保守主義以及激進主義的兩面夾擊。在保守主義方面，潘恩的《人
權》一書，其實正是針對柏克的《反思法國大革命》的反批判。對柏克
而言，他憂慮當時英國社會的民權社團，引用法國的天賦人權論在英
國從事政治與社會批判（Burke, 1999, 2: 90-92）。柏克主張，英國人所
享有的權利並非天賦而來，而是在歷史與憲政傳統中，通過普通法以
及古憲法（ancient constitution）所形成的約定成俗之憲法（prescriptive
constitution），其正當性以及權威的理據乃是存在久遠而無可溯源的傳
統，依據時代的變化，在具體的政治與法律案例中逐步確立，並獲得法
律之保障（陳思賢，1995: 31-34；曾國祥，2009: 52-56）。柏克特別以
1688 年光榮革命後的〈權利宣言〉（Bill of Rights）爲例說明，英國人
民的權利乃通過繼承而來，而與英國王室政治上的程序相近，這使得
權利的證成，從理論議題變成歷史問題（Burke, 1999, 2: 102-110）。柏
克的論述，奠基了現代保守主義，主張在既有的社會條件中，通過社會
工程而逐漸改變政治制度（陳思賢，1995: 41-46）。他的論證雖然是針
對當時英國提倡天賦人權的思想家如普萊士（Richard Price, 1723-1791）
——普萊士受法國大革命影響，運用天賦人權說詮釋英國的光榮革命
（Burke, 1999, 2: 96-105）——但也根本質疑了法國式天賦人權論所奠
基的理性主義自然法傳統，也包括潘恩之基於激進主義的理性論述而

進一步綜合了美、法大革命經驗的天賦人權論。

另一方面，1789 年〈人權與公民權利宣言〉雖然具有開創與奠基性的作用，但在法國大革命的進程中，受到雅各賓激進主義的批判與修正，仍有後續之發展。以官方之文獻而言，後續還有 1793 年雅各賓黨的人權宣言（Stewart, 1969: 455-458），以及 1795 年雅各賓黨覆敗後特米多（Thermidore）的人權宣言（Stewart, 1969: 572-574）。在激進主義的系譜中（cf. Negri, 1999: 203-211），關鍵的議題有二：基於社會平等的財產權論述，以及人民反抗暴政的「**起義權**」（right of insurrection）。這兩個議題，在羅伯斯庇爾（Maximilien Robespierre, 1758-1794）提出其人權宣言版本時的附帶討論中，最能顯現其爭議之脈絡。他強調，作為法律保障之財產權，同樣可由法律加以限制，而其底限則在於社會有義務提供所有成員存在之所需（Stewart, 1969: 431-432; Goldstein, 1997: 426-429）。[12] 此外，「反抗壓迫權」在 1793 年的人權宣言中擴大論述，被呈現為人與公民權利之**結果**，因為當政府侵犯了人民諸權利時，「起義乃是人民最為神聖的權利以及最為不可或缺的義務」，而當公民缺乏「社會保障」時，他便「回歸捍衛其自身的自然權利」（Stewart, 1969: 433）。羅伯斯庇爾的「起義權」主張，寫入 1793 年的人權宣言最後三款，在特米多版的人權宣言中卻完全刪除。但激進主義的思想線索並未因此斷絕，法國的社會主義乃至青年馬克思，都受到這個思潮的影響，本書將於第十四章分析青年馬克思對法國人權宣言之批判。

最後，天賦人權論在英國還受到新興起的效益主義代表性思想家邊沁（Jeremy Bentham, 1748-1832）的激烈批判。他主張，「權利」概念必有相對之「義務」（obligation），而此乃在已經建立主權的政府，以及法律體系之內才有意義的概念。所謂的自然法或先於社會的自然權

---

12 事實上，早在 1791 年雅各賓派的瑪拉（Jean-Paul Marat, 1743-1793）便運用強烈霍布斯主義的邏輯說明，人類的自然權利沒有任何限制，但在成立社會之後，便必須依據平等原則保障所有成員的生活，否則，那些無法維持基本生計的人便只能運用其自然權利而與政府形成自然狀態（也就是戰爭狀態）的敵對關係（Goldstein, 1997: 151-156）。關於自然權利論在雅各賓派的發展，參閱 Edelstein（2009）。

利，都是沒有基礎、毫無意義「高蹺上的胡扯」（nonsense upon stilts）。
他對布萊克斯通訴諸自然法傳統提出了尖銳的文本分析與批判
（Bentham, 1988），並稱法國大革命的天賦人權論，乃是助長叛亂的謬
說（Parekh, 1973: 259, 270）。具體而言，邊沁諷刺〈人權與公民權利宣
言〉所列四項天賦人權，人身、財產及安全三者意在綁住立法者的雙
手，而反抗壓迫權則意在高舉人民懲罰之手，兩種作用均非良好法律
體系運作所需（Parekh, 1973: 276）。對邊沁而言，關鍵在於，對現有的
法律體系及人民的權利，必須找到一種科學的原則加以評價，並且尋
求法體系內部的改進，而邊沁主張只有「追求最大多數人最大的幸福」
之「效益原則」（principle of utility）構成法體系的理性基礎。

　　儘管面臨各方之批判，但天賦人權說依然形成近代憲政主義與自
由主義重要的思想資源（cf. Waldron, 1987）。本書下一章，將以法國思
想家貢斯當的政治權利論爲本，闡釋他如何在法國大革命以及拿破崙
篡權之後，在十九世紀上半葉運用自由主義與歷史主義的精神，重新
形構了與西耶斯相當接近的自由主義政治論述。

# 第十一章

# 貢斯當與
# 現代自由主義之形構

## 一、前言：自由主義的現代性

　　西方現代自由主義，在法國大革命及拿破崙的軍事帝國主義撼動了歐洲舊體制之後，於十九世紀上半葉，重新思考商業社會與自由國家所需之政治價值以及憲政體制而逐漸成形。自由主義具代表性之思想家一般認爲包括法國的貢斯當（Benjamin Constant, 1767-1830）、托克維爾（Alexis de Tocqueville, 1805-1859）以及英國的穆勒（John Stuart Mill, 1806-1873）。本章以貢斯當的政治思想爲主軸，一方面是基於他是這批思想家中最年長者；另一方面也因爲他對盧梭的民主共和論、法國大革命的國民主權論，以及拿破崙的強人政治，都提出了重要的批判，且在此基礎上首先建構了現代自由主義的核心價值，並提出憲政擘劃。

　　雖然貢斯當的聲名不及托克維爾與穆勒，但不少深刻的思想家均指出其理論之重要性。自由主義理論家以賽亞・柏林在其名著〈自由的兩個概念〉中（Berlin, 1969: 118-172），爬梳了作爲免於干涉的「消極自由」（negative liberty）以及強調自我實現的「積極自由」（positive liberty）後，特別標舉貢斯當對於形塑消極自由概念所產生的關鍵性影響：對貢斯當而言，自由的意義並非追問「誰」行使政治權威，而是政府權威行使之「量」及其範圍；換言之，政治問題並非徹底詰問主權誰屬（君主或人民），而是反對任何主權的絕對性，以確保個人的權利以及自由，從而奠定了現代自由主義之基礎（Berlin, 1969: 162-165），而柏林也因此稱貢斯當以及穆勒爲「**自由主義之父**」（Berlin, 1969: 161）。

　　貢斯當爲法裔瑞士籍思想家，出身貴族世家，年輕時於德、英留學，1783-1785 年就讀愛丁堡大學，修習古典文學、宗教與歷史，參加著名的「思辯會社」（The Speculative Society），涵泳於蘇格蘭啓蒙運動思想（Wood, 1993: 43-62）。[1] 他在 1795 年歸化爲法國公民，經歷了法

---

1　貢斯當在思辯會社交遊之摯友，包括英國後來著名的思想家與政治家 Sir James Mackintosh（1765-1832）。雖然關於貢斯當於此時期的一手史料留存不多，但

國大革命的激進化、溫和派的督政府、拿破崙強人政治的崛起和殞落、波旁王朝的復辟。在劇烈變遷的時代中,其自由主義的核心價值雖然未曾轉變,但在實際政治立場上卻屢有變化,不免產生政治機會主義的疑慮。[2] 而其政治論述,往往基於對特定事件的反應與反思,使得事過境遷之後,逐漸失去一致性與系統性。另外,貢斯當獨特的研究與寫作風格,是把閱讀筆記與抄錄文字收集在卡片系統,而在需要時反覆使用(Fontana, 1988: 32; Holmes, 1984: 207-212),導致不同著作中有文字重複的現象。本章以下的分析,將以貢斯當早期(1806)的《適用於所有政府的政治原則》(*Principles of Politics Applicable to All Government*; 以下簡稱爲《政治原則》)爲基礎(Constant, 2003),因爲這是他在 1800-1813 任職於保民院(Tribunal)時所完成的系統性理論作品,生前並未發表。隨著拿破崙帝政的失敗,他在 1814 年發表《論征服的精神和僭主政治及其與歐洲文明的關係》(*The Spirit of Conquest and Usurpation and Their Relations to the European Civilization*; 以下簡稱爲《征服和僭主政治》)批判拿破崙帝政。但在拿破崙 1815 年逃離艾爾巴島返回巴黎的「百日王朝」時期,貢斯當又與拿破崙合作,擔任國家法院(*Conseil d'État*)的法官,並發表《適用於所有代議政府的政治原則》(*Principles of Politics Applicable to All Representative Government*; 以下簡稱爲《代議原則》)。比起 1806 年的《政治原則》,這個文本由於必須爲拿破崙所頒布的憲法尋找理據,所以比較具有現實性與技術性。最後,在波旁王朝復辟後,貢斯當取得法王路易十八世的諒解,回到巴黎,而在 1819 年所作的著名演講〈古代人的自由與現代人的自由之比較〉(*The Liberty of the Ancients Compared with that of the Moderns*,以下簡稱爲〈古代與現代自由之比較〉),成爲貢斯當最爲著名,影響也最爲深遠的文章。而由於後三篇,也就是 Biancamaria

---

他在思辯會社另一位好友 John Wilde 便修習了弗格森講授的道德哲學以及其他課程(Wood, 1993: 52),由此大致可以理解貢斯當所受教的環境。

2　同時代英國哲學家邊沁戲稱貢斯當爲「不穩定的貢斯當」("the inconstant Constant"),參閱 Dodge(1980: 5-6)。

Fontana 所編輯翻譯的文獻（Constant, 1988），都具有高度的時代性並
反映政治變遷的影響，所以本章的詮釋，將盡量參照貢斯當 1806 年的
原始論述，以闡釋其政治思想的核心原則。[3]

　　本章以下依序討論貢斯當對拿破崙軍事帝國主義之批判、貢斯當
所確立的自由主義政治原則、他基於對盧梭和法國大革命國民主權論
之批判所建構的「古代自由」與「現代自由」的重要區分及其理據、他
對「立憲君主制」之擘劃以及國家元首（君主或共和民主下的總統）作
爲「中立的權力」之討論，最後整體檢討其所奠基的現代西方自由主義
傳統。

# 二、意識型態批判：拿破崙的「波拿巴主義」僭政

　　本書已經分析，弗格森在《文明社會史論》中指出現代商業社會由
於過度的社會分工以及物化，使得個人競逐私利與奢侈，最終導致軍
政府與專制的結果。弗格森的憂慮，在貢斯當的時代成爲政治現實。法
國大革命後期，拿破崙作爲偉大的軍事領袖，對抗歐洲舊政權，並通過
對外殖民政策創造民族光榮來鞏固其政權；同時運用公民投票創造其
帝政的正當性基礎，可以說是在現代國民主權原則興起後，首先出現
的強人政治，一般論者稱之爲「波拿巴主義」（Bonapartism），成爲十
九世紀以來威權統治與民主化對抗的新形態（cf. Baehr & Richter,
2004）。

---

3　本章縮寫如下：

**PW** = Benjamin Constant,1988. *Political Writings*, tran. B. Fontana, Cambridge:
Cambridge University Press.

**PP** = Benjamin Constant, 2003. *Principles of Politics Applicable to All
Governments*, tran. D. O'Keeffe, Indianapolis: Liberty Fund.

**論文選** = 貢斯當‧邦雅曼，2004，《古代人的自由與現代人的自由——貢斯
當政治論文選》，閻克文、劉滿貴譯，台北：桂冠。本章引文參照原文及英譯
文有時對中譯文有所修改，不另行標註。

　　貢斯當在 1814 年拿破崙初步潰敗的時刻，發表了《征服和僭主政治》，以上下兩篇分別攻擊波拿巴主義作為一種「征服的帝國」，以及一種「僭政」的政治學理分析。然而，他在 1815 年拿破崙的百日王朝期間又與拿破崙合作，發表了《代議原則》。貢斯當在政治立場上的反覆，往往成為論者攻擊的焦點，從而掩蓋了其理論的創見。本節將從這兩本著作的核心議題：**政治權威的穩定性**切入，分析貢斯當如何運用思想史資源，批判波拿巴主義。誠如 Kalyvas & Katznelson（2008: 146-148, 166-174）所述，這個切入點，乃著眼於法國大革命推翻了具有長期正當性的君主後，所產生的權力真空，雖然表面上由國民主權加以替代，但事實上須通過何種憲政機制方有可能讓權力中樞穩定運作？這是法國大革命後，民主化的過程持續面對的基本問題。結果在意識形態光譜上產生了兩種對立觀點：其一為王權派，認為穩定的政治權力，必須回復到具有傳統正當性的王室君主；另一則為激進共和派，認為權力的真空只能通過國民主權原則加以替代，不能讓任何個人或群體據有，否則必將產生違反國民主權的結果。貢斯當在這兩個對立觀點中，嘗試通過以憲法為核心的自由主義論述，嘗試尋找中間立場。

　　貢斯當批判拿破崙通過軍事征服所形成的帝國是一個「嚴重的、災難性的時代錯置」（PW: 55; 論文選：200）。因為在現代商業社會中，人民與國家的目標乃是通過商業活動追求和平與舒適的生活；這樣的現代文明，不容許古代的「野蠻衝動」以戰爭手段完成民族的光榮。他並不否定任何民族都有從事正當的自我保衛戰爭之權利，且這也是高尚的愛國主義之根源（PW: 52; 論文選：195），但是軍事擴張與征服，表面上雖以古代的德行與現代的民族光榮為口號，實際上卻將摧毀商業社會的道德基礎。關鍵在於，現代性的擴張戰爭，其實質仍在於追求民族之商業利益（PW: 56; 論文選：201），戰爭所需的軍事階層將形成一種隔離於社會的封閉團體，而當戰爭成為國家的主要目標時，軍事階層之「集團精神」（corporate spirit）將扭曲商業社會其他部門的正常運作。

　　貢斯當對於征服體制的批判著眼於歷史，但終極而言，其所刻劃

的征服體制之理想型，突顯出政治哲學涵義，因爲根本而言，這是一種腐化的體制。他批判的重點在於，僭政領袖所依賴的軍事階層既與現代商業社會的基本取向相背離，又無古代城邦共和體制下全體公民皆兵所帶來的軍事德行，其結果是造成了現代軍事階層內部的基本矛盾：他們所從事的戰爭，雖有目標（goal），但卻缺乏理據（cause），其結果不外乎是運用現代的戰爭組織，在戰勝後追求領袖以及軍事階層的自我利益。不僅如此，這種現代征服體制中的軍事階層，還會影響社會的其他階級，腐化民風，結果導致一種普遍的僞善（hypocrisy; PW: 66）。特別是爲了戰爭所創造出來的託辭，運用現代報章媒體的修辭渲染，從而影響了公共精神，並腐蝕公共道德（PW: 58）。貢斯當認爲，征服體制最終的結果是**將民族轉化爲帝國**（empire），但此帝國由於依賴於軍事領袖，基礎相當脆弱，甚至比不上傳統的部落（PW: 79），終極而言，征服者只有運用人性中最爲淺薄的自利主義來維繫自身地位，並邁向暴政之路（PW: 80-81）。

　　貢斯當對於征服體制的分析，其意旨在於批判拿破崙的軍事帝國主義，因此核心的概念乃是征服與帝國。到了第二部分分析「僭政」時，貢斯當的主旨轉爲拿破崙體制的政治正當性問題，其論述與政治哲學傳統產生更爲緊密的聯繫。事實上，貢斯當所提出的「**僭政**」（usurpation）概念，應是在孟德斯鳩的政體分類（共和、君主、專制）之外，重新詮釋古代「暴君」或「暴政」的概念，形構一套「現代僭政」的政府型態。而其論述的基本取向，受到馬基維利《君主論》的深刻影響，將馬基維利所提出的「新君主」與「繼承的君主」之對立加以擴大，建構成爲「僭主制」與「君主制」的二元對立，此處的君主制則借用了孟德斯鳩的分析。至於貢斯當何以選擇「僭政」與「僭主」的概念加以重構？論者如 Holmes（1984: 207-219）並未提出解釋。筆者認爲，這或許源於貢斯當乃生於虔誠的加爾文教派家庭（Fontana, 1988: 5），對於近代暴君放伐論的論述應相當熟悉，而如本書第一章所述，加爾文派的暴君放伐論區別「僭主」以及「行爲的暴君」兩種型態。更爲切近的論述脈絡，則是盧梭《社會契約論》第三卷第十章，論述政府濫權

以及國家解體的情況。盧梭分析了希臘人的「僭主」（tyrant）一詞，指出「僭主和篡奪者（usurper）是兩個十足的同義語」，並接著說明：

> 爲了給予不同的事物以不同的名稱，我要把王權權威（royal authority）的篡奪者稱爲僭主，而把主權權力（sovereign power）的篡奪者稱爲專制主。僭主是一個違背法律干預政權但仍依據法律統治的人；專制主則是一個把自己置於法律本身之上的人。因而僭主可以不是專制主，但專制主則永遠都是僭主。（Rousseau, 1997b: 108; SC, III.II: 10）

　　對盧梭而言，專制主篡奪主權權力、把自己置於法律之上，也就是凌駕於普遍意志之上，這違反了政治正當性的根本原則。貢斯當的僭政理論，乃是在法國大革命以及拿破崙時代後，對此議題的重新反思。雖然他的論述不比盧梭精煉，但其僭政論仍爲首先對於現代商業社會及啓蒙時代所可能產生的專制現象提出理論分析者，值得深思。爲重構其理論，吾人可由貢斯當對君主、僭主，以及專制所提出的概念說明爲出發點：

> 存在於多數歐洲國家中的君主制，是一種經歷了時間的修正和被習俗軟化了的制度。它的周圍環繞著一些既支持它、同時又限制它的中介團體。它的正規、和平的交接使人更易歸順，權力本身也更少令人猜疑。君主在某些方面是一種抽象的存在。人在那裡看到的不是一個單個的人，而是一批國王，一個幾百年的傳統。
>
> 　　然而，僭主政治卻是一種不可能被修正或軟化的力量。它不可避免地要打上僭主者個性的印記，而這種個性，因爲它反對所有先存的利益，必然處在一種持久的挑戰和敵對狀態之中。（PW: 88; 論文選：240）

> 我所說的專制政治，當然不是指那種權力雖不受明顯的限制，

但是存在著中介組織的統治，在那裡，自由與正義的傳統約束著
行政機構，權力得體地對待習俗，法庭的獨立受到尊重。這樣的統
治可能並不完善：它們所建立的保障制度越是得不到維護，它們
就越不完善。但它們並不是純粹的專制統治。我所說的專制政治，
是指主子的意志是唯一法律的統治；那裡的政治團體——如果存
在的話——只是他的工具；在那裡，主子會自視爲帝國的唯一所
有者，臣民僅僅被看做享有收益權的人；在那裡，公民的自由可以
隨時被剝奪，用不著掌權者屈尊去解釋原因，也用不著公民擁有
了解那些原因的權利；在那裡，法庭惟權力之命是從，他們的審判
可以被宣告無效，那些本來被宣判無罪的人可以被拖到新的法官
面前，他們只能被判有罪，因爲新法官會接受前任的教訓。（PW:
114; 論文選：276）

貢斯當以中介團體作爲君主制的基本特質，源於孟德斯鳩的政體
論；然而，貢斯當所強調的世襲君主以及傳統性，則將孟德斯鳩的理想
型，轉變爲一種韋伯式的傳統式權威（traditional domination; Weber,
1978, 1: 226-241）。因此，貢斯當以「**正當性**」（legitimacy）來界定世
襲君主傳統所產生的政治效果，而以缺乏正當性甚至「**非法性**」
（illegality）來描繪僭主。[4] 合法繼承的君主承繼了祖先的榮耀，且將
其發揚光大；僭主則「非法性像鬼魂一樣糾纏著他」（PW: 90; 論文選：
243），由於缺乏傳統的正當性，僭主遂不得不採取暴政的手段。貢斯當
指出，「馬基維利說，爲了實行暴政，必須改變一切。同樣，人們也可
以這樣說：爲了改變一切，你需要暴政」（PW: 110; 論文選：271）。換
言之，僭主在對內統治的面向上，將極力改變政治社會的現狀，以創造
出其個人支配的正當性。

貢斯當意識到他將傳統君主與僭主用正當性與非法性加以對立，

---

4　關於拿破崙帝政至波旁王朝時期法國關於「正當性」的爭辯，請參閱 Holmes
　　（1982a, 1982b）。

似乎過份偏向傳統君主制；是以，他在《征服和僭主政治》第四版（1814年 7 月）加上了幾章，進一步闡釋其理論觀點。以正當性議題而言，其完整觀點為：「我承認兩種正當性：一種是積極（positive）的，它源於自由選舉；另一種是默示（tacit）的，它源於世襲制；我要補充的是，世襲制是正當的，因為它所產生的慣例和它所保障的利益使它成為國民意志」（PW: 158; 論文選：332-333）。換言之，貢斯當承認法國大革命以國民意志（national will）作為正當性之根源，再區別傳統世襲型以及自由選舉型，並重新界定僭主：「僭主〔篡權者〕是指沒有得到國民意志的支持而攫取了權力的人，或者是被授予有限的權力之後超越規定權限的人」（PW: 158; 論文選：332）。

　　此外，貢斯當從比較憲政史的角度，討論了僭政的崛起以及其憲政選項。他指出，當常態性的權力交替因劇烈的動盪而中斷，中斷的時間又漫長到使既得利益脫離了原來權威的庇護時，就面臨了政治秩序重組的必要，而其憲政之選擇有四種：反革命（counter-revolution），亦即舊王室的復辟；無正當權利的個人攫奪了權力，成為僭主制；國民為自己建立共和制；以及國民將聲名卓著的領袖召到王位上，並給予某些憲政的約束（PW: 166）。雖然貢斯當在第二版以後刪除了這一章，[5]而對國民意志之下的兩種正當性原則，貢斯當著重於批評自由選舉型的正當性，因為這種正當性雖然「在理論上更具誘惑力，但它也會碰上麻煩，那就是它可以被偽造：就像英國的克倫威爾和法國的波拿巴偽造的那樣」（PW: 159; 論文選：334），這也讓讀者明確地看到，貢斯當心目中現代的僭政者，其實都是在大革命之後奪取政治權力的獨裁者。

　　在說明了僭主政治與君主制的差別後，貢斯當比較它們與絕對專

---

5　刪除的原因在於，1814 年一月初版時，貢斯當所支持的是一位革命政府時期至拿破崙時代的將軍 Charles Bernadotte（後來成為瑞典伯納多特王朝開創者，cf. Fontana, 1988: 11-12）為王，也就是上述四個選項中的最後一項，希望法國人民依照英國 1688 年光榮革命模式，奉 Bernadotte 為王，產生一個新的王室正當性。然而，事態的發展並非如其所願，所以貢斯當在第二版之後便刪除了此章。但也因此將他所提出關於政治秩序變革時期的憲政選項之理論論述也一併刪除。

制的差別。他提出了兩種不同的論述：在修辭的層次，貢斯當主張僭主
政治比專制更爲可恨；但在實質的分析中，則指出現代的僭主運用了
專制手段來統治。以前者而言，專制排除了公民的自由，而僭主政治則
表面上維持某些自由，實際上壓縮人民的自由空間，貢斯當將這種情
境稱之爲「假冒的自由」（counterfeiting of liberty; PW: 95; 論文選：249），
結合了專制的奴役以及無政府狀態的罪惡。依據孟德斯鳩的理論，專
制乃是臣民被奴役的狀態，對此貢斯當並無疑義；但他強調的是，僭主
政治除了壓迫人民之外，其治理更造成了人民風尚的墮落與腐化，產
生了一種虛僞的世界。這種政治世界的虛僞化，雖然保持著某些具有
政治正當性制度之表象，但其實是古典意義下的政治腐化，且將造成
政治體制的空洞化。在考察了法國大革命以來的歷史之後，貢斯當強
調現代僭主政治的一個特色：專制雖然靠恐懼而讓人民沉默，但它仍
然給人民沉默的權利；「僭主政治則強迫人們講話，它一直追查到他的
思想最隱密的棲身之處，迫使他對自己的良心撒謊，從而剝奪了被壓
迫者最後這一點安慰」（PW: 96-97; 論文選：251）。在這個脈絡中，貢
斯當明確指出現代的僭政，將會**干涉公民的良心**（conscience）與最基
本的思想自由。這個特色，構成了法國大革命以來現代極權主義
（totalitarianism）的基本特色，而與第一波現代性中，如霍布斯所主張
的，主權者只通過正當法律管理臣民的外部行爲，但並不干涉個人的
良心，大異其趣。貢斯當的分析，可以說開啓了理解現代革命運動以及
極權主義根本特質的起點。

　　然而，貢斯當的論述在完全開展後，便不再強調僭主政治與專制
的優劣問題，而指出專制的基本原則在於**「專斷權力」**（arbitrary power），
亦即盧梭所指稱高於法律之個人意志，乃是現代僭主在其支配中所運
用的最重要工具（PW: 115; 論文選：276）。換言之，貢斯當批判分析
的主要結論乃是：現代僭主運用兩種支配工具：對內以專制統治，對外
則從事軍事征服（PW: 101; 論文選：258）。無論僭主、專制，或征服，
對貢斯當而言，都是**「時代錯置」**（anachronism; PW: 101; 論文選：258）。
值得注意的是，他和弗格森不同，並未強調商業社會的基本特質可能

導致軍事政府以及專制；然而，既然「僭主政治」是法國大革命後拿破崙所創造的新形態現代暴政，那麼，其產生之原因為何？特別是貢斯當認為僭主、專制以及軍事征服都是「時代錯置」，更須深究錯置之源。是以，歷史解釋成為貢斯當論述中必須解決的關鍵問題。假如將此議題稱為政治的「病理學」（pathology），則貢斯當的分析主軸不在於商業社會，而在於**啓蒙**與**文明**。他認為，在人類蒙昧無知的狀態時，各民族如羊群一般，「會服從某些卓越品質的傑出人物，而且會聽從因某種機運而成為群眾領袖的人」（PW: 98；論文選：254）；所以希臘的僭主以及羅馬由共和轉向王政的過程，都可依此原則加以理解。然而，隨著**文明進步**（progress of civilization），特別是「啓蒙的平等分布」（equal distribution of enlightenment），將對個人的霸權地位布下重重關卡（PW: 98-99；論文選：254-255）。貢斯當認為在法國大革命以前，法國與歐洲諸國是處於此種啓蒙的狀態，也就是君主國家可以通過中介團體行使正當統治的基礎。

然而，在貢斯當的病理學分析中，文明進步及啓蒙並非一個不可逆的過程。他指出，「當一個文明民族遭到蠻族的入侵，或者當愚昧的大眾（ignorant mass）侵入它的心臟、接管了它的命運時」，文明的進步就會停滯，甚至產生倒退（PW: 99；論文選：255）。在此，蠻族入侵以及「**愚昧大眾**」成為文明停滯與倒退的根本原因。而貢斯當便是以這個角度，分析法國大革命以及拿破崙僭政之弊：

　　在法國，當革命的動亂使一個**沒有受過教育的階級**占據了統治地位而讓有教養的階級失去信心時，這種新式的野蠻人入侵也產生了一種類似但不算持久的影響，因為失衡狀態尚不十分突出。我們中間那個立志篡權的人，一度曾被迫離開文明的道路：他求助於那些更愚昧的民族，好像進入了另一個世紀，他正是在那裡奠定了他卓越功勳的基礎。既然他不能把愚昧和野蠻帶到歐洲的心臟，他便帶領一些人去了非洲，看看能否成功地用野蠻和愚昧塑造他們；然後，為了保持他的權力，他竭盡全力拖著歐洲向後倒

退。（PW: 99-100; 論文選：255-256：黑體強調為筆者所加）

　　貢斯當引用法國思想家 Étienne Bonnot de Condillac 的觀點，認為「**野蠻主義**」（barbarism）有兩種：一種先於啓蒙時代，另一則後於啓蒙時代（PW: 120; 論文選：283）。換言之，貢斯當的意旨在於強調法國大革命政治失序後，軍事強人遂能以僭主之姿，在未受教育的群眾或底層階級的支持下，攫奪政治權力，以專斷權力任意改變國內政治社會，並通過殖民征服鞏固其權位，從而產生全新型態的現代僭政。

　　即使僭主政治運用專制成為一種「永恆的狀態和日常習慣」（PW: 101; 論文選：258），但這畢竟是歷史發展的結果。對於僭主何以需要運用專制統治，貢斯當進一步提出了一種政治思想史的解釋，從而構成《征服和僭主政治》第二部分第六到第七章的理論轉折。他基於文明進步論，區別了「古代人的自由」以及「現代人的自由」：前者乃是古代共和國中，公民所享有「對集體權力的積極參與」之政治自由，後者則意味著在現代商業社會中，人民「和平地享受個人獨立」，也就是現代基於個人權利所發展出的市民自由（civil liberty）。歷史與文明的發展產生了巨大的鴻溝，使得古代共和城邦所適用的政治自由，與現代商業社會和廣土眾民國家中人民所享有的民事自由，二者完全不同（PW: 102-103; 論文選：260-261）。不僅如此，貢斯當進一步主張，前述法國大革命所帶來的文明退化以及新野蠻主義，其根源在於盧梭以降所謂「**古代共和國的現代模仿者**」們，不顧歷史與社會條件的差異，嘗試在現代商業社會與國家中，創建施行古代共和以及政治自由的制度，反而導致了僭政的興起以及個人自由的喪失（cf. Brint, 1985; McAdam, 1963; Holmes, 1984: 79-103; Dodge, 1980: 52-79）。

　　貢斯當認為盧梭的《社會契約論》蘊含著「精微的形上學」（PW: 106; PP: 13），但卻能夠被用來作為各種暴政的藉口；而其後的馬布利神父（Abbé de Mably, 1709-1785）則進一步以集體的政治權威取代個人自由（PW: 106-107; 論文選：265-267）。這種嚮慕古代斯巴達軍事共和民風的取向，影響到法國大革命，當「事變的潮水為那個國家的首腦

帶來一批滿懷哲學偏見和民主狂熱的人群時」，盧梭與馬布利神父的學說便通過法國大革命的建制而產生破壞性的影響（PW: 108; 論文選：268）。其中最重要的就是雅各賓黨領袖羅伯斯庇爾的核心主張：必須通過專制政治實現自由（PW: 111; 論文選：272）。[6] 在這種意識形態化的政治場域中，德行將成為至高無上的榮譽，而自奉德行的領袖則可堂而皇之地以專制與恐怖手段來實現自由。貢斯當提出的分析是，此種意識形態政治邏輯產生了一種「惡性循環」：自由被宣稱必須推遲到派系滅亡之後，才能真正實現；但為了消滅派系、推進公共精神，專斷措施是必要的。其結果是，人們展望一個「永遠不會達到的時代」，因為所選擇的手段和想要達到的目的背道而馳，暴力愈演愈烈，使得暴力成為一種必然性（PW: 111; 論文選：273）。

　　基於以上，貢斯當主張，自由概念的誤用乃是法國大革命以及拿破崙時代所有專制以及僭政的思想根源。然而，在《征服和僭主政治》，貢斯當由於政治修辭的需要，論述的系統性尚嫌不足。對於自由的議題，吾人有必要以 1806 年他最為系統性的論證為根據，方有可能見其真意。


## 三、自由主義的憲政原則

　　貢斯當於 1806 年所完成的《政治原則》，由於尋求建立體系且與現實政治事件較為隔離，最可看出其立論主旨。在全書卷首，他就指出法國思想家對於政府的憲政組織之擘劃，原為孟德斯鳩《論法的精神》以及盧梭《社會契約論》的主旨，但在其後法國大革命的劇烈憲政變遷之後，更需要對這個主題做理論的反思（PP: 3）。而貢斯當的原創性，如同本書書名所顯示，他嘗試建立獨立於各種憲法之上的「**政治原則**」；

---

這意味著，在盧梭體系中扮演關鍵角色的「主權」，以及孟德斯鳩由主權之歸屬所形成之政府論，並非其關懷主旨。對貢斯當而言，具有普遍性的政治原則可以與君主制以及共和制相容；進一步而言，任何政府體制都應該保障這些政治原則之實現。然而，貢斯當論述的策略並非抽象理論建構，而是通過對盧梭及其追隨者之批判來進行反批判，因為他認為孟德斯鳩並未討論普遍性的政治原則，而盧梭以及法國大革命的志士，在雄辯的理論中反而顛覆了這些原則。

貢斯當主張，盧梭關於政治權威的論述，可歸結為兩項基本原則：第一，任何治理一個民族的權威都必須源於普遍意志（PP: 6）；第二，普遍意志可以對個體存在行使無限制的權威（unlimited authority; Constant, 2003: 8）。貢斯當強調，他無意否定盧梭的第一個主張，也就是普遍意志構成了正當權力的根源。然而，他挑戰盧梭主義的第二原則，亦即關於政治權威的**範圍**（scope）；而盧梭謬誤的來源，乃在於主張在成立社會契約時「每一個成員都將其權利完全讓渡給社群」（PP: 8）。

貢斯當反覆批評盧梭的體系乃是一種形而上、經院哲學（scholasticism）式的詭辯（PW:106; PP: 75），甚至說「盧梭成為暴政之私人導師」（cf. Holmes, 1984: 86），但其目的並不在提出相同高度的理論來對抗盧梭。貢斯當的策略毋寧是指出盧梭的謬誤後，便對比式地提出其政治主張。而盧梭所犯的錯誤，除了個人權利完全讓渡給社會之外，貢斯當也指出，盧梭所謂唯有人民自己掌握政治權力才不會自我傷害（人民以外的其他統治者，都必然有可能傷害人民）的悖論（PW: 177; PP: 15），其問題在於對「社會專權」（prerogatives of society）與「政府專權」（prerogatives of government）所做的區分根本有誤（PP: 17）。貢斯當認為，這個區分僅有在「政府」之意義極為限縮時方才有效；然而，盧梭對之採用極為廣義的理解，從而不僅包括「被構成的權力」或「憲政權」（constituted powers），甚至連所有各種個人通過憲政

途徑而將個體意志形構爲普遍意志的權力都包括進來。[7] 如此一來，社會與政府的區分將蕩然無存，因爲社會成員通過普遍意志所形成的專權，不可能由所有成員集體行使，而必須授權（delegate）給由少數人所組成的政府行使，其結果將是統治者握有無限以及絕對之權力，而對個人自由必將產生危害。

如同《政治原則》的譯者所指出，貢斯當的批判，似乎並不符合盧梭在《社會契約論》第三卷對於政府的定義與分析（PP: 17, 註32），其批判邏輯也並不符合盧梭基於民主共和主義而欲限縮政府特殊利益的複雜理論（cf. 蕭高彥，2013: 178-189）。然而，詳細考究貢斯當的文本，筆者認爲他在此處所批判的其實並非盧梭的政府論，而是「普遍意志能夠具有絕對以及無限的權力」此一命題。貢斯當特別將「無限政治權力」追溯到霍布斯所主張的主權的「絕對性」，並指出所謂的絕對主義邏輯並未得到有效的證成（PP: 21-23）。

換言之，貢斯當的理論意圖，回到他所列舉盧梭的兩項政治權威基本原則，其眞意在於，「普遍意志」雖然是政治權力與權威正當性的根源，但其自身並非絕對的，也不可能無限制地行使，從而沒有任何政府或統治者能夠擁有此種絕對以及無限的政治權力。然而，盧梭之後法國政治思想的發展，特別是法國大革命志士對於盧梭普遍意志論的濫用，恰恰產生了過往專制暴君都無法想像的絕對、無限制的政府權力（PP: 19, 23-25）。

基於以上所述，貢斯當的理論要旨在於自接受國民主權原則的基礎上，建構**政府權力有限論**，其理路接近社會契約論，但他僅通過舉例（而非嚴謹的推論）加以論述。貢斯當請讀者設想商業活動，參與的個人拿出其部分的財富（wealth）成爲共同財富（common wealth），但每個個人仍擁有其私有之財富。多數成員可以指導共同財富的運用，但多數原則並不能對每個成員所各自擁有的私有財富具有運用的權限

---

7　貢斯當在此未曾明示，但應該就是指 Sieyès 所分析的「制憲權」（constituent power）；參閱蕭高彥（2013: 260-275）。

（PP: 33）。貢斯當將此稱爲「**假設性私人結社**」（private hypothetical association），並強調在結社之外，有著防止多數成員壓制少數的限制。當然，貢斯當理解到他此處所舉之例爲一私人結社，而其外在限制乃是法律；然而，當這個假設的私人結社轉化爲假設性的公共結社時，顯然此種「外在限制」就必須另尋載體。在此關鍵議題上，貢斯當嘗試彌補這個「失蹤的外在力量」（missing external force），而以之作爲「確定原則」（fixed principles），使多數無法逾越（PP: 33）。雖然在這個脈絡中，貢斯當並未明示，但由上下文可以明確看出，他所說的「確定原則」就是**憲法**，必須由憲法確立個人的權利以及政府權力的各自範圍，不得逾越，從而建立自由主義的憲政論述。

貢斯當也運用另外一種論述方式，來說明他所稱的「適用於所有政府的政治原則」之理據，即主張「人類存在必然有部分永遠維持個人以及獨立（的狀態），而超越所有政治權限」（PP: 31）。基於此**個人主義**的原則（cf. Todorov, 1999: 49-60），貢斯當做出以下推論，包括：社會的成員必須享有平等權利，沒有任何人可以創制強制性法律加諸於他人；所有公民的集體構成了主權者；沒有任何個人、團體或派系能夠據有主權，而唯有全體公民體能夠授權，也就是代議政治原則；而主權之行使也僅能是有限而相對地（PP: 31）。基於這些基本的政治原則，貢斯當強調：

> 主權權限停止處，即爲獨立、個人存在之開端。假如社會逾越了這個界限，它就有僭政之罪，如同專制主所宣稱的職權僅基於謀殺的武器。政府的正當性依賴於其目的以及根源。當政府超越了完成這些目的之權限，它就成爲不正當的。而政治社會若逾越其權限，則將成爲僭政性的權力，所謂的多數也僅不過是一個派系。（PP: 31）

在這個脈絡中，貢斯當奠定了現代自由主義的基本原則：個人的自由與權利有一不可逾越的界限，是社會、政府與政治權力所不能干

涉者。他進一步對自由主義原則在個人以及政府的層面的運用，分別
提出了說明。在個人層次，貢斯當強調獨立於政治權威之外的，乃是**個
人權利**（individual rights），包括行動自由（個人可以從事任何不傷害
他人之行動）、宗教與思想自由（不被強制信仰非個人所確信者，即使
這是多數人的觀點）、表達意見之自由（公開表達個人思想之權利，只
要此種公共性不造成傷害或引發錯誤行為），以及法治與正當程序原則
（只要個人不逾越其個人權利的範圍，就不應受到任何專斷權力之對
待）等（PP: 39）。貢斯當將這些個人權利稱為「**憲政原則**」，並重述了
包括個人自由、表意自由，以及法治原則（PP: 95-96）。在確立以上諸
「權利」乃是自由主義與憲法的基礎時，貢斯當雖然並不反對同時代
英國思想家邊沁所提出的效益（utility）觀念，但仍強調權利之優先性，
因為「權利乃是原則，效益只不過是其結果；權利乃因，效益乃其效
果」（PP: 41）。

　　至於政府有限的政治權威，集中在兩項基本課題：**防止內部動亂，
及保衛外敵之入侵**。基於這兩項任務，必須賦予政府充足的權力加以
執行，但在此二者之外，政府便不應橫加干涉（PP: 38）。貢斯當並且
提出了政府在其他領域應該具有**中立性**（neutrality）的重要主張。他指
出，現代乃是一啟蒙時代，民智大開，通過輿論而形成政治價值。在此
狀態中，政府是否應該扮演更積極的角色，例如取締錯誤的價值、支持
正確的真理、保護啟蒙，乃至形塑公共道德（PP: 298-308）？對此問
題，貢斯當持否定態度，因為政府的功能僅在於防止其成員互相傷害，
而不在任何積極性的舉措。事實上，只要政府扮演好預防傷害的角色，
人民自然可以平等互動，而產生「積極性的個人利益」與「交互的服
務」。貢斯當的結論是：「**政府除了確保人們不互相傷害以外，沒有其他
該做之事務。只要人們不傷害，他們就會彼此服務**」（PP: 308）。這個
政府中立性原則，在公共政策方面與當時熱烈討論的教育議題密切相
關（cf. Fontana, 1991: 42-44）。是以，在確立中立性原則後，貢斯當主
張政府所提供的教育只能是知識之傳遞，而不應形塑個人意見，因為
後者乃是個人在私領域運用其自由與理性所達到的結論。

　　在劃分了政府的政治權威以及個人權利與自由的界線後，貢斯當主張通過憲法加以保障（PP: 93）。雖然憲法在貢斯當的自由主義論述中具有關鍵性作用，但他卻在《政治原則》中宣稱不對憲法做一般性的反思（PP: 92, 165）。其原因，或許如其於卷首所言，從法國大革命至1806年爲止，法國已經嘗試過五、六個不同版本的憲法，但政治局面卻每況愈下（PP: 3）。這應該是他改而嘗試反思高於憲法或足以指導憲法的「政治原則」之理由。然而，也正因如此，貢斯當的理論陷入一個不易解決的理論困境：能夠實現這些高於憲法的自由主義政治原則之憲政體制如何產生？如何持續存在？這個關鍵問題，似乎並非貢斯當所採取之理論進程所能解決。

　　總結本節以上論述，在政治哲學層次上，貢斯當從盧梭的兩個政治原則（普遍意志作爲正當性的基礎，以及普遍意志形塑無限的政治權力）出發，接受第一原則但否定第二原則，然後提出自由主義的個人權利乃任何政治權威所不得侵犯的命題，並重構了一個有限政府的憲政理念。同樣的理論進程，也反映在1815年的《代議原則》一書中。只不過，無論基於篇幅，或他對盧梭的批判有些理論疑義，貢斯當在後期的著作中僅以一章的篇幅，略述政治權利不可能也不應當無限，且僅對盧梭的社會契約論略作批評（PW: 177-178），便重述其自由主義原則作爲「重要的眞理，永恆的原則」：沒有任何權威是無限地，包括人民的權威；公民獨立於所有社會與政治權威之外擁有個人權利，任何侵犯這些權利的權威都是不正當地。而公民的權利包括個人自由、宗教自由、表意自由、財產自由，以及保障免於專斷權力的法治等（PW: 180）。

　　然而，基於批判盧梭所產生的政治原則，既然無法提供足以產生良好憲政體制的動態論述，而貢斯當也並未就個人權利以及國家或政府的形成，眞正建立一套足以與盧梭抗衡的政治哲學體系；那麼，其所主張之自由主義原則是否能有更堅實的基礎？筆者認爲，貢斯當基於對盧梭批判所產生的政治哲學論述，雖然是其兩本憲政著作所遵循的邏輯；但在實際上，對貢斯當而言，自由主義的理據是**歷史主義**與**社會**

學式的，也就是本書前幾章所分析，現代商業社會形成後不可或缺的政治與治理原則。而在這個視野之下，吾人將從政治哲學的視野轉向歷史社會學的視野，探討自由的現代意義。

# 四、自由：古代與現代

一般認為，貢斯當對於現代自由主義傳統最重要的貢獻，乃是提出「古代自由」與「現代自由」的二元對立，而其證成「現代自由」優先性的理據，並不在於理論與哲學之論證，而是歷史社會學的主張：在現代商業社會中，只有自由主義式的現代自由才是一個值得追求的政治價值；而意圖在現代社會中實現古代自由，將是一種時代錯置，而且會造成專制或僭政的結果，法國大革命便是其中之著例。

貢斯當的觀點，具體表達在 1819 年所發表的〈古代與現代自由之比較〉（PW: 309-328; 論文選：1-24）。然而，由於這是一篇演講稿，或許限於篇幅，他對現代社會政治自由所應扮演的角色並未充分論述。是以，以下的討論將以這篇演講稿為基礎，但許多重要的理論涵義，將通過貢斯當 1806 年的《政治原則》最後幾章加以補足，俾顯示其理論的整體樣貌。

貢斯當在演講中，破題便對兩種自由提出了概述。「現代人的自由」意味著：

自由是只受法律約束、而不因某個人或若干個人的專斷意志受到某種方式的逮捕、拘禁、處死或虐待的權利，它是每個人表達意見、選擇並從事某一職業、支配甚至濫用財產的權利，是不必經過許可、不必說明動機或事由而遷徙的權利。它是每個人與其他個人結社的權利，結社的目的或許是討論他們的權利，或許是信奉他們以及結社者偏愛的宗教，甚至或許僅僅是以一種最適合他們本性或幻想的方式消磨幾天或幾小時。最後，它是每個人通過選

舉全部或部分官員，或通過當權者或多或少不得不留意的代議制、
申訴、要求等方式，對政府的行政施加某些影響的權利。（PW: 310-
311; 論文選：3）

相對地，「古代人的自由」則意指：

古代人的自由在於以集體的方式直接行使完整主權的若干部
分：諸如在廣場協商戰爭與和平問題，與外國政府締結聯盟，投票
表決法律並做出判決，審查執政官的財務、法案及管理，宣召執政
官出席人民的集會，對他們進行批評、譴責或豁免。（PW: 311; 論
文選：3-4）

貢斯當強調，古代人的自由是一種集體性概念，並且與個人服從
社群權威完全相容，所以「在古代人那裡，個人在公共事務中幾乎永遠
是主權者，**但在所有私人關係中卻是奴隸**」。與此相對地，「在現代人
中，個人在其私人生活中是獨立的，**但即使在最自由的國家中，他也僅
僅在表面上是主權者**」（PW: 311; 論文選：4）。

在提出古代與現代兩種自由概念的初步界定與描述後，貢斯當接
著分析這兩種自由乃基於完全不同的歷史與社會條件。古代城邦小國
寡民，公民或民族宗教（civil religion）扮演了關鍵的角色，凝聚公民
認同，並且養成了對外尚武的精神。不僅如此，古代城邦以奴隸制作為
經濟生活的基礎，使得古代公民擁有高度的閒暇，可以參與政治，討論
議事。相對地，近代所形成的國家，領域寬廣，人口眾多，已不復古代
城邦小國寡民的基本特質。在廣土眾民的大國中，個人的重要性大幅
降低，而在奴隸制式微後，公民基本上也需要持續工作，擁有閒暇而得
以參與政治的可能性也愈發降低。事實上，在歷史與社會變遷的視野
下，古代城邦基本上是一種戰鬥的共同體，其集體活動之目標也以戰

爭爲主；[8] 而在現代社會中，個人必須從事營生的工作，追求個人私利及彼此的互利，和平共存取代了戰爭，並構成了商業活動的優先性。在商業活動中，個人必須仔細計算，因此而養成了個人獨立的特性，與古代城邦公民的集體同質性完全不同。換言之，在貢斯當的歷史社會學式分析中，人類（特別是西歐人）由古典時期的**政治動物**，轉變爲現代文明的**社會動物**，個人的特質有別，相應的社會、政治組織亦產生根本差別。在這種對照之下，文明的持續進步便有賴於培養正確的個人特質，也就是貢斯當所主張的「現代自由」。

貢斯當著重刻劃戰爭與商業的對立形象。雖然二者「只不過是實現同一目標的兩個不同手段——這個目標就是得到自己欲求的東西」，但戰爭運用暴力以及征服達到其目標，而商業則尋求其他人的利益與自身利益相符合的溫和做法。貢斯當宣稱：「戰爭是徹頭徹尾的衝動（impulse），而商業則是計算（calculation）。這就意味著，一個商業代替戰爭的時代必然會到來。我們已經進入了這一時代」（PW: 313; 論文選：6）。而貢斯當此種二元對立思維的結論乃是，現代人已經不可能享有古代人那種積極、持續參與政治的自由；現代人的自由存在於「**和平的享受**」（peaceful enjoyment）及「**私人的獨立**」（private independence）。而政治權利的行使，在文明進步所帶來的商業社會中，也僅能構成部分個人的多樣性樂趣之一，不像古代人以此作爲幸福的唯一判準（PW: 316; 論文選：10）。

商業活動不但是現代文明進步的原動力，它也對政治專斷權力產生不同的對抗之道。通過賦予私有財產各種不同新的形式，包括流通以及信用等，能夠從專斷權力的目光之下藏匿並轉移（PW: 324; 論文選：20）。另一方面，商業社會也有其相對應的政治組織方式：**代議制度**，其本質乃是「一種組織，一個民族可以憑藉這種組織安排少數個人去做民族自身不能或不願做的事」，並在委託代表治理之後，人民持續

---

8　唯一的例外是雅典，但貢斯當認為它是古代歷史中的特例，並且有所論述（PW: 103, 312）。

行使監督（PW: 325-326; 論文選：21）。基於此，貢斯當強調下列原則的真確性：「個人獨立是現代人的第一需要：因此，**任何人絕不能要求現代人做出任何犧牲，以實現政治自由**」（PW: 321; 論文選：15）。他因此批判盧梭與法國大革命領導者所犯的基本謬誤：「把屬於另一世紀的社會權力與集體性主權移植到現代」，儘管動機在於追求真正的自由，其結果卻是各種類型的暴政之藉口（PW: 318-319; 論文選：12-13）。

　　然而，〈古代與現代自由之比較〉的卷尾，似乎產生一個理論轉折：在激烈批判古代人的自由無法適用於現代商業社會之後，他又提出需要適度結合政治自由的觀點。貢斯當強調，「我們並不希望放棄政治自由（political liberty），而是要求在得到其他形式的政治自由的同時得到市民自由（civil liberty）」[9]（PW: 324; 論文選：19），因為「個人自由是真正的現代自由，政治自由是個人自由的保障，因而也是不可或缺的」（PW: 323; 論文選：18）。在這個脈絡中，關鍵的議題在於：貢斯當所提出作為個人自由或市民自由不可或缺之「保障」的政治自由，與其所嚴厲批判的古代自由差別何在？而此種現代政治自由的根源，是否能在貢斯當所描述的現代文明與商業社會中的個人圖像中得到證成？對這個關鍵問題，學界多有論述（e.g., Holmes, 1984: 36-43; 江宜樺，2001: 70-72）。論者大多數主張，這個表面上的矛盾乃源於貢斯當1819年演講篇幅之所限，故須參照 1806 年其原始的討論方有可能闡明。筆者基本上亦採取此種詮釋觀點，以下將略述貢斯當在演講中最後的結論，再評估其原始的理論分析，並提出評價。

　　貢斯當重新評估政治自由乃源自於他討論現代自由的危險性：「由於我們曾免於享受個人的獨立以及追求各自的利益，我們可能過分容易地放棄分享政治權力的權利」（PW: 326; 論文選：22）。換言之，古代自由的危險是造成輕視個人權利與享受，現代自由則具有反向的危險性，放棄參與政治來確保個人權利，而掌權者往往會鼓勵此種利己

---

9　中譯本將 civil liberty 翻譯成「公民自由」，筆者則譯為「市民自由」，因為貢斯當意指市民社會所有成員受到法律保障的民事自由。

主義的取向。在這個議題上，貢斯當回到蘇格蘭啓蒙運動，包括本書前章弗格森的「共和自由主義」觀點，商業社會因社會分化所帶來的腐化風險；由於貢斯當在青年時期曾經就學於愛丁堡大學，他在法國大革命後的脈絡中重新思考自由議題時，很自然地帶入了蘇格蘭啓蒙運動論述，並與自由主義加以結合。

　　在演講中貢斯當並沒有對政治自由做出正式的定義或說明其範圍，但在最後一段的結論中，大體上可以看出他意指在代議制度下，「公民影響公共事務的神聖權利」，包括投票、表達意見並實行監督等公民職責（PW: 328; 論文選：23-24）。而貢斯當特別強調當行使政治自由時，將在市民的幸福之上，產生自我發展（self-development）的效果；不僅如此，行使政治自由時，公民必須仔細檢視個人與社會的利益，從而「豐富了公民的精神，昇華了他們的思想，在他們中間建立某種知識平等，這種平等構成了人民的榮譽和力量」，並因此而建立起高尚的愛國情操（PW: 327; 論文選：23）。基於此，貢斯當最後的結論是必須將市民自由與政治自由加以結合，這是立法者神聖的使命，也是通過政治制度所應當完成公民的道德教育（PW: 327-28; 論文選：23-24）。

　　然而，即使吾人接受貢斯當此種代議政治下，結合個人自由與政治自由的主張，似乎也必須承認在此演講中，他並沒有對政治自由與其文明論和人性論之關連提出充足闡釋。具體而言，貢斯當在這個脈絡中所宣示的是，政治自由乃是個人自由之「保障」；但在其自由主義論述中，法治以及程序原則，就已經構成了個人自由之保障（PP: 49）；那麼，政治自由所提供之「保障」，其具體之樣態爲何？對於這些令評論者產生困惑的議題，筆者主張，唯有基於貢斯當對**財產權**以及公民權關連之論述，方有可能加以理解（cf. Fontana, 1991: 74-77）。

　　在 1806 年的《政治原則》以及 1815 年的《代議原則》兩本憲政著作中，財產權都扮演了重要的角色。雖然在前書中，財產並未列爲個人的基本權利（PP: 39, 95-96），但貢斯當卻以一卷的篇幅，專門處理財產權議題（PP: 163-199）。而在後者之中，財產權不但被列入個人的

基本權利清單（PW: 180, 261），在討論代議機構選舉時，貢斯當亦以專章討論選舉權的財產條件（PW: 213-221），並在論述人民權利的各章中，將財產的不可侵犯列為優先（PW: 261-272），甚至先於宗教自由與表意自由。筆者認為，在這兩部憲政著作中，財產扮演的角色相同，充分展現自由主義與後來馬克思主義所稱「資產階級法權」的緊密關連，[10] 只不過1806年所提出的理論證成較為嚴密，而1815年則因應對實際憲法的評論性格，呈現比較具體的論述。以下的討論，將結合二者之論述。

對財產權作為一種社會存在，貢斯當兩本憲政著作的觀點與文字幾乎完全一致：

> 財產權只有通過社會而存在。社會發現，使其成員都能享受共同財產的最佳途徑——不然，所有的人就會在制度形成之前你爭我奪——就是給他們每人一份，或讓每個人都能保有他自己所占有的那一份，並確保他去享受它，而這種享受可能會發生一些變化，或是因為偶然性的機會多種多樣，或是因為一些人會比另一些人付出更為艱苦的努力。（PW: 262; 論文選：134; cf. PP: 167）

貢斯當強調財產權只是一種「社會公約」（social convention），並且認為，主張財產權具有先於社會並獨立於社會的特質的說法，並無理據。然而，仔細檢視上述引文便可察覺，貢斯當承認在社會形成之前，個人便可以據有財產（無論是先占所有，或通過暴力），社會所建立的乃是財產「權利」。不僅如此，個人在社會成立之前所占有之物，通過社會所確立的財產權，確保個人能夠享受，並且得以解決社會形

---

10 因此，筆者無法贊成 Kalyvas & Kaztnelson（2008：159-174）之主張，認為1806年《政治原則》反映自由主義的立場，因而服膺布爾喬亞之利益，而到了1815年貢斯當則嘗試重新梳理共和、自由主義，以及立憲君主三個理論要素，從而產生了其終極的理論綜合。由於 Kalyvas & Kaztnelson 並未處理財產權議題，因而其所提出的貢斯當有重大理論轉向的詮釋恐值得商榷。

成之前的爭奪現象。換言之，貢斯當所謂財產權不具有先於社會的特性之論述只是一種表象，因為通過社會所建立的財產權利，並沒有改變社會成立之前人類的占有現象，而僅不過是加以正當化。這樣的立場，如本書第六、八章所述，接近洛克的財產權理論，且是盧梭在《論人類不平等起源》中所激烈批判的理論取向。只不過因為貢斯當並沒有運用社會契約論述，所以他在財產權方面的主張產生了表面與實質的歧義。

貢斯當並強調，假如財產權是一種社會公約，那麼社會自然有處置的權能；換言之，他明確地意識到，財產權（作為社會可管轄之對象）與其成員的自由、生命以及表達意見等權利之性質有所不同，因為後者社會或政治權威完全沒有干涉之權。然而，貢斯當進一步指出，財產權和人類生活其他面向密切相關，是以社會必須約束其自身對財產權的作用，因為「**針對財產的專斷權力，很快就會產生針對人的專斷權力**」（PW: 263; 論文選：136）。換言之，貢斯當通過對專斷權力的節制，關連了個人自由以及財產，並且在 1815 年的《代議原則》中，直接將財產權列入個人權利之清單。他進一步強調財產權乃是使人類脫離原始未開化存在狀態，並持續進步的動因；而當時主張廢棄財產權者，將導致毀棄社會分工，同時也揚棄了所有藝術與科學進步的前提（PW: 263; 論文選：135）。

貢斯當的財產權論述，並非純政治經濟學的討論，而是在確立財產權的概念後，一方面使之成為必須通過法律所保障的個人權利不可或缺的要素之一；另一方面，則是作為行使公民權的門檻。這兩個面向，貢斯當將之區別為**保障**（safeguards）以及**權力**（power）兩個不同的面向（PP:168）。

所謂「權力」面向，意指公民參政權需具有一定的財產條件。貢斯當主張任何國家（包含最純粹的民主政體）都包括兩種階級：其一包括外國人與尚未到達行使公民權法定年齡者；另一階級則由達到法定年齡並出生於該國的人所組成（PW: 213; 論文選：75）。基於這個看似單純的二元區分，貢斯當推導出極富政治涵義的結論：能夠行使政治權

利的共同體成員，必須要有一定程度的思維能力，並與其他成員有共同利益。然而，此種公民資格應當排除兩種範疇的個人：「由於貧困而永遠處於依附地位的人，以及迫於貧困而不得不天天辛苦勞動的人們」（PW: 214; 論文選：75），其理由在於，這些人對公共事務不會有比兒童更多的知識，對國家繁榮也不比外國人更為關切。貢斯當認為，除了出生地與年齡的基本條件外，公民權必須有更高的門檻：「這個條件就是獲得思維能力和判斷能力所不可缺少的閒暇。**只有財產能使人們具備行使政治權利的能力**」（PW: 214; 論文選：76）。而以當時的社會條件而言，貢斯當所提出的公民權門檻是「任何一個在一塊長期租借的農場上擁有足夠收入的人，都應該被視為有產者」（PW: 216; 論文選：78）。

對於排除無產者於積極的公民政治權利外，貢斯當提出說明：

> 需要注意的是，無產者的目標只是想得到一些財產：一切你能允許的手段都會被用於這個目標。如果除了你應當給予他們的運用其才能與勤奮的自由之外，你再給他們加上你不該給予他們的政治權利，操在絕大多數人手中的這些權利不可避免地會被用於侵占財產。（PW: 215; 論文選：77）

對於這個排除無產者於政治權利之外的主張，貢斯當在 1806 年已經提出了區別「保障」與「權力」的論證：

> 民事保障（civil safeguards）、個人自由、表意自由，簡言之，社會保護（social protection）應賦予無產者，因為任何政治結社由他們獲得繁榮之因，遠超過外國人；相反地，政治權利並非保護，它們賦予權力（power）。政治結社只能將之給予其成員（members）。將此權力賦予無產者，並不是給予他們盾牌，而是攻擊性的武器。（PP: 170）

　　而在此理據上，才能證成前述主張：無產者應該在社會保護以及法律所提供的保障中運用其市民權利，努力從無產者提升爲有產者；而當超越有產者的門檻之後，即可被賦予政治權利，並行使政治權力。貢斯當所用「盾牌」與「攻擊性武器」的比喻來說明社會層次的法律保障與政治參與的權力，具有完全不同的政治性格，必須加以區分並妥善運用。

　　貢斯當在思考財產的政治涵義時，主要的思想史資源來自於亞里斯多德以及馬基維利。貢斯當以「一位著名作者」之名，引用亞里斯多德的分析，指出讓無產者享有政治權利可能產生三種狀況：他們或隨心所欲，而對社會造成破壞；他們也可能受到掌權者的操縱，而成爲暴政的工具；最後，他們可能在權力競逐者的率領下，成爲派系（faction）的工具。是以，選舉人及被選舉人都需要具備財產資格（PW: 215; 論文選：77）。至於馬基維利，貢斯當則援引《李維羅馬史疏義》第一卷第五章所提出的議題：捍衛自由的機制應該歸於平民還是權貴，能夠產生保障自由的效果？馬基維利的主張是，權貴擔心失去他們已經獲取之物，而人民則有欲望去獲取他們所無之物。在這兩種衝突的力量之下，應由人民提出自由之保障。貢斯當認爲馬基維利的觀點，乃是關於政治權力而非財產；而在財產的相關議題中，維持既有狀態的守成力量應該主導政治共同體的運作，因爲有產者作爲統治階層，他們的共同利益較能反映整個民族（nation）的整體利益（PP: 171）。

　　值得注意的是，貢斯當雖然強調商業社會的現代性，但是他對政治權利或積極公民權所採取的門檻，卻是相對傳統的地產。他本人意識到其中有爭議之點，並討論了地產、商業財產（business property）以及智慧財產（intellectual property）。他指出，雖然後兩者創造了個體獨立性的條件，但唯有地產才能確保政治制度的穩定性（PP: 177）。而在這個議題上，他再度引用亞里斯多德對於農業與商業階級的討論，並支持農業階級的穩定性格（PP: 177; PW: 219; 論文選：81）。更何況，個人通過商業活動累積財產後，一定有相當部分會被轉換爲地產所有，從而符合積極公民權的門檻。

綜合本節論述，貢斯當以擁有權利的獨立個人、現代商業社會，以及文明的進步爲主軸，提出了「現代人的自由」與「古代人的自由」之區別，他以具有法律保障的諸權利爲基礎，發揮現代自由的眞義，奠定現代自由主義關於「消極自由」的基礎。雖然他嚴厲批判古典城邦時期發展出的集體性政治自由概念，但其所運用的二元對立架構，並沒有讓貢斯當忽視政治自由的積極價值。在 1819 年演講中，由於篇幅所限，而產生以批判古代政治自由爲開端，卻於結論中主張結合現代自由與政治自由的表面矛盾。然而，經過文本的爬梳，自可理解貢斯當運用了亞里斯多德共和政制概念中結合寡頭與平民兩種制度，以中道原則（經濟層面的中產階層以及政治層面的公民資格）爲基礎，所提出的政治理想（cf. 蕭高彥，2013: 59-72）。貢斯當在現代商業社會的基礎上，著重財產權的不可侵犯性，並強調擁有一定量地產之人應當積極參與政治，提升其心靈與視野，發揮影響力，領導社會與國家的進步。換言之，貢斯當主張在市民社會層次保障所有人民的權利與自由之基礎上，賦予中產階級以更大的政治權利，從而完成了十九世紀逐漸形成的自由主義之基本輪廓。

# 五、立憲君主制與「中立的權力」

以上所分析貢斯當的自由主義政治原則，核心乃是通過憲法與嚴格的法治來保障公民的權利以及自由，但在政府體制方面，他並未多作著墨。而在 1815 年「百日王朝」時期，貢斯當與拿破崙合作，依據拿破崙所提出的憲法，撰寫《代議原則》，由於需要闡釋這部憲法的政府組織，所以貢斯當以較長篇幅論述了政府運作，其中關鍵在於他首先擘劃了對十九世紀產生深遠影響的「立憲君主制」（constitutional monarchy），並提出證成的理據。

在《代議原則》前言中，貢斯當不得不爲其在短期內從批判拿破崙的僭政，轉變爲支持拿破崙與百日王朝所提出的憲政規劃進行辯護。

貢斯當的自辯理由是，當時反法同盟的各國已經不再是基於保衛自己的國家而發動戰爭，而是攻擊法國疆界；而拿破崙只是主張民族的內部獨立，有權選擇自己的政府（PW: 173; 論文選：27）。貢斯當進一步說明，他的政治主張從來都沒有變化，要求的是個人自由、出版自由、尊重所有人的權利，以及消除專斷權力（PW: 172; 論文選：226）。《代議原則》除了重述自由主義憲政與法治原則以保障個人的權利與自由，最大的貢獻就是重新在憲政主義的架構中考慮君主權力，以避免其成為專斷權力。

　　從法國大革命以來，現代的代議政府最基本的正當性原則是人民主權，拿破崙憲法正式承認這個原則。但貢斯當基於其自由主義信仰，再度強調人民主權並非絕對的，仍須受到限制，並重述了對盧梭普遍意志的批評。在確立人民主權之後，君主應該具有何種政治作用？將成為根本的理論議題。法國大革命以來的共和制，由於快速推動共和與民主，產生了權威不穩定的情況；因此需要新的理論，在人民主權原則的基礎上，重新安置君主權力。貢斯當的原創性，便是將君主或國家元首的權威，界定成一種「**中立的權力**」（neutral power）：

　　王權（我指的是國家元首的權力，無論他碰巧被冠以什麼稱號）是一種中立的權力。而大臣的權力卻是能動的權力（active power）。為了解釋這個區別，讓我們給那些早已眾所周知的政治權力作一下界定。

　　行政權、立法權和司法權是三種各領一方、但必須在整體運作中進行合作的權能。當這些權能的職責被混淆，以致相互交叉、牴觸和妨礙的時候，你就需要一種能夠使它們回到恰當位置上去的權力。這種力量不能寓於三種權能的任何一種之內，不然它會幫助一種權能而破壞其他兩種權能。它必須外在於任一權能，在某種意義上說，它必須是中立的，以便在真正需要它的時候能夠採取恰當的行動，以便它能夠保持或恢復秩序而又不致引起敵意。

　　立憲君主制在國家元首身上建立起了這種中立的權力。國家元

首所真正關心的不是讓這三種權能的任何一種推翻其他兩種，而
是讓它們互相支持，互相理解，協調行動。（PW: 184; 論文選：40-
41）

而在此基礎上，貢斯當主張一個運作良好的君主立憲政體，將可
劃分出五種不同的權力：王權、行政權、長期代議權、輿論代議權，以
及司法權。其中後面四種權力，自然是依三權分立的治理體制：兩院制
的議會以及行政和司法權，作為「能動的權力」，發揮力量從事實際的
治理工作，包括代議機構制定法律，行政權負責「法律的普遍執行」
（general execution），以及司法權在個案中適用法律。然而，三權分立
的政府組織，雖然在理想狀態中應當彼此合作而完成政治體制的持續
運作；但在實際的狀況中，其職責難免有混淆或衝突的時候，此時的衝
突如何解決？在美國的三權分立體制中，最高的司法權力，也就是最
高法院，對憲法的解釋扮演了此種終極調解者的功能（cf. 蕭高彥，
2013: 232-237）。而在貢斯當所處的法國憲政傳統中，他所描述的政府
權力之衝突，其實恰恰是西耶斯所述，當政府的「被制定之權力」或
「憲政權」（*pouvoir constitué*）產生無法化解的衝突時，必須回歸到正
當性的根源，亦即國民的制憲權（*pouvoir constituant*），重新制定憲法，
釐清政府各部分權力的職權，然後在新的架構中重新運作（cf. 蕭高彥，
2013: 268-275）。

貢斯當所提出王權作為「中立的權力」，只有在與美、法兩個憲政
傳統的對照下，方能顯現其原創性。在憲政權力衝突的狀況下，貢斯當
既不主張回歸更為基源的政治權力（西耶斯的制憲權或盧梭的普遍意
志），也不主張讓其中的一種權力（司法權）來解決憲政爭議，因為司
法權也是一個被制定的憲政權力。他認為，只有王權在這個脈絡中，
「處於中間位置，而且高於其他四種權力，係一個上級權力，同時又是
一項中介性的權力，它無意打亂平衡，相反地，它對保持平衡具有強烈
的關切」（PW: 185; 論文選：41）。換言之，王權既與作為正當性之根
源的國民主權不同，又與行政權有所區隔，而和傳統理論有異。貢斯當

主張如此一來，君主立憲制提供了自由的國家不可或缺的中立權力，
「國王是一個遠離並高居紛紜眾說之上的存在，除了保持秩序和自由
以外沒有其他關切」。這一種政治組織的傑作，創造了自由的條件：「它
在紛亂的鬥爭中創造了一個安全、崇高、公正的神聖領域，給那些爭鬥
留出了沒有危險的活動空間，規定它們不能超越某種界線，如果某些
危險變得顯而易見，它就會以合法的憲政手段去消除危險，而且沒有
任何專斷（arbitrariness）的痕跡」（PW: 186-187; 論文選：43-44）。

　　貢斯當指出，英國的君主制，首先在歷史的實踐中創造了此種中
立的權力，將王權從行政權中分離出來，從而解決了兩個重大的憲政
問題：行政權自身的罷免問題，以及君主與行政權結合時的責任問題
（PW: 187-188; 論文選：44-45）。而貢斯當則完成了立憲君主制的理
想型建構：在自由的國家中，君主擁有莊嚴的王權，而其權限僅及於赦
免權、冊封權、司法人員任命權、解散立法議會權、大臣任命權，以及
榮寵恩賜權等，但不具有積極或能動的治理權力，從而不會成為之前
絕對君主制中的專斷權力（PW: 193; 論文選：50-51）。

　　以當代的理論角度而言，貢斯當的立憲君主所具有的「中立的權
力」，可以說是賦予君主以獨特的**權威**（authority），而與立法、行政與
司法三種能動的**權力**有所不同（cf. 蕭高彥，2013: 340-350）。在某些文
本中，吾人的確看到此種區別：

> 行政權力事實上要依賴於大臣們，但是，能夠罷免行政權的權
> 威（authority），在絕對君主制下卻有可能成為它的盟友，在共和
> 國那裡則有可能成為它的敵人，只有在君主立憲政體下，這種權
> 威才能上升為行政權的法官。（PW: 187; 論文選：44）

　　換言之，當君主與行政權結合時，在絕對君主制中將成為專斷的
權力，而在共和國中，則君主與大臣成為議會的敵對者。唯有在君主立
憲政體中，提升王權成為中立性的權力，其權威才能發揮政治體系之
中排難解紛的仲裁功能。君主立憲制在十九世紀成為重要的政治體制，

於此，貢斯當在拿破崙百日王朝時期的憲政反思中提出了具有原創性的理論貢獻。[11] 如 Kalyvas & Katznelson（2008:166-175）所述，貢斯當的論述，除了將自由主義的個人權利、自由以及法治作爲超越於政府之上，達至憲法層級的超驗（transcendence）概念外，更通過君主中立的權力與權威的憲政化，轉向內在性（immanence），完成了自由主義式的憲政論（Kalyvas & Katznelson, 2008: 170）。

## 六、結語：自由主義的奠基

本章分析了貢斯當的自由主義論述，基於對盧梭思想、法國大革命，以及拿破崙軍事帝國主義所提出的批判，並以孟德斯鳩與蘇格蘭啓蒙運動商業社會論述爲基礎，發展出現代自由主義。其基本的理論要素，包括個人權利與自由的優先性必須通過憲法來做保障；而對自由的價值，則提出現代自由與古代自由的二元對立，強調歷史變化與文明進步，使得現代國家應以保障個人自由爲優先，政治參與的自由，則只能在代議制度下發揮輔助性的功能。貢斯當認爲，憲政自由與嚴格的法治主義乃是對抗專斷權力的利器；相對之下，主權所屬乃至政府體制，其重要性遠不及自由之保障。然而，在拿破崙百日王朝時期，貢斯當又因緣際會地提出君主作爲「中立的權力」，擘劃出立憲君主制的憲政藍圖，成爲十九世紀在共和與君主制對立之外，另一種影響深遠的政治體制。

貢斯當的思想史貢獻，雖然由於其政治立場的數次轉變，以及與拿破崙統治的分分合合，而降低了影響力。如德國政論家 Heinrich von Treitschke（1834-1896）便批判貢斯當雖身爲自由主義的理論家，卻支持改革主義的專制者（Nippel, 2015: 208-209）。然而，貢斯當政治立場

---

11 事實上，貢斯當「中立的權力」概念對之後民主共和的憲政理論產生了深刻影響。施密特便運用君主超越於黨派之上的「中立的權力」來構思共和體制下的總統職權（施密特，2004: 385-393）。

的變化，並不足以影響他所擘劃的自由主義論述；事實上，他本人便強烈主張，其維護個人權利與自由的立場從未改變，而政治立場的變遷乃是政治時勢使然（PW: 172; 論文選：26）。當代理論家 Todorov（1999: 89-93）將貢斯當的自由主義理論稱為「中間立場」（a centralist position），而非機會主義，自有其見地。

　　對十九世紀的思想家而言，貢斯當的貢獻無可抹滅。馬克思在《路易·波拿巴的霧月十八日》卷首中，描繪了法國大革命以來的歷史進程，從剛開始的羅伯斯庇爾與丹東乃至拿破崙這些英雄人物，「穿著羅馬的服裝，講著羅馬的語言，來實踐當代的任務」〔也就是貢斯當所說的模仿古代自由〕，解除了封建的桎梏並建立現代資產階級社會，包括發展自由競爭、經營小塊地產，以及拿破崙在法國境外破壞其餘各國的封建制，從而讓法國的資產階級在歐洲大陸乃至其他大陸可以發展民族工業生產力（馬克思、恩格斯，1972, 1: 603-604）。然而，馬克思強調，新的社會型態一旦形成，這種模仿的鬥爭型態就不再需要，這時「冷靜務實的資產階級社會」就產生了貢斯當、基佐（Francois Guizot, 1787-1874）等作為自由主義真正的解釋者和代言人。

　　而自由主義重要的批判者施密特在《政治的概念》中，提出分判敵友作為政治領域的特質之後，批判自由主義以私有財產和商業社會為核心，運用「私人權利」的概念來重新界定政治（Schmitt, 1976: 69-73），從而開啟了自由主義「非政治化」（depolitization）以及追求中立化的特殊思考模式。施密特指出，現代自由主義的關鍵時刻，乃是 1814 年英國戰勝拿破崙之時，同一年貢斯當所出版的《征服和僭主政治》所提出的系統闡述，使其「成為十九世紀整個自由主義精神的鼻祖」（Schmitt, 1976: 74-76）。施密特進一步強調，貢斯當的原創性在於建構了戰爭以及商業社會的兩種時代之理想型：前者以強制力獲取生活福祉，是一種野蠻衝動；後者則通過和平交易獲取生活福祉，乃是文明的計算；而貢斯當的結論：戰爭已經對人失去了一切效用，不再具有任何吸引力。而將文明民族的注意力完全轉移到經濟以及技術領域，完成了自由主

義非政治化的概念建構（Schmitt, 1976: 76）。[12]

　　基於本章的論述，筆者認為馬克思與施密特所論，以及柏林推舉貢斯當為自由主義之父的觀點，在思想史的層次，乃是堅實的論斷。然而，吾人應當注意貢斯當論述所具有的論戰（polemic）性格：他並不是基於自然狀態或社會契約的理論邏輯，來證成個人權利與自由；而是在與專制和僭政的鬥爭中，嘗試「馴化」專斷權力，確立現代憲政主義以及法治原則的優越性。更重要的是，貢斯當將孟德斯鳩理論系統中隱含的古代與現代政治體制之對立，以及不同體制乃基於不同原則的觀點，具體建構出**自由主義式的二元對立**：古代小國寡民的城邦才能實現政治自由，現代廣土眾民的國家則應保障個人自由。這個二元對立甚至揚棄了蘇格蘭啟蒙論述的社會階段論（雖然保留其文明進步論），成為徹底的二元對立格局，並且將商業社會對立於軍事征服，成為現代文明進步的基本方向。換言之，在一個鮮明的二元對立文明進步論的架構中，貢斯當完成了全新的自由主義論述。

　　另一方面，貢斯當對於盧梭與法國大革命的批判，也可以說是現代意義下的「意識形態之批判」；不過，他所提出的病理分析，亦即盧梭與法國大革命領袖因為採用了錯誤的觀念，而造成歷史的浩劫與文明的退化，可以說自身也是一個標準的意識形態論述。參照科賽列克概念史的分析架構，貢斯當的政治論述完全符合所謂「鞍型時期」政治論述快速的時間化以及意識形態化的特色（cf. Richter, 1995: 37-38; Richter, 1996: 11-12）。事實上，貢斯當的古代與現代自由的二元對立，如 Nippel（2015: 204-211）的分析，一方面反映出美國與法國大革命模仿古制的精神，另一方面則進一步影響十九世紀史學發展，包括古朗

---

12　值得注意的是，在帶有史特勞斯學派史觀的 Pierre Manent 所著之自由主義思想史中，貢斯當之批判古代自由用於現代社會為「時代錯置」的觀點，被詮釋為不對「古代自由」與「現代自由」的本質優劣做出價值判斷（Manent, 1994: 89）。而貢斯當的自由主義政治立場被描繪為僅為反對、批判、與諷刺，顯示出議會反對派的演說家風格（Manent, 1994: 91），完全符合施密特批判十九世紀自由主義議會派只知坐而言的非政治特色（cf. Schmitt, 1985b: 33-39）。Kalyvas & Katznelson（2008: 156 註 51）極為反對 Manent 此種詮釋。

士（Fustel de Coulanges, 1830-1889）對古代城邦之分析，乃至於韋伯的歷史社會學（Nippel, 2015: 211-223）等，當然這構成了另一個值得探討的思想史議題。

　　以本書之意旨而言，貢斯當奠定了歐洲近代自由主義的理論基礎，而在他之後，法國思想家托克維爾於 1830 年代以美國的社會與政治為藍本，將自由主義的原則與現代民主制加以結合，並對現代民主提出針砭。然而，托克維爾的視野，其實是以美國的新社會，對照於法國舊政權以及舊政權崩解後快速變遷的社會情境。由於篇幅所限，本書對於自由主義與民主在十九世紀的理論發展，將在十五章以英國的自由主義思想巨擘穆勒為主，探討在沒有發生革命的英國，自由主義如何面對民主化之社會情境，以及帝國主義發展後的文明論述。但在討論英國自由主義之前，本書將分析的視角轉向法國大革命後的德國政治哲學之發展。這個理論傳統特別具有體系性及思辨性，並從不同的面向，影響西方乃至世界的政治意識與實踐。

# 第十二章

# 由社會契約轉向國家有機體

## 德國觀念論之再思

# 一、前言：西方思想之高峰期

英國自由主義哲學家穆勒在《論自由》一書分析近代歐洲文明思想高峰時，標舉「歌德與費希特」時代的德國思想界，可與宗教改革與十八世紀歐陸啓蒙運動比肩，構成現代思想史中特別光輝燦爛的時刻（Mill, 1996: 243）。的確，十八世紀末、十九世紀初，除了德國文學祭酒歌德（Johann Wolfgang von Goethe, 1749-1832）與席勒（Friedrich Schiller, 1759-1805），哲學界則有德國觀念論（German Idealism），自康德（Immanuel Kant, 1724-1804）、費希特（Johann Gottlieb Fichte, 1762-1814），到謝林（Friedrich Wilhelm Joseph Schelling, 1775-1854）以及黑格爾（Georg Wilhelm Friedrich Hegel, 1770-1831）等，無一不在知識論、形上學、道德哲學等各方面，創造了龐大艱深的體系，迄今仍爲哲學史研究的重要課題。此外亦有歷史主義、浪漫主義思想家洪堡特（Wilhelm von Humboldt 1767-1835）、赫德（Johann Gottfried Herder, 1744-1803）等人傑輩出，各擅勝場。在政治思想方面，由於法國大革命揭櫫的「自由、平等、博愛」三大原則，對歐洲舊政權產生了巨大衝擊，但後期雅各賓專政，乃至拿破崙崛起，導致數十年間，歐洲政治處於動盪不安、革命頻傳的狀態，德國思想家因此也對政治議題進行了深刻的反思（cf. Kelly, 1978: 83-88; Beiser, 1992: 1, 36-44）。

本章將從政治思想史的角度切入，以康德、費希特和洪堡特爲主，分析德國觀念論前期（約在法國大革命前後）如何在人類理性與自由的基礎上，重新建構、改造，並終極地揚棄社會契約論，並完成歷史主義。筆者嘗試指出，康德的實踐哲學與歷史哲學在這重要的思想史篇章中，扮演了關鍵性的角色：他將社會契約視爲一種理性的純粹觀念，此種觀念是所有人類作爲理性行動主體皆應當在現實世界中加以實踐的，如此一來，「應然」與「實然」就在人類的行動中得到辯證的連結，並以憲政共和體制追求人類和平。康德在其目的論述中，主張人類雖有一種「非社會的社會性」，但其活動整體在歷史層次構成了一個通過衝突而發展、進步的過程，賦予人類實踐整體的意義。費希特則具體地

運用契約的概念來分析國家與憲法的構成，在德國觀念論諸哲中較為罕見，值得探討。特別是他在運用契約論來解釋國家構成時，引申出國家作為一種有機體的思考取向，為德國十九世紀以後的國家有機體理論鋪下了重要基石。本章總結於洪堡特早期的國家權限論述，說明德國自由主義傳統如何繼受弗格森的共和自由主義，並轉化為希臘式美學國家論，結合了自由、個體性與自我實現理想，之後將深刻影響穆勒的自由主義。至於黑格爾的國家理論以及歷史哲學，除了作為德國觀念論集大成體系，更開啟了十九世紀德國相關的政治論述，將於下章再予以分析，以顯示觀念論傳統所建構的「理性國家」或憲法與歷史和民族主義的辯證關係。

## 二、康德：自由、法權與社會契約

康德的政治哲學，一般而言被視為是其道德哲學的延伸與運用；但為了理解康德法權哲學的政治性，本章將從社會契約傳統來詮釋康德的相關論述，以提供與政治思想史具關連性的分析，主要議題包括：自由觀念、「自然狀態」與「公民狀態」之對立、社會契約所發揮之作用、「法權」概念與共和憲政，以及人民之反抗權等。

在哲學層次，康德接受盧梭關於道德自由以及公民自我立法的理念，[1] 但嘗試屏除其激進民主之思想傾向，以證成憲政共和主義的理據，並建構了一套以自由為核心，龐大而精深的實踐哲學。對康德來說，「自由」是一個「純粹的理性概念」，以其知識論而言，這意味著自由的概念具有經驗之外的超越性（transcendent），不是知識對象的構造性原則，而是一種規制性（regulative）原則；也就是說，它不是一個理論分析的對象，其實在性需要通過實踐的運用而證成（康德，2015: 29）。

---

1　參見本書第八章第六節；cf. Cassirer（1963）；Strauss（1953: 281）；Kelly（1978: 89-100）；Beiser（1992: 33-34）．

康德區別自由之兩個面向：作爲「消極概念」，自由意味著「無待於感性衝動底決定」；而作爲「積極概念」，自由意指「純粹理性能夠本身就是實踐的」或更精確地說「使每一行爲之格律依從於『這項格律適於作爲普遍法則』這個條件」（康德，2015: 20）。[2] 此種實踐哲學的自由概念，在政治哲學中就成爲人作爲「人」（*Menschheit*）而應擁有的**天賦權利**。他認爲，自由作爲不受其他人的強制，並非指個人能爲所欲爲，反而是一種**「根據一項普遍法則而與其他每個人底自由共存」**的理念（康德，2015: 55）。從這個重要的定義，可以看出康德的自由概念蘊含著兩個不可或缺的要素：其一是每個理性的個人，皆爲具備道德主體的「人格」（*Person*; 康德，2015: 35），能夠依據普遍法則來規約自身行爲，而實現自律；另一則是每一個人的自由，都以其他人同等程度的自由爲原則，達成一種平等共存的狀態。

自由的對立面是強制（康德認爲強制是自由遭受妨礙或抗拒），就前述人與人之間共存的自由狀態而言，不僅每個人的自由有其範圍，且當個人自由被其他人侵犯時，需要有更高的強制力來阻卻其自由受侵害。康德將此強制權解釋爲「對自由的一種**妨礙之阻礙**」（a hindering of a hindrance to freedom; Kant, 1996: 288），如此，普遍法則與個人自由便有可能協調，成爲人際關係的正當狀態（康德，2015: 46）。而使個人自由與強制力能夠完美結合的力量，康德稱爲「**法權**」（*Recht*），其定義爲：「法權是使一個人之意念得以與他人之意念根據一項普遍的自由法則而統合起來的條件之總和」（康德，2015: 45）。根據法權而行，將使得個人自由與其他人的自由能夠共存，所以符合法權的行動，就是正當的（*recht*）行動。值得注意的是，在這個脈絡中，康德將格勞秀斯乃至洛克所論述的，作爲主體「權利」（right）的主觀面向，賦予了一種客觀的實存性，而且與普遍法則相關。此獨特用法，影響了之後的

---

2　在《道德底形上學之基礎》第三章，康德對自由的消極以及積極概念，提出了精微的道德哲學之證成（康德，1991: 75-96）。從本書第八章所述盧梭的理論角度加以觀察，則可說康德通過自由概念徹底的「去自然化」而「完善化」了盧梭所開啟的道德自由觀念。

德國觀念論思想家，所以在探討費希特與黑格爾的政治哲學時，他們的 "Recht" 觀念皆須以康德所提出的法權概念為基礎，而非英語世界一般意義下的個人「權利」觀。

在確立自由與法權概念之後，康德進一步處理傳統自然法的課題。康德主張與「自然狀態」（status naturalis）相對的是「公民狀態」（status civilis），而非「社會狀態」（康德，2015: 152; RL, §41）。[3] 而自然狀態與公民狀態的關係，則對應於私法與公法的對立（康德，2015: 63）。基於此，康德《法權論》第一篇即處理關於個人與所有物關係的私法，並指出不需要預設強制的公權力。然而康德在第一篇也討論人格權以及由人格之間的關係所形成的三種社會關係：丈夫與妻子、夫妻與孩子，以及家庭中之僕役（康德，2015: 113; RL, §23），在這些議題上，依據本書之前所論，可以看出康德在此遵循普芬道夫的自然狀態與社會論，其中除了人對物之取得與轉讓之外，也包含著初始社會，也就是家庭支配的三個基本構成面向。

至於由「自然狀態」到「公民狀態」的過渡，在社會契約論傳統中，指的是政治共同體如何通過個人同意及彼此締約而形成；而在此議題上，吾人可說康德徹底改造了社會契約論。他接受傳統社會契約論的觀點，認為在自然狀態中，由於每個人均自行其是，無法擔保不受到彼此暴行的侵害，所以「必須走出自然狀態」，和其他人聯合起來以進入「公民狀態」，共同服從公法的外在強制力（康德，2015: 158-159; RL, §44）。然而，在這個由自然狀態過渡到公民狀態的時刻，康德並沒有討論社會契約條文；換言之，不存在一個如霍布斯或盧梭所精確概念化的社會契約條款，通過雜眾或個人的同意而進入政治共同體的公民狀態。康德最接近「社會契約」的論述如下：

這個民族〔人民〕（Volk; people）藉以將自己建構成一個國家的

---

3　本章康德《歷史哲學論文集》與《道德底形上學》文本使用李明輝極為信實之中譯本（康德，2013, 2015）。對《道德底形上學》（康德，2015）的法權論（Rechtslehre）則標註節碼（如 RL, §41 指法權論第四十一節）以便查考。

行動根本只是國家底理念，而唯有根據這個理念，國家底合法性才能被設想；這便是**原始契約**，而根據這項契約，該**民族〔人民〕**中的所有人（*omnes et singuli*〔所有人與每個人〕）均放棄其外在的自由，以便隨即以一個共同體〔邦國〕──亦即被視為國家的民族〔人民〕（*universi*〔全體〕）──底成員之身分重新接受這項自由，而且我們不能說：這個國家中的人為了一項目的而犧牲了其天賦的外在自由之**一部分**，而是他完全拋棄了放縱的、無法律的自由，以便在一種對法律的依附中，亦即在一種法律狀態中，不折不扣地重新發現其一般而言的自由；因為這種依附起源於他自己的立法的意志。（康德，2015: 163; RL, §47; cf. 康德，2013: 122-123）[4]

這個文本清楚顯示，康德所稱原始契約是一個構成國家的行動，也就是盧梭所謂的「結社行動」（act of association; cf.蕭高彥，2013: 172-173）。然而，根據這個契約，人民之間（或參與契約的所有人之間）構成何種關係？康德仍採取盧梭式的觀點，主張所有人「均放棄其外在自由」並隨即「以一個共同體成員身份重新接受這項自由」。這個構成國家的行動不是一般意義下的契約，因為並無契約的兩造，亦無個人與統治者或政治共同體之間締約，而是所有人民的身份與目光的瞬間**轉變**：他們原來身為私人擁有外在自由，通過所有人同時依據理性來規約他們的行動而成為公民。在放棄外在自由後，原來的私法狀態，則瞬間轉換為具有強制力的公法狀態，並產生了可行使強制力的主權者，以保障每個人依據法權所應享有的自由。

因此，對康德而言，霍布斯論述中所謂由零散的雜眾創造出具有統一性的人民之議題並不存在，而只有私人到公民身份的轉變。康德一再強調，「社會契約」或「原始契約」只是「理性底一個**純然的理念**」，

---

4　筆者認為這個文本中的 "*Volk*"，應為「人民」（people）而非「民族」（nation）之意，故對譯文略做修飾。

而他所強調的重點在於，作為理性純然理念的社會契約，「具有無可置疑的（實踐的）實在性」，因為它將約束立法者，使其制訂的法律「**彷彿能夠**」從全體人民的聯合意志之中產生，且每個臣民都「視同彷彿」也同意此種立法意志，如此一來就構成了「一切公法底合法性之試金石」（康德，2013: 123）。[5]

通過此種原始契約，就建立了「公民狀態」。如前所述，公民狀態係與自然狀態相對立，在其中每個人所應得的，不但在法律上被決定，也有外在的權力加以確保（康德，2015: 159; RL, §44）。康德進一步論述，公民狀態將明確地發展出一套符合理性的政治價值，其原則有三：

（一）社會中作為**人**的每個成員之**自由**。

（二）社會中作為**臣民**的每個成員與其他成員間的**平等**。

（三）一個共同體中作為**公民**的每個成員之**獨立**。（康德，2013: 114-115）

康德的論述，是將基本憲政價值和公民狀態中人的三種狀態加以關連：自由本就是自然狀態中人類天賦的權利（康德，2015: 55），在公民狀態中，則成為憲法的根本原則：「每個人都可以依循他自己認為恰當的途徑去尋求其幸福──只要他不損害他人追求一項類似目的的自由（亦即他人底這項權利）」（康德，2013: 115）。平等原來亦為天賦權利的一部分（康德，2015: 55），「在一個國家裡，凡居於法律**之下**者，均是臣民」（康德，2013: 116），他們平等地受制於強制性法律。而原來由天賦平等所產生的個人作自己的主人之獨立性（康德，2015: 55），在公民狀態中轉化為功績（merit）原則：「共同體中的每個成員都得能夠達到他憑其才幹、心情與幸運而能在其中達到的每一層級底地位」（康德，2013: 117），基於此，康德否定世襲的特權。然而，因為功績

---

5　康德將社會契約視為理性的純然理念及其建立立法正當性的主張，引發了康德究竟是否為嚴格意義下契約論者的論辯。特別是他一再強調社會契約絕不需要，也不可能是一項事實，或歷史上曾經發生的事件。一方面學者如 Patrick Riley（1982: 125-135），認為康德之論述是「最恰當的社會契約理論」；另一陣營如 O'Neille（2012）的分析，康德將社會契約視為理性純然理念是實踐哲學之運用，而非嚴格意義之社會契約論者。筆者接受後者之詮釋觀點。

原則鼓勵個人發揮才能辛勤工作，所以由此所產生在財產與等級方面的「最大不平等」，這與前述臣民在法律之下的平等並不抵觸（康德，2013: 116）。

康德對公民狀態三種基本憲政價值的闡述，可以從第二項——臣民的平等——切入其國家概念。在國家之中，所有臣民平等地受制於強制性法律；但「唯一例外的（自然人格或道德人格）是國家元首，一切法律上的強制唯有通過他才能執行。因為如果他也會受到強制的話，他就不是國家元首了」（康德，2013: 116）。換言之，臣民在法律之下的平等，係對應於國家元首在法律之上，並免於法律強制的政治地位，這事實上正是布丹提出主權者的地位高於法律（legibus solutus）之核心主張。所以公民狀態與國家，在強制力方面其實是一體之兩面，而後者產生了國家元首高於法律不受強制的地位，但他是否即為主權者？筆者認為，這乃是詮釋康德政治思想的關鍵議題。

## 三、康德：國家、憲政共和政府與人民反抗權

基於上節所論，康德將國家定義為：「**一個國家**（*Staat / civitas*）**是一群人在法權底法則之下的聯合**」（康德，2015: 160; RL, §45）。如前所述，由自然狀態轉變為公民狀態，其關鍵在於最高強制力的產生，是以，康德運用哲學的方式，來重新表述孟德斯鳩三權分立的憲政主張（cf. Beiser, 1992: 35）：

每個國家都含有三種**強制力**（*Gewalten*），亦即在三重人格當中普遍地聯合的意志（*trias politica* [政治上的三位一體]）：在立法者底人格中之**統治者底強制力**（主權）；在治理者底人格中之**行政的強制力**（依循法律），以及在法官底人格中之**司法的強制力**（作為依法律對每個人底所有物之判定）（*potestas legislatoria, rectoria et iudiciaria* [立法權、行政權與司法權]），形同一個實踐的三段論

式中的三個命題：大前提包含該意志之**法則**；小前提包含依法則
行事的**命令**，亦即「涵攝於該意志之下」的原則；結論則包含對於
「在眼前的案例中何者為合法」的**裁決**（判決）。（康德，2015: 160;
RL, §45）

　　對康德而言，「立法的強制力只能歸屬於人民之聯合意志」（康德，
2015: 160; RL, §46）。其次，「國家之**執政者**（Regent/rex/princeps）是擁
有執行權（potestas executoria）之（道德的或自然的）人格：他是國家
之**代理人**（Agent）」（康德，2015: 164; RL, §49）。最後，「無論是國家統
治者還是治理者，都無法**審判**，而是只能任命法官為官員」來對個別案
件予以裁決，實現公共正義（康德，2015: 165; RL, §49）。

　　在權力分立原則中。康德特別強調立法權與司法權二者分立之必
要性。他指出，人民身為立法者，絕對不能同時是執政者，因為執政者
必須遵從法律，也通過法律對主權者負責（康德，2015: 166; RL, §49）。
康德認為，「將（政府底）行政權與立法權分開」的政治原則，乃是共
和主義最重要的格律（康德，2013: 181）；換言之，孟德斯鳩的權力分
立原則，特別是立法權與行政權的分立，形成了康德式**共和主義**的根
本政治原則。在這個議題上，顯示出康德依據孟德斯鳩的分權理論，修
正了布丹以及盧梭的主權論。康德在《論永久和平》第一項正式條款指
出，依據理性原則，任何一個社會依照成員的自由以及平等所建立的
憲法，便是「共和制的憲章」，為所有實存憲法的原始基礎。是以，「**每
個國家的公民憲法應當是共和制的**」（康德，2013: 179）。表面上，這呼
應了盧梭「一切正當政府都是共和制」之觀點（cf. 蕭高彥，2013: 169-
174）。然而，康德進一步區分國家的「統治形式」（forma imperii; Form
der Beherrschung; form of state）以及「政府形式」（forma regiminis; Form
der Regierung; form of government）：前者根據掌握國家最高權力的人
數，可區別出一人獨治（Autocratie）、貴族以及民主三種政體；後者則
根據領袖對人民的治理方式，也就是政府如何依據憲法運用其完整權
力的方式，區分出共和與專制（康德，2013: 181-184; 康德，2015: 193-

195; RL, §51; cf. Kant, 1996: 324-325, 479-481）。康德將共和主義界定為「行政權與立法權分立」的政治原則（康德，2013: 181），並強調民主與共和不可混淆，而他認為這正是盧梭所犯的謬誤。是以，康德刻意將**共和**與**民主**嚴格加以區別：民主制是一種統治形式，而共和則是一種政府形式。然而，如 Beiser（1992: 34-35）指出，青年時期的康德受到盧梭影響，曾經視民主為理想憲政，所以成熟期康德的反民主傾向值得進一步分析。[6]

康德主張，對人民而言，政府形式比統治形式還要重要（康德，2013: 183），這顯示出他認為權力分立的憲政主義優先於國家最高權力或主權歸屬之議題。不僅如此，康德進一步強調，民主制就其概念而言，不可能為共和制，而必然是一種專制。原因在於，全體人民掌握行政權力，意味著立法以及行政二者結合為一，此即違反了權力分立的憲政原則。另一方面，康德將代表（representation）界定為任何共和政府都需具備之機制，因為在權力分立的共和憲政中，行政權與立法權不能合一，所以行政權須為立法權之「代表」。但民主制度之中所有公民都要做主人，立法權吸納了行政權，遂不可能實施代表制。質言之，康德就權力必不分立（專制）以及缺乏代表制這兩個面向，批判民主制。

由思想史角度來觀察康德的政體論，可以看到他結合了幾個不同的思想史線索。首先，「統治形式」與「政府形式」的區別，如本書第二章所述，係源於布丹的《邦國論六書》。其次，康德的三種統治形式，仍祖述亞里斯多德的古典政體理論。與本書論旨最有關係的部分，是他將「政府形式」區別為「共和」與「專制」的二元對立。這個對立，一方面與亞里斯多德所論「正體」與「變體」政制遙相呼應（cf. 蕭高彥，2013: 54-59），但另一方面，專制概念則是由孟德斯鳩正式提出而成為一個獨立的政體範疇，並與君主制對立。然而，**康德將「共和」與**

---

6　Beiser 所分析康德思想轉變之原因，乃與法國大革命進程以及普魯士政治氛圍有關。

「**專制**」**直接對立，則是其理論創見**。他將共和制的本質界定爲「行政權與立法權分立」的政府體制，則是針對孟德斯鳩三權分立的架構中，特別提出行政權與立法權必須分離的重要性。所搭配的代表制，亦爲孟德斯鳩論述英國政制的主軸。相反地，在專制政府中，則是「國家恣意執行它自己所制訂的法律」，亦即個人意志凌駕了公共意志。所以，在康德的架構中，「**共和**」便與「**憲政主義**」（constitutionalism）**的權力分立原則劃上了等號**。

康德運用孟德斯鳩的三權分立政府論，改造亞里斯多德以降的政體論，可以表列如下：

| 　　　　　　政府形式<br>統治形式 | Republic 共和<br>（行政立法分權＋代議制） | Despotic 專制<br>（行政立法未分權） |
|---|---|---|
| 一個人 | 君主政體<br>Monarchy | 獨治政體<br>Autocracy |
| 少數人 | 貴族政體<br>Aristocracy | 寡頭政體<br>Oligarchy |
| 多數人 | （不存在） | 民主政體<br>Democracy<br>＝暴民政體<br>Ochlocracy |

基於此圖表，可看出康德將共和與三權分立與代議政體的憲政主義加以結合，克服了孟德斯鳩思想體系中，共和（民主制與貴族制）的古代性格，並使之成爲現代國家**唯一**的憲政正當性原則。[7] 不僅如此，

---

[7]　事實上，康德將共和界定爲依據權力分立而治理的體制，從影響史的角度而言，十九世紀德國政治學者 Johann K. Bluntschli（1971: 68, 314）已經指出，康德和洪堡特在德國開啓了「法治國」（*Rechtsstaat*）傳統。施密特（2004: 173, 191-194）的憲政史觀中，則將孟德斯鳩與康德作爲法治國原則的開創者，而與布丹以降「國家主權」論以及西耶斯所提出的「制憲權」理論相對立。施密特認爲，主權與制憲權強調政治共同體的統一性以及集體決斷，所以具有政治性格，

康德還改造了孟德斯鳩所提出的專制概念：在康德的系統中，專制作
爲政府恣意制訂法律，必然是違反法權的國家，這與孟德斯鳩觀點相
近；但康德進一步賦予專制／共和的二元對立一種歷史面向：專制國
家接近野蠻狀態（君主制則較接近自然狀態），而共和憲政則是一種文
明狀態，並且將通過歷史過程加以實現（Kant, 2007: 25-26）。在這個議
題上，康德不但運用理性的概念來重構社會契約與國家法權，更進一
步運用目的論建構了歷史哲學的綱要，形成他對德國觀念論的另一重
要貢獻，此將於下節論述。

　　然而，以上圖表亦顯示出兩點歧義。首先，康德認爲多數人之治的
國體而以共和政府形式治理的國家並不存在（亦即民主必然成爲一種
專制）；其次，一人之治的國體而以共和政府形式治理的國家名稱爲
何？第一個歧義似乎反映其時代的限制，且已略加討論。第二個議題，
乃是其「君主政體」與「獨治政體」之確切差別。因爲康德理想的君主
政體，其實相當接近於之後產生的「立憲君主制」，但他並未運用這個
詞彙。以下嘗試分析康德論君主（國家元首）與人民的實質關係，並且
同時討論他關於民主及人民反抗權的理論。

　　一般認爲，康德在人民反抗權與革命議題上，隨著法國大革命雅
各賓專政以及處決法王路易十六而愈趨保守立場（Caygill, 1995: 337-
338），由康德文本可看出他對「弒君」之深刻恐懼（康德，2015: 170-
172）。而康德雖然主張憲政共和主義，但是由於他批判民主，且徹底否
定人民的反抗權以及革命權，導致大量文獻批判康德在民主與人民主
權議題上，與其共和主義的主張無法相符（Beiser, 1992: 35-36, 44-48）。
對這個政治哲學的重大議題，筆者主張，必須從理論層次仔細爬梳康
德的主權論述，方能理解由於現實政治考量（也就是當時普魯士在腓
特烈二世的「開明君主制」統治），影響到康德的政治改革主張及理據。

　　就理論層次而言，康德在《法權論》中，採取憲政主義權力分立的

---

而三權分立的法治國理論，則以權力分立爲著眼點，在政治層面將削弱國家的
統一性。這當然反應了施密特本人的政治決斷論之價值立場。

架構來理解國家強制力，並且主張，立法強制力只能歸屬於人民全體的聯合意志（康德，2015: 160-162; RL, §45-46）；如此一來，其共和國便先驗地具有人民立法主權與執政者行政強制力的二元對立。然而，當康德在第五十一節引入「統治形式」時，提出了一個「國家元首」（head of state）的「純粹理念」，可以由自然人格承載作爲主權體，從而承載最高的強制力（康德，2015: 191-193）。值得注意的是，這個論述是傳統主權論的重新表述，所以國家最高強制力或主權，可以由一個人、少數人，或所有人加以承載。然而，如此一來，此處的「主權」概念，就與第四十五節在立法強制力（人民的聯合意志）之中所展現的終極權力產生緊張性：前者是國家主權論述，後者則是憲政共和論述。

　　筆者主張，在康德的法權論中，這兩組論述其實同時並存，但他爲了彰顯共和主義的精神，刻意地壓抑主權論述。事實上，只要將康德文本中「國家元首」的相關論述加以整合，便可看出，其主權並非如盧梭一般展現在人民的聯合意志（或普遍意志）之中，而是決定於最高權力之所屬。進一步而言，這牽涉到法國大革命的共和憲政與普魯士開明君主制的扞格，而由康德對「一人獨治」以及君主制的區別可見端倪。他指出，基於主權邏輯所決定的「統治形式」之中，「一人獨治」是擁有「**一切**強制力的人」，而君主則是擁有**最高**強制力的人；前者是主權者，而後者僅**代表**主權者（康德，2015:193-195; RL, §51）。康德在此並未將一人獨治與君主制的區別運用到普魯士的憲政結構；然而參酌相關論述，便可看出他在此脈絡中所做的概念區分，應是爲了詮釋普魯士當時實存的君主政體。[8] 康德在《永久和平論》中即引述腓特烈二世「他只是國家最高的僕人」之言（康德，2013: 182），並指出在民主制中，由於人民都想當主人，因此完全不可能產生這樣的精神。基於此，康德主張，若國家統治者人數越少，其代表越多，這樣的憲法最有可能通過逐步的改革，提升爲共和制（康德，2013: 182）。而在 1798 年《學

---

8　Beiser（1992: 48-56）詳細討論了康德與當時普魯士 J. C. Wölner 內閣的緊張關係，以及他必須審慎處理政治哲學議題的深層理由。

科之爭》（*Conflict of the Faculties*）中，康德對這個說法提出了法權式的論述：為了實現共和制，「君主底暫時義務是：儘管他們以**一人獨治的方式**統治，但卻以**共和的方式**（不是以民主的方式）治理」（康德，2013: 249，譯文略有修改），[9] 在註解中，他再次強調「以君主制來統治，而同時又以共和制來治理，這使得一個民族滿足於其憲法」（康德，2013: 243，原註 18）。在此，由「統治」與「治理」的對立可看出，對康德而言，普魯士的憲政制度是由君主主權（或一人獨治之主權）所統治，而在治理層次則是共和，亦即依據權力分立原則，人民通過代表而在政治上發聲的憲政制度。

也在這個意義上，吾人可以理解，康德除了將「共和制」與「專制」加以對立外，又將「愛國的」（patriotic）政府與「專制的」政府加以對立（康德，2015: 165; RL, §49；康德，2013: 115-116）。所謂的愛國政府，意味著「祖國的政府」，而他強調，祖國的政府「固然將其臣民彷彿當做一個家庭底成員來對待，但卻同時將他們當做國民，亦即根據他們自身的獨立之法則來對待」（康德，2015: 165; RL, §49）。家庭成員意味著君主要促進臣民的福利，但對康德而言，真正重要的是後者，也就是君主要將人民當做「國民」。換言之，在普魯士現有的君主政體中，作為主權者的君主，必須將法權原則作為其立法與施政的原則：「他的立法權威正是在於：他將人民底全體意志統一於他的意志中」（康德，2013: 32）。正是在這個意義上，「**以君主制統治，以共和制治理**」[10] 的主張，使得君主意志必須依據法權原則來做判斷，而這必須以理性掌握原始契約的理念方有可能（康德，2013: 125）。

說明了康德的主權與憲政主義之雙重論述，以及對普魯士現存憲

---

9　值得注意的是，塔克（Tuck, 2018: 105-107）在討論德國思想界對盧梭社會契約論的時代反應時，指出與康德同時期的反動派思想家 Karl Ludwig von Haller（1768-1854）便依據此一文本指責康德所謂「君主底暫時義務」乃是受到法國大革命甚至雅各賓主義之影響，終極意圖在於以共和取代君主制。

10　康德此種特殊的表述方式，接近於本書第七章所述，孟德斯鳩對英國政制「外表是君主制，實際上卻是共和制」的形容。但這恰恰與盧梭相反，盧梭主張的是大體上是「以共和制（普遍意志）統治，以君主或貴族政府治理」。

政體制的分析後，便不難理解他何以主張人民沒有反抗權。無論是體現於立法強制力的終極權力（人民之聯合意志），或君主制中之主權者，在所有國家中，「統治者對臣民只有權利，而無〔強制性〕義務」（康德，2015: 169）。這個命題意味著，統治者依據原始契約的法權概念施政，臣民不得由於對法權有不同的理解而強制統治者，遑論反抗或革命，因為對保障法律狀態的手段，是國家元首自行判斷的權利（康德，2013: 124-125, 127）。[11]

　　基於此，筆者主張，康德其實有**兩種**主權者與人民關係的理論，其一為憲政共和主義式：

> 人民之統治者（立法者）不能同時為**執政者**；因為後者依從於法律，且因此藉由法律而應對**另**一者，即主權者（*Souverän*）負責。前者也可以剝奪後者底強制力，將他罷黜，或是改革其治理，但卻不可**懲罰**他。（康德，2015: 166; RL, §49）

　　在這個論述中，人民作為主權者，雖依據分權原則不能同時為執政者，但他們有權利將執政者罷黜或改革其治理，但不可「懲罰」，也就是起而反抗甚至革命。然而，在康德對本節的長篇說明，亦即「關於從公民聯盟底本性所產生的法律效果之通釋」中，主權概念的涵義卻有所轉變。此時康德將人民反抗權的問題表述如下：

> 在人民與主權者間的這種爭執當中，究竟誰該充當法官（因為從法律上來看，他們的確始終是兩個不同的道德人格），而在這裡顯示出，人們在他們自己的事務中想要充當法官。（康德，2015:

---

11　在這個議題上，康德表面上是一個霍布斯主義者，主張若臣民反抗主權者，意味著破壞法權的公民狀態，從而導致回歸於法律蕩然無存的自然狀態（康德，2013: 128）。但如本書第五章所論，霍布斯系統中其實接受人民在事實（*de facto*）層次的反抗權，因為這是個人的自然權利。這個可能性在康德全面「去自然化」、道德化、法權化的體系中被取消了。

171）

　　這個文本中，「主權者」與「人民」處於對立的地位，也就是說，並非如之前論述，人民作爲統治者（立法者）可以罷黜或改革執政者之治理。換言之，於此康德在論述策略上有所轉變，當人民行使反抗權時，他們在自己與君主的事務中想要充當法官；雖然如本書第六章所述，洛克認爲人民自爲裁判者具有充分的理據，但康德則認爲這違反了「法權」的基本存在條件。

　　筆者主張，基於反抗權的議題，吾人可以從「政治」的角度掌握關於康德社會契約論的爭議（而非從「形而上」的理論角度，基於其道德哲學來詮釋政治理論）。在這個視野中，康德的根本主張如下：在國家中，人民受制於主權的最高強制力；相對地，這種作爲法權基礎的強制力，其根源乃是「不可究詰」的：「臣民不該將這種根源當做一種在這種強制力理應受到的服從方面仍可懷疑的權力，而爲它勞神強辯」（康德，2015: 168）。然而，只要社會契約被當做是某種實存的歷史依據，或者是政治共同體的先行條件，人民就有可能據此挑戰當下的主權者或執政者，若其施政違反原始契約的精神，即能加以反抗。是以，康德認爲只有將社會契約提升爲「理性底一個純然的理念」，發揮證成法權「無可置疑的實在性」並規範立法權之行使，方能使人民沒有理據挑戰統治者。

　　康德雖然否定人民的反抗權，但並非保守主義者，而是主張由上而下的漸進改革。除了如前述具有主權者的君主，應當依據先驗法權原則以及共和政府形式來治理，康德更進一步強調，此種治理的關鍵在於**啓蒙**（enlightenment）。在著名的〈答「何謂啓蒙？」之問題〉一文中，康德指出，「啓蒙是人之超脫於他自己招致的未成年狀態」（康德，2013: 27），並呼籲現代公眾的自我啓蒙是要讓他們有公開運用理性的自由，統治者不該自居於一種監護者的角色來管束人民（康德，2013: 29-30）。值得注意的是，在法國大革命後，康德強調哲學家對啓蒙的呼籲，「並非**親密地**說給人民聽（人民對此事及他們的著作很少或

根本就不注意），而是**恭敬地**說給國家聽」（康德，2013: 247）。而對主
權者而言，啓蒙政治除了意指統治者要以全體人民的統一意志作爲自
己的意志之外，也應該讓臣民去做自己認爲值得追求的事情，不需干
涉；不過統治者仍須防止個人用暴力來妨礙其他人自己追求幸福的努
力（康德，2013: 32-33）。[12] 康德進一步指陳，在立法方面讓臣民公開
運用理性，並且對所擬定之法律提出更佳方案或針對現有法律予以坦
率批評，並無危險（康德，2013: 34）。換言之，對康德而言，在啓蒙的
公開討論中，現有的君主制將朝向共和的終極理想發展；這樣的改革
進程，比民主、人民反抗或革命，更加符合理性的要求，從而形塑了康
德的漸進改革政治觀。[13]


## 四、康德：文化、教化與歷史哲學

　　前述康德依據自由意志自律性所發展出的法權觀念，以及通過作
爲理性純粹概念的「社會契約」來構造一種符合法權的共和制度，表面
上看起來似乎是一種靜態體系，而且是將道德哲學的原則應用到政治
哲學領域。然而，康德身處法國大革命前後的年代，對於歐洲正在發生
的巨大政治變遷具有深刻感受及反省，在其後期著作通過目的論所建
構的歷史哲學裡，反映出了動態的政治性格。在當代文獻中，依此爲理
據來闡釋康德政治哲學精神者，所在多有（如 Arendt, 1982；　Riley,
1983: 64-97）。本節將說明康德的共和政制，形成了人類歷史過程中一
國之內最高的理想性格；不僅如此，在各個國家都趨近共和憲政之後，
康德認爲可以通過邦聯的體制，創造人類永久和平的終極理想。

---

12　如 Beiser（1992: 121-125）所指出，當時德國的啟蒙派，多有支持開明君主應
　　該實行監護政治，亦即當代所謂「家父長主義」（paternalism）之前身。康德
　　啟蒙概念的核心在於反對家長式監護政治。這個取向將由本章以下將討論的同
　　時代思想家洪堡特的自由主義所發展，主張政府目的在於維護安全與消極自
　　由，而非促進公民福祉或德行。
13　雖然 Beiser（1992: 53）總評康德政治思想為「在原則上激進，在實踐上保守」。

在《學科之爭》中，康德對於法國大革命有深刻而生動的反思。他指出，當時代正目睹一個充滿才智的民族發生革命，其成敗尚未可知，而以發展到當時所充滿的不幸與暴行之程度，「以致一個思想健全的人如果還會期望在第二次行動時成功地完成革命，絕不會決定以這樣的代價進行這場實驗」（康德，2013: 241）。不過，他充分感知到這個巨大事件除了參與的「演出者」之外，更爲「**旁觀者**」產生一種近乎狂熱的（enthusiasm）同情，因爲它關乎理想而與個人自利無關，這在人類歷史中是非常罕見的。對於法國大革命的重大影響，康德說明如下：

> 在此發生影響的道德性原因是雙重的：首先是**法權**上的原因，即是：一個民族不可受到其他強權之阻撓，爲自己制定一部它自己覺得不錯的公民憲法；其次是**目的**（它同時就是義務）上的原因，即是：一個民族底憲法必須在其本性上具有依原理避免侵略戰爭之特性，它本身才是**合法的**且在道德上爲善的。這部憲法只能是共和憲法（至少就其理念而言）；由此就產生了一種條件，可以制止戰爭（一切禍害與道德墮落之根源），且因此消極地確保人類（不論他是多脆弱）朝更佳的境地而前進，至少在前進時不受到阻礙。（康德，2013: 241-242）

對康德而言，法國大革命所創建的公民憲法，不但體現了法權的基本原則，而且也在歷史的進程中，具有足以避免侵略戰爭、達成和平的可能性。法國大革命此種劃時代性格，使得康德認爲其具有某種指示性的「歷史徵兆」（康德，2013: 239），因此就整體而言，人類正不斷地趨向於更佳的境地（康德，2013: 232）。他因而主張，人類歷史的整體發展具有目的性，可以被理性所認知，而於〈在世界公民底觀點下的普遍歷史之理念〉提出了條目式，但最爲完整的闡釋。

康德的出發點是，作爲具有意志自由的人類，他們在現象經驗世界的行動不應是紛亂而無規律的。人類的歷史，就其整體而言，應該是「自由底一個有規則的進程」；也就是說，是人類全體之原始稟賦「不

斷前進的發展」（康德，2013: 5）。基於康德在《判斷力批判》後半部對
「**目的論**」（teleology）原則的闡釋，人類對自然，除了機械論的解釋
外，還有可能依據「反省判斷力底規制原則」將有機體理解爲自然之目
的，而有機體的各個部分，都互爲目的與工具，並促進整體的存在。[14]
此種「自然目的論」雖然只是解釋自然的一種假設，但當它運用到人類
活動時，因爲人是具有理性與自由意志的個體，其行動應該指向道德
目的論；康德也從這個基礎上發展出歷史哲學。

　　依據目的論，人類作爲自然的受造物，其稟賦注定有朝一日會完
全合乎目的而開展（〈在世界公民底觀點下的普遍歷史之理念〉第一定
律），而人之自然稟賦的完全發展，不會在單一個體中完成，只可能在
人類整個種屬（species）中開展（普遍歷史第二定律）。人類稟賦的開
展，必須通過自己的理性來成就幸福與圓滿，所以這意味著人類將由
某種野蠻狀態，通過技巧、思考等，而達到幸福（普遍歷史第三定律）。
然而，這個過程並非人類依據理性行事便可完成；在此，康德引進了一
種極富辯證性的概念：人類的「**非社會的社會性**」（*ungesellige
Geselligkeit*; unsocial sociability; 康德，2013: 9）。他指出，人類一方面
有「結群」的愛好，因爲在此種狀態中，他感覺到自然稟賦的發展；但
他也同時具有一種「離群」或孤立的強烈癖性，在自己內部想要完全依
據自己的意願來擺布一切的非社會特質。而因爲每個人都有此種二元
性，所以當人類結合起來時，將同時產生彼此的抗拒。然而，康德並不
將非社會的社會性視爲一種負面特質，反而強調人類的榮譽心、支配
欲乃至貪婪心，都可以促使人「在他的同儕當中爲自己贏得一席地位」
（康德，2013: 10）。這個明顯受到霍布斯關於虛榮（vainglory）以及盧
梭關於自尊之愛（*l'amour propre*）所影響的觀念，在康德的描繪中，
使得人們可以在衝突中發展其稟賦，形成由「野蠻」到「文化」的起
步，而且在此過程中不斷的啓蒙，最後社會可能整合成爲「道德的整
體」（康德，2013: 10）。

---

14　請參考康德（2013: xvii-xxii），譯者李明輝對康德目的論之深入說明。

　　康德的「非社會的社會性」概念，開啓了一個與傳統社會契約論的「社會性」有異，但與蘇格蘭啓蒙運動弗格森所述「行動的非預期結果」（unintended consequence of action）相呼應的哲學人類學原則，[15] 從而也成爲一種極富辯證性的社會與歷史原則。如何基於「非社會的社會性」建立具有普遍法權的公民聯合體，以及國與國之間具有合法關係的國際場域，乃是康德歷史哲學關注的核心議題。關於前者的論述，恰恰彌補了前節所述法權國家論表面上的靜態性格。在歷史哲學的角度下，具有「非社會的社會性」的人類，由於彼此之間的衝突，以及在所有人之上的「主人」的彼此牽制，反而使得普遍意志能夠得到實現（普遍歷史第五、第六定律）。

　　在〈論永久和平〉中，康德以共和憲政爲例，說明這個辯證關係（康德，2013: 200- 202）。表面上看來，作爲唯一完全適合人類法權的共和制，似乎唯有在一個「天使之國」才有可能實現；[16] 但實際上，這是恰當運用個人力量的彼此對立即能產生的結果：

　　　建國底問題不論聽起來是多麼艱難，甚至對於一個魔鬼底民族（只要他們有理智）也是可以解決的。這個問題是：「要安排一群有理性者（他們爲了其生存，均要求普遍的法律，但每個人卻暗自想要豁免於這些法律），並且建立其憲法，使他們雖然在個人的存心中彼此對抗，但卻相互抑制其存心，致使在其公開的舉止中，其結果彷彿是他們並無這種邪惡的存心。」這樣的一個問題必然是可以解決的。（康德，2013: 201）

---

15　可參照康德在《從實踐觀點的人類學》所提出的闡釋（Kant, 2007: 427），並參考 Hont（2005: 173-175）以及 Ferguson（2012）之討論。另外，此議題也與盧梭關於特殊利益彼此對抗的理論觀點有關，可多閱蕭高彥（2013: 182-183）之詮釋。

16　如同李明輝（康德，2013: 201 譯注）所指出，此處康德可能是運用盧梭《社會契約論》第三卷第四章的著名說法，如果有一個如天使之民族，便可用民主制來治理，但此種完美政府不適合於人類。

這個問題（他們爲了其生存均要求普遍的法律，但每個人卻暗自想要豁免於這些法律），是社會契約論中的「搭便車」（free riding）議題。[17] 對康德而言，這並不難解決，且不須要求人類的道德改善，只要運用「自然對人的機械作用」，調整每個人之間不和諧之存心，使得彼此強迫**對方**去服從強制性的法律，便可產生和平狀態。在〈論永久和平〉中，康德運用了市場對自利機制可以加以調整的「看不見的手」（invisible hand）之喻，來解決衝突與秩序的問題（cf. Louden, 2000: 155）；在歷史哲學中，則加入了「**主人**」的因素，使得統治者也成爲政治場域中的一種衝突力量，只是其相對的乃是人民整體，並在彼此的衝突與調解中，完成共和憲法（康德，2013: 201）。

康德進一步主張，在國家中建立公民憲法後，歷史進程將在國與國之間建立合法關係。理想上，這樣的國際法應當建立於自由國家之間的聯邦主義，亦即建立一種「國際聯盟」，其憲章能夠維護所有民族的安全，進而完成永久和平的終極目的（康德，2013: 184-188）。值得注意的是，康德並非烏托邦式的國際聯邦主義者；他完全理解，由具有「非社會的社會性」之人所組成的國家，在初始彼此之間處於無約束的自由狀態時，的確會發生國與國之間的戰爭。然而，前述「非社會的社會性」之辯證將再度發揮作用：首先，國與國的戰爭，其實是自然所運用的一種「手段」，通過戰爭的緊張狀態，使得每個國家在內部感受困頓，並努力脫離此種自然狀態，以達到和平的國際關係。其次，辯證不僅發生在國與國的關係中，更重要的是，康德主張在共和憲法中，開戰的決定「必須有公民底同意」（康德，2013: 180）。人民與統治者相反，他們對戰爭的苦難感受強烈，所以對是否開戰必定十分猶豫且謹愼審度，而統治者卻可能由於微不足道的原因而決定開戰。在這個議題上，「**開戰權需有人民底同意**」構成了康德逆向運用人民與君主（主人）之間的辯證：在法權國家的成立中，君主作爲更高的強制力可以約

---

17　此議題可比較霍布斯在《利維坦》第十五章的論述，請參閱 Hobbes（1994: 90-91）。

束人民的「非社會的社會性」；但在國與國的關係中，人民對開戰的同意權反而形成對君主（以及國家）的「非社會的社會性」之反作用力。此種雙向的辯證，構成了康德歷史哲學論述的特色，其中公民所扮演的角色特別耐人尋味：在國內政治的層次，如前節所述，人民沒有反抗與革命的權利；但在國際關係的層次，宣戰權這個自布丹以來便確立為主權者的主要權限，反而需要得到公民的同意。

　　基於以上，康德主張人類歷史大體上是具有目的性「自然」的一個「隱藏計畫」之實現，它在國家之內落實一部完美的憲法，更在國家之間也實現一部完美憲法，在這樣的歷史進程中，人類的自然稟賦才能完全發展（普遍歷史第八定律；康德，2013: 7）。在法權國家與國際和平的基礎上，康德進一步闡釋了人類的發展，包括思想的啓蒙、自由的進展，以及商業貿易的突飛猛進（康德，2013: 18-19）。因此，康德對盧梭在《論科學與藝術》與《論人類不平等》的文明批判，提出了其基於觀念論的回應。[18] 康德認為，「**文明化**」或藝術與科學的高度開化，的確有所不足，因為仍未達「道德化」之境界。然而，從這個「最後階段」加以檢視，人類有必要進一步提升到屬於「文化」層次的道德理念之教化，方能克服文明化之弊病（康德，2013: 17）。事實上，如同本書第八章第六節所述，盧梭已經提出基於道德自由以及公民自我立法的政治解決方案；康德亦指出，在《愛彌兒》與《社會契約論》中，盧梭試圖解決：「文化必須如何進展，才能使作為一個道德種屬的『人』底稟賦得到恰如其分命的發展，從而使這個『人』不再與作為自然種屬的人相牴牾」（康德，2013: 83）。

　　終極而言，康德的法權論與政治哲學奠基在以「**文化**」（*Kutur*; culture）作為最終目的的歷史哲學概念架構。在《判斷力批判》第八十三節中（Kant, 2000: 297-301），自然通過人類的文化，使得各種目的能夠完成。文化被界定為「一個有理性的存在者一般地（因而以其自由）對任何目的的這種適應性的產生過程」，並可區分為二，其一為「**熟巧**

---

18　關於青年時期康德對盧梭的反思，請參閱 Beiser（1992: 28-29）。

文化」（culture of skill），另一則為「**管教文化**」（culture of training）或
「**規訓**」（discipline）。所謂熟巧文化，就是盧梭所描繪的，在不平等的
社會狀態中，人類為了得到舒適與方便性物品所發展的技藝，將造成
奢侈的產生，進而引發社會不平等與文明苦難。這種困境可以通過公
民社會的建構，而解決個人自由間之衝突，甚至進一步建構世界公民
的整體。然而，基於熟巧文化所建立的「公民社會」，康德用「自然素
質的最大發展」加以描述，事實上已經趨近後來黑格爾所細緻分析的
「**市民社會**」，也就是以商業社會為本的社會關係。但熟巧文化的進程，
並未形構人類的道德性，而這唯有通過「管教文化」對合目的性行動之
「**陶養**」（*Bildung*; education），方使人類得以克服「感官偏好的專制」，
並且「由此使人類對一個只有理性才應當有權力施行的統治做好了準
備」，從而提升靈魂的力量（Kant, 2000: 299-300）。

　　文化與教化，遂成為德國觀念論基於盧梭「去自然化」的道德自由
概念所發展出的文化政治論述，與英、法兩國之「文明論」迥然不同。


## 五、青年費希特：從社會契約到有機體國家論

　　康德的三大批判奠立了德國觀念論的基礎，但其《法權論》較晚出
版（1797），所以同時代的哲學家費希特在康德法權理論問世前，已經
嘗試建構觀念論的政治哲學。謝林在 1803 年出版的《大學研究方法演
講錄》（Schelling, 1966）一書中，對德國觀念論當時在各個學科的影響，
以及未來應加以解決的理論課題，做了全面的回顧。他在論及歷史與
法學的章節中強調，康德在〈在世界公民底觀點下的普遍歷史之理念〉
中，仍然不脫對於受制於自然普遍必然性事件的理性排比；而真正的
歷史書寫，應該依據藝術的原則，呈現出歷史的戲劇性（Schelling, 1966:
106-107）。在國家觀念方面，謝林強調康德及其追隨者結合羅馬法與自
然法所產生的法權概念，並未理解國家的積極性，而「費希特的《以知
識學為原則的自然法權基礎》（以下簡稱《自然法權基礎》）一書是將國

家建構爲眞實有機體的第一個嘗試」（Schelling, 1966: 113）。這個觀察，是本節對費希特法權論述詮釋的主要線索。

當代許多文獻深入探討了費希特與康德在主體哲學及法權論上的重大差異（Vopa, 2001; Williams, 1992; 1998）。康德的實踐哲學，著重的是主體能夠依循普遍法則行動的能力，而每個主體均依據普遍法則，便會形成法權關係。費希特的理論進程與此有異，他所強調的是主體與主體之間，作爲擁有自我意識者在感性世界所互動產生的關連性（彼此均作爲能動的自我意識，以及在他者的「召喚」[Aufforderung; summons]下自我規定成爲其他自我意識之客體）及其過程。[19] 換言之，康德的普遍法則理論取向，在費希特的系統中，被「**互為主體性**」（intersubjectivity）以及主體之間相互的「**承認**」（recognition）所取代，這正是其《自然法權基礎》對於「**法權**」的演繹（cf. Ferry & Renaut, 1990-1992, 1: 102-125）。而由於他著重主體與主體間之關係，所以在國家構成論中，便詳細發揮了主體與主體之間所簽訂社會契約的理論要素。在這個層次上，費希特在 1796 所刊行的《自然法權基礎》，比康德的法權哲學更爲接近社會契約論傳統。

費希特指出，在抽象的法權論層次，主體的存在必須劃分出一個可以行使其自由的領域（sphere of freedom）：在這個領域中，主體發揮其自由以及自我決定的能力，他人不得干涉，而在此領域所發展出的自我意識之特殊狀態，將形成主體之**個體性**（individuality; Fichte, 2000: 41-43）。而主體建立其自由領域並發展其個體性的需求，必須在其他的主體也能同時建立相同的自由領域以發展其個體性的條件下同時完成。是以，「法權關係」（*Rechtsverhältniß*; relation of right）意味著主體之間交互承認（Fichte, 2000: 42, 44），至於在彼此承認關係中所發展出的個體性，將是社群的基礎，並產生相關實證法律。

費希特法權論的另一個重點，是對於法律強制（coercion）的推導，這也發生在主體之間的關係層次。他主張，每一個道德主體關心自己

---

19　請參閱費希特（Fichte, 2000: 31）以及 Williams（1992: 57-64）的討論。

的法權不受損害，這意味著他必須同時、同等程度地關注自己不去損害其他人的法權，方有可能保障彼此之安全。但這如何可能？費希特指出，主體基於其自由追求目的 A，他會盡一切可能加以追求；唯有通過與 A 相反的-A 來制衡，其自由方能與他者之自由相容。而法律強制恰恰是運用-A，使得每個主體僅追求不會妨礙他人自由之目的 A。如此一來，法律強制便能發揮「機械必然性」（mechanical necessity）的作用，促成每個人運用其自由追求各自的目的，而違背其他人的自由時，亦有相對應的法律強制加以制裁。這是「失去相互忠誠和相互信任」之後，唯一可能恢復個人安全的途徑（Fichte, 2000: 127）。

　　費希特和社會契約論傳統的緊密關係，在於他詳細論證了**國家公民契約**（*Staattsbürgervertrag*; civil contract）的理論要素及形成過程。費希特指出，契約的要素，必須包括契約的兩造，以及他們彼此對物的相同權利，且必須確保契約在未來可以施行的可能。通過契約，兩造的私人意志（private will）被整合起來，成為一種共同意志（common will; Fichte, 2000: 166-167）。他將契約的概念運用到形成國家的社會契約中，循著個體與個體互動的路徑，形成了**三重社會契約**。費希特指出，第一重社會契約是「**公民財產契約**」（citizens' property contract），通過這個契約，每一個個體宣稱他要占有之物，要求他人放棄對此物的權利要求，而大家回答，若此人放棄他對其它物的權利要求，大家就放棄對此人所主張之物的權利要求。此種每一個個人與其他所有個人之間交互訂定的契約，確立了私有財產權。

　　費希特進一步主張，財產契約必須預設一個**前約**，也就是說每一個參與契約的人，都應該許諾，他要用自己的力量幫助其他人保護得到承認的財產，且這是每一個人都做的承諾，如此一來就構成了第二重社會契約，他命名為「**保護契約**」（protection contract; Fichte, 2000: 171）。費希特強調，這兩個契約性質不同，因為在財產契約中，個人對於其他人的財產處於一種消極的狀態，而在保護契約中，個人對於他人的財產具有一種積極（保護）的意志。通過這兩重契約，初步落實了他在法權理論中所主張的交互性以及彼此承認。

　　由於保護契約將產生一種由個人讓渡而來的「保護權力」，似乎也意味著國家的形成（Fichte, 2000: 174）；然而，費希特隨即改變了分析的取向。他指出，前述兩重社會契約，並未確立作爲被保護者的公民之**範圍**，而且作爲彼此保護的人民，他們必須形成一個眞正的**整體**（totality），才有可能善盡保護的義務。對這兩個新生的議題，前者費希特仍運用社會契約加以解決，提出第三重契約，他稱之爲「**結合契約**」（unification contract）：確定數量的人們，將屬於他們且需要被保護的所有物讓渡出來，結合在國家主權的統治之下，由此形成的國家，費希特稱爲「**自由國家**」（free state）。在此種國家中，公民有三重身份，首先，是作爲參與主權運作並行使保護權的積極公民身份；其次，作爲自由的個人，其個人自由領域之內的事務，不受到干涉；最後，當他違反法律，則作爲臣民（subject），成爲被制裁的對象。

　　表面上看來，費希特的「結合契約」似乎與盧梭的社會契約理論，以及隨著社會契約所形成的「**政治體**」（body politic）具有親和性。[20]然而，在這個第三重社會契約論述的底層，浮現了**國家有機體論**。假如通過結合契約，則國家的基礎將奠基於個人的意志之上；然而，費希特卻主張，國家乃是一種「實際的整體」：

　　　這種關於哪個人最先遭到侵犯的不確定性、非確然性，這種想像力的擺動，就是結合的紐帶。這是一切人藉以融爲一體的紐帶，一切人不是在一個抽象概念中結合爲一個混合體（*compositum*），而是在實際上結合爲一個整體（*totum*）。這樣，大自然就在國家中把自己在創造許多個體時分割開的東西重新組合起來了。（Fichte 2000: 176）

　　費希特並強調，此處的概念必須運用「有機自然產物」或自然有機

---

20　在這個脈絡中，費希特也的確在註釋中分析了盧梭的契約概念，參見 Fichte（2000: 177）。

體的概念（如一棵樹）才能加以理解；而「國家的自然體」將消除個人的獨立性，並將個體融合進整體之中。這個關鍵文本（Fichte 2000: 175-176），正如謝林所指出，是費希特首先運用了有機體的概念來理解國家。然而，根據其上下文，吾人可以看出，費希特的論述夾纏在社會契約（特別是第三重的結合契約）以及自然的有機體論之間，前者受到個人意志的集體決定，後者則是自然的產物。這兩個面向在青年費希特的理論中同時並存，並未得到調解。但德國觀念論此後的發展，將循著國家有機體論快速發展，同時徹底揚棄社會契約論述，而在黑格爾的國家理論中得到最終的系統表述，本書將在下一章加以分析。

　　對通過三重國家公民契約所形成的政治共同體，費希特也以「**憲政**」（*Verfassung*; constitution）加以分析。他揚棄了孟德斯鳩以及康德的三權分立理論，而以哲學的角度，主張憲政層次應該有兩種權力：一為**行政權**（executive power），另一則為**監察權**（ephorate）。[21] 前者是一種積極性的權力，包含了立法權、行政權以及司法權（Fichte 2000: 141），而監察權則是節制行政權不可或缺的一環。對這個獨樹一幟的憲政權力，費希強調其功能是對行政權力出現違憲的狀況時加以監督懲罰，作為一種「絕對禁止性權力」（absolutely prohibitive power），在行政權違憲的重大情況中，可以發布「**國家禁令**」（state interdict; Fichte, 2000: 151）。[22] 在處理政治權力可問責性的脈絡中，費希特進一步主張，當監察權發布國家禁令時，同時意味著人民集會的通知（Fichte, 2000: 152），此時憲政位階最高的**人民**（*das Volk*）被召喚出來，作為行政權以及監察權產生爭議時的最高仲裁者，其決定除了約束產生爭議的二權之外，並將成為新的憲法（Fichte, 2000: 152-161）。在青年費希特的國家與憲政理論中，吾人可以看到德國觀念論的法權

21　思想史家 Rosanvallon（2008:142-147）特別強調費希特在此議題上之原創性。如本書第二章所論，這個概念淵源於古代斯巴達政制，而在近代則因為加爾文之倡議及奧圖修斯（Althusius, 1995: 92-109）的理論建構而成為暴君放伐論的重要觀念。

22　費希特自述這個觀念源於教廷的權力（Fichte, 2000: 151）。

演繹。但在人民的反抗與革命權的議題上，費希特則採用了法國大革命國民作為最高權力，以及西耶斯的制憲權理論（cf. 蕭高彥，2013: 260-267）。

在確立了憲法形式之後，對國家的治理，費希特著墨較少，但特別提出「**警察權**」（*Polizei*; police）概念。他指出，國家和臣民之間有兩重關係，一方面，國家對臣民承擔符合契約的保護職責；另一方面，國家有權監督臣民履行公民義務並服從法律。而在這兩種關係之中，「警察權」皆作為中介者，一方面要保護公民的安全，另一方面要監督人民守法，後者雖然主要是司法權的職責，但某些管制措施仍能預防犯罪行為（Fichte, 2000: 254-263）。在這個脈絡中，費希特提出了著名的「身份證」想法，認為警察必須熟悉每個公民，而每個人都要隨身攜帶主管部門簽發的身份證明（Fichte, 2000: 257）。雖然這往往成為嘲諷費希特理論者偏愛舉出的獨特主張，但「警察權」作為現代國家治理的重要機能，近年來在傅柯的影響下，[23] 成為思想史研究的重要課題，[24] 而費希特對警察權簡略的說明，也將在黑格爾的理論中得到完整的發展。

費希特的契約論，因其本人理論立場多次轉變，在思想史上並未產生重大影響。[25] 然而，如前所述，在德國觀念論的傳統中，他處於社會契約論朝向國家有機體論的關鍵轉折點之上。事實上，在《自然法權基礎》中，社會契約所立基的個人意志與自然有機體間之矛盾，在費希特後期的思想發展中，將被民族主義所取代。在他著名的《對德意志民族的演講》（1808）第八講中，「**民族**」成為一個自然的有機體：

> 從較高的、根據精神世界方面的立場來看的意義上說，一個民族就是在社會中一起繼續生活，不斷從自身自然而然地在精神上產生出自身的人們組成的整體，這個整體服從於自己體現的神聖

---

23　Cf. Foucault, 2007: 311-361。傅柯對警察權的分析，將之視為「國家理性論」在內政治理上所發展出的關鍵制度。

24　如 Caplan & Torpey（2001），第三章。

25　對費希特政治思想整體的闡釋及評估，請參閱吳庚（1986）。

性發展的某種特殊規律。這種特殊性包含的共同性正是這樣一種東西，這種東西在永恆的世界裡，因而也同樣在塵世裡，將這群人聯合為一個自然的和自己組成的整體。（Fichte, 1968: 115）

換言之，後期的費希特將具有神聖性的「民族」，作為統合精神性、自然以及社會生活的整體；如此一來，社會契約論就必須被揚棄。不僅如此，他更進一步指出，此種意義上的「民族」以及「祖國」，乃是「國家」在塵世中的支柱以及保證，國家要完成的是建立並維護社會秩序、制訂實證法律、維護內部和平，讓每個個人都能靠勤勞維持生計並延續其存在。這些國家所完成的功能，只具有手段性，唯有通過更高的民族概念，才能確立個人自由的範圍，並進一步創造文化的最高目標。民族主義文化論以及國家有機體論，遂成為德國觀念論的主流論述（Kelly, 1978: 260-268）。

總結本節論述，費希特的主要貢獻在於，從主體之間相互承認的「互為主體性」出發，建構了法權概念；至於費希特的三重社會契約，其論述模式其實是對傳統社會契約論述的**逆向推論**。他的「公民財產契約」，事實上只能在已經成立的法權狀態中發生，而當他主張必須預設「保護契約」的前約，以及終極地需要奠基於「結合契約」時，似乎可說他運用了康德的先驗推證（transcendental deduction），證成每一個契約成立所不可或缺的先在條件。換言之，費希特並沒有從某種自然狀態出發，討論個體如何通過同意，建立結合契約、保護契約，乃至公民財產契約。[26] 這樣的論述型態，加上他文本中的有機體的轉向，可以說是在康德的影響下正式揮別了社會契約論傳統。[27]

---

26 應該說，在闡釋自我意識如何通過他者之「召喚」，而自我規定成為他者之客體並形成互相承認之關係時，費希特所做的推理比較接近傳統社會契約於個體性層次的論述。但到後康德時代，這個論述抽象化成為自我意識構成之議題，並影響到黑格爾在《精神現象學》所提出的著名的「主奴辯證」（Hegel, 2018: 76-82），且因 Kojève（1969）之經典詮釋而影響當代思想。

27 事實上，費希特在《糾正公眾對於法國革命的評論》（1793）中，為了討論法國大革命的核心議題：「人民究竟有沒有權改變其國家憲法？」，以盧梭的《社

## 六、洪堡特的自由主義政府權限論

　　洪堡特出身貴族家庭，與康德和費希特不同，並非以建立純粹哲學體系爲志業，而是基於廣博的人文主義教育與素養，悠遊於不同的學科。他曾長期服務於普魯士政府，擔任過國務樞密顧問以及內務部文教局長，並於 1810 年創建了柏林洪堡大學。不僅如此，他亦曾出使羅馬教廷及英國，最後於 1819 年擔任等級事務大臣時，因對於當時「卡爾斯巴德決議」（Carlsbad Decrees）嚴格控制大學並強化新聞書刊檢查等法令持強烈反對態度，而被解職。生平最後十五年從事比較語言學的研究。

　　洪堡特的《論國家作用的界限》，爲其青年時代的作品，完成於 1792年。其思想史之脈絡在於，受到蘇格蘭啓蒙運動的影響，德國思想家也開始反思面對現代商業社會與分工的議題，並發展出獨特論述，Vopa（2001: 215）稱之爲「耶拿時刻」（the Jena moment），因爲當時在耶拿學界，席勒、洪堡特與青年費希特密切交往，前兩位與歌德常有詩文往來（cf. Klencke & Schlesier, 1852: 268-280），將觀念論與美學融合。而在席勒與洪堡特的思想中，特別形成了一種嚮慕希臘城邦公民生活整體完善性的「美學個人主義」（aesthetic individualism）以及「美學國家」（aesthetic state）觀，目的在於抗衡商業社會的機械化。洪堡特的《論國家作用的界限》即爲其中之著例，且其部分主張被席勒整合進其《美育書簡》中（cf. Burrow, 1988: 92-94; Chytry, 1989: 68-69）。由於德國與英國之歷史進程有異，前者之君主國的官僚體制扮演了政治變遷的重要推手，所以在德國思想界，關於開明專制以及政府所應扮演的角色，乃是極爲迫切的議題。德國啓蒙運動的不同思想家，對於是否運用開

---

會契約論》爲開卷，而在第三章中處理更具體的「改變國家憲法的權利可以通過全體社會成員之間的契約出讓嗎？」時，曾嘗試社會契約論的論述模式，從區別個人可讓渡或不可讓渡的權利爲起點，論述社會契約形成之可能（費希特，2014: 241-287），但一般的評價是，這個早期的論述概念架構缺乏明晰性（Vopa, 2001: 100-130）。塔克（Tuck, 2018: 93-96）則在德國思想家繼受盧梭社會契約論的脈絡中詮釋費希特的政治理論。

明專制政策，採用監護管束的治理來提升臣民之福祉的議題，向來有
所爭議。洪堡特於青年時期，原受到開明專制論述的影響，而在與不同
輿論家的交往論辯過程中，終於確立自由主義的立場（cf. Beiser, 1992:
121-125），主張國家的職能僅僅在於保障個人的消極福祉，亦即安全，
這也構成了國家活動的限制或範圍；在此界限之外，則屬個人基於自
由而活動的場域，不應受到干涉。此書曾有部分章節刊登於報章雜誌，
但匯刊成專書時，由於嚴苛的書刊檢查制度，即使有席勒的奔走，也無
法發行（Beiser, 1992: 123-125）。

　　《論國家作用的界限》一書，與觀念論系統理性推導法權與國家
權力的理論進程大異其趣。全書的架構，受到弗格森《文明社會史論》
的深刻影響，[28] 通過比較古代與現代的差異性，針砭現代社會與國家
之關係，並提出其關於現代個體性的理論分析，最後終結於國家權限
之探討。

　　《論國家作用的界限》卷首討論設置國家機構的理據。傳統觀點
強調的是需要界定出統治者以及治理的樣態；而另一種切入點，則是
在政府建立後如何界定其活動的範圍。洪堡特的關懷乃是第二個議題；
換言之，傳統的主權論以及政體論並非其探討之主題，因為國家政府
權限論述在確立之後，可以適用於所有政體。在這個意義上，洪堡特已
經開啟了自由主義論述忽視主權與政體論的開端。

　　與弗格森相同，洪堡特對古典城邦與現代國家的特性，做了歷史
性的分析與鮮明的對比，主要結論是「古代國家追求德行，現代國家
追求幸福」（Humboldt, 1993: 7）。值得注意的是，他在這個脈絡中強
調，古典城邦的教育著重的是人自身，而非其財產，所以古代教養強
調「**身體的、智慧的和道德的能力**」（physical, intellectual and moral

---

28　事實上，洪堡特直接引述弗格森關於斯巴達立法家萊克古斯之立法接近於之前
　　野蠻社會習俗之分析（Humboldt, 1993: 48）。值得注意的是，洪堡特引用弗格
　　森的文本之後，下一段便出現了穆勒《論自由》扉頁的題詞：「根據前面的整
　　個推論，一般而言，一切的一切，至關重要的是最多樣化地培養教育人」
　　（Humboldt, 1993: 48）。

faculties）。[29] 事實上，古典城邦著重於個人完善和諧的發展，而現代國家則讓人民關注於舒適、財產以及工作能力。在這兩種完全不同的世界觀中，洪堡特選擇了一個獨特的理論進程：一方面強調個體人性的發展（接近古典理想），但另一方面，所配套的社會政治組織，則主張減少干涉的自由國家（近代政治社會理想）。

洪堡特對理想個體的基本看法是：「**人的真實目的……乃是對其力量最高與最為合度之陶養以成為一整體**」（Humboldt, 1993: 10）。[30] 這個著名的界說，包含了洪堡特哲學人類學的核心觀念，恰恰可以作為吾人在簡短的篇幅中呈現其人性論的關鍵文本，包括「**力量**」（*Kraft*; force）、「**陶養**」（*Bildung*; cultivation），以及「**整體**」三個範疇。對洪堡特而言，力量意味著人作為行動者（human agent），能夠運用其感性與精神的能力達成其目標（Humboldt, 1993: 74-75）。而在其理論開展後，此種力量逐漸被另一核心概念「精力」（*Energie*; energy）所取代，並進而宣稱「精力對我而言似乎是人類第一也最為獨特的德行（*Tugend*; virtue）」（Humboldt, 1993: 72）。洪堡特主張，任何道德的努力都是要在自身之中發現、培養乃至重新創造自己的能力，並且依據神聖（divine）、崇高（sublime）的標準，將這些能力發展出來。此種發展過程，就是德國傳統特別著重的「陶養」概念；只不過對洪堡特而言，陶養必定是個人基於自由的發揮所產生的結果，而非外在的力量，如政府或教育機構所提供的管束政策和教養所能取代。最後，每一個個體都奮力將其本性中之力量陶養完成「整體」，便構成其「個體性」（*Eigentümlichkeit*; individuality; Humboldt, 1993: 12, 27），也是個體原創力之所在。

值得注意的是，洪堡特與他當時密切來往的歌德與席勒相同，所設想的陶養不僅是個人的潛移默化，而且是運用其精力所從事的永恆之鬥爭（Humboldt, 1993: 78），這可以名之為「**浮士德精神**」（Faustian

---

29　這三個概念影響穆勒極深，並及於嚴復的「民力、民智、民德」之概念。

30　原文為："Der wahre Zweck des Menschen... ist die höchste und proportionierlichste Bildung seiner Kräfte zu einem Ganzen."

spirit; cf. Humboldt, 1993: xliii-xlvi 編者導言），即勇敢面對人生中諸種可能性並形塑自我。其目的雖在臻於完善（perfection），卻也強調個人運用其力量所選擇的路徑有時往往是極端之途，但最終能達到「智慧與德行的中道」（Humboldt, 1993: 80）。

在確立了個體性之後，洪堡特進一步強調，為了克服孤立的狀態，人們必須相互結合，形成社會，但絕不能喪失其固有之個體性。他強調「社會交往的真實藝術」之原則，為持續地掌握他人深層的個體性，並懷著最誠摯之尊重而行動（Humboldt, 1993: 27-28）。在此，吾人可以看到康德的道德律令，即每個人皆將它人作為目的而非手段的核心主張。而如同 Burrow（1988: 93-95）所述，洪堡特的觀念代表當時德國特有的「美學異教主義」（aesthetic paganism），通過對於希臘城邦生活的重新詮釋，展現出現代樣貌。在洪堡特的思想中，大體包括基於個人力量或精力所開創的各種經驗、合度的發展，以及康德的道德律作為人類行動的準則（cf. Humboldt, 1993: xlvi 編者導言）。

《論國家作用的界限》第二章，在界定人的真實目的後，馬上提出「**自由**」以及「**情境的多樣性**」（a variety of situations）二者，作為前述人們自我陶養「不可或缺的條件」（Humboldt, 1993: 10）。洪堡特之所以強調情境的多樣性，乃因即使具有強勢力量與精力的個體，若是生長在單一的環境中，也不可能產生自我陶養、多元經驗，以及完善化之個體性。這牽涉到法國大革命前後，歐洲思想家無論是由於國家機器的理性建構，或拿破崙法典頒布後所產生的影響，對於現代社會朝向「單一性」（uniformity）的深切憂慮（Humboldt, 1993: 18）。[31] 在這個脈絡中，吾人更為關切的是自由的議題，而洪堡特的論述基本上有兩個取向：第一，只有在自由的狀態中，個人的精力才能據其自由意志，而朝向前述人的目的發展；因此，第二，政府活動的界限，乃是賦予人民最大程度的自由。其中第一點特別重要，因為洪堡特的政治思

---

31　貢斯當對法國大革命與拿破崙時代後法國朝向「單一性」的發展趨勢，也深感憂慮（Constant, 1988: 73-78; 2003: 322-325）。

想需要結合兩種理論要素，一爲陶養所形成的個體性意味著完善主義（perfectionism），另一則爲政府通過法律所提供的消極自由。其中之辯證聯繫在於，洪堡特強調自由能夠增強人的「精力」並產生雍容大度的個體；相反地，強制（coercion）則會窒息人的力量，從而導致軟弱無力以及各種自私的慾望。唯有理解這個辯證連結（日後穆勒將繼受此觀念並加以發揮），才能掌握何以消極自由能夠促進完善主義式的陶養。

換言之，洪堡特的自我發展之理論並沒有指向單一之目的（如古典的德行），而是同時包括了康德以來的道德自律，以及費希特也強調的個體性。唯有在此基礎上，才能理解洪堡特的自由概念是一種消極自由觀，讓個人在免除外在強制，並在具有多樣性選擇可能的環境中，自主地從個人人性之所長中發展出整體性（Beiser, 1992: 132）。基於此種個人主義以及自由觀，洪堡特區分國家活動之目的爲二：「積極福祉」（positive welfare）以及「消極福祉」（negative welfare; Humboldt, 1993: 16）。前者乃是通過強制力或教化機制，嘗試影響、甚至決定公民的行爲模式乃至性格與思維朝特定方向發展，也就是當時開明專制在政府的教育、道德改良，以及宗教方面必須扮演的積極角色。對這兩種目的，洪堡特反對任何型態的國家促進積極福祉之活動，而主張：消極福祉或「**安全**」（security）是政府活動的唯一目的。他對「安全」的界定如下：

> 如果一個國家的公民在實施賦予他們的**權利**中不受外來的干預，我才稱他們是安全的，權利可能涉及他們的人身或者他們的財產；因此，**安全**……就是**法律自由的保障**。（Humboldt, 1993: 84，黑體強調爲筆者所加）

洪堡特認爲，這個「法律自由的保障」乃是基於「可靠的必要性原則」，因爲此種受到法律保障的自由在行使時，並不會限制個人運用其力量去從事他們所選擇的活動，或享受他們活動所得之財富；只有違

法的行為才會受到制裁。

　　基於政府只能以保障公民安全為其活動界限的理論（Humboldt, 1993: 33），洪堡特詳細檢視了國家在對外安全、內部和平、宗教、道德等方面之角色，對於當時主張「積極福祉」的論述加以批駁，[32] 並進一步論述政府如何通過法律來確保人民的安全。對於洪堡特運用其理論處理當代議題的論述，吾人毋須深論，但仍有必要略述，洪堡特在討論政府不應提供公民的積極福祉時，對現代國家行政事務以及科層分工所提出的銳利觀察（Humboldt, 1993: 29-33）。在撰寫《論國家作用的界限》時，洪堡特剛離開公職；應是基於自身之體驗，他指出，有機會從事於國家政務層次管理的人，皆會從其經驗中感覺到，很少有規章制度真正具有必要性，其必要性大多是從既存的規章制度中所自我形成出來的，其結果是國家的統治機器不斷擴張，雖然它未必見得有能力解決問題。洪堡特進一步對官僚機構提出分析，一方面機構的分化與數量，成為一種盤根錯節的混亂狀態，但其中的人員基本上並非實在地工作，而是從事於空洞與片面的業務。不僅如此，這個統治團體依賴於國家支付其薪資，也因此產生不良的風向；因為科層組織的分化，導致國家機器變成一種機械性的組合，「依據這個系統而組織並治理的政治社群，與其說是一群積極並享受其精力的狀況，不如說更像一大堆疊在一起的、雖有生命但毫無生氣的行動工具」（Humboldt, 1993: 31）。洪堡特這個對官僚科層制的第一手觀察與批判，除了輔助他對於政府或國家行動需要盡量節制的理論觀點，也形成了日後社會學批判官僚政治的先聲。而從思想史的角度而言，其重要的意義乃是，在蘇格蘭啟蒙運動分析商業社會的論述中，將**社會分工**作為主要的弊端根源，而洪堡特在建構其理論時，則依據對普魯士國家機器的知識與經驗，提出了**政府機構科層化**本身也將導致與社會分工相似的異化問題。換言之，在洪堡特思想中，從社會的批判過渡到政治的批判，吾人也朝現

---

32　如 Beiser（1992: 128-129）所述，論宗教一章乃是洪堡特針對當時 J. C. Wöllner 的宗教與言論管制政策的批判。

代性再往前邁進了一步。


## 七、結語：德國觀念論的變奏曲


　　本章扼要地討論了康德的法權論與歷史哲學，嘗試整合其以道德自律為基礎的自由與法權系統，如何在目的論的論述中，通過「非社會的社會性」而產生歷史哲學與文化理論。費希特則通過互為主體性建構法權概念，並運用先驗推證的論式，探討社會契約的先在必要基礎。接下來的課題，將是德國觀念論的殿軍黑格爾之政治思想，由於其複雜性較高，將於下一章處理。

　　至於洪堡特的《論國家作用的界限》，直到作者逝世後十六年（1851）全書才出版，並於 1854 年英譯，對穆勒寫作《論自由》產生了關鍵性的影響。該書在現代西方自由主義的系譜中扮演了重要的角色，值得於此說明其於思想史上承先啟後的地位。只要參閱洪堡特所引述弗格森觀點的脈絡便可看出，洪堡特承繼了弗格森的文明進步論，但並未採取文明分期的論述。對洪堡特而言，現代人所處文明現狀，唯有通過安全、自由與多樣性的條件下，持續陶養個體性，方有可能克服現代社會趨於一致的群眾性，而向更高的狀態發展。而穆勒《論自由》的扉頁提詞，則直接引述洪堡特（Mill, 1996: 215）。換言之，弗格森在蘇格蘭啟蒙運動中所發揮的共和自由主義之德行與權利觀，通過洪堡特「新希臘主義」所重構的美學式個人主義和浮士德精神，在穆勒的自由主義體系中，成為現代民主社會的重要政治哲學論述，其影響且及於近代中國之嚴復思想。

# 第十三章

# 市民社會與有機體國家

黑格爾的現代倫理政治論

## 一、前言：黑格爾與國家秘思

在近代西方政治哲學家中，黑格爾《法哲學原理》[1] 中的政治理論，在詮釋上所產生的分歧及爭議相當巨大。新康德學派巨匠、思想史家卡西勒在二次大戰極權主義國家崛起的氛圍中，以「國家秘思」（the myth of the state）對極權主義提出了初步的系譜分析，並強調黑格爾思想所扮演的關鍵角色（Cassirer, 1946）。他指出，十九世紀德國的自由主義派，已經將黑格爾的理論當做是民主理念最具危險性的敵人；不僅如此，黑格爾的哲學體系，深刻影響了馬克思與列寧的辯證馬克思主義之形成（Cassirer, 1946: 251）。卡西勒之核心詮釋在於，一方面黑格爾援引基督教的神義論（theodicy）進入其歷史哲學，使得其哲學體系中的歷史不僅僅是上帝的顯現，而且正是祂的現實性（Cassirer, 1946: 262）；另一方面，黑格爾將國家視為絕對精神在人類倫理生活中的最高展現，以及歷史生命的核心，這導致一種價值轉換，使得國家不再負有任何道德的義務，因為德行是屬於個體意志的，而非國家意志之屬性，國家的唯一責任就是自我保存（Cassirer, 1946: 265）。對卡西勒而言，黑格爾所建構的國家秘思之悲劇性在於，他不自覺地解放了在人類社會與政治生活中最非理性的力量，導致其國家理論成為法西斯主義和帝國主義的先聲（Cassirer, 1946: 273）。

二戰後黑格爾政治哲學的研究，由於受到 Joachim Ritter（1982）以及 Manfred Riedel（1984）的影響，詮釋《法哲學原理》的焦點由國家轉向市民社會概念，以及自由主義的理論要素。對兩位詮釋者而言，黑格爾政治思想的原創之處在於克服了古典自然法以「自然」為本，以

---

1　本章引用黑格爾著作縮寫如下：

**PR**= Hegel, G. W. F. 1991. *Elements of the Philosophy of Right*, ed., Allen Wood, trans. H. B. Nisbet. Cambridge: Cambridge University Press。本書引用其節碼，如 PR, §327 代表 327 節；PR, §327 Zu. 指 327 節附釋；PR, §327 Am. 則指 327 節補充。

**PW**= Hegel, G. W. F. 1999. *Hegel: Political Writings*, trans. L. Dickey, Cambridge: Cambridge University Press.

及現代自然法的社會契約思考模式，轉而以「歷史」作爲政治權利與義
務的基礎。不僅如此，黑格爾還將古典政治經濟學所分析的商業社會，
轉化爲「市民社會」（*bürgerliche Gesellschaft*）概念。在德文中，這個
概念原本意指自然法傳統的政治社會（civil state），但在黑格爾的用語
中產生了概念的創新與轉化，成爲非政治私人所構成的經濟社會體系
（cf. Ritter, 1982: 68-79; Riedel, 1984: 129-156）。

　　由於 Ritter 以及 Riedel 具有深厚的思想史學養，他們的分析產生
了廣泛影響，甚至可以說在對黑格爾的詮釋中產生了「典範轉移」的作
用。然而，在強調市民社會概念於黑格爾政治哲學系統中的重要性後，
除了指出黑格爾發展出一種以制度爲基礎的倫理生活概念之外（e.g.,
Ritter, 1982: 80-81; Riedel, 1984: 187-188），兩位思想史家對黑格爾的國
家理論內容鮮有著墨。[2] 不僅如此，他們在詮釋黑格爾市民社會概念
時，特別強調政治經濟學的要素，這包含黑格爾對需要體系、社會分工
與階級形成的分析（PR, §189-§208），以及黑格爾所指出的市民社會財
富的累積將辯證地產生貧窮化與勞動階級貧窮的問題（PR, §241-
§248）。然而這些源自政治經濟學以及蘇格蘭啓蒙運動文明社會論的理
論要素，畢竟只構成黑格爾市民社會論的部分環節，而其國家理論更
包含了權力分立的憲政論，卻都未曾被深入檢視。

　　本章將嘗試提出全面性的分析觀點，理論性地掌握、詮釋黑格爾
的政治哲學整體，包括市民社會以及國家理論。限於篇幅，自然不可能
詳論他所提出的每一個理論要素，而是運用當代文獻以及筆者詮釋觀
點，呈現出他所建構的乃是「理性國家」、「市民社會」，以及「民族共
同體」的三元結構。這三者的形塑過程，淵源於青年黑格爾爲對抗社會
契約法權理論而訴諸倫理生活的觀念。以下將以黑格爾早期作品〈德
意志憲政〉（*The German Constitution*; PW: 6-101）以及〈自然法論文〉
（*On the Scientific Ways of Treating Natural Law, on its Place in Practical*

---

2　Horstmann（2004: 209）批判在 Ritter 的詮釋中，黑格爾國家論成爲市民社會
　　論的「方法論附錄」，並非無的放矢。

*Philosophy, and its Relation to the Positive Sciences of Right*; PW: 102-196）
為本，分析國家與民族概念在黑格爾早期思想中的理論形構。並以此
為基礎，探究《法哲學原理》的政治哲學以及歷史哲學，特別著重於市
民社會與國家以及民族與國家之辯證關係，並通過「等級原則」的分
析，來檢討黑格爾的「中介政治論」。


## 二、青年黑格爾：〈德意志憲政〉中的馬基維利主義

　　黑格爾屬於大器晚成的思想家，在 1807 年以《精神現象學》奠定
學術聲譽之前，他自 1793 年以降，長期研究神學、哲學以及政治經濟
學，並且關注當時政治變遷的大勢。在這段期間，他留下了大量的未刊
稿件，以及部分發表的論文。其中最能觀察到黑格爾政治思想的核心
關懷以及理論化取向的，乃是〈德意志憲政〉以及〈自然法論文〉兩篇
文章，本節與下一節將以此為基礎，分析青年黑格爾政治思想之基本
取向。

　　〈德意志憲政〉撰寫於 1798-1802 年，在其生前並未發表。然而，
在 1893 年正式刊行之後，產生了廣泛影響。施密特在《政治的概念》
當中便指出：「黑格爾在關鍵方面處處保持著政治性。他那些關於當時
現實問題的著述，尤其是他年輕時的天才著作〈德意志憲政〉，乃是闡
明所有精神都是當代精神這一哲學真理的不朽文獻」（Schmitt, 1976:
62-63）。的確，讀者在這篇文章中可以觀察到，黑格爾如何通過細緻的
歷史分析，建構出德意志當時混亂法權狀態的實質，並且提出現代國
家作為一種普遍性的力量，應該完成政治統一以及實現普遍概念之任
務。

　　〈德意志憲政〉開宗明義便指出：「德意志已不再是個國家」，或更
具體而言，德意志當時處於「**國家解體**」（dissolution of the state）的狀
態（PW: 9；黑格爾，1981: 19）。當時支配德意志的神聖羅馬帝國，一
方面承繼了中古後期的封建體制，諸侯小邦林立，而〈西伐利亞條約〉

（1648）又賦予各個小邦國以獨立的主權，益發促成了國家之解體。黑格爾指出，當時的公法學者仍汲汲營營地以私法的角度，爬梳建構帝國之內皇帝與各邦的政治與法權關係，但由於這些法權的建構，缺乏真正的政治動能作爲基礎，使得當時的德意志只不過是一「思想中的國家」（PW: 41-43；黑格爾，1981: 53-54）。他提出一個傳神的比喻：在這樣的思想國度中，法學家所建構的法權系統就像一條直線，但與現實狀態國家的曲線形式卻無法共量；換言之，法權與現實處於一種悖離的狀態。

　　黑格爾對德意志當時的法權狀態提出了極具原創性的細膩分析；限於篇幅，本章只爬梳其中所運用的理論架構。[3] 簡而言之，此種概念與現實相悖離的法權狀態，源於「**德意志的自由觀念**」（German idea of freedom; PW: 10, 92-97; 黑格爾，1981: 23, 106-110），這代表著德意志的歷史或過去；相對地，現代國家作爲實現普遍性的力量，則是現在與未來可能變遷的根源。黑格爾指出，德意志特有的自由觀念，其原始型態是一種強烈的、不願服從權威的「自由衝動」，它使得當歐洲其他民族都已經形成共同的國家統治權力時，德國仍未完成此志業（PW: 10；黑格爾，1981: 22），停留在封建法權狀態。然而，在分析了此種法權的歷史形成過程後，黑格爾再度檢視德意志自由觀，這時，其分析取向已根據法國大革命的歷史經驗，[4] 由批評轉向於吸收與提升的必要性：

　　由於近十年來整個歐洲都注目於一個民族爭取自由的恐怖鬥爭，因而整個歐洲都已捲入普遍運動，所以事情就〔只能〕是有關〔自由的〕概念經受一番改變，清洗掉這些概念先前的空洞性和不確定性。德國人的自由本也不外是意味著各等級代表獨立於皇帝，〔這些等級代表的兩難論法是〕：或者是奴隸制度和專制制度，或者取消國家維繫，古時不知第三者爲何物。（PW: 92；黑格爾，

---

3　詳細的分析，請參考 Avineri（1972: 34-61）。
4　關於法國大革命對黑格爾之影響，可參閱 Ritter（1984: 35-123）的經典分析。

1981: 105）

如同英譯者指出，黑格爾未來將致力於從此種傳統的德意志自由觀之中，發展出「第三種可能性」（PW: 283）。

相對於德意志傳統自由觀所造成的國家解體，青年黑格爾力主國家的重要性，並提出如下之定義：**「一群人為共同保衛自己整個所有權而聯合起來，這才能把自己叫做一個國家」**（PW: 15；黑格爾，1981: 28），而形成國家的基本要素，則在於共同的軍事力量以及政治權威。然而，黑格爾將這兩個要素當做「必然物的領域」，且強調在此必然性之外，仍然需要給予人民的自由活動空間。他指出，國家普遍性的政治權力為實現前述共同防禦與正當權力之所需，自然需要人民的付出；相對地，在這些必要事務外，國家權力就必須保證公民的自由以及其個人意志，並且應該「允許公民有巨大的活動範圍」（PW: 17；黑格爾，1981: 29）。黑格爾提出了一個比喻：政府乃是居於圓心，個人則處於圓周，兩者構成一個完整圓形整體的不可或缺要素（PW: 17；黑格爾，1981: 29）。這個比喻顯然有意對比於前述的「思想之國」之實際上法權與國家現實、直線與曲線相悖離的狀態。

在運用德意志自由觀與國家的普遍政治權威之對立來批判當時德國歷史所形成的法權後，黑格爾也以比較制度史的角度提出分析，指出政治變遷的方向及可能性。他所提出的對比是法國以及義大利的不同進程。以法國而言，黑格爾強調黎西留（Cardinal Richelieu）的國家理性治國術，其根本在於削弱法國國內貴族的力量，並且掃平宗教異端。[5] 而黎西留更將他所反對的政治原則（貴族能制衡王權）加諸於德意志，深化了當時德意志的國家解體狀態。

相對地，義大利由於文藝復興以來的高度文明，反而使其國家分

---

5 黑格爾認為，法國新教的胡格諾教派，並非單純地基於良心自由而反叛暴君。事實上，胡格諾教派如同其對立的黨派，擁有自己的軍隊、牢固的城市，甚至與外國勢力結盟，所以構成了一種主權體，而不可能見容於任何主權國家（PW: 76-77；黑格爾，1981: 89）。

裂解體的狀態，比德意志還要嚴重。在這個脈絡中，黑格爾引用馬基維利的《君主論》，強調其新時代的涵義。他描繪馬基維利爲「當此災難時刻，一位義大利政治家對這種普遍不幸、仇恨、混亂和盲目的狀況深有感受，通過冷靜考慮，他做了必要的計畫，打算通過把義大利結合成單一國家而加以拯救」（PW: 79; 黑格爾，1981: 91）。黑格爾特別強調馬基維利「嚴格的邏輯」，並開啓了一種以國家主義閱讀《君主論》的角度：馬基維利使眞理「提升爲各民族的信仰和一門國家學的原則，即：**自由只有在通過法律把一個民族（**_Volk_; nation**）結合成一個國家時才是可能的**」（PW: 80; 黑格爾，1981: 93：黑體強調是筆者所加）。

　　黑格爾對馬基維利思想的討論集中在《君主論》，而未提及《李維羅馬史疏義》的自由與共和觀念；雖然他並非全面地解讀馬基維利思想，卻也將《君主論》帶進十九世紀民族國家的論述場域中。事實上，〈德意志憲政〉一文唯一長段落的引文（PW: 79-80；黑格爾，1981: 91-92），正是馬基維利在《君主論》終章，大聲疾呼應將義大利從野蠻民族手中解放出來的激昂文字。在這個脈絡中，馬基維利強調新君主要有如以色列人的摩西（Moses）、波斯人的居魯士（Cyrus）以及雅典的忒修斯（Theseus）等偉人，達到《君主論》第六章所述境界，基於個人德行而取得並維護國家的政治領袖。事實上，黑格爾在〈德意志憲政〉卷尾所提出關於憲政改革必須基於政治權力的組織時，終極地訴諸在德意志需有一位忒修斯出現，其宏大氣概足以使得「分散的小族創造成爲民族並且參與共同相關的事務」（PW: 100; 黑格爾，1981: 113）。這個結論，可說是在民族主義時代運用馬基維利新君主的能動性，來創造民族以及國家的統一性的著例。

　　在憲政體制方面，黑格爾推崇在英國、法國以及西班牙所發展出的「有限君主制」（limited monarchy），也就是「以法律爲基礎的君主制」，在其中「成功地形成一個依據法律自由確定的、集中了所有力量的中心」，從而成功地結合「國家強大富有和個人自由合法享利」的新時期（PW: 77; 黑格爾，1981: 89-90）。

　　基於以上分析，黑格爾在〈德意志憲政〉中所展現的，以當代政治

理論家鄂蘭的觀點而言，是「在過去與未來之間」（Arendt, 1977），為當下的政治提出針砭。在黑格爾的筆下，過去（「德意志自由觀」以及封建歷史）與他所力主未來應該發展出的統一國家，是通過馬基維利式的新君主的行動加以連結轉換。換言之，人們絕非只能被動接受過去的歷史，亦不該將黑格爾之主張誤解為「凡存在皆合理」的保守心態。黑格爾的主張毋寧是，必須將歷史的現況與未來，盡量朝向符合概念或理性的目標導正。而這個課題，在青年黑格爾的筆下，運用哲學角度所提出的分析，則是「倫理生活」的概念。

## 三、青年黑格爾：〈自然法論文〉中的民族與倫理生活

　　相對於〈德意志憲政〉中強烈的政治意識以及細膩的歷史分析，黑格爾在同時期所發表的〈自然法論文〉則是以哲學取向，重新理解古典政治哲學以及近代自然法傳統的重要作品。〈自然法論文〉被 Hyppolite（1996: 35）稱為黑格爾法哲學最早期的雛型，於 1802/03 年發表於謝林所編輯的《哲學批判期刊》（*Kritisches Journal der Philosophie*）第二、三期。內容大體包括四個部分：對經驗主義自然法的批判、對形式主義自然法的批判、黑格爾本人所提出的「絕對倫理生活」概念，以及自然法和實證法的關係。這篇文章由於受同時期謝林哲學的影響，黑格爾的哲學語彙尚在發展中，所以用語行文特別晦澀；但穿透文字迷霧後，仍可清晰看出青年黑格爾嘗試綜合古典與現代傳統之努力。本節將略述黑格爾對自然法兩個傳統的批判，之後著重於他所建構的倫理生活概念。

　　黑格爾所批判的經驗主義自然法傳統，基本上指涉從格勞秀斯到普芬道夫的現代自然法傳統。[6] 黑格爾認為，經驗主義將「自然狀態」

---

6　可參照黑格爾晚年《哲學史演講錄》對於經驗主義思想家的分析，其中以洛克作為綱領，並討論了格勞秀斯、霍布斯與普芬道夫（黑格爾，2013, 4: 152-180）。黑格爾認為，格勞秀斯「完全限於經驗的抽象推論和事實之堆在一起，把各個

與「法權狀態」（*Rechtszustand*）相對立，並嘗試從虛擬的自然狀態中，找尋最爲根本的人類特性（如社會性或自保等），再由此基礎推導出國家的法權狀態。他指出，經驗主義的分析缺乏任何選取這些特質的標準，其結果乃是從後天（*a posteriori*）推導出先天（*a priori*），在邏輯上顯有問題（PW: 111）。除了方法謬誤外，黑格爾同時指出，所謂自然狀態的假設，將個人抽象化，抽離了其存在與活動的多樣性，而成爲一種**原子**（atom）；而由原子式個體所結合而成的群體，只能是一種極弱的聯合體（PW: 111），而且所形成的國家或社會所具有之法權，對於個人而言具有一種外在的異己性（PW: 113）。在批判經驗主義之後，黑格爾強調人類倫理生活的本質，不容許自然狀態與法權狀態相對立，因爲在對立之後的綜合會造成個人自由的以及共同體權威同時降低，並非人類集體生活恰當的分析架構。

　　相對地，黑格爾所稱之形式主義，則特指康德與費希特兩位德國觀念論哲學家，通過「無限性」（*Unendlichkeit*; infinity）的原則，以先驗的方式重新考察自然法，並建構了全新的道德與法權觀念（PW: 118-119）。黑格爾對康德的批判集中於道德哲學，主張康德之通過普遍律則來自我規定主體道德行動的理論進程僅爲一種「同義反覆」（tautology），因爲在去除了經驗界的雜多之後，實踐理性所做出的自我決定，只能停留在抽象律則的層次，無法眞正結合經驗世界（PW: 123）。換言之，黑格爾認爲康德式的道德主體，與經驗世界會產生持續的對立與分裂，並無法通過實踐理性加以結合（cf. 顏厥安，1999: 240-242）。不僅如此，黑格爾甚至主張，康德式的形式主義將導致某些「非倫理情境」（*Unsittlichkeit*），這也能通過實踐理性的同義反覆之分析運用而加以證成（PW: 125）。青年黑格爾此時對康德實踐理性的批判，日後會在《法哲學原理》中，以「道德」之專章加以批判，並成爲西方道德哲學及倫理學的重大議題。

---

　　國家間相互的關係加以經驗地排列在一起，再兼之以經驗的抽象推論」（黑格爾，2013, 4: 173）。而霍布斯的學說則存在如下特點：「在人性、人的欲求、嗜好等等的基礎上設定的國家的本性和機體」（黑格爾，2013, 4: 178）。

　　黑格爾對於費希特的批判，則近似於對社會契約論的批評。然而，黑格爾並未對費希特運用社會契約論證來說明國家正當性的理據提出直接批評（cf. 吳庚，1986: 262-263；本書前一章第五節），而集中在《自然法權基礎》第十四至十五節對於強制原則的推導。如前章所述，費希特主張，每一個道德主體關心自己的法權不受損害，意味著他必須同時、同等程度地關注自己不去損害其他人的法權，方有可能保障彼此之安全。黑格爾則認為，費希特證明強制力的方式，乃是運用純粹的自我意識與實存的、每一個個體實在的自我意識之對立，使得體現純粹自我意識的強制法律，可以在個體的層次得到認知並成為有效的法律（PW: 132），黑格爾反對費希特所述此種強制法律可以成為一種「機械必然性」發生作用的進程（Fichte, 2000: 127），而強調此種「普遍意志」通過強制法律約束每個個體的機械必然性構成一種「**外部系統**」（system of externality），也就是說，普遍意志和個人意志將永遠處於一種對立的關係中。黑格爾進一步指出，費希特將強制法律視為外部關係的主張，運用到政治層次，將是政府（government）以及被治者（governed）兩造互相對立、互相強制的某種「均衡狀態」，也就是體現人民普遍意志的「監察官」（ephorate）和擁有行政權的政府間之永恆對立，這將造成政治上的動盪（PW: 134-135）。

　　相對於經驗主義與形式主義所面臨的理論問題，黑格爾提出「**絕對倫理生活**」（absolute ethical life）作為自然法學論所應處理的對象（PW: 140）。對黑格爾而言，此種絕對倫理性意味著個體已恰當地組織成為一種有機體，從而具有自己的生命以及能動性，並展現在每一個人共同的存有以及行動之中，使得個體與整體具有同一性（PW: 162）。不僅如此，黑格爾並進一步主張，此種「絕對倫理整體」乃是「民族」（PW: 140）。在黑格爾的思想中，民族作為絕對倫理生活的承載者，顯然構成了一種有機體，從而呼應了同時期謝林在《大學研究方法演講錄》對於國家民族當做有機體加以研究的呼籲（Schelling, 1966: 113; cf. Riedel, 1984: 83）。關鍵議題在於，黑格爾在論述民族作為有機體時，是採取何種分析角度？作為有機體，民族必須自我組織成為一

種個體性，並通過獨有的風俗與法律，而產生其特有的生命力（PW: 174），而在這個脈絡中，黑格爾稱許孟德斯鳩不朽的作品敏銳地捕捉了各民族的個體性以及性格（PW: 175）。

　　除了孟德斯鳩，青年黑格爾在建構其民族觀念時，更仰賴柏拉圖與亞里斯多德的古典政治哲學。在〈自然法論文〉少數的引文中，黑格爾引述了亞里斯多德《政治學》第一卷的名言：「由此可以明白**城邦**出於自然，而人類在本性上，也正是一個政治動物。凡人由於本性或由於偶然而不歸屬於任何**城邦**的，他如果不是一個鄙夫，那就是一位超人」（*Pol.* 1253a）。黑格爾的譯文（PW: 159-160）則將這個文本的第一個城邦翻譯為「民族」（*Volk*），而將第二個城邦翻譯成「社群」或「社群性」（*gemeinschaftlich*）。這樣的譯法，清楚地看出黑格爾的民族觀念，在社會以及政治組織層次是古典政治哲學已經達成自足的「共同體」觀念（cf. Ritter, 1983; Riedel, 1996）。至於柏拉圖，則扮演了更為重要的角色，其《理想國》論述城邦共同體形成之過程，以及生產者、衛國者以及哲王的等級分化，是黑格爾所依賴建構倫理生活所依賴的典範，本章以下將詳論之。

　　民族作為倫理性的有機體，其中之關鍵在於它的形成以及組織方式有別於前述經驗主義以及形式主義兩種進程的思考取向。對黑格爾而言，民族的形成必然是來自對外抵禦敵人，而非根據社會契約或某種普遍的理性律則（PW: 140）。在這個脈絡中，黑格爾提出「**死亡之危險**」作為人類形成民族的動因，這與經驗主義傳統中任意選取的人類社會特性完全不同，因為死亡意味著主體生命之終結，所以這個根源是任何個體都要面對的極端可能性，必須加以克服，而由此所構成之民族也取得了生與死的終極權力。[7] 而在民族與民族之間，既然彼此都是為了維護生命，所以民族間之戰爭不可免，戰爭中之勇氣亦當為公

---

7　值得注意的是，黑格爾所批評霍布斯的社會契約論，真正之根源其實並不僅是自保，而是在一個尋求自保而導致人與人互相為戰的狀態中，對於死亡之恐懼。事實上，Strauss（1963: 57-58）早已指出黑格爾在這個議題上繼受了霍布斯的觀點。

民之德行。

在結合成民族共同體之後，內部產生和平共存的情況，便可以進一步追求合理而衡平的社會組織。黑格爾區分民族之內的三個「領域」（sphere）：首先，有一實體性（substantial）領域，在其中每個個體由於個人需求之滿足以及生活之享受，形成了一個「普遍互相依賴的系統」（system of universal mutual dependence; PW: 141）。黑格爾明確指出，此即為政治經濟學所描述的需要、勞動以及財富累積的商業社會，可以看出青年黑格爾已經吸收了古典政治經濟學的識見（cf. Riedel, 1984: 107-128）。這構成民族有機體的第一個領域，而未來將在成熟期的黑格爾系統中，成為「市民社會」的環節。其次則為形式的（formal），亦即法的領域，指涉的是為了維護前述普遍互賴體系所需的律法，也就是規約財產的相關法律（PW: 140; cf. 顏厥安，1999: 547-548）。最後也最重要的，乃是具體化倫理生活的絕對領域，黑格爾用「**等級**」（*Stand*; estate）系統加以說明。他主張，前述普遍互賴的體系（也就是商業社會），將產生新興的布爾喬亞等級，這與傳統的農人之生產活動有所不同，但這兩個等級都受到行業特殊性的限制，而無法實現自由以及整體利益，所以另外需要有一個「自由的等級」加以統攝，一方面對內可以統治與治理，另一方面對外則可以保國衛民，也就是完成民族形成的戰爭之任務（PW: 147-151）。青年黑格爾的等級觀念，應該是受到柏拉圖《理想國》中，由戰爭之必然性而發生的生產者與衛國者的區分（*Rep.* 273-276）之影響，並加以演繹，加上商業社會的布爾喬亞而形成三個等級。黑格爾的目的，也和柏拉圖相同，是通過理性重構的等級制度，來完成倫理生活所需的整體性。

以上三個領域，構成了民族作為絕對倫理生活有機體的特殊性（particularity），體現為個人以及等級的各種活動。相對於此，另外需要有「普遍性的形式」（form of universality）來確保民族有機體的同一性，而黑格爾指出，此種普遍性乃由「立法系統」（system of legislation）所構成，而這個系統必須「完美地表達出現實性，或迄今仍具有生機的習俗」（PW: 102）。各個民族乃是在現實的樣態中體現倫理，所以形成

一種整體中的環節；而不同民族所體現的倫理精神，將形成一個整體過程的不同階段（PW: 174）。此時黑格爾尚未建立完整的歷史哲學，但已經從民族盛衰的角度，討論征服、文明，以及野蠻民族的變遷（PW: 174-176）。

　　依據上述，黑格爾在〈自然法論文〉中所建構的民族作爲體現絕對倫理生活的有機體，其實意指因應戰爭需要所產生，但通過社會分工體系所形成的共同體，並以立法系統形成治理的普遍律則。然而，最後一個要素，其實指向普遍立法體系如何可能，也就是憲政作爲現代社會生活基礎的議題，黑格爾並未在〈自然法論文〉中闡釋，而在同時期的〈倫理生活體系〉（1802-1803）一文中加以說明（Hegel, 1979）。在這篇未刊稿的卷尾，黑格爾處理了絕對倫理生活中的政治要素，也就是國家憲法（Hegel, 1979: 145-177）。在重新說明三個等級（Hegel, 1979: 152-156）後，他指出了「憲政」（*Verfassung*, constitution）的本質在於，政治權力分立之後所形成的整體（Hegel, 1979: 157）。青年黑格爾此時將政府依據三個等級的不同屬性，區分成三個層次的政府：農民等級需要一種支配性的「絕對政府」（Hegel, 1979: 157-162）；布爾喬亞需要一種「普遍政府」（universal government），能夠提供個人需要以及交換體系所需的正義以及規訓（Hegel, 1979: 163-176）；軍事等級則需要「自由政府」（free government），而依據統治等級的人數可以分爲民主、貴族與君主三種體制（Hegel, 1979: 176-177）。但假如「統治者與被治者的關係」有所改變（也就是當統治者不考慮被治者的福祉），那麼就形成不自由的政府，包括暴民政治（ochlocracy）、寡頭，以及專制（despotism）。通過這個論述，青年黑格爾將〈自然法論文〉所分析的民族有機體，與〈德意志憲政〉所力主的普遍性國家，與西方古典政治哲學的政體論結合起來。

　　然而青年黑格爾此時的綜合，仍然缺乏概念上的精確性，他在之後的十五年（1802-1817）基本上從事於體系的建構，包括《精神現象學》（1807）、《邏輯學》（1812-1816）以及《哲學百科全書》（1817 初版）。在這個過程中，除了《精神現象學》的部分內容外，政治哲學並

非其首要的關懷。雖然他在不同的脈絡曾分析國家憲政的議題，包括
《哲學淺介》（1808-1810）中關於法律、道德與宗教的淺釋（Hegel, 1986:
32-35），但並沒有真正原創性的系統建構。事實上，在《哲學百科全書》
初版中，關於倫理生活的討論相當簡短（Hegel, 1990: 250-256; §430-
§452），[8] 而且是從個別民族具體實現倫理精神的角度加以分析
（§442），完全沒有分析政府或憲政的有機權力分立議題。是以，Riedel
（1984: 101）主張，黑格爾成熟時期的政治哲學體系，直到 1817-1818
年開始演講自然法時才發展完成。

## 四、《法哲學原理》中的市民社會與國家

黑格爾於 1817 年冬季在海德堡大學講授「自然法與國家學」
（Hegel, 1983; 1995），正式完成了他成熟時期的政治哲學體系，並於
1820 年刊行《法哲學原理》。比較 1817-18 演講紀錄以及《法哲學原理》
的目次，可以看出在前者中，黑格爾已經重新建構了其政治哲學體系，
迥異於青年時期的思想進程。

在《法哲學原理》導言中，黑格爾論述了自由或自由意志與法權在
客觀精神領域的緊密關係。對於實踐哲學，則區分成三大部分：「抽象
權利」（論述人格、財產、契約，以及不法）、「道德」（闡釋行動、目的、
福祉，以及善與良心），以及「倫理生活」。包含人類社會政治關係整體
的倫理生活，又區分為家庭（討論婚姻、家產，以及幼兒教養）、市民
社會（涵蓋需要系統、同業公會與等級、司法權，以及警察權）。倫理
生活最高級的領域則為國家，黑格爾論述國家法權內部的有機組織（包
括王權、行政權，以及立法權）、國與國之關係或國際法，而終結於世
界史。

---

8 Ilting（1973, 1: 136-215）則將《哲學百科全書》初版的「客觀精神」部分，連
同黑格爾的演講筆記一起刊行。

本章以下僅就黑格爾成熟期的體系，與前兩節所述青年時期所建構的絕對倫理觀之重大差異爲主軸加以論述。相關的議題包括：自由概念成爲統攝客觀精神以及法權哲學的原則、個人主觀在市民社會中得到保障以及發揚、國家憲政所發展完成的有機體在其中個人的具體自由得以展現，以及作爲歷史發展行動者的民族。

## （一）自由觀念與抽象法

在黑格爾成熟的系統中，法權哲學是以意志與自由爲基礎，而《法哲學原理》的〈導論〉正是黑格爾闡釋自由概念的經典文本。然而其自由觀念，唯有對照於其青年時期的思考，方可理解其原創性。如前所述，黑格爾在歷史地分析德國憲政時，已指出所謂「德意志自由觀」堅持等級獨立於皇權造成了國家解體狀態，而這與奴隸和專制相對，導致德意志傳統「不知第三者爲何物」；黑格爾所致力發展的，當然是此第三種可能性的自由觀念。

〈自然法論文〉中的「絕對倫理生活」觀念並未包括個人自由的元素。其中對自由觀念篇幅較長的處理，恰恰在第二節批判費希特的強制法律觀之後（PW: 136-138）。在此脈絡中，黑格爾分析並批判了由霍布斯所首先提出的「意志作爲審議過程的最後一個慾望」（will is the last appetite in deliberating）之選擇自由觀（Hobbes, 1994: 33）。黑格爾認爲，自由不能是在兩個相對立的事物（如＋A 與－A）之間做一選擇，因爲此種作爲「選擇」（choice）的自由，將使得意志被所選擇的對象（＋A）所決定，而不能同時選擇－A。如此一來，主體的自由意志就永遠依賴於特定的意志對象，而無法超越於相對立的對象物之上。[9] 相

---

9　黑格爾的論述對象，仍是本書前章所論費希特於自然法權論所分析的：主體的自由，若追求目的 A，則他會盡一切可能加以追求；但其自由若欲與他者之自由相容，唯有法律運用與 A 相反的－A 加以制衡，使得每個主體僅追求不會妨礙他人自由的目的 A。如此一來，法律的強制，便能發揮「機械必然性」，完成每個人皆自由之條件（Fichte, 2000: 127）。黑格爾反對此種自陷於外在關係的強制法律，而力圖加以超越。費希特的理論進程，若以霍布斯的人性論而

對於此，黑格爾主張「**絕對自由**」（absolute freedom）乃是能夠外在於
對立物之上的能力，所以真正的自由，既無外在物，亦無強制之可能性
（PW: 137）。黑格爾主張，當主體同時否定了＋A 與－A，甚至從所有
確定性之中抽離出來，就能達到「純粹自由」，雖然此種絕對的純粹自
由，只有在面對死亡時方有可能展現（PW: 138）。具體而言，則唯有具
備面對死亡能力的主體，方才證明其自由以及超越於任何強制之上
（PW: 138; cf. 顏厥安，1999: 244-245）。事實上，如前節所述，面對死
亡之危險乃是民族形成之主因（PW: 140），在這個意義上，青年黑格
爾無異主張，個人自由奠基於集體安全之基礎上。然而，個人選擇之自
由仍然出現在同時期的〈倫理生活體系〉之中，但乃是作為否定的環
節，也就是有可能取消或危害倫理生活的負面元素（Hegel, 1979: 129-
133）。

換言之，青年黑格爾已經意識到消極性的選擇自由之侷限並試圖
加以克服，但是並未完成自由與倫理生活的辯證結合。而在其成熟體
系中，自由或自由意志是客觀精神（objective spirit）的基礎，意味著自
由的真義在於人類主體能夠創造出與概念相符的制度以及人文化成之
世界，綜合表現為倫理生活的各種樣態。也就是說，**自由成為倫理生活
的基本原則**，迥異於其青年時期的理論取向。這個全新的自由觀念，首
先出現於 1817 年《哲學百科全書》，但此時的討論相當簡略，只有兩
節，強調自由意志與客觀精神乃是理論與實踐的結合（Hegel, 1990:
241），對黑格爾所特有的「自我實現」（self-actualization; cf. Wood, 1990:
17-35）觀念尚未有所著墨。[10]黑格爾對自由概念的理論分析，初步完
成於 1817-18 年關於自然法與國家學之演講（Hegel, 1995: 51-59），而
集大成於《法哲學原理》的〈導論〉（Hegel, 1991: 25-64），成為影響其

---

言，則是通過嫌惡（aversion）來誘導個人的慾望不至於傷害其他人；而用康
德的概念，則是法律強制唯有作為阻礙個體妨礙他人之自由時，方為正當，也
就是「妨礙之阻礙」原則（康德，2015: 46）。

10 值得注意的是，《哲學百科全書》1830 年的修訂版中，在「客觀精神」的緒論
部分有所擴充，明顯地吸納了黑格爾在《法哲學原理》中所發展的自由理論（黑
格爾，2006: 313-316）。

後政治哲學自由概念的重要論述。

　　在〈導論〉中，黑格爾指出，法的體系乃是「實現了的自由的王國」，也就是說，自由乃是法的根源，具有能動性，創造出法權的精神世界做爲「第二天性（自然）」（PR, §4），他接著對自由意志提出環環相扣的三個環節：

（1）　首先，意志包含「純無規定性或自我在自身中純反思的要素」；

（2）　同時，自我就是過渡，即從無差別的無規定性過渡到區分、規定、和設定一個規定性作爲一種內容和對象；

（3）　意志是這兩環節的統一，是經過在自身中反思而返回到普遍性的特殊性——即單一性。（PR, §5-§7）

　　黑格爾接著對各個環節做了詳細的說明，綜合其論述，這三個環節的自由意志之理論涵義如下：第一個環節乃是意志的**抽象自由**，表示主體能從自然的各種慾望中抽離出來，從而創造一種不去決定的絕對可能性。自由意志的第二個環節則意味著將意志關聯到特定的對象，且不限於單一對象，而可以過渡到其他各種可能的對象之中，也就是**選擇自由**。而辯證法第三環節的「單一性意志」，乃是在意志所已經創造的精神世界中，其自我規定能與普遍性結合。對黑格爾而言，只有第三個環節，才是眞正的意志自由，他稱爲**具體自由**，也就是在普遍性的倫理生活中，人類可以發展出眞實的自由狀態。

　　黑格爾在導論中討論完自由的概念之後，便依據自由理念的發展階段，區分出抽象法、道德，以及倫理三個領域，分別爲人格、主體性，以及具體存在的社會個人所代表。其中抽象法或形式法作爲自由發展的第一階段，未來將逐步落實，特別是在市民社會的法治中，則具有特殊的理論意義。如 Ritter（1982: 126-128）所指出，此處黑格爾乃是以羅馬私法爲本，將其作爲自由的基礎，而在其後的論述中逐步實

現。[11] 然而，黑格爾此種論述策略值得進一步探討。在抽象法中，核心的範疇是「人」（person）以及「人格」（*Personlichkeit*），意指主體在自身中所具有的單個意志，但同時可能成為普遍的、無限的，以及自由的個人。黑格爾進一步闡釋了「人格」之「法權能力」（*Rechtsfähigkeit*），而成為抽象法的基礎，並論述了三個主要私法範疇：所有權（包括取得占有、物的使用，以及所有權的轉讓）、契約，以及不法（包括詐欺、強制與犯罪等）。

《法哲學原理》的論述模式產生了兩個重要的結果：首先，黑格爾不再從任何單一的個人或自我意識出發，研究其與其他自我意識之恰當關係（如費希特的互為主體承認的理論進程，以及《精神現象學》中在自我意識構成時與其他自我意識從事「承認鬥爭」時所產生的主奴辯證）。在《法哲學原理》中，契約是純粹的私法概念，並且因為被呈現為抽象法權，所以不可能成為具有倫理性之國家的構成基礎。換言之，黑格爾完全摒棄以個人主義角度探究個人如何組成共同體，以及終極而言國家如何通過社會契約而產生正當統治等議題，從而完全**揚棄**了社會契約論傳統。

其次，黑格爾將人作為「人格」，討論其自由的「外部領域」（§41），最基源之活動為對「物」之占有，也就是所有權。換言之，在《法哲學原理》中，人的「人格」，首先被人與自然（物）的關係建立，而非自我意識的道德自主性或自我意識之間的互動。這雖然使得《法哲學原理》的體系展開了一個以法權為核心，並且在家庭、市民社會與國家中具體化落實的理論進程；但這也意味著，與本書第六章第七節所述之洛克財產權相同，**黑格爾所預設的「人」，作為抽象法權的主體，其實是市民社會的人，也就是布爾喬亞**。通過「抽象法」的開端，黑格爾得以克服社會契約論的個人主義；然而，他所分析的個體，其實也是前於

---

11　Siep（2004: 276-279）主張此處黑格爾提出的是「基本權利」（fundamental rights）
　　理論，恐有疑義。

社會的，只不過在「客觀精神」的發展過程中逐步自我發展、實現。[12]

回到客觀精神作爲自由之實現議題，表面上看來自由意志的三個環節，相應於黑格爾客觀精神論之中的三種領域：抽象法、道德，以及倫理生活的制度；然而，若詳細加以爬梳將可察覺，自由意志三個環節的辯證乃反覆出現於不同的領域之中。而吾人理解黑格爾政治哲學的關鍵，即在於即使在「倫理生活」中，意志自由的三個環節之辯證仍然展現，並且以市民社會實現了選擇自由（被稱爲主觀自由，亦即意志可在對象物中無限過渡的自由選擇），以及在國家中所實現的具體自由。以下即就這兩個面向加以分析。

## （二）主觀自由與市民社會

《法哲學原理》一個重大的理論創見，乃是區分市民社會以及國家，並予以理念型的建構。市民社會指涉現代商業社會在十八世紀興起後所形成的社會秩序，國家則是絕對君主制時期開始逐步形成的政治共同體。黑格爾的分析架構，是將市民社會區分爲四個環結：需要體系與等級（PR, §190-§208）、司法（PR, §209-§229）、警察權（PR, §230-§249），以及同業公會（PR, §250-§256）。至於國家，則以憲政制度所構成的有機體爲核心，分析其權力分立，包括王權（PR, §275-§286）、行政權（PR, §287-§297），以及立法權（PR, §298-§320）。完成了憲政制度的分析後，黑格爾再以對外主權、國際法和世界歷史終結其《法哲學原理》的論述。

黑格爾對於市民社會與國家關係之理論分析架構，可以下圖加以

---

12 事實上，若從社會契約論的角度觀察黑格爾體系，則他其實並未解決社會契約論所分析之財產權起源的問題：假如人對物的占有是最原始的活動，那麼當他對物的先占取得之後，勢必包含「他人的承認」，也就是「跟別人的關係」（PR, §51），然而，在這個脈絡中，黑格爾強調的是人對物占有的抽象法權優先性，而尚未處理人與人間之關係，所以，「他人之承認」如何可能呢？這構成了《法哲學原理》中財產權論述的根本問題。

表示：[13]

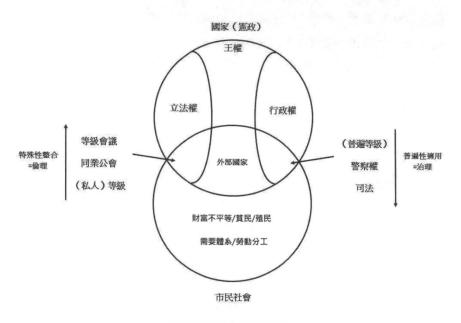

**黑格爾市民社會與國家關係圖**

　　筆者主張，黑格爾觀念中的市民社會與國家之關係，並非完全分離或對立，而是兩個緊密相關，互有重疊的領域，如同上圖所顯示出的，兩個具有交集的圓形領域。本節以下分析，將區分爲三個部分：市民社會自身、「外部國家」，以及國家自身。其中的外部國家，乃是市民社會與國家概念分離之後，二者互相「**映射**」（reflection）以及**中介**（mediate）的領域，包含了圖右由上而下國家對市民社會的理性治理，以及圖左市民社會由下往上所產生的制度性倫理整合。由於「外部國

---

13　這個圖示受到 Cohen & Arato（1992: 91-116）詮釋之啟發，但筆者並不完全同意他們對黑格爾「通過國家之整合」所提出的批判（Cohen & Arato, 1992: 112-116）。

家」被黑格爾吸納在市民社會的論述中（PR, §183），以下便依此論述二者之特質及其關聯。

## （1）市民社會自身

　　狹義的市民社會，乃是具體個別的人作爲「**私人**」（PR, §187），基於自身的欲望以及需要，把自己的利益作爲目的，而將其他人當做達成目的之手段。這個表面上看來不具有道德性的起點，實際上乃是古典政治經濟學的需要與勞動理論的基礎（PR, §189 Zu.），因爲在市民社會中，每一個人都必須通過個人的勞動，以及其他人勞動的成品來滿足彼此的需要。而人與動物的根本差異在於，人類的需要可以「抽象化」，產生各種不同的需要以及滿足手段的殊多性（PR, §190），其結果便是社會分工，以及由之而起的人與人之彼此依賴性（PR, §198）。黑格爾繼承了古典政治經濟學之觀點，強調市民社會的需要體系，通過社會分工產生出「普遍而持久的財富」（PR, §199）。然而，黑格爾對此並非盲目地樂觀，他與蘇格蘭啓蒙運動思想家相同，認爲商業社會的財富累積容易導致奢侈民風（PR, §195），而且，由於「普遍財富的增長」並不意味著個人「特殊財富」的同時成長，所以在現代市民社會中，必然產生財富與技能的不平等（PR, §200）。基於這個分析，黑格爾提出了現代商業社會最重要的辯證：社會整體財富累積增長，但「儘管財富過剩，市民社會總是不夠富足的」（PR, §245），其結果乃是貧困以及貧民成爲市民社會不易克服的重大問題（PR, §244）。誠如 Avineri（1972: 147-154）指出，黑格爾尖銳地指出了現代商業社會的貧困問題，以及持續匱乏的勞動階級之產生。另一方面，十九世紀歐洲國家通過對外殖民，來解決國內財富過剩的問題（PR, §246-§248），其中**殖民主義**與黑格爾歷史哲學中的國與國、民族與民族間之競爭有關，將於本章最後一節再行處理。以下先討論市民社會所形成的等級及其他社會團體之公共管理。而在這兩個議題上，市民社會脫離了狹義的「私人」所形成之場域，而是黑格爾所述「通過普遍性制約」（PR, §183）的外部國家。

## （2）外部國家

依據以上黑格爾市民社會與國家關係圖，對處於市民社會與國家之間「映射」場域的外部國家，分成等級、同業公會（圖示的左邊）、以及司法、警察權（圖示的右邊）加以論述，最後再討論由市民社會通過外部國家過渡到政治國家的理論意義。

### （2.1）等級

黑格爾的等級論述，附屬於論「財富」一節，其說明為：「無限多樣化的手段及其在相互生產和交換上同樣無限地交叉起來的運動，由於其內容中固有的普遍性而集合起來，並區分為各種普遍的集團」，也就是說，市民社會的分工體系將形成等級差別（PR, §201）。基於以上定義，黑格爾區分三個等級：實體性等級（農業等級）、反思性等級（產業等級），以及「普遍等級」（PR, §202）。在這三者之中，只有產業等級是市民社會需要體系社會分工的結果，可以進一步區分出手工業、工業以及商業三個等級（PR, §204）。黑格爾等級論的理論涵義，將於下一節仔細探討。

### （2.2）同業公會

市民社會中的產業等級，由於其活動本質集中於特殊利益，因此需要通過同業公會的組合，以客觀存在的社會組織強化這個等級的尊嚴（Ehre, honor; PR, §253）。也就是說，與農業等級和普遍等級不同，產業等級需要通過同業公會來「使自己得到承認（recognition）」（PR, §253 Zu.），增加團體凝聚力，也使得其個人的意識逐漸往普遍性提升。事實上，在前述圖示中已可看出，等級以及同業公會將發展成為國家中的立法機構；換言之，圖示左邊所顯示的倫理整合，乃是由下而上的發展過程，可以看做是市民社會在國家中之「映射」。

### （2.3）司法

黑格爾與西方近代政治思想傳統最大的差異之一，乃是將司法權移出國家憲政的權力分立架構，而轉變爲市民社會「外部國家」的治理機制。黑格爾認爲狹義的需要體系無法自足地存在，因爲私人在追求個人利益的場域中，必然產生衝突與糾紛，而唯有通過司法權，將前述《法哲學原理》第一部分所闡釋的「抽象法」的各種法律規範，適用於經濟社會所產生的爭議，方能恢復衡平與正義。在這個脈絡中，黑格爾相當詳盡地處理了**法治**（rule of law）的基本原則，強調普遍性的法律必須公告周知後，才產生法的拘束力，並通過司法判決落實在市民社會的生活中。

## （2.4）警察權

司法所處理的是個人所有權與人身的侵害；而在此之外，在需要體系的現實生活中，個人的特殊「福利」（*Wohl*; welfare）則須通過警察權的運作加以保障或實現（cf. Siep, 2004: 279-285）。相對於司法，警察權處理的是有關公共利益的特殊性，主要是在需要體系中時常發生的偶然性對個人所可能產生的損害予以預防（PR, §233），以及對與普遍事務相關的公益設施加以監督管理（PR, §235）。[14]

雖然外部國家發揮了一定程度的治理與整合作用，但就倫理整合之終極目的而言，黑格爾認爲「外部國家」所能達到的效果仍有其限度。他指出，警察權只能就普遍性與特殊性之對立做出相對（relative）的統一，而同業公會作爲一種社會組織，則只是有所侷限（restricted）的整體（PR, §229）。其原因在於，「外部國家」體制只構成一種「外部關係」：首先，整合制度之間缺乏有機性聯繫，因爲它們只是爲應付市民社會危機而專設的；更重要的是，由於外部國家的機構（特別是警察權）的治理功能，而對個人呈現出一種外在必然性的樣態（PR, §261），個人很容易將這些機構的治理視爲外來干涉。[15] 是以，市民社會作爲

---

14　關於警察權的思想史考察，請參閱 Knemeyer（1980）。

15　如前節所述，這正是青年黑格爾對費希特「強制」概念的批判重點。

「需要國家」（*Nötstaat*; state based on needs）以及「知性國家」
（*Verstandesstaat*; state based on understanding; PR, §183），必須自我揚
棄（PR, §183），提升為具有正當性且並不外於個人的「理性國家」。

## （三）具體自由與國家

確立了市民社會向國家辯證發展的必要性之後，下一步乃是探討
現代國家之合理性。黑格爾對此議題說明如下：

> 現代國家的原則具有這樣一種驚人的力量和深度，即它使主觀
> 性的原則完美起來，成為獨立的個人特殊性的極端，而又使它回
> 復到實體性的統一，於是在主觀性的原則本身中保存著這個統一。
> （PR, §260）

換言之，對黑格爾而言，現代國家的本質，在於主體性和實體性倫
理生活的統一。相較於青年黑格爾思想，《法哲學原理》不僅不再將主
觀自由與倫理關係視為互斥的原則，而且力圖在現代自由觀念的基礎
上完成倫理整合（cf. Hyppolite, 1996: 60-61, 67-68）。為證成這種觀點，
必須進一步探索在何種意義下自由與倫理生活互補，以及在何種制度
安排下，此相輔相成的關係得以成為政治生活的現實性。

《法哲學原理》的國家理論處理兩個相關的基本議題：其一為合
理的現代國家中，其**憲政**（*Verfassung*; political constitution）所須具備
有機的權力分立狀態，也就是**有機體**；另一則為在此合理國家中，公民
所具有的一種積極的政治認知，黑格爾稱之為**愛國情操**（patriotism）。
以下先論合理國家的憲政制度，再論愛國情操理論之內容。

對黑格爾而言，現代國家的本質在於其憲政，而憲政的基本特質
便是依據理性所產生的「有機性權力分立」（PR, §271-§272）。他主張，
國家作為有機體，乃是「理念向它的各種差別的客觀現實性發展的結
果」（PR, §269），也就是說，國家的特質在於理性劃分政府的權力、職

能以及活動領域後，所形成的憲政體制能讓普遍物持續地自我創造以及保存。在這個議題上，黑格爾雖然承繼了孟德斯鳩權力分立的政府論，但是將之改造爲可以保全有機體持續發展的憲政理論。黑格爾主張，國家權力的「劃分」乃是公共自由的保障，並且通過憲政體制內差別性的建立，而實現整體的合理性。然而，他反對啓蒙以來關於國家制度「人們到處空談不休」（PR, §272 Zu.），特別是主張政府權力構成相互否定、相互限制的錯誤觀念。黑格爾認爲，政府權力的互相抗衡，或許可以達成某種「普遍均勢」，但卻無法促成「有生命的統一」（PR, §272 Zu.）。基於此，他提出其獨特的憲政權力分立論如下：

> 政治國家就這樣把自己分爲三種實體性的差別：
> （1）　立法權，即規定和確立普遍物的權力；
> （2）　行政權，即使各個特殊領域和個別事件從屬於普遍物的　權力；
> （3）　王權，即作爲意志最後決斷的主體性權力，它把被區分出來的各種權力集中於統一的個人，因而它就是整體及君主立憲之頂峰和起點。（PR, §273）

限於本章之篇幅，此處無法深入探討黑格爾關於各項憲政權力的詳細論述，而著重於分析探討其權力分立論如何促成他所主張的國家有機體之整體持續存在。[16] 筆者認爲，關鍵在於黑格爾揚棄了孟德斯鳩「機械式」的三權分立理論後，以英國式的君主立憲與內閣政府爲藍本（PR, §300 Zu.），擘劃出一種政府權力彼此互相依賴、彼此中介，共同促進憲政有機體運作的論述。如前節所述，黑格爾將司法權歸入市民社會外部國家的運作，所以並非憲政體制權力分立的一環；而他所分析的憲政權力，如前述引文所顯示，乃立法權與行政權，以及其與君

---

16 近年來有不少文獻運用黑格爾邏輯學的概念，闡釋其國家與憲政論（如 Henrich, 2004; Wolff, 2004），筆者不採取此分析取向，而著重黑格爾國家論與西方政治思想史之關係。

主最終決斷主權間之關係。值得注意的是，在論述三種權力的構成時，黑格爾反覆強調彼此互相依賴的關係：如君主王權除了自我規定的最後決斷環節外，也包括國家制度與法律之普遍性（立法環節），以及特殊性對普遍性的諮議（行政環節；PR, §275）；在論述立法權時，則主張作為決斷的君主權，和作為諮議的行政權，在其中一起作用（PR, §300），然後再討論立法權運作的機關，也就是兩院制的等級會議。只有在論述行政權時（PR, §287），並未看到其他兩種憲政權力的出現。

黑格爾的國家有機權力分立論，表現出**立憲君主制**（constitutional monarchy; PR, §273）的特質，[17] 所以**王權**被黑格爾列為憲政第一環節。一方面，他運用相當強烈的決斷論來證成，國家的特殊職能必須統攝於國家的統一性，也就是國家的主權（PR, §278）。而主權作為「無須基礎的、能左右最後決斷的自我規定而存在」，僅能由君主「個人」承載（PR, §279），這構成王權之理據。然而，黑格爾也同時依據立憲君主制的精神，強調這個決斷乃是形式上的：「君主只用說一聲『是』，而在 "I" 上御筆一點」即可（PR, §280）。而且他強調君主王權行使時，必須通過國家制度與法律之普遍性（立法環節），以及特殊性對普遍性的諮議（行政環節）加以中介（PR, §275）。

在**立法權**方面，雖然在初始定義中被界定為「規定和確立普遍物的權力」（PR, §273），但在後續的討論中，黑格爾似乎迴避直接論述立法權所代表的人民意志如何建立法律，而僅僅論述法律必須依據國內事務的狀態而得到進一步的規定與發展，從而對於公民的權利以及義務加以規範（PR, §298-§299）。在這個脈絡中，黑格爾批判人民主權論（PR, §279 Zu.），其論證與之前他批判盧梭與費希特的社會契約論之論點類似，他指出，以個人任性為基礎，只能達到「共同性」，但無法企及真實的「普遍性」（PR, §258 Zu.; cf. 魏楚陽，2017）。黑格爾強調等級議會，並依據英國式的兩院制，讓德國所特有的土地貴族組成上議院，而市民社會的產業等級，其選任代表構成了下議院。各等級的代

---

17　關於德國十九世紀立憲君主制的發展，可參閱 Bökenforder（1991: 87-114）。

表共同審議與決定有關公共事務的法律與命令，而其職權範圍包括公民的權利義務、有關自治團體與同業公會運作之規則，以及稅率等（PR, §299）。等級代表原則的主要作用，是將市民社會中源於社會分化而產生的等級賦予政治功能，使之成爲國家的一部分。他稱此種作用爲中介（PR, §302），吾人可名之爲「**倫理整合**」（cf. Cohen & Arato, 1992: 102-112）。換言之，立法權有兩個相當不同的作用，一爲立法，一爲倫理整合；當黑格爾提出立法權可以「規定與確立普遍」時（PR, §273），他同時指涉了普遍性法律規範之建立（立法），以及使普遍性規範內化於公民意識之中（倫理整合）。黑格爾在這個脈絡中特別強調等級會議中的公共討論，以及議事紀錄的公布，將促成關於國家普遍事務知識的普及化，這是「公共輿論」（*Öffentlichkeit*; public opinion）。而由於個人對於公共事務可以有自己的意見、判斷以及建議，通過言論自由表達發揮，這形成了國家之中「主觀自由」的表達場域（PR, §316）。然而，黑格爾也同時指出，公共輿論的內容往往眞僞夾雜，畢竟它只是個人以及社會意見的匯聚，很難說其中蘊含有眞理的成分。事實上，黑格爾在結束國家對內主權，也就是憲政體制討論的最後一節（PR, §320）時指出，公共輿論作爲主觀性的外部表現，以爭辯爲基本型態，而在這種狀態中，是否能眞正鞏固國家生活，仍有疑義；他甚至承認，對於國家憲政的持續存在不可或缺的王權原則，並未成爲當時公共輿論的確定觀點 cf. Avineri, 1972: 174-175）。

然而，黑格爾國家以及憲政論的眞正核心，乃是**行政權**。由於其作用在於「使特殊從屬於普遍的事物」（PR, §287），這預設了行政權的承載者認知了普遍性；是以他將服公職者稱爲「**普遍等級**」，並且在市民社會「外部國家」的公共治理中發揮關鍵功能。換言之，此具體實現理性治理的等級，才是黑格爾現代國家理論的骨幹核心。誠如 Allen Wood 在其編輯的《法哲學原理》英譯本註解中指出，黑格爾關於行政權的討論，並非反映當時普魯士的現狀，而是代表他同意斯坦因（Heinrich von Stein, 1757-1831）的體制改革，強化中立的官僚機構，脫離貴族等級的

掌控，而能輔佐普魯士君主實施理性治理。[18] 不僅如此，黑格爾還運
用亞里斯多德「中間等級」的概念，強調在現代國家中，政府的成員，
由於其選任過程的嚴謹，集中了全體民眾的智慧以及法律意識，從而
也構成一種「中間等級」（PR, §297）。由黑格爾關於中間等級的論述可
以看出，在現代商業社會所建立的國家中，此種中間等級取代了傳統
貴族，成為統治者與被治者之中介。而孟德斯鳩在溫和君主制中，通過
貴族等級節制君主權力的主張，在黑格爾的國家中被中間等級所取代，
而且由上而下有主權者的決斷，由下而上又有同業公會主張各自之權
利，使得中間等級不致任性統治，而會服務於國家的最高利益（PR,
§296-§297）。

　　總結以上，在黑格爾的國家與憲政論述中，君主的形式性最終決
斷、人民通過等級制與輿論之形成以發揮主觀自由並提升公共意識，
以及行政權作為普遍性與特殊性間之中介並使特殊事物從屬於普遍
性，三者彼此互相補足，形成了一個有機整體。黑格爾進一步主張，在
此種現代國家的有機體中，個人不但可以發揮主觀自由，其個體性於
外在環境不足而導致個人福祉受損時，又能受到普遍治理的導正。其
結果不但在客觀的層面上形成一種合理的憲政國家體制，而且在公民
的主觀意識中，也能夠認知到他們從屬於一個可以同時實現自由與倫
理的共同體中，並因此而產生了一種現代型態的愛國情操：

　　政治認知（*politische Gesinnung*; political disposition），即愛國情
　操本身，作為從真理中獲得的信念……和已經成為習慣的意向，
　只是國家中各種現存制度的結果，因為在國家中實際上存在著合
　理性，它在根據這些制度所進行的活動中表現出來。這種政治認
　知一般說來就是一種信任，……是這樣一種意識：我的實體性的
　和特殊的利益包含和保存在把我當做單個的人來對待的它物（這
　裡就是國家）的利益和目的中，因此，這個它物對我來說就根本不

---

18　請參閱 Wood 對 PR, §283、§288、§289 之註解（Hegel, 1991: 566-567）。

是它物。我有了這種意識就自由了。(PR, §268)

　　換言之，對黑格爾而言，公民意識與政治共同體具有如下一種互相支持的關係：一個能被稱得上是理性國家的有機性政治共同體，必會保障公民的福祉與利益；而能運用理性認知的公民，亦必肯認（recognize）國家此種基礎性角色（foundational role）。此種肯認形成了愛國情操，也就是使公民與政治共同體緊密結合的凝聚力。值得注意的是，黑格爾將具有愛國情操的自我意識稱爲是「自由」的，而此處的自由，當然不是之前市民社會所體現的主觀或選擇自由，而是客觀的「具體自由」，因爲主體意識與客觀制度交互支持、交互承認，不再是兩種互相對立、疏離的存在，這就完成了理性國家的理念：

> 　　國家是具體自由的現實；但具體自由在於，個人的單一性及其
> 特殊利益不但獲得它們的完全發展，以及它們的權利獲得明白承
> 認……，而且一方面通過自身過渡到普遍物的利益，他方面它們
> 認識和希求普遍物，甚至承認普遍物作爲它們自己實體性的精神，
> 並把普遍物作爲它們最終目的而進行活動。(PR, §260)

## 五、黑格爾的中介政治論：以等級概念爲例

　　在分析了黑格爾的市民社會與國家論之後，有必要進一步闡釋其中重要的理論議題。可以運用的理論資源很多，筆者認爲等級概念是最有意義的切入點，因爲它貫穿了黑格爾青年時期的絕對倫理生活概念以及成熟期的市民社會與國家論，唯有分析比較黑格爾自青年時期開始等級觀念之發展，方能理解其理論意圖。

　　黑格爾在〈自然法論文〉建構的「絕對倫理生活」概念，其中所運用的等級原則，與〈德意志憲政〉所批判的封建等級完全不同。後者是中古封建的餘緒，其歷史影響一直持續到十九世紀的德國，必須以普

遍性的國家力量加以克服。相對地，黑格爾在絕對倫理生活第三個領域所引介的「自由等級」，則是受到柏拉圖《理想國》的影響。在《法哲學原理》的成熟系統中，黑格爾雖然仍稱許《理想國》描繪了倫理生活實體性的眞與美，卻也明確指出柏拉圖並未妥當處理個人特殊性的原則，更遑論從基督教開始所發展出的主觀自由原則（PR, §185 Zu.）。進一步而言，他強調柏拉圖由於強調倫理實體而缺乏主觀自由要素，所以在其理想國度中，個人的等級歸屬是由統治者所決定的（PR, §206 Zu., §299 Zu.）。換言之，吾人可以說黑格爾《法哲學原理》的主要意旨，便在於將他青年時期所接受的柏拉圖等級理論，通過主觀自由原則的引入，改造成爲一個符合現代社會條件的政治哲學體系。[19] 而在

---

19 雖然當代學者，如較早期的 Foster（1935）以及當代的 Inwood（1984），傾向於不接受黑格爾對柏拉圖的詮釋；但黑格爾對柏拉圖《理想國》的詮釋，其實構成了理解黑格爾的政治擘劃是否符合現代性的關鍵議題。除了在《法哲學原理》討論柏拉圖的倫理實體性原則以及缺乏個體性概念（在黑格爾的詮釋中，蘇格拉底其實已經為希臘的倫理實體灌注了個體性的原則）之外，參閱黑格爾《哲學史演講錄》關於柏拉圖精神哲學的部分（黑格爾，2013, 2: 255-280），將可以確認他對柏拉圖的繼受以及批判。在這個脈絡中，黑格爾特別提出柏拉圖關於倫理實體性的理論進程，遠遠優於現代自然權利和自然狀態的各種理論，因為自然狀態的虛構性，導致自然權利理論只能從人的個別性出發，無法建構社會與國家的整體性（黑格爾，2013, 2: 257-258）。黑格爾進一步討論《理想國》的有機性倫理共同體理論包含了三個環節：倫理的有機體乃由等級所構成、各個等級在倫理生活中得以發展出不同的德行，而個人的特殊性也在不同等級歸屬之後得到恰當的發展（黑格爾，2013, 2: 265-271）。黑格爾並強調，柏拉圖的倫理實體包含三個體系（為了全體利益而籌畫的立法、抵禦外敵保衛共同體的安全，以及滿足個人需要的各種技術）；而相對於這三個體系，柏拉圖提出三個相對應的等級：有智慧的統治者、戰士，以及供應必需品的農人與工匠。柏拉圖對黑格爾的影響，除了這個等級體系對其青年時期絕對倫理生活的概念形成非常關鍵以外，還在於黑格爾認為柏拉圖的《理想國》，並不是提出一個無法實現的烏托邦，而是一個在時代精神中的「真實憲政」（true constitution）的理念，它「乃是出現在一個歷史的民族前面，以便作為它趨赴的目標。每一個國家在時間進展的過程中必須對它現存的法治做如許的改變，以便可以愈來愈接近那真正的憲政」（黑格爾，2013, 2: 262）。換言之，黑格爾的理論意圖，如同柏拉圖的《理想國》擘劃了希臘城邦的「真實憲政」，其《法哲學原理》也在相同的意義上擘劃了現代的「真實憲政」。黑格爾明白指出，假如國家法治與此種「真實憲政」完全背離，那麼將發生兩種可能情況：

這個議題上，黑格爾等級概念的轉變或轉化，具有關鍵性的意義。是以，黑格爾思想中等級概念內涵之歧義，雖然並非黑格爾研究文獻之主流（cf. Cullen, 1988; Wood, 1990: 200-202; Peperzak, 2000: 448-453），但實有必要加以分析。表面上看來，其「等級」意指市民社會需要體系以及社會分工所產生的社會群體，符合現代社會學所稱的「階級」（class）。但如同 Avineri（1972: 104-105）所指出，黑格爾的等級概念不只是社會分工的結果，而且也同時強調社會整合以及政治制度化的議題。這個觀察雖然大體無誤，卻仍有更深層的理論議題值得爬梳。

吾人有必要重新檢視《法哲學原理》對等級之定義：

> 無限多樣化的手段及其在相互生產和交換上同樣無限地交叉起來的運動，由於其內容中固有的普遍性而集合起來，並區分為各種普遍的集團；全部的集合就這樣地形成在需要、有關需要的手段和勞動、滿足的方式和方法、以及理論教育和實踐教育等各方面的特殊體系——個別的人則分屬於這些體系——也就是說，形成等級的差別。（PR, §201）

基於此定義，黑格爾區分三個等級：實體性等級（農業等級）、反思性等級（產業等級），以及「普遍等級」（*der allgemeine Stand*, universal estate; PR, §202）。黑格爾強調，這三種等級一方面是依據概念而區分的普遍差別；但另一方面，個人應該歸屬於哪一個特殊等級，雖受到「天賦才能、出身和環境」等因素之影響，但終極的決定因素還是在於「主觀意見和特殊性」（PR, §206），也就是現代社會中個人選擇職業之自由。

---

其一為內部的強力爆破粉碎了現行法律制度；或是，因無法改革而停留在低劣的法律制度，最終被另一個可以完成較高級憲政的卓越民族所支配（黑格爾，2013, 2: 262-263）。基於這個脈絡，黑格爾關於政治現實，以及他在《法哲學原理》〈序言〉中著名的格言：「凡是合乎理性的東西都是現實的；凡是現實的東西都是合乎理性的」可以得到完整的詮釋。

　　在這三者之中，只有產業等級是市民社會需要體系社會分工的結
果，可以進一步區分出手工業、工業以及商業三個等級（PR, §204）。
黑格爾特別強調，產業等級的主觀意識與城市生活和工商業活動有關，
所以特別具有自由感，而其需求更與法治狀態密切相關。在黑格爾的
擘劃中，這些由市民社會需要體系與社會分工所產生的等級，將通過
同業公會建立成員之尊嚴，並提升到國家立法權中的等級代議活動
（PR, §251-§256）。

　　相對地，農業等級與普遍等級則並非由市民社會的需要體系所直
接決定。農業雖然可以視為社會需求的一部分，但其作為人類的生產
活動卻先於現代商業社會，所以黑格爾強調農業等級與「家庭生活和
自然生活實體性」的直接關係（PR, §203, 250）。然而，從《法哲學原
理》的整體結構加以觀察，黑格爾特別將農業等級獨立列舉，理由並非
僅僅在於農業活動本身和市民社會工商業活動的差異性。事實上，他
已經指出在現代社會中，農業「也像工廠一樣根據反思的方式而經營」，
但其中保留一種「舊貴族的情趣」，也就是當時普魯士所特有強勢的土
地貴族（*Junker*），[20] 他們始終「保持住家長制的生活方式」以及「實
體性的情緒」（PR, §203 Am.）。而黑格爾在立法權的討論中，不僅容許
此土地貴族階層於歷史上已經存在的等級特性，而且接受「他們的財
產就成為不可轉讓的長子繼承的世襲領地」（PR, §306）。黑格爾甚至主
張，其成員由於財產不為任性所左右，特別負有政治使命，構成代議制
度兩院中的上議院或貴族院（PR, §306）。在這個議題上，黑格爾承認
土地貴族和君主的要素相同，都包含「自然規定」（PR, §305），也就是
並非根據自由或精神的出身身份之規定。

　　至於黑格爾關於「**普遍等級**」的論述，最富理論涵義也最為重要。
普遍等級意指「政府中供職的等級」（PR, §303），所以並不參與市民社
會的直接勞動來滿足需要（PR, §205）。黑格爾本人的理論意旨，在其
論述國家立法權作為等級要素運作的場域時才徹底展現：

---

20　關於普魯士所土地貴族的歷史演變與反民主化傾向，可參閱 Rosenberg (1985)。

**普遍等級**（或者更確切地說，在政府中供職的等級）直接由於它自己的規定，以普遍物爲其本質活動的目的；**私人等級**在立法權的等級要素中獲得政治意義和政治效能。所以，這種私人等級既不是簡單的不可分解的集合體，也不是分裂爲許多原子的群體，而只能是它現在這個樣子，就是說，它分爲兩個等級：一個等級建立在實體性的關係上；另一個等級則建立在特殊需要和以這些需要爲中介的勞動上。只有這樣，存在於國家內部的特殊物才在這方面和普遍物眞正地聯繫起來。（PR, §205；黑體強調是筆者所加）

在這個關鍵的文本中，黑格爾用「私人等級」一詞概括他在前文所討論的農業以及產業等級，並與普遍等級相對立，但只有產業等級才是市民社會需要體系經濟活動所產生的結果。普遍等級則包括政府官員（PR, §303）、軍人（PR, §327 Am.），以及市民社會中司法權與警察權的執行者。換言之，「普遍等級」並不能從市民社會的需要體系與勞動方式所決定（如 PR, §201 所述），**它事實上是市民社會中更高之「他者」**，乃是具有普遍性的國家「映射」在市民社會的結果，以實現普遍利益。進一步而言，比較黑格爾關於司法、警察權，以及國家憲政中行政權的哲學分析可以看出，他將這些「普遍等級」的治理活動，統攝於**「歸屬」**或**「適用」**（subsumption）之範疇，其意義在於將特殊事件歸屬於法律或普遍規範之下，同時將現象的經驗提升到被承認的普遍類型。[21] 黑格爾不僅對於司法權運用此種法律適用的範疇（PR, §225-§228），並在關於行政權的論述中有更完整的說明：「使特殊從屬於普遍的事物由行政權來執行。行政權包括審判權和警察權，它們和市民社會中的特殊物有更直接的關係，並通過這些特殊目的來實現普遍利益」（PR, §287）。

筆者主張，黑格爾普遍等級概念的眞正淵源是柏拉圖的《理想國》。

---

21　在《判斷力批判》第 35 與 38 節中，康德已經將 "subsumption" 界定爲判斷力的主觀要素（Kant, 2000: 167-168, 171）。在康德思想系統中，李明輝將之譯爲「涵攝」（康德，2013: 182；康德，2015: 54）。

參照第三節所述，青年黑格爾對於絕對倫理生活等級構成中的「自由人等級」，通過柏拉圖《理想國》中關於「衛國者」（guardian）的論證（*Rep.* 273-276），同時加上其「哲學家王」的政治功能，產生了《法哲學原理》中獨特的「普遍等級」論。黑格爾將軍人也視為普遍等級之成員，有義務通過英勇的德行來保國衛民（PR, §327），印證了這個柏拉圖主義的色彩。一方面黑格爾主張普遍等級是市民社會私人等級的對立面，其目的在於「在特殊權利中維護國家的普遍利益和法治」（PR, §289）；另一方面則強調這個等級既非世襲的自由民，亦非柏拉圖式層層揀選所產生的少數統治菁英，而須反映現代的主觀自由原則，將普遍等級開放給公民自由選擇，但仍須通過考試證明其個人知識及治理能力。而由於職位與個人分離，普遍等級成員又不參與市民社會的勞動，其生活所需必須依賴國家之薪資，以使這個客觀的普遍等級能衡平地治理。所以，黑格爾所擘劃的並非古典政治共同體，而是現代立憲國家。不僅如此，黑格爾在行政權的篇章中，建構了一個現代科層制或官僚（bureaucracy）理性治理的原型。如同社會學家韋伯的分析，科層體制以其專業技能，依據法律和規則從事行政治理，這是現代國家最重要的政治理性化來源（Weber, 1978, 1: 223-236）。[22]

　　基於本節以上分析，《法哲學原理》的等級原則，表面上看來似乎是封建制度之餘緒，但事實上則結合了柏拉圖主義與現代主觀自由原則，完成了現代國家統治機構的概念化工作。換言之，黑格爾的等級概念，既包含前節關於市民社會與國家圖示的左半部私人等級由下而上之倫理整合，也含括了圖示右半部普遍等級從上而下「實現普遍性」的理性治理二者，從而完成了他獨特的雙向**中介政治論**。

　　然而，必須強調的是，黑格爾的中介政治論仍有其極限。在分析市民社會財富增長與貧困同時辯證發展的過程中，他單獨指出了由於「特殊勞動的細分和侷限性，從而束縛於這種勞動**階級**（*Klasse*, class）的

---

22　請參閱筆者對黑格爾行政權與普遍等級論作為現代官僚科層制社會理論之前身的分析（Shaw, 1992）。該文著重黑格爾與韋伯之理論比較，個人對於黑格爾國家論之意旨，仍以本章之詮釋為準。

依賴性和匱乏，也愈益增長」（PR, §243），這是《法哲學原理》中少數
運用「階級」一詞的段落。[23] 黑格爾進一步指出，勞動階級無法享受
自由以及市民社會的精神利益，當其生活降到一定水平之下而產生因
貧困而來的不滿情緒時，便成爲「貧民」或「賤民」（*Pöbel*, rabble; PR,
§244）。[24] 關鍵問題在於，黑格爾並沒有把勞動階級當做市民社會的一
個**等級**，也未曾將勞動階級吸納進其所提出產業等級及同業公會必須
致力於創造的倫理凝聚力的社會制度之一環。他只將勞動階級或「貧
民」議題，作爲警察權（也就是國家行政權的治理）所必須注意的重大
治理課題。換言之，**勞動階級成為黑格爾市民社會論中未曾整合之「他
者」**，沒有被倫理生活體系所「中介」或「調解」，維持在異化之狀態。
這個議題未來這將成爲青年馬克思批判黑格爾國家論的主軸。


## 六、文明、帝國與歷史辯證

　　根據以上分析，與黑格爾青年時期思想迥異，在《法哲學原理》
中，「民族」並非倫理生活的構成環節或整體。黑格爾分析了國家憲政
的有機環節之後，在國家面對其他國家，亦即在國際法以及世界史的
場域中，才引入「民族」的概念。關於民族與國家之關係，他指出：「一
個民族最初還不是一個國家。一個家庭、遊牧民、部落、群體等等向國
家狀態過渡，一般說來，就是理念採取民族形式的實在化」（PR, §349）。
他進一步強調，此種「民族形式的實在化」至少包含三個環節：首先，
民族作爲地理學上和人類學上的實存，本身具有獨特的民族精神
（*Volksgeist*），這是民族存在的實體基礎（PR, §346, §352）。其次，在
國家或憲政論述中，黑格爾所迴避討論的政治創建議題（cf. 蕭高彥，
2013: 300），在歷史哲學中，則成爲「偉大的歷史個體」（great historical

---

23　除了 PR, §243，「階級」一詞只出現在§245, §253 Zu.兩處。
24　德文由 *Pöbel* 發展為 *Proletariat* 的過程，請參閱 Conze（1985）的分析。

individual）所具有的政治動能，具備「英雄創建國家的權利」(PR, §350)。而創建活動意味著建立「**作為國家的民族**」(*Staat als Volk*)，[25] 以實現精神的合理性與現實性，從而構成了「地上的絕對權力」(PR, §331)。這意味著主權國家的相互關係乃是一種自然狀態（PR, §333），各自追求其國家的特殊福利以及特定利益（PR, §336），雖然彼此之間仍然以互相承認作爲國際法的基礎。

但最後，到了世界歷史作爲客觀精神最終以及最高的階段時，此種「歐洲國際法」的規範性（PR, §339）便被揚棄，轉變爲國家與民族作爲實存的力量彼此競爭，而以「世界歷史作爲法院」(PR, §341)。在市民社會層次，已經由於國內財富過剩問題而在十九世紀形成歐洲殖民的帝國主義（PR, §246-§248），在歷史哲學中，黑格爾引入國家與民族要素，進一步論述其政治意識形態結果：

> 基於上述同一規定〔按指英雄創建國家的權利〕，文明民族可以把那些在國家的實體性環節方面是落後的民族看做野蠻人（如游牧民對待狩獵民，以及農業民族對待前兩者，等等）。**文明民族意識到野蠻人所具有的權利與自己的是不相等的**，因而把他們的獨立當做某種僅爲形式的東西來處理。(PR, §351，黑體加重是筆者所加)

黑格爾的主張是：建立現代國家的民族爲「文明民族」，而未能落實此政治課題的則是「野蠻人」，文明民族與野蠻人的權利是不平等的，因而在兩者的鬥爭中，文明民族無須遵守他們自己在歐洲所建立的「歐洲國際法」，而可將野蠻人之權利當做僅僅是形式性的東西！[26] 在本

---

25 關於 *Volk* 一詞以及 *Staat als Volk* 概念，請參考 Moland（2011: 76-96）之討論。
26 請參閱 Pitts（2006）對十九世紀帝國主義思潮之批判。以黑格爾的論述而言，文明民族與野蠻人「權利的不平等」，是否意味著他在《法哲學原理》第一部分「抽象法」所建立的人格概念（PR, §34-§36）不適用於「野蠻人」？如第四節所述，由於黑格爾接著便處理所有權，主體的人格是以占有「物」而確立的，其實質乃是市民社會的個體或布爾喬亞，因此的確有可能對其權利論述做出徹

節的附釋中，黑格爾指出「在這種情況下發生的戰爭與爭端，是爭取一種對特定價值的承認的鬥爭」，（PR, §351 Zu.），這恰恰指向《精神現象學》中形成主奴關係的承認鬥爭。

　　不令人意外地，黑格爾的歷史哲學，終結於其歐洲中心主義的發展進程。在世界史作為法院的角度中，最能實現精神在該階段中所需實現的使命者，就構成了該歷史階段「**支配的民族**」（PR, §347）。而這種具有世界史意義的民族，體現了精神在歷史中所逐漸實現的各種原則，而總結於所謂世界歷史的「**帝國**」（*Reich*; PR, §352）。[27]黑格爾主張，從世界史的角度而言，人類歷史存在過四種形構自我意識以及民族精神所形成之「帝國」：首先，「東方帝國」以家長制與神權政治為基礎，其運作乃是一種沒有分化的實體性精神，在其中繁瑣的禮儀成為支配個人的力量；第二，「希臘帝國」建立了個人的個體性原則，雖然這是一種美學的個體性，而且並不能完全發揮主觀的自由；第三，「羅馬帝國」從希臘的民主轉變到羅馬的貴族制，通過法權原則之建立，完成了個人在私法層次之平等；最後，黑格爾主張，「日耳曼帝國」（*das germanische Reich*）的民族精神掌握了無限的神性以及人的本性，從而能夠調解客觀真理與自由。此種「北歐日耳曼民族的原則」（PR, §358），恰恰在現代性的社會條件下，完成了足以整合主觀自由的市民社會，以及實現倫理實體性的國家，也就是《法哲學原理》體系之原則。

　　然而，黑格爾的歷史哲學，回歸到民族作為歷史主體時，表面上在客觀精神發展進程中，是比市民社會與國家更高級的階段，事實上卻是由探究市民社會與國家的現實性（*Wirklichkeit*; actuality）轉變為現存國家民族之實存（existence），這似乎回到其青年時期戰爭作為構成民

---

底歐洲中心主義的閱讀：只有歐洲發展出完善的私法保障所有權，所以在現代條件下發展出市民社會與理性國家。未達此境界的民族，不適用《法哲學原理》的倫理政治論。

27　中譯本將 *Reich* 翻譯成「王國」，喪失了這個概念的特殊政治性。而在《世界史哲學演錄》中，四種帝國被黑格爾稱為四種「世界」（東方、希臘、羅馬、日耳曼），比較中性。然而，《世界史哲學演錄》是學生筆記而成，應該不如《法哲學原理》反映出黑格爾的真實理論觀點。

族共同體與絕對倫理生活的視域。

## 七、結語：從國家理性到理性國家

　　基於以上分析，相較於黑格爾青年時期以戰爭爲預設的民族觀，《法哲學原理》明確地分化出現代商業社會與國家，並加以哲學性的概念化。這可以被視爲德國觀念論傳統中，嚴肅面對貢斯當所提之「古代自由」與「現代自由」分野的最重要理論創新（Kervégan, 2018: 111; Nippel, 2015: 208-211; Smith, 1989: 46-47）。然而，黑格爾並不自限於現代性的主觀自由原則，而持續依據倫理生活觀念提出整合規劃，完成其「中介政治論」，構成理解黑格爾政治哲學的關鍵。

　　在〈自然法論文〉中，絕對倫理的基本特質是通過古典的三等級論，完成民族作爲戰爭共同體的政治想像。而在其成熟體系中，黑格爾引進了現代性的自由原則，大幅擴張市民社會第一環節中，通過個人需要與社會分工所形成的個人主觀自由場域。但黑格爾又建構了等級理論作爲倫理整合的基礎，並發展出普遍等級理性治理作爲國家最重要的政治風貌。換言之，等級不再是直接構成民族的倫理元素，而是現代條件下社會分工與政治治理所產生的結果。在黑格爾早期思想中，民族作爲有機體乃是直接由等級所構成；但在其成熟體系中，則發展出兩重中介而形成的有機體：一方面，等級原則作爲倫理整合的機制，由下而上構成邁向國家有機體的基礎；另一方面，國家的憲政制度自身必須通過權力分立而形成一種符合理念的理性有機體，並通過行政權與普遍等級完成理性治理。此爲黑格爾後期思想中具有原創性的識見。換言之，由「知性」（*Verstand*）國家過渡到「理性」（*Vernunft*）國家，這個在費希特思想中已具雛型但並未完成的理論課題（cf. 吳庚，1986），在黑格爾成熟期的系統中，通過市民社會——外部國家（知性）——理性國家的有機憲法之三重構造，方才完成。

　　本章建構了一個完整的黑格爾政治理論之圖像，嘗試克服傳統詮

釋中，過分強調國家（如卡西勒），或過分著重市民社會之原創性（如Ritter 與 Riedel）之偏頗。事實上，與近代自然法或社會契約論傳統理論比較起來，黑格爾主要的原創性，乃是在**方法層次**揚棄了個人主義以及經驗主義的理論進程，拒斥以個人為出發點來建構具正當性的社會與政治共同體。然而，在**實質內容**層次，黑格爾並沒有完全超越西方近代自然法傳統的分析範疇。他所分析的倫理生活三個環節（家庭、社會，以及國家），在與霍布斯和盧梭相比時，或許看似有極大的差別；但若與格勞秀斯與普芬道夫的自然法論述比較，則顯示出較大的親和性。以格勞秀斯而言，《戰爭與和平法》第二卷對「國家」定義如下：「單一民族與國家的結社，此一聯合體對其成員享有最高的權力。這事實上正是最完善的社會」（Grotius, 1925: 253）；而黑格爾將國家作為普遍性的承載者，無疑地反應出這個「完善社會」的傳統觀點，甚至可以追溯到亞里斯多德視政治共同體為實現良善生活所不可或缺的古典傳統。而以普芬道夫而言，他區分自然狀態、社會狀態，以及政治國家三種樣態。「前政治」的「社會狀態」乃由種族親緣關係和契約活動所構成，最後才發展出政治國家這種「完善社會」（Pufendorf, 1934: 949-959; cf. Hont, 2005: 165-166）。相較之下，黑格爾雖然取消了自然狀態，但在普芬道夫所分析的後兩個元素，即社會狀態與政治國家的對立中，社會又以家庭與商業活動為核心，其實與黑格爾的家庭、市民社會，與國家三元論仍具有延續性的思想發展軌跡。

　　最後，若從本書的分析架構加以詮釋，則吾人可以說黑格爾的市民社會和國家理論，為西方第一波現代性的「**國家理性論**」傳統取得了完整的哲學與政治正當性的基礎，並結合古典政治經濟學與主權論述，成為第二波現代性「**理性國家論**」之集大成的政治哲學論述。黑格爾通過憲政有機體理論以及普遍等級所發揮的理性治理，為發源於君主國的國家理性論述，在現代憲政國家中找到體制上的合理建制點，並且通過中介政治論銜接市民社會與國家，完成了哲學體系化和理論證成。

# 第十四章

# 青年馬克思的激進民主論

## 一、前言：青年馬克思與西方政治思想傳統

馬克思（Karl Marx, 1818-1883）是十九世紀最重要的思想家之一，他結合了黑格爾辯證法、法國大革命後的政治社會思潮，以及古典政治經濟學，並且由理論思辨轉向政治行動，開創了深刻影響近代歷史的共產主義運動。從政治思想史的角度而言，史特勞斯指出，馬克思主義屬於第二波現代性，乃是自盧梭的奠基以及德國觀念論的發展後，在實踐領域發展出的政治運動（Strauss, 1989: 98）。而鄂蘭則強調，馬克思將勞動作爲人類最重要的能力，使得西方傳統區別勞動（labor）、工作（work）以及行動（action）的多元概念，簡化成爲勞動一元論，導致了西方政治哲學傳統之終結（Arendt, 2005: 70-79, 87-92）。

本章的主旨，乃在於探討青年馬克思於政治思想形成時期，如何通過對黑格爾《法哲學原理》的批判，建立其政治社會哲學之基本主張。進一步而言，馬克思成熟期的思想，乃是以「歷史唯物論」爲核心的史觀，但他如何達成這個影響深遠的理論立場？據其《政治經濟學批判》（1859）序言的回憶，他早期對黑格爾的批判扮演了關鍵的角色：

> 爲了解決那些曾困擾我的疑惑，我寫的第一本著作是對黑格爾法哲學的一個批判性的修正（Revision），這本書的〈導論〉曾發表在 1844 年巴黎出版的《德法年鑑》上。我的研究得出這樣的結果：法的關係和國家的形式一樣，都既不能從它們本身出發來掌握（begreifen），也不能從所謂人類精神的普遍發展來掌握，反而，它們毋寧根源於物質的生活關係，這種物質的生活關係的總和（Gesamtheit），黑格爾按照 18 世紀的英國人和法國人的先例，概括爲「市民社會」（bürgerliche Gesellschaft），而對市民社會的解剖則要在政治經濟學中去找。（馬克思，2016: iv-v）

此處所述的「第一本著作」，乃是指馬克思在 1843 年夏季所完成的《黑格爾法哲學批判》手稿（MECW, 3: 3-129; 全集，1: 246-

404），[1] 針對黑格爾《法哲學原理》261 節至 313 節提出了詳細評論與批判，可謂西方政治思想史上少見「偉大心靈之對話」。這份手稿在馬克思生前並未發表，而由蘇聯中央馬克思列寧主義研究院的梁贊諾夫（D. Rjazanov）於 1927 年首次整理刊行。在 1844 年 1 月，馬克思發表了〈黑格爾法哲學批判：導言〉，總結了他對黑格爾政治哲學批判的主要結論，並且提出了無產階級激進解放的構想。由於馬克思很快地便在結識了恩格斯之後投入政治經濟學研究，所以 1843 年的相關作品，可以視爲馬克思通過黑格爾的批判，與西方政治思想傳統對話，並反思現代性根本價值及其問題所產生的政治哲學論述。

　　然而，由於馬克思對於黑格爾法哲學之批判，係採取逐節評論的論述方式，因此往往在特定議題上具有冗長或反覆的問題，是以，本手稿即使在整理發表後，也未曾如著名的《1844 年經濟學哲學手稿》一般受到廣泛注目與分析研究。大體上，在早期文獻中，科爾紐（1980：

---

1　本章運用之縮寫如下：

**MECW**= Karl Marx & Frederick Engels, *Collected Works*, London: Lawrence & Wishart, 1975-2004.

**MEGA**= Karl Marx & Friedrich Engels. *Marx/ Engels Gesamtausgabe*. Berlin: Dietz, 1982ff.

**MEW**= Karl Marx & Friedrich Engels. *Marx Engels Werke*. Berlin: Dietz, 1986ff..
**全集**＝馬克思、恩格斯，《馬克思恩格斯全集》，中共中央馬克思恩格斯列寧斯大林著作編譯局譯，北京：人民出版社，1965。
在英文譯本中，筆者選擇全集版。比起其他的譯本（如 Marx, 1970、Marx, 1975），全集版譯文雖然並不特別流暢，但對於核心概念之翻譯的一致性較高。其中最重要的，乃是德文 "*Stand*" 一詞，全集版一致翻爲「等級」（estate），而在其他譯本中，則有時會視脈絡而翻譯爲「階級」（class）。由於在《黑格爾法哲學批判》一文中，馬克思基本上分析黑格爾的等級概念並予以批判，所以其他英文譯本同時出現 "estate" 以及 "class" 的譯法，只會造成混淆，不易詮釋馬克思的意旨。至於中文馬恩全集版譯文，參照德文原文以及俄文版，對等級概念的翻譯具有一致性。然而對於黑格爾以及馬克思論述核心的 "*Verfassung*" 一詞，中文全集版譯爲「國家制度」，筆者一律改爲「憲政」或「憲法」，較符合原意，且與國家概念易於區分。本章的中譯引文，基本上遵循全集版的譯文，但有時仍會依據對於原文之理解或不同的詮釋而酌予修改，重要的改動以 [ ] 附於原文之後，其餘不另行標註。

1: 503-527）以及 Avineri（1968: 8-40）曾分別就個人思想發展歷程以及體系的理論涵義方面提出了精要的分析，McLellan（1980）則對青年馬克思至 1844 年以前的作品做了詳盡的介紹與評論。而在「馬克思學」的傳統中，拉賓（1982）以及呂貝爾（2009; Rubel, 1981），乃至中國近年以來對馬克思主義經典的學術研究，如王旭東、姜海波（2016）以及楊學功（2017）等，都對青年馬克思思想的資源以及發展，提出了相當多文獻學方面的考據與詮釋，可供參考。而西方學界近年來對《黑格爾法哲學批判》之研究，基本上有兩種不同的取向。其一為歷史取向的研究，注重於青年馬克思在後康德哲學的德國傳統以及青年黑格爾學派間之思想發展，如 Breckman（1999）、Kouvelakis（2003）及 Leopard（2007）等；另一種取向則較為哲學化，嘗試發展青年馬克思的激進民主論，並與當代政治理論的進程對話。有學者注意到青年馬克思思想與波考克所主張「馬基維利時刻」（the Machiavellian moment）之共和主義傳統間之關係的學者，如 Isaac（1990）以及 Abensour（2011），其中 Abensour 受到後現代理論重構史賓諾莎民主理念思潮的影響，以「對抗國家的民主」為名，嘗試重新闡釋馬克思在 1843 年對黑格爾法哲學批判的當代意義。最後，馬克思青年時期筆記的刊行，說明了他在這個時期，除了黑格爾哲學與青年黑格爾學派的理論外，也花了相當多時間研究法國大革命的政治史以及思想史，甚至有意撰寫一部法國國民會議史（王旭東、姜海波，2016: 261-263），而這個議題，Furet（1986）的研究，及他所選輯的材料，迄今仍具有高度學術價值。

在馬克思文本以及當代研究的基礎上，本章以四節的篇幅探討《黑格爾法哲學批判》的三大重要理論課題：市民社會與國家的倒轉辯證、馬克思對王權與行政權之批判，以及他以共和主義的角度分析人民主權，從憲政體制內的普遍選舉，逐漸提升到人民制憲權的理論高度。第六節則分析〈論猶太人問題〉與〈黑格爾法哲學批判：導言〉二文，爬梳馬克思對於市民社會以及法國大革命共和主義式的天賦人權說之批判，並論述青年馬克思與盧梭《論人類不平等》間之關係。至於對馬克思理論發展內部邏輯的檢討，則分別在第五節說明他在完成《黑格爾

法哲學批判》時必須克服的理論議題，並於第七節整體評述其無產階級革命論的原型。馬克思的革命理論，將西方政治哲學由理論的觀照轉向政治實踐，並進一步形塑了馬克思主義運動，理論在實踐中完成並自我揚棄，在這個意義上，馬克思的思想確實是西方政治哲學傳統的終結。

## 二、市民社會與國家之倒轉辯證

青年馬克思受到法國大革命的影響，具有強烈的共和主義信念，這個思想取向可以視為馬克思政治思想的出發點，由其致盧格（Arnold Ruge, 1802-1880）的信中可清楚地觀察到。馬克思強調，「人是能思想的存在物；自由的人就是共和主義者」；他把當時德國的政治情境視為「庸人的世界」，甚至是「政治動物的世界」，也就是非人的動物性世界。馬克思指出，「如果德國的亞里斯多德想根據德國的制度寫一本他自己的《政治學》，那末，他定會在第一頁上寫道『人是一種動物，這種動物雖然是社會性的，但完全是非政治的』」。基於此，馬克思強調必須實現法國大革命所取得的成果，也就是說「**要建立一個共和國，要以自由人們的制度來替代已經死亡的制度**」（MECW, 3: 134-140; 全集，1: 409-413）。

青年馬克思的共和主義信念，如何通過對黑格爾法哲學的批判，首先發展出激進民主觀念，最後則完成於無產階級革命論，這個思想發展進程，是本章分析之主軸。

Kouvelakis（2003: 234-236）及 Abensour（2011: 31-37）均指出，1843 年對青年馬克思而言是一個「危機」之年，包括普魯士政府報章檢查的緊縮政策對其主編報刊之影響，以及婚前與雙方家庭關係之緊張性，而這些因素驅動了他思想的快速變遷。1843 年 3 月底，馬克思離開了《萊茵報》的編輯工作，5 月起住在特里爾（Trier）附近的小鎮克羅茨那赫（Kreuznach），並於 6 月 19 日結婚，直到 10 月底赴巴黎。

這半年多的時間是馬克思充滿戰鬥的一生中，少數有餘裕的時刻，而他也在這幾個月中研讀大量的政治思想典籍，並完成《黑格爾法哲學批判》手稿。

事實上，馬克思在取得博士學位後，便參與報刊雜誌的編輯，並經常運用政治思想史的資源。最具代表性的系統表述乃是〈第 179 號科倫日報社論〉，在批判對手關於基督徒生活以及國家政治制度的觀點後，馬克思強調未來的政治應當奠基在自由理性的基礎上，而非宗教。他指出，現代政治哲學的發展，與其他學科相近，都是極力從神學的領域解放出來，著重在國家政治生活自身找到「國家的引力定律」（全集，1: 128）：

> 馬基雅弗利、康帕內拉和其後的霍布斯、史賓諾沙、胡果‧格勞秀斯，以及盧梭、費希特、黑格爾等都已經用人的眼光來觀察國家了，他們是從理性和經驗中而不是從神學中引伸出來國家的自然規律。（MECW, 1: 201; 全集，1: 128）

馬克思強調，這些關於國家法的新哲學，「根據整體的思想而構成自己對國家的看法。它認為國家是一個龐大的機構，在這個機構裏必須實現法律的、倫理的、政治的自由，同時，個別公民服從國家的法律也就是服從自己本身理性的及人類理性的自然規律」（MECW, 1: 202; 全集，1: 129）。

馬克思在克羅茨那赫時期的研究以及其所累積的思想資源，可以在已經整理出版的《克羅茨那赫筆記》得到印證。在五個筆記本中（MEGA, IV.2），馬克思摘錄了二十三部有關國家理論與歷史的相關作品，包括政治思想史典籍：盧梭的《社會契約論》、孟德斯鳩《論法的精神》以及馬基維利《論國家》，[2] 此外也有大量法國大革命以及英、

---

2　查閱馬克思摘抄的原文，實乃《李維羅馬史疏義》。

美、德、法的歷史。³ 換言之，在《黑格爾法哲學批判》中，馬克思運用政治思想史以及政治社會史的思想資源，對政治現代性提出了深入的分析與批判。

　　如本書前章所述，黑格爾的政治哲學，結合了蘇格蘭啓蒙運動的商業社會論以及歐陸的國家理性論，完成了極爲複雜的綜合體系。在弗格森的文明社會論述中，政府是作爲商業社會發展後，人類運用政治藝術所建構的自由制度。與此種思想取向不同，黑格爾所建立的現代倫理生活體系，包含了家庭、市民社會，以及國家三個要素，而市民社會與國家的分離以及交互映射，更是其理論思維的核心。黑格爾的論述模式，是將此倫理生活的三環節，分別作爲理念發展的三階段（實體性、差異性，以及具體性）。在這樣的哲學構思之下，市民社會乃是每一個個人（私人）的個體性能夠完全發展的場域，依據需要以及彼此互賴的經濟關係，而形成現代社會。然而，市民社會的發展，也帶來個人在現代生活中的異化情境，包括主觀認同之喪失，以及個人客觀福祉無法受到照顧等社會問題。如前章所述，黑格爾所致力的，乃是兩個面向的中介：在主觀意識層次，通過同業公會、等級，以及等級代表所形成的議會，使得個人能夠從「私人」身份中發展公共性與倫理性，提升成爲具備愛國情操的國家公民；另一方面國家則通過憲政有機體的分化，產生王權、立法與行政的權力分立，並通過行政權，運用現代官僚科層制的理性治理，解決市民社會所產生的諸多問題。

　　關鍵在於，黑格爾主張市民社會以及憲政國家二者都是現代性的產物，唯有通過此現代制度的進一步完善化，才能實現政治社會的理性以及個人自由。然而，馬克思恰恰對這個基本取向提出批判，並且通過此批判，開展了全新的理論觀點。馬克思所評論的《法哲學原理》第261 至 313 節，乃是黑格爾分析現代國家作爲有機體，內部分化出王權、行政以及立法三種政治權力的核心篇章。而馬克思也正針對這個

---

3　對此議題的相關研究，可參閱科爾紐（1980, 1: 506-507）、呂貝爾（2009: 262-264），王旭東、姜海波（2016），以及楊學功（2017: 68-72）。

國內法的憲政體制，予以批判性的分析。

　　事實上，在 1842 年春季馬克思就已經計畫撰寫一篇「批判黑格爾有關國家內部的自然法」之文章，「同君主立憲制作鬥爭」（科爾紐，1980, 1: 509），但一時之間並未落實。而據 Aveneri（1968: 9-11）之分析，是因爲馬克思尚未找到適當的方法。這個困難，通過費爾巴哈於1842-43 年所發表〈關於哲學改造的臨時綱要〉（費爾巴哈，1984, 1: 101-119）一文所克服。在這篇短文中，費爾巴哈主張黑格爾的思辨哲學和宗教沒有差別，所以可以通過批判宗教的方式來批判思辨哲學：「我們只要經常將賓詞當做主詞，將主體當做客體和原則，就是說只要將思辨哲學顛倒過來，就能得到毫無掩飾的、純粹的、顯明的眞理」（費爾巴哈，1984, 1: 102）。而馬克思當時的好友盧格已經開始用類似的方法批判黑格爾的法哲學原理（cf. Stepelevich, 1983: 207-236）。

　　基於這個新的思想資源，馬克思展開了對黑格爾國家理論的全面批判。不令人意外地，其批判可以區別爲兩個層次：首先，在形上學層次上，他主張黑格爾法哲學所立基的形上學架構，乃是一種扭曲了現實的「邏輯泛神論」（logical pantheism; MECW, 3: 7; 全集，1: 250）；而馬克思承繼並發揮費爾巴哈的「轉換法」（method of transformation），認爲在方法的層次上，要抽掉黑格爾法哲學的形而上表述模式（例如理念分化爲家庭、市民社會與國家三個環節，其中的「理念」成爲主詞），將賓詞轉化爲主詞以及主體，考察人類如何透過自身的活動創造出各種社會政治制度。馬克思在方法論以及形上學的層次對黑格爾《法哲學原理》所提出的批判，基本上反映了在黑格爾去世後，「青年黑格爾學派」（Young Hegelians）的共同觀點，並且通過「倒轉」黑格爾的思辨系統，對宗教以及社會政治提出批判與實踐綱領。這個層次的論述，雖有其思想史的意義（cf. Breckman, 1999），但是已經較少當代相關性；[4] 以下將聚焦在青年馬克思對黑格爾法哲學原理所提出的實質

---

4　一個例外是 Della Volpe（1979: 161-173）對青年馬克思著作中方法論述之重視。

批判以及未來行動綱領，而非思辨哲學之轉換。

　　馬克思批判黑格爾所主張市民社會與國家的二元對立，強調市民
社會的人類社會生產與活動，構成了人類存在的質料原則（material
principle），而存在於市民社會之上的政治國家，則是一種形式原則
（formal principle）。馬克思主張，在黑格爾的系統中，形式與質料的割
離狀態，無法以黑格爾所提出的「憲政」作爲中介體制而得到調解，而
必須以「民主」方式得到徹底的解決（MECW, 3: 30; 全集，1: 282）。
馬克思證成這個基本主張的論述，大體如下。

　　他首先強調，與市民社會分離的政治國家，絕非「絕對精神」或
「理念」所規定的現代政治社會理型，而是歷史發展的產物。而以歷史
的角度加以分析，馬克思列舉了幾個重要的政治體制：在亞洲的專制
中，政治國家僅僅是統治者個人的獨斷獨行，換言之，在專制中政治國
家與物質國家都是奴隸（MECW, 3: 32-33; 全集，1: 284-285）。至於西
方古典時期的城邦政治（馬克思特別強調希臘），雖以共和式的公共事
務（respublica）自稱，但公共事務其實僅不過是小部分市民或公民的
「私人事務」，而廣大的人口則絕大部分是不具有公民資格的奴隸
（MECW, 3: 32; 全集，1: 284），因此希臘的市民社會僅是政治社會的
奴隸（MECW, 3: 72-73; 全集，1: 335）。而在中世紀，社會分化所產生
的封建莊園、手工業行會等社會身分，都直接反映成政治身分，「一切
私人領域都有政治性質，或者都是政治領域」（MECW, 3: 32; 全集，1:
284）。私有財產制決定了政治制度，表面上看來，人似乎是國家的眞正
原則，但絕大部分的人都是不自由的人，所以中古的等級國家
（Ständstaat; estate state）乃是「不自由的民主制」（MECW, 3: 32, 72-
73; 全集，1: 284; 334-335）。[5] 從中古等級國家轉變爲現代國家的過程
中，絕對君主制（absolute monarchy）扮演了關鍵性的角色。君主通過
官僚組織，克服了「國中有國」的分裂狀態；雖然此時的社會差別仍然

---

5　馬克思本人並未運用「等級國家」一詞，它是之後德國歷史社會學所發展出的
　　概念。請參考 Poggi（1978: 36-59）。

具有政治性，但官僚機構已經可以對之行使有效治理。而法國大革命則完成了現代國家，因為它將等級完全「去政治化」，也就是說市民社會的等級差別僅僅構成社會差別，從而「完成了政治生活從市民社會分離的過程」（MECW, 3: 79-80；全集，1: 344）。以上分析可以看出，青年馬克思已經從歷史的角度來分析社會與國家的形構，並區別出亞洲專制、古典共和、中古等級國家、近代絕對君主，以及現代國家等五個基本類型。[6]

在分析了現代政治國家的歷史性之後，馬克思進一步指出，與市民社會分離的現代國家，不但在人類的政治社會生活中形成了不易化解的矛盾，而且也對人類主體形構了一種**雙重自我**的狀態。在政治社會生活矛盾方面，近代商業社會被黑格爾去政治化而成為市民社會後，本身便成為一種純粹的私領域：一方面，「消費和消費能力是市民等級或市民社會的原則」（MECW, 3: 80；全集，1: 345），而個人的私利無法調解，「市民社會被[黑格爾]說成 bellum omnium contra omnes（一切人反對一切人的戰爭）」（MECW, 3: 42；全集，1: 296）。換言之，市民社會是一種原子式個人所構成的場域；在這種狀況下，「人們的結合、個人賴以存在的共同體——市民社會——是同國家分離的，或者說，**政治國家**是脫離市民社會的一個**抽象**」（MECW, 3: 79；全集，1: 343）。

現代抽象的政治國家，乃是法國思想家的成就，因為他們建立了「純政治國家」的抽象現實性，並確立了其政治原則（MECW, 3: 113-114；全集，1: 387）。此種國家，便是現代的**立憲國家**（constitutional state），「在這種國家裡，國家的利益作為人民的真正利益，只是在形式上存在，但作為一定的形式，它又和真正的國家並存」（MECW, 3: 65；全集，1: 325）。其原因在於，政治國家的憲法，通過保障公民的權利，而取得形式上的普遍性；然而，對馬克思而言，這種立憲國家或政治國家卻無法真正解決市民社會所產生的問題。進一步而言，在政治國家與市民社會分離的二元結構中，現代主體也分裂為「雙重主體」：在市

---

6　從「專制」範疇可以觀察到孟德斯鳩之影響。

民社會中，個人是作爲私人並從屬於私人等級；但在政治國家中，則成爲具備政治權利的公民。換言之，黑格爾所主張的「二元結構」，無論在主體性的層次，或社會政治組織的層次，都產生了不易化解的分裂，也就是「**異化**」（*Entfremdung*; estrangement; MECW, 3: 79；全集，1: 343）。

　　馬克思當然理解，黑格爾法哲學之意圖在於建立二元分離結構後，通過政治與倫理整合來創造有機的倫理生活。然而，恰恰在這一點上，馬克思對黑格爾的「中介政治論」提出了根本批判。而由於馬克思在前一年便已經計畫以立憲君主制爲核心對黑格爾展開批判，此時他更以決斷的語氣點出問題之核心：「**不是君主的主權，就是人民的主權——問題就在這裡！**」（MECW, 3: 28；全集，1: 279），並展開了對黑格爾《法哲學原理》憲政權力的三環節（王權、行政權，以及立法權）的系統批判。值得注意的是，由於馬克思的主旨在於以人民主權取代王權或君主主權，並主張民主是唯一眞實的政治形式，所以他對三種政治權力的分析批判，篇幅並不相同：王權與行政權各占約四分之一，而以一半的篇幅處理立法權，因爲此乃民主制之核心。以下分別論述之。

## 三、王權與行政權之批判

　　馬克思對於黑格爾所主張，在立憲君主制中，主權必須通過一個具體人格作爲承載者方能落實的「**王權原則**」，基於有機體概念加以反駁。一方面，假如國王作爲國家眞正的主權者，甚至不需人民也能形成被承認的獨立自存狀態，那麼這是一種絕對主義而非憲政主義的主權觀。黑格爾所謂君主作爲主權者，只需要在 "i" 上御筆一點，便無法成立，而成爲抽象的「我要這樣」，這無異於絕對君主國的「朕即國家」（*L'etat c'est moi*; MECW, 3: 26, 28；全集，1: 277, 279）。相反地，若國王作爲主權者，乃是因爲他代表了人民的統一性，那麼國王本人就僅僅是人民主權的代表（representative）和象徵（symbol）。馬克思強調，在人民主權以及君主主權之間，只有人民主權才有可能構成眞正基礎，

並派生出國王代表性的主權（MECW, 3: 28；全集，1: 279）。至於黑格爾在《法哲學原理》第 281 節運用「意志沒有根據的最後自我」來證成君主的自然個體性之必要性，馬克思則直指，黑格爾所論述的，只不過是基於意志的偶然性（也就是個人任性）與自然的偶然性（也就是出生）來決定國王的地位。如此一來「國王就是偶然性」，而偶然性（無論是個人任性或出生）就成了作爲精神實體國家的「眞正統一性」，這可以說是黑格爾思辨哲學所產生最大的悖論（MECW, 3: 35；全集，1: 288）。

馬克思進一步從歷史的角度，提出「民族性」（nationality）概念來分析君主與人民的關係。在中古時期，由於等級即爲政治存在，所以等級構成了國家。然而從更高的帝國（empire）層次而言，則各等級與國家和帝國的關係乃是民族間之契約關係，帝國的皇帝則構成了民族的代表（MECW, 3: 72；全集，1: 335）。在現代世界中，民族性或民族的獨立性與人民主權互相構成；在這個基礎上，君主可以作爲民族性的代表，也成爲唯一可能的君主原則（MECW, 3: 38；全集，1: 291-292）。

馬克思對黑格爾的**行政權**理論相當鄙視，認爲其內容「不配稱爲哲學的分析」，而「大部分都可以原封不動地載入普魯士法」（MECW, 3: 44；全集，1: 298）。馬克思理解黑格爾將警察權與司法審判權歸入市民社會的領域，從而可以將行政、警察、審判三權加以協調一致（MECW, 3: 41；全集，1: 295），並在國家領域單獨地以官僚機構的型態來考察行政權（MECW, 3: 44；全集，1: 299; cf. Draper, 1977: 81-84）。本書於前章已經論及，在黑格爾的國家理論中，官僚機構或行政權扮演著在具體事例中落實普遍性的關鍵功能，並且他以法學的「適用」或「從屬」（subsumption）範疇加以概念化。馬克思注意到黑格爾所運用的範疇，也就是將特殊物「從屬」於普遍物。然而，如同馬克思認爲黑格爾用有機體來描述國家，但並沒有對國家作爲有機體的具體政治意義提出說明（MECW, 3: 11-12；全集，1: 255-256）；是以，馬克思強調，在行政權論述中泛泛地運用「適用」或「從屬」範疇，只不過是爲黑格爾的邏輯學提供政治形體，並沒有眞正地論述此政治形體的邏輯（MECW, 3: 48；全集，1: 304）。

雖然馬克思承認，真正的行政管理是最難分析的議題（MECW, 3: 44；全集，1: 298），但是並未提出本人的解釋觀點。他對於黑格爾行政權與官僚制度的基本批判，在於強調官僚只不過是市民社會的「**國家形式主義**」（MECW, 3: 45；全集，1: 300），而其運作，或所謂的中介活動或治理，則只不過是進一步確立國家與市民社會的分離狀態，而非解決其矛盾。

由於黑格爾將政府公職人員界定為「普遍等級」，以下就組織特色與治理的內涵，說明馬克思如何推翻黑格爾的行政權理論。吾人已經分析，黑格爾在市民社會作為個人私利競逐場域之前提下，建構了普遍國家，而以行政權作為體現普遍治理的機構，他結合了柏拉圖主義與現代性而完成「普遍等級」論述，並運用主觀自由原則來建構現代科層組織，包括選擇職業之自由、以考試判定是否能成為行政權之成員、內部組織的合理化，以及行政官員依賴國家薪俸使其脫離市民社會特殊利益的宰制等。對於黑格爾此種將近代國家理性論進一步完善化的努力，馬克思從根本加以反對。對馬克思而言，官僚運作的基本前提，乃是國家作為普遍性而獨立於甚至高於市民社會，這本身便是一個虛假的理論預設，其結果是以普遍性之面具，遮蔽了官僚政治庸俗醜陋的本質。馬克思主張：

> 官僚機構掌握了國家，掌握了社會的唯靈論實質：這是它的**私有財產**。官僚機構的普遍精神是**秘密**，是奧秘。保守這種秘密在官僚界內部是靠等級制組織，對於外界則靠它那種閉關自守的工會性質。因此，公開的國家精神及國家的意圖，對官僚機構來說就等於出賣它的祕密。因此，**權威**是它的知識原則，而崇拜權威則是他的**思想方式**。（MECW, 3: 47；全集，1: 302，黑體強調為原文所有）

馬克思批判的重點在於破解行政權的普遍性，而在拒斥了黑格爾所提的國家「普遍等級」與市民社會「私人等級」的根本區分後，行政權與官僚機構自身變成是一種私人化的等級及保守的行會，而在此種

體制中，「**國家利益**成爲一種同其他私人目的相對立的**特殊**的私人目的」（MECW, 3: 48；全集，1: 303）。黑格爾所標榜的行政權掌握了較高的知識並趨近於普遍性，馬克思則認爲「官僚政治是一個誰也跳不出的圈子。它的等級制是知識的等級制。上層在各種細小問題的知識方面依靠下層，下層則在有關普遍物的理解方面信賴上層」，但這其實是一個理解的循環，最終的結果只不過是「彼此都使對方陷入迷途」（MECW, 3: 46；全集，1: 302）。

在批判了黑格爾王權原則只不過是自然性與特殊性在精神領域中的錯誤展現，以及行政權只不過是官僚在國家中所形成閉關自守的特殊利益集團後，馬克思以最長的篇幅，進一步考察立法權，其中理論極爲複雜，因爲立法權乃是人民主權在政治領域中展現正當性的唯一管道，而青年馬克思試圖在黑格爾的架構中，通過立法權的重構，達成與黑格爾理論目標（立憲君主制）相對立的民主論述。

## 四、立法權：從普遍選舉到制憲權

本書前一章中已經分析，黑格爾的市民社會與國家乃是「互相映射」而形成一個中介性的外部國家，產生由上而下的理性治理，以及由下而上的倫理政治整合。馬克思深入研究黑格爾的《法哲學原理》，對於這個兩重映射關係了然於心（MECW, 3: 66, 84；全集，1: 327, 349）。既然已經批評行政權無法形成理性治理，而官僚則形成一種封閉的私人性等級；那麼，馬克思下一個批判對象，自然是黑格爾所提出的「中介政治論」：通過市民社會的同業公會與等級原則，上接國家立法機構，一方面立法，但更重要的是通過輿論之形成，而提升市民社會中私人等級成員的公共意識，成爲具有愛國情操之國家公民。

馬克思對黑格爾等級原則與立法權之批判，與他之前對王權與行政權之批判有相當大的差異：在全書的開端，青年馬克思明確指出將運用費爾巴哈的「轉換法」於黑格爾的政治哲學系統，所以較爲重視翻

轉黑格爾概念運用的神祕性；而在討論立法權的章節中，馬克思的論述逐漸由費爾巴哈式的哲學批判，轉變爲歷史性的理論分析，並且強調法國大革命作爲西方現代政治革命的終極表現，其原因以及後果的重大影響。是以，馬克思直接宣稱：「立法權完成了法國的革命」（MECW, 3: 57; 全集，1: 315），並分析法國大革命時期立法權作爲人民意志代表的發展歷史，重構出一個與人民主權和革命緊密關聯的立法權概念。以下就三個議題分別加以分析：從政治中介論到政治決斷論、立法權與民主，以及人民制憲權與國家消亡論。

## （一）從政治中介論到政治決斷論

在批判黑格爾的立法權概念時，馬克思完全理解問題的關鍵在於其核心意旨是建構一個互相中介的體系，來調和國家與社會的矛盾。對黑格爾的中介政治論，馬克思提出兩個批判。首先，黑格爾的中介體系，必須將國家與政府作爲普遍物放在天平的一邊，而將人民消解爲特殊的個人或特殊的領域而放在天平的另一邊。如此一來，等級原則就成爲這兩邊的中介，彷彿橋梁一般，將國家與政府的意願和單個人與特殊集團的主張加以結合。然而，即使以黑格爾系統內部自身的表述而言，市民社會既然是一個分殊與差別的環節，其中個人的主觀自由與特殊性得到無限的發展，也因此產生異化與彼此間之矛盾；那麼，這些矛盾是否眞的通過等級代表而得到解決？馬克思認爲，所謂通過等級原則提升個人或私人等級的政治意識，並沒有實質解決市民社會的矛盾，而只是將此種矛盾加以掩蓋，並通過政治國家憲政的普遍人權原則建構政治領域。如此一來，國家與市民社會的分離和對立，反而鞏固下來，並未克服（MECW, 3: 67; 全集，1: 328）。

其次，在黑格爾的憲政有機體論述中，將王權、行政權與立法權個別地加以區分，然後彼此中介，最後的結果產生一種「大雜燴」（MECW, 3: 84; 全集，1: 350）。以立法權爲例，馬克思指出，爲了所謂的「中介」，黑格爾沒有論述立法權的本質以及固有權限，然後引伸出憲法與

政治的進一步規定。相反地，爲了讓立法權與其他兩個權力互相中介，黑格爾努力建構一種「虛構立法權的形式存在」，從而在實質方面，需要通過其他兩權的中介（需要行政權提供關於國家的普遍知識，以及王權作決斷）方能運作。

馬克思特別強調，黑格爾所論述的王權原則與等級原則，二者之間其實產生一種相互**中立化**（neutralization）而彼此抵銷，使得等級要素與自己的政治內涵脫離，並成爲一種「去政治化」的憲政理論（MECW, 3: 96; 全集, 1: 365）。馬克思徹底反對黑格爾這種基於思辨邏輯所產生的複雜中介系統，主張政治矛盾無法通過中介來調解，而唯有通過決斷方能徹底解決。他指出：

> 眞正的極端之所以不能被中介所調和，就因爲它們是眞正的極端。同時它們也不需要任何中介，因爲它們在本質上是互相對立的。它們彼此之間沒有任何共同之點，它們既不相互吸引，也不相互補充。（MECW, 3: 88; 全集，1: 355）

面對此種尖銳的極端矛盾，所需要的轉化是「這些對立面的自我認識，以及它們對決斷鬥爭（the fight to a decision）的熱烈渴望」，而非任何企圖用中介來調和的主張（MECW, 3: 89; 全集, 1: 356）。事實上，馬克思在《黑格爾法哲學批判》開卷便在反駁黑格爾對人民主權的否定論述脈絡中（PR, §279），提出了人民主權與君主主權鬥爭的決斷論式二元對立觀（MECW, 3: 28; 全集，1: 279）。換言之，在青年馬克思重構立法權的概念時，他基於決斷論的精神，推翻黑格爾的國家與社會二元對立、互相中介的體系，而重新建構出一個以人民主權與民主爲原則的公民社會論。

## （二）立法權與民主

在批判了黑格爾的王權、立法權，以及中介政治論後，馬克思在

《黑格爾法哲學批判》卷首所提的人民與君主主權之二元對立，在最後一部分對立法權的重構中，轉化成爲另外一組二元對立：或者是黑格爾所主張的政治國家脫離社會，或者是「恰好相反，**市民社會就是現實的政治社會**」（MECW, 3: 119；全集，1: 394）。在黑格爾的二元論中，市民社會的政治性，只能依據相對立政治國家的尺度與形式加以重構，從而產生等級代表制。但青年馬克思所主張的，乃是與之對立的觀點：「市民社會就是現實的政治社會」。他回歸西方古典共和主義的傳統（cf. 蕭高彥，2013: 85-100），強調「普遍事務」並非如黑格爾所述，被行政權所壟斷，因爲普遍事務本質上，乃是「人民的眞正事務」，唯有通過人民的行動才有可能實現（MECW, 3: 61-62；全集，1: 320-321）。在其觀點中，此種作爲「現實政治社會」的共同體，將不再是黑格爾所論脫離市民社會的抽象國家，而是「**作爲人民整體存在的國家**」（state as the whole of the existence of a people; MECW, 3: 78；全集，1: 342）。在這個全新的意義下，「只有立法權才是名副其實的完整的政治國家」，而且「立法權是一個整體」，包含了黑格爾所論述的王權原則、行政權，與市民社會（MECW, 3: 90；全集，1: 357）。

馬克思在討論立法權開端，已經指出在國家體制中，立法權其實內含兩種矛盾關係：其一爲整體憲政與立法權間之衝突，其二則是立法權與行政權間之衝突（MECW, 3: 59；全集，1: 317）。這兩重矛盾關係，源於青年馬克思繼受於法國大革命傳統的憲政思考：立法權與整體憲政之關係，乃關乎**制憲權**創造政治秩序之議題，而立法權與行政權之關係，爲憲政體制內被制訂的**憲政權**間之關係。以下之論述，先以立法權作爲憲政權的樣態加以論述，之後再討論在馬克思的論述中，人民主權以及立法權，其實共同構成一個基源民主的制憲權力。

對於憲政體制內立法權的職能，馬克思雖然力主人民主權論，但在實際立法職能中，他所強調的並非意志原則，而是知識或智慧。他指出，若把國家憲政理解爲普遍性，那麼理性意志便構成了其根本規定。如此一來，以下的命題便不容置疑：

每一個民族（國家）都以這些規定作為自己的前提，而且這些規定又必然構成它的政治信條（credo）。其實這是知識的問題，而不是意志的問題。民族[人民]的意志，正如個人的意志一樣，不能超越理性規律的範圍。非理性的民族則根本談不上有什麼合乎理性的國家組織。何況我們在法哲學這裡的對象是類意志（will of the species）。

立法權並不創立法律，它只揭示和表述法律。（MECW, 3: 58; 全集，1: 316）

而在論述「市民社會就是現實的政治社會」脈絡中，馬克思也指出，立法權之所以是人們所追求的對象，並非由於其內容，而是由於其「形式上的政治意義」，因為「立法的職能是一種不表現為實踐力量，而表現為理論力量的意志。在這裡，意志不應代替法律，它的作用恰恰在於發現和擬訂真正的法律」（MECW, 3: 119; 全集，1: 394-395）。[7]

馬克思反對黑格爾建構的等級原則，主張法國式的代表或代議制度（MECW, 3: 75, 79; 全集，1: 338, 344）。對於立法權之構成樣態，馬克思則力主必須基於人民主權的原則。他針對黑格爾《法哲學原理》第308節附釋批評民主派「有人說，一切人都應該單獨參與一般國家事務的討論和決定」的見解，馬克思如此反駁：

如果指的是真正合理的國家，那末可以這樣回答：「不是一切人都應當單獨參與一般國家事務的討論和決定」，因為**「單個的人」是作為「一切人」，即在社會的範圍內，並作為社會成員來參與一般國家事務的討論和決定的**。不是一切人都單獨參加，而是**單個的人作為一切人**（individuals as all）來參加。（MECW, 3: 116; 全

---

7 如 Furet（1988: 21, 26-27）所述，馬克思在立法職能中強調理性、知識以及理論力量，乃是對抗法國大革命雅各賓黨人羅伯斯庇爾的唯意志論，最後造成濫用國家權力形成恐怖統治的結局。

集，1: 390；黑體強調是筆者所加）

馬克思進一步闡釋，所謂全體成員都應基於「單個的人作爲一切人」參加立法權，係指以社會成員身分，並用普遍性角度來審議國家事務。其核心的政治議題乃是擴大選舉權以及被選舉權，也就是當時法國與英國政治改革的爭論焦點：**普遍選舉權**（MECW, 3: 120；全集，1: 396）。馬克思強調，只有選舉才是市民社會與立法權的眞實關係，而非如黑格爾的等級原則只是一種想像的存在。當馬克思標舉選舉構成了眞正市民社會最重要的政治利益時指出，由於無限制的選舉權和被選舉權，市民社會得以第一次眞正「上升到作爲自己的眞正的、普遍的、本質的存在的政治存在」；然而，他接著說明「這種抽象的**完成同時也就是它的消滅**」。換言之，馬克思對於普遍選舉權作爲市民社會眞實政治存在的結論是，「選舉制的改革就是在抽象的政治國家的範圍內要求**取消這個國家，但同時也取消市民社會**」（MECW, 3: 121；全集，1: 396）。

## （三）人民制憲權與國家消亡論

馬克思著名的國家與市民社會同時消亡的論述，雖然可以理解爲他對普遍選舉權有利於被壓迫階級之社會運動的觀點；然而筆者主張，這個日後將產生重大影響的國家消亡論（cf. Avineri, 1968: 37-38），在青年馬克思批判黑格爾的脈絡中，其眞正意旨乃是**將人民主權提升成為制憲權的制高點**（cf. Kouvelakis, 2003: 295-298），也就是前述立法權與國家憲政衝突的最深層矛盾。

這個核心議題，其實在馬克思批判《法哲學原理》第 298 節，也就是討論立法權的第一節時，便已經浮現。在這一節中，黑格爾強調立法權是憲政的一部分，所以憲法並非由立法權直接規定，而是立法權的前提。這個論點，一方面承續了黑格爾對盧梭《社會契約論》的批判，認爲國家憲政不能立基於個人意志以及契約，但更重要的是，黑格爾在此迴避了他所稱合理憲政**如何締造**的關鍵議題。也就是說，法國

大革命的「制憲權」理論（cf. 蕭高彥，2013: 268-275）在這一節中被黑格爾所壓抑，並且用一種歷史發展論述加以取代。作為法國大革命嚮慕者，青年馬克思清楚地看出黑格爾的意圖，但馬克思站在法國大革命制憲權論述的一方，主張：「這裡的衝突是很顯然的。**立法權是組織普遍物的權力，是確立憲政的權力，它高於憲政**」（MECW, 3: 55; 全集，1: 312）。他認爲所謂憲法到底是否應該爲立法權所支配的範圍之議題，只有在黑格爾系統中將政治國家作爲分離而孤立的領域，並且將行政權與立法權作嚴格的對立時，才會產生問題。而基於法國大革命的歷史，馬克思指出：

> 立法權完成了法國的革命。凡是立法權眞正成爲統治基礎的地方，它就完成了偉大的根本的普遍的革命。正因爲立法權當時代表著人民，代表著類意志，所以它所反對的不是一般的憲政，而是特殊的老朽的憲政。行政權卻完全相反，它完成了一些微不足道的革命、保守的革命、反動的變革。正因爲行政權代表著特殊意志、主觀任性、意志的巫術部分，所以它不是爭取新憲法反對舊憲法，而是反對一切的憲法。（MECW, 3: 57; 全集，1: 316）

所以對馬克思而言，這個關鍵問題的正確提法，乃是：「**人民是否有權利為自己建立新的憲政？**」（MECW, 3: 56; 全集，1: 316）而他認爲答案絕對是肯定的，因爲只要憲法不再表現眞正的人民意志，人民當然有權利建制新的憲法。換言之，所謂憲政和立法權之牴觸，只不過是憲政這一概念中的衝突或矛盾，因爲只有當憲法不符合人民意志時，方才產生矛盾。[8]

進一步而言，如同立法權同時包含了制憲權與憲政權兩個層次的運作，青年馬克思的「**民主**」概念，也接近盧梭的激進民主論，具有高

---

[8] 在這個脈絡中，馬克思指出，「曾有人企圖用區分 assemblée constituante［制憲會議］和 assemblée constituée［憲制會議］的辦法來解決這個衝突」（MECW, 3: 58; 全集，1: 316），但並沒有作進一步的說明。

於憲政的理論位階（cf. 蕭高彥，2013: 184-189）。事實上，在馬克思分析黑格爾王權論時，就已經對「眞實民主制」提出了初步的概念說明：「在民主制中，憲政、法律、國家本身都只是人民的自我規定和特定內容」，所以，「**在民主制中，不是人為法律而存在，而是法律為人而存在；在這裡，人的存在就是法律**，而在憲政的其他形式中，人卻是法律規定的存在」（MECW, 3: 30; 全集，1: 282）。對馬克思而言，民主制以外的其他政制都是某種特殊的國家形式；而只有在民主制中，形式原則與質料原則結合，達成普遍和特殊的眞正統一。馬克思進一步指出法國大革命人民主權原則的激進理論涵義：「現代法國人對這一點是這樣了解的：在眞正的民主制中**政治國家就消失了**」（MECW, 3: 30; 全集，1: 282）。馬克思評論此種法國傳統對現代性的理解如下：

這可以說是正確的，因爲在民主制中，政治國家本身，作爲一個憲政，已經不是一個整體了。

在一切不同於民主制的國家形式中，國家、法律、憲政是統治因素，但國家並沒有眞正在統治，就是說，並沒有從物質上貫串在其他非政治的領域中。在民主制中，憲政、法律、國家本身都只是人民的自我規定和特定內容，因爲國家就是一種政治憲政（*politische Verfassung*）[9]。（MECW, 3: 30; 全集，1: 282）

馬克思強調的重點是，唯有在民主制之中，國家不是在「抽象」的意義上成爲統治因素，而是在人民握有實質權力與權威的狀態下，創

---

[9] 在這個脈絡中，馬克思用的詞彙不僅是「憲政」，而是「政治憲政」，似乎呼應了盧梭所主張的「政治法」（political law）概念。在盧梭思想中，憲法並不具備特殊的理論地位，而必須從屬於普遍意志的運作之下。盧梭當然理解，公民普遍意志必須規定共同體的政治關係，這構成一種「政治法」；但基於激進民主精神，他主張政治法並不是一種垂諸久遠的「根本大法」（fundamental law），只要人民的普遍意志改變，政治法便和一般法律相同，隨時可以加以修改或重新建置。這個激進民主傳統的人民主權論述，請參考蕭高彥（2013: 169-192, 393-394）。

造憲政與法律，並且貫穿到政治以及非政治（也就是市民社會）的領域。這是前述「國家消亡論」的最初雛形，在其中吾人明確地看到盧梭式激進民主論的色彩：真正的民主是人民的自我決定（或盧梭所說的普遍意志），[10] 這構成了政治正當性的根源，所有的憲政與法律都必須以此爲基礎。

　　而在批判了黑格爾的王權與行政權之後，馬克思進一步發揮相同的民主概念：「民主因素應當成爲在**整個**國家機體中創立自己的**合理形式**的現實因素」（MECW, 3: 116; 全集，1: 389-390），並開展了他最後一部分論述前述「真正合理的國家」，以及「市民社會就是現實的政治社會」的終結論述（MECW, 3: 116-121; 全集，1: 390-396）。也唯有從立法權作爲制憲權，以及「真實民主」作爲基源民主的激進民主論述中，方能理解馬克思在《黑格爾法哲學批判》最後篇章中的獨特宣稱，包括普遍選舉權的行使意味著國家與市民社會的同時消亡或揚棄，以及與之密切相關的根本政治命題：「**立法權乃是設定的叛亂**（*Die gesetzgebende Gewalt ist die gesetzte Revolte*; The legislature is the *posited* revolt）」（MECW, 3: 91; 全集，1: 358）。[11] 這個表面上看來突兀的主張，假如放在不具正當性的憲政必須經由立法權加以變革之脈絡中，則不令人意外。其最激進的型態，乃是盧梭在《社會契約論》第三卷政府論所提出的激進民主理論，將所有政府視爲一種「臨時政府」（provisional government），並嘗試透過公民的定期集會，重現構成普遍意志以及建制政府的主權者，來抗衡執政者可能濫用政府所擁有之公共力量的可能性（cf. 蕭高彥，2013: 184-189）。馬克思在此則是以立法權的制憲權高度，在常態法治世界中必然以推翻現行憲政爲前提的「叛亂」加以形容，雖然之後憲政權的立法活動，仍須遵循前述之理性意志與知識原則。

---

10　青年馬克思並沒有運用這個詞彙，但他在 1843 年的《克羅茨那赫筆記》中，曾對盧梭的《社會契約論》作長篇的摘錄（MEGA, IV.2: 91-103）。參考王旭東、姜海波（2016: 86-87）。

11　此處中文全集版的譯文是「立法權在給叛亂奠定基礎」。

　　馬克思進一步強調，當市民社會成為「現實的政治社會」時，立法權將失去代表機構的意義：

> 在這種狀況下，立法權作為代表權機關就完全失去了它的意義。我們說立法權是代表機關，這就是說，一切職能都具有代表性質；這就是說，例如鞋匠是我的代表，就因為他能滿足某種社會需要；這就是說，**作為類活動的一切特定的社會活動都只代表類，即我固有的本質中的某種規定**；這就是說，每個人都是另一個人的代表，──在這裡，他之所以起代表的作用，原因不在於他代表了其他的某種東西，而在於他是他自己，並且他在做自己所做的事情。
> （MECW, 3: 119；全集，1: 394；黑體強調為筆者所加）

　　這段文字雖然晦澀，但其意義並不難理解：當市民社會與國家、私領域與公領域不再如黑格爾所主張處於分離狀態時，市民社會中展現人們的「類本質」的活動，方能發展完全的人性；而在這樣的共同體中，人類的「社會性」（作為類存在），就成為政治的決定性要素，所以不再有獨立的政治需求，例如人民通過選舉代表來完成政治功能。[12]

　　在青年馬克思的理想中，這樣的政治共同體，似乎回到古典共和主義的理想城邦。只不過在古代的城邦公民共同體中，有奴隸作為他者所構成的「市民社會」；而馬克思理想的實踐，則是在法國大革命所建構的現代國家，以及黑格爾依據現代性原則所做出的調和性政治規劃的基礎上，發揮真正的辯證精神，激進地改變市民社會與國家分離甚至對立的狀態，成為單一的，符合人類社會性的共同體。

---

[12] 值得注意的是，西耶斯的代表概念源自於其社會分工論（cf. 蕭高彥，2013: 286-292），而青年馬克思則從代表的概念及其載體（人民主權、立法權、民主制）回歸到社會分工論。由於馬克思認為可以復歸市民社會作為人們「類活動」的場域，分工、代表就不再是會產生層級分化的政治原則，而將成為社會原則。

## 五、理論之困境及其克服：市民社會批判之必要

本文以上三節的分析說明了，青年馬克思從共和主義的立場出發，批判黑格爾的憲政有機體論，在詳細分析批評了其王權、行政權，與立法權三個環節的理論後，歸結於人民主權在制憲權與立法權兩個面向上的運用，這構成了政治正當性的唯一根源。由黑格爾式的「抽象國家」回歸到承載主權與正當權力的「人民」，如 Abensour（2012: 53, 92）所論，這是一種**復歸（reduction）人民的主體性自身的激進民主觀**。

然而，從政治哲學的角度加以觀察，《黑格爾法哲學批判》由於係逐節評論的性質，所以馬克思**並未**論述在通過普遍選舉權復歸人民主體性之後，他們如何行使制憲權以及立法權。特別是馬克思在評論的過程中，已經說明立法權的根基在於理性與知識，而非單純的意志（MECW, 3: 58；全集，1: 316），於此他似乎面臨到盧梭在《社會契約論》第二卷第六章，在確立了「一切正當的政府都是共和制的」原則後，所提出的關鍵困難：「人民永遠是願望自己幸福的，但是人民自己卻不能永遠都看得出什麼是幸福。普遍意志永遠是正確的，但是那指導著普遍意志的判斷卻不永遠都是明智的」（Rousseau, 1997b: 68; cf. 蕭高彥，2013: 197-200）。由於馬克思在同時期的《克羅茨那赫筆記》中摘抄了《社會契約論》，亦包括這個關鍵的難題（MEGA, IV, 2: 96），因此這應該是青年馬克思思考過的理論問題。

這個關鍵議題，若以黑格爾的系統來表述，則將更加尖銳。因為在黑格爾的架構中，由於市民社會與國家之分離，使得前者成為私人所構成的社會領域，後者則是由公民所構成公共領域。市民社會既是私人利益競逐的場域，唯有通過普遍國家的政治倫理整合，公民的政治意識才能趨近於普遍性，而行政權及普遍等級才能發揮理性治理。而當馬克思批判並推翻了黑格爾「國家的普遍性」乃是一種虛妄的表象後，他力主「市民社會就是現實的政治社會」，而如此一來，「在這種情況下，立法權作為代表機關就完全失去了它的意義」（MECW, 3: 119；全集，1: 394）。換言之，在現實的、政治化了的市民社會中，立法權也

隨著國家的消亡而揚棄。然而關鍵的理論困難尚未被克服：即使吾人承認，黑格爾式國家作為普遍利益的場域（或普遍等級能夠實施理性治理）乃是一種意識形態的迷思，這仍然未曾說明：政治國家如何揚棄？人民如何由異化的「雙重身份」復歸真實的社會性本我？在揚棄了政治國家後的「現實的市民社會」，其普遍性何在？

　　必須強調，既然青年馬克思是在黑格爾的架構中進行批判，那麼這些關鍵問題，顯然就無法僅從批判黑格爾的國家理論得到解答，而必須通過批判黑格爾**整體**實踐哲學以及市民社會概念方有可能完成。而正在此議題上，吾人可以進一步考察《黑格爾法哲學批判》重要的理論探討。在馬克思的批判分析中，黑格爾的《法哲學原理》第 303 節最具關鍵性，因為在其中黑格爾提出了極為重要的理論對立：「**普遍等級**」（公職等級）以及「**私人等級**」（市民社會諸等級）。馬克思在其批判中指出，黑格爾的私人等級，通過等級原則雖然獲得了政治意義和政治效能，但「**並沒有變成政治等級**」（MECW, 3: 71；全集，1: 333）；也就是說，市民社會私人性的等級差別，仍然在政治國家中產生決定性的作用。這個脈絡乃是市民社會已經通過社會分工產生「**共同體**」（*Gemeinwesen*, communities; MECW, 3: 72；全集，1: 334），[13] 所以必須考慮在進入普遍性國家領域時，究竟是以**個人**還是以這些**共同體**的成員而進入？在此，馬克思強調「**精密地考察這個思想進程是很重要的**」（MECW, 3: 72；全集，1: 334），並且從歷史角度仔細並精要地檢視了等級在中古到現代國家形成時所扮演的角色（MECW, 3: 72-74；全集，1: 334-337）。特別值得注意的是，當馬克思已打算往下進行批判論述，並且抄錄了《法哲學原理》304 至 307 節文字時，他之後的評論卻仍然繼續針對第 303 節做了長篇的歷史性分析（MECW, 3: 75-81；全

---

13　馬克思並將「共同體」（*Gemeinwesen*; Community）與「共產社群」（*kommunische Wesen*; communal being）等同起來（MEW: 283, MECW: 79），但中文版（全集，1: 343）譯文並未適切表達此意。請參閱 Avineri（1968: 34）之討論，他主張這組概念已經預示了未來共產主義之發展，其詮釋因此而壓低青年馬克思共和主義取向之重要性。

集，1: 338-346）。對於這個關鍵文本，俄國學者拉賓（1982: 169-176）主張，《黑格爾法哲學批判》手稿在此有明確的斷點，而其詮釋則為，恰恰在此斷點時，馬克思正從事《克羅茨那赫筆記》的閱讀摘抄與反思，所以之後的論述從原來費爾巴哈式哲學批判，轉變為歷史制度性的分析。

　　這一段歷史性的關鍵文本有三個值得注意的理論突破點。首先，馬克思開始意識到，他批判黑格爾的立憲君主制的原始動機有所不足，而有必要批判其市民社會概念（MECW, 3: 80, 81；全集，1: 344, 346）。其次，馬克思對於中古後期等級制，通過法國大革命而完成代表制的總評，具有強烈的盧梭色彩：「我們的時代即**文明時代**，卻犯了一個相反的錯誤。它使人的**實物**〔**客觀**〕（*gegenständlich*）本質，即某種僅僅是**外在的**、物質的東西脫離了人，它不認為人的內容是人的真正現實」（MECW, 3: 81；全集，1: 346）。最後，也最重要的乃是，馬克思的關注焦點由國家逐漸轉移到市民社會之後，他已經觀察到市民社會中最重要矛盾：

> 　　這裡的特點只是，被剝奪了一切財產的人們和**直接**勞動及具體勞動的**等級**（the estate of direct labour, of concrete labour），與其說是市民社會中的一個等級，還不如說是市民社會各集團賴以安身和活動的基礎。（MECW, 3: 80；全集，1: 345，黑體強調為原文所有）

　　在這個文本中，青年馬克思與黑格爾相同，注意到現代市民社會的「他者」，也就是無產階級。黑格爾在《法哲學原理》第 243 節闡釋：市民社會雖然財富持續累積增長，並產生最大利潤，但「特殊勞動的細分和侷限性，從而束縛於這種勞動階級的依賴性和匱乏，也愈益增長。與此相聯繫的是：這一階級就沒有能力感受和享受更廣泛的自由，特別是市民社會的精神利益」（PR, §243）。表面上看來，黑格爾更加準確地掌握到勞動「階級」在市民社會中的角色，而青年馬克思反而使用傳

統的語彙：直接、具體勞動「等級」。然而，從兩位思想家後續的闡釋
可以看出，對黑格爾而言，勞動「階級」並不屬於其市民社會論中所述
產業等級之一（PR, §204），從而未曾（也無法）被他所提出的政治倫
理整合所中介進入普遍國家中。相反地，馬克思雖在此脈絡中運用「直
接、具體勞動等級」，卻強調這個等級由於產生了「市民社會各集團賴
以安身和活動的**基礎**」之普遍性職能，故而未來將成為重構市民社會
的核心重點。

　　在分析立法權的最後部分，馬克思批判了黑格爾以德國土地貴族
為主體所構成的上議院之規劃（MECW, 3: 93-111;　全集，1: 361-384），
而由於德國貴族制採行長子繼承制，馬克思一方面批判長子繼承如同
王權的繼承，均為基於自然而決定精神性事務；此外，馬克思藉著批判
土地貴族地產概念的機會，分析了財產權的議題。然而，由於土地貴族
的地產，並非市民社會最主要的所有權型態，所以雖有學者討論（如
Aveniri, 1968: 27-31），但筆者認為，馬克思在這部分之論述並非以批判
黑格爾市民社會概念為主要目的，乃是由於隨著行文，而需要批判市
民社會所立基的私有財產制，從而產生之論述。以實質而言，馬克思對
於私有財產權之批判，還是要以其政治經濟學之論述為基礎。


## 六、天賦人權、人類解放與無產階級

　　青年馬克思在轉向政治經濟學研究之前，將他在《黑格爾法哲學
批判》所建立的理論觀點運用於時代的政治事務中，發表了〈論猶太人
問題〉以及〈黑格爾法哲學批判：導言〉。這兩篇文章往往被視為青年
馬克思政治思想的代表作，然而，唯有在前文所分析他對黑格爾國家
理論之細緻批判的基礎上，方能理解這兩篇文章的真義，而且觀察出
馬克思逐漸脫離共和主義思想乃至政治哲學傳統，轉向以市民社會為
本之歷史唯物論（Isaacs, 1990: 473）。

　　〈論猶太人問題〉是馬克思針對原來亦師亦友的布魯諾・鮑威爾

（Bruno Bauer, 1809-1882）在 1843 年所發表的同名專書以及論文所進
行的批判。對吾人而言，重點不在於該問題本身（亦即在立憲民主國家
中，具有與基督教完全不同之宗教信仰者的人權與公民權問題），而是
馬克思於此脈絡中，以歷史與哲學的角度，切入現代政治革命所形構
的憲政國家與市民社會二元體系。表面上看來，其分析取向與他在《黑
格爾法哲學批判》第 303 節所做的長篇分析（MECW, 3: 70-81；全集，
1: 332-346）相當接近，但事實上他已經完全突破黑格爾的框架，強化
激進主義元素，並提出向前展望的「人類解放」（human emancipation）
構想，嘗試超越法國大革命所代表的政治現代性。[14]

對馬克思而言，法國大革命所代表的「政治解放」（political
emancipation），在政治領域創造了立憲國家，並且不管個人的社會差別
「而宣布每個人都是人民主權的平等參加者」（MECW, 3: 153；全集，
1: 427）。但這種普遍主義的理想，並沒有進一步去改變社會的不平等
以及階級差異，「國家還是任憑私有財產、文化程度、職業和其固有的
方式發揮作用……表現其特殊的本質」（MECW, 3: 153；全集，1: 427）。
換言之，政治國家的普遍性，其前提在於將人的物質生活排除在國家
範圍之外，並構成了市民社會。是以，政治革命、政治解放所代表的現
代性，其實創造了一種「**雙重的生活**」：在國家中，是一種共同體的生
活，在其間人們把自己看做是社會性的存有；而在市民社會的生活中，
人則作爲私人從事各種活動，將別人當做工具，結果自身也將爲工具，
最終成爲一種外在機運運作的場域（MECW, 3: 154；全集，1: 428）。這
樣的「雙重性」，有各種不同的表現樣態，如普遍利益與私人利益之衝
突、私人與公民，乃至私領域與公共領域的二重化等。在這個脈絡中，
馬克思再一次引用並批判黑格爾的觀點，當市民社會成爲利己主義的
領域時，其本質就是「bellum omnium contre omnes［一切人反對一切人
的戰爭］」（MECW, 3: 155；全集，1: 430），可見馬克思對黑格爾將霍布
斯的自然狀態中人人相互爲戰的圖像運用於市民社會，並且將之對立

---

14　關於「解放」的概念史分析，可參閱 Koselleck（2002: 248-264）。

於國家的普遍性，抱持著根本反對的態度。

　　事實上，馬克思主張政治解放仍有其限度，必須超越。首先，「即使人還不是自由人，國家也可以成爲自由國家」（MECW, 3: 152；全集，1: 426），也就是說，作爲共同體的國家可以用普遍性的理由擺脫特殊性的限制，即使其成員本身並沒有眞正擺脫這些限制。進一步而言，立憲國家或政治國家恰恰是一個中介的環節，僅僅讓公民通過其憲政與法律能夠「自相矛盾地、抽象地、有限地、部分地」超越其社會生活的限制，但並沒有眞正解決社會生活的矛盾。最後，對馬克思而言，此種有限的政治解放最高程度所能完成的，乃是人與人之間的自由必須通過國家的中介而實現。但人作爲類存在所應該達到的自由境界，應該是超越中介的，這無法通過政治解放而完成（MECW, 3: 152；全集，1: 426-427）。

　　馬克思也對政治解放的理論預設——法國大革命所揭示的**天賦人權說**——提出了重要的批判。在《克羅茨那赫筆記》摘抄法國大革命史時，他特別詳細摘錄了各次的人權宣言以及憲法（MEGA, IV.2: 170-173；王旭東、姜海波，2016：183-187），而〈論猶太人問題〉一文正是以此爲基礎之理論反思。馬克思指出，作爲人權主體之「人」和公民權主體的「公民」有何差別？和一般所認爲「人」（*Homme*）乃所有人均具備的普遍人格不同，馬克思強調：「和 *Citoyen*［公民］不同的這個 *Homme*［人］究竟是什麼人呢？不是別人，就是市民社會的成員」，也就是「脫離了人的本質和共同體的利己主義的人的權利」（MECW, 3: 162；全集，1: 437）。馬克思具體分析了法國大革命 1793 年版本憲法的〈人權和公民權利宣言〉所列舉的「自然地和不可剝奪的權利」：**平等、自由、安全、財產**。

　　在極爲罕見地與共和自由主義憲政論述的批判性對話中，馬克思指出，**自由**作爲「**人在不損害他人權利的條件下從事任何事情的權利**」或「**自由就是做一切對他人沒有害處的事情的權利**」，這樣的自由，只不過是「作爲孤立的、封閉在自身的單子裡的那種人的自由」，而此種權利乃是建立在人與人之分離，而非人們互相結合的基礎之上。所以

自由權「就是這種分離的權利，是狹隘的、封閉在自身的個人的權利」。不僅如此，馬克思認定，「自由這一人權的實際應用就是私有財產這一人權」（MECW, 3: 162; 全集，1: 438），因爲財產權意味著孤離的個人能夠「任意地、和別人無關地、不受社會束縛地使用和處裡自己財產的權利」，而這僅僅是一種「**自私自利的權利**」。對馬克思而言，這種個人自由和對自由的享受（財產權）構成了市民社會的基礎；而這樣的自由使得每個人「不是把別人看做自己自由的**實現**，而是看做自己自由的**限制**」（MECW, 3: 163; 全集，1: 438）。至於**平等**，也是將每個人當做孤獨單子而一視同仁；「**安全**」則更是保障市民社會所需的人身與財產權。在這個脈絡中，馬克思運用了黑格爾的分析，指出「安全是市民社會的最高社會概念，是警察的概念」，在其中，社會的存在是爲了保證其成員的人身、權利與財產不受侵犯，所以黑格爾把市民社會稱爲「需要和理智的國家」。

總結對於近代共和主義憲政傳統（以及其後自由主義）所主張的天賦人權的批判，[15] 馬克思認爲它們只是一種基於利己主義對於私人權利的保障，而在這些權利關係中的主體，人並非以普遍性的類存在而存在，而是去社會化的原子式個體。

說明了人權的市民社會基礎後，馬克思進一步分析法國大革命所產生的辯證：致力於政治解放的人，卻將政治共同體與公民生活變成維護人權的**手段**？也就是說，在「政治生活的革命實踐和它的理論還

---

15　關於馬克思批判天賦人權說，哈伯瑪斯（Habermas, 1973: 82-120）的分析最爲深入。如本書第十章所述，他探討了現代自然權利實證化之過程，並比較美、法兩國大革命的不同取向：其一爲自由主義式的，以美國獨立之宣言爲代表，強調市民社會僅需要建立能夠制衡專斷政府權力發生的機制即可；另一則爲革命式的，以法國大革命的人權宣言爲代表，這個取向結合了盧梭與重農學派的思想，強調要對國家以及社會做大規模的重構，於是產生了革命的必要性。哈伯瑪斯進一步強調，青年馬克思的思想源於後者，但當他「超克」了法國大革命的天賦人權說之後，實質上揚棄了現代自然權利傳統，也使得馬克思主義在合法性的法權論述上，產生根本的困難（Habermas, 1973: 112-113）。Ferry & Renaut（1990-1992, 3: 87-90）也提出了類似的批評，但不及哈伯瑪斯的分析鞭辟入裏。

處於最尖銳的矛盾狀態」時,安全或出版自由一方面被宣布為人權,另一方面卻被革命政府所取消,其結果是產生「下面這個謎」:**為什麼致力政治解放的人本末倒置,把目的當成手段,把手段當成目的？**（MECW, 3: 165; 全集,1: 440）並導致了理論與革命實踐的矛盾。青年馬克思透過解決這個「謎」,而對政治革命的本質、其限制,以及如何超克,提出了基於歷史的分析。他的論證有三:(一)「政治革命是市民社會的革命」,換言之,政治解放意味著推翻封建主義所構成的舊社會;(二)打倒了支配性的政治權力後,「把國家事務提升為人民事務,把政治國家確定為普遍事務,即真實的國家」;(三)政治革命同時消滅了封建時代市民社會的政治性,而將現代市民社會分成兩個組成部分:個人以及構成這些個人生活內容與市民地位的物質和精神要素。換言之,「作為市民社會的政治革命」,同時完成了「**國家的唯心主義**」以及「**市民社會的唯物主義**」兩個相對立的趨向,而市民社會雖然從傳統的政治支配中獲得解放,人卻被轉變為利己主義的人,並成為構成市民社會的基本單位:「這種人,市民社會的成員,就是政治國家的基礎、前提。國家通過人權承認的正是這樣的人」（MECW, 3: 166; 全集,1: 442）。[16]

是以,馬克思指出,法國大革命在雅各賓恐怖統治時期的暴力化,其實深植於政治革命與市民社會的內在矛盾中。一方面,當現代政治國家通過暴力而從中古後期的封建制度自我解放的時期,此時是「政治生活特別強烈地感覺到自己力量的時候」,此時它會竭力壓制其市民社會之前提,期望「自己成為人的真實的、沒有矛盾的類生活」;但另一方面,這個努力是徒勞無功地,因為「它只有同自己的生活條件發生

---

16 馬克思在這個脈絡中對現代國家與市民社會二元結構的分析,可以對照於他所整理出的黑格爾之思想進程:(一)黑格爾從市民社會與政治國家的分離作為現代性的狀況,一方面用思辨哲學想像為理念的必然環節,另一方面則具體描寫了政治國家之權力分立的憲政,運用官僚機構作為現存國家的形體;(二)市民社會作為私人等級而同國家對立起來;(三)立法權的等級要素乃是市民社會的政治形式主義,是市民社會對國家的映射關係,卻不能改變國家之本質（MECW, 1: 73-74; 全集,1: 336）。

暴力矛盾，宣布革命是不停頓的，才能做到這一點」，但在現代世界國家與市民社會的雙重構造中，此種政治性的革命必然會以市民社會與私有財產的恢復而告終（MECW, 3: 155-156; 全集，1: 430-431）。

在分析了現代人權觀以及法國大革命手段與目的倒置所產生的恐怖統治之後，馬克思在〈論猶太人問題〉的卷尾，將**盧梭**作為政治革命邏輯的原創者而加以批判。馬克思指出，如前所述，政治國家的建立與市民社會分解為獨立並具有權利的個人，乃是「通過同一行為實現的」。進一步而言，市民社會的成員不僅和國家相對成為非政治的人，而且「必然表現為**自然人**」（MECW, 3: 166; 全集，1: 442）。換言之，「人權」（*droits de l'homme*）作為「自然權利」（*droits naturel*），這意味著當「以自我意識為前提的活動集中在政治行為上」時，組成市民社會的利己主義個人，也變成「自然的對象」。相對於**政治人**的抽象性、人為性、寓言性以及道德性，市民社會的**自然人**則是「有感覺的、有個性的、直接存在的人」（MECW, 3: 167; 全集，1: 443）。

在這個脈絡中，馬克思引用盧梭關於「**政治人的抽象論述**」：

> 誰敢把人民組織起來，誰就一定會感到自己能夠**改變**所謂**人的本性**，把每個本身是完備的、孤獨的整體的個人**變成**更大的整體的**一部分**——這個個人在某種意義上要從這個整體獲得自己的生活和存在——用部分的、**道德的**存在來代替肉體的、獨立的存在。他必須剝奪**人的原有力量**，賦予他一種外來的、非由別人協助不能享用的力量。（MECW, 3: 167; 全集，1: 443；黑體強調為馬克思所加）

馬克思在此是以法文原文引用《社會契約論》第二卷第七章第三段，論立法家的「改變人性」之職責（Rousseau, 1997b: 69; cf. 蕭高彥，2013: 191-192, 197-214）。他在《克羅茨那赫筆記》中摘抄了這些文本，並且在立法家這一段以下的文字，畫了加重符號（MEGA, IV.2: 96-97），可見他對這個論述的重視。而由於 Colletti（1972: 188）認為馬克思「錯

誤詮釋」了這個重要文本，吾人有必要釐清青年馬克思在此如何理解盧梭。事實上，馬克思並非對盧梭思想做文本詮釋，而是將其論證看成是描述「政治人的抽象性」；而他引用這個文本的理由，並不在於改變人性或用道德存在取代自然存在，而在於現代政治生活所改變的人性意味著剝奪人的「**原有力量**」（*forces propre*）。這個被馬克思以黑體加重的「原有力量」，再度出現在〈論猶太人問題〉上部的終卷（MECW, 3: 167；全集，1: 443），清楚地顯示其閱讀重點。事實上，馬克思所反對的，乃是盧梭標舉出自然人及其「原有力量」與文明產生對立之後，主張必須剝奪此種原有力量，改變其自然本性成為道德存有，並成為整體之一部分的社會契約論進程。[17] 相對於盧梭的「去自然化」，馬克思則主張解放是一種「**復歸**」或「**返還**」（*Zurückführung*; reduction）：「**任何一種解放都是把人的世界和人的關係返還給人自己**」（MECW, 3: 168；全集，1: 443）。[18] 馬克思接著解釋，唯有當現實的個人，不僅是抽象的公民，而且是「在自己的經驗生活、自己的個人勞動、自己的個人關係中間」的個人，成為「**類存在物**」時，這時候，人們認知到自己的「原有力量」，並把此種力量組織成為社會力量，而且這個社會力量不再作為與自己分離甚至對立的政治力量時，就完成了「**人類解放**」。換言之，青年馬克思的目標，是在盧梭與法國大革命所創造的「自然化」的市民社會與「去自然化」的國家架構中，回歸**人作為類存在物「原有力量」的社會性**，並且通過自發的組織成為解放的可能根源，徹底突破現代性的二元分裂達成人類解放。[19]

　　人類解放作為革命的實際目標，需要**革命主體**，是以，馬克思在其〈黑格爾法哲學批判：導言〉完成無產階級理論建構（cf. Draper, 1977: 129-167）。表面上看來，該文是他作為已經完成的《黑格爾法哲學批判》

---

17　也就是本書第八章第六節所述盧梭「去自然化」之理論取向，請參考哈伯瑪斯（Habermas, 1973: 106）之討論。

18　這個文本最能佐證 Abensour（2012: 53, 92）所提出之 "reduction" 概念。

19　這個詮釋將使馬克思理論可以關連到本書第一篇各章所述西方近代社會契約傳統關於「社會性」的論述，請參閱洪特（Hont, 2015: 14-15）。

手稿之導言；但實際上，馬克思並未在此重述他對黑格爾國家與市民社會理論之批評，反而發展了一個全新的實踐哲學以及無產階級革命論，可以視為他在 1844 年開始研究政治經濟學之前，**終極的政治哲學論述**。該文的內容大體上分為三個主題：德國政治與德國思想的辯證關係、歷史取向實踐哲學之建構，以及無產階級激進革命論的完成。

該文以德文發表於《德法年鑑》，仍以對德國的批判為主軸。馬克思認為，德國當時的社會以及政治制度從未經歷現代的政治革命，卻又與歐洲各國一起經歷復辟；不僅如此，「德國的現狀乃是舊制度的公開的完成」（MECW, 3: 178; 全集，1: 456），因為法國已經推翻了舊制度，而德國反而在新時代將其完善化。然而，弔詭的是，雖然德國的現況是落後的（cf. Furet, 1988: 3-7），但是德國的思想卻與歐洲其他國家同樣先進，甚至更具現實性與思辨性：「德國的法哲學和國家哲學是唯一站在正統當代現實水平上的德國歷史」，而「德國的國家哲學和法哲學在黑格爾的著作中得到了最系統、最豐富和最完整的闡述」，這個系統並不是現實的反映，而是「現實的批判性分析」，甚至是「對到目前為止的德國政治意識和法意識的整個形式的最徹底的否定」（MECW, 3: 180-182; 全集，1: 458-460）。黑格爾的思辨法哲學，已提升至系統性的科學性，也成為「國家理論上的良心」，雖然其他歐洲國家已經在實踐上試圖踐履。是以，德國政治制度的缺憾與德國國家學說的完成度，二者雖構成鮮明的對比，卻能辯證地統一起來。也基於這樣的理論高度，馬克思認定他本人所從事之黑格爾法哲學批判，通過對黑格爾完整表述的現代性之批評，能夠產生重大的理論與實踐結果。而恰恰由於德國的法政哲學高度之思辨性，使得處於落後狀態的德國政治，將能通過哲學的分析而闡釋革命與解放之可能性。

其次，在實踐哲學方面，身為青年黑格爾學派的健將之一，馬克思完全理解當時的思潮，但他已經開始左右開弓展開批判：「實踐派」雖然極為正當地要求否定哲學，但其錯誤在沒有認真地實現哲學；而「理論派」則在相反的方向上犯了類似的錯誤，只在哲學層次批判德國，而未曾意識到現存哲學恰恰是這個世界的補充（MECW, 3: 180-181; 全

集，1: 459）。相對於這兩派，馬克思承認，既然黑格爾的國家哲學是現代性最完整的闡釋，那麼後黑格爾時代的實踐哲學之重點，便在於使哲學變成現實或在現實中完成哲學；而在此種實現中，由於哲學原則的現實化，便得以揚棄哲學。這個重要的理論觀點，其實並未在《黑格爾法哲學批判》中有所闡述，而是在之後的〈導言〉中，才開始以「**歷史**」爲取向，明確揭示哲學的任務：「彼岸世界的眞理消亡以後，**歷史的任務就是確立此岸世界的眞理**。人的自我異化的神聖形象被揭穿以後，揭露非神聖形象中的自我異化，就成了**爲歷史服務的哲學**的迫切任務」（MECW, 3: 176; 全集，1: 453）。

　　然而，青年馬克思已經從批判的理論取向，轉向批判的實踐取向，強調需要從事「肉搏的批判」，因爲批判的對象乃是它的「敵人」，其目的並非駁倒這個敵人，因爲舊制度的精神已經被駁倒，而是要向德國舊制度開戰，「給敵人以打擊」，並「消滅這個敵人」（MECW, 3: 177; 全集，1: 455）。進一步而言，從理論的批判，通過政治決斷確立敵人之後（cf. Schmitt, 1976: 25-36），實踐哲學的內涵也必須有所轉變。[20] 馬克思認爲要在德國的落後狀態推動能夠提高到其他歐洲國家都尚未達到的「人的高度的革命」，必須理解：

　　批判的武器當然不能代替武器的批判，物質的力量只能用物質力量來摧毀；但是理論一經掌握群眾，也會變成物質力量。理論只要說服 ad hominem［人］，就能掌握群眾；而理論只要徹底［激進］，就能說服 ad hominem［人］。所謂徹底［激進］，就是抓住事物的根本。但人的根本就是人本身……對宗教的批判最後歸結爲人是人的最高本質這樣一個學説，從而也歸結爲這樣一條**絕對命令：必須推翻那些使人成爲受屈辱、被奴役、被遺棄和被蔑視的東西的一切關係**。（MECW, 3: 182; 全集，1: 460-461；黑體強調爲筆者所

---

20　無怪乎右派之施密特仍能讚譽馬克思與馬克思主義者受黑格爾影響產生之政治決斷性，cf. Schmitt（1976: 62-63）。

加）

　　由於馬克思的意圖在於在現實中實現哲學，所以其政治哲學的論述，必須鼓動、激勵革命所需的「被動因素」或「物質基礎」（MECW, 3: 183；全集，1: 462），也就是在這個引文所強調能夠掌握群眾、產生物質力量，從事武器的批判之「理論」。此種全新的理論，雖然預設了前述已經完整掌握現代性現實的思辨政治理論，但為了掌握群眾，必須「**激進**」或「**基進**」（radical），「徹底抓住事物的根本」，也就是直指人的被奴役狀態以及必須加以推翻、揚棄的無上律令。但如此一來，馬克思的實踐哲學就脫離了理論思辨，而是力圖影響現實、成為政治社會現實之一部分的「意識形態」。[21]

　　最後，批判理論所掌握能夠變成物質力量的「群眾」，也在本文的卷尾得到政治的概念形構：

　　德國解放的實際可能性到底在哪裡呢？

　　答：就在於形成一個被徹底的鎖鏈束縛著的階級，即形成一個非市民社會階級的市民社會階級，一個表明一切等級解體的等級；一個由於自己受的普遍苦難而具有普遍性質的領域，這個領域並不要求享有任何一種特殊權利，因為它的痛苦不是特殊的無權，而是一般無權，它不能再求助於歷史的資格（title）而只能求助於人的資格，……它是一個若不從其他一切社會領域解放出來並同時解放其他一切社會領域，就不能解放自己的領域。總之是這樣一個領域，它本身表現了人的完全喪失，並因而只有通過人的完全恢復才能恢復自己。這個社會解體的結果，作為一個特殊等級來說，就是普羅（*proletariat*；無產階級）。（MECW, 3: 186；全集，

---

21　換言之，馬克思正式完成了科賽列克所述現代意識形態化政治的開端（cf. Richter, 1995: 37-38; Richter, 1996: 11-12），雖然馬克思與恩格斯在《德意志意識型態》中批判意識型態如照相機暗房中之倒立影像（*camera obscura*；馬克思、恩格斯，2016: 24）

1: 466）[22]

前文已經論述，馬克思在《黑格爾法哲學批判》中，尚稱之爲「被剝奪了一切財產的人們和直接勞動及具體勞動的**等級**」；在這篇〈導言〉中，才正式運用「**階級**」的概念，雖然階級與等級同時出現在這個著名的文本中。基本上，就其社會的根源而言，*proletariat* 是一個市民社會所產生的階級，但同時又是一個被無產的狀態所徹底鎖鍊的階級。事實上，馬克思賦予他們所受的普遍苦難成爲一種「普遍性的領域」，等於是反駁了黑格爾將公職人員界定爲「普遍等級」的理論觀點。而以政治作用而言，*proletariat* 則是將具有壓迫性的社會解體，且一切層級性的政治等級也將同時解體，人完全復歸自己，而可以依據人本身、或人的最高本質提升爲社會原則，完成人類之解放。

## 七、無產階級革命論與資產階級政治革命

值得注意的是，馬克思在最初發現「無產階級」時，著重的是其社會處境（也就是承受普遍性的苦難），而非無產階級作爲人的最高本質（如勞動）創造了市民社會的基礎卻又被排除在外的現狀。換言之，前引馬克思所提出的「這樣一條絕對命令：必須推翻那些使人成爲受屈辱、被奴役、被遺棄和被蔑視的東西的一切關係」（MECW, 3: 182; 全集，1: 460-461），乃是一種道德性批判，而非基於政治經濟學或社會學之分析。他對於苦難的強調，以及對盧梭之引述，呼應了本書第八章第六節所分析盧梭對社會不平等之批判而提出的兩種可能解決之道：革命或重新正當化。由於馬克思明白反對盧梭通過社會契約全盤讓渡一切權利所產生之激進的「去自然化」，以及通過偉大立法家「改變人性」

---

22　請參閱 McLellan（1980: 155-156）所指出的此文本在二手文獻中極端分歧的詮釋狀況。

的擘劃，是以，重新正當化進程爲馬克思所拒斥。而他所主張的復歸人
之「原有力量」，則意味著馬克思選擇的是集體行動的革命路徑（cf.
Rubel, 1981: 74-81）。

　　事實上，在轉向政治經濟學研究之前，青年馬克思對於無產階級
與市民社會之關聯，的確是通過盧梭式的道德憐憫觀加以掌握，尚非
實質的社會經濟分析，其明證在於其 1844 年 8 月所發表的〈評普魯士
人的「普魯士國王和社會改革」〉一文。這篇文章是對盧格所匿名發表
的文章之激烈批判，一方面反映出馬克思與盧格個人友誼的決裂，另
一方面也意味著馬克思決斷地放棄了共和主義，而朝向無產階級革命
論發展其理論。

　　該文是對 1844 年 6 月西里西亞工人起義的理論反思。馬克思指
出，工人起義，反映的是現代社會與國家中的赤貧問題，而英國、法
國，乃至普魯士，都是由國家的角度嘗試舒緩貧困問題。然而根據馬克
思對黑格爾的批判觀點，此種解決貧困問題的取向，乃是立基於具有
普遍性的國家，雖然承認社會疾苦，卻將市民社會中的赤貧問題「歸咎
於任何人類力量都不能消滅的自然規律」，或「歸咎於不依賴於國家的
私人生活」，或者「歸咎於應由國家行政機關負責的不妥當的措施」
（MECW, 3: 197；全集，1: 478-479）。馬克思在這個脈絡中，強化了他
對國家承載公共利益而市民社會作爲私人利益之場域的矛盾之批評，
而對現代國家的「政治性」或**「政治理智」**（*politischer Verstand*, political
understanding; MECW, 3: 197, 199, 204-205；全集，1: 478, 480, 486, 488）
之侷限提出了批判性的分析。[23] 他認爲法國大革命乃是「典型的政治
理智時代」，因爲它「在政治範圍以內思索」，而這樣的政治性愈強，愈
無法理解「社會疾苦的普遍性」，更不會在貌似普遍的國家原理之中，
找尋社會疾苦的根源。馬克思以羅伯斯庇爾爲例，指出他將赤貧與巨
富僅僅看做是「純粹民主」的障礙，而羅伯斯庇爾想建立斯巴達式的樸

---

23　吾人可將此視爲馬克思對「國家理性論」之批判與揚棄，cf. Isaac（1990: 473-
　　479）；Absensour（2012: 24-30）。

素生活，結果導致「意志」成爲唯一的政治原則，但此種意志萬能論不但無法解決社會問題，反而導致政治混亂（MECW, 3: 199-204; 全集，1: 480, 486）。

相對於此種政治理智，馬克思認爲西里西亞的工人起義，具有高度的「理論性和自覺性」，「意識到無產階級的本質」（MECW, 3: 201; 全集，1: 483），因爲工人起義的關鍵乃在於在其處境中「人們不幸離開共同體而孤立」的情況。然而，馬克思強調，此處所指的**共同體**（*Gemeinwesen*; MEW, 407；全集，1: 4870）並非國家的政治共同體，「工人自己的勞動迫使它離開的那個共同體就是生活本身，也就是物質生活和精神生活、人的道德、人的活動、人的快樂、人的實質。人的實質也就是人的眞正的共同體」（MECW, 3: 204；全集，1: 487）。西里西亞工人起義的意義，就是要消滅這種孤立狀態，而馬克思在這個脈絡中所建構的革命觀念，乃是「**具有社會精神的政治革命**」：

> 一般的**革命**──推翻現政權和破壞舊關係──是**政治行爲**。而**社會主義**不通過**革命**是不可能實現的。社會主義需要這種**政治**行爲，因爲它需要**消滅**和**破壞**舊的東西。但是，只要它的**組織活動**在哪裡開始，它的**自我目的**，即它的**精神**在哪裡顯露出來，社會主義也就在哪裡拋棄了**政治的**外殼。（MECW, 3: 206；全集，1: 488-489：黑體強調爲原文所有）

馬克思反對盧格所提的「具有政治精神的社會革命」，認爲這個取向仍援用整體觀點（也就是國家抽象整體性的觀點）來理解西里西亞的工人起義。而馬克思所主張的「具有社會精神的政治革命」，其基礎在於「從各個眞正的個人觀點出發」，而「人的實質」在於，「那個離開了個人就會引起他反抗的共同體才是人的眞正共同體」，從而，「革命的政治精神就在於沒有政治地位的階級渴望著消除自己被排斥於國家和統治之外的這種孤立狀態」（MECW, 3: 206；全集，1: 488）。是以，革命的精神，源於共同體與人的本質相對立的異化狀態之克服與揚棄；

換言之，社會主義革命的開端，雖然仍是政治行動，但當它的自我組織活動開始展現時，便可拋棄政治的外殼，也就是「國家必須消滅自己」（MECW, 3: 198; 全集, 1: 479）。無產階級必須揚棄前述的「政治理智」，避免認定一切的罪惡根源都在於意志，而使用暴力來推翻此種特定國家的形式。這種狀況乃是「政治理智蒙蔽了他們的社會的本能」，而再度落入國家與社會二元對立的狀態。

關鍵在於，「拋棄政治的外殼」或「國家必須消滅自己」，意味著在完成政治革命摧毀舊制度後，無產階級社會主義的「精神」、「自我目的」或「組織活動」，不再追求建立資產階級政治革命所主張的以人權、公民權爲基礎之平等法權世界，而直接回歸人的社會本質，自我組織。這正是馬克思所設想的「市民社會就是現實的政治社會」，在其中人們展現的「類本質」的活動，發展完全的人性；而在這樣的社群中，人類的「社會性」（作爲類存在），就成爲政治的決定性要素，所以不再有獨立的政治需求。[24]

---

24 馬克思所設想「具有社會精神的政治革命」之意旨，或許只能通過與布爾喬亞革命論之比較方能索解。在分析無產階級的特性之前，他批判了法國大革命作爲政治革命，只是「市民社會的一部分解放自己，取得普遍統治，就是一定的階級從自己的社會地位出發，從事整個社會的解放」（MECW, 3: 184; 全集, 1: 463）。馬克思指出，市民社會的單一階級，要在實踐中激起自己與群眾的熱情，使得「它被看做和被認爲是社會的普遍代表」，所以成爲「解放者」，並要求普遍統治。這是政治革命中，資產階級所發揮的作用。相對地，無產階級則由於承受苦難的普遍性，超越了資產階級的「代表」性，也不需要區別解放者與被解放者，而是訴求無產階級的自我解法，復歸自身的人性。然而，筆者認爲，馬克思對於資產階級政治革命的批判有其疑義，特別是這個脈絡，似乎對應著西耶斯在《第三等級是什麼？》所奠定的第三等級或資產階級的法權論（Sieyès, 1963; cf.蕭高彥，2013: 257-293）。馬克思曾提及西耶斯關於第三等級「成爲一切，並希望成爲一切」的論點（MECW, 1: 216; 全集, 1: 131）。然而，細究西耶斯的具體論證，其核心在於他從論證起點便依據古典政治經濟學的社會論述，說明了第三等級無論是在私人的活動（農業、產業、商業，以及服務業）還是在公共服務上（包括軍隊、法界、教會、以及官僚），都構成了**社會整體**，但卻被排除在社會的法權之外。這恰恰是第三等級所爭取的普遍權利（Sieyès, 1963: 61）。換言之，對西耶斯而言，第三等級並非單一的階級要成爲社會的「代表」；事實上，他的主張是，構成社會整體的第三等級有權

## 八、結語：從理論到實踐

　　本章分析了青年馬克思由共和主義的信念出發，通過對黑格爾《法哲學原理》國家論部分的逐節評論，深入分析黑格爾論述王權、行政權，以及立法權的理論謬誤。其思想之轉變具體展現爲：首先，通過人民主權原則之確立，主張立法權必須通過普遍選舉權而眞實地成爲人民意志的代表機構的激進民主論；然而，在批判的過程中，馬克思意識到政治國家眞實的矛盾，反映在其存在之前提，也就是市民社會與國家之分離，而現代市民社會之辯證，才是眞正値得批判的重點。而雖然青年馬克思不再有時間逐節評論黑格爾的市民社會理論，但他隨後在〈論猶太人問題〉以及〈黑格爾法哲學批判：導言〉中，精要地完成了市民社會以及法國大革命所建立的共和主義天賦人權觀之批判，最終在承受市民社會普遍苦難的無產階級中，找到改變整體社會的契機。

　　馬克思與黑格爾的根本差異，乃是對於現代性發展出的政治社會或「現實性」之評價。黑格爾在《法哲學原理》的〈序言〉提出了一個著名的格言：「**凡是合乎理性的東西都是現實的，凡是現實的東西都是合乎理性的**」（Hegel, 1991: 20）；[25] 馬克思的回應則是：「**合乎理性的東西都是現實的，證明這一點的卻正好是非理性的現實性的矛盾，這**

---

利（自然權利）以自身的活動排除舊社會及其特權，通過國民的制憲權，而創造一個平等的法權世界。青年馬克思在後法國大革命時代，已經通過對黑格爾法哲學的批判，而揚棄了建立平等的法權體系（也就是政治國家）；然而，他對於無產階級在社會中的處境，以及因為這個普遍壓迫處境所產生的革命或解放可能性的論述，似乎尚未能超越西耶斯。因為，無產階級的普遍性，並不能僅消極地以作為市民社會中之「他者」以及被壓迫的情境，便與人的最高本質相關聯。馬克思未來需要通過對政治經濟學的批判而建立積極的能動性基礎：勞動是市民社會的真正基礎與根源，但在歷史中，勞動總是表現為異化的、被剝削的型態。恰恰在 1843 年底，馬克思對現代國家的批判達到了這個分水嶺，而他的分析，必須重新導向市民社會的批判，誠如其於 1859 年《政治經濟學批判》導言所述，是他轉向政治經濟學研究的根本原因。

25　請參考馬克思在巴黎時期的友人德國詩人海涅（Heinrich Heine, 1797-1856）對黑格爾這個格言——基於和黑格爾直接互動的生動描繪——所提出激進理解的可能性（Heine, 1985: 289-290; 海涅，2000: 161-162）。

種**非理性的現實性處處都同它關於自己的說法相反，而它關於自己的說法又同它的本來面目相反**」（MECW, 3: 63; 全集，1: 324）。這個對於現實性完全相反的評估，乃是黑格爾建構調解式政治論，而馬克思則發展出激進革命論的根本原因。

以政治思想史研究之角度而言，則可以說，馬克思在最早期致盧格信函中所表達出的共和主義信念，係以他在〈第 179 號科倫日報社論〉所述現代國家法的新哲學為起點，通過《克羅茨那赫筆記》的擴充以及黑格爾國家理論的批判，形成了青年馬克思與西方政治哲學傳統對話的主要場域。但是當他在這些反思與批判的終點，於〈評普魯士人的「普魯士國王和社會改革」〉一文中，全面性地批判「政治理智」時，馬克思就確立了對國家與政治之批判有所不足，而必須從事市民社會與社會經濟的批判分析，之後的各種筆記，也鮮有政治哲學的相關作品。

如本書前章所述，黑格爾對現代性的想像是二元乃至多元的。在市民社會與國家分離的二元對立中，一方面市民社會確立了現代產業等級（或布爾喬亞）的主觀自由，但市民社會的諸多問題與認同危機，則通過普遍國家的建構，以及倫理整合與理性治理的雙重機制，重新達到統一性。相對地，馬克思對於現代性的想像則可以說是**一元**的，主要意圖在於揚棄市民社會與國家的分離。但他在 1843-1844 年思想的發展，可以明確觀察到兩種不同的現代性想像。其一乃是通過對黑格爾立憲君主制的批判，回歸到「**人民**」（*Volk*; people），並通過對黑格爾立法權的批判，以及法國大革命思想的綜合，完成一種以人民主權為基礎的「**真實民主**」，作為政治現代性的終極想像。其二則是他在批判黑格爾過程中，察覺到市民社會的矛盾才是真正現代性在物質生活方面的矛盾，並發現了另外一個完成現代性的主體：**無產階級**，其背負了市民社會普遍性的壓迫，因而成為普遍性人類解放的承載者。然而，政治性的「人民」與社會性的「無產階級」兩者畢竟是不同的理論範疇，在揚棄了市民社會與國家的二元對立後，真實的、本質性的共同體應該由哪一種主體決定？由青年馬克思的思想軌跡可以明確看到，他由

政治主體的人民轉向了社會主體的無產階級，雖然其連帶的主張如國家消亡論等，並不能視爲他摒棄了政治觀點；然而，終極而言，現代性的完成，要通過市民社會內部的矛盾之揚棄而達成，並由無產階級帶來激進變革的契機，而非市民社會與現代國家發展過程中所產生憲政主義以及民主共和主義等政治解方，殆無疑義。

在青年馬克思所建構的兩種主體中，他本人當然是以無產階級爲社會革命的主體，持續發展其理論，終於完成影響深遠的「歷史唯物論」。這個發展的進程，超越本章的範圍，而必須另行分析。以本章的研究結果而言，則關鍵的議題在於「市民社會就是現實的政治社會」之根源，也就是人類的社會性，青年時期的馬克思仍依據費爾巴哈的理論，用「類存在」加以理解。然而，由於市民社會本身在黑格爾的架構中，已經被建構成現代性的「差別」或「有限」環節，其本身即是異化的場域，並不具有眞實性。是以，馬克思有必要從無產階級活動的根源，也就是勞動作爲人類本質性的活動，重新建構一個市民社會甚至人類整體歷史發展的概念。而當馬克思移居巴黎之後，鑽研古典政治經濟學，在《1844 年經濟學與哲學手稿》中，完成了勞動與異化勞動的分析，再從這個新起點，與恩格斯合作，在 1845 年的《德意志意識形態》中，以勞動、生產力、分工，以及民族內的交往爲核心，建構了一個與盧梭《論人類不平等》相似的人類整體發展之「自然史」(natural history; cf. Habermas, 1973: 113)，並從中完成了共產主義社會構想之哲學雛形。[26] 這也是本章卷首所引，馬克思在《政治經濟學批判》序言中所自述的思想進程。

---

26　理論上而言，馬克思與恩格斯共同署名的《德意志意志型態 I. 費爾巴哈》的論述，可以作為馬克思在初步研究政治經濟學之後，所發展出來的歷史觀。然而，一方面由於本章篇幅所限，另一方面則由於這本書的手稿，主要都是由恩格斯所書寫的，馬克思只有在部分內容的旁頁中加以修改或評論，但分量並不大（馬克思，2016: xiii）。所以，是否能以《德意志意識形態》第一部分來連接青年馬克思的批判哲學以及晚年馬克思的歷史唯物論與政治經濟學，仍有待研究。孫善豪編譯的版本（馬克思，2016），依據原始手稿的序列以及雙頁格式，並區別恩格斯與馬克思撰述之部分，極為細緻，足可作為未來研究的基礎。

　　當青年馬克思「發現」了可以同時揚棄市民社會與國家的無產階級後，哲學或理論也需要根本的改變。他所強調「理論已經掌握群眾，也會變成物質力量」的激進理論，在其著名的〈費爾巴哈題綱〉得到終極的闡釋。[27] 馬克思的立場，如孫善豪所述，乃是一種「實踐的唯物論」（馬克思，2016: xii），其立足點是「人類的社會」或「社會的人類」（§10），而人的本質就其實際而言乃是「社會關係的總和」（§6）。將人類活動理解為客觀或「對象性的」（gegenständliche）活動，也就是說社會存有並非獨立自存的客體，而是感性人類活動與實踐所創（§1）。在這個全新地對人與社會現實性的重新界定中，不再需要有「教育者」來教化人去改變環境，而是通過人與社會同時的「自我改變」而創造出人類活動與環境的同時改變（§3）。這樣的行動，便是「革命的實踐」，而對象的真理性不再是思維或理論的問題，而是一個實踐的議題（§2-§3）。基於這些前提，馬克思也宣布了哲學思維傳統的終結：「哲學家們只是各不相同地**解釋了**世界，重點在於：**改變**它」（馬克思，2016: 103）。

　　另一方面，政治理論學界近年來也興起一種修正主義的詮釋取向，重新評估青年馬克思「真實民主」的概念（cf. Gilbert, 1991），認為其中所蘊含的理論豐富性比他步上歷史唯物論後所發展之理論，更具有當代社會的相關性。其中最重要的主張者 Abensour 通過一種哲學式的「解放詮釋學」（Abensour, 2011: 34），重構了「真實民主」的四個特徵：動態的人民主權論、基源民主論（復歸人民自身）、人民持續政治的自我構成作為民主之賦權，以及民主的例外或獨特性，並重新評估馬克思的「國家消亡論」（Abensour, 2011: 47-72）。而青年馬克思以真實民主之名對抗黑格爾的政治國家，也被詮釋為政治現代性最具價值的批判性分析，且與當代後現代理論家所爬梳自史賓諾莎開啟的民主觀而發展出的「野性民主論」（savage democracy）遙相呼應，成為一個反對

---

27　孫善豪指出，〈費爾巴哈題綱〉可能是對於《德意志意識形態》第一部分「費爾巴哈」的寫作或修改綱要（馬克思，2016: 99 註）。

國家支配的現代性系譜學（Abensour, 2011: 102-124）。這個取向，可以說是對青年馬克思政治哲學「創造性的轉化」，其影響力正方興未艾。

# 第十五章

# 英國文明論與帝國自由主義

## 穆勒與柏捷特

# 一、前言：自由主義與時代精神

貢斯當對法國大革命拿破崙帝政之反思，奠立了現代自由主義的思想基礎，而西方社會在拿破崙戰爭後迅速發展，在國家內部代議民主制發展成為主要政治制度，在國際層次上則逐漸形成帝國主義競逐之勢（Pitts, 2005: 3-11）。而十九世紀英國與法國具代表性的自由主義思想家，則包括法國的托克維爾（Alexis de Tocqueville, 1805-1859）與約翰・穆勒（John Stuart Mill, 1806-1873）二人，[1] 他們均因應時勢，對自由理念、民主社會，與西方文明之特質等議題，發展新型態的論述，其影響力迄今不輟。

穆勒是十九世紀中葉英國最著名的公共知識分子，或「公共道德家」（public moralist; cf. Collini, 1991: 121-169），他精研哲學，但也關懷時事，對於許多重要的政治社會改革議題，都發表了獨到的見解。本章以其自由主義論述為分析主軸，由穆勒對托克維爾的名著《論美國的民主》所撰寫的兩篇長篇書評作為出發點，分析兩位自由主義思想家對於新興民主社會分析觀點之異同。穆勒雖然同意托克維爾對現代社會趨向平等與同質化之分析，但主張民主社會之弊病，並非源於民主制本身，而來自於商業社會與文明可能停滯之深層因素。在此基礎上，本章的主要內容，在於詮釋穆勒如何面對商業社會中產階級興起後，於代議制度以及個人自由方面所產生的新課題，並提出自由主義的解決之道。

然而，穆勒的論述，同時也運用了蘇格蘭啓蒙運動的文明階段論，且將此論述意識形態化，證成了於非歐洲國家實施殖民統治，而在文明國家則持續發展自由憲政的十九世紀西方二元史觀。通過文明論角度來研究穆勒的代議政治論，吾人將可明確看到西方文明論對現代性政治價值的建構、擴散，以及意識形態化。本章最後一節討論英國古典自由主

---

1 　本書對 John Stuart Mill 以及 Walter Bagehot 之譯名，採取嚴復所譯的「穆勒」與「柏捷特」。

義刊物《經濟學人》（*The Economist*）早期（1861-1877）重要編輯柏捷特（Walter Bagehot, 1826-1877）以進化論爲基礎的文明觀，作爲十九世紀下半葉歐洲以外知識分子（如嚴復）所具體面對的強勢文明論述。

## 二、托克維爾與穆勒論現代民主

托克維爾的《論美國的民主》上、下兩冊刊行於 1835 與 1840 年，而穆勒分別在同年度對兩冊都發表了長篇書評，篇幅均達四、五十頁（Mill, 1996: 49-90; 155-204）。誠如穆勒全集版編者導言所言，這兩篇書評的意旨不僅在於評論，亦擇要介紹托克維爾對民主制的利弊得失之分析給英國讀者（Mill, 1996: xviii-xx）。穆勒在《自傳》中指出，《論美國的民主》對其思想之影響，在於促使他修正對民主政治的概念，因爲托克維爾深入分析民主社會的弊端以及中央集權的問題，目的並非否定民主政治，而是期望導正其弱點，創造民主政治持續運作的有利條件。然而，穆勒也強調，他本人實際的民主政治信念，經過多年的思考，有具體的修正，而且提醒讀者可比較《論美國的民主》原作、其兩篇書評，以及他的《論代議政府》之論述便可明白（Mill, 1924: 134）。

事實上，穆勒的書評，反映出青年時期的他對於民主社會興起的歷史意義，已逐漸發展出自己的判斷。在對《論美國的民主》上冊的評論中，穆勒指出托克維爾發揮了孟德斯鳩的分析角度，以美國社會爲藍本，建構了一套完整的民主理論（Mill, 1996: 57）。穆勒強調，多數讀者皆能察覺，托克維爾所理解的民主，其本質並非作爲一種特定的政府體制，而是在「平等的條件」（equality of condition）之社會基礎上，所逐漸發展出的自我治理之制度。民主之利在於追求多數人之福祉，也因此能獲取公民的服從。然而，在觀察了美國的政治運作後，托克維爾也指出民主社會的兩個弊病：其一是政策的制定較爲匆促與短視，其二則是**多數人**的利益永遠等同於**所有人**的利益，從而產生多數的主權對少數濫用權力之可能性（Mill, 1996: 71）。在書評中，穆勒依據托

克維爾的分析指出，「**理性民主**」（rational democracy）並非人民自己治理，而是「他們有良善政府的保障」，因爲人民對政治權力握有**終極控制權**。然而，在這個終極條件下，最佳政府卻應爲「智者之治」（government of the wisest），從而是少數之治的政府。是以，在民主與智者之治這兩極中，代議政府就發揮了綜合之效（Mill, 1996: 72）。

連接穆勒兩篇書評的關鍵議題，乃是托克維爾所分析民主社會中的**多數無限權威**（omnipotence of the majority）及其問題（Tocqueville, 2000: 238-249）。在上冊書評中，穆勒避免引用托克維爾關鍵的「多數的暴政」（tyranny of the majority）一詞。但他指出，托克維爾這方面的思考，並非意味著多數的無限權威眞的會創制壓迫少數的法律；其「暴政」乃是及於公共輿論而非人身安全，是指「公共輿論的專制枷鎖」（despotic yoke of public opinion）將成爲民主社會遏抑個人的獨立思考及個體性的最大力量。然而，到了下冊書評，穆勒開宗明義便指出「多數的暴政」概念已經被當時英國保守派援引作爲批判民主的武器（Mill, 1996: 155），所以穆勒在下冊關於民主制對個人生活與社會風尚及民族性格的影響之評論，更加謹愼。雖然基本上同意托克維爾對民主治利弊的整體觀察，但穆勒以英國爲著眼點指出，英國與當時的美國不同，階級的壁壘仍然森嚴，並不存在「條件的平等」；然而，英國社會卻有著類似托克維爾所描述美國民主制度對於公共輿論與社會風尚所產生的壓迫性影響。在這個議題上，穆勒認爲，托克維爾對民主之弊的描述，或許基於其針砭法國社會的意圖，推測多於經驗事實的基礎（Mill, 1996: 175-176）。對穆勒而言，托克維爾所指出的民主諸種弊病，關鍵在於中產階級之興起（Mill, 1996: 163-167），從而在財產、智力及集體行動的權力三個面向上，逐漸茁壯，並影響政治過程；而現代民主，其本質不過是以普遍選舉權爲基礎的「**中產階級政體**」（regime of the middle class; Mill, 1996: 167）。

穆勒以英國社會爲基礎，對《論美國的民主》提出了兩個重要的批判分析。首先，「多數的暴政」或「多數的專制」（Tocqueville, 2000: 661-665）被認爲是托克維爾全書「最大的缺點」（Mill, 1996: 175），因爲統

治者的「暴政」或「專制」代表專斷權力的行使，這與多數人對暴政缺乏安全保障的理解並不相同；而穆勒認爲民主的可能弊病在於後者，而非托克維爾用字遣詞所意指的前者。與托克維爾受到法國大革命影響的心態不同，穆勒強調，在美國政治中並沒有高於法律的專斷權威，也沒有運用法律去壓制的對象；所謂美國民主的「暴政」，並非及於人身，而是**心靈**。事實上，在民主社會的風尚趨同，而導致公民精神與力量的衰退之議題上，他與托克維爾並無二致。也就是說，民主之弊，並非太多自由，而是太常順服；並非無政府狀態，而是卑躬屈膝的奴性；「並非太快的變遷，而是**中國式的停滯**」（Mill, 1996: 188）。要矯正這些弊病，托克維爾強調民主參與，而穆勒則重視對代議機構的改革。其次，在結論中，穆勒對托克維爾提出了總體的批判：「**顯然混淆了民主的結果與文明的結果**」（Mill, 1996: 191）。穆勒認爲，現代性的本質乃是商業社會的崛起，它所帶來的「平等的條件」，與中產階級的興起乃一體之兩面；但托克維爾將平等化趨勢抽離出來獨自觀察，並以民主之名總結其分析。然而，無論是平等的條件或中產階級的興起，都是商業文明（commercial civilization）的趨向，也唯有在商業社會和文明論的基礎上，才能深入分析現代社會，並對政治制度提出具體改良之道。

換言之，穆勒的立場，乃是以英國傳統的商業社會與文明論述，整合托克維爾的民主社會論，並嘗試發展托克維爾所主張的「全新的政治科學」（Mill, 1996: 126）。[2]

## 三、穆勒論文明與民族富強

十八世紀蘇格蘭啓蒙運動的文明社會論，到了十九世紀，隨著殖民主義與帝國主義的快速發展，轉化爲帝國自由主義的文明論述，以

---

2　關於穆勒與托克維爾的個人交誼及對彼此思想之影響，請參考 Pappe（1964）以及 Suh（2016）。

下四節將以穆勒的政治思想爲例，說明這段思想史的發展進程及意義。

一般而言，學界對穆勒之政治思想的分析取向，集中於兩個議題：效益（utility）原則與自由原則的相容或緊張性（江宜樺，2001: 141-162），以及其代議民主理論屬於參與民主或者是菁英民主（Thompson, 1976）。本章的分析角度，將不採這兩種主流詮釋觀點，而是基於前節所述，穆勒對托克維爾之書評中所展現出的現代文明論與商業社會和民主社會之複雜關係，爬梳穆勒的文明論述、自由主義、代議政府論，以及殖民主義之緊密關連。

近年來，在思想史研究中，以文明論爲取向的詮釋角度蓬勃發展。如 J. W. Burrow（1988: 77-124）即主張穆勒在努力克服邊沁以及其父親 James Mill（1806-1873）效益主義的過程中，廣泛採擇歐陸、德、法的政治思想。而在英國思想史方面，除了眾所周知的浪漫主義文學對穆勒的影響之外，Burrow 更強調，十八世紀蘇格蘭啓蒙運動以及輝格黨政治論述對穆勒亦產生重大影響。另一方面，亦有學者運用十九世紀英國的殖民政策（Bell, 2012; Habibi, 1999），乃至帝國自由主義（imperial liberalism）來詮釋穆勒思想，並多有批判（如 Levin, 2004; Mehta, 1999; Pitts, 2005: 133-162），其中之關鍵議題，即爲文明論與帝國主義間之曖昧關係。

吾人可以穆勒於 1836 年所撰寫的〈文明〉（*Civilization*）一文作爲分析的出發點。在其《自傳》中，這篇短文被放在一個獨特的脈絡呈現其意義。在 1834 到 1840 年間，穆勒負責《倫敦與西敏寺評論》（*The London and Westminster Review*），這是當時效益主義「哲學激進派」（philosophical radicals）的機關刊物，但穆勒卻說該刊往往不能代表他的意見。而〈文明〉一文，便是他本人在《倫敦與西敏寺評論》第一期所刊登的文章。穆勒自述在這篇文章中他發揮了許多新的見解，以並非繼受自哲學激進派中堅份子的父親之理論與思維方式，徹底批判當時英國社會的思想與道德傾向。刊登時間恰恰是他父親過世前一年，而穆勒亦強調其父對這篇短文的讚許（Mill, 1924: 140-142）。的確，〈文明〉一文極具綱領性，且可明確觀察到穆勒的自由主義與十八世紀弗

格森共和自由主義論述的繼承，[3] 但又開出十九世紀的議題（cf. Burrow, 1988: 77-81; Mehta, 1999: 99-103; Levin, 2004: 18-25）。

　　穆勒開宗明義指出，「文明」一詞，廣義而言，意味著人類的改進（human improvement）；狹義而言，則指涉特定樣態之改善，使得「**富（wealthy）與強（powerful）的民族區別於原始或野蠻人**」[4]（Mill, 1996: 119）。換言之，弗格森式的文明社會階段論，在穆勒的早期思想中，很快地以**二元對立**的型態開展出來（cf. Pitts, 2005: 137），而文明最重要的指標即為**民族的富與強**。在簡單地描述原始人的生活狀態，強調其「沒有商業、沒有製造業，幾乎沒有農業」的生活情境後，對比之下，穆勒對文明提出了以下的界定：

> 我們稱一個民族是文明的，當保護其成員的人身與財產之社會建制（arrangements of society）足夠充足完善地維持他們間之和平；也就是說，讓個人最大程度地放棄在一般的情況下需要靠他們個人的力量或勇氣來維護（vindicate）其利益的做法（無論是侵略型或防禦型），而讓共同體成員將其安全主要依靠於社會建制。（Mill, 1996: 120）

　　這個定義採用並轉化了盧梭與弗格森所描繪，在自然（或未開化／原始）狀態中個體的獨立性與自足性，而強調文明狀態人們的相互依存，以及依賴於社會建制的程度愈來愈高。穆勒和弗格森相同，主張文明的生活狀態，源於社會分工；而在社會分工發生後，所進一步需要的合作（co-operation）以及紀律，則是文明人所特別需要的品格。通過分工合作，文明社會生活形成了一個複雜的整體（complex whole），每

---

3　本書第九章分析的弗格森雖然以「civil society」為標題，但全書亦數度運用「civilization」一詞，其實已經具備現代「文明」一詞的意義（Bowden, 2009: 31），如全書開宗明義的第一節就提到「人類由粗野（rudeness）到文明（civilization）的變化」（Ferguson, 1966: 1）。

4　如前所述，筆者將 savage 翻譯為原始或未開化，視上下文意，而 barbarian 則譯為野蠻。

個個人則成爲整體的一部分，需要通過規訓的習慣（habits of discipline）完成整體所需的各種工作。對穆勒而言，人類的歷史便是文明的成長（growth），而文明的各項要素，包括生活技藝的知識、財產與人身安全的保障，以及財富與人口的增長等，共同構成一種「**持續進步**」的過程（Mill, 1996: 120）。穆勒的初步結論是，財產以及知性的擴大，加上合作所產生的力量，在歐洲，特別是當時的英國，產生了快速的發展。他強調，英國每年輸出的資本，遠遠超過任何古代的商業共和國（Mill, 1996: 124）。

然而，穆勒隨即對於文明的持續進步，採取了較爲批判性的觀點。他進一步討論文明對現代人的影響，分析了道德以及政治兩個層面（Mill, 1996: 129）。對於文明的**道德效應**，穆勒以接近弗格森的筆觸強調，高度文明對於個人性格的影響，乃是造成了「個人精力的鬆弛」（relaxation of individual energy; Mill, 1996: 129）。在原始的粗野狀態中，個人要靠自己的力量來保衛其家庭、財產、自由；但是，這個需要到了分工的文明社會中，由於個人只須運用其職業所需之技巧與能力，其它能力逐漸荒廢。本來，能促進性格力量的動因很多，包括對財富的追求、個人地位的勝出、對積極德行（active virtue）之愛，以及博施濟眾的熱情等；但這些能夠激起個人的積極動能，在文明化的社會中，被追求財富之單一性慾望所取代（Mill, 1996: 129）。如此一來，原始時代獨立個體所具有的勇毅及英雄氣概等，將很難在文明化的社會中持續存在。

穆勒對於文明道德效應的觀點，其實與盧梭和弗格森對社會分工所造成的影響之分析相去不遠。然而，穆勒獨到的思路，以及十九世紀社會發展衍伸出的不同課題，使得他進一步論述文明的**政治效應**時，脫離了盧梭與弗格森的共和主義取向，而切入民主政治如何與個人自由相調適的全新議題。他引用托克維爾的名言：在新時代中需要一個「**全新的政治科學**」（Mill, 1996: 126），而這個政治科學所處理的對象，乃是十九世紀上半葉民主勝利（triumph of democracy）並形成「**公共輿論政府**」（government of public opinion）的全新課題（Mill, 1996: 126-

127）。關鍵在於，文明社會的高度分工，以及全體人口整合到經濟活動各環節，產生了**群衆**（mass），包括中產階級（Mill, 1996: 121）以及工人階級（Mill, 1996: 125）。穆勒指出，當時的文明社會已經形成了全新的社會結社方式（如公會）來促進群衆的結合精神（spirit of combination），報紙更成爲群衆發聲以及形成集體意志的重要管道。然而，他認爲當時的社會，並沒有因爲這些新興的結社組織及興論管道而提升知性力量（intellectual power）與道德能量（moral energy），反而產生個體性的弱化與同質性的風尚。因此，穆勒的期望是由大學所訓練出來的菁英，通過完善的博雅教育，養成寬闊胸襟以及高度視野，帶領民主社會中的群衆（Mill, 1996: 143- 147）。這個結論，反映出穆勒的菁英主義取向，[5] 而他對民主政治全面而深入的反思，或其「全新的政治科學」，在《論代議政府》（*Considerations on Representative Government*, 1861）得到系統表述。

## 四、穆勒論代議政府的文明條件

《論代議政府》是十九世紀中葉西方討論代議民主最重要的政治理論作品，穆勒在書中一方面肯定普遍選舉權，另一方面又嘗試引進「權能」（competence）原則，希望居於少數的知識菁英，能夠通過複數選票（plural voting）等機制，有較多機會進入代議機構，發揮其寬廣的視野，形塑興論與立法，藉以補足參與式民主僅注重多數所可能產生的弊病。雖然這些主題與當代民主理論討論參與、審議以及立法品質等議題息息相關，但本章因篇幅關係，無法全面處理《論代議政府》所有議題，而將集中探討兩組相關論題：本節討論代議政府的文明

---

5　如前節所述，穆勒在評論托克維爾《論美國民主》上冊時便強調，「只要良善意圖能被確保，最好的政府（the best government）——這還需要說嗎？——必須是智者政府（the government of the wisest），而它們必定是少數人之治」（Mill, 1996: 72）。

條件，下節則處理文明、自由社會中的代議政府與個人自由核心價值之關係。

穆勒在《論代議政府》前四章中，以文明發展階段論的角度，討論了代議政府成立的文明條件。值得注意的是，與蘇格蘭啓蒙運動思想家（例如弗格森）基於歷史、社會或人類學的關懷而建構文明社會發展史有所不同，對穆勒而言，文明理論是他分析現實政治問題不可或缺的框架，而非知識層次的探討。穆勒首先論述了兩種關於政府的觀點：以效益主義爲基礎的「哲學激進派」主張政府是人類可以依據其觀念而設計的產品；而保守主義和歷史主義則主張政府乃民族生活發展的結果，並非人爲製造物。對這兩種對立的立場，穆勒嘗試折衷的調合主義，但終極而言，他較爲偏向前者。也就是說，在歷史發展的進程中，人類仍然可以通過知識以及意志的選擇，創造合適的政府形式。

在第一章中，穆勒略述了政府有效治理的基本條件（Mill, 1996: 375-378），並在第四章做了綜合的表述。他指出，任何政治體制都必須符合三個條件，才能產生有效統治以及穩定性：「1.人民必須願意採納它；2.人民必須願意並且能夠做爲了保持它所必須做的事情；3.人民必須願意並且能夠履行它賦予他們的義務和職責」（Mil, 1996: 413）。穆勒進一步強調，政府與人民的道德狀態具有直接的關係（Mill, 1996: 389），並主張政府應該增進人民的德行。他援引邊沁的觀點，認爲在憲政體制中，政府應該強化的人民德行包括道德（moral）、知性（intellectual）以及積極（active）的品德（Mill, 1996: 390）。而由穆勒所提出的解釋——即一方面政府目標是人民的福利，另一方面人民的良善品行「爲政府機器的運轉提供了動力」——可以看出，穆勒大體上接受本書第七章所論，孟德斯鳩關於政府除了組織的「性質」（nature）外，還需要有相應的「原則」（principle），也就是公民文化與政府體制互相搭配的理論觀點。基於此，穆勒對於政府或政治制度提出了一個二元區分：

現在我們已經得到一個用來對任何一套政治制度都應有的優點

進行雙重區分的基礎。這個基礎部分由政治制度促進社會普遍精神上的進步程度所構成，包括在智力、德行，以及實踐活動在效率方面的進步；部分由它們組織已有的道德、智力以及積極價值的完美程度所組成，以便在公共事務方面發揮最大的效果。（Mill, 1996: 392）

　　穆勒所區分的政府二重功能，一為對人類心靈或社會普遍精神的重大影響，另一則為公共事務有組織的安排。他將第一個功能稱為「**作為民族教育機構的運作**」（operation as an agency of national education），第二個功能則是在既有教化狀態下**處理社群集體事務的安排**（Mill, 1996: 393），也就是**公共治理**。穆勒對政府功能所做的二重區分，在教育或教化的議題上顯然與各國的文明狀態有關，並各有不同樣態；而公共治理作為政府的第二功能，則可基於效益原則以及各種社會科學討論政策的利弊得失，所以各國治理的良善與否可以有相同的判斷標準。

　　穆勒主張，整體而言，有效而穩定的政府一定能夠促成其治理下的人民朝進步的方向發展。以文明進步史觀作為支點，穆勒對政府優劣的判準為：「從這個角度來理解，**有助於『進步』的因素，就包括了政府所有的優良素質**」（Mill, 1996: 388）。然而，當促成進步成為良善政府主要的判準時，將產生相對主義的疑義：既然每一個民族的民情以及所處「進步狀態」都有所不同，那麼，如何確定最佳的政府體制？對這個可能質疑，穆勒的答案是：

　　為了我們有限的意圖，僅從政治哲學那裏借用其普遍原則。為了確定最適合於任何特定民族的政府形式，我們必須能夠從那個民族的缺點與不足中，找出那些直接妨礙其進步的東西，發現（比如說）擋路的到底是什麼。**最適合於他們的政府就是一個最傾向於提供給他們缺少了就不能前進，或者只能以一瘸一拐的方式前進的東西的政府**。（Mill, 1996: 396；黑體強調為筆者所加）

　　對穆勒而言，政治作爲實踐的藝術，關鍵在於理解各民族的文明
條件後，設計出適合該民族的政治體制，以期進步。前節所述的文明
論，特別是階段化的文明理論，在這個脈絡中發揮了關鍵性的影響。在
《論代議政府》前幾章中，由於論述之所需，穆勒經常運用文明理論
（如 Mill, 1996: 376-377, 379, 394-398, 410-415, 419-420 等），在此僅以
其中第二章較爲詳盡的論述爲本，說明穆勒的文明階段論與政府形式
的相關議題。首先，處於原始狀態的民族，由於習於個人獨立，不受外
部的控制，所以若要取得任何文明的進步，將要學習服從的美德。是
以，原始／未開化民族只能以專制政府（despotic government）作爲邁
向文明的第一步（Mill, 1996: 394），政府統治的基礎僅僅基於力量
（force）。

　　與〈文明〉一文的二元架構（未開化－文明）有所不同，在這個脈
絡中，穆勒引進了中間的第二階段：奴隸社會或野蠻時期。[6] 在這個階
段中，人類已經學會了服從，但所服從的只是直接命令（direct
command），而非遵守一般性的法則或規律。在這種社會中，政府統治
的基礎不再是力量，而是一種「指導」（guidance; Mill, 1996: 395）。穆
勒將這樣的政府稱爲「**親權式專制**」（parental despotism），並且用一個
鮮明的意象加以描述：「**引繩式政府**」（government of leading-strings），
意味著運用引導式的繩索，來訓練人民慢慢學會行走（Mill, 1996: 395-
396）。穆勒所舉的例子包括祕魯的英卡斯（Incas）政府、巴拉圭的耶
穌會教士，以及聖‧西蒙式社會主義（St. Simonian form of socialism）。

　　在奴隸社會或野蠻時期之後，人類如何提升到文明狀態以實施自
由政制？由於穆勒的主要關懷，在於英國的文明社會以及自由政制必
須避免停滯，所以對於如何脫離野蠻狀態的議題並未提出系統分析。
然而，仔細爬梳其文本，可以看出由野蠻提升進步爲文明，大體上可能

---

6　穆勒所述的奴隸社會論來源爲何，並不清楚。假如依據前述弗格森的文明社會
　　階段論，則第二階段爲野蠻民族。事實上，穆勒本人也運用 "barbarous" 一詞
　　（Mill, 1996: 401, 548, 567, 577），甚至 "semi-barbarous" 的概念（Mill, 1996:
　　577）。

有兩種路徑：**內生**以及**外塑**（cf. Mill, 1996: 419）。所謂**內生路徑**，意指在野蠻時期的專制政府中，發生極爲罕見但幸福的特例，一位「具有超卓天賦的君主」（a monarch of extraordinary genius）能夠在長期的統治中創造民族的持續改良，並在其監護（guardianship）下，邁向文明的境界（Mill, 1996: 419）。而穆勒在批判所謂「好的專制主」（good despot）概念時（Mill, 1996: 402），也承認專制自我變遷的可能性：當一位專制支配者願意遵守憲政政府的規則與限制時，政體就會逐漸轉變，特別是當他接受言論與新聞自由，而在全國事務上形成公共輿論，且他又願意盡量遵循時，那麼「他就不再是一個專制主，而是一個立憲國王（constitutional king）；人民的機關或第一大臣（an organ or first minister of the people）」（Mill, 1996: 402）。[7]

　　然而，在《論代議政府》中，穆勒眞正關懷的是**外塑路徑**，因爲這關連到當時英國殖民主義的理據。他指出，上述內生的路徑之所以稀有，乃是因爲恰恰在落後的文明條件中，無法產生邁向進步的前進力量；而殖民主義的「正當性」，在這個脈絡中被穆勒表述如下：

　　不像我們已經考察其他場合那樣，僅僅憑統治者的位置並不能給予他們朝有益方向發展的利益和傾向。這個統治者和他的顧問們，或少數幾個統治者，不可能不會習慣性地沾上人民或文明狀態的普遍弱點，**除非他們是屬於一個更先進的民族或一個更爲高等的社會狀態的外國人**。因此，統治者確實可能在幾乎任何程度上都要比他們所統治的人在文明方面更爲優越，並且對這個類型的外國政府的服從，儘管它有不可避免的弊病，但對於一個民族來說常常是極爲有利的。**它可以使人民快速地經歷進步的幾個階段，並掃清前進路上的障礙**。如果臣屬的人民對其本身的傾向和機會一籌莫展、得不到幫助的話，這些障礙可能會無限期地繼續

---

7　關於內生的改革路徑，請參閱 Chiu & Taylor（2011）。筆者認爲穆勒的內生改革路徑深刻影響了嚴復的思想，將於本書第十五章討論。

存在下去。(Mill, 1996: 418-419；黑體強調爲筆者所加)

由於穆勒主張 (Mill, 1996: 367) 第一種路徑可以稱爲「**本土專制**」(native despotism)；那麼由於後者是基於高等文明的專制，或可稱之爲「**文明化專制**」(civilizing despotism; cf. Pitts, 2005: 143)。而在殖民支配中，「統治階級的主要統治者掌握在憲法上沒有限制，或至少實際上處於優勢地位的權威」(Mill, 1996: 419)；換言之，在殖民地的治理中，毋須嚴格遵守英國的法治主義傳統。不僅如此，文明國家對野蠻國家的作爲，亦不受國際公法的互惠 (reciprocity) 原則以及不干涉原則之規範 (cf. Levin, 2004: 47-49; Pitts, 2005: 139-140)。

在《論代議政府》最後一章，穆勒考察了殖民地 (他稱爲「自由國家的附屬國政府」) 的治理這個時代性議題。他指出，英國當時的殖民地基本上可區分爲兩種型態：當殖民地的人民具有與宗主國相似的文明，如加拿大與澳洲，便能實行代議制；但若殖民地與宗主國的文明狀態相去甚遠時，就不能實行代議制，最重要的例子便是印度。而在討論了殖民地治理的諸多困難之後，穆勒主張英國人民不應通過總督制來直接統治印度，而是應該「向它提供好的統治者來履行他們對印度的責任」(Mill, 1996: 573)，而「唯一有機會獲得相當成功的模式，是通過一個具有相對長久性質的，經過授權的團體 (delegated body) 進行統治，而對善變的國家行政部門只給予審查權和否決權」(Mill, 1996: 573)，這個授權的團體，實際上正是穆勒所服務的英國東印度公司。穆勒描繪東印度公司之成員，其任用需要經過公開考試，從而在語言、知識各方面都對所屬領地有足夠的理解，且其升遷又依據處理實際業務的表現；比起全權總督制，或要總督對宗主國國會負責的制度，此乃最爲合適的治理模式 (Mill, 1996: 573-574)。穆勒對東印度公司模式的辯護，早已被廣泛批判討論 (如 Harris, 1964; Levin, 2004: 38-42)，在此不再贅述。

## 五、穆勒：自由、代議民主與文明

在脫離了原始以及野蠻狀態之後，人類便進入文明狀態。這個時期的主要特色，在於人能夠通過自由以及說服（persuasion）而促成進步，如此一來，強制（compulsion）即無所用（Mill, 1996: 224）。而在前兩階段所不可或缺的專制政府，也在文明時期被代議政府取代。是以，穆勒在《論代議政府》及《論自由》兩部著作的主要論旨，都是針對已達文明狀態的歐洲國家，甚至英國的讀者所撰述，而非一種普遍主義式的倡議。以下略述穆勒的主要論證，再分析其所據文明論導致的根本問題。

穆勒指出，適合文明國家的最佳政府乃是：「主權或終極至高的控制權力屬於社會整個集體（entire aggregate of the community）；任何一個公民不僅對行使這種終極主權可以發言，而且，至少在某些時候，能被要求實際參與政府，親自履行地方或一般性的公共職能」（Mill, 1996: 403-404）。他將之稱爲「**民治政府**」（popular government），並且指出這種政治體制的兩個根本原則：

> 該政體所體現的當前福祉的優勢，是以兩個原則爲基準的，如同關於人類事務所能規定的任何一般論點一樣，這兩個定理具有同樣普遍的真理性和適用性。**第一個定理是，只有當每個人有能力並且自發性地保護他們的權利和利益時，他們的權利和利益才不會有被忽視的危險。第二個定理是，能促進普遍繁榮的個人能力愈大，且這種能力的多樣性愈是豐富，就愈能實現高度的普遍繁榮，並愈能廣泛傳播。**（Mill, 1996: 404；黑體強調爲筆者所加）

穆勒視這兩個原則爲「政治智慧的基本格律」，並且分別稱之爲「**自我保護**」（self-protecting）以及「**自立**」（self-dependent）。對比於本書前述弗格森關於個人權利以及德行的討論可以看出，穆勒此處所謂民主政治基本原則，實深刻立基於共和主義傳統，強調通過政治參與和

行動，才能捍衛個人自由。穆勒接著強調，相較於之前的專制統治，文明社會的自由政制帶來諸多好處。由於在民治政府中，人民積極參與政治以保護自身的利益，所以自由國家將產生更高度的繁榮、更加優越的良善政府以及社會關係，而社會的失序也將大大降低（Mill, 1996: 406），這無疑呼應了他在〈文明〉一文所強調，文明最重要的指標乃是民族的富強。

穆勒和托克維爾相同，認為民主是「天意使然的事實」（providential fact; cf. Tocqueville, 2000: 6），也是歐洲現代文明未來必將邁向的道路。然而，作為十九世紀中葉知識菁英的領袖，穆勒對大眾民主卻有相當程度的保留。他認為當時的代議民主制度很容易產生兩種弊端，其一為代議機構中的代表者，知識水平不足，導致所形成的公共輿論趨向**平庸化**；另一則為，假如同一階級構成了投票人口的多數，則在代議體制中很容易產生「**階級立法**」（class legislation）。換言之，現代的大眾民主很可能產生代議機構「反映」了群眾的集體平庸性之情況，而非理想上由所選出具有更高德行及知識的代表來發揮領導作用；而階級立法議題則反映出他對於工人階級人口的快速成長，以及其將帶來的政治效應深感憂慮（Mill, 1996: 448）。

基於此，穆勒提出了「**真民主**」與「**假民主**」的區別：前者為「**純粹的民主觀念**」（pure idea of democracy），可被界定為「政府由全民所治，而全體人民被平等地代表著」（government of the whole people by the whole people equally represented）；後者則是當時一般的觀念，被穆勒描述為「政府為全民的多數所治，而被排他性地代表著」（government of the whole people by the mere majority of the people exclusively represented）。穆勒強調，前者才有真正的公民平等，後者則偏向**數量多數**（numerical majority），反而是一種特權政府的型態，因為它只追求多數人所構成的階級利益（Mill, 1996: 448）。

《論代議政府》的核心篇章（Mill, 1996: 467-534），便是穆勒針對十九世紀議會民主的實際問題，依據以上的政治原則與民主觀念，提出詳細的政治改良建言。他的解方，一言以蔽之，是通過「黑爾式比例

代表制」（Hare system of proportional representation）以及複數投票制
（plural voting），學歷高者可以投較多選票，而且第二張選票後可以跨
選區記票等等各種機制，在普遍選舉權的架構中，創造出差異性公民
權（differentiated citizenship）。其效果將使知識、德行，與實際經驗豐
富的菁英有較大機會成為代表，而少數團體的聲音也較有可能在代議
機構發聲，由此節制大眾民主的平庸化趨勢。由於篇幅所限，在此無法
詳細檢視穆勒這部分的論述（cf. Thompson, 1976: 96-112），只能從整體
角度出發，刻劃穆勒心目中理想的代議政府究竟樣貌為何，而成為與
之前原始與野蠻時期的專制政府完全不同的體制。

　　欲解決此議題，必須回到前節所述，穆勒所區分的政府之二重功
能：一為民族的教育機構，另一則為公共事務之處理。在代議政府體制
中，議會的功能完全集中在前者，也就是通過公共政策的價值論辯，影
響並形成公共輿論，創造出民族的政治價值，使得治理能持續地朝進
步的方向邁進。是以，當穆勒討論議會的適當功能時（第五章），再度
界定「代議政府的內涵就是，由全體人民或大部分人民，通過他們自己
定期選舉的代理人行使終極的控制權力」（Mill, 1996: 422）後，馬上強
調議會的作用絕非治理，而是審議與控制權力（Mill, 1996: 424- 425）。
不僅如此，穆勒甚至認為議會的主要功能也並不是直接立法，因為立
法必須仔細檢視新創法律與既有法律間之關係，需要有高度專業的委
員會才有能力執行。所以他主張在這些委員會中草擬出適合的法律議
案後，議會才發揮其作為人民集體意志承載者之功能，將之通過生效
（Mill, 1996: 428-430）。

　　假如代議機構的真實功能既非治理亦非直接立法，那麼它在民主
制度中究竟扮演何種功能？穆勒的主張是，議會代表的主要職責在於
「**言談**」（talk），也就是針對國家重要公共議題交換意見，並對每一種
立場均可以公開地提出辯護之理據，如此一來，最終所形成的「**民族一
般輿論**」（general opinion of the nation）便成為主導時代的政治價值，
而為立法以及行政機關所應依循的基本方向。換言之，古典共和理論
所主張的公民政治參與，在文明時代的自由政制中，轉化成為「公共輿

論政府」。不僅如此，公共輿論作爲政治主導力量的興起，對穆勒而言，標誌著文明時代，一國人民通過言論自由進行充分討論後，所形成的共同輿論成爲集體意志的方向。這意味著，在未開化及野蠻時期須通過強制力，來驅使各民族往文明方向發展的專制政府，至此已喪失其文明教化功能。換言之，只有自由憲政、公共輿論政府，以及代議政治，才是文明階段唯一具有正當性的政治體制。

進一步而言，公共輿論形成了穆勒《論代議政府》與《論自由》兩本政治哲學著作間最重要的理論聯繫。吾人只需引述他在《論自由》中對自由原則的闡述：

> 本文的主要目的是要力主一條極其簡單的原則，使凡屬社會以強制和控制方法對付個人之事，不論所用手段是法律懲罰方式下的物質力量或者是公眾意見下的**道德強制**（moral coercion），都要絕對以它爲準繩。這條原則就是：**人類之所以有理有權可以個別地或者集體地對其中的任何分子的行動自由進行干涉，唯一的目的只是自我防衛。**這就是說，對於**文明群體**（civilized community）的任一成員，所以能夠施用一種權力以反其意志而不失爲正當，唯一的目的只是要防止對他人的危害。（Mill, 1996: 223；黑體強調爲筆者所加）

> 要使強迫成爲正當，必須是所要對他加以嚇阻的那宗行爲將會對他人產生危害。任何人的行爲，只有涉及他人的那部分才須對社會負責。**在僅涉及本人的那部分，他的獨立性在權利上則是絕對的。對於本人自己，對於他自己的身和心，個人乃是最高主權者。**（Mill, 1996: 224；黑體強調爲筆者所加）

在這兩個著名文本中，穆勒精要地闡釋了自由主義的根本原則：在「涉己」的行爲方面，個人是絕對的主權者；而在「涉他」的事務中，只有對可能產生危害行爲之防止，才是政府強制力可以介入的情況，

通稱爲「傷害原則」（harm principle; cf. Hamburger, 1999: 8-13）。

　　如本書前述，穆勒的《論自由》受到德國思想家洪堡特的深刻影響，不僅全書之扉頁引文來自洪堡特（Mill, 1996: 215），其中第三章對「個體性」的討論所運用之詞彙與分析架構，大部分皆來自於洪堡特的《論國家作用的界限》一書，此議題當代多有討論（如 Burrow, 1988: 92-95），於此不贅述。另外，在穆勒的《自傳》中，對《論自由》成書的過程有著詳細而令人感動的描述。本書是他與 1851 年成婚的泰勒女士共同討論的心智結晶，初稿經過仔細構思，且在過程中二人「讀了一遍又一遍，字斟句酌，修改每一句文字」，最終成爲十九世紀自由主義的經典，穆勒自己也認爲這應該會是他傳世最久的著作。他指出，《論自由》的意旨乃是品格的多樣性（a large variety in types of character）對於個人和社會都具有重大意義，而在人性朝向無數的可能與衝突的方向發展時，給予完全自由，才能持續創造人類文明與精神生活的進步。而當時的社會平等與公共輿論政府容易導致劃一和平庸化的言論與行動，並限制新思想的發展，穆勒對此深感憂慮。而他也對撰述《論自由》的思想資源有所交代，包括個人原創性（originality）主張來自於德國的洪堡特以及作家歌德，而當時在英國也有幾位理論家提倡個人主義（Mill, 1924: 176-180）。

　　然而，吾人關注的焦點，不在於穆勒自由原則的理論內涵，而在於以穆勒文明論及代議政府理論角度觀察前引文，提出兩個值得討論之議題：第一個引文中的公共輿論的「道德強制」問題，以及自由原則僅適用於「文明群體」。

　　首先，在穆勒的論述中，公共輿論在政治領域以及社會領域的影響其實是**相反**的。本章前節已闡述，現代代議民主的眞諦，乃在於通過公共輿論形成政治價值，並成爲立法與行政的依據；然而，在《論自由》一書中，穆勒則強調公共輿論在社會層次所形成的「道德強制」，以及此種強制所可能帶來的負面作用。關鍵在於，公共輿論是在政治空間中，由行爲者彼此論辯所形成的結果。即使這比個人的單獨判斷要更加接近政治事務的實質，但很難說它能成爲哲學層次上的眞理。

在《論代議政府》中，穆勒的擘劃是在**政府層次**讓具有德行與知識的菁英進入代議機構，運用其廣博的視野以及說服能力來影響公共輿論。但是在《論自由》中，穆勒討論的公共輿論概念集中在**社會層次**。在文明社會中，公共輿論的形成不脫多數人的意見，而多數人的意見又反映了群眾或大眾的集體判斷，此時就回到穆勒原來在書評中有所保留，但在《論自由》中又予以支持的托克維爾觀念：「多數的暴政」是平等化的民主社會中，讓平庸的大眾產生集體力量，並使政治向下沉淪的主因（Mill, 1996: 219）。換言之，對於公共輿論在文明社會中所發揮的功能，穆勒刻劃了一個在政治上可促成持續進步，但在社會層次上卻有可能導致道德強制及平庸大眾向下沉淪的矛盾力量。但這個矛盾性，似乎是民主政治的內在特質，所以穆勒在《論代議政府》中，嘗試由制度層次開創知識菁英可以發揮知識與德行，積極影響公共輿論的形成。但在《論自由》中，他則強調在涉己事務上個人完全自主，他人不得干涉，其目的在於讓每個人都可以在自由領域中，形塑其個體性，超越社會俗見的樊籠，並影響大眾。所以，對於知識菁英的培養及發揮作用，可以說是連結公共輿論在政治領域以及社會領域所產生的反向作用中，穆勒一以貫之的關懷。

至於「文明群體」議題，則更是穆勒的核心關懷（cf. Mehta, 1999: 101-102）。前節已經闡釋其文明階段與相應之政府型態理論，而在《論自由》中，他明白指出其自由理論「只適用於能力已達成熟的人類」，而不適用於尚未成年或仍需監護的人，並謂「對於那些種族自身仍可視爲未屆成年的社會中的一些落後狀態，我們也置諸不論」（Mill, 1996: 224）。因爲，「**對野蠻民族而言，專制是一個正當的政府形式，只要其目的在於讓這些人能有所改善，而所運用的手段又符合此目的**」（Mill, 1996: 224）。在《論自由》第三章討論個體性時，穆勒提出對「**習俗的專制**」（despotism of custom）之深刻憂慮，[8] 因爲在民主社會中，平庸

---

8　穆勒的「習俗的專制」概念，可以視爲是他在對托克維爾「多數的暴政」與「多數的專制」概念有所保留（Mill, 1996: 80-81, 156, 175）之後所提出的重構。托克維爾的語彙表達出多數人民實際上超過法律之暴虐施政，穆勒則認爲多數之

化大眾所形成的意見，極易成爲社會的成見與習俗，而傷害了自由精神以及持續進步的可能性（Mill, 1996: 272）。在這個脈絡中，他將西方或歐洲民族的進步動能，與東方民族——特別是中國——的「**停滯**」（stationary）做了強烈的對比：中國作爲文化的古國，在早期曾經有多元性所帶來的進步；但是當聖賢學說僵固化成爲民族的政治文化的慣行架構後，就傷害了新的差異性產生之可能。長期而言，就成爲十九世紀中葉鴉片戰爭後，西方所看到的中國，一個過去曾有光輝歷史，但停滯與衰弱的國度，也是西方文明自由國家必須引以爲鑑的例子。

## 六、穆勒文明論的意識型態化

以上對於穆勒基於文明論述所建構的代議政府及自由論，有三個議題值得進一步探討：歐洲文明之生成、「仁慈專制」（benevolent despotism）論，以及中國停滯論。

首先，穆勒如何解釋英國與歐洲諸民族已進入文明狀態，從而能夠通過討論與說服形塑政治價值，而不再需要運用專制政府的途徑帶來進步？穆勒的論述，基本上**預設**了英國乃至歐洲國家的文明狀態。然而，此種文明狀態的**歷史生成**，本身是需要被解釋的，因爲從「強制」到「自由」是一個巨大的變化。以弗格森的《文明社會史論》而言，英國的自由政制，乃是現代政治藝術在摸索的過程中逐漸完善化，而終極地在英國成形，並使其可與羅馬並列爲偉大的立法者。相對地，穆勒並沒有類似的歷史論述與解釋。綜合其文本，他對此議題之觀點大體如下。他在《論代議政府》中強調，相較於東方民族的停滯，西方自古以來就具有持續進步的精神。穆勒以猶太民族爲例，說明雖然其政治組織也是君主制，但獨特的先知（prophets）則對於民族的政治文化

---

無限權威乃是軟性的社會力量，通過與論同質性所形成的「習俗專制」。請參閱 Levin（2004: 97-100）之討論。

持續挑戰並產生進步的動力，所以猶太民族與希臘人並列，是西方進步精神的根源（Mill, 1996:3 97）。而在《論自由》中，他標舉近代歐洲的三大思想高峰期：宗教改革、「十八世紀下半葉所產生的思辨運動」（意指歐陸的啓蒙運動），以及「歌德與費希特時代的德國」（Mill, 1996: 243）。穆勒強調，雖然這些時代發展出不同的思潮，但「有一點則三者相似，就是在那三個時期中權威的枷鎖都被打破了。那時，舊的心智專制（old mental despotism）已被推翻，而新的還未加以取代。正是由那三個時期所創造出的推動力，才將歐洲造成現在的樣貌」（Mill, 1996: 243）。然而，穆勒的觀點並未產出延續、整體性的論述：介於古代的猶太與希臘人，和近代的宗教改革、啓蒙運動與德國觀念論間的基督教，穆勒並未給予好評，因爲它將古典時期「異教徒的自我堅執」（pagan self-assertion）轉化爲馴化的「基督徒的自我否定」（Christian self-denial），這表示基督教其實是古典文化的腐化（Mill, 1996: 226）。另一方面，除了宗教改革及於歐洲的大部分國家，如穆勒所述，啓蒙運動以歐陸爲主，而德國觀念論更是單一國家的文化成就。是以，終極而言，從文明進步史的角度加以分析，英國的自由政制，到了十九世紀需要朝眞實民主的代議政府推進時，究竟是那些歷史與制度的力量形成了這個體制，並可稱之爲文明？這個關鍵問題，在穆勒的系統中，沒有得到充分的解釋（cf. Levin, 2004: 62-67）。

其次，如前節所述，穆勒主張對未開化或野蠻民族而言，專制是一個正當的政府形式，因而無論是本土的「親權式專制」，或外來殖民者的「文明化專制」都具有正當性理據。然而，所謂能帶來積極效果的「仁慈專制」眞的能因此而在殖民政策中被證成嗎？關鍵在於，穆勒在支持「文明化專制」的理據中，提出兩個重要條件：「其目的在於讓這些人能有所改善，而所運用的手段又符合此目的」（Mill, 1996: 224）。要恰當判斷殖民政策的正當性，必須參照穆勒本人在《論代議政府》第二章所爬梳的政府兩重功能（「作爲民族教育機構的運作」以及「在既有教化狀態下處理社群集體事務的安排」），來檢視前述兩個條件是否有在政策層次被履行。關鍵是，穆勒辯護殖民主義的前提在於，優越文

明能夠帶領落後民族「**快速地經歷進步的幾個階段，並掃清前進路上的障礙**」（Mill, 1996: 419），這是否眞的有在英國殖民政策中實現？答案應該是否定的。事實上，他所辯護的「東印度公司模式」，偏重其殖民治理之行政效能（Mill, 1996: 573-574），而在殖民地上的政治面向（促成代表、參與，以及自治）上卻完全闕如（Pitts, 2005: 150, 161）。換言之，穆勒所論述的殖民政府，僅具備公共治理的功能，而並未發展民族的教化或教育功能。所謂的「文明化」面向，並沒有眞正落實在穆勒的殖民統治論中，反而持續維持既有狀態。其結果是，未曾學習代議政府政治實踐經驗的「野蠻民族」，當然不可能超克其「落後」，提升至有能力自我統治的文明狀態。這些問題是穆勒在《論代議政府》中所未曾解決，甚至可說，在穆勒具有意識形態的文明理論中所無法解決的理論議題。[9]

最後，「**中國停滯論**」是一個與殖民主義有所不同，而必須獨立討論的課題。[10] 弗格森已經指出，中國的科舉制度以及官僚系統將職務的分工做到極爲精細的地步，但這將「使偉大或自由的思想無法發揮作用，比我們想像的還要接近專制」（Ferguson, 1966: 269）；而此種治理的結果，是中國國力事實上相當衰弱。弗格森的初步觀察，到了穆勒的論述中，成爲不證自明的事實。爲了說明「現代公眾輿論的政權」（modern *régime* of public opinion）在本質上具有同質化個人自由與個體性的趨勢，穆勒寫道：

> 我們要以中國爲前車之鑑。那個民族乃是一個富有才能並且在某些方面甚至也富有智慧的民族，因爲他們遇有難得的好運，竟在早期就備有一套特別好的習俗，這在某種範圍內也就是一些即使最開明的歐洲人在一定限制下也必須尊稱爲聖人和智者的人們

---

9　雖然有論者尋找旁證嘗試說明英國殖民政策的確有此意圖，但相當牽強（cf. Levin, 2004: 53-57）。穆勒的政治思想在此點上最爲當代文獻所詬病。

10　如 Levin（2004: 37）所述，穆勒的中國停滯論與其父 James Mill 對印度之描繪相近。

所做出的事功。他們還有值得注意的一點，就是有一套極其精良
的工具用以盡可能把他們所保有的最好智慧深印於群體中的每一
心靈，並且保證凡是最能稱此智慧的人將得到有榮譽有權力的職
位。毫無疑義，做到這個地步的人民已經發現了人類前進性的奧
秘，必已保持自己穩穩站在世界運動的前列。可是相反，他們卻已
變成靜止的了，他們幾千年來原封未動；**而他們如果還會有所改
進，那必定要依靠外國人。**（Mill, 1996: 273，黑體強調爲筆者所加）

在穆勒的觀點中，中國（如同埃及）雖然曾經脫離了未開化與野蠻
狀態而成爲文明古國，但當後來原有習俗僵固化而不再進步，人民失
去了心靈自由以及個體性時，便成爲停滯的國家（Mill, 1996: 396）。雖
然他並未明示，但停滯的國家顯然意味著腐化退回前文明的野蠻狀態。
那麼，在十九世紀的環境中，中國變遷的可能性爲何？從引文黑體強
調的結論可看出，穆勒否定其內部自我改變的可能，而主張中國與印
度其實並無差別，也只能通過殖民的「仁慈專制」或「文明化專制」帶
來進步。

然而，恰恰在穆勒不經意的評論中，充分顯示其文明論已經失去
弗格森文明社會史論的理論性格，而成爲一種二元對立（未開化／野
蠻 vs.文明）的歐洲中心主義思考模式（Pitts, 2005: 136-137, 141）。不
僅如此，對穆勒而言，未開化與野蠻民族僅能實施專制（暴力專制或親
權專制），停滯國家則爲父權專制所治，文明社會的殖民支配亦爲仁慈專
制。換言之，世界上除了歐洲文明民族已經成爲自由國家，普世他國皆
爲專制，且幾無自我改革之可能。孟德斯鳩的專制概念，在蘇格蘭啓蒙
運動論述歷史化後，於穆勒的文明進步論中，僵固化成爲一種意識型態。

# 七、柏捷特的理論綜合：文明階段論與進化論

十九世紀下半葉，進入帝國主義的全盛時期，此時文明理論之樣

貌，可自柏捷特（Walter Bagehot, 1826-1877）的思想中具體觀察到。
柏捷特由 1861 年起至逝世爲止，執掌英國著名的《經濟學人》總編一
職，爲當時影響力深厚的公共知識分子。其《物理與政治：或「自然選
擇」與「遺傳」原理應用於政治社會之思考》（*Physics and Politics, or,
Thoughts on the Application of the Principles of "Natural Selection" and
"Inheritance" to Political Society*）（以下簡稱《物理與政治》）一書，刊
行於 1872 年（實際撰寫，則於 1867-1872 年，逐篇刊登於《雙週評論》
〔*Fortnightly Review*〕），雖然只比穆勒的《論自由》與《論代議政府》
晚十餘年，但柏捷特廣泛吸收十九世紀中葉英國學界在歷史法學、比
較政治制度，以及人類學方面的研究成果，並運用達爾文主義的進化
觀念加以統合，發展出了全新的文明階段論。本書於柏捷特在世時，便
已翻譯成七國文字（Devisch, 2011: 520），而嚴復也曾計畫以《格致治
平相關論》爲書名加以迻譯（嚴復合集，1: 186），可見其影響力。

　　由於《物理與政治》一書各章是陸續發表而成，其論述不免有重
複、雜蕪之處，但主要的論旨尙屬清晰（cf. Wheare, 1974: 185-187）。
柏捷特區別了人類社會在進化的途徑中，三個不同的時期或樣態
（Bagehot, 1974: 64）：「預備時期」（preliminary age）、「戰鬥時期」
（fighting age）以及「商談時期」（age of discussion）。這個分期，某種
程度上反映出蘇格蘭啓蒙運動以來的文明分期：原始／未開化、野蠻，
以及文明三個階段，但柏捷特也做了重要修改。在「預備時期」中，尙
無文明的痕跡，所以柏捷特用當時的人種學與人類學資料，說明此時
期的人（他稱爲「前歷史」[prehistorical]），緩慢地形成了不同的種族
（race），且以家庭作爲共同生活的基本單元。換言之，十九世紀的學
術發展，使柏捷特徹底揚棄了可在歷史的開端找到某種非歷史之自然
狀態的盧梭式想像。

　　第二階段的「戰鬥時期」，柏捷特的論述篇幅最長，其重點在於在
種族與家庭的基礎之上，人類如何產生政治組織，以及政治社會之間
的衝突。政治共同體（polity）及民族（nation）乃是此時期最重要的組
織型態，而他也以兩章的篇幅討論「民族的形成」，所以若將此第二階

段名爲「民族時期」亦不爲過。柏捷特主張，政治共同體之形成，必須馴化前歷史時期人們的獨立與野性，而此種馴化的關鍵，在於運用習俗（custom）及法律（law）作爲約束早期人類的基本工具。他指出：

> 這類組織的目標是創造所謂的「習俗硬塊」（cake of custom）。生活的全部活動服從著單一的規則，爲著單一的目標；這逐漸創造出「遺傳的訓練」（hereditary drill）。科學告訴我們這很重要，而且早期人類的本能也明白這至關重要。這類政治制度對自由思想的禁止並不是一種惡；毋寧說，這種禁止是更大的善所必須的基礎，它對於製作文明的模具、磨練早期人類的軟弱性情是必不可少的。（Bagehot, 1974: 32）

除了習俗，法律結構或「法網」（legal *fibre*）也扮演了關鍵性的功能：只要產生可以約束人們的法律以及政治組織，無論其形態爲何，都比前歷史時代的人「進步」。在此種人類結群的過程中，由於習俗與法律的約束、典範人物的引領和人們彼此之間的模仿（imitation; Bagehot, 1974:31），將形成群體的特殊性格，柏捷特稱其爲「**民族性格**」（national character; Bagehot, 1974: 34）。一旦形成了具有政治組織與法律結構的共同體，民族間自然會產生衝突與戰爭，這也是柏捷特將之稱爲「戰鬥時期」的原因。不僅如此，戰爭與衝突在此階段中扮演了進化論的「**自然選擇**」機制，戰勝的民族代表其法律習俗與政治組織爲「適者」，而其民族性，特別是對戰爭不可或缺的勇氣與武德，也是最適的德行。

習俗與法律，雖然使人類得以建立共同體而過著有規則的生活，相較於「預備時期」是一種進步；然而，此階段的習俗與法律，一旦形成就難以變化，除了通過民族間之戰爭來確立適者生存之外，幾乎沒有內部變革之可能，長期而言，將導致停滯甚至衰弱。柏捷特嘗試分析，除了風俗與法律作爲「**民族形成**」（nation-making）的力量外，和平地完成「**民族變革**」（nation-changing）之可能性（Bagehot, 1974: 61）。是以，他進一步探討社會進步的關鍵問題：「如果凝固（fixity）是早期

文明固定的成分，那麼某些文明是怎樣脫離凝固而開始變化？」
（Bagehot, 1974: 107）針對此議題，柏捷特指出，唯有進入商談時代，
通過「**商談政府**」（government by discussion）的建立，才能使「地位的
時代」（age of status）轉變爲「選擇的時代」（age of choice）。他所提出
的論證並不複雜：唯有自由而不受限制的商談討論，使得「原創性原
則」（principle of originality）可以發揮，並且打破僵固的「習俗枷鎖」
（yoke of custom; Bagehot, 1974: 50）。而在自由討論中，寬容成爲必要
的規範，並且逐漸通過模仿而形成新的民族性格。

　　值得注意的是，柏捷特將「商談政府」稱之爲「**自由國家**」（free
state）：

　　自由的國家意味著，主權由許多人分享並且這些人之間存在商
　　談，無論我們稱這樣的國家爲共和國還是君主國。在這方面，希臘
　　的共和國是歷史首發，即使並非時間上最早，雅典也仍是這些共
　　和國中最偉大者。（Bagehot, 1974: 107）

　　柏捷特強調，在自由國家中，關於共同利益的事項成爲共同討論
與行動的對象，這正是變遷以及進步的根源（Bagehot, 1974: 107）。
　　柏捷特對於商談政府或自由國家，提出了一種歷史社會學的解釋。
他在「戰鬥時期」的討論中指出，早期的社會將逐漸形成**專制**
（despotism），而現代社會則趨向於**民主**。轉變的關鍵在於，在「民族
形成」時期中，能夠產生某種「半自由商談的長期體制」（standing system
of semi-free discussion; Bagehot, 1974: 55），而從上下文可以看出，柏捷
特引用的是當時英國的比較政治制度史家 Edward A. Freeman（1823-
1892）的觀點，指的是條頓民族甚至亞利安種族所特有的原始代議制。
然而，在柏捷特於第五章正式討論「商談政府」時，他摒棄了種族主義
的要素，指出古代與現代有商談政府發展的政治共同體包括：雅典、羅
馬、中古後期義大利的共和國，以及歐洲封建時期的自治城市與等級
會議（Bagehot, 1974: 111），且將所謂商談政府的思想根源，追溯到古

希臘史家希羅多德（Herodotus）《歷史》中所描述之波斯七賢人的論辯（Bagehot, 1974: 114; cf. 蕭高彥，2013: 29-30）。值得注意的是，柏捷特否定猶太先知在其共同體中能帶來討論的要素而促成進步；在此議題上，他與穆勒的觀點有異，而完全繼受了西方的古典傳統。在指出西方中古乃是回歸於之前的習慣威權主義之後，柏捷特主張前述日耳曼部落所形成的原始代議機構，與國王和貴族的權力分立，逐漸通過「平民元素」（popular element）的昂揚，最終形成了英國的憲政體制（Bagehot, 1974: 117）。

柏捷特自豪於英國在現代首先進入文明時期（Bagehot, 1974: 122），並進一步分析了商談政府所形塑的民族性格。與之前戰鬥時期所需的武德與勇氣不同，在商談政府之下，行動的執行必須先有慎思明辨的討論，所以迅捷的行動反而不是現代社會所需；英國人民通過商談政府所發展出的德行，是一種「**有活力的節制**」（animated moderation; Bagehot, 1974: 131）。柏捷特所描繪的英國民族特性，其實是用以解決穆勒在《論代議政府》開端所提出的「政治在保守與進步之間該如何選擇」之關鍵議題（cf. Burrow, 1988: 67-70）。柏捷特對英國式「商談政府」以及公民德行的描繪，顯示出他嘗試結合二者的努力：由習俗與法律所形成的傳統有必要因時而變，但這種轉變是通過自由討論所設定行動的方向而逐漸完成，並非依據抽象原則而做革命式的變化。柏捷特強調，這是一種「**保守式的創新**」（conservative innovation），也就是古典時期羅馬人所擅長的，在既有的基礎之上不斷創新（Bagehot, 1974: 64）。[11] 而柏捷特用代議機構作為「商談時代」的根源，其所提出的解釋接近本書第九章所述，弗格森基於孟德斯鳩理論所強調「政治建制」對文明社會的關鍵性影響。是以，在討論商談時代的卷尾，柏捷特引用了孟德斯鳩的說法：「無論這個光榮自由的代價是什麼，我們都樂意對上天支付它」（Bagehot, 1974: 133），並加以頌揚。

---

11　在當代政治思想家中，鄂蘭特別著重此種羅馬在傳統奠基之後，仍能持續開端起新的政治概念（Arendt, 1977: 120-125）。

事實上，在《雙週評論》單篇刊行時，第五章就已經是系列終篇。然而，在匯集成專書時，柏捷特或許有感於他間隔六年所完成的各章，理路應梳理得更爲清晰，所以再加上了以「**可驗證的進步**」（verifiable progress）爲題的第六章，作爲總結。以下就商談時代何以促成進步、柏捷特三個時代的歷史性或理論性，以及其時代論所預設的進化理論等三議題，整體反思英國文明論在帝國主義時期這個深具影響力的論述。

柏捷特自述其主旨在於說明民族的進步、停滯，乃至衰退，以及儘管進步對於英國人而言是如此地自然，但爲何進步的民族仍屬少數（Bagehot, 1974: 134）。然而，柏捷特坦承其論述並未處理哲學上的前提：什麼是進步，什麼是衰退？而自己似乎製造了一個無法解決的問題。但柏捷特隨即用文明活動的結果論（consequentialism）主張，前述理論困難可以通過「可驗證的進步」觀念加以克服。此種進步意指「有一種百分之九十九或更多的人都會承認的進步，並不存在有根據或有條理的相反說法；而且我們可以很有把握地從根本上拒絕那些擁有不同信念、不同觀點的反對者」（Bagehot, 1974: 135）。

柏捷特所舉「驗證」之例，比前述商談時代與戰鬥時代的對立更能看出其文明觀的特色。他問道：在澳大利亞的英國殖民地，英國居民只不過定居於一個小村莊，何以可說比在他們周圍遊蕩的土著部落進步？柏捷特的答案很直接：

> 無可爭辯的是，他們在主要方面是更進步的：只要他們願意，他們就可以在戰爭中打敗澳大利亞人，他們可以從後者那裏奪走任何他們喜歡的東西，他們可以從後者中選出任何人並把他殺掉。**作為一條法則，在所有邊境和無人爭奪的世界裡，土著居民受入侵的歐洲人所支配**。（Bagehot, 1974: 135；黑體強調爲筆者所加）

柏捷特接著說明了英國文明的特質，在於建立了可以征服千百種困難的「一般性力量」（general strength），並且成爲人類幸福的持久泉源。撇開具有爭議性的道德與宗教議題，柏捷特指出，「**簡單而且可被**

同意的英國人之優越性」（the plainer and agreed-on superiority of the Englishmen）[12] 至少存在於三個面向：第一，「他們整體而言更好地控制著自然力量」從而得以改變物質世界；第二，「這種力量不僅是外部的，也包括內部的」，這意味著文明人能夠安排並且管理人的力量，進而發揮更大的作用；第三，「文明人不僅僅擁有更大的控制自然的力量，而且更好地理解到如何運用這種力量。我這裡的『更好』（better）指的是更有利於他當前的身體和精神的健康和舒適」。柏捷特並且引用了斯賓賽（Hebert Spencer, 1820-1903）的主張：「進步是人對於環境的適應（也就是他內在能力和願望對其外部命運和生活的適應性）的增長」（Bagehot, 1974: 136）。

柏捷特在這個脈絡中所提出西方文明「可驗證的進步」，以及援引斯賓賽的適應（adaptation）概念，明白顯示出十九世紀下半葉進化論的影響。事實上，柏捷特在第二章之中，就提出基於進化論的三條法則或「準定律」（approximate laws）：

> 首先，在世界上任何地方，那些最強大的民族都傾向於壓倒其他民族，最強大的民族在某些顯著的方面會成為最好的。第二，每一民族最有吸引力的類型或特徵傾向於流行開來；並且，最有吸引力的特徵──儘管有例外──傾向於成為我們所謂的最佳特徵。第三，在多數歷史條件下，上述兩種競爭並未被外力強化，但在某些條件下──正如在當前世界上最有影響力的部分所盛行的──這種競爭會被外力所強化。（Bagehot, 1974: 42）

這三條定律，反映出全書副標題：將「自然選擇」原則應用於人類

---

12 在當今的時代中，已經難以接受此種種族中心主義的心態。然而，回到十九世紀末、二十世紀初葉，梁啟超在《新民說》亦曾言：「吾所謂博考民族所以自立之道，援取法乎上之例，不可不求諸白人，不可不求諸白人中之條頓人，不可不求諸條頓人中之盎格魯撒遜人」。「白人優於他種人者，何也？他種人好靜，白種人進取；以故他種人只能發生文明，白種人則能傳播文明」（梁啟超，2011: 12）。

政治社會以及歷史發展。表面上看來，這個文本脈絡似乎意指第二個
時期，也就是民族形成以及戰鬥時期的特色；但實際上，文明與野蠻的
對比和衝突，更適合用此處的進化「準定律」加以解釋。

　　柏捷特的關懷焦點，並不在於早期人類史，通過習俗以及法律所
完成的民族建構，因為在習俗性的社會中缺乏創新的可能，必然產生
文明的停滯。依據其文本，基本上呈現出了「**古老的東方習俗文明**」
（old eastern and customary civilizations）和「**新的西方可變文明**」（new
western and changeable civilizations）之二元對立（Bagehot, 1974: 106）。
他甚至將印度、日本及中國等具有代表性的東方文明，稱之為停頓了
的「**被禁錮的文明**」（arrested civilization; Bagehot, 1974: 48）。相對地，
西方世界通過商談政府，將個人原創性引入，形成了改變習俗的根源。
如此一來「人性中全部或幾乎全部更高級的天賦和魅力（graces）就迅
速並明確地影響了『可驗證的進步』」（Bagehot, 1974: 142）。換言之，
商談政府（亦即代議政府）所帶來的是自由原則，而「自由是令人強大
使人進步的力量，它是政治界的光和熱」，這乃是歌頌自由的真正理由
（Bagehot, 1974: 143）。當然，柏捷特承認「可驗證的進步」除了自由
與商談政府之外，還有許多其他的條件，特別是科學與技術的發展。

　　總結而言，柏捷特認為他已經發現了「**進步的政治前提**」（political
prerequisites of progress; Bagehot, 1974: 144），因而其理論可被視為乃是
綜合了孟德斯鳩、弗格森以及穆勒所闡釋的西方進步文明觀，並賦予
演化論的樣態。然而，恰恰在全書的卷尾，柏捷特所提出的比喻，也使
得他對於西方現代性的謳歌產生了一種相對主義的疑慮：假如沒有「列
車時刻表」（Bradshaw），沒有人知道哪一輛火車何時出發，趕上車的人
就不見得比沒趕上的人更加聰明或更有效率，雖然他會提早到達兩個
人的共同目的地（Bagehot, 1974: 144）。這個比喻說明了或許西方較早
達到現代性；然而，現代性的基本特徵是持續進步，後進的民族，要如
何趕上並達成「可驗證的進步」？是否必須依循柏捷特所提出的政治
性因果解釋（政治自由以及商談政府）？或者有其他的內生途徑？這
是十九世紀下半葉英國乃至歐洲以外知識分子與政治改革者所必須面

對的基本課題。

# 八、結語：從「羅馬帝國衰亡論」到「中國停滯論」

　　本章從穆勒對《論美國民主》之書評爲出發點，闡釋了穆勒通過文明論述，吸納了托克維爾對於民主社會所帶來的平庸之治以及停滯之可能的觀點。穆勒在《論自由》裡刻劃了一個以具有原創性的個人在自由的場域中自我發展，並產生強健之文明；而《論代議政府》則是他基於「全新政治科學」的精神所發展之論述，通過具體的制度改革建議，改善多數民主之弊。然而，無論是自由或代議政府，都有文明的前提，對於未達文明狀態的諸民族，則只能運用不同樣態的專制加以治理，包括殖民主義。是以，本章所論，清楚展現出穆勒的代議政府與文明論述的意識形態性格，其理論也因此成爲十九世紀英國「帝國自由主義」的重要里程碑。

　　相較於之前的蘇格蘭啓蒙運動思想家乃至貢斯當，吾人可以明確觀察到西方自由主義在形成過程中的「他者」，也就是自由國家潛在的危險，從歐洲自身歷史之經驗反思，轉移到其他文明。共和主義傳統借鏡於羅馬，闡釋由共和轉向帝政後，政治腐化最終導致蠻族入侵、帝國衰亡，乃其經典史觀。在貢斯當的早期自由主義論述中，他以商業社會與軍事政府的對立形構其理論，猶有共和主義論述的色彩，只是加以現代化。然而，隨著十九世紀帝國主義的擴張，自由國家的「他者」，逐漸由歐洲傳統中羅馬帝國腐化衰亡的政治圖像，轉移到東方民族特別是中國停滯論。所形成的二元對立，乃是自由的、進取的商談政府，與停頓的、率由舊章的專制體制之對照（Burrow, 1988: 107, 120-124）。

　　本書的問題意識，不在於用當代的觀點，如後殖民主義或「東方主義」，來對十九世紀的政治理論進行意識形態批判。筆者感興趣的是思想史方面之議題：十九世紀中葉以後，東方的知識分子，在面對西方強勢文明所發展出的政治論述時，如何經過思考與重構，提出自己的理

論論述？

　　對此，關鍵的議題仍在於掌握西方與東方文明各自的基本型態及變遷之可能，方有可能提出改造的方案。如此一來，吾人即進入**比較政治思想史**的領域。在中國近代思想中，嚴復的譯著扮演了關鍵性的思想資源。他翻譯穆勒的《論自由》爲《群己權界論》，也曾計畫翻譯柏捷特的著作，可見英國文明論述對其之影響力。而他所翻譯的亞當斯密之《原富》乃蘇格蘭啓蒙運動政治經濟學的經典，孟德斯鳩的《法意》，在重新詮釋後，也是西方憲政主義的源頭活水。

　　那麼，嚴復如何看待東西方的文明？他在甲午戰爭後引起巨大迴響的文章〈論世變之亟〉有言：「夫與華人言西治，常苦難言其眞」，西方文明之命脈，扼要而言「不外於學術則黜僞而崇眞，於刑政則屈私以爲公」，這個道理，中西「初無異」，但實行之後產生巨大的差距，在中國難行，其原因恰恰在於**自由**：「夫自由一言，眞中國歷古聖賢之所深畏，而從未嘗立以爲教者也。彼西人之言曰：唯天生民，各具賦畀，得自由者乃爲全受。故人人各得自由，國國各得自由，第務令毋相侵損而已」（嚴復合集，1: 30）。西方現代文明以自由爲基礎，通過民主而完成公治天下；中國則始終基於三綱而尊主，並以孝治天下，在當時之「世變」或「運會」下，西方人「力今以勝古」，中國人則「好古而忽今」，所以現代西方得以「日進無疆，既勝不可復衰，既治不可復亂，爲學術政化之極則」。所以「士生今日，不睹西洋富強之效者，無目者也。謂不講富強，而中國可以安；謂不用西洋之術，而富強自可致；謂用西洋之術，無俟於通達時務之眞人才，皆非狂易失心之人不爲此」（嚴復合集，1: 28-32）。

　　無論吾人今日如何看待嚴復的倡議，但他將自由視爲西方文明富強根源的觀點，實與穆勒和柏捷特並無二致。本書第三篇將以嚴復爲主，探討十九世紀末葉中國知識分子如何吸收並轉化西方現代性的政治價值。

第三篇

# 嚴復與現代中國
# 政治價值的形成

英國以富而為強者，三四百祀於資矣。非
富而為強也，實以立憲之美而為強也。惟
美、惟法、惟德莫不強者，皆立憲而後有此。
　　　　　　　　　──嚴復，《法意》案語

# 第十六章

# 「嚴復時刻」

早期嚴復政治思想中的

聖王之道與社會契約

## 一、前言：轉型時代與「嚴復時刻」

梁啓超嘗言：「吾國四千餘年大夢之喚醒，實自甲午戰敗割台灣償二百兆以後始也」（梁啓超，1960，專集 3: 1），這個挫敗也拉開了新時代的序幕，中國知識分子急切地找尋救亡圖存之道。1895 到 1925 年因此被張灝先生稱爲近代中國思想的「轉型時代」。傳統的經世思維，在巨大的歷史衝擊之後，於思想、價值、制度以及行爲層次都產生了重大轉變。在這個承先啓後的關鍵年代，主要的變化有兩個面向。首先，是報刊雜誌、新式學校與學會等現代傳播媒介的大量湧現，以及新興知識階層的出現；其次，在思想內容方面，則包含了文化取向的危機以及新的思想論述之形成（張灝，2004: 37-60；cf. 王汎森等，2007；Shaw, 2016: 306-310）。在政治文化的危機方面，普世王權的崩潰不僅引發宇宙觀以及政治秩序的瓦解，同時產生了重構正當性原則的迫切需要。而新起的知識階層必須快速發展出新的語彙與觀念，以討論其所共同關心的政治社會問題。在這個關鍵時刻，最具代表性的轉型知識分子有兩位：嚴復（1854-1921）以及梁啓超（1873-1929），而本章將以嚴復早期思想爲研究對象。

在甲午戰敗之後，嚴復發表了一系列的論文，包括〈論世變之亟〉、〈原強〉、〈闢韓〉、〈原強續篇〉，以及〈救亡決論〉（嚴復合集，1: 28-97）。[1] 這些發表於 1895 年的文章，從理論的角度分析西方政治制度的根本原則，並且與中國傳統政治理念加以比較，探討國家在當時劇變中的未來走向。以當時中國知識界而言，並無任何其他思想家能夠如嚴復一般，深入西方的經典作品，並且爬梳政治制度背後的基本價值。1898 刊行的《天演論》一書，更鼓動風潮，喚起了保種救國的意識。事實上，在 1896-98 年之間，改革派知識分子間已經口耳相傳《天演論》的翻譯並傳閱手稿（王天根，2006；蘇中立，2014: 240-254），

---

1  本書以下四章引用嚴復文本，採用嚴復，1998，《嚴復合集》，二十冊，王慶成、葉文心、林載爵編，台北：辜公亮文教基金會。
引用方式：（嚴復合集，1: 10）指第一冊第 10 頁。

更讓梁啓超說出「南海先生讀大著後，亦謂眼中未見此等人」（梁啓超，1960，文集 1: 110）。所以，若吾人將 1895 至 1902 年這個時期命名爲「嚴復時刻」（The Yan Fu Moment），[2] 並不爲過，因爲嚴復是在轉型時代的起點，在強烈的危機意識下（郭正昭，1978），確立中國近代政治思想論述結構的主要思想家（cf. 蘇中立、涂光久，2011）。雖然百日維新失敗後，大量學生赴日本留學，引介「東學」思想資源與詞彙，逐漸掩蓋了嚴復英雄式的翻譯志業（黃克武，2010: 109-155；沈國威，2010: 149-184），然而，作爲當時唯一能從英文直接翻譯西方政治社會經典作品的中國學者，嚴復的思想仍最具深度，值得以政治思想史以及政治哲學的角度深入分析。思想史家波考克所稱的「馬基維利時刻」（The Machiavellian Moment），代表了一種西方共和主義面對特殊性政治世界所發展出的政治論述結構（Pocock, 1975: 57-80）；由此觀之，「嚴復時刻」也不僅僅是一個特定的歷史時代而已，而是形塑日後政治論述的關鍵時刻。本章將探討，在近代中國的關鍵歷史時刻中，嚴復對於西方現代性與中國傳統所做出的奠基性綜合分析，其處理的議題與方式，仍爲當代知識分子所無法迴避的課題。

　　轉型時代的政治斷裂點是 1911 年的辛亥革命，而文化的斷裂點，則發生在 1919 年的五四運動。在中國近代思想史研究中，已經確立五四時代興起的「激烈反傳統主義」深切影響了近代中國文化政治的發

---

2　對「嚴復時刻」的終點，筆者斷代於 1902 年中，略爲符合周振甫（1964: 205）認爲嚴復最早期的「全盤西化論時期」（1895-1903）。周氏 1903 斷代乃以嚴譯穆勒《群己權界論》爲界，主張嚴復之後轉變爲「中西折衷」，甚至在晚年主張「反本復古」。筆者除了不贊同這樣的標籤外（cf. Schwartz 1964: 38, 47, 50；本章以下將會討論），選擇 1902 年斷代的著眼點是〈主客平議〉和〈與《外交報主人書》〉兩篇作品的分水嶺意義。〈主客平議〉採對話體，由「新者」與「舊者」分別提出理據，嚴復再以「大公主人」身份出現，提出「新舊固任其自擇，苟出於誠，其於群皆有一節之用」（嚴復合集，1: 268），而他本人在 1895 年提出的改革論，成爲「新者」的主張，表示嚴復在「傳統」與「現代」之間，開始產生不同的反思。〈與《外交報主人書》〉則批判張之洞《勸學篇》所主張，而已經開始在清廷「新政」所落實的取徑日本之政策，但這也反映嚴復意識到其翻譯大業已遭逢不同典範的直接競爭。

展進程（Lin, 1979；林毓生，1983: 121-196）。然而，此種反傳統思想做爲一種激進主義（radicalism）的意識型態，近來學者也開始注意到嚴復對其歷史與思想根源所發揮的關鍵影響。林毓生先生指出：

> 嚴復於 1895 年發表的〈論世變之亟〉、〈救亡決論〉即以中西對比的二分法來譴責中國制度與文化的落後。這種以——不是黑的就是白的——二分法來衡量中西制度與文化的價值與功效的方式，已經隱含著極強的反傳統的信息——他事實上是現代激進反傳統主義的濫觴。（林毓生，2014: 800）

雖然周振甫（1964: 205）認爲早期的嚴復是「全盤西化論者」，然而本章將論述，早期的嚴復政治思想，比所謂的全盤西化論要複雜深刻許多。嚴復所從事的志業，是用中國士大夫階層以及知識分子可以理解的方式，說明西方政治制度以及價值的理據，從而在更高的視野之中，可以知所採擇，救亡圖存，並成就國家富強。換言之，嚴復所做的，是現代意義下的證成（justification）以及說服（persuasion）工作。而如同余英時先生所指出，嚴復 1895 年的系列論文標示著中國的政治論述，自「詮釋」（interpretation）轉變爲「發現」（discovery）的分水嶺（Yü, 1993: 126-128）。這呈現在兩個重要面向上：首先，政治的價值不再如之前洋務時期改革派知識分子，需要將西方政治制度（如議會）詮釋爲中國三代之治來證成改制的正當性；其次，嚴復「發現」並直接援引西方重要思想家如達爾文（Charles Darwin, 1809-1882）以及斯賓賽（Herbert Spencer, 1820-1903）的理論來證成其論述，成爲新的權威，也使得「西方政制之道」與「中國聖王之道」可以在同一層次上分析比較。

本章的主旨，在於以脈絡主義方法分析嚴復早期政治思想，爬梳其文本以及譯文旨意，分析其西學之所據，以形成一個「比較思想史」的圖像（cf. Hampsher-Monk, Tilmans, and van Vree, 1998；漢普歇爾－蒙克，2010；Burke and Richter, 2012）。以下分三個層次探討於「嚴復

時刻」，他如何以西方現代性爲本，而爲中國現代性奠基：第一、在實質的政治價值與制度層面，他提出了「以自由爲體，以民主爲用」的著名主張；第二、在正當性的層次，嚴復主張傳統中國聖王之道在新的世變下已經失效，必須以西學爲本追求富強。基於此，他挑戰中國自古以來的聖王之道，並因此引發了張之洞集團的強烈反彈，譴責他「貶聖賢以遵西洋之善治」；第三、在《天演論》中，嚴復發展出一套全新的政治論述，將西方富強之所本舉爲世變之際的新聖王之道，並引進社會契約的正當性理論證成人民參與的「公治」，以及赫胥黎式的「倫理自由主義」，以說服中國士大夫階層瞭解運會之所趨。在最後一節餘論中，探討《天演論》中赫胥黎思想與嚴復案語所展現出的斯賓賽主義是否矛盾的思想史公案。

## 二、「以自由為體，以民主為用」：現代政治價值的倡議

　　嚴復在〈論世變之亟〉開宗明義指出，甲午戰敗後，中國「積弱不振之勢，不待智者而後明矣。深恥大辱，有無可諱焉者」（嚴復合集，1: 37）。中國所面對的，是秦朝以來未曾有過的世變，而甲午戰爭所反映的，只不過是這個世變的一個縮影。爲了讓中國人從西學角度理解這個世變趨勢，他介紹了達爾文以及斯賓賽兩位英國思想家，而通過達爾文之口，他提出了著名的社會達爾文主義演化觀念：

> 所謂爭自存者，謂民物之於世也，樊然並生，同享天地自然之利。與接爲構，民民物物，各爭有以自存。其始也，種與種爭，及其成群成國，則群與群爭，國與國爭。而弱者當爲強肉，愚者當爲智役焉。（嚴復合集，1: 35）

　　在社會達爾文主義的角度下，人與天地萬物一樣，都必須爭自存，

只不過人有「群」與「國」，而群體本身自然也必須尋找最適合爭自存
之道。他接著略述了錫澎塞〔斯賓賽〕思想，說明他基於社會達爾文主
義而闡釋「人倫之事」，而號其學爲「群學」，而其所論和中國的《大
學》所謂誠正修齊治平之道有不期而合之處，甚至有更深入的分析。

在新的世變情境中，中國不再能將西力東漸視爲異族入侵的再一
事例而已。他引用蘇子瞻之言「中國以法勝，而匈奴以無法勝」，但「無
法」的異族，進入中國成爲支配者之後，仍然必須據中國之法而治理，
這是歷史上中國對於異族入侵的基本觀點（嚴復合集，1: 42）。面對新
世變下的西洋，此種觀點不再適用，因爲「彼西洋者，無法與法並用而
皆有以勝我者也」。所謂無法之勝，嚴復主張西方「自其自由平等觀
之，……人人得以行其意，申其言，上下之勢不相懸，君不甚尊，民不
甚賤，而聯若一體」；不僅如此，西方亦能以有法勝，因爲「自其官工
商賈章程明備觀之，……莫不備舉」（嚴復合集，1: 42）。這些西方現
代世界在「無法」與「有法」面向上所形成的完備體制，**「推求其故，**
**蓋彼以自由為體，以民主為用」**（嚴復合集，1: 42），這也是嚴復對於
西方政治現代性最有名的論斷。

嚴復對於自由的價值，有深刻的觀察。他指出，西治的命脈，扼要
而言，在於「學術則黜僞而崇眞，於刑政則屈私以爲公而已」，只有西
方因爲以自由爲體，所以能夠實踐「眞理」與「爲公」兩個價值。他進
一步對自由的概念，提出了說明：

> 夫自由一言，眞中國歷古聖賢之所深畏，而從未嘗立以爲教者
> 也。彼西人之言曰：唯天生民，各具賦畀，得自由者乃爲全受。故
> 人人各得自由，國國各得自由，第務令毋相侵損而已。侵人自由
> 者，斯爲逆天理，賊人道。其殺人傷人及盜蝕人財物，皆侵人自由
> 之極致也。故侵人自由，雖國君不能，而其刑禁章條要皆爲此設
> 耳。中國理道與西法自由最相似者，曰恕，曰絜矩。然謂之相似則
> 可，謂之眞同則大不可也。何則？中國恕與絜矩，專以待人及物而
> 言。而西人自由，則於及物之中，而實寓所以存我者也。自由既

異，於是群異叢然以生。（嚴復合集，1: 30-31）

　　嚴復所論之自由，乃是天賦自由（而非「權利」），[3] 因為自由是個人選擇的基礎，而每一個人都為其自由的選擇而負責，且不侵害他人自由，才有可能達到「公」或正義的狀態（嚴復合集，1: 308）。不僅如此，每個人的自由也都以他人享有等量的自由為前提。這意味著平等與自由的直接關聯性。基於自由與平等，西方的政治思想發展出「尚賢」、「公治」以及「隆民」的制度與精神（嚴復合集，1: 31）。中國傳統思想比較相近的是「恕」或「絜矩」等價值，不過中國所發展出的經世之道，由於缺乏平等的要素，所以著重「三綱」、「親親」、「孝治」以及「尊主」，從而產生了差等的群體治理觀念。

　　對於西方的政治之道，嚴復提出了一個類似《大學》循序漸進的基本架構：必須每個人能夠「自治」，才能恰當行使其自由，也因此才可能基於自由來追求「自利」，至於政治，則是在這個基礎上完成「利民」之道，並達到富強（嚴復合集，1: 46）。對嚴復而言，自治即意謂民主，所以對自由、自治與民主的關係，他在〈主客平議〉提出了綜合論述：

　　自由者，各盡其天賦之能事，而自承之功過者也。雖然彼設等差而以隸相尊者，其自由必不全。故言自由，則不可以不明平等，平等而後有自主之權；合自主之權，於以治一群之事者，謂之民主。（嚴復合集，1: 266-267）[4]

---

3　熊月之（2002: 266）認為嚴復所倡議的自由即為人權，恐有討論空間。作為權利的「權」是何啟、胡禮垣（2010, 2: 189）思想的核心觀念。嚴復則倡議英國傳統的自由觀，他對「權利」一詞的譯法與看法，可見其與梁啟超書信之討論（嚴復合集，1: 288-289）。

4　如前所述，〈主客平議〉是 1902 年中所撰，約為「嚴復時刻」的終點。值得注意的是〈主客平議〉為對話體，這個常被引用的簡潔論述乃是「新者」（相對於「舊者」）之主張，而非嚴復自況的「大公主人」。另外，在《原富》案語中，可以看到 1890 年代末期嚴復的進一步申論：「今夫國者非他，合億兆

　　然而，這個時期的嚴復，其理論關懷的主要焦點在於自由，民主則似乎是用來對抗君權的概念；對於民主的國家體制，他尚未提出具體主張（Schwartz, 1964: 66-68）。在指出西方國家「以自由爲體，以民主爲用」之後，嚴復進一步說明：「一洲之民，散爲七八，爭雄並長，以相磨淬，始於相忌，終於相成，各殫智慮，此日異而彼月新，故能以法勝矣，而不至受法之敝，此其所以爲可畏也」（嚴復合集，1: 42-43）。這樣的說法，尚無憲政體制擘劃，其涵義毋寧是〈原強修訂稿〉所稱般「身貴自由，國貴自主」（嚴復合集，1:50），當然也呼應了前引〈論世變之亟〉中關於自由的界定，不僅是「人人各得自由」，而且必須「國國各得自由」（嚴復合集，1: 30），也就是在個人以及群體層次兩者皆有自由的政治狀態，其結果「爭雄並長」則是演化的競存動態。

　　〈原強〉卷尾所提出的自強之道，必須「標本並治」，治標需「收大權、練軍實」，如同俄國所爲；至於治本則「亦於**民智、民力、民德**三者加之意而已」（嚴復合集，1:46）。換言之，嚴復的終極關懷，仍在於人民如何發展自由與自治的三項前提：「血氣體力之強」、「聰明智慮之強」以及「德行仁義之強」（嚴復合集， 1: 51）。對他而言，當時政治的根本問題在於，傳統中國聖王之道所開展出的經世之術，在新的世變之下已經不足以促進民智、民力與民德。所以，除了倡議新的政治價值，嚴復也對中國的君權思想及其正當性原則提出了根本批判。他的批判導致了強烈的政治反應，吾人可視爲早期嚴復政治思想最爲重要的脈絡，並提供詮釋《天演論》一書意旨的關鍵。

---

之民以爲之也。國何以富？合億兆之財以爲之也。國何以強？合億兆之力以爲之也。」嚴復接著指出，相對於傳統的大一統之勢，「乃今之世既大通矣，處大通並立之世，吾未見其民之不自由者，其國可以自由也；其民之無權者，其國之可以有權也。且世之黷民權者，亦既主變法矣，吾不知以無權而不自由之民，何以能孤行其道以變其夫有所受之法也？」所以，嚴復的結論是「故民權者，不可毀者也」（嚴復合集，9: 890-891）。在這個案語中，讀者可以清楚地看到，嚴復運用十九世紀下半葉所形成的「民權」觀念（參閱熊月之，2002: 8-12）來解釋自由與民主，從中可以觀察到當時政治語彙仍存在於嚴復思想中。

## 三、對傳統政治正當性的挑戰

嚴復以〈闢韓〉一文批判韓愈〈原道〉所言「古之時，人之害多矣。有聖人者立，然後教之以相生相養之道，爲之君，爲之師」，以及「君者，出令者也；臣者，行君之令而致之民者也；民者，出粟米麻絲、作器皿、通貨財以事其上者也。君不出令，則失其所以爲君；臣不行君之令，則失其所以爲臣；民不出粟米麻絲、作器皿、通貨財以事其上，則誅」（嚴復合集，1: 70-71）。

對這些中國士大夫耳熟能詳的聖人之道，嚴復提出了尖銳的批評：韓愈所言之聖人，其自身與先祖必然都是「非人」，否則如何可能不受蟲蛇禽獸之侵，並提供人民解決外在弊害的各種建置？這是用演化論的角度來批判超越性聖人生成之可能性。[5] 不僅如此，所謂的先有「爲之君、爲之師」的聖人出，然後君出令，民出粟米麻絲等，也完全誤解了君主與人民的政治關係。嚴復在此運用了本書第一篇所述西方近代的「**民權論**」，強調是人民自己從事與其相生相養之事，「有其相欺相奪而不能自治」時，才「擇其公且賢者，立而爲之君」。這是天下立君的「本旨」，也符合孟子所說「民爲重，社稷次之，君爲輕」的「古今之通義」。基於此種民權論述，嚴復強調「君臣之倫，蓋出於不得已也！爲其不得已，故不足以爲道之原」（嚴復合集，1: 72）。不僅如此，「斯民也，固斯天下之眞主也」，而韓愈目中只見秦以來的君主制，但一究其實，此制「正所謂大盜竊國者耳。國誰竊？轉相竊之於民而已」（嚴復合集，1: 74）。

〈闢韓〉反映出嚴復早期思想最爲激越的一面，而對韓愈採取嚴屬批判的姿態，以及將〈原道〉所述中國「爲之君，爲之師」的聖人之道，與西方的自由與平等爲本的治理之道相對立，從而產生極大的張力，並影響了同時代的改革派。從梁啓超的〈與嚴幼陵先生書〉（約 1897

---

5 在此議題上，嚴復論證很接近斯賓塞對「偉人」（great men）與社會演化過程的分析。參見 Spencer（1982: 387-388）。

年 5 月之前）可看出，在私下的通信中，嚴復所提出的論述更為激進，如「先生謂黃種之所以衰，雖千因萬緣，皆可歸獄於君主。此誠懸之日月不刊之言矣。顧以為中國歷古無民主，而西國有之，啟超頗不謂然」（梁啟超，1960，文集 1: 108）。亦即嚴復主張中國從無民主，而其衰落的原因皆可歸因於君主制。所以，「國之強弱悉推原於民主，民主斯固然矣。君主者何？私而已矣。民主者何？公而已矣」（梁啟超，1960，文集 1: 109）。梁啟超所轉述的嚴復論述，乃是以「公」來理解民主之道，以「私」作為君主制的本質。這個分析，可以看出同時代人所理解嚴復早期批判的意旨。

〈闢韓〉一文原發表於 1895 年 3 月天津《直報》，但本文在 1897年 4 月 12 日以「觀我生室主人來稿」署名轉載於《時務報》時，產生了巨大的迴響。譚嗣同寫信給主持《時務報》的汪康年表示，〈闢韓〉一文好極，並詢問作者觀我生室主人是否即為嚴復（譚嗣同，1977: 349-350）。相對於改革派的迴響，湖廣總督張之洞看到《時務報》轉載的本文後，「見而惡之，謂為洪水猛獸，命屠梅君侍御作闢韓駁議，先生幾罹不測」（王蘧常，1977: 30）。[6]〈孝感屠梅君侍御辨闢韓書〉（屠仁守，1897，以下簡稱〈駁闢韓〉）一文主張君臣之義、尊卑上下乃是倫紀，「無所謂不得已之說也」。此種說法，假如出於上，則為順，「出於下則為逆」，可說做出了最嚴厲之指控。

屠仁守對嚴復的實質批判，可分為四個層次。首先，嚴復「君臣之

---

6　王蘧常將此事列在 1896 年，有誤；參考孫應祥，2003: 87-88。嚴復本人對此事的評論，見其與五弟函（1898/8/23）：「前者《時務報》有〈闢韓〉一篇，聞張廣雅尚書見之大怒，其後自作〈駁論〉一篇，令屠墨君出名也，《時務報》已照來論交代矣」（嚴復合集，1: 117）。王憲明（1999b）對屠仁守〈駁闢韓〉提出了獨特的詮釋，主張嚴復對韓愈的批判，其實是針對李鴻章幕府所看重的韓愈與道統的關係，而向張之洞集團示好。但張之洞要屠仁守反駁〈闢韓〉則是為了避免《時務報》過份刺激保守派，而妨礙維新。王文舉出了《汪康年師友書札》的若干信函作為佐證。然而，此說即使成立，以嚴復現存的史料來看，他並不理解這樣的複雜內情。事實上，嚴復並未成功地投入張之洞幕府，不僅如此，嚴復 1901 年以「妄庸巨子」來指涉張之洞（孫應祥、皮後鋒，2004: 226），並對其所提出的中體西用論述加以批判（黃克武，2014: 137-141）。

倫出於不得已」的主張，對屠氏而言是最為嚴重的謬誤。因為「君臣之義，與天無極」，所以中國自有倫紀以來，必然嚴守尊卑上下。嚴復的主張，「直欲去人倫，無君子，下而等於民主之國」。其次，屠氏認為嚴復用佛家的「棄君臣」來批判儒家，所以會主張立君只不過是為了保護每一個可能成佛者的性命財產，這是某種老子的自然之理，而為佛教所進一步發展。第三，假如老子與佛教都勝於孔子之道，則今日「西人擅富強，能為民保財產性命，是西人又勝孔子矣」。屠氏對此不以為然，認為孔子所說「足食足兵，民信之矣」就是儒家的富強之道。所以，時代的需求在於追求富強，但須探其本，絕非「法自然，棄君臣」所能完成。最後，嚴復的主張被批評為「棄君臣專事賈胡之事，變為民主之國」。換言之，雖然〈闢韓〉一文並未討論民主，但屠仁守已經從其論述中看出嚴復的主張是「咎千載以前之韓子原道，而不知原民主之道，求疵索瘢以闢之」。總結時，屠氏以日本為例，明治維新時仍有主張國學勃興之論，絕不應如嚴復「貶聖賢以遵西洋之善治」；時代的真正需求乃是「昭揭盪平正直之王道」，以「臻富強之國」。[7]

的確，嚴復在闡述西方各國的富強之道時，不可免地將之與中國傳統聖王之道加以對照，從而產生概念史家科賽列克所分析的「非對稱的對比概念」（asymmetrical counter-concepts）之論述結構（Koselleck, 1985: 159-197），容易導致激進反傳統主義（林毓生，2014）。嚴復強調，在理解西方富強之道後，國人不可以自餒，而所求之道，在於去除「害富害強」的諸要素，此一關鍵在於「與民共治」。換言之，嚴復在〈闢

---

7　從這個脈絡來觀察，張之洞後來於 1898 年所撰《勸學篇》乃是對嚴復早期基於西學論證的系統回應。其核心主張「以舊學為本，以新學為用」，可以說是對嚴復稍早「以自由為體，以民主為用」的挑戰。關於「體用說」的爭論，大多以張之洞的論述為核心，並且引用嚴復在〈與《外交報》主人書〉中對張之洞的批判「未聞以牛為體，以馬為用者也」（嚴復合集，1: 273）。諸多批評者（如王爾敏，1976, 51-71）忽略了在這個特定論述脈絡中，「體、用」的詞彙其實是嚴復首先提出的。事實上，戊戌政變後清廷所推的「新政」（任達，1998: 50-53），就是以《勸學篇》的擘劃為藍本；而嚴復在〈與《外交報》主人書〉中，對於清末新政以及張之洞有頗多譏評（嚴復合集，1: 272-281）。

韓〉中的主張，是以西洋之言治者所稱「國者，斯民之公產也，王侯將
相者，通國之公僕隸也」而與中國尊王的傳統相對立（嚴復合集，1: 74）。
這樣的二元對立，的確對張之洞、屠梅君等士大夫階層產生了根本衝
擊。事實上，在〈論世變之亟〉中，嚴復在說明西方思想自由的涵義
後，馬上對中西政治之道的根本差異，提出了極為明確的二元對立觀：

> 中國最重三綱，而西人首明平等；中國親親，而西人尚賢；中國
> 以孝治天下，而西人以公治天下；中國尊主，而西人隆民；中國貴
> 一道而同風，而西人喜黨居而州處；中國多忌諱，而西人眾譏評。
> （嚴復合集，1: 31）

然而，嚴復的中西對比論的意旨，乃在於說明「有與中國之理相
抗，以併存於兩間」，其結論是「吾實未敢遽分其優絀」（嚴復合集，1:
31）。他強調，「夫士生今日，不睹西洋富強之效者，無目者也。謂不講
富強，而中國自可以安；謂不用西洋之術，而富強自可致……皆非狂易
失心之人不為此」（嚴復合集，1: 32）。是以，嚴復的真意未必在於對
中西文化作本質評價，而是分析在當時的世變以及運會之中，國家以
及個人應該採用何種富強之道。基於此，〈闢韓〉的結論並非完全否定
聖人明君，而是相對於傳統「作之君，做之師」的聖人，嚴復提出了
「知運會之所由趨，而逆姦其流極」的**新聖王之道**：

> 是故使今日而中國有聖人興，彼將曰：「吾之以藐藐之身托於億
> 兆人之上者，不得已也，民弗能自治故也。民之弗能自治者，才未
> 逮，力未長，德未和也。乃今將早夜以孳孳求所以進吾民之才、
> 德、力者，去其所以困吾民之才、德、力者，使其無相欺、相奪而
> 相患害也，吾將悉聽其自由。民之自由，天之所畀也，吾又烏得而
> 靳之！如是，幸而民至於能自治也，吾將悉復而與之矣。唯一國之
> 日進富強，余一人與吾子孫尚亦有利焉，吾曷貴私天下哉！」（嚴
> 復合集，1: 73）

　　總結本節所論，嚴復所提出「以自由爲體，以民主爲用」的現代政治價值，不可免地必須挑戰甚至重構中國自古以來的聖王之道，這引發了強烈的反彈，譴責他「貶聖賢以遵西洋之善治」。然而，嚴復已經在1896年底完成了《天演論》的翻譯工作，從味經本及手稿本中，可以發現其實在被屠仁守批評之前，嚴復已經在《天演論》初稿中以大量篇幅演繹新聖王之道。由於〈駁闢韓〉發表於《時務報》第三十冊（1897年6月20日），這意味著嚴復於1897年5-7月修訂《天演論》手稿的過程中，將面對屠仁守的批判，嚴復如何因應？[8] 筆者認爲，這個事件提供了分析《天演論》政治思想時不可或缺的基本脈絡，且有助於理解嚴復之意圖。

## 四、《天演論》的政治思想：聖王之道與社會契約

　　關於中西治道之根本差異，自始便是嚴復的主要關懷。〈論世變之亟〉開宗明義指出，世變構成「運會」，而中國傳統的聖人或聖王也處於運會之中，所能做的，並不是超脫於運會之上的事業，而是「特知運會之所由趨，而逆覩其流極」，唯其如此，才能「裁成輔相，而置天下於至安」（嚴復合集，1: 28）。換言之，嚴復嘗試說服當時士大夫階層的基本理據在於，在新世變與運會沛然莫之能禦的趨勢中，即使遵從聖人之道，也必須仔細體察運會之所趨，才有可能完成新時代下的經

---

8　依據《天演論》手稿本嚴復標記（嚴復合集，7: 103, 118, 138, 150, 155），本次修訂係於光緒丁酉四月至六月完成（1897/5/16-7/5）。詳論之，在「手稿本」之中，嚴復註記了五個修改的日期：丁酉四月望日（1897/5/16；嚴復合集，7: 103）、丁酉四月十七日（1897/5/18；合集，7: 118）、丁酉六月初三日（1897/7/2；嚴復合集，7: 138）、丁酉六月初五（1897/7/4；嚴復合集，7: 150），以及丁酉六月初六（1897/7/5；嚴復合集，7: 155）。值得注意的是，屠仁守〈駁闢韓〉刊登於《時務報》的時間是1897/6/20，以時間點的推算，嚴復看到屠仁守文章的時間應該在六月底七月初，正好落在《天演論》的卷上與卷下之間。嚴復在該年七月之後，快速地修改完畢手稿本。而他提到此事，則是前引1897/8/23致五弟書。

世濟民之業。這個觀點，不僅在 1895 年系列作品中有所發揮，在他被
屠仁守批評後，更是一個不可迴避的課題。是以，在《天演論》一書
中，嚴復完成了早期思想的系統建構，更由於此書所鼓動的時代風潮，
對現代中國人的政治思維，產生了關鍵性的影響（蘇中立、涂光久編，
2011）。

　　《天演論》歷來詮釋者眾，本章自無法就其全部複雜之論證提出
系統分析；以下所論，將基於比較政治思想史，梳理《天演論》中關於
政治理論的意旨。《天演論》係翻譯英國十九世紀思想家赫胥黎（Thomas
H. Huxley, 1825-1895）的作品《演化與倫理》（*Evolution and Ethics*,
Huxley, 2001 [1894]: 1-116）。由於當時嚴復對於西方演化論的引介，強
調達爾文以及斯賓賽理論的劃時代貢獻，而赫胥黎本文的論旨，其實
是挑戰斯賓賽的演化理論是否適用於人類社會及其倫理，所以產生了
極為複雜的詮釋可能。基本上，嚴復翻譯《天演論》的意旨可以區別出
兩派觀點。其一為極度欣賞嚴復西學造詣的吳汝綸為《天演論》通行本
作序所述：

> 天演者，西國格物家言也。其學以天擇、物競二義，綜萬彙之本
> 原，考動植之蕃耗，言治者取焉。因物變遞嬗，深擘乎質力聚散之
> 義，推極乎古今萬國盛衰興壞之由，而大歸以任天為治。赫胥黎氏
> 起而盡變故說，以為天不可獨任，要貴以人持天。以人持天，必究
> 極乎天賦之能，使人治日即乎新，而後其國永存，而種族賴以不
> 墜，是之謂與天爭勝。而人之爭天而勝天者，又皆天事之所苞。是
> 故天行人治，同歸天演。（嚴復合集，7: 173）

　　而本書對中國思想界的幫助則在於「蓋謂赫胥黎氏以人持天。以
人治之日新，衛其種族之說，其義富，其辭危，使讀焉者怵焉知變，於
國論殆有助乎？」（嚴復合集，7: 174）。在吳汝綸過世後，嚴復回憶：
「不佞往者每譯脫稿，即以示桐城吳先生。老眼無花，一讀即窺深處」
（嚴復合集，1: 299），應該就是描述吳汝綸對《天演論》初稿一讀便

能掌握其精義。

　　相對於這個依據嚴復譯文所得的理解，史華慈則提出了完全相反的評價，認為《天演論》一書，其實可說是用赫胥黎的酒瓶裝了斯賓賽的酒：

> 但是，這就出現了一個極大的矛盾，因為赫胥黎的演講事實上決非在講解社會達爾文主義，而是在抨擊社會達爾文主義（Schwartz, 1964: 100）。[9]

> 所以，嚴復的案語中充滿了對斯賓賽的頌揚和對其地位的維護。的確，說《天演論》是將赫胥黎原著和嚴復為反赫胥黎而對斯賓賽主要觀點進行的闡述相結合的意譯本，是一點也不過份的（Schwartz, 1964: 103）。[10]

　　之所以產生如此歧異的詮釋觀點，關鍵在於赫胥黎《演化與倫理》一書、嚴復譯文，以及嚴復案語之間的複雜關係。由於在《嚴復合集》中，刊載了最早的「味經本」（嚴復合集，7: 1-79）、1897 年刪改的「手稿本」（嚴復合集，7: 81-168），以及「通行本」之一的富文本（嚴復合集，7: 169-277）三者，[11] 使得吾人可以仔細爬梳嚴復初稿、刪改以及定稿的過程，而從這些修改的部分，以及案語的內容，應可重構出嚴復通過《天演論》所欲傳達之旨。

---

9　"Here we confront the enormous paradox. Huxley's lectures are decidedly not an exposition of social Darwinism. They actually represent an attack on social Darwinism."

10　"His commentaries abound in panegyrics of Spencer and defense of his position on various mattes. It would, indeed, be no exaggeration to say that *T'ien-yen lun* consists of two works – a paraphrase of Huxley's lectures, and an exposition of Spencer's essential views as against Huxley."

11　關於《天演論》的修訂過程及早其紛雜之版本，可參考俞政（2003b: 1-20）、皮後峰（2003: 166-183, 183-190），以及蘇中立（2014: 136-170），及所引用之相關文獻。

　　關鍵議題在於，赫胥黎的《演化與倫理》是一個反斯賓賽主義的講稿。其 1893 年「羅曼斯講座」（Romanes Lecture）的內容，只包含正文（Huxley, 2001 [1894]: 46-116），也就是嚴復譯本的下篇〈論〉。但由於文意曲折晦澀，赫胥黎並未能使聽眾理解其批判演化論的意旨，所以在彙集成書時，加上了清晰完整的〈緒論〉（Prolegomena; Huxley 2001 [1894], 1-45）。[12] 赫胥黎在〈緒論〉中區別大自然的宇宙過程（cosmic process）或自然狀態（state of nature）以及人文化成世界（state of art），[13] 他主張演化論中，物競（struggle for existence）、天擇（natural selection）等機制是宇宙過程或自然狀態無可逃的規律。至於人文世界雖然亦有興起、衰亡的現象，卻是人類運用其獨特能力所創造出來的世界，其進步或腐化退步和自然的物競天擇機制有所不同。赫胥黎將人文化成世界的發展過程稱之為「倫理過程」（ethical process），相對於宇宙過程的物競天擇，倫理世界則必須壓抑人類的 "self-assertion"（嚴復譯為「自營」），通過人際之間的「善相感通」（sympathy）和「以己效物」（mimic）來營建一個合作的社會，追求集體幸福。然而弔詭之處在於，假如倫理過程將人類的自營過份地壓抑，則將會遏抑人性中「爭存」的本能，反而有可能導致人文化成社會的衰微。基於此，赫胥黎在

---

12　請參閱赫胥黎本人對其演講本文需要加上〈緒論〉的說明（Huxley, 2001 [1894]: vii-viii）。中文文獻可參考王道還（2009: 133-143）對 Romanes Lecture 背景說明以及同時代英國思想界之回應。另外，赫胥黎《演化與倫理》的〈緒論〉和「羅曼斯講座」，〈緒論〉分為十五節，正文則未分節；嚴復在《天演論》譯文中均加以分節。在味經本與手稿本中，分為卷上、卷下，卷上共十八節名為〈卮言〉，卷下則有十七節（味經本）或十六節（手稿本）名為〈論〉。經過嚴復與吳汝綸和夏增佑的討論，《天演論》刊行本分上卷、下卷，上卷〈導言〉十七節，下卷〈論〉十七節，且各小節均有吳汝綸所命名之篇目。其修訂過程請參考嚴復在通行本〈譯例言〉之說明（嚴復合集，7: 177）。

13　*Evolution and Ethics* 一書的用語，存在著 "state of nature" 與 "state of art" 的二元對立，這使得讀者將之與社會契約論的「自然狀態」產生聯想的可能。事實上，赫胥黎雖然是演化論者，但本章以下將分析，他的理論架構中存在著某種社會契約的色彩。嚴復的譯文，沒有將 "state of nature" 翻譯成「自然狀態」，而僅翻譯為「自然」或「天造草昧，人功未施」等詩意譯法，所以當《天演論》卷下〈論四〉引介社會契約的概念時，不免略顯突兀。

「羅曼斯講座」的本文中，分析了西方思想主要的倫理學流派，特別是斯多噶學派與西方現代哲學，並且對比於東方印度教與佛教的離世思維，對人文化成社會產生的影響，從而形成了一個比較思想史的宏觀圖像。

許多文獻已探討嚴復選擇《演化與倫理》翻譯的原因。演講正文比較了古今東西哲學的宏觀論述，令嚴復可以據此引介西方哲學學說給中國的知識界，這點無可爭議。[14] 嚴復運用易經變易之說來詮釋天演理論，也多有學者論述（吳展良，1999:154-156；汪暉，2004: 844-857）。事實上，天演論深刻影響到中國近代「線性歷史觀」之形成（王汎森，2008, 2011, 2015; Kwong, 2001: 173），使得政治行動所參照的歷史型態，脫離了「一治一亂」的循環觀，轉向依據天演公例以追求未來導向之人群進化（梁啓超，1960，文集 9: 7-11）。[15] 至於爲何引介赫胥黎的自然／人文二元主義架構，而非斯賓賽無所不包的一元論演化體系？則有各種不同的詮釋觀點。筆者主張，關鍵應在於，赫胥黎在討論人文世界倫理過程的形成時，蘊含了斯賓賽演化論所缺乏的人類行動之能動性（human agency）觀念；而赫胥黎所運用的論述結構以及譬喻，可以與中國的聖王之道加以連結，構成了一個用聖王之道來呈現西方政治哲學的架構，並據以說服中國士大夫階層的修辭方式，從而克服了屠仁守對嚴復「貶聖賢以遵西洋之善治」的批評。

赫胥黎在描述倫理世界的形成時，提出一個「園藝過程」（horticultural process; Huxley, 2001 [1894]: 11）的譬喻，即園丁能在天演流變的大自然中，創造出一個具體而微的精緻花園。[16] 此外，赫胥黎進一步運用了殖民地的比喻，假設一小群殖民者在一個蠻荒之地（自然狀態），如何在其行政長官（administrative authority）的領導下建構出一個社會。在這兩個譬喻中，「園丁」以及「殖民行政長官」兩者的

---

14 可見於孫寶瑄（1983:155-156）之閱讀心得。

15 這正是德國史家科賽列克（Koselleck, 1985: 27-38, 267-288）所強調西方現代性所獨有的歷史性與「時代化」（*Verzeitlichung*, temporalization）。

16 如王道還（2009: 150）指出，在英國文學中，以花園隱喻文明，源遠流長。

角色，都是在自然與人為世界的交會點，以其人文化成之術，採取行動對抗自然的天演流變。[17] 這使得嚴復得以改造赫胥黎的論述，在中文語境脈絡化，將此種推動倫理過程的樞紐人物與中國的聖王觀相連結，說明在天演之中新聖王之道的必要性，成功地鼓動時代風潮。

　　以下以聖王之道、政體論以及社會契約論分析《天演論》對中國近代政治思想的重要貢獻。

## （一）聖王之道

　　嚴復將 "cosmic process" 譯為「天行」，而將 "ethical process" 翻譯為「人治」或「治化」：「蓋天行者，以物競為功，而人治則以使物不競為志」（嚴復合集，7: 9；cf. 黃克武，2014: 146-152）。人治或治化，則是聖人之功。就在赫胥黎論述「人為」的脈絡中，嚴復首先提到聖人一詞（嚴復合集，7: 8, 93, 192），指出「出類拔萃之聖人」，雖然其受性與其他生物相同，但卻能「建生民未有之事業」，也就是能夠克服天行的「人治」。在以下的文本中，吾人清楚地看到赫胥黎所運用的園丁與殖民長官之例，被嚴復改造成為聖人與為君之道：

> 由墾荒設屯之事以至成國，其所以然之故，前篇以約略言之，將於此篇大暢其說。今設此數十百人之內，乃有首出庶物之一人，[18] 其聰明智慮之出於人人，猶常人之出於牛羊犬馬，~~此不翅中國所謂聖人者也，~~[19]幸而為眾所推服，而立之以為君，以期人治之必申，

---

17　汪暉（2004: 857-872）主張進一步區分自然、人為（園藝）以及社會組織三重世界。

18　筆者按，原文為 "administrative authority"（Huxley, 2001[1893]: 17）。

19　刪除線表示在手稿本中，嚴復加以刪除。本段在手稿本的相對應處，見嚴復合集（7: 98）。眾所周知，基於吳汝綸的建議，嚴復將《天演論》初稿中關於中國的典故加以刪除，或置於案語中，以免失去譯書之本意：「顧蒙意尚有不能盡無私疑者，以謂執事若自為一書，則可縱意馳騁；若以譯赫氏之書為名，則篇中所引古書古事，皆宜以元書所稱西方者為當，似不必改用中國人語。以中

而不爲天行之所勝。是聖人者，其措施之事當如何？曰彼亦法園
夫之治園已耳。（嚴復合集，7: 12）

　　此處所出現的「君」承繼了〈闢韓〉之論述模式，是由眾人所推
服；但成爲君之後，其作用則必需申張人治。而聖人治國，乃「取一國
之公是公非，以制其刑與禮，使民各識其封疆畛畔，而毋相侵奪，而太
平之治以基」（嚴復合集，7: 13）。此處的中國「太平之治」概念和西方
的「毋相侵奪」（自由的維護）與公是公非（正義的伸張）關聯起來。
嚴復接著描述了聖人如何「以人事抗天行」，通過各種公共政策來服務
人民，而當聖君善用其治理之道時，將成就一「烏托邦」。至於治理之
術，則不外乎二途，其一爲「任民之孳乳，至於過庶食不足之時，然後
謀其所以處置之者」，另一則是「量其國之食以爲生，立嫁娶收養之程
限，而使其民不得有過庶之一時」（嚴復合集，7: 15）。事實上，此處的
兩種治理之術，在赫胥黎的原文中並不明顯（Huxley, 2001 [1894]: 21）。
相對地，在〈厄言十八〉中，強調園夫之治園有兩件要事：其一爲「設
所宜之境，以遂物之生」，另一則爲「去惡種，而存其善種」；前者是
「保民養民之事」，後者則爲「善群進化之事」（嚴復合集，7: 21）。這
兩種治理之術，才符合赫胥黎原文之中所做的區別（Huxley,
2001 [1894]: 43）：前者只是創造合宜的環境與條件，後者則是園夫對
植物進行直接的「人擇」（direct selection）。[20] 在赫胥黎的論述中，人
類的倫理過程不可能有任何個人可以從事此種人擇的工作，嚴復則將
之改述爲「善群進化之事，園夫之術必不可行，故不可以人力致」（嚴
復合集，7: 31）。而在這個脈絡中，人力所及者，除了保民養民之外，

---

事中人，固非赫氏所及知，法宜如晉宋名流所譯佛書，與中儒著述，顯分體制，
似爲入式」（嚴復，1986, 5: 1560）。

20 事實上，《天演論》初稿的讀者，非常注意嚴復在這個脈絡中所提出的聖王治理
之道，明確例證可見於梁啟超〈與嚴幼陵先生書〉，他一方面完全理解《天演論》
所強調的人類結群需要壓抑人性中的自營面向，但不可壓抑到缺乏爭存之能力；
另一方面他與康有爲都極爲關注嚴復對「進種之說」與「擇種留良之論」的討
論，並表達希望能有更多理解。參閱梁啟超（1960，文集 1: 109-110）。

「教民」則是善群進化之道，也就是取人民的「民德」與「良能」，擴而充之，成爲「其群所公享之樂利」。換言之，嚴復用園丁以及墾荒設屯的行政長官的施政，來重新詮釋聖人與君，並重新描述制定法律以及社會政策等議題。

在嚴復的早期思想中，聖人與人類結群的關聯密不可分。在味經本卷下〈論二〉討論人類結合爲群（赫胥黎原文是："organized polity"）時，加上了以下的文字，後來又加以刪除：

彼老聃、莊、列之徒，未之知也。嘐嘐然訾聖智、薄仁義，謂嘷嘷已亂天下，未若還諄反樸之爲得也。明自然矣，而不知禮樂刑政者，正自然之效；此何異樂牝牡之合，而聖其終於生子乎：此無他，視聖智過重，以轉移世運爲聖人之所爲，而不知世運至，然後聖人生。世運鑄聖人，而非聖人鑄世運也。徒曰明自然而昧天演之道故也。（嚴復合集，7: 36）

嚴復對這段文字的存廢，顯然是「旬月踟躕」（嚴復合集，7: 177），因爲依據吳汝綸建議，此處引述中國老、莊、列思想的文本，理應刪削，所以這整段在手稿本中盡數刪去（嚴復合集，7: 122）。然而，文本中筆者加上虛線的最後一句，仍可見於通行本的《天演論》，只是文字略加修改爲：

夫轉移世運，非聖人之所能爲也。聖人亦世運中之一物也，世運至而後聖人生。世運鑄聖人，非聖人鑄世運也。使聖人而能爲世運，則無所謂天演者矣。（嚴復合集，7: 231）

嚴復對這個文本的編輯修改，可以看出《天演論》通行本中出現的「世運」以及「聖人」在天演中的關係，的確呼應了〈論世變之亟〉卷首所述，乃是嚴復的核心關懷。

## （二）政體論

嚴復進一步分析了另一個重要的政治理論議題：即使在「人治」的世界中，仍然有物競的成分，「趨於榮利」；他並在此脈絡（〈導言十六〉）中，將西方政體的概念，以一種持續存在的物競關係來表述統治者與人民的關係：

> 唯物競長存，而後主治者可以操砥礪之權，以礱琢天下。夫所謂主治者，或獨具全權之君主，或數賢監國，如古之共和，或合通國民權，如今日之民主，其制雖異，其權實均，亦各有推行之利弊。（嚴復合集，7: 219）[21]

這個文本的重要性在於，嚴復用西方的政體概念取代了中國知識分子在十九世紀下半葉所發展出的政體三分論：「君主」「民主」與「君

---

21　筆者按，味經本及手稿本「通國民權」作「通國之權」。本段文字並不見於 *Evolution and Ethics*，乃嚴復所加。金觀濤與劉青峰（2008: 262）引用嚴復這個文本，並主張由於中國儒學傳統與西方共和主義都強調為政者的德行，以及公私領域的分離，兩者較具親和性，所以更能接受共和制而非民主制；這是十九世紀末葉的重要的「儒家公共空間」現象。然而，筆者認為，此處嚴復所謂「數賢監國」之「共和」，並非指涉 "republic"，可能僅是西文的 "aristocracy"，因而未必證成金、劉二氏的論述。在百日維新前，嚴復用「共和」來翻譯 "aristocracy"，可以在梁啟超論述嚴復與他的討論中得到旁證：「嚴復曰，歐洲政制，向分三種。曰滿那棄者，一君治民之制也。**曰巫理斯托格拉時者，世族貴人共和之制也**。曰德謨格拉時者，國民為政之制也。德謨格拉時又名公產，又名合眾。希羅兩史班班可稽，與前二制相為起滅」（〈論君政民政相嬗之理〉[1897/10]，梁啟超，1960，文集 2: 10）。事實上，金、劉二氏在其著作附錄的「百個現代政治術語詞意匯編」的「共和」項，也引用了梁啟超這篇文章，指出「嚴復曾用『共和』來指稱 aristocracy」（金觀濤、劉青峰，2008: 539）。到了 1904 年所刊行的《法意》案語中，嚴復明白反對日本將 "republic" 譯為共和，而以「公治」最當：「東譯姑以為共和。然共和見於周，乃帝未出震之時，大臣居攝之號，此與泰西公治之制，其實無一似者也」（嚴復合集，13: 31）。

民共主」。這個運用君／民二元對立所發展出的三分架構，以王韜
（1828-1897）在 1870 年代末期的闡釋最爲著名且完整：

> 泰西之立國有三：一曰君主之國，一曰民主之國，一曰君民共主
> 之國，……一人主治於上，而百執事萬姓奔走於下，令出而必行，
> 言出而莫違，此君主也。國家有事，下之議院，眾以爲可行則行，
> 不可則止，統領但總其大成而已，此民主也。朝廷有兵、刑、禮、
> 樂，賞罰諸大政必集眾於上下議院，君可而民否不能行，民可而君
> 否亦不能行也，必君民意見相同，而後可頒之於遠近，此君民共主
> 也。論者謂君爲主，則必堯舜之君在上，而後可久安長治，民爲主
> 則法制多紛，更心志難專壹，究其極不無流弊，惟君民共治，上下
> 相通，民隱得以上達，君惠亦得以下逮，都俞吁咈，猶有中國三代
> 以上之遺意焉。（王韜，1998: 25-26）

　　所謂的君民共主，即爲十九世紀西方所稱之立憲君主制。和本章
相關的議題在於，政體三分論的思考架構，是在君與民的二元對立中，
嘗試追尋能夠「上下相通，民隱得以上達，君惠亦得以下逮」的政治體
制。嚴復引進了西方傳統的政體概念，表示十九世紀下半葉這個初步
形成的政治知識體系，[22] 即將在西學的衝擊下被重構，而在日本政治
詞彙的影響下，最終形成君主專制、君主立憲，以及民主共和的現代用
語（cf. 梁啓超，1960，文集 4: 71-72; 5:1-7）。

　　這個政體三分論，一直到 1890 年中葉，仍爲當時的改革派政論家
何啓（1859-1914）以及胡禮垣（1847-1916）所接受與闡揚。他們所合
著的《新政眞詮》，在第三部〈新政始基〉以下是 1898 年之後所撰，
已經晚於嚴復早期的時論。其〈新政論議〉（1894）則指出，「恆覽天
下，自古至今，治國者唯有君主、民主以及君民共主而已。質而言之，
雖君主仍是民主。何則？政者，民之事而君辦之者也，非君之事而民辦

---

22　這個觀念史進程，可參考潘光哲（2011a、2011b）詳盡的分析。

之者也。……故民主即君主也，君主亦民主也」（何啓、胡禮垣，2010，
1: 279）。熊月之（2002: 179）認爲這是在中國主張社會契約論思想的
開端。然而，筆者主張，何啓和胡禮垣的文本所呈現的，仍然與嚴復早
期時論中的民權論或君權民授說相近，「契約」的概念並不存在於何、
胡二氏所述的君民關係中。嚴復在《天演論》完成概念創新後，社會契
約論述才眞正引進中國。

## （三）社會契約論

在《天演論》通行本中，「約」的概念首見於〈導言七〉，在描寫墾
荒之事時，相關移民者「推選賞罰之**約**明」（嚴復合集，7: 199）。[23] 在
味經本以及手稿本卷下〈論四〉之中，嚴復正式引進社會契約的政治正
當性原則，進一步發展了〈闢韓〉所提出的民權論。手稿本文字如下：

> 自群事既興，而人與人相與之際，必有其所共守而不畔者，而群
> 始立。其守之彌固，則其群彌堅；其畔之或多，則其群立渙。攻窳
> 強弱之間，胥視此所共守者以爲斷。凡此之謂公道。班孟堅之志刑
> 法也，其言曰：「古有聖人，作之君師，既躬明恕之性，又通天地
> 之心，於是則天象地，動緣民情，以制禮作教，立法設刑焉。秩有
> 禮所以崇敬，討有罪所以明威。此之謂一人作則，範圍百世而天下
> 服也。」中國之論刑賞之原如此。故泰西法律之家，其推刑賞之原
> 也，曰：民既成群，必有群約。夫約以馭〔取〕群，豈唯民哉？豺
> 狼之合從而逐鹿兔也，飄〔飆〕逝霆擊，可謂暴矣，然必其不互相
> 吞噬而後能行，而期有獲，是亦約也，夫豈必載之簡書，懸之象
> 魏，著之讀法哉？隤然默喻，深信其爲公利而共守之而已足矣。民

---

23 值得注意的是，在味經本（合集 7: 12）以及手稿本（合集 7: 97）均作「舉措
賞罰之**政**明」。可見是在通行本刊行前，嚴復才進行修正。另外，在味經本（合
集 7: 24）以及手稿本（合集 7: 110）的〈危言十四〉曾有「民約國法」作爲「金
科玉條」的對立面，通行本刪除。

之初生，其爲約也大類此，心之相喻爲先，而言説文字皆其後也。
自其約既立，於是有背者，則合一群共誅之，其遵而守者，亦合一
群共慶之。誅慶各以其群，初未嘗有君公焉，臨之以尊位貴勢，爲
之法令而強使服從也。故其爲約也，自立而自守之，自諾而自責
之，此約之所以爲公也。[24]（嚴復合集，7: 127-128）

從這個獨特的文本（包括嚴復對赫胥黎原文的增益，以及對手稿
的修改），吾人可看出《天演論》此處對於〈闢韓〉論述的進一步發揮。
嚴復所刪除的部分，乃是用班固的話語來說明古之聖人作之君師，制
禮作教，立法設刑，以爲中國刑賞論的代表。事實上，這段增益的譯文
原本所展現的是東方與西方政治原理之差異與對照；值得注意的是，
與〈闢韓〉不同，嚴復在此並沒有對「古有聖人，作之君師，既躬明悊
之性，又通天地之心」加以批判攻擊。重要的是，在這個脈絡中「二元
對比概念」是對稱展現的樣態；但當這段文字在通行本刪除之後（嚴復
合集，7: 237），僅剩嚴復對於西方社會契約論的發揮，讀者不復見其

---

24　味經本及通行本文字，參閱嚴復合集（7: 42, 237）。赫胥黎原文爲："One of
the oldest and most important elements in such systems is the conception of justice.
Society is impossible unless those who are associated **agree to observe certain rules
of conduct towards one another**; its stability depends on the steadiness with which
they abide by that agreement; and, so far as they waver, that mutual trust which is
the bond of society is weakened or destroyed. Wolves could not hunt in packs except
for the **real, though unexpressed, understanding** that they should not attack one
another during the chase. **The most rudimentary polity is a pack of men living
under the like tacit, or expressed, understanding**; and having made the very
important advance upon wolf society, that they **agree** to use the force of the whole
body against individuals who violate it and in favour of those who observe it. This
observance of a common understanding, with the consequent distribution of
punishments and rewards according to accepted rules, received the name of justice,
while the contrary was called injustice."（Huxley, 2001[1894]: 56-57；粗體爲筆者
所加）。赫胥黎此處論述，指出社會的基礎在於人民對正義作爲行爲準則的同
意（agreement），無論是默示或明示的理解（tacit or expressed understanding）；
但「契約」（contract）一詞並未出現在赫胥黎原文。筆者以斜體加重處是比較
接近可以被理解爲「約」的文本。

較爲平衡的比較。

在這個脈絡中，最重要的概念自是「群約」，也就是「隤然默喻，深信其爲公利而共守之」。這意味著成群的人民，必須以公利爲依歸而成立群約，並共同遵守，若有違背者，則群將「共誅之」。不僅如此，嚴復還在他自己所加的「群約」文本，進一步發揮，指出在成群的時期「未嘗有君公焉」，而是人民立約而自守之，在這個意義上，此約乃是一種公約。相對於「公」，「私」則源自於「刑賞之權統於一尊」，這在成立社會的群約中並不存在。他並強調「夫尊者之約，非約也，令也。約生於平等，而令行於君臣上下之間」（嚴復合集，7: 42）。此處嚴復所對「約」與「令」所作的區別，從思想史的意義而言在於：群約必定是基於全體人民所訂定的「社會契約」（social contract; *pactum societatis*），而非人民與統治者訂定的「臣屬之約」（contract of subjection; *pactum subjectionis*）；[25] 不僅如此，上對下僅構成了令（decree），而絕非社會契約。

對於政治制度的發展與變遷，特別是君主制的形成，嚴復也提出了獨到的解釋：群約初始，必爲公治，但「文法日繁，掌故日夥」，就需要有「專業者」爲治，這可「命之曰士君子」（嚴復合集，7: 43）。此時人民就將治理的權限「約託之」，使其爲公而統治，並且願意繳納賦稅以酬其庸並爲之養。雖然嚴復沒有明說，此處應該就是從原始的公治轉變成士君子的貴族制。之後，有「奸雄」「起而竊之，乃易此一己奉群之義，以爲一國奉己之名」，才形成君主制（嚴復合集，7: 43）。換言之，君主制乃是後起的，並且改變了社會契約的公治精神，以一國而奉己，「久假而不歸」，這豈非他在〈闢韓〉所說的「國誰竊？轉相竊之於民而已」（嚴復合集，1: 74）？只不過，世運的變化時至今日，西方的政治演化，「民權日申，公治日出」（嚴復合集，7: 43），所以公治與民主再度成爲現代政治的基本原則。

---

25　請參閱 Bobbio（1993: 46-50）對兩種契約的討論，更詳細的思想史分析，可見 Gierke（1939: 91-112），以及本書第一篇。

　　換言之，嚴復 1895 年前後的文章，只存在著個人自由「爲天所畀」，以及君權民授理論或民權論，並未運用社會契約以及天賦人權論概念，所以有些學者認爲嚴復早期倡議盧梭式民約論的主張並不正確。[26] 事實上，如前所述，嚴復在〈闢韓〉中所闡釋的民權理論（或君權民授說），在《天演論》卷下〈論四〉之中，才正式發展成爲社會契約的論述，並且將政體發展重新做了一番梳理。既然《天演論》卷下〈論四〉的社會契約論述不見於《演化與倫理》，而爲嚴復所加，且此爲社會契約論述第一次以完整的形貌出現在中文世界，那麼，更爲關鍵的思想史問題在於：**嚴復《天演論》〈嚴意〉章的社會契約論述所本爲何？**

　　二十世紀上半葉英國政治理論名家巴克（Ernest Barker）在論述十九世紀英國政治思想史時曾指出，赫胥黎將 "cosmic process" 和 "ethical process" 所做的區別，或更廣泛的 natural 與 artificial 之分別，其實與霍布斯甚爲相近（Barker, 1954: 120）。不僅如此，巴克進一步分析，赫胥黎與斯賓賽的差異在於前者嘗試運用「社會契約」來解釋人文化成的倫理過程。巴克並沒有指出赫胥黎的相關文本，但其詮釋的確指向赫胥黎曾經運用社會契約觀念。經查閱嚴復所可能參考的赫胥黎著作，筆者認爲，此處社會契約論，應該是根據赫胥黎的《方法與結果》（*Method and Results*）中〈行政虛無主義〉（"Administrative Nihilism"）一文的論述：

---

26　在部分嚴復研究文獻中，或許受到權威觀點（如王栻，1976: 30）的影響，有詮釋者（如鄭師渠，1995）認為早期嚴復運用盧梭的民約論來批判君主制，但在戊戌運動失敗後，嚴復在政治上倒退並轉而批評民約論。王憲明（1999a）對此詮釋觀點提出了批判：戊戌時期嚴復所宣傳的不可能是盧梭思想，因為影響他的主要是十九世紀中後期英國派的功利自由主義。王憲明（1999a: 320-321）引用了《天演論》下部第四章〈嚴意〉前述關於群約的論述（嚴復合集，7: 42），主張這是赫胥黎所闡釋的社會契約論。換言之，王氏的詮釋主旨在於，〈闢韓〉之中被研究者認定為具有社會契約色彩的文本，可能是取自赫胥黎的 *Evolution and Ethics*，並在文字上略有變通發揮，因而主張「嚴復在這一時期傳播的是赫胥黎的『社會契約論』思想」（王憲明，1999a: 322-323）。但由於這段文字並不見於 *Evolution and Ethics*，所以並不能用這個文本來證成嚴復早期時論的君權民授論述乃是「赫胥黎式的」。

儘管「社會契約」此一概念受到諸多嘲弄，顯而易見的是，所有社會組織仰賴的東西，本質上都是契約，由社會成員彼此之間明文規定，或心照不宣而成。無論是過去還是未來，都不可能透過武力來維繫社會。說奴隸主是以協定而非武力來要求奴隸工作，聽起來很矛盾，但卻是千真萬確的。此二人之間確實有著契約，倘若化為文字，條款如下：「夸西，要是你好好工作，我就會讓你有吃有穿還有得住，也不會想鞭打、虐待或殺了你。」夸西看來沒得選，只好將就，開始工作。要是有搶匪勒住我脖子，把我的口袋洗劫一空，那麼以嚴格的定義來說，他是用武力搶劫了我。不過，要是他拿槍抵住我的頭，問我要錢還是要命，而我，選了後者，交出錢包，那麼我們之間實際上是訂了一份契約，我還履行了其中一項條款。要是搶匪後來還是開槍殺了我，那麼大家就會看到，除了謀殺與盜竊，他的罪行還包括違反契約。[27]（Huxley, 2001 [1893]: 272-273）

筆者主張，嚴復將這個文本中所提任何社會組織都必須依賴的 "a

---

27 原文如下：“Much as the notion of a 'social contract' has been ridiculed, it nevertheless seems to be clear enough, that all social organisation whatever depends upon what is substantially a contract, whether expressed or implied, between the members of the society. No society ever was, or ever can be, really held together by force. It may seem a paradox to say that a slaveholder does not make his slaves work by force, but by agreement. And yet it is true. There is a contract between the two which, if it were written out, would run in these terms: — 'I undertake to feed, clothe, house, and not to kill, flog, or otherwise maltreat you, Quashie, if you perform a certain amount of work.' Quashie, seeing no better terms to be had, accepts the bargain, and goes to work accordingly. A highwayman who garrotes me, and then clears out my pockets, robs me by force in the strict sense of the words; but if he puts a pistol to my head and demands my money or my life, and I, preferring the latter, hand over my purse, we have virtually made a contract, and I perform one of the terms of that contract. If, nevertheless, the highwayman subsequently shoots me, everybody will see that, in addition to the crimes of murder and theft, he has been guilty of a breach of contract.”

contract, whether expressed or implied" 關連到《演化與倫理》中，赫胥黎的原文 "tacit, or expressed, understanding"（Huxley, 2001 [1894]: 56-57），並加以擴充改寫，成為目前〈嚴意〉章的「群約論述」。[28] 比起將嚴復在《天演論》中的社會契約概念根源追溯到霍布斯、洛克，或盧梭，筆者認為，考慮到此處兩個文本在行文上的親和性，內在於赫胥黎文本的解釋方式應該更為可信。

進一步而言，赫胥黎的這個文本也提供了線索，解釋何以許多詮釋者在早期嚴復思想中觀察到「霍布斯式」社會契約論色彩（林毓生，2014: 803-804；俞政，2003a: 55, 57-58）。事實上，赫胥黎在此脈絡批判的對象是斯賓賽早期論社會有機體的文章（Huxley, 2001 [1893]: 269-271）。赫胥黎認為社會的演化並不如斯賓賽所述般，可以完全類比於生物體的演化；赫胥黎並指出，假如依據斯賓賽的邏輯，政府有如大腦，社會其他部分為肢體，則大有可能推論出大腦可以強力干涉肢體的主張，而未必是斯賓賽所主張的放任政策。就在這個脈絡中，赫胥黎提出了前述「社會契約」的文本。霍布斯「利維坦」的意義不但為赫胥

---

28　當然，這牽涉到一個關鍵問題：嚴復在 1897 年是否已經閱讀過赫胥黎的 *Method and Results*？《天演論》通行本〈論九〉的案語提供了確解。在赫胥黎的原文中，比較了喬答摩（Gautama）與英國思想家柏克萊（George Berkeley）思想的異同，在味經本（嚴復合集，7: 52）以及手稿本（嚴復合集，7: 141）中，則大致依據赫胥黎原文，雖然在手稿本的案語中，已經擴充論述並加上近代哲學家的名號。到了通行本的案語，柏克萊被笛卡兒（嚴復譯為特嘉爾）所取代，並且附上相當長的介紹（嚴復合集，7: 249-251）。在這個案語中，嚴復明白引用赫胥黎的詮釋以「講其義」，其所本實源於 *Method and Results* 頁 172-173。其中說明人如何感知「圓赤石子」的各種屬性，正為赫胥黎所舉之例，而且運用所謂的「乙太」（"ether"；嚴復譯為「依脫」）做為中介，也和赫胥黎的解說相同。事實上，嚴復對 *Method and Results* 相當看重，並且曾經數次重閱。他在日記中提到，於 1909/3 曾經閱讀此書（嚴復，1986, 5: 1490），而 1914 年〈《民約》平議〉一文更是以 *Method and Results* 一書中 "On the Natural Inequality on Man" 為本加以發揮，並被章士釗所批判（林啟彥，2002；承紅磊，2014），將於本書第十七章第六節討論。另外，從《法意》第十八卷十四章的案語（嚴復合集，14: 461）已經可以看出，嚴復在《法意》第四冊出版時（1905/8）已經熟知赫胥黎在 *Method and Results* 中對盧梭的批評。所以嚴復早期即已閱畢此書，並曾多次參考。

黎所強調（Huxley, 2001 [1893]: 272），仔細考察赫氏所論述的社會契約，更可以發生在主人與僕役之間，甚至是路上強盜與被搶劫的路人之間等；這兩個例子，都是霍布斯《利維坦》特有的論證（Hobbes, 1994: 86, 130-132），完全不見於洛克與盧梭思想。這解釋了何以嚴復將赫胥黎此文本運用到《天演論》中的群約概念時，會產生霍布斯主義的色彩。然而，赫胥黎論述霍布斯式的社會契約論，並非在政治價值觀上採取其絕對主義立場。相反地，赫胥黎建立一種「倫理自由主義」，將於下節討論。

## 五、赫胥黎與嚴復的「倫理自由主義」

　　赫胥黎的社會契約論述，特別是人類的自然自由與社會自由差異，深刻地影響到嚴復自由觀念的理論結構。在 1895 年的系列論文中，「以自由爲體」的說明，關鍵在於「務令毋相侵損」是自由最根本的意義，也就是穆勒所提出的「傷害原則」（Mill, 1996: 223）。雖然在《天演論》中嚴復並未引用穆勒的自由觀，但他在庚子之亂前已經譯畢穆勒的《論自由》（《群己權界論》），可見他對其理論必然相當熟悉（黃克武，1998）。《天演論》中引述斯賓賽《倫理學原理》（*The Principles of Ethics*）中的自由與公道（justice）界說，一究其實，斯賓賽的正義觀，是通過每一個人都有相同程度最大可能自由的方式，來成就一個消極自由的理論體系。然而，筆者主張，嚴復並非以斯賓賽的「無擾」爲尙，而是「群己並重，則捨己爲群」或「群己並稱，已輕群重」（嚴復合集，1: 111）。雖然其文本根源於斯賓賽的倫理學，[29] 但其中牽涉到個人自由界限的重大問題時，嚴復事實上是以赫胥黎的社會契約理論爲基礎來加以解決。

　　如前所述，赫胥黎在《演化與倫理》中建構了人文化成與自然相對立的兩元體系：他強調人類的獨善自營（self-assertion）是人類「爲私」

---

29　詳見以下第七節餘論所述。

的本能，也就是基督教原罪觀之根源，嚴復則加上荀子的性惡論（嚴復
合集，7: 209）。然而，獨善自營也是人類在自然或天行的層次，與萬
物爭存、最適者存在的原始本能，且與其他動物無所別。在人類成立群
體之後，每個人的自營就必須加以克制，否則社會合作便無由存在：

> 自營甚者必侈於自由，自由侈則侵，侵則爭，爭則群渙，群渙則
> 人道所恃以爲存者去。故曰自營大行，群道息而人種滅也。然而天
> 地之性，物之最能爲群者，又莫人若。如是，則其所受於天，必有
> 以制此自營者，夫而後有群之效也。[30]（嚴復合集，7: 210）

　　在赫胥黎原文中，將 "self-assertion" 等同於 "natural liberty"；這
在思想史方面之關鍵議題是，《演化與倫理》的理論結構其實是「自然
狀態」與「社會狀態」的對立，而自營作爲人類的自然自由，與人類進
入群體生活之後每個人不受他人干涉的自由完全不同。換言之，相較
於 1895 年嚴復受到穆勒以及斯賓賽影響下的自由觀念，是一種直接的
個人主義系統，每個個人都擁有平等的自由，互不干涉、亦不得傷害。
相對地，赫胥黎的《演化與倫理》一書的架構，則暗合於社會契約論傳
統，並提供了嚴復以人類在成立社會之前的「自然自由」，以及成立共
同體之後個人在群體內的「社會自由」之區別甚至對立，構成了一種
**「倫理自由主義」**（*ethical liberalism*）的論述。如此一來，「群己權界」
才成爲一個理論議題，而社會自由意味著爲了共同福祉，個人的自然
自由必須適度消減。是以，赫胥黎在〈行政虛無主義〉一文關於社會契
約的論述之後，馬上指出：

> 任兩人之間的契約，表示此二人的自由各自在特定事項上受到

---

30　原文如下："The check upon this free play of self-assertion, or natural liberty, which
　　is the necessary condition for the origin of human society, is the product of organic
　　necessities of a different kind from those upon which the constitution of the hive
　　depends."（Huxley 2001 [1894]: 27-28）

了限制。……每一個單純或複雜的社會組織，其本質與基礎，皆爲以下事實，即每一位社會成員都自願捨棄某些方面的自由，以換取他預期從與該社會其他成員合作而得來的好處。一究其實，憲法、法律或風俗習慣也不過就是明示或暗示的契約，由社會成員彼此所訂定，規定何所應爲，何所不應爲。（Huxley, 2001〔1893〕：273-274）

這觀點深刻影響了嚴復自由觀念的理論邏輯。只有赫胥黎的邏輯，方能推論出群體必須克制人類自營本能或自然自由，而非如斯賓賽所主張，政府只能消極地阻卻個人侵犯其他人之自由。

赫胥黎進一步仔細檢討英國政治思想史傳統對政府功能的各種理論，從霍布斯主張「人民的安全是主權者的職責」（Huxley, 2001〔1893〕：263; cf. Hobbes, 1994: 219），及之後在洛克及穆勒的發展。赫胥黎本人的政治主張則是洛克式的，他發揮洛克在《政府論》下篇 229 節所述「政府的目的是人類的福利」（The end of Government is the Good of Mankind.），並且加以延伸：「我認爲，全人類的福祉，是每個人都獲得他能享有的所有幸福，同時無損於其同胞的幸福」（Huxley, 2001〔1893〕：278, 281）。換言之，在〈行政虛無主義〉一文中，赫胥黎運用「福祉」與「幸福」的觀念，來對抗斯賓賽所強調的自由與正義，主張在演化過程中，政府雖然不宜過度干涉，但是仍應施行義務教育，促進其「知性與德行的發展」（Huxley, 2001〔1893〕：288）。

赫胥黎的觀點，明確反映在嚴復所譯穆勒的《群己權界論》。在〈譯凡例〉中，嚴復指出：

其字義訓，本爲最寬，自繇者凡所欲爲，理無不可，此如有人獨居世外，其自繇界域，豈有限制？爲善爲惡，一切皆自本身起義，誰復禁之！但自入群而後，我自繇者人亦自繇，使無限制約束，便入強權世界，而相衝突。故曰人得自繇，而必以他人之自繇爲界，此則《大學》絜矩之道，君子所恃以平天下者矣。（嚴復合集，11：

1-2）

　　所謂人在世外獨居，其自由便沒有限制，當然指的是前述的「自然
自由」；但自從「入群」或進入社會，便不再可能有無限制的自由。而
在《群己權界論》第四篇中，雖然穆勒認爲社會未必源於契約，但個體
與社群之間，仍然需有界限以確立法度。在這個脈絡中，嚴復將穆勒所
描述的一種自私的冷漠者翻譯爲「自營之子」（嚴復合集，11: 120），便
可明白看出赫胥黎的思想，在嚴復翻譯穆勒的《論自由》一書時，仍然
是重要參照。對當時英國義務教育爭議的政策，赫胥黎主張，在演化過
程中，政府仍應「教育人民」，促進其「知性與德行的發展」（Huxley,
2001 [1893]: 288）；此一政治主張，無疑對嚴復所論「民智」、「民德」
與教育產生重大影響。


## 六、結語：政治改革動能之源

　　基於本章所述，在關鍵的「嚴復時刻」中，他闡述了「以自由爲
體，以民主爲用」，以及平等、公治等現代政治制度得以奠基的基本價
值。嚴復同時以二元對比方式，挑戰了傳統中國聖王之道的唯一正當
性，認爲在全新的世變與運會之下，西方政制的基礎才是創建國群的
適當基礎。而在《天演論》一書中，更通過赫胥黎對倫理過程的獨特描
述，以「園丁」與「殖民地長官」的譬喻，重建一種演化論中符合世運
的聖人，及其經世之道。此外，嚴復並運用了社會契約的概念，將君、
民關係，以西方民主與君主混和政體的型態重新加以建構。而嚴復的
自由觀念，更受到赫胥黎社會契約論的深刻影響，構成了一種「倫理自
由主義」的論述。
　　然而，在「聖王之道」以及「社會契約」之間，似乎存在著緊張性：
在政治制度演化的過程中，究竟是聖王以其德行立下國群之基，還是
人民自身通過社會契約建構一個追求幸福的國群？嚴復的回答，似乎

只能從《天演論》通行本〈導言八〉〈烏託邦〉中，他自己加上的文本窺其端倪：

> 且聖人知治人之人，因賦於治於人者也。凶狡之民，不得廉公之吏；偷懦之眾，不興神武之君。故欲郅治之隆，必於民力、民智、民德三者之中，求其本也。故又爲之學校庠序焉。學校庠序之制善，而後智仁勇之民興。智仁勇之民興，而有以爲群力群策之資，而後其國乃一富而不可貧，一強而不可弱也。嗟夫！治國至於如是，是亦足矣。[31]（嚴復合集，7: 201）

而嚴復在《天演論》通行本於此脈絡再加上一則案語：「此篇所論，如『聖人知治人之人，賦於治於人者也』以下十餘語最精闢」（嚴復合集，7: 201-202），這無異是強調，嚴復本人所演繹聖人治理之道的重要性。所謂的「賦」是授與的意思，也就是說，即使聰明智慮高出眾人的聖人，仍須「爲眾所推服，立之以爲君，以期人治之必申，不爲天行之所勝。」換言之，最基源的政治力量，應當還是來自於人民。然而，嚴復在這個脈絡中的討論，似乎隱藏著一個循環：假如需要有「民力、民智、民德」三者皆具的人民，才會推舉眞正賢能的聖君，來完成人治，但人民的力、智、德，又需要聖人治理的教化才能實現，那麼眞正的開端，也就是「群約」，其實是很難成立的，至少不易在當時的中國落實。

事實上，聖人、聖王或君的論述在《天演論》出現的頻率遠高於社會契約論（僅出現於〈論四〉及〈論十七〉）。基於此，筆者主張，在當時世變之亟的脈絡中，聖人或明君由於其具有**政治能動性**（agency），並可作爲明確的**行動者**（agent），應該還是嚴復心目中能夠從事政治改

---

31　赫胥黎相應文本爲："In order to attain his ends, the administrator would have to avail himself of the courage, industry, and co-operative intelligence of the settlers; and it is plain that the interest of the community would be best served by increasing the proportion of persons who possess such qualities, and diminishing that of persons devoid of them. In other words, by selection directed towards an ideal."（Huxley, 2001［1894］:19）嚴復大幅擴充了赫胥黎原意。

革的動能之源。這個論據，在其〈擬上皇帝書〉最為明顯（當然也和預設的讀者有關）：英國的富強，雖為「其民所自為」，但「顧中國之民有所不能者，數千年道國明民之事，其處勢操術，與西人絕異故也。夫民既不克自為，則其事非陛下倡之於上不可矣。」（嚴復合集，1: 135）。事實上，此種**菁英主義式自我超克**的邏輯，在〈闢韓〉中可以清楚地觀察到：相對於傳統「作之君，作之師」的聖人，嚴復提出了「知運會之所由趨，而逆睹其流極」的新聖王治道，其主要課題在於「孳孳求所以進吾民之才、德、力者」，而當「幸而民至於能自治」時，「吾將悉復而與之矣」（嚴復合集，1: 73）。也就是說，唯有「知運會」之「聖人」才能克服前述聖王之道與群約公治的循環，在培養的人民的才、德、力之後，還政於民，任其自治。這意味著菁英在創造理想的政治體制後，將放棄其自身權力的特殊觀點。[32]

除了「知運會」之「聖人」，嚴復對思想家在天演中所能扮演的角色也有清楚的定位。在《法意》第四卷第三章，他對針對專制下的教育篇章的案語，其中的「賢者」，乃是嚴復對其時代任務之自況：

> 吾譯是書，至於此章，未嘗不流涕也。嗚呼，孟氏之言，豈不痛哉！夫一國之制，其公且善，不可以為一人之功，故其惡且虐也，亦不可以為一人之罪，雖有桀紂，彼亦承其制之末流，以行其暴，顧與其國上下同遊天演之中，所不克以自拔者則一而已矣。**賢者睹其危亡，思有以變之，則彼為上者之難，與在下者之難，又不能**

---

32 筆者認為，此處嚴復的觀點，可能運用了本書十四章第四節所述，穆勒關於專制政府在「好的專制主」引領下，通過內生改革路徑成為立憲君主制之可能。嚴復本人主張教育人民的智、德、力是最重要的課題，也因此教育乃為「內生改革路徑」中，搭配政治制度所必需之改革。此種改良主義，與逐漸興起之革命思潮大異其趣，而在實踐上，嚴復與孫逸仙在1905年的對話，足可看出其中關鍵：「時孫中山博士適在英，聞先生之至，特來訪。談次，先生以中國民品之劣、民智之卑，即有改革，害之除於甲者，將見於乙，泯於丙者，將發之於丁。為今之計，惟急從教育上著手，庶幾逐漸更新乎？博士曰：俟河之清，人壽幾何？君為思想家，鄙人乃執行家也」（王蘧常，1977: 74-75）。

**以寸也，必有至聖之德，輔之以高世之才，因緣際會，幸乃有成。**
**不然，且無所爲而可矣。**吾觀孟氏此書，不獨可以警專制之君也，
亦有以戒霸朝之民。嗚呼！法固不可以不變，而變法豈易言哉！
豈易言哉！（嚴復合集，13: 66，黑體強調爲筆者所加）

　　事實上，1898 年戊戌變法前夕，上海大同譯書局刻印了日人中江
兆民採用文言體漢文翻譯的《民約譯解》（《社會契約論》第一卷），而
1910 年《民報》第二十六期（最後一期），以《民約論譯解》再度刊行
了中江譯本，最後則在民國成立後，於 1914 年 7 月由民國社田桐再次
重刊，書名改爲《共和原理民約論：民約一名原政》，使得盧梭的社會
契約論逐漸成爲革命派的思想武器，此將是本書第十八章之主題。
　　相對地，在嚴復之後的政治思想發展中，社會契約論述雖仍形塑
其自由觀念，卻逐漸隱沒，民權論被涵攝在菁英主義所領導的漸進改
革之下，並轉向一種保守的演化理論，如 1904 年刊行影響深遠的《社
會通詮》（cf. 王汎森，2008: 7-10）。最後，如本書第十八章第六節將詳
論，通過 1914 年〈《民約》平議〉一文，嚴復以赫胥黎《方法與結果》
一書中〈論人類的自然不平等〉一章爲本，批判盧梭的民約論，成爲近
代中國堅決批判社會契約論的思想家。這些緊張性與矛盾，在嚴復早
期思想中，其實已可見其端倪。


## 七、餘論：《天演論》嚴復案語中的斯賓賽主義

　　基於以上所述，本章主張嚴復《天演論》的譯旨，可說是以一種倫
理自由主義的方式，運用赫胥黎天行與人治的辯證關係，討論現代的
聖王之道，以及人民通過社會契約以維持其自由等政治正當性根本課
題。換言之，吳汝綸的讀法掌握了嚴復譯書的意旨。
　　至於史華慈的主張，「說《天演論》是將赫胥黎原著和嚴復爲反赫
胥黎而對斯賓賽主要觀點進行的闡述相結合的意譯本，是一點也不過

份的」（Schwartz, 1964: 103）。此詮釋雖然已經被 Pusey（1983: 157-169）所修正，然而的確有某些文本讓史華慈提出此種主張，其理據大體有二。第一，手稿本原標題爲《赫胥黎治功天演論》，將「治功」與「天演」並列，較爲符合赫胥黎原旨將 "ethics" 與 "evolution" 並立的意旨。在最後通行本時，改題爲《天演論》，顯示他對赫胥黎的倫理取向似乎有所保留（Schwartz, 1964: 110）。第二，更重要的是，在《天演論》通行本中，嚴復加上不少長篇案語，說明並稱揚斯賓賽的演化觀。

筆者主張，**應該獨立看待《天演論》中嚴復案語的意義系統**。在最早的味經本中，大部分的案語集中在卷下〈論〉的部分，除了思想家的歷史背景外，嚴復亦對許多西方哲學思想提出了說明，由此也可看出嚴復最早翻譯《天演論》的動機。在手稿本中，嚴復在吳汝綸的建議下，刪節原稿正文中自己所加上的中國傳統思想，但此時他也已經開始思考斯賓賽理論的相關部分。如〈厄言十五〉結尾處，嚴復即註記「此下宜附後案。著斯賓塞爾『治進自不恃過庶』之旨」（嚴復合集，7: 112）。直到 1898 年 6 月的通行本中，才出現了手稿本中尚未寫就的大量案語。[33]

嚴復在以下幾處稱揚了斯賓賽的演化觀：〈導言二〉案語闡釋斯賓賽的天演界說（嚴復合集，7: 186-187）、〈導言五〉案語補充說明斯賓賽與赫胥黎的差異（嚴復合集，7: 195-196）、〈導言十五〉案語再次強調赫胥黎這本書的要旨在於「以物競爲亂源，而人治終窮於過庶」，而此論述與斯賓賽「大有逕庭」（嚴復合集，7: 215-218）。在這個脈絡中，嚴復看來較爲偏向天行的斯賓賽主義：「人欲圖存，必用其才力心思以與是妨生者爲鬥。負者日退，而勝者日昌。勝者非他，智德力三者皆大

---

33　從新刊《嚴復全集》卷一所收錄的《天演論懸疏》，可以看出嚴復最後的案語，是在 1898 年的上半年完成的。按《天演論懸疏》刊載於《國聞匯編》第二、四、五、六期，時間是 1897 年十二月底至 1898 年初，連載了自序和前九節。這部分的內容，與之後的通行本基本一致，而且已經完成了通行本的案語。而最早的通行本慎始基齋本在 1898 年六月發行，但刻於 1897 年冬或 1898 年初，「此本經嚴復親自校訂於天津，基本定型，此後各地翻印，基本依據此本」（嚴復，2013-14, 1: 3）。

是耳」（嚴復合集，7: 217），並可見〈導言十七〉（嚴復合集，7: 223-224）以及〈論十五〉（嚴復合集，7: 270-271）等案語。

　　然而，有一個關鍵問題仍待解決：嚴復何以在最後校訂通行本時，加上大量案語稱頌斯賓賽，批判赫胥黎？筆者的推測是，從早期版本的讀者，特別是吳汝綸的讀後反應，[34] 嚴復可能覺得赫胥黎以「人治」對抗「天行」的理論角度被過份強調，所以才加上了大量的斯賓賽觀點。進一步而言，通行本的案語，扣除已經出現在味經本與手稿本者，反映出嚴復在刊行前對演化論的最後反思，在於考慮斯賓賽「任天為治」與赫胥黎「以人持天」的平衡點。通行本〈導言一〉的案語（也就是全書的第一個案語），可為明證，在其中嚴復對斯賓賽的學說，做出了相當完整的綜述：

> 斯賓塞爾者，與達同時，亦本天演著《天人會通論》，舉天、地、人、形氣、心性、動植之事而一貫之，其說尤為精闢宏富。其第一書開宗明義，集格致之大成，以發明天演之旨。第二書以天演言生學。第三書以天演言性靈。第四書以天演言群理。最後第五書，乃考道德之本源，明政教之條貫，而以**保種進化**之公例要術終焉。嗚呼！歐洲自有生民以來，無此作也。（不佞近繙《群誼》一書，即其第五書中之一編也。）[35]（嚴復合集，7: 184；黑體強調為筆者所加）

　　嚴復明白標舉斯賓賽《群誼》一書「保種進化之公例要術」作為最重要的終極主張，這是詮釋《天演論》通行本新增案語的關鍵。事實上，嚴復在《天演論》新增案語所提關於「進種公例」與「保種公例」

---

34　嚴復在 1898 年 3 月 11 日以前收到吳汝綸的序（嚴復，1986, 5: 1561）。必須強調的是，吳汝綸序所根據的版本是「手稿本」，嚴復在 1897 年 11 月 9 日函表示將「改本」寄給吳氏（嚴復合集，1: 121）。

35　《天人會通論》即《綜合哲學體系》（*A System of Synthetic Philosophy*）。依據斯賓賽所述，包括：第一原則、生物學原則、心理學原則、社會學原則、道德學原則五大部分。參見 *First Principles* 序言（Spencer, 1893: xiii-xviii）所述。

的文本，源於斯賓賽《群誼》，也就是《倫理學原理》（*The Principles of Ethics;* Spencer, 1978）。[36] 在本書第四部分的「社會生活之倫理：正義論」（The Ethics of Social Life: Justice）中，斯賓賽基於有機演化（organic evolution）的角度，闡釋人類正義情感的發生（Spencer, 1978, 2: 42），而就在第一、二章中，他詳論物種保存的「定律」（laws；嚴復譯爲「公例」；Spencer, 1978, 2: 20-23; 31-33）。

首先，有必要爬梳嚴復「進種公例」與「保種公例」在斯賓賽的文本依據。味經本案語雖有提及「國種盛衰強弱」（嚴復合集，7: 68），但尚未見此保種或進種公例的相關論述。手稿本最後一則案語開始提出斯賓賽關於「進種、進化之公例要求，大抵不離天演而已」（嚴復合集，7: 168）。嚴復第一次討論這些公例是在 1897 年 11 月 25 日的〈論膠州章鎭高元讓地事〉：[37]

> 吾嘗聞英人之言曰，世之公例有三焉：一曰民未成丁，功食爲反比例；二曰民已成丁，功食爲正比例；而其三曰，群己並稱，己輕群重。用是三者，群立種強；反是三者，群散種滅。[38]（嚴復合集，

---

36 作者感謝黃克武、韓承樺兩位先生對檢索出此文本根源之協助，部分訊息來源是王道還先生。

37 這個時間點晚於手稿本，但早於第一個刊行的通行本，慎始基齋本（1898/6）。

38 在此嚴復只說這是「英人之言」，而未明述爲斯賓賽之論。此文本大體上是對 Spencer（1978, 2: 22-23）內容之整理："The most general conclusion is that, in order of obligation, the preservation of the species takes precedence of the preservation of the individual. It is true that the species has no existence save as an aggregate of individuals; and it is true that, therefore, the welfare of the species is an end to be subserved only as subserving the welfares of individuals…. The resulting corollaries are these:

First, that among adults there must be conformity to the law that benefits received shall be directly proportionate to merits possessed: merits being measured by power of self-sustentation….

Second, that during early life, before self-sustentation has become possible, and also while it can be but partial, the aid given must be the greatest where the worth shown is the smallest -- benefits received must be inversely proportionate to merits possessed: merits being measured by power of self-sustentation….

1：111）

　　在《天演論》通行本〈導言十七〉的案語中，則區別爲「保種公例」
與「進種公例」兩部分：

　　斯賓塞群學保種公例二曰：凡物欲種傳而盛者，必未成丁以前，
　　所得利益與其功能作反比例；既成丁之後，所得利益與功能作正
　　比例。反是者衰滅。其《群誼篇》立進種大例三：一曰民既成丁，
　　功食相準；二曰民各有畔，不相侵斯〔欺〕；三曰兩害相權，已輕
　　群重。[39]（嚴復合集，7：224）

---

　　Third, to this self-subordination entailed by parenthood has, in certain cases, to be added a further self-subordination. If the constitution of the species and its conditions of existence are such that sacrifices, partial or complete, of some of its individuals, so subserve the welfare of the species that its numbers are better maintained than they would otherwise be, then there results a justification for such sacrifice.

　　Such are the laws by conformity to which a species is maintained."

39　「保種公例」應出於 Spencer（1978, 2: 20）："These are the two laws which a species must conform to if it is to be preserved. Limiting the proposition to the higher types, ... I say, it is clear that if, among the young, benefit were proportioned to efficiency, the species would disappear forthwith; and that if, among adults, benefit were proportioned to inefficiency, the species would disappear by decay in a few generations."

　　「進種大例」則應源於 Spencer（1978, 2: 31-32）："It remains only to point out the order of priority, ... the principle that each individual ought to receive the good and the evil which arises from its own nature, is the primary law holding of all creatures; ... the law, second in order of time and authority, that those actions through which, in fulfilment of its nature, the individual achieves benefits and avoids evils, shall be restrained by the need for non-interference with the like actions of associated individuals. ... Later in origin, and narrower in range, is the third law, that under conditions such that, by the occasional sacrifices of some members of a species, the species as a whole prospers, there arises a sanction for such sacrifices, and a consequent qualification of the law that each individual shall receive the benefits and evils of its own nature."

最後，在《天演論》通行本〈論十五〉這個明確批判赫胥黎、支持斯賓賽的案語中，嚴復再度引述斯賓賽重要的界說與公例：

> 雖然，曰任自然者，非無所事事之謂也。道在無擾而持公道。其為公之界說曰：「各得自由，而以他人之自由為域。」其立保種三大例曰：一、民未成丁，功食為反比例率；二、民已成丁，功食為正比例率；三、群己並重，則捨己為群。用三例者群昌，反三例者群滅。[40]（嚴復合集，7: 271）

在確立了嚴復所提出的保種與進種公例之文本依據後，須進一步說明其理論涵義。在斯賓賽的最初討論中，他自己援引其《社會學原理》（*Principles of Sociology*）第 322 節（Spencer, 1978, 2: 20）；[41] 斯賓賽在其社會學體系中比較家庭的管理與國家的治理，就已經提出「保種公例」的兩個原則（一曰民未成丁，功食為反比例；二曰民已成丁，功食為正比例），意指在演化的過程中，未成年人不可能「功食為正比例」，所以需要家庭的照顧。相對地，國家的公民均已成年，所以必須以「功食為正比例」，以每個人的自由行動以及所完成之功績為所得之依據，這是國家最根本的治理原則。換言之，此議題是斯賓賽在社會學

---

40　本案語前半「公之界說」出於 Spencer, 1978, 2: 61-62 所論「正義公式」（formula of justice）："Hence, that which we have to express in a precise way, is the liberty of each limited only by the like liberties of all.　This we do by saying: Every man is free to do that which he wills, provided he infringes not the equal freedom of any other man." 案語後半「保種三大例」與前引〈論膠州章鎮高元讓地事〉來源相同。

41　*Principles of Sociology*, §322 原文如下："And here we come in sight of a truth on which politicians and philanthropists would do well to ponder. The salvation of every society, as of every species, depends on the maintenance of an absolute opposition between the regime of the family and the regime of the State. To survive, every species of creature must fulfil two conflicting requirements. During a certain period each member must receive benefits in proportion to its incapacity. After that period, it must receive benefits in proportion to its capacity."（Spencer, 1899, 1: 719-720）

理論中，區別「家庭」與「國家」功能所提出的原則。

到了《倫理學原理》中，這個「保種二公例」被歸類在人類倫理的演化過程中，最初始的「動物性倫理」（animal ethics）項下，而這項兩個公例的運作所達到的結果爲「次人類正義」（subhuman justice；此爲第二章之標題）。值得注意的是，影響嚴復日後思想極爲重大的表述「群己並重，則捨己爲群」或「兩害相權，已輕群重」，在斯賓賽原文中意指，當物種的存續與個體福祉有所衝突時，少部分個體不得不有所犧牲（sacrifice）的原則（Spencer, 1978, 2: 23, 32）。這樣才符合「最適者生存」（survival of the fittest）之旨（Spencer, 1978, 2: 25），而嚴復用「己輕群重」或「捨己爲群」來表達。[42]

在斯賓賽最後一次闡述這些定律時（Spencer, 1978, 2: 31-32），已經脫離了「動物性倫理」與「次人類正義」，進入「人類正義」（human justice；此爲第三章標題）的倫理思考範疇。他指出，每個人都要爲自

---

42　值得注意的是，斯賓賽在這個脈絡中所論者爲「物種」與「個體」之關係，其實尚未及嚴復所表述保種與進種公例中的「群」與「己」之關係。筆者認爲，此議題必須參照另外一組社會公例，出自斯賓賽 *A Study of Sociology*，所提之 "three general conditions of society": "[T]here are certain general conditions which, in every society, must be fulfilled to a considerable extent before it can hold together, and which must be fulfilled completely before social life can be complete. Each citizen has to carry on his activities in such ways as not to impede other citizens in the carrying-on of their activities more than he is impeded by them. That any citizen may so behave as not to deduct from the aggregate welfare, it is needful that he shall perform such function, or share of function, as is of value equivalent at least to what he consumes; and it is further needful that, both in discharging his function and in pursuing his pleasure, he shall leave others similarly free to discharge their functions and to pursue their pleasures." （Spencer 1996 [1873], 347-348）

嚴復《群學肄言》〈憲生篇〉譯爲：「然以人類有大同之性質，是以有普通之公例，必其民與之體合稍深，夫而後其群可以聚。又必與之合同而化，行之而安，而後其群之天演乃備。而郅治有可言者，是普通公例何耶？曰民託於群以爲生，彼之累其群者，不可過其群之累彼，一也。民生所受利於其群，所爲皆有以相報，其所報者雖至儉，必如所食於其群，二也。爲義務，爲樂方，將人人各得其自由，惟不以其人之爲義務爲樂方，而以阻他人之爲義務爲樂方，三也。三者不備，其群不昌」（嚴復合集，10: 374）。

身行爲結果負責，不受他人干涉。嚴復則以「進種大例」之二「民各有畔，不相侵欺」說明之。由嚴復行文，可見他完全理解斯賓賽的演化倫理觀，因爲「保種公例」指的是物種基本的自保原則，所以僅能達到「次人類正義」；至於「進種公例」則進一步強調每個人的自由，以及每個個體不得侵犯其他個體相同程度的自由，這時，就進化到「人類正義」的層級，並在社會中發展出利他的正義情感（Spencer, 1978, 2: 45）。通過人類的四種恐懼（恐懼被報復、恐懼社會厭憎、恐懼法律懲罰，以及恐懼天罰），終於發展出完整的人類正義（Spencer, 1978, 2: 46）。而這個抽象層次最高的正義原則，其實和自由相輔相成（Spencer, 1978, 2: 62）。

換言之，根據赫胥黎人治與天行的二元主義，所推論出的倫理律則必須在自營與自制（self-restrain）間維持中道（mean; cf. Huxley, 2001 [1894]: ix），這樣的原則是倫理性的，與物競天擇相對。但是，嚴復在《天演論》通行本定稿時，通過新增案語，強化了斯賓賽的演化理論，並援引斯賓賽的保種與進種公例，來闡釋《天演論》在科學層次所發展出的公例或定律。[43]

除了平衡斯賓賽與赫胥黎的演化理論外，以通行本刊行的時間點（1898 年 6 月）而言，這些論述極具時代意義。1897 年冬季，梁啓超在湖南時務學堂已經提出了「保國、保種、保教」的重大議題，而「三保」議題已經反映在嚴復最後增刪《天演論》通行本之譯文，如〈導言十七 善群〉將手稿本「蓋不僅富強而已，抑且有**進群**之效焉」（嚴復合集，7: 116），改成「將不止富強而已，抑將有**進種**之效焉」（嚴復合集，7: 223）；又如在愼始基齋本中，在〈論十六〉關於「牧民進種之道」之處，補充「所謂擇種留良，前導言中已反覆矣。今所謂蔽，蓋其術雖無

---

43 除了強化斯賓賽思想，《天演論》通行本案語還可以見到嚴復開始翻譯亞丹斯密《原富》的思想印記。如〈論十六〉案語，指出「開明自營」觀念為理財計學（古典經濟學）最大貢獻，可以說明功利與道義未必相反（嚴復合集，7: 273）。另外，在斯賓賽的「太平公例」（人得自由，而以他人之自由為界）之外，嚴復還標舉亞當斯密經濟理論「亦有最大公例焉，曰大利所存，必其兩益」（嚴復合集，7: 213）。

所窒用者，亦未能即得所期也」（嚴復合集，7: 272 編者註）；或在〈論三　教源〉中，增加一段伯庚（Francis Bacon）對「學」與「教」所做的區別（嚴復合集，7: 224）等。

以康、梁為首的維新派在 1898 年 4 月所訂定的《保國會章程》，也以此三保為宗旨，強調「為保全國家之政權土地」、「為保全人民種類之自立」、「為保聖教之不失」。此一章程原載於 1898 年 5 月 7 日的《國聞報》，不到一個月（《天演論》通行本刊行前後），嚴復就在《國聞報》上「與客論保種、保國、保教三事」而發表了〈有如三保〉、〈保教餘義〉以及〈保種餘義〉三篇文章（嚴復合集，1: 151-161）。另外，張之洞在 1898 年 5 月刊行的《勸學篇》，同樣以「保國、保教、保種」之次第來論述此三保的重要性。[44]

換言之，《天演論》通行本刊行前後，其實際政治涵義，在嚴復〈有如三保〉的系列論文中彰顯出來。他的主要目的，乃是**以「保種」與「進種」為主軸，對抗康有為的「保教」論，以及張之洞的「保國」論。**所以，這個時期的嚴復強調中國面臨之危機不僅是亡國，更可能遭逢「滅種之禍」（嚴復合集，1: 151）；至於孔教則不需保，因為孔教「三千年教澤」，其結果正是當時重大危機的根源，「然則累孔教，廢孔教，正是我輩。只須我輩砥節礪行，孔教固不必保而自保矣」（嚴復合集，1: 154-155）。在〈保種餘義〉中，嚴復再論述了「爭存天擇」之理；當時的中國「由於文化未開，則民之嗜欲必重而慮患必輕」，所以汲汲於婚嫁生子，又無「移民之法，積數百年，地不足養，循至大亂」，最後「優者盡死，則劣者亦必不能自存，滅種是矣」（嚴復合集，1: 160-161）。嚴復特別強調，「滅種」完全符合進化論，乃是個別的退化現象，並明白提及赫胥黎的「擇種留良」，[45] 最後指出「夫天下之事，莫大於進種，

---

44　參閱蘇中立（2014: 177-181）與唐文明（2016）。

45　所謂赫胥黎的擇種留良論，即本章第四節分析聖王之道的政策中，關於「人擇」或嚴復所譯「善群進化之事」。赫胥黎對「人擇」採取完全反對的態度；嚴復則由於中國可能面臨滅種的壓力，苦思「進種」之道，才會在三保系列中再度提出討論。

又莫難於進種，進與退之間，固無中立之地哉！」（嚴復合集，1: 161），
彰顯出「進種公例」的重要性。

　　總結本節所述，嚴復在爲《天演論》通行本最後所加的案語，形成
了一個獨立的意義系統，稱頌斯賓賽，強調其保種與進種公例，重述物
競天擇的機制在人類社會的演化將發生關鍵作用，從而降低了赫胥黎
倫理自由主義的倫理取向。這是史華慈提出嚴復爲斯賓賽主義者論斷
之所據，但以其時代脈絡而言，則與「三保」在 1898 年上半年成爲主
要政治議題有關，但這已經和嚴復在 1897 年中修訂手稿本時，對新聖
王之道的措意之原始脈絡有所不同。

# 第十七章

# 孟德斯鳩《法意》在中國

## 嚴復與張相文的概念轉譯

## 一、前言：「嚴復時刻」的消散與典範競爭

　　如前章所述，1895 至 1902 年這段期間可命名為「嚴復時刻」，因為嚴復是在轉型時代之起點，帶著強烈的危機意識，確立中國近代政治思想論述結構的主要思想家。在進入二十世紀之後，「嚴復時刻」逐漸消散，主要原因在於外在政治與教育環境的劇烈變化。1898 年刊行的《天演論》雖然風行全國，但同年湖廣總督張之洞所著《勸學篇》，由於光緒皇帝上諭令頒布各省，促成其銷量達到百萬本之多。[1] 本書〈遊學〉篇大力倡導留學日本，因為距離中國近且路徑省費，日文又近於中文，容易通曉學習，所以「事半功倍，無過於此」（張之洞，1967: 91）。其〈廣譯〉篇則主張大量翻譯東洋書，可達速效（張之洞，1967: 107）。誠如實藤惠秀（1982: 15）所述，《勸學篇》不啻為留學日本的宣言書。

　　不僅如此，在義和團與八國聯軍的動盪後，慈禧太后也在 1900 年初頒布了改革上諭，啟動了清朝最後十年以日本為藍圖的「新政」（任達，1998: 14）。此後，中國留學生開始東渡日本，從 1900 年左右的兩三百人，迅速增加到 1905、06 年的八千人，此後再逐漸遞減（cf. 實藤惠秀，1982，附錄 3）。在這一波留學熱潮中，很快地便開始引進日本的「東學」以及從日文翻譯而來的西方重要著作（cf. 實藤惠秀，1982: 135-197；任達，1998: 128-138）。最早的雜誌型翻譯，是 1900 年開始刊行的《譯書彙編》，每一期節譯了如孟德斯鳩、盧騷（盧梭）、伯倫知理、伊耶陵的著作，以及日本當時的法政作品（秕崎斌，1966；cf, 實藤惠秀，1982: 145-149）。

　　張星烺（《萬法精理》中譯者張相文之子，詳下）描述了光緒二十七（1901）年的盛況：

---

1　Cf. Chang, 1900: 6。1898 年七月二十五日光緒下旨，將黃紹箕進呈的《勸學篇》「四十部由軍機處頒發各省督、撫、學政各一部，俾得廣為刊布，實力勸導，以重名教而杜卮言」（茅海建，2014: 41-42）。

此時拳匪初平，中國受鉅創，知識階級皆知中國舊文化不足立國，求新知識之慾甚大，留東學生大增。新書譯成漢文者，皆可轉瞬售出，獲巨利。往東留學者，往往毫無資斧，抵日後，學習日文四五月，即操筆譯書，譯完後，即在日發刊，寄回出售，或賣稿於滬上書店，俱足自給。梁啓超之新民叢報賣出尤多，香港人馮鏡如所設廣智書局爲其滬上之發行所，每期寄回中國時，往取者在其門擁擠如歸市，足見中國人非不好學也。（張星烺，1996: 9B-10A）

在留日學生所引介的東學衝擊之下，嚴復的翻譯志業，不再能如《天演論》甚至《原富》一般，居於北斗七星的先行者地位。隨著依據日文譯本轉譯的經典出現在市面上，嚴復慢工出細活的譯本，逐漸失去了之前知識分子翹首以待的盛況。嚴復本人對此轉變亦有所感，所以在 1902 年 5 月的〈與《外交報》主人書〉（嚴復合集，1: 272-281）對該報基於支持清廷新政所提出的「文明排外」之旨，以及其主張推廣學堂用漢文教西學等主張，提出了批判。在這封書函中，嚴復認爲張之洞所提的「中學爲體，西學爲用」、「西政爲本，西藝爲末」、「主於中學，以西學輔其不足」，以及《外交報》「學在普通，不在語言」等說法，都未必言之成理。並且對於新政時期依據東學日譯本來翻譯西洋名著的速成法，也提出批評（嚴復合集，1: 276-278）。[2]

然而，世運如此，這些新譯本很快地便對嚴復的翻譯產生了典範競爭的作用，最顯著與重要的例子，可以在孟德斯鳩《論法的精神》（*The Spirit of the Laws*）的譯本觀察到。依據熊月之（2002: 334-335）的整理，在 1898 到 1903 年，這本憲政主義的名著被翻譯了兩次（1900年《譯書彙編》第 1-3 期、張相文在 1903 年所譯的《萬法精理》），加

---

2　在這個脈絡中，嚴復對「體用論」提出了著名的批評：牛之體可以負重，馬之體可以致遠，「未聞以牛爲體，以馬爲用者也」，所以「中學有中學之體用，西學有西學之體用，分之則並立，合之則兩亡」（嚴復合集，1: 273）。嚴復認爲「體用者，即一物而言之也」的觀點，接近 Levinson（2005: 60）對清末體用論的批判，而嚴復對體用的觀點，應該呼應了他本人在 1895 年所提出的「以自由爲體，以民主爲用」（嚴復合集，1: 42），恰恰是西學之體用。

上嚴復在 1904 年所出版前四冊的《法意》，使得本書爲清末政治思想
經典中，與盧梭《社會契約論》並列爲翻譯次數最多的經典。除了這兩
位思想家的著作，另外如穆勒的《論自由》（兩次翻譯）、斯賓賽的相關
作品五種，以及伯倫知理的國家理論（由梁啓超一人三次譯介）等。這
些經典文本，構成了在戊戌政變之後，中國人據以理解西方現代政治
價值的核心。

　　在現實政治上，隨著清廷「新政」的推展，體制的改革也成爲輿論
焦點（任達，1998: 206-210）。特別日俄戰爭（1904-05），日本擊敗俄
國，是甲午戰爭以後另一次影響中國知識分子政治意識的重大事件。
王世杰（1989: 659-660）指出：「迨光緒三十年俄敗於日，中國一般知
識階級乃群信專制政體國之不能自強。日本之以一小國戰勝大國，一
般俱認爲立憲之結果」。是以，立憲議題，成爲當時輿論關注的大事，
也使得清廷不得不在 1906 年 9 月公布了「預備立憲之詔」，開始推動
憲政改革，而憲政主義的基本價值，也成爲知識分子所熱烈討論的核
心政治議題。前述西方政治經典的翻譯，當然也對中國立憲主義論述
的形成，產生重大的影響。

　　對「民主立憲」的革命派與「君主立憲」的改良派兩大陣營而言，
當時的可用的西方思想資源，以盧梭和孟德斯鳩最具影響力。盧梭的
《社會契約論》由於 1898 年戊戌變法前夕，上海大同譯書局刻印了日
人中江兆民用文言體漢文翻譯的《民約譯解》，而 1910 年《民報》第
二十六期（最後一期），以《民約論譯解》再度刊行，使得「民約論」
成爲革命派的思想武器，此將於下一章論述。孟德斯鳩的《論法的精
神》，則基於其憲政主義，成爲改良派最重要的思想資源。

　　本章將以劍橋學派的「脈絡主義」爲本，詮釋清末《論法的精神》
中譯本的翻譯意旨與其現實涵義，以及嚴復面對日譯本時，所遭遇的
競爭及其回應。關於嚴復《法意》一書中的譯文以及政治論述，史華慈
（1989: 140-164）在其名著《尋求富強：嚴復與西方》曾以專章處理。
而孟德斯鳩對中國的瞭解，以及其作品在中國的傳布過程，許明龍
（1989）也做出了相當詳盡的介紹。然而，二者都並未對嚴復乃至張相

文譯本的語言用法（language usage）做出深入的考察。本章以下將證成，唯有與原本仔細對照，考察翻譯過程中所做的概念轉譯以及語意替換，才能理解嚴復以及張相文等思想家與譯者在轉型時代建構政治語彙的實際意圖。

## 二、世紀之交對孟德斯鳩的介紹

梁啓超在百日維新失敗後東渡日本，創立《清議報》，作爲改良派的輿論管道。除了檢討戊戌政變外，這個時期的梁啓超最早引介的西方思想有二：篇幅比較大的是對德國法政學者伯倫知理所著《國家論》的節譯本，刊載於 1899 年 4 月至 11 月的《清議報》（李國俊，1986: 52）。[3] 之後，他撰寫了一篇〈蒙的士鳩之學說〉，刊載於 1899 年 12 月《清議報》第三十二冊，[4] 大體是依據阿勿雷拖（Alfred Fouillée）所著之《哲學史》（1879），而爲中江兆民翻譯成日文《理學沿革史》（1886）之分析（梁啓超，2005, 1: 111）。[5] 在這篇短文中，梁啓超只引介了孟德斯鳩關於政體的理論，並略爲提到各政體的原則，此外便無所論（梁啓超，2005, 3: 1245-1249）。值得注意的是，梁啓超對政體的理論，是以某種演化式的觀點加以理解：

> 蒙的士鳩曰：萬國政體，可以三大別概括之：一曰專制政體，二曰立君政體，三曰共和政體。凡邦國之初立也，人民皆慴伏于君主威制之下，不能少伸其自由權，是謂專制政體。及民智大開，不復置尊立君，惟相與議定法律而共遵之，是謂共和政體。此二者，其

---

3　本文未收錄於《飲冰室合集》，補收錄於夏曉虹編，《飲冰室合集集外文》（梁啓超，2005, 3: 1206-1244）。

4　本文未收錄於《飲冰室合集》，亦未被李國俊（1986）所繫年。現收錄於梁啓超（2005, 3: 1245-1249）。

5　請參閱狹間直樹（2013: 53-68）以及鄭匡民（2003: 151-152）之討論。

體裁正相反。立於其間者，則有立君政體。有君以蒞於民上，然其
威權，受法律之節制，非無限之權是也。（梁啓超，2005, 3: 1247）

換言之，只有在民智大開的時代，才有可能成立共和政體。在對孟
德斯鳩的粗略理解之基礎上，梁啓超做了一個案語：「蒙氏所謂立君政
體者，頗近于中國兩千年來之政體，其實亦與專制者相去一間耳。若英
國之君民共治，不與此同科也」（梁啓超，2005, 3: 1248），也就是說，
梁啓超對於中國過去之政體屬於立君或專制，尚未確定，但運用了傳
統的範疇「君民共治」來說明英國制度，而與立君或專制皆不同。進一
步而言，由這個文本可知，梁啓超此時雖已知三權分立之說（夏曉虹，
2005, 3: 1246），但對於孟德斯鳩運用三權分立來說明英國憲政體制，
似乎並不明瞭。

1902 年 3 月到 4 月，梁啓超再撰述了〈法理學大家孟德斯鳩之學
說〉，刊登於《新民叢報》第四、五號（梁啓超，1960，文集 13: 18-29）。
這篇介紹，篇幅遠較前文爲長，而且梁啓超已在前一年撰寫了霍布斯、
史賓諾莎，以及盧梭學案，他通過日文資料對西方政治思想的理解，也
自然不同於以往。在這篇文章中，梁啓超對孟德斯鳩的法律觀、政體
論、立憲與自由的概念等，都做了相當詳細而忠實的介紹。值得注意的
是，他對政體的理解，和前文相同，仍然依據**專制－立君－共和**形成演
化的序列。和前文不同的是，他對於英國政體是通過三權分立來創設
自由政制，已有明確的說明，並且稱英國政體爲「**立憲政體**」，而加以
推薦，認爲此政體「最適於用，而施行亦易，實堪爲各國模範」（梁啓
超，1960，文集 13: 24）。

除了介紹孟德斯鳩的法政思想，梁啓超此時已可對其所見孟氏理
論的一些疑義提出批判，重點集中在他認爲孟德斯鳩「於民主政治之
精義，尚有見之未瑩者」。主要議題包括，第一，法律與自由二者的關
係，似乎未能分明：梁啓超指出，孟氏所謂「法治之國」，「人人得以爲
其所當爲，而不能強其所不可爲，此自由權所在也云云」，以及「凡法
律之所聽皆得爲之，若此者謂之自由云云」（梁啓超，1960，文集 13:

23-24）之說法，甚爲晦澀，因爲法律「非盡合於道」，所以即使一國之中，人人都服從法律，這不能說即是眞自由。進一步而言，「所謂法律者，誰創之耶？其法律果何如耶？是未可知也」。所以，梁啓超認爲孟德斯鳩將法律與自由「併爲一譚」，乃「千慮一失」。第二，梁啓超認爲孟德斯鳩論述之旨趣在於代議政體，但代議政體中的三種政治權力，只不過是代人民任事者，所以必須設法防治其濫權。但在民主國中「則任此三權者，不過受百姓一時之託，苟有不滿於民者，則罷黜之而已」（梁啓超，1960，文集 13: 25），這個批評，其實是盧梭式的論證，也無怪乎梁啓超在同一個脈絡中引用盧梭駁斥代議政體之言。第三，梁啓超認爲孟德斯鳩不知平等之眞義，他認爲孟德斯鳩所描述的民主國之平等只不過是「無所區別」、「一切賢愚均無所表異」，此並非正解，平等之眞義應在於「尊重各人之自由權，及由自由權所生之各權，無所等差，雖有奇材異能者，不得自恃其長，以制御眾人，亦不得因此而有特權，唯以其自由權，自白其所長，以取信於眾人，而眾人亦以自由權選舉之，如是而已」（梁啓超，1960，文集 13: 26）。最後，雖然孟德斯鳩的議論深切著明，但有論者認爲他的「意欲自由」的道理，仍有不足之處，「故其論道德法律也，能知其主義，不能知主義中之主義，能語其本原，不能語本原之本原，故可謂之法律史學，而未可謂之法律理學云」（梁啓超，1960，文集 13: 29）。

　　梁啓超這時期對於孟德斯鳩的質疑，乃是以盧梭式民主的角度，批判孟德斯鳩所主張法律與政治自由的關係。事實上，梁啓超的批判，是本於中江兆民所譯法國學者阿勿雷脫的《理學沿革史》，也是梁啓超系列學案之所本。值得一提的是，在梁啓超的兩篇介紹孟德斯鳩思想文章之間，《國民報》於 1901 年同樣根據中江兆民的著作，翻譯介紹歐洲近代哲學，包括〈陸克學說〉（羅家倫編，1968: 99-115）以及〈孟德斯鳩學說〉（羅家倫編，1968: 115-144），而該報對孟德斯鳩思想的介紹甚爲著力，另外還翻譯了〈孟德斯鳩之論支那〉（羅家倫編，1968: 185-

190）。[6]《國民報》對孟德斯鳩思想的介紹，篇幅比梁啓超之作要長，不過在行文的精確度以及組織方面則未臻精煉。比較兩個文本可以看出，梁啓超對於孟德斯鳩自由觀念的批評，基本上是阿勿雷脫的觀點。對於《國民報》的譯介，吾人僅錄其對政體分類的文字，以與其他的譯本或介紹可資對照：

> 孟氏敘述邦國之制度，謂邦國分爲三類。其一則旨趣各不相同，其二則居于兩者之間。蓋建國之初，則一國之民，皆爲一人所專制，絕無所謂自由權。若是者謂之**君主專制**，及民人智識大進，則不復統于一人，于是人民之中，互相議定法律，謂之**民主政治**，是所謂旨趣相反者也。……君主專制，及民主政治之間，又有一政體，謂之**君主政體**。其君主臨萬民之上，其威權則爲法律所限制，故既類專制政治，又類民主政治。孟氏之言如此，古來政體之沿革，其前後之次序，誠有如孟氏所云者，其言信不謬也。（羅家倫編，1968: 118；黑體強調是筆者所加）

從此文本可以看出，阿勿雷脫已經從十九世紀演化論角度來重新理解孟德斯鳩的政體分類，由君主專制、君主政體以及民主政治之次第發展，這也是梁啓超論述之所本，但與梁啓超所述**專制－立君－共和**不同，《國民報》的譯文呈現出**君主專制－君主政體－民主政治**的次第。[7]

# 三、東學《萬法精理》：譯書彙編與張相文譯本

孟德斯鳩的《論法的精神》的日譯本，是明治八年由何禮之基於

---

6  梁啓超（1902）將霍布斯、洛克、孟德斯鳩、盧梭四大學案匯集成《近世歐洲四大家政治學說》時，洛克分即是用《國民報》的譯本。

7  事實上，以演化論的角度重新理解孟德斯鳩，似乎是十九世紀常見的取向。如著名的社會學家涂爾幹（Durkheim, 1975: 35-36）亦採取此種分析途徑。

1768 年的英譯本翻譯而來（張相文，1996，萬法精理譯本凡例，頁 1）。[8] 當《譯書彙編》第一期（1900 年 12 月）開始刊登譯文時，在卷首的簡介，除了略述孟德斯鳩生平外，亦進一步說明了本書對於東方社會的重要性如下：

日本當維新之初，木戶孝允在美國時，造彼國法學名家台樂爾，問以西國政法之大要。台氏答曰，歐美各國之治化，蓋經數百年之培養而成，而誘掖之功，端賴先哲。先哲固不乏其人，然足以模範百世者，當以孟德斯鳩爲古今第一。貴國誠勵精圖治，則求之孟氏之萬法精理，而經世濟民之道在是矣，木戶韙其言，於是有何禮之者，遂譯爲日本文，是爲萬法精理輸入東方之始。今所譯者，即何氏本也。（秫崎斌，1966：1；譯書彙編，第一期，萬法精理卷首，頁 1）

據熊月之（2002：334）所述，《譯書彙編》在前三期刊登了《萬法精理》，目前所見秫崎斌編輯版只有一、二、七、八等四期，僅有前兩期的《萬法精理》譯文，翻譯了前三卷，包括法律的定義、政府的性質（nature；被翻譯爲「形質」），以及政府的原則（principle；被譯爲「元氣」）。

張相文所譯之《萬法精理》，則分爲五卷（張相文，1996，《南園叢稿》，卷 20-24），將 Nugent 譯本翻譯到第二十一書爲止。雖然不是逐字逐句的翻譯，但本譯本對於孟德斯鳩原文主要的理論部分都有譯出，歷史事例則加以刪節。文字相當通暢，容易閱讀。張相文（1867-1933）係清末民初著名的地理學家（cf. 于波，2011），他在光緒二十八年（1902）翻譯此書，其子張星烺的年譜所述，過程如下：

---

8　由於本書卷帙浩繁，所以英譯本在 1989 年「劍橋政治思想史系列」重新翻譯（Montesquieu, 1989）之前，只有十八世紀的 Thomas Nugent 的全譯本，雖然這個譯本仍有若干問題，但基本上流暢易讀，而且 Nugent 做了相當詳細的譯註讓讀者參閱。本章所參考的是 Hafner 的重印本（Montesquieu, 1949）

光緒二十八年壬寅　年三十七歲

仍教書南洋公學，暇時，翻譯日人何禮之所譯之法國孟德斯鳩
著之萬法精理，譯稿請同事程芝巖君潤文。程君不知日文，未及與
原文校對，即倉促付印，故頗有不合原意之處。爲求譯文信確，故
於此書再版時，特將譯稿寄日本何禮之校正，故二版漢譯萬法精
理作日本何禮之、桃源張相文、常州程炳熙三人同譯也。可見其譯
書非同率爾操觚者可比也。（張星烺，1996: 10A-10B）

據此，似乎張譯《萬法精理》約於 1902 年出版，且於一年之內便
發行第二版，目前的《南園叢稿》所收即爲此版。[9]

張相文的譯文雖然流暢，但此譯本對於「**立憲政體**」的譯法，則相
當特別，值得注意。關於孟德斯鳩的政體論，張譯爲：

第一節　論政體之異

政府有三類，曰共和政治、曰**立憲政治**、曰專制政治。共和政治
者，舉人民之全部，或一部，掌其國之政權。立憲政治者，立一定
之憲法，人君執之以治其國。專制政治者，任一人之私見行政，而
無法律以限制之。環球諸國政府中，皆不能出此三類，各以其形質
之異，孳生諸法，以立基礎者也。……共和政治中又分兩類，所謂
人民之全部掌政權者，民主政治也。所謂人民之一部掌政權者，貴
族政治也。（張相文，1996，卷 20：5B，萬法精理卷一，二章一節）

《譯書彙編》則翻譯爲：

第一章　論政府有三類其形質各異

萬國政府之形質，可以三大別概括之，曰共和政治，曰**立君政**

---

9　根據《泗陽文史資料》第一輯所附照片，乃由文明書局於光緒二十九年二月
　（1903/2~3）出版（cf. 張海珊，1983）。

治，曰專制政治。舉人民之全部，或人民之一部，而掌握政權者，共和政治也。置一君而立有一定之憲法以限制之，立君政治也。以一人之喜怒，裁決政務，不受法律之節制，而唯所欲爲者，專制政治也。政府之形質異，故由政府所出之法亦異，是不可以不知也。……共和政治有兩類，舉人民之全部，而掌握君權，共議政務者，民主政治也。舉人民之一部，而執其政權者，貴族政治也。（秋崎斌，1966:7；譯書彙編，第一期，萬法精理卷之二）

在對比兩個翻譯後，可以看出在孟德斯鳩政體分類中，以法國混合憲政爲本的 monarchy，《譯書彙編》譯爲「**立君政體**」，是何禮之原本譯法；但張相文將之改變爲「**立憲政治**」，差異相當明顯。事實上，這並非一時偶然的誤譯；**在張相文的譯本中，孟德斯鳩所有關於 "monarchy" 的討論，都被張相文轉變爲對立憲政治的討論**。舉例而言：

第四節　論立憲政治諸法

**立憲政治**者，君主居中駕馭，臣民隸屬而相倚賴焉。雖本乎大憲以治其國，而得隸屬倚賴之力爲多，然而大憲何可不立也？夫立憲國之君主，乃一切政權民權所自出，使無大憲以範圍之，則君主將以一時之喜怒專斷庶政，而大憲亦不能立也。立憲政治以隸屬倚賴之故，而得事理之宜者，貴族之權也。無貴族則無君主，無君主則無貴族。君主與貴族如驂之靳，反是則爲專制國之帝王矣。（張相文，1996，卷20：11A，萬法精理卷一，二章四節）

第六節　論立憲政有物以補德之缺

予非敢譏議**立憲政**也，蓋德者民之秉彝。立憲國民雖不重是，而亦有以邀譽之故而好爲之者。至於好爲盛德，而不顧身家不尸祿位者又有之。然則名譽豈不足鼓舞斯人而動其好德之心乎？夫以好德而致名譽，則實重德也，況濟之以法律，有不大治者乎？（張相文，1996，卷20：17A，萬法精理卷一，二章六節）

在孟德斯鳩的思想體系中，君主政體除了君主是最高主權者之外，還有兩個不可或缺的特性：通過貴族作爲「中間的權力」（intermediary powers）行使統治，並且必須依據根本法（fundamental laws）來治理國家。孟德斯鳩並強調，「君主政體的基本準則是：沒有君主就沒有貴族，沒有貴族就沒有君主」（Montesquieu, 1949: 16）。所以他事實上是把法國混合憲政（mixed constitution）傳統中，以貴族以及基本法約束君主權力的傳統思想，整合進其所定義的君主政體之中。

張相文顯然從這兩個節制君主權力的特質，特別是基本法的關鍵作用，來理解孟德斯鳩的「君主制」，並且直接用「立憲政治」加以重新命名。嚴格而言，孟德斯鳩的《論法的精神》雖然一般被理解爲現代憲政主義最重要的經典作品，但全書除了「憲法」（constitution）一詞之外，並未運用「立憲政府」（constitutional government）或類似的詞彙。前一節已經論述，梁啓超在第二篇介紹孟德斯鳩思想的文章中，將英國政體稱爲「立憲政體」，這也是一般讀者閱讀此書時所將獲得的結論。然而，張相文別出心裁，直接將孟德斯鳩所描繪的法國混合憲法傳統的「君主政體」翻譯爲立憲政治。如此一來，將使得閱讀此譯本的讀者，對於立憲政治產生完全不同的印象，因爲孟德斯鳩反覆討論君主政治的本性、原則，以及相關制度法規與民情風俗的文本，將在譯本中全部轉化爲對「立憲政治」的描述。

現代的讀者或許會關注，在一般理解中作爲立憲政治典範的英國憲政，在張相文的譯本之中如何安置？由於英國的體制仍有君主存在，所以這個議題，在張譯本中很容易就得到另一種解釋：凡是立憲政體（monarchy）都是溫和政府（moderate government），英國三權分立的憲政體制乃是在這個範疇中，特別以**政治自由**作爲目標所成立的政治體制。基於此，英國憲政體制成爲 "monarchy" 以下的一個次級範疇，這雖然未必符合孟德斯鳩原意，但卻是張相文譯本最終所呈現的政治圖像。

如此一來，「立憲政治」一詞在張譯本《萬法精理》出現的頻率遠遠超過任何其他版本，從政治修辭（rhetoric）與政治說服（persuasion）

的角度而言，更加容易彰顯立憲的精神。而「**立憲政治**」與「**專制政治**」的對立關係，也將比僅有英國憲政作爲立憲政府之唯一典範時，來得更爲鮮明與強烈。更重要的是，張相文的譯法，使得「**立憲**」（必然成爲君主立憲的形式）與「**共和**」也成爲兩個相對照甚至對立的範疇。在二十世紀初葉政治語彙與價值的形構時期，將改良派主張「君主立憲」與革命派主張「共和」的新興論述，加以對照，而爲改良派的立憲主張，提供了一個完整的理論基礎。

　　是以，張相文對立憲政治的譯法，並非漫不經心的誤譯，而是精心設計的「概念轉化」（conceptual change），其目的是達到政治創新（political innovation）的最大動能（cf. Skinner, 2002a, 1: 145-157）。據其子張星烺（1996: 8B）所述，張相文在南洋公學時共事的學者多人是其後政界或學界的名人，如蔡元培、吳稚暉、孟森等，而其新學之啓蒙，則爲百日維新時，由之前他已因閱讀習慣而不陌生的江南製造局所出版的科學書，更赴「蘇州護龍街有墨林堂書店，賣時務報、孔子改制考等書，皆往購置遍讀，思想大變。嘗欲俟康南海過滬，特往問學，以無機而止」（張星烺，1996: 7B）。至於其政治主張則是：

> 先君平時對於政治觀念，素主和平，偏重康梁等君主立憲派，不贊成激烈革命，良以中國人民程度低淺，理應按步就班，逐漸改良，國家組織，不宜根本動搖。（張星烺，1996:7B）

　　這個改良主義的立場，在宣統以後權貴用事，國勢日衰，才轉變爲「大破壞而後收拾之」的革命立場。

　　張相文此種**改良主義與君主立憲式的譯筆**之影響，[10] 可以從梁啓

---

10　本文改良主義與君主立憲的詮釋觀點，與另一種流傳甚廣的革命派說法有所不同。在張相文的追悼會中，其長期摯友陶懋立請人口述，指出光緒二十七、八年之間，「章太炎辦《蘇報》，鄒容作《革命軍》，先生常以文字鼓吹革命，在《蘇報》上發表。後來章太炎鄒容下獄，先生與蔡元培先生，奔走營救，卒以無事」（《榮哀錄》，收錄於張相文 1996，《南園叢稿》第二輯卷尾，27A-B）。這將張相文的革命活動提早到翻譯《萬法精理》的南洋公學時期。不過，

超的論述得到印證。前節已述，梁啓超在介紹孟德斯鳩思想時，對於其政體的名稱依據日譯本並無錯誤，而在 1902 初年的文章中，也以英國政體爲「立憲政體」。然而，半年後他在撰寫《新民說》第十三節「論合群」，援引孟德斯鳩時，用的似乎是張相文的譯本：「吾聞孟德斯鳩之論政也，曰專制之國，其元氣在威力，**立憲之國，其元氣在名譽**，共和之國，其元氣在道德」（梁啓超，2011: 105），這反映了張相文的譯筆。

## 四、嚴復的《法意》：政治概念之替換

有別於張相文的《萬法精理》乃是節譯本，嚴復的《法意》是依據十八世紀 Thomas Nugent 的英譯本，除了最後兩書（三十、三十一）之外，全部加以迻譯。Nugent 的英譯本具有相當詳實的註釋，提供了理解這本巨著所需的政治歷史知識，嚴復也將部分的註釋內容整合進其譯文或案語中。另外，嚴復本人做了約三三〇條案語，幫助讀者理解孟德斯鳩的意旨，而對當代的史學家而言，則提供了詮釋嚴復本人理解及運用此書意旨所在的關鍵。

因爲卷帙浩繁，《法意》由 1904 到 1909 分七冊出版。由於橫跨了清末最後時期，各冊出版的時間須加以注意，因有時嚴復的案語係針對當時的政治議題所發：頭三冊於 1904 年出版，包括全書一至十五卷（嚴復合集，13: 7-420）；1905 年 8 月刊行第四冊，包含卷十六到十九（嚴復合集，13: 421- 14: 530）；1906 年 9 月刊行第五冊，包含卷二十到二十二（嚴復合集，14: 531-658）；最終則於 1909 年刊行六、七兩冊，包含卷二十三到二十九（嚴復合集，14: 659- 897）。這個翻譯的過程，是嚴復所譯西文著作中耗時最久的志業。雖然與亞當斯密的《原富》篇幅相埒，但嚴復卻只花了三年左右的功夫就將《原富》

如張海珊（1983: 55）所述，這個說法「還沒有找到關於這些事情的具體史料」，姑錄於此存參，筆者採其子張星烺所述的君主立憲思想。陶懋立的說法若要成立，必須考證出《蘇報》中可能是張相文撰寫的文章加以印證。

譯畢刊行。

　　除了卷帙浩繁之外，吾人應特別注意《法意》一書刊行的時代脈絡。此時已經脫離「嚴復時刻」，嚴復不再是中國翻譯界唯一的聲音。不僅如此，張相文所譯《萬法精理》也已經刊行。對於這個依據日文轉譯的譯本，嚴復自然相當敵視，他的評價如下：

　　乃觀近人所譯，如《萬法精理》等編，大抵不知而作，羼以己意，誤已誤人，于斯為極。原文具在，來者難誣，即令譯者他日反觀，而不面赤汗下者，未之有也。（嚴復合集，13：65，《法意》第四卷，第二章案語）

　　嚴復並不是因為商業競爭而無的放矢，他一定翻閱過張相文譯本，而且明白地指出其翻譯的最大問題，在於將孟德斯鳩的 "monarchy"翻譯為「立憲」：

　　又孟氏所分治制，公治、獨治、專制三者。其所稱之獨治，於中本無民權，亦非有限君權，但云有法之君主而已。使譯人知立憲之目，常以稱英、德、奧、義諸邦，名經久用，意有專指，便**不宜更譯此書之蒙納基為立憲，以致學者誤會也**。乃操譯政者，既翻之為立憲矣，其意中必懸一英、德、奧、義之勝制，於是遇原文所及獨治之微辭，輒奮臆私，篡為襃語，其失真乃益遠矣。**不佞見立憲二字，意義葛藤如此，遂於此譯，悉屏不用。遇原文蒙納基，則如其義，但翻君主，或翻獨治，誠有所不得已也。**（嚴復合集，13：38，《法意》第二卷第五章案語；黑體強調為筆者所加）

　　這個案語雖然沒有提到張相文譯本，但嚴復所論將此書之「蒙納基」譯為「立憲」，正是張譯本特色。

　　嚴復《法意》的譯筆，可以孟德斯鳩政體分類的文本為起點加以考察：

治國政府，其形質有三：曰**公治**，曰**君主**，曰**專制**。欲知三者之
爲異，舉其通行之義足矣。蓋通行之義，其中函三界說，而皆本於
事實者，其義曰：**公治**者，國中無上主權，主於全體或一部分之國
民者也；君主者，治以一君矣，而其爲治也，以有恆舊立之法度；
專制者，治以一君，而一切出於獨行之己意。……公治之制，更分
二別：曰**庶建**，曰**賢政**。庶建乃眞民主，以通國全體之民，操其無
上主權者也。賢政者，以一部分之國民，操其無上主權者也。（嚴
復合集，13: 19-20，《法意》第二卷，第一章；黑體強調爲筆者所
加）

　　孟德斯鳩的政體詞彙 "republic"，嚴復在《法意》開卷時譯之爲「**公
治**」（而非日譯的「**共和**」），公治則再分出庶建（也就是民主）以及賢
政（也就是貴族）；君主與專制則與日譯法無異。在這個定義中，已經
可以看出嚴復譯本的某些重要取向：他用「賢政」或賢人政治來理解
"aristocracy"，帶有儒家色彩；而 "democracy" 一詞翻成「庶建」，依據
用西方政治思想的角度而言，意指 "popular government"，也就是平民
或庶民主政的國家。至於將 "republic" 這個核心概念翻譯爲「公治」，
的確比起他所批判的日文譯法之「共和」，更能彰顯 republic 一詞在羅
馬共和傳統的根源意義上，是作爲人民共同事務的 "*res publica*" 古典
涵義。

　　然而，由於 1904 年當時，核心的中文政治詞彙其實已經大體形成，
所以嚴復的譯文在相當程度上，不得不與同時代的用法有所妥協。但
是嚴復明白反對日本將 "republic" 譯爲共和，而以「公治」最當：「東
譯姑以爲共和。然共和見於周，乃帝未出震之時，大臣居攝之號，此與
泰西公治之制，其實無一似者也」（嚴復合集，13: 31）。然而，當讀者
往下閱讀《法意》一書譯文時，「公治」一詞並不常出現。仔細考察《法
意》譯文，幾乎可以說嚴復只有在第二卷「論治制之形質」（今譯「政
體的性質」）時，用「公治」翻譯 "republic"。從第三卷「治制之精神」
（今譯「政體的原則」）時，便逐漸放棄了「公治」一詞。那麼，思想

史的關鍵問題在於：**嚴復如何翻譯孟德斯鳩所常用的** republic **一詞**？

　　要解決這個問題，必須將這個最初的政體文本，與《法意》第三卷的第二、三章相比較：

　　吾於前卷不既云乎，**民主**之制，國之主權散於國民之全體，或其中之數家；君主之制，其主權必執於一人。其有法典，爲行政所必循者，謂之**憲政**；其無法典，行政惟一人之所欲者，謂之專制。（嚴復合集，13: 39-40，《法意》第三卷第二章；黑體強調爲筆者所加）

　　君主之治，無論爲**憲政**，爲專制，其所恃以立者，不必有至德要道之可稱也。**憲政之君主**，其道齊而奠定之也以法：專制之君主，其讋服而彈壓之也以威。威伸法行，足以治矣。獨至民主之國，非有一物爲之大命則不行，道德是已。（嚴復合集，13: 40，《法意》第三卷，第三章；黑體強調爲筆者所加）

　　以上兩個文本，若與其所據英文原文對照，嚴復的譯筆將更爲明晰：

I have already observed that it is the nature of a *republican* government, that either the collective body of the people, or particular families, should be possessed of the supreme power; of a *monarchy* that the prince should have this power, but in the execution of it should be directed by established laws; of a despotic government, that a single person should rule according to his own will and caprice. （Montesquieu, 1949: 19）

There is no great share of probity necessary to support a *monarchical* or despotic government. The force of laws in one, and the prince's arm in the other, are sufficient to direct and maintain the whole. But in a popular state, one spring more is necessary, namely, virtue. （Montesquieu,

1949: 19）

　　比較相關文本，吾人可以看出，由於嚴復拒絕以「共和」來翻譯
"republic"，而他在《法意》卷首所用的「公治」，似乎又無法成為讀者
所能理解的用法，所以隨著翻譯的進程，他改用「民主」來翻譯
"republic" 一詞，而盡量用「庶建」或「庶建民主」來翻譯 "democracy"，
但有時仍然用「民主」來翻譯孟德斯鳩的 "democracy"。[11] 這是嚴復
《法意》譯筆中一個極重要的概念替換。

　　不僅如此，在《法意》中，嚴復還有另一個值得注意的概念替換：
雖然他批評張相文將「蒙納基」譯為「立憲」不當，並宣稱在其譯本中
摒棄「立憲」一詞（嚴復合集，13: 38）；但事實上，在一頁之後，也就
是前引《法意》第三卷第二、三章附英文之引文，他就已經在其譯文中
運用了「**憲政**」一詞，而且是用來翻譯 "monarchy"。換言之，嚴復不
但必須運用憲政一詞，而且在其案語中，他也不得不討論時代所需的
「**立憲**」（如嚴復合集，13: 97）。

　　是以，詮釋嚴復《法意》譯旨的核心議題，其實與張相文相同：**如
何在孟德斯鳩的《論法的精神》文本中，建構出「立憲政治」或「憲政」
的概念**？而對照英文原文，吾人將發現，嚴復有時亦與他所批評的張相
文譯筆相同，將孟德斯鳩依據成法統治的 "monarchy" 翻譯為「憲政」，
只不過嚴復沒有做系統性的完全置換，只是在某些關鍵文本中做改動。

　　在確立了「民主」與「共和」以及「立憲」與「君主」的雙重概念
替換後，方能理解嚴復《法意》譯旨。茲舉三例。首先，在第五卷十九
章，孟德斯鳩對三種政體的原則提出一些新的推論，嚴復的譯文：「一
問：國家之立法也，其於國民，可以強之使事國乎？曰，自吾意而言

---

11　嚴復的這個修辭策略，其實呼應了西方政治思想史傳統中一種特別的論述法：
　　在亞里斯多德的思想中，"politeia" 同時意指統攝所有不同政治體制的「政體」
　　（regime）以及特定的「共和政體」（混合寡頭制與民主制；cf. 蕭高彥，2013:
　　61-62）。而西塞羅所代表的羅馬傳統中，"res publica" 同樣地可以涵跨所有政
　　體的公共事務，以及指涉特定的共和政體（Bobbio, 1989: 58）。

之，則民主之民，可以強也；君主之民，不宜以強也」（嚴復合集，13:
126）。對比於原文，[12] 孟德斯鳩在此章將 "republic" 與 "monarchy"
的制度做了系統的比較，嚴復則完全以「民主」一詞加以替換。但因為
此脈絡不牽涉到君主制依據成法統治，所以 "monarchy" 仍譯為「君
主」而非「憲政」。其次，當孟德斯鳩對英國著名的指涉 "a nation that
may be justly called a republic, disguised under the form of monarchy"
（Montesquieu, 1949: 68），嚴復譯為「**夫某國者，名君主而實民主者也**」
（嚴復合集，13: 128）。最後，嚴復置於《法意》卷首的〈孟德斯鳩列
傳〉，用此角度加以解讀，亦可見其譯旨：

> 譯史氏曰：吾讀《法意》，見孟德斯鳩粗分政制，大抵為三：曰
> **民主**，曰君主，曰專制。其說蓋原於雅理斯多德。吾土縉紳之士以
> 為異聞，慮叛古不欲道。雖然，司馬遷《殷本紀》言伊尹從湯言
> 「九主之事」，注家引向劉向《別錄》言：「九主者，有法君、專君、
> 授君、勞君、等君、寄君、破君、國君、三歲社君。凡九品。」是
> 何別異之眾耶？向稱博極群書，其言不宜無本，而三制九主，若顯
> 然可比附者，然則孟之說非創聞也，特古有之，而後失其傳云爾。
> （嚴復合集，13: 4-5；黑體強調為筆者所加）

　　初看之下，嚴復將孟德斯鳩的政治稱為君主、專制與「民主」三
者，似乎是一個錯誤。但基於本節所述，只要將其中的「民主」一詞替
換為 "republic"，便為對孟德斯鳩的正確理解。

　　總結本節所述，嚴復雖然批判張相文譯筆，但他本人在《法意》的
譯文中，使用「憲政」一詞加以指涉的，往往也是遵循成法的
"monarchy"，而「民主」一詞往往指涉 "republic"，這是嚴復所做的雙
重概念替換，唯有基於此理解方能深入理解《法意》的譯文。

---

12　原文為：1st Question] It is a question whether the laws ought to oblige a subject to
　　accept a public employment.　My opinion is that they ought in a republic, but not
　　in a monarchical government.　（Montesquieu, 1949: 67）

## 五、嚴復的政治體制論

在理解了嚴復對「憲政」、「君主」以及「共和」、「民主」所做的雙重概念替換後，一方面可以讓讀者理解《法意》的譯文，但更重要的是，唯有在理解嚴復語言用法的基礎上，吾人才能恰當地詮釋嚴復在《法意》中所提出其個人的政體分類理論。以下兩則案語，是史華慈（Schwartz, 1964: 161-162, 166-167）據以詮釋嚴復民主觀念的核心文本：

五洲治制，不出二端，君主、**民主**是已。君主之國權，由一而散於萬。民主之國權，由萬而匯於一。**民主有二**：別用其平等，則為庶建，真民主也；用其貴貴賢賢，則曰賢政。要之，是二者於亞洲接不少概見者也，東譯姑以為**共和**。然共和見於周，乃帝未出震之時，大臣居攝之號，此與泰西**公治**之制，其實無一似者也。（嚴復合集，13: 31，《法意》第二卷，第二章案語；黑體強調為筆者所加）

古希臘政家之論治制也，大體分為二宗，曰獨治，曰公治而已。獨治之善者，立法度，順民情，而不憑一己之喜怒。至於其敝，而專制之治出焉。公治之善者，為平等崇儉樸，而政柄則操於其國之賢豪。至於其敝，而愚賤者亂法度。是故自亞理斯多德言之，賢政為公治之善，猶之**立憲為獨治之善者也**，而民主庶建為公治之末流，猶之專制霸朝為獨治之極變也。雖然，古則如是矣。而政論世異，至於今，自英之洛克、法之孟、盧諸家說出，世乃以**庶建民主**為治國正軌。而賢政不曰賢政，謂之貴族之治，惡其不平，非所尚矣。即今之所謂立憲者。亦與古殊。今之立憲，用獨治之名，而雜之以賢政庶建之實者也。**古之立憲，以一人獨治，而率由憲章者也。若立憲但如孟氏本書所稱者言之，則中國之為立憲久矣，安用更求所謂立憲者乎**！故孟氏所稱四制，古今之義大殊。即由孟氏以至於今，其為用亦稍異。此學者可不謹為微辨者也。（嚴復合集，

13: 97-98，《法意》第五卷，第八章案語；黑體強調爲筆者所加）

　　第一則案語是史華慈用來說明，嚴復的「民主」觀念乃是未來取向的，相對的是中國過去的君主制（Schwartz, 1964: 161）。然而要更精確地理解嚴復此處的意圖，前述其特定語言用法在此扮演了關鍵的作用。所謂「君主」以及「民主」的對立，這裡的「民主」意指孟德斯鳩的"republic"，因爲如此方能理解此處嚴復所論，民主有二，用平等則爲庶建是「眞民主」，若貴貴賢賢，則是賢政（貴族制）。而嚴復接下來的評論所說「東譯姑以爲共和」，可見其相對的就是前面的主詞「民主」。在這則案語中，嚴復將孟德斯鳩的"republic"的兩種次類別，轉化成爲「民主」的兩個次類別，是理解其意旨之關鍵。

　　而在第二則案語中，吾人看到嚴復以亞里斯多德之名提出了政體的分類。在這個脈絡中，他用「獨治」與「公治」二詞，即爲文本一的「君主」與「民主」，如前所述。民主或「公治」可區別爲庶建與賢政，也符合文本二的民主庶建與賢政。而在後一個文本中，嚴復進一步指出，「獨治」或「君主」若立法度順民情，則爲「立憲」，若僅憑一己之喜怒治理，則是「專制」，而「立憲爲獨治之善者也」。值得注意的是，這樣的理解方式，恰恰是張相文用立憲政治來翻譯君主制的原意，嚴復理解張相文的意圖並且加以批判，但在實際運用孟德斯鳩的政體理論來建構政體的類型學時，似乎並未超越張相文的範圍。然而，嚴復的思想和語言運用比張相文譯本複雜許多。

　　事實上，嚴復的政體分類，是結合了孟德斯鳩與亞里斯多德兩種分類而成。在孟德斯鳩思想的基礎上，他將「庶建民主」與「賢政」涵攝在「公治」或「民主」的範疇之中，並與「獨治」與「君主」對立。這與亞里斯多德將民主與貴族政體加以分離有所不同。然而，嚴復並未接受孟德斯鳩將君主與專制相對立的觀點，而是回歸亞里斯多德的思考方式，將君主制區分爲有道的君主，以及無道的專制或「朝霸」（嚴復翻譯"tyranny"的用語）。值得注意的是，嚴復運用中國的思想範疇「**有道**」與「**無道**」，來表達亞里斯多德區別正體與變體憲政體制

的倫理標準（cf. 蕭高彥，2013: 54-59）；不僅如此，嚴復在「君主」或
「獨治」的範疇之中，更運用其思辨能力建構了一個超越於孟德斯鳩
以外的政體分類觀念。

首先，將專制重新吸納成爲君主制或獨治的一個次範疇，大大減
少了孟德斯鳩思想體系中，**「專制」**所扮演的獨特角色。爲了批判法國
當時崛起的君主絕對主義，孟德斯鳩建構了「專制」的概念，並以中華
帝國的制度爲本，加以「理想化」，成爲批判絕對主義的利器。但在他
的描述中，專制以君主一人的好惡行使其支配統治，完全罔顧法律，而
其政體的原則是「恐懼」，缺乏任何政治的能動性，而構成了一種絕對
腐化的狀態。然而，絕對腐化的體制，如何可能持續存在？孟德斯鳩反
而必須運用宗教與地理的自然因素等，來解釋何以專制體制在某些東
方國家中持續存在了數千年（Montesquieu, 1949: 115-116）。對於嚴復
這樣的中國讀者而言，面對孟德斯鳩的專制觀念，可以產生兩種態度：
或者接受此專制觀念，並用之解釋中國過去的歷史，而進一步主張，此
種專制體制應該用激烈的手段加以推翻；另一種可能，則是否定此種
專制概念的有效性，認爲它未必能全面理解中國過去的政治史。在清
末民初的政治論述中，前者是革命派閱讀孟德斯鳩的基本態度，而改
良派則用後一種取向來理解或重新詮釋孟德斯鳩。

以嚴復而言，他採取的是後一種取向，而其論述策略則包含兩個
面向：部分接受專制概念的有效性，可以描述中國歷史中亂世無道的
統治，但在承平時期，中國人是孟德斯鳩所述的「君主制」；其次，當
無道的專制或「朝霸」被吸納到君主制的範疇之下後，就產生了專制政
治可以轉化爲有道的君主制之可能性。在孟德斯鳩思想中，君主與專
制形成了一種對立與對峙的格局，且孟德斯鳩從未論述從專制政體有
可能轉化爲其他溫和政體。相對地，由專制改革成爲君主制這個政治
變遷的可能性，在嚴復的重新建構之後，便成爲一種實際的可能。[13]

---

13　在此議題上，嚴復應該是受到本書十五章所述穆勒的「內生改革路徑」，以及
　　本書十九章將討論西萊的政治科學分析之影響。

　　嚴復論述君主或獨治的另外一個重點，則仍與張相文的譯筆有關。如前所述，嚴復雖然極力批判張氏的譯筆，但隨著嚴復在《法意》案語之中個人觀點的建立以及論述的開展，敏銳的讀者將察覺，他仍然不得不用「立憲」的概念，來理解「有道的君主」，但如此一來，嚴復豈不是犯了他所批判張相文的謬誤？然而，嚴復的憲政主義實際上比張相文的直接替換要複雜深刻許多；以下這則案語，表達了嚴復政體思想的核心：

> 　　故使孟氏之界說，**得有恆舊立之法度，而即為立憲，則中國立憲，固已四千餘年**。然而不必可與今日歐洲諸立憲國同日而語者，**今日所謂立憲**，不止有恆久之法度已也，將必有其**民權與君權分立並用**焉。有**民權**之用，故法之既立，雖天子不可以不循也。使法立矣，而其循在或然或不然之數，是則專制之尤者耳。有累作之聖君，無一朝之法憲，如吾中國者，不以爲專制，而以爲立憲，殆未可歟！（嚴復合集，13:38，《法意》第二卷，第五章案語；黑體強調爲筆者所加）

　　仔細爬梳本則案語，吾人將察覺，嚴復區別「立憲」的兩種意義：假如只是有「**恆舊立之法度**」，就是「立憲」的話（張相文譯本所呈現的取向），那麼中國四千餘年來就已經是立憲的體制了。嚴復真正的創新，是說明此種古代的立憲體制（吾人可稱之爲 *ancient constitutionalism*），這與今日所謂的立憲並不相同。假如依據現代的憲政主義（*modern constitutionalism*），則憲政體制不僅僅是君主遵守恆舊之法度而已，而且憲法必須是通過民權所建立，因爲現代的立憲乃是「**民權與君權分立並用**」。換言之，嚴復一方面將中國傳統的有道的君主描述爲某種立憲（也就是孟德斯鳩的君主制），但他實際上的政治主張，並不是維持或恢復此種君主制（張相文譯本所呈現的取向），而是「**參用民權**」，依據現代憲政主義精神建立新的政治體制。

　　基於以上所述，嚴復的政體思想的整體格局，可在其一則長案語

中得到印證：

> 孟氏之區四制也，意若曰，凡治之以恐懼為精神，以意旨為憲法者，專制而已。雖然，吾嘗思之，天下古今，果有如是之治制，而久立於天地者乎？殆無有也。雖有亞西之國，桀，紂之君，彼之號於天下也，必不曰，吾之為治，憑所欲為憲法，以恐懼為精神也，必將曰，吾奉天而法祖，吾勤政而愛民，吾即有所欲，而因物付物，未嘗逾矩也，民即或恐懼，法不可以不行，治不可以不肅也。且有時則威克厥愛矣，有時則猛以濟寬矣。甚且曰，治亂國，不得不從重典矣。彼雖萬其所為，將皆有其可據者，又安肯坦然以專制之治自居也哉！然則孟氏此書，**所謂專制，苟自其名以求之，固無此國，而自其實，則一切之君主，微民權之既伸，皆此物也。幸而戴仁君，則有道之立憲也。（此立憲但作有法度例，故言不可與今世英、德諸制混。）不幸而遇中主，皆可為無道之專制。其專制也，君主之制，本可專也。其立憲也，君主之仁，樂有憲也。此不必其為兩世也，雖一人之身，始於立憲，終於專制可耳。漢成唐、元，非其例歟？其法典非有常也，國之人皆有常，而在彼獨可以無常也。夫立憲、專制，既惟其所欲矣，又何必斤斤然，為謹其分於有法無法也哉？此吾譯孟氏此編，所至今未解者也。若夫今世歐洲之立憲，憲非其君之所立也，其民既立之，或君與民共立之，而君與民共守之者也。夫以民而與於憲，則憲之未立，其權必先立也。是故孟氏所區，一國之中，君有權而民無之者，謂之君主。君主之有道者曰立憲，其無道者曰專制也。民有權而自為君者，謂之民主，權集於少數者曰賢政，權散於通國者曰庶建也。至於今世歐洲之立憲，則其君民皆有權，所謂君民並主，而其中或君之權重於民，或民之權重於君。如今之英、德、奧、意諸邦，則其國政界之天演使然，千詭萬變，不可究詰。總之，與孟氏是書，所謂有法之君主者，必不可等而論之也。孟之所為立憲，特有道之專制耳，故其為論也，於是制無優辭。**（嚴復合集，13: 121-122，《法意》第五

卷，第十六章案語，黑體強調爲筆者所加）

　　這則案語的前半段，表達出嚴復對於「專制」概念的終極反思，而案語的後半段，特別是黑體強調的部分，一方面可與前引《法意》第二卷第二章、第五卷第八章兩則案語相印證，在「君主」與「民主」兩大範疇下，**立憲、專制、賢政、庶建**構成了嚴復獨特的四種政體分類。不僅如此，他秉持了孟德斯鳩將英國憲政體制獨立於一般政體之外的策略，將「**今世歐洲之立憲**」獨立出來，成爲中國當時憲政改革可行的方向。嚴復還運用了甲午戰爭之前中國知識分子關於「君民共主」的政治體制詞彙，改寫爲「**君民並主**」，由這個特殊的詞彙，也可看出嚴復除了西學之外，也相當重視其同時代的政治論述以及詞彙。

　　依據以上討論，吾人可將嚴復對孟德斯鳩政體分類的重構如下表述：

| | 君主／獨治 | 民主／共和 | 君民並主 |
|---|---|---|---|
| 有道 | 君主<br>（古之立憲） | 賢政 | 立憲民主<br>（今之立憲） |
| 無道 | 專制 | 庶建民主 | |

　　基於這樣的政體分類，嚴復在《法意》中所提出的憲政主義擘劃藍圖的理想體制爲何？中國未來的政治體制，當然應該是前述符合現代憲政主義精神，民權與君權並立的立憲體制。下列兩則案語表達了嚴復的憲政理想

　　國之大患，莫甚於無與爲全局之畫，與無與爲長久之計也。君主之國，其用人也，各有官司，而任有期很，又束之以文法之繁，考績之密，是故雖有賢能，不敢爲出位之思，甚且畛域顯然，取適己事，求所謂公忠體國，爲國家計慮深遠者，有幾人哉！幸而國有賢

君，以四境爲一家之私產，創業垂統，期子孫世守於無窮，則所謂全局之畫，長久之計，彼實爲之。……**夫惟立憲之國不然，蓋立憲之國，雖有朝進夕退之官吏，而亦有國存與存之主人。主人非他，民權是已。民權非他，即為此全局之畫，長久之計者耳。**嗚呼！知此，則競爭之優劣不待再計而可知矣。（嚴復合集，14: 647-649，《法意》第二十二卷，第十八章案語，黑體強調爲筆者所加）

義務者，與權利相對待而有之詞也，故民有可據之權利，而後應盡之義務生焉。無權利，而責民以義務者，非義務也，直奴分耳。是故若右之術，惟**立憲民主之國**而後可行。立憲之民，有囊橐主權，而可以監督國家之財政者也。吾國輓近言政法者，往往見外國一二政利，遂囂然欲仿而行之，而不知其立法本原之大異。字庚辛以還，國之所議行者亦眾矣，然決知其於國終無補者，職此故耳。（嚴復合集，14: 649，《法意》第二十二卷，第十八章案語，黑體強調爲筆者所加）

這兩則案語出自《法意》第二十二卷，刊行於 1906 年 9 月的第五冊卷尾，而孟德斯鳩文本的脈絡，是在討論公債以及償還的相關議題，與憲政主義並無直接關連。據此可以推斷，嚴復有感於 1905-06 年清廷預備立憲的時刻，在這個文本中，提出他對於民權、人民的權利與義務，以及立憲民主的看法。

雖然「**立憲民主**」（*constitutional democracy*）一詞在嚴復的政治論述很少出現，[14] 卻是《法意》終極的政治理想，這與同時代梁啓超的在〈立憲法議〉所提出的「君主立憲」優於「民主立憲」之觀點大相逕庭（梁啓超，1960，文集 5: 1-6）。嚴復用自己的分析觀點，將君主國由上而下的統治，以及立憲國參用民權由下而上具有正當性的統治，做了明確的比較。而他所述「雖有朝進夕退之官吏，而亦有國存與存之

---

14　另曾出現於《群己權界論》譯凡例（嚴復合集，11: 3）。

主人，主人非他，民權是已」，可以說是運用民權作爲主權者的永久性
（perpetual）之屬性，以此相對於從事治理的官吏之朝進夕退。

## 六、結語：「譯書猶之國際兌換錢幣」？

　　本章分析了，嚴復在日本的東學翻譯與詞彙的既存條件中，通過
翻譯孟德斯鳩的《法意》，同時進行個人在政治哲學與體制設計的理論
建構，完成了其成熟期的憲政論述。以嚴復的政治思想而言，這個時期
除了《法意》此處的綜合性論述外，他也即將基於在上海青年會所做的
六次演講，集結而成《政治講義》，成爲他在「預備立憲時刻」所做的
重要言論貢獻，此爲第十九章之主題（cf. Shaw, 2016）。

　　由於嚴復在《法意》案語中對張相文的《萬法精理》多所批評，張
相文之子張星烺回敬了以下反批判：

> 〔張相文《萬法精理》〕其譯書非同率爾操觚者可比也。此書侯
> 官嚴復亦自英文譯成漢文，名曰法意，對於日文譯本及自日文譯
> 成之漢文本頗多吹毛求疵之處。文人相侵，自古通病，中國人尤好
> 咬文嚼字，更屬無謂。譯書猶之國際兌換錢幣，每經一次兌換，必
> 較原價減少若干，乃自然之理。若謂譯文對於原文，絲毫不失原
> 意，乃不可能之事也。試取荷馬古詩觀之，英法德各種文字中之譯
> 本，何啻數百種，今後尚不能必其無新譯本也。若謂他人譯本皆錯
> 誤，惟自己獨是，乃瘋狂人之語也。讀譯本書求其大體不誤足矣。
> 孟德斯鳩原書爲法文，自法文直譯之本，漢文中至今尚無之也。
> （張星烺，1996: 10A-10B）

　　但是經過本章檢視中國近代憲政論述形成時期，孟德斯鳩《論法
的精神》所發揮的關鍵影響，以及在梁啓超的介紹與張相文和嚴復的
譯本中，如何鍛造出「立憲」的概念與論述後，便可理解，這些譯本的

歷史意義絕不能僅從「信」或「忠實度」的標準來評比，而應該從脈絡主義的立場，將文本視爲是對現實政治的「介入」（intervention）加以理解與詮釋。誠如史金納所言，歷史的文本或言說，除了內在理路之外，更需細究在當時時代脈絡之下，文本的撰述者或言說的發語者具有何種「意圖」，甚至是「文本的表現性」（the performativity of texts）。[15] 張相文的《萬法精理》以「立憲」翻譯 "monarchy"，以及嚴復在《法意》中對「民主」與「共和」以及「立憲」與「君主」的雙重概念替換，都是此種「文本的表現性」的絕佳例證。

　　本章的分析取向，可以和當代思想史研究方法加以對照。劉禾（2008）所提出的「跨語際實踐」（translingual practice），著重在翻譯的過程中所產生的改變，乃是「主方語言」在本土環境中創造發明，所以譯文與原文的忠實度就不再構成研究的焦點（劉禾，2008: 36）。但本章的研究則指向，在經典文本譯文形構核心政治社會觀念時，對原文的某些誤譯或誤解，恰恰構成理解並與詮釋主體所做的概念轉化的關鍵線索。換言之，原文與譯文的對比，在不同語言最初接觸時期的某些意義轉化，在核心文本的範圍中仍可以得到精確的理解與詮釋，而不只是後殖民主義（post-colonialism）所主張的意識型態批判而已。

　　另一方面，張相文所運用的「立憲」與嚴復所使用的「民主」或「憲政」，都是十九世紀末到二十世紀初中文世界所形成的核心政治觀念。金觀濤與劉青峰（2008）主張用大型數據庫重新檢視核心觀念的形成與變遷，這無疑地對思想史研究可以創造出新的研究成果。然而，這是否如其所述意味著「思想史」應該轉向爲「觀念史」的研究？甚至主張「研究的基本單位不再是文章和人物，而是句子」，以及過往「以人物和代表著作爲研究的基本單位，侷限了討論範圍，很難提供對該觀念如何起源、是否普遍、是否流行的檢驗」（金觀濤、劉青峰，2008: 5）？筆者對此有所保留。本章對張相文的《萬法精理》以及嚴復《法意》的概念轉譯所做的分析，將使得他們所各自運用的概念，在各該年度（張

---

15　請參閱 Skinner（2013: 198-199）以及史金納（2014: 29-30）之討論。

相文，1903；嚴復《法意》前四冊，1904）中，對「立憲」（張相文）
以及「民主」（嚴復《法意》）兩個觀念產生重要的數量上影響：如《觀
念史研究：中國現代重要政治術語的形成》圖 2.2（金觀濤、劉青峰，
2008: 85）所示在 1903 年「立憲」一詞的小高峰應爲張相文譯本所致；
而圖 7.2（金觀濤、劉青峰，2008: 263）在 1904 年「民主」一詞的小
高峰則可能是嚴復《法意》前四冊的影響。但單純地從數據資料，其實
並無法看出兩位翻譯者運用這些觀念詞彙的眞正**意圖**，並加以**詮釋**。
換言之，即使在當今數據庫蔚然勃興的時代，基於脈絡主義的方法典
範，細緻的經典、思想與文本分析仍然不可或缺。

# 第十八章

# 盧梭《民約論》在中國

## 嚴復與民約傳統的再建構

# 一、前言：民約論與革命論述

　　盧梭的《社會契約論》，在清末民初以《民約論》之名流通，對於中國民主共和以及革命意識的發展，產生了重大影響。早在 1901 年，梁啓超在〈國家思想變遷異同論〉一文中便指出，當時的學界在國家思想方面可以稱雄的有二大學派，一爲「平權派」，代表者是盧梭《民約論》之徒；另一則爲「強權派」，代表者爲斯賓賽進化論之徒。梁啓超並指出，平權派強調人權出於天授，人人皆有自主之權，人人皆平等，而國家乃是由人民之合意締結契約所成立。值得注意的是，雖然梁啓超當時仍受到盧梭的影響，但已經指出盧梭之徒平權派可能的弊端在於「陷於無政府黨，以壞國家之秩序」（梁啓超，1960，文集 6: 19）。

　　盧梭思想與激進革命，在六十多年後爲著名的中國近代思想史家史華慈基於中西現代政治思想史的分析中，得到了進一步的發揮。在文化大革命的顛峰時期，史華慈運用盧梭研究之中著名的「德行統治」（the reign of virtue）主題，分析文革時期毛思想的道德化特質，強調領袖與具有德行的人民群眾之間應該建立直接的政治關連。如同二次戰後的諸多政治思想史家如 J. L. Talmon（1970）所做的思想史考察，嘗試對極權主義爬梳出思想史淵源。而以史華慈而言，文化大革命的毛思想，除了馬克思列寧主義革命傳統的淵源外，應該更可上溯至某些中西思想傳統；在西方政治思想方面，他特別強調盧梭的重要性（Schwartz, 1996: 175-186）。之後，史華慈更進一步發展這個思想史的線索，以〈當代世界中的盧梭張力〉（"The Rousseau Strain in the Contemporary World"; Schwartz, 1996: 208-226）爲題，宏觀地分析啓蒙以後科學觀念對西方政治社會思想的影響，而盧梭作爲反啓蒙的思想家，同時強調道德的純粹性以及通過政治領域加以實現的必要，從而在強調理性主義的啓蒙思想中，創造了一個重要的批判張力。然而，科學主義的另一個面向在於，尋找出人性裡可以被化約而治的基本要素後，再運用一種政治社會「工程」（engineering）重新建構政治社會。這種科學式的政治社會控制學，在盧梭的系統中，以「立法家」

（Legislator）的形貌出現，構成了盧梭思想所建立的另外一重張力，並且在雅各賓黨與馬克思主義的革命運動中，化身為具有正確意識的先鋒黨，而深刻影響了現代世界的政治發展。

基於此，盧梭的《民約論》和激進革命之間的關係，逐漸成為一種思想史研究的主流見解。然而，在中國近代史中，《民約論》的翻譯以及理解，是否真的反映了這種影響？眾所周知，《社會契約論》是一本極為複雜，且具有辯證結構的西方政治思想經典。在這本著作中，盧梭不但證成了人民主權、普遍意志和激進民主等核心理念，全書更討論、辯證了偉大立法家、國民風尚以及羅馬政治制度等概念。對於這樣複雜的經典，即使是有著完整法文或英文知識的當代人，也得下一番功夫才能有所理解。在這種狀況下，探究清末民初的思想家如何基於現實的迫切需要來閱讀《民約論》，遂成為一個值得研究的思想史課題。

《民約論》譯本在中國流通的情形，歷史學者已經做了相當詳細的考證（夏良材，1998；巴斯蒂，1990；黃克武，1998: 270-290）；在現有文獻中，亦可見整理、對比早期譯本是否忠實傳達某些關鍵文本之分析（吳雅凌，2009）。然而，對於這樣的翻譯**究竟形成何種政治圖像**，則尚未有足夠的探討。本章的目的即在於匡補闕漏，在這些歷史分析的基礎上，探究《民約論》的譯本與詮釋所呈現出的政治圖像。在方法論層次，本章將基於劍橋學派的脈絡主義方法，以及劉禾（2008）所提出的「跨語際實踐」觀念，檢視清末的《民約論》譯本，以及對此文本的理解。在脈絡主義方面，史金納（Skinner, 2002a, 1: 57-89）所強調的，不僅在於充分地檢閱文本在同時期的相關論述以及論辯，更重要的是，詮釋文本時，「並非全然將其作為信念的表述。不如說，是將文本作為對其當時的政治辯論一種特定且相當複雜的介入（intervention）。我們不是在問[歷史行動者]在肯認什麼；而是在問，在前述引文中他在做什麼；甚至可說我們所問的是在說出這段話時，他所打算（up to）的是什麼」（Skinner, 2013: 198）。換言之，在詮釋文本時必須「知道行動者在行動時之意旨」（Skinner, 2002a, 1: 82）。此種脈絡主義的研究取向，並不對於研究對象的信念之真理性加以接受或

者否定；相反地，史學家所致力的，乃是在於發掘信仰系統背後，使當事人持有此種信念的合理性（rationality）基礎，並解釋該信念以及論述結構得以產生的原因，也就是其歷史文化脈絡的特定結構。

這種脈絡主義的取向，就研究翻譯文本這個特定對象而言，更需要運用「跨語際實踐」分析，因為這個取向對於跨越文化的表述，提出了一套細緻的文化理論。劉禾指出：

> 跨語際實踐的關鍵並不是去研究翻譯的歷史，也不是去探討翻譯的技術層面，儘管當我們涉及這兩個層面中的任何一個時，都能夠有所助益。我所感興趣的是理論問題，是有關翻譯條件以及不同語言之間最初進行接觸所產生的跨語實踐方面的理論問題。如果進行寬泛的界定，那麼研究跨語際的實踐就是考察新的詞語、意義、話語以及表述模式，如何由於主方語言與客方語言的接觸／衝突而在主方語言中興起、流通並獲得合法性的過程。因此當概念從客方語言走向主方語言時，意義與其說是發生了「改變」，不如是在主方語言的本土環境中發明創造出來的。（劉禾，2008：36）

這樣的方法不再強調譯文與原文之間忠實度的問題，而是在於理解文本跨越語際之後，在翻譯或閱讀中所產生的實踐價值。這在面對文化交流初期的文本之中特別需要注意。此種跨語際實踐以及脈絡主義的分析取向，將是本章分析之基本出發點。

本章嘗試以比較政治思想史的方式，重建《民約論》譯本與詮釋之中所呈現的政治認知。以下將處理三組相關的盧梭譯本或詮釋：首先探討日本思想家中江兆民的《民約譯解》以及相關論述所形成的盧梭文獻；其次檢視《民約論》的第一個完整中譯本——楊廷棟的《路索民約論》，以及劉師培基於楊譯而撰之《中國民約精義》的盧梭詮釋；第三則是馬君武早期在《民報》時期所提出的盧梭詮釋。

## 二、中江兆民與「民約」的政治想像

### （一）梁啓超基於中江兆民所提出的詮釋

　　撇開早期對於盧梭的片段論述（如黃遵憲）不談，中國首位對《民約論》提出完整介紹的，首推梁啓超。梁氏在〈論學術之勢力左右世界〉（刊於 1902 年 2 月《新民叢報》第一號）一文中大聲疾呼，在西力東漸所造成的巨大衝突之中，握有權術並不足以達到勝利，必須輔以眞正的智慧與學術。當時西方之所以能達到文明鼎盛的狀態，受諸多大思想家影響甚鉅。梁啓超列舉了七組最主要的思想家，包括歌白尼（哥白尼）之天文學、倍根（培根）和笛卡兒之哲學、孟德斯鳩之著萬法精理、盧梭之倡天賦人權、富蘭克令（富蘭克林）之電學與瓦特之器機學、亞丹斯密（亞當斯密）之理財學，以及伯倫知理之國家學，另外還提到康德與邊沁、彌勒（穆勒）等。這篇文章，大體可視爲梁啓超在同一年度所撰寫的一系列學案之序言；在其中，與政治思想最有關係的包括〈霍布斯學案〉（梁啓超，1960，文集 6: 89-95）、〈斯片挪莎（史賓諾莎）學案〉（梁啓超，1960，文集 6: 95-97）、〈盧梭學案〉（梁啓超，1960，文集 6: 97-110），以及〈法理學大家孟德斯鳩之學說〉（梁啓超，1960，文集 13: 18-29）。從幾個學案的篇幅長短即可看出，在西方政治思想史傳統中，盧梭與孟德斯鳩對梁啓超影響最大，雖然他後來逐漸轉向伯倫知理的君主立憲國家學。

　　梁啓超的〈盧梭學案〉依賴日本學者中江兆民（1847-1901）甚深。中江是明治時期代表性的思想家，有「東方盧梭」之稱（狹間直樹，2013；鄭匡民，2003：151-52）。他將法國學者 Alfred Fouillée 所著之《哲學史》（1879）翻譯成日文《理學沿革史》（1886）；而梁啓超的〈盧梭學案〉實乃基於《理學沿革史》而成，完全複述了其中與盧梭相關的一節，但刪除了原書最後論述國家與宗教關係的部分（巴斯蒂，1990: 58-59）。〈盧梭學案〉指出，德國大儒康德對於盧梭民約眞義之解最明，

確切掌握到民約所處理的是「立國之理論」，而非「立國之事實」（梁啓超，1960，文集 6: 99），這代表 Fouillée 的詮釋已經是一種康德主義式的理解。而這篇文章對於盧梭理論的綜合，基本上以契約、主權與公意，以及法律與政府等議題為主軸，完全省略《社會契約論》中關於立法家、羅馬政制以及公民宗教的論述。巴斯蒂指出，由於 Fouillée 本身是一個溫和的共和主義者，因此這篇文章表達了十九世紀下半葉西歐對於盧梭思想的主流理解方式（巴斯蒂，1990: 60）。

　　雖然〈盧梭學案〉完全是中江兆民所譯 Fouillée 論述的重述，但梁啓超加了以下四個案語：首先，霍布斯式人民捐棄自我之權利是一種無效契約；其次，梁氏以中國舊俗父母得鬻其子女為人奴僕，來支持盧梭所主張個人不能捐棄本身以及兒子的自由權；第三，法律必須是「以廣博之意欲，與廣博之目的，相合而成者也」（用現代的表述，則為普遍意志意欲普遍之目的），而梁氏認為此說可謂一針見血，而若「謂吾中國數千年來未嘗有法律，非過言也」（梁啓超，1960，文集 6: 106）；以及最後稱道盧梭的聯邦民主制，認為中國數千年來雖為專制政體，但民間自治之風仍盛，或可考慮走向聯邦民主制度。就這四個案語而言，其所述皆未能對盧梭複雜的論證進一步提出詮釋，所以，梁啓超似未讀過《社會契約論》原文之論斷，大體無誤。即使如此，〈盧梭學案〉仍有幾個值得注意的地方。首先，梁啓超對於社會契約的條款，以及其所產生的結果，也就是主權在眾人之意的「公意」的掌握，相當精準（梁啓超，1960，文集 6: 104）。其次，梁啓超指出「國民」是主權的承載者，並且強調「一邦之民，若相約擁立君主，而始終順其所欲，則此約即所以喪失其為國民之資格，而不復能為國也。蓋苟有君主，則主權立即消亡」（梁啓超，1960，文集 6: 105）。不過，梁啓超對於盧梭所論，所有正當政府均為共和制的說法，則理解為「凡政體之合於真理者，為民主之治為然爾」（梁啓超，1960，文集 6: 108），也就是以民主來理解盧梭的共和正當性。梁氏或許沒有意識到，盧梭接著在下一段即討論政體種類，區別出君主政體、少數政體以及民主政體三者；他也不認為民主同時作為唯一符合普遍意志的政體，以及三種政府體制之

一，其間有任何邏輯上的矛盾。

　　梁啓超對於盧梭的支持，在 1903 年逐漸產生了變化。在〈政治學大家伯倫知理之學說〉一文中，他強調伯倫知理的學說是盧梭理論的對立面（梁啓超，1960，文集 13: 67）。他援引了伯倫知理反駁盧梭的三項理據：首先，國民可以自由進出國家，只有同意才能成立國家，所以，「從盧氏之說，僅足以成立一會社」，這只是個人一時的集結，無法成立「永世嗣續之國家」以及「同心合德之國民」；其次，國民必須立於平等的地位，只要有命令服從關係，民約就無法成立，這和人性的基本特質並不相符；第三，在民約之下，要成為全國民意，必須「全數畫諾」，否則不能成為全體的意見，這在事實上不可能。

　　然而，這三點批判，在四年前（1899 年 4 月至 10 月）梁啓超第一次介紹伯倫知理思想時，已經加以引述（梁啓超，2005: 1220），但在 1903 年，梁氏才從支持盧梭轉為反對盧梭學說。據梁氏自述，原因在於這幾年間，盧梭學說輸入中國之後，有識之士本以為可以拯救中國之廢疾，「顧其學說之大受歡迎與我社會之一部分者，亦既有年，而所謂達識之士，其希望之目的，為睹其因此而得達於萬一，而因緣相生之病，則以見萌芽見瀰漫一國中，現在未來不可思議之險像，已隱現出沒，致識微者慨焉憂之」（梁啓超，1960，文集 13: 67）。對於放棄盧梭的共和主義，梁啓超不但有著清楚的自我意識，而且帶著情感上的不捨，他「心醉共和政體也有年」，但在閱讀伯倫知理以及當時柏林大學教授波倫哈克的理論之後，「不禁冷水澆背，一旦盡失其所據」（梁啓超，1960，文集 13: 85）。他為了強化自己「不憚以今日之我與昔日之我挑戰」的決心，而發出「吾涕滂沱，嗚呼，共和共和，吾愛汝也，然不如其愛祖國；吾愛汝也，然不如其愛自由。吾祖國吾自由其終不能由他途以回復也，則天也」之喟嘆（梁啓超，1960，文集 13: 86）。

　　本章關切的焦點在於：短短數年之間，中國知識界的論述有哪些變化，促成梁啓超對於盧梭共和論由接受轉為拒斥？

## （二）中江兆民漢譯本

　　除了翻譯《理學沿革史》來介紹西方政治社會思想，中江兆民更具影響力的貢獻，是翻譯了盧梭《社會契約論》的部分章節成爲《民約論》。中江的法文水準很高，曾兩次翻譯《民約論》。在 1874 年左右，他以日文翻譯了《社會契約論》卷一以及卷二（一至六章），目前卷二部分的手抄稿尚存。在 1880 年代初期，他另外運用漢文翻譯了相同的內容（《社會契約論》卷一以及卷二的一至六章），並加上個人的解釋，在連載後，卷一刊成專書，成爲著名的《民約譯解》，於 1882 年 11 月出版單行本。1907 年的《明治名著集》也加以收錄，另外 1909 年的《兆民文集》也收錄了卷一。[1]

　　由於中江採用文言體漢文翻譯這個版本，因此對於留日的中國學子產生了關鍵性影響。中文本的翻印（基本上會對中文文字略做潤飾）共有三次（熊月之，2002: 329-330, 334）：首先，1898 年戊戌變法前夕，上海大同譯書局刻印了《民約譯解》的第一卷，以《民約通義》的書名刊行，但是刪除了中江的譯者敘以及盧梭的序言，直接由第一章開始刊行，並增加了一篇「東莞咽血嚨㗅子」之誌（盧騷，1898）；[2] 其次，1910 年《民報》第二十六期（最後一期），以《民約論譯解》再度刊行了中江譯本的社會契約論第一卷（盧騷，1910）；最後則在民國成立後，於 1914 年 7 月由民國社田桐再次重刊，書名改爲《共和原理民約論：

---

1　本文採用版本爲中江兆民，《民約譯解》，收入中江兆民（1983: 73-129）。關於中江兆民的政治思想，請參閱狹間直樹（2013: 53-57; 2002: 1583-1598, esp. 1592-1593）以及鄭匡民（2003: 135-169）。

2　筆者所見者爲此版，但未見版權頁出版印與及年代資料，書名則爲「法儒盧騷著，民約通義，人鏡樓主人書」。至於前述「東莞咽血嚨㗅子」之誌，年代署戊戌春。以下引用採取本版（盧騷，1898）之頁碼。據馬君武譯本（·1966，序：1）所述，出版者爲「上海同文譯書局」，但范廣欣（2014: 95 註 62）考證應爲「上海大同譯書局」，今從之。

民約一名原政》。[3]

在翻譯史上特別值得注意的是，中江兩次翻譯都只譯到《社會契約論》卷二第六章，而當時所匯集刊行的版本都只有卷一，所以當時中國人所讀到的，皆僅爲卷一的漢譯。中江選擇只翻譯到卷二第六章應該有其深意。以《社會契約論》之整體結構而言，[4] 中江傾其全力翻譯社會契約以及普遍意志運作成爲法律的第一部分。從卷二第七章以後，盧梭轉進了偉大立法家以及民族風尙的討論、卷三論述人民建制政府以及對政府所實施的直接民主控制、乃至卷四所討論的羅馬政制以及公民宗教等議題，顯然都不是中江關注的核心。換言之，中江以「民約」爲核心，擷取了《社會契約論》的第一部分，獨立構成一個意義整體，揭示了他建構「民約」作爲一種政治符號的意圖。

然而，由於中國的翻刻本並未包括第二卷的前六章，所以部分重要內容未能進入中文世界。其中包括兩個重點：第一，卷二第六章論「律例」（按指法律），談到「凡是實行法治的國家——無論它的行政形式如何——我就稱之爲共和國」的命題時，[5] 中江拒斥「共和」一詞，而主張用「民自爲治」方爲恰當之翻譯，他指出：

> 法朗西言列彪弗利，即羅馬言列士，彪弗利，兩者之相合者。蓋列士言事也，務也，彪弗利言公也，列士彪弗利，即公務之義，猶言眾民之事。一轉成邦之義，又成政之義，中世紀以來更轉成民自爲治之義。當今所刊行諸書，往往譯爲共和，然共和字面，本與此

---

3　筆者未見此版，請參考狹間直樹（1991: 149-154）。

4　關於《社會契約論》的論述結構，筆者採取一種黑格爾辯證式的理解：第一卷第一至五章為引論及既有理論之批判；第一卷第六章至第二卷第六章為「普遍性」政治原則的論述，討論社會契約與普遍意志；第二卷第七至十二章為第一次「特殊性」論述，討論立法家及民族；第三卷為第二次「特殊性」論述，討論政府的特殊性及普遍意志控制之道，實際上亦可直接銜接第二卷第六章；第四卷則為第一次「特殊性」論述的落實，討論羅馬政制與公民宗教。以黑格爾辯證法的角度閱讀，即可知《社會契約論》有著由「普遍性」到「特殊性」，終至「具體」政治現實性的理論結構。請參閱蕭高彥（2013: 197）。

5　筆者所稱的「共和原則」，請參見蕭高彥（2013: 174）。

語無交涉，故不從也，前于婁騷之時，並至今代，苟言彪弗利，必
指民自主國不別置尊者，即如彌利堅北部，瑞西，及今之法朗西是
也，其餘或稱帝制之國，或稱王制之國，以別異之。（中江兆民，
1983，1: 126-127）

這個長註強調「共和」並非 "republic" 的恰當譯法，而「民自爲
治」或「民自主國不別置尊者」（以現代用語來說，就是民主）才是正
確理解 "republic" 的漢文用法，其對立面則爲「帝制之國」（empire）
或「王制之國」（monarchy）。[6] 其次，中江於第二卷第六章的最後一個
註解也非常重要：他強調假如民約的結果是由人民來立法，那麼在第
六章後半已經浮現的「立法家」概念，將產生另外一個律例的「制作
者」。這個矛盾顯然是讀者在閱讀《社會契約論》時，都會面臨的理論
困難。所以中江指出「蓋制作者，受民託制爲律例受之民，民從著爲邦
典。是之，律例雖成制作者之手，而採用之與否，獨民之所任，他人不
得與」。基於此，只要反覆玩味，盧梭的文本並沒有矛盾之處，「但以文
意極糾纏，竈心讀之或不免爲有理不相容者，讀者請再思焉」（中江兆
民，1983, 1: 129）。或許正是這個理論的糾纏，讓中江本人雖然能夠在
通讀全書之後有所理解（而他註解中的說明也的確符合盧梭的原意），
但若往下翻譯《社會契約論》，恐怕「民約」的意旨將隱晦不顯，的確
不如中江所爲，兩次皆僅翻譯到《民約論》卷二第六章爲止，來得意旨
明確。

瞭解中江所設定的民約在於《社會契約論》的第一部分之後，我們
有必要進一步理解他獨特的詮釋觀點。卷一的一至五章，是盧梭對於
之前的政治正當性理論所提出的批評，包括家族與父權理論、亞里斯
多德的自然不平等論、強者之權利、戰爭與奴隸等。在卷一第五章中，
盧梭對於格勞秀斯所提出的社會契約觀點（人民可以把自己奉送給一

---

6　假如田桐在 1914 年重刊《民約譯解》時包括這個部分，恐怕就很難將標題改
　　爲「共和原理民約論」了。

位國王），提出了關鍵的批評。盧梭強調，要能把自己奉送給國王之前，人民必須已經構成人民，所以必須「先考察一下人民是透過什麼行為而構成人民的」。在中江兆民的譯本中，此種人民構成人民的行為，被翻譯為「相約建邦」或「民之共約而建邦」。對於這個活動，中江解之為：

> 互魯士〔格勞秀斯〕言，國民立君，託之以專斷之權；盧騷則言，民相共約建邦，當在立君之前，所謂民約也。民約一立，人人堅守條規，立君之事，必不為也。[7]

　　在這個初次引入「民約」概念的文本中，我們清楚地看到：中江所強調的，不僅是人民共約建邦的優先性在立君之前；更重要的是，在民約成立之後，公民就不可能從事立君一事。這個強烈的主張，未必是盧梭的本意；因為對盧梭而言，在確立公民普遍意志的絕對性之後，在政府的層次是可以由君主獨治的方式來進行的。由於中江的翻譯沒有進行到第三卷，所以他並不需要面對這個理論議題。

　　卷一第六章是論述的理論核心，在其中盧梭交代了社會契約所應該處理的理論議題，並且提出了他自己所設定不能變更的社會契約條款。我們可以摘錄三個相關的文本，與當代的中譯本以及法文原文或忠實的英譯本加以對照，來理解中江如何以他的方式陳述其民約論。關於盧梭所指出的社會契約關鍵議題：「要尋找出一種結合的形式，使它能以全部共同的力量來衛護和保障每個結合者的人身和財富，並且由於這一結合而使每一個與全體相聯合的個人又只不過是在服從自己本人，並且仍然像以往一樣地自由」（盧梭，2003: 19）。對於這個社會契約所要解決的根本問題，中江翻譯為：

---

7　《民約論》之正文以下援引中文版的《民約通義》。本段請參見盧騷（1898: 12A）。

眾相共言曰，吾等安得相倚成一黨，賴其全力以保生。曰，吾等
安得相共繫束羈縻成一團，而實絕無為人所抑制，各有自由權，於
曩時無異。此乃國之所以成，國民之所以成民也。（盧騷，1898: 12B）

　　至於社會契約的條文，在當代的譯本中所述「我們每個人都以其
自身及全部的力量共同置於公意（普遍意志）的最高指導之下，並且我
們在共同體中接納每一個成員作為全體之不可分割的一部分」（盧梭，
2003: 20），中江則簡要地翻譯成：「是故民約也者，提其要而言曰，人
人自舉其身與其力，供之於眾用，率之以眾意之所同然是也。」（盧騷，
1898: 14A）在這兩個文本中，我們都看到，中江吸收盧梭的原文之後，
相對精確地翻譯成古漢語，但都加上了原文所無的「**民約**」以強調其重
點。

　　另外一個值得注意的文本，則是在論述社會契約的條款之後，盧
梭對於政治共同體的瞬間產生，有一段重要的解說；由於其中運用了
許多關鍵詞彙，特別應該仔細加以比較分析，藉以瞭解在東方人還沒
有民主經驗之前，如何理解西方政治思想的核心語彙。盧梭指出，上述
社會契約的條文假如全體人民共同遵守，那麼：

　　只是一瞬間，這一結合行為就產生了一個道德與集體的共同體，
以代替每個訂約者的個人；組成共同體的成員數目就等於大會中
所有的聲音〔中譯本為「票數」〕，而共同體就以這同一行為獲得了
它的統一性、它的公共的大我、它的生命和它的意志。這一由全體
個人結合所形成的公共人格，以前稱為**城邦**，現在則稱為**共和國**
或**政治體**；當它是被動時，它的成員就稱它為**國家**；當它是主動
時，就稱它為**主權者**；而以之和它的同類相比較時，則稱它為**權力**
〔中譯本為「政權」〕。至於結合者，他們就集體地稱為**人民**；個別
地作為主權權威的參與者，就叫做**公民**，作為國家法律的服從者
就叫做**臣民**。但是這些名詞往往互相混淆，彼此通用；只要我們再
以其完全的精確性使用它們時，知道加以區別就夠了。（盧梭，

2003: 21-22）[8]

在《民約通義》中，則將本段翻譯如下：

民約已成，於是乎地變而爲邦，人變而爲民，民也者，眾意之相
結而成體者也。是體也，以議院爲心腹，以律例爲氣血，斯以宜暢
其意思也。是**體**也，不自有形，而以眾身爲形；不自有意，而以
眾意爲意。是體也，昔人稱之曰**國**，今也稱之曰**官**，官者財理群職
之謂也；自其與眾往復而稱亦曰**官**，自其出令而稱曰**君**。他人稱之
曰**邦**，合其眾而稱之曰**民**。自其議律例而稱曰**士**，自其循法令而稱
之曰**臣**。雖然此等稱謂，或有相通用，不分別循其本意，宜如此云
爾。（盧騷，1898: 14A，黑體強調是筆者所加）

　　這兩段譯文對照起來，可以看到中江如何用他個人的理解視域，
來掌握盧梭清楚界定的政治哲學關鍵詞彙，特別是此處盧梭本人加重
強調的詞彙，我們可以畫表對照如下（由於中江沒有完全嚴格的直譯，
所以部分詞彙加上問號）：

---

8　英文翻譯為："Instantly, in place of the private person of each contracting party, this
　　act of association produces a moral and collective body, composed of as many
　　members as there are voices in the assembly, which receives from this same act its
　　unity, its common self, its life, and its will. This public person, formed by the union
　　of all the others, formerly took the name of *City*, and now takes that of *Republic* or
　　*body politic*, which its members call *State* when it is passive, *Sovereign* when active,
　　*Power* when comparing it to similar bodies. As for associates, they collectively take
　　the name of *people*; and individually are called *Citizens* as participants in the
　　sovereign authority, and *Subjects* as subjects to the laws of the state. But these terms
　　are often mixed up and mistakes for one another. It is enough to know how to
　　distinguish them when they are used with complete precision."（Rousseau, 1994:
　　139），黑體強調為原文所有。

## 核心觀念對照表

| 原文 | 當代譯本 | 中江譯法 |
|---|---|---|
| City | 城邦 | 國？ |
| Republic | 共和國 | 未譯？（卷二解譯爲治之國」） |
| Body Politic | 政治體 | 體？ |
| State | 國家 | （官）？ |
| Sovereign | 主權者 | 君 |
| Power | 權力（政權） | 邦 |
| People | 人民 | 民 |
| Citizen | 公民 | 士 |
| Subject | 臣民 | 臣 |

　　在這個對照表中，後五個詞彙具有確定性，也清楚地顯示出，中江嘗試運用儒家傳統的政治觀念使盧梭的觀念可被理解。以「士」來翻譯"citizen" 反映了一種「儒學式公共空間」的政治想像，即將逐漸在清末興起（金觀濤、劉青峰，2008：80-90）。不過，筆者認爲最重要的，是將 "sovereign" 翻譯爲「君」所反映出對民主與君權的特殊理解方式。

　　在《民約譯解》卷一的序言中，中江將盧梭自己所說生於自由之國（free state）而得以參與主權（sovereignty）的說法，譯爲「余亦生而得爲民主國之民，以有與於議政之權」（盧騷，1898: 1A），而中江的第一個註則指出：「民主國者，謂民相共爲政（主）國，不別置尊也。議

政之權者，即第七章所謂君權也。」[9] 所以，在中江的政治觀中，他所指的民約，意味著民相共爲政主國，也就是民主國。而中江《民約譯解》最重要的譯筆，**便是將「主權」翻譯成「君權」、主權者譯爲「君」。**唯有理解此譯筆，才能詮釋中江所譯第一卷的意圖。

　　狹間直樹指出，明治前半期日文語彙和文體產生極大的變化。以「主權」一詞而言，雖然發端於 1864 年丁韙良所譯《萬國公法》；[10] 在日本則於 1868 年津田眞道的《泰西國法論》中已經頻繁使用，不過即使在日本第一部正規國語辭典《言海》（1889）中，亦並未列入這個詞條（狹間直樹，2013: 60）。狹間強調，當時日本人只有受到天皇或之前幕府將軍的統治經驗及概念架構，不易準確理解國民主權的內涵，所以中江兆民用心良苦地以儒家政治思想爲依據，「靈活運用儒教概念的獨特人民主權說」（狹間直樹，2013: 62），產生一套可以爲當時人所理解的約束君權之理論。[11] 這樣的譯筆，對於依據中江譯本來理解盧梭《社會契約論》的東方讀者，將產生關鍵性的影響。

　　中江雖然將「主權」翻譯成「君權」、主權者譯爲「君」，但他對文義的理解是準確無誤的，這可以通過分析《民約通義》第六章而得到證實。本章開端盧梭用了非常抽象的概念架構處理人民與主權間之關係：

---

9　盧騷（1898: 1B，黑體強調是筆者所加）。日本版原文有「主」字，中文本刪除。

10　在 1864 年刊行的《萬國公法》中已經確立主權的譯法以及確切涵義，在「論邦國自治自主之權」的第二章中又如下的界說：「治國之上權，……行於內，則依各國之法度，或寓於民，或歸於君；……主權行於外者，即本國自主，不聽命於他國也」，對外自主之國即有主權，主權者則依主權之歸屬，而有君主之國、民主之國的區別。參閱丁韙良（1998: 74；卷一，頁 15B）。

11　必須強調的是，在 1886 年所刊行中江兆民所譯的《理學沿革史》第四編第七章關於盧梭的討論中，便已經正式運用「主權」一詞，未曾與「君」或「君權」加以混淆（中江兆民，1983, 6: 133-135）。所以梁啟超據之以轉述的〈盧梭學案〉，便一致性地運用「主權」一詞（梁啟超，1960，文集 6: 102, 104, 108）。表面上看來，中江兆民在早期翻譯《民約譯解》（日譯本約成書於 1874 年左右）以及《理學沿革史》（1886 年）之間，「主權」一詞的使用在中江的思想中才確定下來。不過，因爲漢文譯本在 1880 年代初期完成並在 1882 年底出版單行本，所以與《理學沿革史》之間的年代差距並不大。「君權」與「主權」兩詞並行，構成了思想史中獨特的現象。

由於公民的政體即爲主權者，所以人民與主權者有一種特殊的「雙重關係」，一究其實，意味著人民的主動身份（公民）乃是主權的構成者，而人民的被動身份（臣民）又必須服從主權所制訂的法律。雙重關係中，都是人民自身之間的行動。中江則把這個抽象的「雙重關係」轉化成一種君、民關係：「由前所述推知，民約之爲物可知已。日是君與臣交盟所成也」（盧騷，1898: 14B），但中江當然瞭解這其實是人民與人民間之關係，所以馬上繼續說明「所謂君者，以不過爲眾人相合者，**雖云君臣交盟實人人躬自盟也**。何以言之，日眾人相倚爲一體，將議而發令，即君也」。而「人人皆一身而兩職，故其爲君所定，臣不可以不循之」（盧騷，1898: 14B），之後再強調「公意之所在，君之所存也」（盧騷，1898: 15B）。

和現代譯本比起來，少了「主權」一詞的中介，中江譯本所表達出的意義是人民自爲君而主其國政。但「**人民自為主權者**」和「**人民自為君主**」兩者的涵義並不相同。盧梭的原意，是社會契約構成共和的正當性原則，也就是普遍意志是法律唯一的根源；但在政府的層次，仍有可能採行君主制，由一人處理行政事務（社會契約論第三卷第六章）。[12]但當中江用「君」替換「主權者」時，這個可能性就被移除了，也呼應中江之前在釋義中所提出的「民約一立，人人堅守條規，**立君之事，必不爲也**」（盧騷，1898: 12A）此一根本主張。所以，用「君」來翻譯「主權者」，意味著以民約取代君權，全體人民「躬自盟」成爲君主。閔斗基（1985）也注意到中江以「君」來翻譯「主權者」，並主張這使得百日維新的康有爲以及梁啓超在這段時間都未曾引用《民約通義》，雖然

---

12　然而，盧梭顯然仍有暗諷君主制之處。在《社會契約論》第三卷第六章中，盧梭強調君主式政府遜於共和式政府，似乎故意遺忘「共和」並不是政府體制，而指涉所有具有正當性（普遍意志爲主權者）的國家。邏輯上，君主式政府的國家，只要普遍意志仍爲主權者，就符合共和的界定。另外，在《社會契約論》第三卷第一章中，盧梭刻意將政府官員之整體稱爲「君主」，放在《社會契約論》的整體脈絡來解讀，這意味者人民直接控制的重要性，也導引出《社會契約論》第三卷第十章以後的議題。

這個版本刊行於戊戌年「春」（依據「東莞咽血嚨唧子」署戊戌春）。[13]

　　綜合本節所述，中江兆民的譯本，雖然只翻譯到第二卷第六章，但是譯文相對準確，此外他已經嘗試用儒家的政治圖像來詮釋盧梭的民約論。而用「民約」作為最重要的政治符號，也應當歸功於中江；如此形成了在東亞特殊的盧梭意象。雖然在審視中江譯文後，可知他完全瞭解盧梭的原意，但用「君」來翻譯主權者，則表現出將人民通過民約，直接構成君主的意圖。這雖使得《民約通義》在百日維新未受到維新派的引用；不過，中江譯文的民權涵義，則或許是促成《民報》在第26期重新刊行這個譯本的原因。


## 三、楊廷棟的《路索民約論》：立憲派的閱讀

　　楊廷棟（1879-1950），江蘇吳縣人士，清末積極參與立憲運動，並曾被選為江蘇省諮議局議員（張朋園，2005: 55-59, 221）。他所翻譯的《路索民約論》是中文世界第一個《社會契約論》的完整譯本，刊行於1902年，據研究是從日文本原田潛的《民約論覆義》（1883年）轉譯而成。事實上，在稍早的《譯書彙編》第一、二、四等期之中，已經陸續刊行了《民約論》的部分譯文，[14] 對比《路索民約論》以及《譯書彙編》的譯文，二者幾乎完全相同，可以顯示出都是楊廷棟手筆。楊氏在《路索民約論》卷首「初刻民約論記」記述道：

　　　民約之說，……日本明治初年，亦嘗譯行公世，第行之不廣，迄

---

13　參閱閔斗基（Min, 1985: 199-210）。閔斗基的推論是《民約通義》論述架構使得君與人民直接銜接，缺乏改革派所冀望仕紳階層以啟蒙者角色所能產生的關鍵影響（Min, 1985: 204-207）。閔斗基另外主張標題頁的「人鏡樓主人」應該就是自號「人境廬主人」的黃遵憲。閔氏因此推論，黃遵憲促成《民約通義》的刊行，與之交情甚篤的梁啟超不可能不知此書。

14　目前可見者為坂崎斌編（1966）。本冊包括《譯書彙編》第一、二、七、八期，其中一、二期所刊法國盧騷著《民約論》為第一卷。

今索其古本，亦僅焉而已。……歲庚子，嘗稍稍見於譯書彙編中，既有改良之意，且謂疏淪民智，膚淺之無甚高論，遂輟此書，不復續刻。（楊廷棟，1902：序 1A）

但楊氏認為民約論對中國當時的環境非常重要，所以勉力為之，完成全譯本，「從此茫茫大陸，民約東來」，至於其「論悟如何，則天下萬事，自有不可沒之公論在也」。楊氏序言之中所說的「**公論**」，是理解其譯本的關鍵概念，因為以下將指出，經由楊氏所呈現出來的盧梭社會契約論，其實是一種憲政主義（也就是符合當時立憲派思維）式的譯本。

楊廷棟的譯本，顯然是經過轉譯，且運用文言文加以修飾過後的產品；經過這樣的轉譯過程，盧梭《社會契約論》的原始意旨，受到了相當程度的遮蔽。[15] 我們不妨將上節所引幾段社會契約論的關鍵文字，擷取揚譯本的翻譯如下。第一卷第六章關於社會契約的根本問題：

人人竭其能盡之力，合而為一，以去阻我之物。夫亦以我一己之力，去我一己之害也。國也者，人人之國，即一己之國也。一己之力，不足以去人人之國之害，遂以人人之力，共去人人之國之害，其事半，其功倍，實天下之至便。且事半功倍之說，即為成立國家之始基，而民約之本源也。（楊廷棟，1902，卷 1：8B）

關於社會契約的條款，楊譯如下：

---

15 革命黨人田桐氏甚至曾說，光緒年間在上海所購得的譯本（應該便是楊譯《路索民約論》），讀來無法索解其意，而唯有讀到中江的譯文之後，才豁然開朗，理解民約論的精義。狹間直樹亦指出楊譯本「譯筆粗糙，尚不及原田譯本」（狹間直樹，2013: 67）。另據狹間直樹（1991: 153），楊譯本的冗詞贅句似乎是源於其所本原田潛的「覆議」，也就是原田潛詮釋意見作為眉批摻入文本，反而造成與原著之悖離。原田潛《民約論覆義》和楊譯《路索民約論》的比較仍有待識者之專業研究。

是故民約之旨，在各人舉其身家權利，合而爲一，務取決於公
理，以定治國之法。國一日不亡，家一日不滅，世界一日不毀，則
民約亦不可一日廢，譬猶官之於骸，不可須臾離者也。（楊廷棟，
1902，卷1：9B）

吾人可見，楊廷棟將「**普遍意志**」翻譯成「**公理**」，這是一個具有
關鍵意義的理解方式，因爲他完全排除了盧梭運用普遍意志一詞所具
有的「意志主義」（voluntarism）的面向，而用一種不會變易的公理來
理解普遍意志（cf. 金觀濤、劉青峰，2008: 46-56）。至於盧梭在說明社
會契約條款之後，對於共和、道德共同體等詞彙所做的精確界定的段
落（本章上節「核心觀念對照表」），楊廷棟完全沒有翻譯出來。

楊譯本另外一個重要的譯筆，是和中江兆民相同，將第一卷第七
章的「主權者」翻譯成「君主」。不過中江的譯本明白指出人民「躬自
盟」後形成君主，而楊譯本之中，這個重要的理論線索亦被遮蔽，讀者
只看到一個比較符合傳統政治意象，與人民相對的君之客觀存在：

至民約則爲通國人民，互相締結之約。夫既以國家爲人民之全
體，則人民必爲國家之一肢，而所結之契約，亦與己與己約無殊
也。故人民之於國家，固有不可不盡之責；而人民之於君主，亦有
不可不盡之責。請得而明辯之。凡爲人民，各有二者應盡之責。一
爲事之取決於國家全體者，一爲君主意見。已爲國家全體所議決
者，俱不得妄以己見，以相排斥，而君主應盡之責，亦有一定不可
變者，蓋君主之意見，即取決於眾之意見也，君主也者，亦即國家
全體之一肢也。（楊廷棟，1902，卷1：10A）

在這個關鍵文本中，我們僅能看出君主也是國家全體的一個部分，
其意見應取決於眾人的意見；盧梭所強調的，由人民集體的公共意志
所形構的單一主權者，在中江的譯本中仍能看出這樣的邏輯，但這在
楊譯本中卻未能彰顯。所以，才會在楊譯本之後出現許多君主與人民

兩者互相獨立，但君主應該要遵從民約的議論，如：「夫取決於眾，推
立君主，是爲民約之因；人民之於君主，有應盡之責，是爲民約之果。
若夫君主妄逞己意，而與民約之旨相背馳，則君民之義既絕，應盡之
責，亦隨之而滅」（楊廷棟，1902，卷1：10B）。這個論述，以中國的
君民之義來看，沒有什麼疑義；但是就盧梭社會契約論之中所顯現的
民主共和主義精神而言，則顯然是一種誤解：因爲盧梭的社會契約和
推立君主沒有任何的關係，而是人民自我構成一個具有主權者的政治
共同體。

　　由於中江的譯本只翻譯到第二卷第六章，所以在意義系統上不至
於產生矛盾。相對地，由於楊廷棟的譯文是足本的《民約論》，所以可
以讓讀者清楚地觀察到「君主」和「主權者」之間意義的跳躍。在中江
的譯文中，第二卷前幾章（筆者按，這是中文本《民約通義》所未收錄
的篇章），他譯成「君權不可以假人」（第一章標題）「君權不可以分人」
（第二章標題）以及「君權之限極」（第四章標題）。在一致地運用「君
主」來取代「主權者」一詞的同時，中江也不得不在他的【解】之中提
出說明，如第二卷第五章最後，中江特別指出「茲君主，亦謂議院，勿
與尋常用語混視」（中江兆民，1983，1: 122）。而楊譯本第二卷各章標
題依序如下：「論主權上」、「論主權下」、「論輿論不爲外物所惑」、「君
主之權限」。從這四章的標題我們可以看到，楊廷棟的譯文在主權以及
君主之間，不得不有所跳躍；而盧梭討論「普遍意志不會犯錯」的論
旨，在楊譯本中所呈顯出的是「輿論不爲外物所惑」。

　　楊廷棟的譯文雖非忠實的翻譯，但吾人絕不能因此就將楊譯本貶
抑爲乏善可陳的錯誤譯本。誠如史金納所言，歷史的文本或言說，除了
內在理路之外，更需細究於當時時代脈絡之下，文本的撰述者或言說
的發語者具有何種意圖，甚至是文本的表現性（the performativity of
texts; cf. Skinner, 2013: 187）。而關於楊廷棟譯本的「表現性」議題，吾
人是否能從文本的軌跡之中，探尋出楊氏譯本背後所蘊含的政治圖像，
以及它在光緒末年的時代脈絡中所隱含的意圖性？筆者認爲，這是一
個可以解決的議題；不僅如此，楊譯本的文本內容，正好可以讓讀者觀

察當時的立憲派如何閱讀盧梭的《社會契約論》。

本章已經說明，楊廷棟仍然用「君主」來翻譯「主權者」，但是在進入到第二卷以及第三卷之後，這個譯法便不再可能毫無矛盾地沿用下去，所以在第二卷之後，「主權者」以及「君主」的觀念產生了跳躍的情況，其中以第二卷第四章最爲重要。楊氏在其中又由前三章的「主權」跳回「君主」。以下引文，可以看出楊廷棟理解《民約論》的關鍵：

一國之中，因締結民約而所得無限之大權……而國中無限之大權，即爲一國輿論所統轄，故由集合眾人之生命財產，而結爲團體，因國民之趨向，而定爲**輿論**，夫而後國家成立。……雖然，國家也者，無形之人；無形之人，不能爲有形之事，乃選立一人，俾長國事，字曰君主。君主也者，即代執眾人之權利，而爲之統轄之也。……

君主雖與國民相連合，而代爲統轄國民之權利。至個人所有天然之自由，則不可委之於君主。自由者，天賦之權利也。其君民共有之權利，及君民共盡之義務，俱不得與天賦之權利，同類而共視者。雖爲君主，而其一身所有之權利，應盡之義務，與國民一人所有之權利，應盡之義務，無絲毫歧異者也。故曰君民之於家國，不可不享平等之權利，亦不可不盡平等之義務，此萬古不易之通例也。（楊廷棟，1902，卷1：4B-5A；黑體強調爲筆者所加）

從這個文本，我們可以看到，楊廷棟一方面用「輿論」取代了「公理」作爲「普遍意志」的譯文，另一方面則在譯文中表示，國家之中，需要選立一人以掌國家之事，成爲君主。這兩個面向，代表了楊氏理解盧梭民約論的具體涵義。

雖然盧梭的確有運用「輿論」（opinion）一詞，[16] 但是並不若楊廷

---

16 如《社會契約論》第一卷第十二章、第四卷第七章。基本上輿論是國民風尚的一部分，屬於支撐普遍意志的公民文化元素。

棟譯本般扮演了關鍵角色。楊氏將公理和輿論加以連結，進而主張只
有全國人民的輿論，或者是「創立制度之時，必取決於眾議」（楊廷棟，
1902，卷 1：7B）的**眾議**，方構成立國基礎。[17] 至於輿論，他在譯文
中插入卷二第三章的譯文有謂「所立之說，必全國中意見相同者多，而
後謂之不背輿論」（楊廷棟，1902，卷 2：4A）。楊氏並進一步將輿論
（其實就是普遍意志）在卷二第六章中，和法律關連起來，他指出，
「蓋二人之說，終必決以輿論，輿論之所在，即公理之所在。故曰法律
者，一國之定法也」（楊廷棟，1902，卷 2：9B）。所以盧梭所強調的，
普遍意志之行使，即構成一般性法律的概念，以楊氏譯本的表達方式
而言，則爲「立法之權，爲一國之人所公有。所定之法，決於輿論。則
謂爲國人無不應有立法之權可也」（楊廷棟，1902，卷 2：9B）。

　　假如全國人民的輿論即爲公理之所在，而且輿論及公理決定了法
律，那麼接下來的問題在於：**構成公理的輿論應該如何形成**？這個並
非盧梭《社會契約論》核心議題的論點，卻與中國傳統的「清議」緊密
相關。楊氏指出，「翳古以來，我國清議頗盛；雖非盡不可觀，然終不
足恃爲緩急可依之說」（楊廷棟，1902，卷 3：12A）。這等於將他自己
對於清議的看法，放進譯文之中。如此，若中國傳統的清議尚不足恃，
盧梭的《民約論》恰恰在這個議題上提供了現代政治的版本。關鍵在
於，楊廷棟把《社會契約論》第三卷，盧梭通過人民大會（assembly）
來控制政府的激進民主理念，理解爲通過輿論來決定國家法律的主張。
楊氏將「人民大會」翻譯成「**集言之制**」，並且在卷三第十二至十四章，

---

17　關於中國傳統「清議」的觀念，在清末立憲派將之轉化爲「輿論」概念的思想
　　史進程，請參閱 Joan Judge（1994: 64-91）。Judge 強調傳統清議的抽象性格，
　　在清末的輿論之中，轉化爲具體政治力量鬥爭的樣態（Judge, 1994: 77），從
　　而開創了公共輿論作爲歷史發展的推動器以及成爲一種新的政治裁判庭
　　（political tribunal）的全新政治正當性的觀點。值得注意的是，Judge 認爲立
　　憲派在公共輿論作爲不可抵抗的社會力量以及作爲君主與人民間的調和力量
　　這兩種不同取向，其實有著深層的矛盾。如同法國大革命前的溫和派一般，這
　　樣的公共輿論並不能真正發展出「公共的普遍意志必須成爲政府」的政治議程
　　（Judge, 1994: 85）。這個觀察，在本文的脈絡中，可以作爲楊廷棟翻譯《路
　　索民約論》時，其所身處的脈絡所可能具有的政治意識之參照。

盧梭討論「維持主權之法」的相關篇章中，提出此種集言之制之要旨：

> 人世不測之事，隨時而生，不得不隨時集言以助之。蓋集言之
> 制，不特以之制定**國憲**而已。凡置政府於永久不朽之地，及選任執
> 政，均非集言不足以藏其功。當集言之先，必使國民熟知集言之
> 制。（楊廷棟，1902，卷 3：8A；黑體強調爲筆者所加）

　　楊廷棟將人民大會理解爲集言之制，而且可以制定「國憲」，這在
《社會契約論》中沒有相應的文本；但吾人詮釋楊譯《路索民約論》的
重點，乃是他將「普遍意志」理解爲「公理」之後，如何將輿論以及公
理相連結，並通過另外一種理解盧梭人民大會的方式成爲「集言之制」，
而成就了一種特殊的憲政主義的思考方式。也就是說，盧梭「民約」在
此脈絡中轉化成爲一種**憲政主義論述**。
　　至於楊廷棟政治想像的另外一個面向，也就是「君主」的治理，則
如前所述，在中江兆民所強調的人民躬自盟而爲君主（主權者）的理據
被遮蔽之後，呈現出一種符合於前述公理、輿論以及「集言之制」的立
憲政體，並且由君主來統治而完成公共利益的面貌。所以，楊廷棟所提
出的具體政治主張，乃是在以民約爲基礎的國家中，由君主施行治理。
此等國家，「如君主人民，相合而爲國，則君主之所利，即人民之所利
也。人民之所利，亦君主之所利也。君主人民之間，斷無利界之可分」
（楊廷棟，1902，卷 1：10B），也是楊廷棟譯文所說「取決於眾，推立
君主，是爲民約之因；人民之於君主，有應盡之責，是爲民約之果。若
夫君主妄逞己意，而與民約之旨相背馳，則君民之義既絕，應盡之責，
亦隨之而滅」（楊廷棟，1902，卷 1：10B）。這個邏輯一貫的推論，雖
非盧梭之原意，但卻提出了一個以民約來約束君主而完成的良善治理，
此外，當君主違背民約的旨意，便導致君民之義斷絕的說法，完全扣合
了中國傳統政治的觀念取向。
　　進一步而言，楊廷棟《路索民約論》所顯現的政治體制觀念，究其

實，可能並未脫離當時士大夫階層所熟知的「**君民共主**」觀念。[18] 盧
梭的契約觀念被理解爲：在國家創制的時刻，通過眾議和輿論所形成
的公理，能夠發而爲一國之國憲，使得後來產生的君主，必須依據國憲
而加以治理，違背者便不再具有統治正當性。假如此種對於《路索民約
論》的體制概念詮釋無誤，則楊廷棟在翻譯盧梭的《社會契約論》時，
其概念取向其實已不自覺地邁向本書第一篇中所述，源自西方中古後
期「**民權論**」傳統，並集大成於洛克的社會契約概念：人民通過民約將
政治權力託付到君主統治者的手中，但是透過自己設置的國憲加以制
約，而君主在遵守的同時，也實現了君民相合的共同利益（Skinner,
2002a: 387-394）。

## 四、劉師培的《中國民約精義》：革命的轉化

楊廷棟在其譯本卷首的〈初刻民約論記〉提到，在其全譯本完成之
後，「從此茫茫大陸，民約東來，吾想讀其書而樂者有之，懼者有之，
笑者有之，痛哭者有之，歡欣歌舞者又有之，醜詆痛罵者又有之」。的
確，楊譯本發揮了廣泛的影響，至於其當代的讀者如何閱讀此書，則可
在劉師培（與林獬合著）於兩年後所刊行的《中國民約精義》中得到最
好的印證。這本書是劉師培閱讀《路索民約論》之後，編輯中國古聖先
賢關於君民之間關係的重要篇章，從上古的五經、諸子百家、中古的相
關論述，一直到近世的思想家，並且對每一位思想家關於君臣之論述，
劉氏皆提出基於民約論的評論。他的目的，是在於證明中國自上古以
來即已存有民約之觀念。對於他撰述的動機，劉氏在〈序〉之中說明如
下：

> 吾國學子，知有民約二字者三年耳。大率據楊氏廷棟所譯合本

---

18　請參閱潘光哲（2011a, 2011b）之討論。

盧騷民約論以爲言。顧盧氏民約論，於前世紀歐洲政界爲有力之
著作；吾國得此，乃僅僅於學界增一新名詞，他者無有。而竺舊頑
老且以邪說目之，若以爲吾國聖賢從未有倡斯義者。暑天多暇，因
蒐國籍，得前聖曩哲言民約者若干篇，加後案，證以盧說，考其得
失。(劉師培，1975，序：1A；頁675))

　　由於劉師培的目的，是選取古聖先賢接近民約的說法加以評論，
向守舊者反證中國向來即有民約精神。要恰當地詮釋這種形態的著作，
顯然需要對原典（包括文本的意旨以及劉師培的選擇）、劉氏的案語，
以及他對盧梭民約論的運用等幾個方面加以考察，方有可能得到較爲
完備的解釋觀點。限於本章的性質以及篇幅，本節將集中考察第三個
議題，也就是劉師培如何依據其理解來運用盧梭民約論，以及在他的
案語之中，結合民約論以及中國古聖先賢論述所產生的「中國民約」之
精義。

　　在閱讀這本早期的「**比較政治思想史**」時，若與前述中江兆民以及
劉師培所依據的楊氏譯本對照，可察覺該二譯本皆如本章前兩節所述，
採取特殊譯法將「主權者」譯爲「君主」，而這對於劉師培的詮釋產生
了關鍵影響。從劉師培的引述當中，吾人可以看出，他是用一般君主的
觀念，來理解楊廷棟譯本中所譯的「君主」。也正因如此，使得楊譯本
的《路索民約論》可以和中國傳統中君主與臣民之間的關係，直接關連
起來，這正是理解《中國民約精義》最重要的關鍵。

　　劉師培雖嘗試向守舊派說明「民約」早爲中國先聖所表述，但從他
所蒐集的論述，以及他提出的案語來看，主要內容是希望以民主的方
式來理解君民關係；但眞正能夠說明中國古代已有「民約」（契約）觀
念的文本，非常罕見。劉氏的論旨，似乎是中國在上古時期，曾經有過
人民基於民約的正當性而進行自我治理，但是從三代以後，乃至春秋
戰國，這種民約的精神便逐漸被君主篡奪，轉變成爲君權專制。在針對
《尚書》的案語中，劉師培指出一種中國基源的政治形態：「上古之時，
一國之政，悉操於民。故民爲邦本之言，在於禹訓」。然而，這種不甚

確定的原始人民自治形態，很快地便爲君民間的區分所取代：「夏殷以
來，一國之權，爲君民所分有，故君民之間有直接之關係」（劉師培，
1975，卷 1：2B；頁 677）。君民所分有的國權，便成爲劉師培思考的
根本。換言之，他除了前述「一國之政悉操於民」的說法之外，並沒有
提出任何關於此操於民之政治的構成基礎（無論是否爲某種民約或契
約）。相對地，他關注的焦點，集中在君主的成立，必須有人民同意的
基礎；所以，在春秋《穀梁傳》的案語中，列舉《民約論》卷一第五章
關於人民相聚公舉帝王的議題，以及卷三第十六章盧梭所云「上古初
民，紛擾不可終日寧，乃相約公戴一人以掌之，後遂有君主之名」（劉
師培，1975，卷 1：5B；頁 679），之後並強調：

> 是上古立君，必出於多數人民之意。穀梁以稱魏人立晉爲得眾
> 之辭；得眾者，集眾意，僉同之謂也。**此民約遺意**，僅見於周代
> 者。觀于左氏公羊二傳，皆與穀梁同，則穀梁傳能得春秋之意可知
> 矣。（劉師培，1975，卷 1：5B-6A；頁 679-680，黑體強調爲筆者
> 所加）

　　從這個引文中吾人清楚地看到，劉師培民約的觀念，是立君必須
基於多數人民的同意。這個民約概念，當然和盧梭的社會契約論有所
不同，但卻是理解《中國民約精義》不可或缺的起始點。[19]
　　依據劉師培的分析，從民約初立的上古之時，夏殷以來便是君民
分有國權，他用「**君民共主**」作爲這個時期的政治體制（劉師培，1975，
卷 1：2B；頁 677）。到了周代以後，「民權益弱，欲申民權不得不取以
天統君之說，所謂天視自我民視，天聽自我民聽者也」（劉師培，1975，
卷 1：3A；頁 678）。劉氏認爲從《尚書》中，已經可以看到「君權專
制」的進化歷程，最後，則人民稱朝廷爲國家，主客易位，從「君民共

---

19　所以，在《鶡冠子》的案語中，劉氏指出「民約初立之時，君爲國家之客體，
　　故立君必以得賢爲主；後世以降，均爲世襲，故用人必以得賢爲主」。見劉師
　　培（1975，卷 1：23B；頁 688）。

主」之世，一變而爲「君權專制」之世（劉師培，1975，卷1：3A；頁678）。

在對《尚書》的案語中，吾人可看到劉師培結合中西觀念的憲政思考模式。他採取了黃宗羲在《明夷待訪錄》〈原君篇〉所述，「古者以天下爲主，君爲客。凡君之所畢世而經營者，謂天下也。今也以君爲主，天下爲客，凡天下之無地而得安寧者，謂君也」（劉師培，1975，卷3：6B-7A；頁703-704）。基於黃宗羲這個「天下爲主，君爲客」的基源政治觀，劉師培用「民」來取代「天下」，而成立了他所認爲《尚書》之中的君民共主制，此構成理據乃是「以民爲國家之主體，以君爲國家之客體；蓋國家之建立，由國民凝結而成」（劉師培，1975，卷1：2B；頁677）。劉師培不只以民來替代天下，更用「主體、客體」取代「主、客」，完成了一個符合現代法政學說的表述方式。換言之，劉師培主張中國先聖自古已有民約，目的在於批判君權專制，從而恢復上古以民爲國家主體的政治體制，也因此這個政治表述在《中國民約精義》中反覆出現。

依據劉師培的理解，中國三代時期之政治體制乃是「君民共主」，這個政治體制最重要的特質，如《尚書》所載，乃是「以民爲國家之主體，以君爲國家之客體」。而同樣屬於上古三代的《周易》，所闡釋之主旨，乃是「君民一體」。然而，在對《周易》的案語，也就是全書的第一則案語之中，劉氏提出了非常重要的政治原則。他指出，所謂君民一體，乃是民約成立以後的情況，並非民約沒有成立以前的狀況。基於這個盧梭社會契約所做的區分，劉師培指出人民的兩種不同身份：「人民之對政府有處常時之利權，有處變時之政策。所謂處常時之利權者，則通上下之情也。……所謂處變時之政策者，即操革命之權勢也。」（劉師培，1975，卷1：1B；頁677）在此，劉氏運用《民約論》卷一第六、七兩章之相關文本來加以詮釋：通上下之情，代表楊譯《民約論》中所謂「君主之意見即取決於眾人之意見」；而操革命之權，則是《民約論》所述「君主背民約之旨，則君民之義以絕，又謂人君之阻力，人民當合群以去之」。從這個案語中，我們清楚地看到，劉師培雖然讀的是楊廷

棟的版本，但是他的敏銳知覺，並未完全被楊廷棟譯文所限制（特別是
在君主立憲制的議題上）。所以能開宗明義地便以民約成立前後爲分
野，區別人民的兩種利權或政策；其中重要的，當然是處變時，人民操
有革命的權利。這個主張，並不容易從楊廷棟的譯本中讀出，亦非盧梭
本意；[20] 然而，劉師培用人民有革命的權利來總括西方民約論的論旨，
此一分析觀點距離西方社會契約論傳統興起之因，相去不遠。

　　至於《中國民約精義》的主要論旨，係鋪陳《周易》以及《尙書》
的兩個基本論述在中國三代以下的變化，以及後繼思想家所提出的不
同見解。本文以下集中於劉師培對孟子、荀子以及黃宗羲等三位思想
家所做的案語；至於楊廷棟譯文對劉氏所產生的限制，吾人將以劉氏
對許行的評論加以佐證。

　　在對以民本思想著稱的《孟子》案語中，劉師培分析了君主、政府
以及人民三個概念範疇，他指出：

> 案孟子一書，於君主、政府、人民三級，晰之最精。政府者，乃
> 國家執政大臣，介於君民之間，而爲君民交接之樞紐者也。民約論
> 云，人民雖有統治之權，然不能舉通國之人民統治之，於是乎有政
> 府；政府之中不可無人以長之，於是乎有君主。是則政府者，受人
> 民之直接監督者也，君主者，受人民之間接監督者也。故孟子立法
> 厥有二說，一與人民以選舉政府之權，一與政府以改易君主之權。
> 其與人民以選舉之權者，則以用舍之權與國人是也。……其與政
> 府以改易之權者，則與貴戚之卿易君位是也。（劉師培，1975，卷
> 1：12A-13A；頁 682-683）

　　劉師培對於孟子的討論特別值得注意，因爲他詳細地分析了君主、
政府以及人民三級之間的關係；人民直接監督的對象是政府，而他用

---

20　盧梭的原意，是人民要用激進民主的方式來控制政府，所以是一個劉氏所述「處
　　變時」的常態化。楊廷棟的譯文在這點上限制了劉師培的政治想像。

國家執政大臣加以理解；至於所謂人民間接監督君主，則是通過中間一級的政府進行，可見在劉師培的心目中，當孟子之時，仍可能通過貴戚之卿來改易政府。但此種傾覆政府之權，實際上還是屬於人民。所以劉師培在接下來對於《荀子》的案語中，提出了進一步的分析，指出中國式民約可建立出兩種政治權利：

> 君主之權利，非君主一人之固有，乃受之一國人民者也。與之由人民，收之亦由人民。故放桀紂不必湯武而後可也，凡一國人民悉有伐桀討紂之柄，不過一人權力微弱而假手於湯武之師耳。蓋人君既奪人民之**權利**，復挾其**權力**以臨民，則爲人民者，亦當挾權力以與君主抗，以復其固有之權。（劉師培，1975，卷 1：14B；頁 683，黑體強調爲筆者所加）[21]

劉師培所提出的中國民約概念，通過「民爲國家之主體，君爲國家之客體」、「處變之時，人民操革命之權」、以及「民約成立之後，處常時之利權，爲通上下之情」等政治原則，嘗試向守舊派說明，民約主張早已隱含在中國古聖先賢的義理之中。其目的自然不在於對盧梭的《民約論》提出完整介紹，或實際運用到中國的國情。然而，他通過《民約論》所建構出來的政治圖像，明顯地與楊廷棟《路索民約論》有同有異。所同者在於，兩位都將盧梭在前兩書中指涉主權者一詞的「君主」，當做是實際上指涉君主制，並加以引伸；所異者則在於，楊廷棟的君主觀念，是通過於第三卷政府論中所謂的「集言之制」，來形構一個立憲君主制的構想，而劉師培則強調處常時之利權在通上下之情，也就是君主的意見要取決於眾人的意見之外，處變之時人民更有操革命之權。這個重點，在全書第一個案語之中便有清楚表達，也讓革命的語調強烈貫穿了全書論旨。即使劉氏並未忽略集言之制，[22] 但他強調的重點，

---

21　請注意此文本中「權利」與「權力」的用法，已經非常精確。

22　如他對《周禮》之案語，見劉師培（1975，卷 1：7A-7B；頁 680）。

仍在於通上下之情乃是民約成立以後的一種政治權術；關鍵的主張，更在於國家危急時刻人民的「**特別會議**」：

> 泰西各國之憲法，君主於事關緊要時，可發儳令代替法律。而中國古代當國家危險時，尤必行使民集言之制，即西人所謂特別會議也。故觀周禮一書，而知古代民權之申，幾等於歐西各國，詎不善哉！（劉師培，1975，卷 1：8A；頁 680）

雖然劉師培的目的，是通過《民約論》來完成實際的政治論述建構工作，但仍需注意他接受楊廷棟譯本在君主概念方面之誤譯所產生的結果。他在評論許行「賢者與民並耕而食」的平等主義時，在案語中接受孟子的觀點，並進一步依據他所認定的盧梭，強調該主張有三點和民約論的意旨不符：第一，「不知分功之意」，也就是不知道社會分工的必要性，並且引用了亞當斯密的《原富》加以證成；第二，「欲去君主之有司」，並「創爲君民同等之說」；第三，「舉國人民皆平等也」（劉師培，1975，卷 1：24A-24B；頁 688）。在這三個批評中，後二者特別值得注意。關於第二點，欲去君主之有司，在《社會契約論》的概念架構中，的確有此激進民主精神。反而是劉師培的主張，認爲平等主義「力矯君主之失」，在野蠻專制的時代也許可以發揮作用，但在國家成立之後就違背了立國的基本道理，有失盧梭原意。在這個文本中，劉師培所引《民約論》卷三第十四章的觀念，並無法證成他對許行的批判。更重要的是，在第三個批判中，劉師培認爲《民約論》所謂的平等之權，並非富貴威望相同，所以：

> 本此說以觀當今之政治，則專制政體雖漸屏絕於地球，然立憲政體之國，共和政之邦，於統治者及被治者之間，無不區分執事統治者，操一國之主權者也，被治者盡服從之義務者也。謂人人亦主治者，亦被治者；則可謂主治者即被治，被治者即主治，夫豈可哉！故雖民主之邦，亦不能倡無主權之論。（劉師培，1975，卷 1：

24B-25A：頁 688-689）

　　從這個引文，可看出劉師培並未掌握到《社會契約論》的意旨，恰恰在於他所批判為「夫豈可哉」的「人人亦主治者，亦被治者」或「主治者即被治，被治者即主治」，也就是主治者和被治者的同一性，因為這在楊廷棟的譯文中大概無法被清晰理解。但劉師培以楊譯為本，順著君主制的脈絡，卻也創造出一套足以影響時代的「君主、人民相合為國」（呂留良案語；劉師培，1975，卷 3：16B，頁 696）的民約論述。

　　另外一個值得注意的思想史線索則是，劉師培在閱讀楊廷棟全譯本時，並未特別強調「立法者」的重要性。全書僅在「論語」、「管子」以及「唐甄」三處案語提及，[23] 且都沒有將這個觀念和中國古代聖王觀念加以類比。所以史華慈對於盧梭思想張力的關切，在中國實際思想脈絡中似乎並沒有發生。

## 五、革命派如何理解盧梭：以馬君武為例

　　《民約論》對於革命思想的影響，是眾人皆知的故事，不過往往是通過一種通俗的論述而產生廣泛的迴響。陳天華在《猛回頭》一書中，這般描述盧梭思想：

　　當明朝年間，法國出了一個大儒，名號盧騷，是天生下來救度普世的人民的，自幼就有扶弱抑強的志氣，及長，著了一書，叫做《民約論》，說道這國家是由人民集合而成，恭請一個人作國王，替人民辦事，這人民就是一國的主人，這國王就是人民的公奴隸。

---

23　劉師培（1975，卷一：10B，頁 681；21B，頁 687［兩次］；卷 3：13B，頁 697）。

國王若有負人民的委任，則人民可任意調換。[24]（郅志[選]，1994:
30）

　　在這個相對正確也相對簡化的盧梭思想圖像之後，陳天華描述了
法國人民不再甘於作奴隸，起而革命，終於得以建設共和政府，並將立
法權柄歸到眾議院，由民間公舉的情形。為了追想盧梭的功勞，巴黎就
鑄了一個盧梭銅像以供萬民瞻仰。
　　鄒容所著之《革命軍》，則是另一提倡盧梭革命理論的著名經典。
鄒容認為西方現代文明的政體與革命乃淵源於某些關鍵經典文本：

　　吾幸夫吾同胞之得盧梭民約論，孟得斯鳩萬法精理，彌勒約翰
　　自由之理，法國革命史，美國獨立檄文等書，譯而讀之也……夫盧
　　梭諸大哲之微言大義，為起死回生之靈藥，返魄還魂之寶方。金丹
　　換骨，刀圭奏效，法美文明之胚胎，皆基於是。我祖國今日病矣死
　　矣，豈不欲食靈藥，投寶方而生乎？若其欲之，則吾請執盧梭諸大
　　哲之寶旛，以招展於我神州土。（鄒容，1954: 4）

　　鄒容的思想的確可以看到盧梭共和主義的影響，包括一國之國民，
必須參與國家的政治機關（鄒容，1954: 6）；與國民相約，「人人當知
平等自由之大義，有生之初，吾人不自由，即吾人不平等，初無所謂君
也，所謂臣也」，而像堯、舜與稷等，因為能對同胞盡義務、開利益，
「故吾同胞視之為代表，尊之為君實，不過一團體之頭領爾。而平等自
由也自若」（鄒容，1954: 29）；以及在第六章「革命獨立之大義」所闡
釋的廿五條基本大義之中，十四至十九條的相關論述（鄒容，1954: 45-
46），皆可見盧梭天賦人權以及共和思想在實際革命運動中所產生的廣
泛影響。

---

24　值得注意的是，陳氏將普魯士腓特烈大帝（Frederick the Great）自述為國家的
　　「第一公僕」（first servant of the state）的說法，改寫為「國王就是人民的公
　　奴隸」。

　　然而，要從文本和詞彙的層次來理解《民約論》實際上被革命黨人所理解的實況，則必須回到《民報》的相關討論。1905 年夏，革命黨人組織同盟會，同年 11 月開始發行《民報》，成為革命黨的官方刊物，並與梁啓超同時期主編的《新民叢報》就共和與開明專制、革命與保皇等議題，展開了激烈的論戰。在《民報》第一期卷首，於扉頁與孫文所撰〈發刊辭〉之間有三頁圖像，第一幅為「世界第一之民族主義大偉人黃帝」、第二頁並列兩幅圖像，其一為「世界第一之民權主義大家盧梭」，其二為「世界第一之共和國建設者華盛頓」、第三頁則為「世界第一之平等博愛主義大家墨翟」。這三頁圖像，具體表現了孫文在發刊辭中所接櫫的民族、民權以及民生三大主義的代表性思想家，而與本章相關的，當然是被標舉為民權主義大家的盧梭。

　　《民報》引用「民約」一詞，共計六次（小野川秀美，1972，1: 132），去除比較不相關的旁引，實質的引用包括第二號馬君武對於《民約論》的介紹、第三號與第六號汪精衛所引、第七號陳天華的〈獅子吼〉將盧梭《民約論》與黃宗羲《明夷待訪錄》相提並論、第十三號「寄生」的〈法國革命史論〉駁斥康有為（明夷）對法國大革命的批評，以及在二十六號中重印中江的漢文譯本。

　　其中第六號汪精衛的引述係本章第二節所論，梁啓超在與共和「長別」之後，在於 1906 年初，發表〈開明專制論〉，並且在與《民報》所從事關於種族革命與政治革命的得失分析論戰中，提出「共和立憲」的根本精神不可不採盧梭之「國民總意說」，而其統治形式則不可不採孟德斯鳩之「三權分立論」，但兩者皆不可能成立。梁啓超對盧梭之「國民總意說」的批判，係擴大伯倫知理對盧梭的第三點批評：在民約之下，要成為全國民意，必須「全數畫諾」，否則不能成為全體的意見，這在事實上不可能。梁氏據此主張，盧梭的「國民總意說」係一邏輯學上的「全稱命題」，然而在現實世界中，不可能每個人都同意，所以無法成立（梁啓超，1960，文集 19: 6）。這並非盧梭學理的探討，而是將之運用到政治革命的大論戰，且討論架構是由梁啓超所設定，本章將

不予討論。25

　　在《民報》各期當中，系統性地處理盧梭之民權思想的，包括兩篇文章：第二號「君武」（馬君武，1881-1940）所撰寫的〈帝民說〉（馬君武，1906），以及第二十六號的附錄，重新刊載了中江篤介（兆民）譯解的〈民約論譯解〉，前者反映出稍晚於楊廷棟以及劉師培，在「革命機關報」中所鋪陳的盧梭政治觀念；後者則已經是辛亥革命前一年，再重新刊登一次中江譯本的《盧梭民約論》第一卷。

　　在〈帝民說〉之中，馬君武自豪地宣稱「今之真知盧騷，輸入其真理於方醒之中國者，乃自予始也」。當然，當時已經刊行過中江以及楊廷棟譯本，這種說法，似乎顯得不符實情。不過，馬氏評論當時譯本：「皆見所著民約論，今中國譯本，無一語能道其義者，且全書無一段與原本符者，譯者固不知盧氏所謂，讀者亦不知譯者所謂也」，這對楊廷棟譯本提出了尖銳的批評。假如透過楊譯本無法得知民約真義，那麼馬君武所介紹的盧梭民權理論又展現出什麼樣的面貌？

　　在這篇短文中，馬氏用一個概念來總括盧梭的民權主義：sovereign people；這個現在翻譯為「人民主權」的詞彙（按照馬氏運用主權作為形容詞來修飾人民的用法，或可翻譯為「主權人民」），馬君武將之譯為「**帝民**」。馬氏認為這個關鍵的名詞，「發源極遠，而盧騷最詳闡之」。這個帝民的觀念，在西方已經成為習見而陳腐之學理，被運用在「挫棄君權，改釐政體，為十九世紀革命潮之起源」。猶如劉師培的想法，東方諸國的儒者，聽到這樣的理論，「方將信將疑，舌咋目眩，或亦語之不詳焉」。基於此，馬君武的短文可分成兩個部分，一為盧梭帝民說之真義（馬君武，1906: 1-3）；另一則為闡述帝民說在西方的淵源（馬君武，1906: 3-6）。

　　在帝民說的解釋方面，馬君武大體上只援引了三段盧梭的法文原文，並提出幾個評論。其引文如下：

---

25　相關文獻不少，可參考張朋園（1999: 154-175）、亓冰峰（2006: 189-204），以及朱浤源（2011: 112-121）。

盧騷最有力之言曰，箇人者，帝權之一部分也。帝權者，國家之
一部分也（*Comme membre du souverain envers les particuliers, et
comme membre de l'État envers le souverain*）。又曰帝權非一私人而
以通國中之箇人組成之（*Le souverain n'étant formé que des
particuliers qui le composent*）。盧騷尤常稱曰「予旣生於自由國（指
瑞士之日內華）而爲一公民，爲帝權之一分子也」（*Né citoyen d'un
Etat libre, et membre du souverain*）。（馬君武，1906: 1）

　　這三個引文，分別來自於《民約論》卷一第七章第一段、第七章第
五段，以及卷一的導言。嚴格而言，都不是盧梭仔細討論並界定主權或
民約的理論篇章。然而，馬氏的意圖相當明確，他希望強調所有公民都
是主權或「帝權」的構成部分，整體而言便形成了「帝民」。所以，馬
君武並不特別偏重「民約」的政治符號，而是著重集體握有主權的「帝
民」；在某種程度上，「民」一字，也呼應了《民報》的標題。
　　相較於之前中江以及楊廷棟的翻譯，馬君武選擇以「帝」來翻譯
sovereign，雖非現代用法，卻可掃除前兩個譯本中，將「主權者」與「君
主」翻譯混用所產生的理解上的問題。特別是人民能夠掌握「帝權」，
就不再會跟革命對象的「君權」產生混淆，而且具有更高的權力意義。
馬君武對於「帝權」所提出的個人解釋，有兩段較具理論涵義：

　　帝權爲個人之總體，個人爲帝權之分子。故人民即帝王，帝王即
人民，不可離也。吾國舊政學家，謂帝王爲天之子，爲至尊，人民
爲庶民，爲小民，爲下民。嗚呼，瀆褻至尊，犯上作亂，其罪益不
可勝諸也。（馬君武，1906: 2）

　　盧騷著民約論，倡帝民之說，以爲國家之國力，當以人民之公意
直接運動之，而圖普社會之公益。帝權者由人民，而後有人民所不
可自放棄者也。帝權即主權也，主權在民之說，發生雖早，然至盧
氏始明白抉出之。（馬君武，1906: 3）

從這兩個引文可以看出，馬君武雖沒有用太多篇幅來說明盧梭的社會契約，但是他對人民主權、普遍意志，以及普遍意志的運作（exercise）指向社會整體的公益等，理解得相當精準無誤。

至於對盧梭「帝民說」的淵源，馬氏認為「實獨得於希臘柏拉圖亞里斯多德之遺說，及希臘羅馬古制之影響」（馬君武，1906: 3）。馬氏指出，在古代希臘羅馬城邦中，國家優先於個人，所以在柏拉圖與亞里斯多德理論中，「固帝體之一部分，然能享公民之權者，為國中所謂自由人 Freemen 之一貴族級而止」。至於馬氏進一步提出的柏拉圖以及亞里斯多德相關政治論述，則以亞里斯多德的說明較為正確。關於柏拉圖，他指出「帝民說之始發現者，當推柏拉圖」（馬君武，1906: 3），因為蘇格拉底主張人民不可不順從政府，法律雖然是惡法，個人也應該受到不公正的裁判，而不可逃圄圄而去。這個指涉到柏拉圖 Crito 篇的場景，按照馬氏的詮釋，意味著「人民乃奴隸，非帝王也」。至於柏拉圖為什麼是「帝民說」的最初發現者？馬君武指出的論據，乃是柏拉圖「以為社會及國家皆相交輔，相需賴，而後有者也」，所以要合個人而成社會，但其主張公妻公產，「其論高遠而不可行」。然而從這些論據並不太容易看出何以柏拉圖思想可能是「帝民說」的淵源。

相形之下，馬君武對亞里斯多德《政治學》的論述，便精準許多；如略述《政治學》第一書由家庭到村落到國家的形成，指出「國也者，天然獨立自足之有機體也，個人及家族發達之最完全者也」（馬君武，1906: 4）；他之後的論述強調「國家之政府既定，憲法其人民自由，而各自與主治者平等人之所以必相合而成國者，蓋人本自然有合群知性，而又為互相益利之所趨迫固也。質而言之，人也者，自然之政治動物也」（馬君武，1906: 4-5）。馬君武對亞里斯多德似乎特別感到興趣，繼續討論其國家與公司（意指其他的社會結合）之差異，以及區分政體為君主、貴族、共和，而「變政體」則為專制、少數以及民主等論述；基本上也能相當正確地理解。全文最後的結論是：

一國之主權，必以公民之多數操之，民主建國之基，在使人人平

等，而重箇人之自由，人人可被選舉爲國之主治者。**主治者管制被
治者，被治者亦管制主治者**，而人民永寧矣。（馬君武，1906: 5-6）

　　而其中「主治者管制被治者，被治者亦管制主治者」一句，用特大
粗黑體加以標示，大約顯示出馬君武所認爲「帝民說」根源於亞里斯多
德思想中之論述。

　　初讀之下，該文對於盧梭的說明篇幅不長，對於柏拉圖以及亞里
斯多德作爲人民主權說的淵源亦似乎有點牽強。然而，若將該文視爲
以一般讀者可以理解的方式，簡要地說明「帝民」或主權在民的理論，
則可謂恰當。至於對柏拉圖與亞里斯多德的討論，或許與劉師培在《中
國民約精義》中的努力相近，要證明「帝民說」在西方思想中已有悠久
傳承。雖然與梁啓超轉述 Fouillée 論述的細緻程度仍然有些差距；但是
以個人學思，而能將亞里斯多德的城邦共和理論和盧梭加以對比，已
屬不易。

　　至於《民報》第二十六期重新刊載中江兆民的〈民約論譯解〉（盧
騷，1910），則依據編者案語說明，「中江篤介，有東方盧梭之稱，歿
後，所著兆民文集，於今年 10 月 8 日，始發行。取而讀之，甚服其精
義。終有民約論譯解凡九章，特錄之以饗讀者」（盧騷，1910，附錄:
1）。狹間直樹強調，在 1909 年《中江兆民文集》出版之後，《民報》馬
上翻刻此文，足見中江譯本具有的影響力（狹間直樹，1991: 149）。

　　即使在民國成立後，袁世凱稱帝，革命派在民國二年初舉兵討袁
失敗的共和頓挫之中，革命派的田桐仍於東京乃再次重刊中江譯本的
《民約譯解》，並更題爲《共和原理民約論》。至於何以再一次選擇中江
的譯本？田桐說明如下：

　　余行年二十有三，曾在鄂購滬上坊本漢譯民約論。讀之竟，未能
徹其理。去秋亡命再走日本，復購中江兆民先生文集。取其中漢譯
民約論，反覆數十遍，始恍然覺悟。嗚呼，共和之道，其在斯乎，
其在斯乎。（引自狹間直樹，1991: 153）

　　這表達出中江所譯《民約論》卷一在義理方面的優越性，雖然讀者難免不解，何以田桐未曾注意到中江譯本數年之前在《民報》最後一期曾經全文刊載過？

　　這個節譯以及不完全正確的譯本，在中國清末到民初對於共和以及革命的討論中，產生了一段具有獨特影響的歷史故事，在馬君武於民國後所翻譯的《盧騷民約論》（1918）刊行之後，則逐漸劃下了句點。在其〈序〉之中，馬君武再一次評論了當時的譯本：

> 盧騷民約論共四卷。一八九八年上海同文譯書局刻日本中江篤介漢譯第一卷，名民約通義。一九〇二年楊廷棟據日譯成四卷。日譯已多錯誤，楊譯更訛謬不能讀。二年前泰東書局復刻中江漢譯第一卷，故民約論之書名出現於中國十餘年，其書竟至今不可得見。譯事之難如是乎。（馬君武譯，1966，序：1）

　　引文中所指泰東書局版，應該便是刊行於上海的田桐復刻版。基於如此不全文本狀態，馬君武遂發憤以法文原著和英文 H. J. Tozer 譯本互證，而完成了一個新譯本，在精確性與可讀性兩方面都達到了相當的水平。


## 六、嚴復、章士釗與盧梭、赫胥黎

　　本書十五章已經討論，嚴復是第一位將社會契約觀念引介到中文世界的思想家，並用以證成自由與民主正當性的新論述。不過，他在《天演論》中的社會契約概念來自於赫胥黎，並未提到盧梭或其他契約論的思想家。只有在 1901 年的《原富》案語中，他對盧梭提出了積極而正面的評價：「德之路得、汗得〔康德〕，若法之特嘉爾〔笛卡兒〕、盧梭，英之洛克、達爾文等，皆非有位者也。而以化民之功效廣遠言之，雖華盛頓、弼德何以加焉？」（嚴復合集，9: 764-765）

然而，隨著革命派運用民約論述，嚴復的態度也開始有所轉變，從1902 年起，他對盧梭改為批判的態度。嚴復在〈主客平議〉反思立憲與革命的未來可能性，在這個脈絡中，他指出：「乃至即英、法諸先進之國言之，而其中持平等民權之政論者，亦僅居其大半。盧梭氏之《民約》，洛克氏之《政書》，駁其說以為徒長亂階者，豈止一二人哉！」（嚴復合集，1: 270）。此後，嚴復的批判態度便不曾改變（cf. 承紅磊，2014: 242-243）。

民國初年，環繞著盧梭的《民約論》，嚴復與章士釗之間，曾經有所論辯，這一方面代表著晚清以來對於《民約論》的反思，但也反映了共和肇造，民主政治的艱困所激發的論述。1913 年末，梁啓超請嚴復為當時其所編之《庸言報》寫一篇通論，嚴復深感「自盧梭《民約》風行，社會被其影響不少，不惜喋血捐生以從其法，然實無濟於治，蓋其本源謬也。刻擬草《民約平議》一通，以藥社會之迷信」（嚴復合集，3: 741）。這篇文章，刊登在 1914 年 2 月《庸言報》第二十五、二十六期合刊（嚴復合集，3: 752-761），作為他對清末民初以盧梭《民約論》來提倡自由、平等以及天賦權利的革命派理論之總批判。

然而，嚴復這次踢到了鐵板。因為共和派新一代的政論家章士釗馬上在同年 5 月，於其所主編之《甲寅雜誌》撰寫〈讀嚴幾道民約平議〉一文加以反批判（章士釗，1922），指出嚴復運用赫胥黎論述為批判盧梭社約論之所本：「嚴君平議，號稱自造；然以愚觀之，蓋全出於赫胥黎『人類自然等差』一文」（章士釗，1922: 379）。這場論辯，標示著嚴復已經無法主導政治論述的基調，並且需要在原典文本以及個人的詮釋與運用之間做出清楚的區別。雖然已經有學者分析這場論戰（cf. 林啓彥，2002；承紅磊，2014），然而對於嚴復與章士釗各自的論述結構，並未提出深入解釋，故本節將以此為主軸。[26]

---

26　林啟彥的分析觀點採取廣義的盧梭《社會契約論》對近代的影響，而將嚴復與　　章士釗視為兩種不同的影響結果，但該文完全沒有處理章士釗批判嚴復「不當　　引用」赫胥黎的議題。承紅磊則有所論述，但其重點在於赫胥黎該篇文章（"On　　the Nature of Inequality of Men"）在當時英國的脈絡中，與斯賓賽以及社會主

赫胥黎的這篇文章（《論人類的自然不平等》，"On the Natural of Inequality of Men"，原文參見 Huxley, 2001 [1893]: 290-335），以盧梭的《論人類不平等》為分析對象，並且進一步批判英國當時主張土地國有的社會主義者，運用盧梭自然狀態土地為公有的理論作為證成的論述之一。換言之，赫胥黎的主要分析，並非社會契約概念本身，而是盧梭式社會契約論的理論前提，包括人生而自由與平等、每個人的自然權利皆相同而不能侵奪其他人的權利、土地及土地之上所產出皆為人類共同公有，以及政治權利必須以社會契約為基礎等。依據這個論述取向，赫胥黎列出了以下盧梭主義的三大原則，也成為嚴復〈民約平議〉綜合盧梭《民約論》的核心：

> 今試舉盧梭民約之大經大法而列之：（甲）民生而自由者也，於其群為平等而皆善，處於自然，則常如此。是故自由平等而樂善者，其天賦之權利也。（乙）天賦之權利皆同，無一焉有侵奪其餘之權利。是故公養之物，莫之能私。如土地及凡土地之所出者，非人類所同認公許者不得據之為己有也；產業者皆篡而得之者也。（丙）群之權利，以公約為之基；戰勝之權利，非權利也。凡物之以力而有者，義得以力而奪之。（嚴復合集，3: 755）

赫胥黎主要的批判角度，乃是盧梭代表著政治哲學中運用先天（a priori）以及演繹（deductive）的方法（Huxley, 2001 [1893]: 292），嘗試將自由與平等呈現為不可否定的先天原則，再由此推導出國家中公民的政治權利之論證。用嚴復的語彙，乃是運用「假如之術」來推導政治原則（嚴復合集，3: 757）。對赫胥黎而言，這樣的方法完全是形上

---

義者之間關於土地國有化議題的論辯，並進而討論嚴復如何運用赫胥黎這個具有獨特歷史脈絡性的文本，成為具有一般意義的〈民約平議〉。換言之，承紅磊接受了章士釗所提出的批判，並嘗試在文本的層次恢復赫胥黎主張的脈絡性。然而兩篇文章都未曾深入分析嚴復本人對於社會契約傳統的解釋，以及章士釗所提出的批判。

學、玄思性質的政治哲學，而與科學的歸納法無法相容。赫胥黎作爲生物學者，特別舉出他所親見新生幼兒連自保的能力都沒有，如何可能體現所謂自由與平等的先天能力（Huxley, 2001［1893］: 306-307）。嚴復完全信服這個論證，除了在〈民約平議〉中直引赫胥黎之言（嚴復合集，3: 755-756）外，在其他脈絡中也曾加以援引。[27]

　　章士釗反對赫胥黎以及嚴復的論述，強調盧梭所主張的天賦人權，意指「自由之性出於天生，不出人造已耳」；而赫胥黎的謬誤，乃是「由天生之生，轉入生育之生，併爲一談，以欺庸眾」（章士釗，1922: 387）。換言之，章士釗重新確認天賦人權出於人性之本然，但如此一來，他就站到赫胥黎與嚴復的對立面，也就是說，章士釗堅持赫胥黎所批判的先天主義。那麼，章氏如何面對赫胥黎對先天主義的批判？對這個核心問題，他似乎並未提出善解，只能用反批判的方式加以論證：討論政治必須基於歷史，運用歸納法來建立政治原則，這樣的主張「藏理之確，無待講明」（章士釗，1922: 391）。然而歷史歸納法並不能論證天賦人權，何故？章士釗認爲：「蓋駕馭此題，不幸所謂前有假如之術，嚴君自用之而不覺，而攻人之用斯術者，彼實非無史事以爲之基」（章士釗，1922: 391）。由於嚴復本人並未運用「假如之術」（演繹法），所以章士釗在這個核心議題上並未眞正回應赫胥黎以及嚴復的批判，因而不得不在其後的論述中，長篇引用斯賓賽的說法，說明天賦人權與歷史事實可以相符（章士釗，1922: 391-394）。換言之，章士釗與嚴復的論辯，其實是章氏不接受赫胥黎基於科學主義對先天的演繹法之批判。因而眞正具有理論涵義的論述，只剩下一點：假如天賦自由與平等並

---

27　事實上，除了在〈民約平議〉中舉出赫胥黎之名以及其關於嬰兒並不具自由能力之論證外，早在1904年《法意》案語中，嚴復已經引用了赫胥黎這個論證：「往者盧梭《民約論》，其開卷第一語，即云斯民生而自由，此義大爲後賢所抨擊。赫胥黎氏謂初生之孩，非母不活。無思想，無氣力，口不能言，足不能行，其生理之微，不殊蟲豸，苦樂死生，悉由外力，萬物之至不自由者也。其駁之當矣！且夫自由，心德之事也。故雖狹隘之國，賢豪處之而或行。寬大之群，愚昧居之而或病。吾未見民智既開，民德既烝之國，其治猶可爲專制者也。」（嚴復合集，14: 461）

非可以依據的先天原則，那麼國家之中的公民權利依據為何？在這個
議題上，章士釗批評嚴復的主張「自由平等者，法律之所據以為師，而
非云民質之本如是也」（嚴復合集，3: 757），章氏視這個主張為嚴復之
斷語，並提出以下的質問：

> 請問嚴君曰：既云「所據」，必有所據，自由平等非天賦矣，今
> 之法律據以為施者胡自而來？持論自此惟有引英儒邊沁之語以相
> 答曰：「一切權利皆政府所造者也」。夫政府造之非法律無由見，是
> 不啻曰法律造之也，惟自由平等既為法律所造矣，而法律復據之
> 以為施，此種論法得非丐詞之尤者乎？（章士釗，1922: 390）

事實上，嚴復的「斷語」仍出自赫胥黎總結其盧梭批判之部分文
字，[28] 所以章士釗加入邊沁的主張，再用斯賓賽進行反批判，實為自
身的批判論述策略，而非嚴復「斷語」的原意。

然而在接受章士釗指出嚴復〈民約平議〉其部分改寫自赫胥黎之
文本的前提下，吾人是否能夠就此文本發掘出與嚴復政治思想相關的
涵義？筆者認為，本文因為完整地論述了社會契約論幾位代表思想家
的核心論證，足以揭示嚴復個人對社會契約論傳統的重新思考以及修
正，而這個修正仍然是依循赫胥黎的理論取向。以下就嚴復對社會契
約論思想家的概述，以及〈民約平議〉所蘊含對於嚴復早期自由觀的修
正的議題，加以論述。

首先必須指出，〈民約平議〉第四段以下對於霍布斯與洛克的理論
陳述，並未見於赫胥黎的〈論人類的不然不平等〉。嚴復的文字如下：

---

28　"With the demonstration that men are not all equal under whatever aspect they are
contemplated, and that the assumption that they ought to be considered equal has no
sort of d priori foundation – *however much it may, in reference to positive law, with
due limitations, be justifiable by considerations of practical expediency* – the bottom
of Rousseau's argument, from d priori ethical assumptions to the denial of the right
of an individual to hold private property, falls out." （Huxley, 2001 [1893]: 314），
斜體部分。

　　郝之書曰：《勒肥阿丹》（Leviathan），亦名《國家形質力論》。其言曰：民之始猶禽獸也，離群處獨，獰毅獷愚，人以其一而與其群為戰。當此之時，其小己之自由固甚大也，然而弱肉強食，晝夜惴惴，無一息之休居，不得已，乃相約為群焉。夫群者，有君者也。既推擇其一而為之君矣，則取其一身天賦之自由，與所主萬物之權利，一切而皆付之。是故己之願欲。其君之願欲也；己之是非，其君之是非也。方其約之未解也，君有完全之自由，而民無有。何以故？民相約為服從，而其君則超乎約，而未嘗有所服也。必如是者，其群治；不如是者，其群亂。郝之所謂民約者如此。（嚴復合集，3: 754）

　　由是洛克著《治術論》以諍之。其言曰：人之性善。其生也，秉夫自然，本無拘礙，亦無等差。拘礙等差之興，其始於各有其有，而民樂僭奢者歟？自淳朴散而末流紛，不得已而有治權之立。何言夫不得已？治權立求自由之無缺必不能也。雖然，民之生也，有其直焉。如《詩》爰得我直之直。天之所賦，可以復之以理者也，理存於慮，法典所以定理，吏者所以舉法，而兵刑者所以行法也，無治權則舉無是焉。是故治權者，所以安其身，保其有而後有事者也。民屈自由焉，以為治權之代價。此代價也，勢必出於至慎，知其不可不奉者而後奉之。至於其餘，方留若詛盟，而不輕為主治者之所侵奪。是故政府非佳物也，用事之權，必有所限制，而理者又最高之法律也。方群之未立，依乎天理，外無法焉。群之既立，法之存廢，視理之從違。違理之法，雖勿從可矣。洛之所謂民約者又如此。（嚴復合集，3: 754-755）[29]

---

29　關於嚴復對社會契約思想的理解與詮釋，另外一個必須參考的重要文本，是1906嚴復在〈憲法大義〉一文以《民約論》主旨簡述盧梭的政治理論：「盧梭之為《民約論》也，其全書宗旨，實本於英之洛克，而取材於郝伯思。洛克於英人逐主之秋，著《民約論》，郝氏著《來比阿丹》，二者皆西籍言治之先河

　　吾人可以進一步探討，嚴復此處對於霍布斯與洛克的簡要論述，是否有所本？理解的線索，可從他說明兩位思想家之後的評論見出端倪：「此其說自今之學者而觀之，常以爲陋淺不足道，然爲常識之所共知，而以爲勝於郝，則以郝爲絕對主義（Absolutism），以洛爲限制主義（Constitutionalism）。而盧梭之爲民約也，其名雖本於郝，而義則主於洛者爲多云」（嚴復合集，3: 755）。其中「絕對主義」與「限制主義」的對立，筆者認爲應源於赫胥黎〈論政府：無政府或軍國化〉一文（"Government: Anarchy or Regimentation" in Huxley, 2001 [1893]: 383-430）。[30] 在這篇文章中，赫胥黎對於近代西方政治思想做了一個簡要的系譜學討論。他認爲從霍布斯以降，特別是 1688 年英國光榮革命以來，近代政治思想就是「自由主義」（Liberalism）與「絕對主義」（Absolutism）的對立（Huxley, 2001 [1893]: 387），這應該是嚴復前述「絕對主義」與「限制主義」對立之所本，只不過嚴復用立憲主義一詞取代了自由主義。

　　赫胥黎進一步主張，在這兩個派別中各自發展出基於先天原則所

---

也。然自吾輩觀之，則有重於『民爲重，社稷次之，君爲輕』之三語者乎？殆無有也。盧謂治國務明主權之誰屬，而政府者，主權用事之機關也。主權所以出治，而通國之民，自其全體訴合而言之，爲主權之眞主；自其個人一一而言之，則處受治之地位。同是民也，合則爲君，分則爲臣，此政家所以有國民自治之名詞也。政府者，立於二者之中，而爲承宣之樞紐，主權立法，而政府奉而行之，是爲行法。又有司法者焉，以糾察裁判，其於法之離合用此。外對於鄰敵，爲獨立之民群，此全體之自由也；內對於法律，爲平等之民庶，此政令之自由也。居政府而執政者，謂之君王，謂之官吏，使一切之權集一人之藐躬，而群下之權由之而後有者，如是謂之獨治，謂之君主之國。若出治者居少數，受治者居多數，此制善，謂之賢政之治，以賢治不肖者也。不善，名曰貴族之治，以貴治賤者也。又使多數之民合而出治，如是者，謂之民主。雖然，盧梭之所謂民主者，直接而操議政之權，非舉人代議之制。故其言又曰：民主之制，利用小國，猶君主之制，利用大邦，是故有公例焉，曰：至尊出治之人數與受治人數之多寡爲反比例。由盧梭之說言之，吾國向者以四萬萬而戴一君，正其宜耳。然而盧梭又曰：尚有他因果，宜察立制之道，不可以一例概也。」（嚴復合集，2: 475-476）

30　嚴復的日記顯示出，他曾在 1909 年初讀過或重讀這篇文章（嚴復，1986，5:1490）。

建構的政治哲學，在自由主義一方，以個人主義（Individualism）爲主軸，其極致則可達於無政府（Anarchy）；相對地，絕對主義陣營，則通過國家全能學說（doctrine of state omnipotence）最終成爲「軍國化」（Regimentation）（Huxley, 2001［1893］: 392）。首先必須注意的，當然是這兩個學派皆爲赫胥黎所反對的，依據先天原則而建構政治哲學的理論嘗試。而在赫胥黎的分析中，絕對主義以霍布斯的社會契約論爲發端，因爲霍布斯主張在成立國家時，所有個人「完全放棄所有的自然權利」，從而成爲絕對主義之始祖（Huxley, 2001［1893］: 390）。絕對主義的系譜，赫胥黎詳細分析了盧梭的《社會契約論》（Huxley, 2001［1893］: 393-402），之後並通過法國大革命思想家 Morelly 以及 Mably，影響到羅伯斯庇爾以及 St. Just，最後在法國大革命後的社會主義思潮中，達到「軍國化」，亦即國家主義的極致（Huxley, 2001［1893］: 401-402）。相對地，自由主義則發端於洛克的《政府論》第二篇，其中主張個人在成立國家時，個人維持其自然權利，並且用以限制政府權限，成爲自由主義之始祖（Huxley, 2001［1893］: 390-391, 403-407）。而自由主義的思潮，通過十八世紀的重農學派（Physiocracy）倡議放任政策（*Laissez faire*; Huxley, 2001［1893］: 407-408）再經亞當斯密以個人主義爲基礎的政治經濟學，以及洪堡特關於限制政府權限的論述，最後在十九世紀的理論家如 Max Stirner 而達到無政府的境地。

　　赫胥黎對現代政治思想的系譜分析，對嚴復影響極大。一方面，前引嚴復對霍布斯以及洛克的簡述，基本上是本於赫胥黎〈論政府：無政府或軍國化〉一文的相關章節（Huxley, 2001［1893］: 389-390; 403-417），搭配上赫胥黎〈論人類的自然不平等〉一文對盧梭三大原則的重述，構成了〈民約平議〉所呈現的社會契約三大家的理論內涵。不僅如此，赫胥黎對嚴復的政治觀點深刻影響，也可在〈民約平議〉一文與赫胥黎的原文對比中看出。在此舉出兩點：第一，本書十六章所論，在《天演論》案語中嚴復所援引斯賓賽的「正義的格律」（只要不妨礙他人平等的自由權，每個人都有自由做其所欲爲之事），也被赫胥黎批判，這預設了人們擁有平等的權利的先天主張，但「正義的格律」恰恰無法用來

證明人有平等權利的預設（Huxley, 2001［1893］: 314）。而在嚴復的重述中則謂：

> 所謂無侵人即得自由一言，亦不能即取之以爲籀證前辭之用，何
> 以故？蓋當爲後語之時，以名學言，已據人有平等權利一言爲原例。
> 既已據之，則不得更用之以籀證所據。[31]（嚴復合集，3: 758）

換言之，後期的嚴復接受赫胥黎的理論觀點，放棄了他早期捍衛的斯賓賽「正義格律」與自由論述。第二，赫胥黎在〈論人類的自然不平等〉一文中所自述的政治原則，也成爲嚴復所終身接受的政治主張。當自由與平等並非自然天賦的事實，甚至並非政治共同體所應當追求的絕對目標時，政治的目的爲何？嚴復著名的觀點，在這個脈絡中，躍然紙上：

> 自不佞言，今之所急者，非自由也，而在人人減損自由，而以利
> 國善群爲職志。至於平等，本法律而言之，誠爲平國要素，而見於
> 出占投票之時。然須知國有疑問，以多數定其從違，要亦出於法之
> 不得巳。福利與否，必視公民之程度爲何如。往往一眾之專橫，其
> 危險壓制，更甚於獨夫，而亦未必遂爲專者之利。[32]（嚴復合集，

---

31　赫胥黎原文爲："For the proposition that men ought to be free to do what they please, so long as they do not infringe on the equal rights of other men, assumes that men have equal rights and cannot be used to prove that assumption."（Huxley, 2001［1893］: 314）

32　赫胥黎原文爲："If I mistake not, one thing we need to learn is the necessity of limiting individual freedom for the general good; and another, that, although decision by a majority of votes may be as good a rough-and-ready way as can be devised to get political questions settled, yet that, theoretically, the despotism of a majority is as little justifiable and as dangerous as that of one man ; and yet another, that voting power, as a means of giving effect to opinion, is more likely to prove a curse than a blessing to the voters, unless that opinion is the result of a sound judgment operating upon sound knowledge."（Huxley, 2001［1893］: 313）

3：757）

　　基於此文本，吾人明確地看到，嚴復「人人減損自由」，而以「利國善群」為職志，乃至其遺囑第三點「**兩害相權：己輕，群重**」（嚴復，1986, 5：1552），並非僅是嚴復本人思想前後期的變化，而是立基於**在赫胥黎與斯賓賽的論辯中，嚴復愈發趨向於赫胥黎政治觀**的影響所致。

　　然而，赫胥黎在〈論政府：無政府或軍國化〉一文的結尾，批判了自由主義與絕對主義、無政府主義與軍國化之後，對自己政治哲學的立場描述，僅強調必須按照歷史經驗加以歸納，並且尋求前述對立陣營的「中道」（middle course; Huxley, 2001 [1893]：426）。但中道的政治是否有其原則？赫胥黎最後的陳述為：「關於政府的問題，可以陳述為：它應該做何事以及哪些事務應留給社會，以期整體而言，在可與事物自然秩序相容的條件下，促進其成員最大之福祉？」（Huxley, 2001 [1893]：427） 33 在這個脈絡中，浮現了本書十六章所述，《演化與倫理》以及《天演論》的主題：人類的行動，是要在自然秩序之上（「天行」），建構一個可以安居樂業的人文化成之世界（「人治」），而赫胥黎認為人口增加所導致的社會政治問題，是政治先天主義兩大學派都無法解決的基本課題。這也說明了，赫胥黎以及嚴復的時代脈絡，已經距離十八世紀的社會契約論相當遙遠，而當契約論述出現在十九世紀下半葉，一定有著重新形構以後的不同理論與實踐之課題。34

---

33　赫胥黎原文為：“The problem of government may be stated to be, What ought to be done and what to be left undone by society, as a whole, in order to bring about as much welfare of its members as is compatible with the natural order of things?”

34　值得注意的是，章士釗在完成〈讀嚴幾道民約平議〉送交印刷時，「手民謂有餘白當補」，章氏乃加了一段文字。他引用《天演論》中討論「群約」的文字（章士釗，1922：404-405），並指出「右說者，乃嚴君取赫胥黎之意而敷陳之。以入乎所譯天演論者也」（章士釗，1922：405）。換言之，章士釗除了揭示嚴復〈民約平議〉本於赫胥黎《論人類的自然不平等》之外，也察覺了《天演論》一書中關於群約的論述，也來自赫胥黎。然而，章士釗並未如本書第十五章詳細考證《天演論》的「群約」論述來自於赫胥黎早期的〈行政虛無主義〉一文。不僅如此，綜觀赫胥黎前後期的政治論述，〈行政虛無主義〉中以社會契約來

## 七、結語：當代世界中的盧梭張力？

　　在馬君武譯本出現後，中國知識界對於盧梭的理解，逐漸脫離了早期對於其現實涵義的強烈關注，慢慢回歸到學術性的討論。其後，隨著新一代學人在歐美受專業政治理論訓練，並回中國任教後，產生了新的盧梭文獻。其中，張奚若以及蒲薛鳳作為民國時期最重要的政治思想研究者，所提出的盧梭詮釋，[35] 慢慢脫離了直接的政治目的，基於學理來加以討論，未來可再予探究（cf. 王曉苓，2014: 37-52）。

　　回到本章序論所引梁啓超以及史華慈所提出的思想史解釋，吾人將察覺，雖然盧梭《民約論》對中國近代革命思潮的確產生了重要的影響，但在檢視了相關文本在語境脈絡中被理解以及運用的歷史樣貌之後，實際上的狀況，遠比梁啓超與史華慈所設想的要複雜。雖然《民約論》譯本不完整、錯誤頗多，但中江兆民所創的「民約」語彙系統仍然產生了重大影響。而且他將「主權者」翻譯為「君」的策略，反而在一種非預期的狀態下，產生了與盧梭思想精神全然不同的政治想像，卻能與東亞傳統政治文化緊密結合並發出批判的聲音。楊廷棟基於此，轉化為對《民約論》的立憲主義閱讀方式，然後劉師培再加以翻轉，提出「處變之時，人民操革命之權」的革命主張。而馬君武運用「帝民」一詞，則超越了中江兆民的語彙系統，其譯本更促使中文世界逐漸邁向準確理解盧梭思想之境地。至於嚴復〈民約平議〉與章士釗之批判，基本上還是延續了清末立憲改革與革命派之論爭，但已經明確看到嚴復放棄了他曾引介的「群約」論述。

　　通過本章之分析，吾人應重新省思某些基於既定觀點所提出的歷史詮釋（如本章篇首所論史華慈提出的「當代世界中的盧梭張力」），而

---

　　說明國家形成時的正當性基礎，只是他早期思想的暫時策略。到了晚期之後，赫胥黎完全放棄社會契約的概念（Huxley, 2001[1893]: 420），所以章士釗的結論，即赫胥黎本人其實也贊成民約，而非如嚴復所單方呈現的反民約說法（章士釗，1922: 405）並不正確。

35 請參閱張奚若（1989），以及蒲薛鳳的〈盧梭的政治思想〉，收入蒲薛鳳（1968, 1: 219-319）。

唯有通過詳細的脈絡分析與檢證，才有可能確立解釋的有效性。如此，方能避免詮釋者將基於鉅型理論（grand theory）所產生的識見，不經批判地加諸於思想史研究對象而產生謬誤詮釋的問題。

# 第十九章

## 嚴復的《政治講義》

### 理論作爲一種實踐

## 一、前言：政治科學的實踐涵義

1905 年日本於日俄戰爭中獲勝，這對於當時的中國，是繼甲午之戰後另一個重大衝擊。王世杰指出：

> 迨光緒三十年俄敗於日，中國一般知識階級乃群信專制政體國之不能自強。日本之以一小國戰勝大國，一般俱認爲立憲之結果。……當時之立憲運動，亦分兩派。其一，爲以孫中山爲領袖之民主立憲運動。……其二爲以康有爲梁啓超爲領袖之君主立憲運動。（王世杰，1989: 659-660）

清廷迫於時勢，於 1905 年底翌年派遣五大臣出洋考察各國政治，回國後均建議應該採行憲政，1906 年 9 月頒布〈預備立憲之詔〉，啓動清末的憲政改革（任達，1998: 207-208）。

在這個歷史時刻，各種立憲團體紛紛成立，輿論對於西方憲政主義的知識需求以及討論，也大量湧現。嚴復在 1905 年夏天，應「上海青年會」的邀請，以八次講演討論西方的政治學。在過程中，許多報刊分期轉載（皮後鋒，2003: 352-353），而於 1906 年初集結爲《政治講義》（嚴復合集，第六冊），由商務印書館出版，兩個月之後便重印（王蘧常，1977: 77）。

在嚴復的相關文獻中，史華慈對嚴復這時期的著作，強調《社會通詮》的重要性，而較少引用《政治講義》（cf. Schwartz, 1964: 180, 187）。相對地，蕭公權在《中國政治思想史》下冊中，則以《政治講義》爲主軸展開對嚴復思想之討論（蕭公權，1982, 2: 859, 871-880）。他的評價如下：

> 獨嚴氏政治講義一書，運科學之方法，明西政之眞際，條理謹密，最富學術之意味。吾人如謂大同書爲清末之第一部政治哲學著作，則政治講義可謂清末之第一部政治科學著作。雖其實際之

影響無可言者，而其內容頗值一述。（蕭公權，1982，2: 871）

　　然而，近年來戚學民（2002, 2004）考證出，《政治講義》實本於英國十九世紀政治學者西萊（John Seeley）的《政治科學導論》（*Introduction to Political Science*），並且撰寫一本專書詳細討論（戚學民，2014）。本章根據戚學民的考證研究成果，進一步探討嚴復《政治講義》的理論內涵。

　　在詳細比對兩本著作之後，筆者認為嚴復雖以西萊的著作為本，但其用意則是在最短的時間及最精簡的篇幅中，介紹當時西方的政治科學，並且提出時局所迫切需要的憲政主義改革主張。在這個過程中，他其實對西萊的文本做了相當程度的改變，以適應當時中國聽眾的知性需求。在嚴復所有的譯作中，筆者主張《政治講義》的體例最接近於《天演論》：嚴復發揮其獨特的創造能力，將西方思想界一般性的文本，重新創造成符合中國知識分子所亟需的書籍，這是一種「文本政治」（textual politics）的獨特樣態。當嚴復所本尚未被知悉時，大體上可被評價為「其中雖多襲取西說，鮮有剙解，然不失為中國人自著政治學概論之首先一部」（蕭公權，1982, 2: 859）。但當其所本被考證出來之後，反而可以通過詳密的對比，詮釋出嚴復本人的政治學以及憲政主義見解，而且往往能比他在《法意》的案語提供更為完整的訊息。事實上，嚴復所翻譯或採用的當代經典包括《群學肄言》、《社會通詮》以及《政治講義》，乃是其理解或重新詮釋古典自由主義傳統經典（如《原富》、《法意》以及《群己權界論》）的基礎。也就是說，嚴復基於演化的觀點，傾向於運用較新的學術論述來重新理解古典傳統。而以政治思想史的角度而言，《政治講義》由於深入處理了政治科學與政治哲學的基本問題，其中蘊含了比較政治思想史相關議題之詮釋，所以格外重要。

　　本章以下略述西萊的生平及《政治科學導論》的基本內容，再依國家有機體論、政治自由論，以及立憲政府論三個理論元素，分析《政治講義》的實質內容及其涵義。

## 二、西萊及其《政治科學導論》

　　Sir John Robert Seeley（1834-1895）乃是劍橋大學近代史皇室教授
（Regius Professor），為十九世紀在劍橋大學主張「政治科學」（political
science）的代表性學者，並促成劍橋大學於 1928 年正式成立政治科學
的講座。第一位被任命為此講座的教授為巴克（Ernest Barker），他稱
西萊為最早在學術領域發現大英帝國之學者，在嚴格的現實主義立場
上，基於歷史來研究政治科學，影響了整個世代的劍橋學者（Barker,
1930: 197-198）。[1]

　　西萊的研究領域是西方近代政治史，早期發表過拿破崙戰爭時期
的普魯士內政等著作，但使他獲致廣大影響力的，是分析英國帝國的
擴張史（Seeley, 1906）。在政治思想史的取向上，他被視為是一位具有
民族主義色彩的自由主義者（Collini, Winch & Burrow, 1983: 228）。《政
治科學導論》是他於 1885 及 1886 年在劍橋大學上課的講稿，在西萊
過世後，由 Henry Sidgwick 整理並於 1896 年出版。Sidgwick 特別撰寫
了一篇編者序，指出西萊基本的學術觀點有二：研究政治科學的恰當
方法基本上乃是歷史方法；以及研究政治史的恰當方法乃是將之作為
政治科學的材料（Seeley, 1896: xi）。《政治科學導論》分為兩個系列，
第一個系列乃是 1885 年秋季的演講稿，共八講，其中一至四講探討政
治科學與歷史的關係，並分析政治科學的研究對象：國家作為一種有
機體；第五及第六講討論自由觀念，而在最後兩講中，西萊嘗試克服民
主制與君主制（他稱之為 "government by many" 以及 "government by
one"）的對立並提出理論綜合。第二系列則是 1886 年春季的講稿，亦
分為八講，前四講討論英國憲政傳統；五至七講則分別論述君主政體
與共和政體之對立，以及貴族制與民主制的流變；最後一講則檢討普

---

1　相反地，二十世紀著名的英國政治哲學家歐克秀則持相反評價，認為西萊所主
　　張歷史作為事實領域，可以運用「純粹歸納法」發展政治科學，其實是一種誤
　　用的科學主義（Oakeshott, 2004: 50）。歐克秀原文發表於 1924 年，代表世紀
　　之交英國政治理論學風之轉變。

遍世界史（universal history）的可能性。

　　嚴復在發表《政治講義》時，主要依據的是《政治科學導論》第一
系列的前六講，但隨著他日後研讀西萊的政治科學，他也理解到孟德
斯鳩在《法意》中，以三權分立的角度詮釋英國憲政制度，其實與英國
的內閣制相距甚遠，所以嚴復在之後兩篇討論英國憲政體制的文章
（〈論英國憲政兩權未嘗分立〉及〈續論英國憲政兩權未嘗分立〉）中
（嚴復合集，2: 456-471, 482-490），也以《政治科學導論》系列二的前
兩講為本。換言之，西萊是嚴復在翻譯了穆勒《群己權界論》與孟德斯
鳩《法意》之後，真正形塑其政治思想的關鍵性理論家。由於篇幅的關
係，本章不處理西萊本人的政治思想，[2] 以下的討論，將集中在嚴復如
何理解西萊的政治科學，以及將之轉化成為可以運用在當時關於立憲
的政治論述。

## 三、政治科學的研究對象：國家有機體

　　如前 Sidgwick 所指出，西萊主張政治科學與歷史必須「互相表裡」；
以嚴復所述，則為「治史不歸政治，是謂無果；言政治不求之歷史，是
謂無根」（嚴復合集，6: 2）。[3] 西萊的基本主張，乃是在龐大的歷史史
料中，運用比較以及歸納的方法，將經驗界的對象加以分類，並進而尋
找律則，而最重要的律則與方法，則是當時聲勢最盛的演化理論
（Seeley, 1896: 20），這恰恰符合嚴復心中的歷史觀念。嚴復認為科學
方法的程序，基本上要做以下四件事：

---

2　關於西萊思想的完整討論，可參閱 Wormill（1980），其中頁 121-153 對
　　*Introduction to Political Science* 做出了詳盡的分析。至於西萊在十九世紀英國
　　政治科學發展所扮演的角色，則可參閱 Collini, Winch & Burrow（1983: 225-
　　234）。

3　西萊的原文則是："History without Political Science has no fruit; Political Science
　　without History has no root."（Seeley, 1896: 4）。

（一）所察日多，視其不同，區以別之，爲之分類，一也。（二）一物之中，析其官體之繁，而各知其功用，二也。（三）觀其演進之階段，而察其反常致疾腐敗之情狀，三也。（四）見其後果之不同，察其會通，而抽爲生理之大例，四也。（嚴復合集，6: 8-9）

值得注意的是，嚴復在此對「科學」及其與政治學的關係，也發揮了自己的見解。他認爲科學與中國傳統的思考方式有所不同，其中有兩大難處牽涉到文化的根本差異：「一是名義了晰，截然不紊之難。二是思想層折，非所習慣之難」（嚴復合集，6: 2），也就是說，概念必須要有清晰的定義，而理論的論證必須有嚴格的邏輯性，這往往與日常生活習慣的用語以及推論方式有根本差異。從這一個對於科學所需的概念與論證，已經可以預見，在《政治講義》（以及西萊原始的文本論述）中，嚴復將指出通說習見政治觀念的謬誤，並運用科學的方法重新建立分析架構。

在論述政治與歷史互相表裡的關係時，嚴復擴張了原文，提出兩種對立的思考模式：西方在十八世紀以前，討論政治往往基於哲學思辨而不本於歷史，代表者包括希臘的柏拉圖以及現代的盧梭，嚴復指出：「此二人皆諸公所知，其言治皆本心學，或由自然公理推引而成」（嚴復合集，6: 2）。相對地，「本歷史言治，乃十九世紀反正之術，始於孟德斯鳩，至於今，則無人不如此矣」（嚴復合集，6: 2）。這個對立，爲西萊原文所無（Seeley, 1896: 4），但對吾人理解嚴復對西方政治思想史的詮釋則具有重要意義，特別是盧梭言治本於心學，以及孟德斯鳩本歷史而言治，恰恰是嚴復選擇翻譯孟德斯鳩的原因，以及本書前章所述他批判盧梭《民約論》的用意。

事實上，西萊區分西方政治學傳統中「古代方法」（ancient method）以及他本人所運用的方法（Seeley, 1896: 18-20）：古典傳統所追求的是「應然」（ought），而西萊政治科學的探討事物之「實然」（what is）。值得注意的是，這個爲當代政治學所熟知的「應然」與「實然」之別，嚴復則用「術」與「學」分別加以稱之：「學者，即物而窮理，即前所

謂知物者也」，相對地，「術者，設事而知方，即前所謂問宜如何也」（嚴
復合集，6: 8）。對嚴復而言，古典政治哲學（無論中西），都是一種「術」，
也就是在尚未知事物之實然前，而問何爲最善、何種形式爲最高、何者
爲最文明，以及何者最爲有利之治。

　　在說明了政治科學與歷史的關係之後，嚴復對《政治講義》提出了
以下的綱要：

> 吾黨之治此學，正是用西學最新最善之塗術。何則，其塗術乃天
> 演之塗術也。吾將取古今歷史所有之邦國，爲之類別而區分，一
> 也。吾將察其政府之機關，而各著其功用，二也。吾觀其演進之階
> 段，而考其治亂盛衰之所由，三也。最後乃觀其會通，而籒爲政治
> 之公例，四也。諸公視此，吾黨有絲毫之成心乎。惟祛其成心，故
> 國家之眞理見也。（嚴復合集，6: 9）

　　這個綱要並不見於西萊的原文，卻很恰當地預告了全書的內容，
特別是政治學研究的對象乃在於「邦國」或國家。在《政治科學導論》
第一講之中，西萊只不過如一般政治學通論，說明國家作爲一種團體
（corporation）乃是高於家庭之上，且與民族（nation）有別的政治團
體（Seeley, 1896: 17）。但對嚴復而言，在當時的中國討論國家概念，
面臨著特殊的困境，所以他做了許多發揮，其中主要的困難，在於中國
人由於大一統之故，其政治意識中「只有天下，並無國家」（嚴復合集，
6: 5）。是以，在政治科學層次上可以清楚界定的「國家」概念，往往會
與「土地」、「種族」、「國民」、「國群」有所混淆（嚴復合集，6: 7）。這
無疑反映出當時革命派的民族主義乃至種族主義的政治訴求，以及梁
啓超所提出的國民論述。[4] 嚴復非常在意種族與國家的混淆，而強調
「種族與國，絕然兩事」，世界上許多相同的種族並不屬於同一個國家，
亦有同一種族而分屬不同國家的事例，甚至同國之中有不同種族，但

---

4　請參考戚學民（2014: 158-171）對此議題之詳細論述。

仍爲一國之民（嚴復合集，6: 5）。[5] 嚴復在這個脈絡中，先對國家概念提出了自己的界定：「**國者，多數衆民所合而成一特別團體之名也**」（嚴復合集，6: 5）。

　　進一步而言，界定國家組織特色的乃是「治權」或「政府」，這正是西萊所提出的科學主張。然而，邦國之政府如何形成？其政治科學的基本特色爲何？在回答這些問題之前，西萊先說明了由人民所形成的國家，雖有人類的意志活動，但國家作爲團體，乃是在歷史中逐漸生成，而非人爲意志的產品，這也是政治科學必須借重於演化理論的根本原因。西萊的觀點，深獲嚴復的共鳴，而在嚴復的演繹中，他重新檢討了本書十六章所論其於《天演論》中關於「天行」與「人治」的觀點。嚴復將西萊所提出的政治格律（political axiom）："states are not made but grow"（Seeley, 1896: 20）譯爲「國家非製造物乃生成之物也」，並說明爲「近世最大政治家薩維宜之言」[6]（嚴復合集，6: 9）。嚴復指出，「邦國政府雖屬人功，而自其大分言，實游於天演之中而不覺。大抵五洲民人所共有者，其事皆根於天性。天性天之所設，非人之所爲也」（嚴復合集，6: 9）。而在第二講重述第一講之內容時，嚴復的論述，更接近於矯正《天演論》的人治論：

　　　前會講義，所發明，有最要之公例。曰：國家生於自然非製造之
　　物。此例入理愈深，將見之愈切。雖然，一國之立，其中不能無天

---

5　在這個脈絡中，嚴復依據西萊原文，介紹了 Johann Friedrich Blumenbach（1752-
　　1840）以膚色區分人種，以及 Anders Retzius（1796-1860）以頭顱區分種族的
　　「民種」之學。據孫江（2014: 87-88）所述，嚴復是引用卜魯門拔（即布魯門
　　巴哈）之名的少數理論家，並介紹其「人分五種說」的代表人物之一。
6　應指德國歷史主義巨擘 Friedrich Carl von Savigny（1779-1861）。另一個可能思
　　想根源，是英國政治家 Sir James Mackintosh（1765-1832）。在穆勒早期著作
　　中，曾經引述 Mackintosh 的名言："governments are not made, but grow"（Mill,
　　1996: 41），並在《論代議政府》第一章卷首再次引用（Mill, 1996: 374），但
　　在後面這個脈絡中，並未引述 Mackintosh 之名。這個政治格律的取向，其實
　　根源於英國保守主義傳統，特別是柏克（Edmund Burke, 1729-1797）以及
　　Mackintosh 對法國大革命的批判反思，而未必真的源於德國歷史主義傳統。

事人功，二者相雜。方其淺演，天事爲多，故其民種不雜：及其深
演，人功爲重，故種類雖雜，而義務愈明，第重人功法典矣。而天
事又未嘗不行其中。（嚴復合集，6: 15）

　　以上文本中「天事」、「人功」的辯證與對立，可看出嚴復修正了早
期受赫胥黎所影響的思想取向，轉向嚴格意義的演化理論。不令人意
外地，他在這個脈絡中批判了他在《天演論》之中所曾引述的社會契約
論述：「故言天學而淪於星命，言化學而迷於黃白，言政治而主民約，
皆此類也」（嚴復合集，6: 9），這已經將民約論與星象學和煉丹術並列
而加以貶抑。

　　在歷史中生成的國家，乃是一種有機體。[7] 嚴復在這個脈絡中，溫
和地批判由日文所轉譯的「有機體」概念，[8] 認爲他之前將 "organism"
翻譯爲「官品」比較恰當，而所謂官品乃是「有官之品物」，也就是「有
機關之物體」（嚴復合集，6: 19）。以國家而言，如前所述爲「多數眾民
所合」，但嚴復進一步強調，並不是如散沙聚米便可聚集一群人民成爲
國家；重點在於「分官設職，部勒經緯，使一群之中之支部，有相資相
待之用，而後成爲國家」（嚴復合集，6: 20）。換言之，嚴復所理解的有
機體或官品，意謂著英文的 "to organize"，「此意猶云，取無機之體，
而與之以機；就無官之品，而賦之以官。得此而後其物其眾，有生命形

---

7　關於十九世紀西方政治思想蓬勃發展的有機體概念，請參考 Coker（1910）詳
　　盡的介紹分析。

8　同時期根據日本文獻解釋國家作為有機體，可見於《新爾雅》（1903）：「國
　　家者，有機體也。古之言國家，多主分子說以為人之集合而為國家，不異砂石
　　之堆積而為山也。是不過為人類所組織一無機物而已，無成長發達之能力也。
　　及德國歷史法學派之首祖沙披出，始以國家為能自成長發達之有機物其說風靡
　　一世。德國學者伯倫知理亦主張此說其說有三：（一）國家者有精神有形體統
　　治機關即發現國家形體者也，法律規則即發表國家精神者也。（二）國家者上
　　自大臣，下迄巡查，莫不各為國家之機關而各動其動亦猶人之之有耳目鼻口四
　　肢五體也。（三）國家者，其精神其形體，若有機體而時為發達者也。文物制
　　度之發達者，精神上之發達也。領土擴張臣民增加，形體上之發達也」（沈國
　　威編著，2011: 307）。

氣之可言，內之有以自立，外之有以禦患」（嚴復合集，6: 20）。國家作為有機體，既以組織為基本課題，據此國家以及政治學的核心問題便在於「治權」，「而治權以政府為之器」（嚴復合集，6: 7）。在這個議題上，嚴復追隨西萊的腳步，以政府作為界定國家作為有機體的核心議題。而西萊對於政府，則運用命令（command）以及服從（obedience）來說明其基本的支配結構（Seeley, 1896: 36-37），而嚴復則用中國的君臣觀念加以發揮其義：「人之合群，無間草昧文明。其中常有一倫，必不可廢。此倫惟何？君臣是已。君臣者，一群之中，有治人、治於人者也。而出治機關，是謂政府」（嚴復合集，6: 15）。不僅如此，嚴復超出西萊文本，而自己提出以下之「公例」：

> 今夫人相合為群，此群群之中，所相同而可論者眾矣，乃今悉置不問，單舉政治一門而為之公例曰：凡是人群，莫不有治人、治於人之倫理。治人者君，治於人者臣。君臣之相維，以政府。有政府者，謂之國家（嚴復合集，6: 16）

嚴復強調，這四條「公例」並非僅根源於思想，而是基於歷史歸納而得。

在說明了國家是一種有機體之後，按照政治科學的方法，下一個課題乃是依據政府機關命令與服從的支配樣態，加以分類。而在此議題上，西萊分析批評了亞里斯多德的政體論，並依據演化理論提出了其獨特的國家分類。由於亞里斯多德的政體論乃是西方政治思想傳統中的核心論述，西萊對其之批評顯然影響了嚴復政治思想的基本取向；然而嚴復此時已經翻譯了孟德斯鳩《法意》的前三冊，對於西方政體論也有了第一手的資料與思考，所以他依據西萊而對亞里斯多德政體論所提出的評論，值得注意：

> 既云分類，則請舉最古之分類而言之。希臘諸子言治之書，其最為後來人所崇拜者，莫如雅里斯多德之《治術論》。其分治制，統

為三科：曰，獨治，蒙訥阿基；曰，賢政，亞里斯托括拉寺；曰，
民主，波里地。獨治，治以一君者也；賢政，治以少數者也；民主，
治以眾民者也。三者皆當時治制正體，然亦有其敝焉者。獨治之敝
曰專制、曰霸政，泰拉尼 Tyranny，亦曰狄思樸的 Despotic。賢政
之敝曰貴族，頞里加基 Oligarchy。民主之敝曰庶政，德謨括拉寺。
（嚴復合集，6: 21）

　　西萊相當準確地指出了亞里斯多德多數人統治的「正體」為
"polity"（共和政體），而其腐化則為民主制（Seeley, 1896: 45-46）。而
在嚴復的表述中，則將「波里地」作為民主，而其變體，則為「庶政」。
這表示出，嚴復並未受到孟德斯鳩的影響，視民主為僅適合小國寡民
的古代城邦，而認定民主是一種良善的現代政體。所以在同一脈絡的
後續分析中，當西萊僅說明民主在現代已經成為一種終極理想，而非
變體政制時，嚴復則如此說：「又近世之人，幾謂德謨括拉寺為最美後
成之制；而在當時，則並非嘉號。**今之所謂德謨括拉寺者，乃古之所謂
波里地也。**」（嚴復合集，6: 21，黑體強調為筆者所加），強化了原文所
未嘗強調的現代民主意義。以上對亞里斯多德政體論的簡單介紹，有
另一個值得注意的語言用法，也是嚴復本人的理解：他將西萊原文中
的 "Tyranny" 加上了原文所無的 "Despotic"，並且主張獨治之變體為
**「專制」**或**「霸政」**，這表示出嚴復對於此種腐化的獨治，並未分別亞
里斯多德以及孟德斯鳩的概念，而可能是綜合了二者的理論，來分析
君主政治腐化後之弊端。

　　在相同的文本脈絡，嚴復還發揮了一個西萊所未曾論述的主題：
**立憲國家**。西萊（Seeley, 1896: 47）的原文，在討論完亞里斯多德所代
表的古典政體論後，指出在現代世界中政治權力是可以分立的，西萊
並以英國憲法為例，指其為一種混合了君主、貴族，以及民主三種政府
形式的政體。在此，西萊本來僅是以英國憲法為例，但在嚴復（1998,
6: 22-23）的論述中，由於時代之所需，加以大幅地擴張，指出英國從
布萊克斯通開始，便謂「英治以一王二議院鼎足治國，收此制之長，而

無其弊」。這樣的制度，在十九世紀以後，普及於歐洲各國。無論是獨治君主或「伯理璽」（即今之總統）獨建於上，同時建制議院來「參用民權」，「凡如此者，謂之立憲。立憲西文曰 Constitutional，顧通稱立憲矣。而君臣民治權輕重，隨國不同」（嚴復合集，6: 23）。嚴復強調，凡號為「**文明種族**」的近代國家，大體上都用此種「三權鼎足分治之形式」，構成了現代「立憲國家」的基本政制。

在批判了亞里斯多德以統治者的數量多寡作為政體分類的不足之後，西萊依據演化理論在第三講中，提出了符合當時政治科學的分類方式。他指出，不應該從國家的「目的」來加以分類，而應以「動因」（motive; Seeley, 1896: 28；嚴復譯為「其所由合」）作為分類的基準。基於此，他將國家區分為「**真正國家**」（the state proper）、「部落」（tribe）、以及「宗教共同體」（ecclesiastical community）或「神權國家」（theocracy）。嚴復將西萊的國家分類翻譯如下：

> 故國家為物，第一層條理區分，先為三種：真正國家，一也；宗法國家，二也；神權國家，三也。其西字為 State、Tribe、Theocracy。宗法之國家，其合也，以同種族、同祖宗故；神權之國家，其合也，以同宗教、同信奉故；至於真正國家，其合也，以同利益、同保護故。（嚴復合集，6: 31）

這個國家分類，比起亞里斯多德以「治權操於多寡」所得出的分類要優越許多，不僅因為這個新的分類解釋了國家作為政治共同體時，人民所結合的「動因」；進一步而言，此種分類符合「科學分別種類之理」（嚴復合集，6: 32），也就是當時的演化理論。只有到現代的「真正國家」，才以保護公民的共同利益作為結合的主要目標；這樣的國家觀念，以思想史的角度而言，實源於霍布斯以「安全」與「保護」作為國家成立的主要目的。

嚴復依據西萊所提出的國家分類，雖然符合他們所共同信服的社會演化理論，但西萊在三種國家之外，提出了第四種國家型態：「**擬似**

國家」（quasi-state），用以解釋十九世紀帝國主義時代殖民地特殊的國
家型態，此產生了超過演化論以外的理論旨趣。西萊強調，前述三種國
家類型，乃是在自然的過程中有機體所形成的演化歷程；但在此之外，
則有以力量（force）或征服（conquest）爲基礎所形成的國家，這種國
家不構成有機體，也沒有分化的機關（或「官品」），而是一種無機體。
在西萊的原文中，他僅舉羅馬帝國統治的諸省以及土耳其帝國爲例
（Seeley, 1896: 72, 74）；但在嚴復的引申之中，則特別標舉了回部土耳
其、中國元代，以及當時的印度作爲此種無機國家的例證（嚴復合集，
6: 35-36），顯示出他完全理解西萊的理論意圖在於解釋當時的殖民地
國家作爲一種獨特的分類型態。所以「**自然演立之國家**」與「**力征經營
之國家**」兩種不能混爲一談。宗法國家、神權國家，以及眞正國家，屬
於「自然國家」，因爲它們均爲有機體；而最後一種併兼力征之國則爲
一種「非自然國家」（嚴復合集，6: 35）。若以政治思想史的角度來理
解西萊所提出、嚴復所衍申其義的國家分類，其實是運用了本書第四、
五章所論霍布斯關於「建制的邦國」與「取得的邦國」之二元對立，而
在十九世紀的獨特脈絡下，運用科學性質的演化理論，來「解釋」從草
昧到文明國家的演化種類，以及爭奪殖民地的帝國主義政治現象。

　　完成了國家政體的分類後，西萊進一步於第四講討論古代城邦國
家與近代民族國家的差異，以及中央集權的單一國以及行使聯邦制或
邦聯制的合眾國等，因爲並非本章的論述重點，所以不予贅述，而於下
節探討第五、六兩講所討論的政治自由問題。[9]

## 四、政治自由的真義

　　十九世紀英國的知識界，由於法國大革命的影響，謳歌自由者所
在多有，西萊援引了柯勒律治（Samuel Taylor Coleridge, 1772-1834）、

---

9　關於嚴復思想中自由觀念的深入分析，請參閱林載爵（1999）。

雪萊（Percy Bysshe Shelley, 1792-1822）以及拉斯金（John Ruskin, 1819-1900）等十九世紀文人的相關論述，並且強調這些完全不符合政治科學中自由的眞義（Seeley, 1896: 105-106）。同樣地，嚴復在前兩年的《群己權界論》〈譯者序〉中，對於二十世紀以後中國知識界對自由價值的熱潮，也深感憂慮（嚴復合集，11: 6）。是以，《政治講義》第五、六會中所討論的「**政界自由**」（嚴復翻譯 "political liberty" 用詞），就形成了嚴復在 1905 年前後，思想成熟時期對於自由所做的重要討論。

　　除了文人雅士的談論外，西萊也舉出共和主義傳統自由作爲國家獨立自主的意義，與穆勒《論自由》一書中所討論的社會自由作爲一種倫理學意義中的個人自由並不相同。嚴復也據此說明了他所譯之《群己權界論》所論個人對於社會的自由，並非嚴格意義的「政界自由」，因爲後者與政府的管束有關（嚴復合集，6: 55）。西萊本人在第六講中，重新整理了具有歧義的自由觀念，而嚴復翻譯如下：

> 　　總而竅之，見世俗稱用自由，大抵不出三義：一、以國之獨立自主，不受強大牽摯干涉爲自由。此義傳之最古，於史傳詩歌中最多見。二、以政府之對國民有責任者爲自由，此不獨在古，方今亦然。歐洲君臣之爭，無非如此。故曰自由如樹，必流血灌溉而後長成。三、以限制政府之治權爲自由此。則散見於一切事之中，如云宗教自由、貿易自由、報章自由、婚姻自由、結會自由、皆此類矣；而此類自由，與第二類自由，往往並見。（嚴復合集，6: 66）

　　在這三個「俗義」中，第一義即爲共和主義自由觀，西萊也明白指出，在希臘羅馬時代，自由一詞是與「奴隸」相對，有公民資格者方有自由。然而，「夫以臣民以抗君上，與爲將帥而禦寇仇，此絕然兩事者也。抗暴君污吏，謂之保護自由可也；禦外國敵人，非保民之自由，乃爭國之獨立也。獨立西語曰 Independence。必不可與自由 Liberty 混」（嚴復合集，6: 54）。至於自由之第二俗義，牽涉到的是政府對於國民的養護責任，但這可以稱爲「仁愛國家」以及「父母政府」（嚴復合集，

6: 56；西萊原文爲 "mild and paternal government"）。但人民的自由，
與政府的仁暴，是兩件完全不同的事情。而西萊特別強調，「民權政府」
（parliamentary government）與「君權政府」（absolute government）相
比之下，前者因爲民權日益增長，政治以及法制反而愈趨縝密。所以有
議會的民權政府，其實政府的干涉可能更多；而行使絕對主權的君主
政治，反而除了維持政權穩定之外，未必要干涉人民的生活。將此二者
綜合比較之下，產生了「政令寬簡」與「有代表議院」成爲自由此一名
詞的歧義（嚴復合集，6: 61）。這個對立，即是前述引文中二、三俗義
的不同表達，而西萊以及嚴復，都以自由主義的精神主張，唯有第三者
才是自由眞正的涵義：「**夫此名既立，則自由二字，合依最切之義，定
爲與政令煩苛，或管治太過，對立之名詞**」（嚴復合集，6: 61）。換言
之，人民是否自由，相對於政府的管理與法令，重點在於其干涉之量，
而與治理的品質無關：

> 所問者，民之行事，有其干涉者乎？得爲其所欲爲者乎？抑既
> 干涉矣，而法令之施，是否一一由於不得已，而一切可以予民者，
> 莫不予民也。使其應曰然，則其民自由。雖有暴君，雖有弊政，其
> 民之自由自若也。使其應曰否，則雖有堯舜之世，其民不自由也。
> （嚴復合集，6: 62）

在確立了自由「最切之義」，而駁斥了共和主義以及議會主義傳統
對於自由的觀點不符合政治科學的「俗義」之後，吾人可以整體地掌握
西萊對自由觀念的論述結構。他從政治作爲一種管理之術出發，產生
了政府的管理與個人自由必然處於一種反比例的關係：政府的立法越
密，干涉便越多，而其公民的自由就越少，並將此作爲「政界自由」的
眞義（嚴復合集，6: 51）。嚴復進一步將西萊的論述，轉化爲他自《天
演論》以來受到赫胥黎影響而產生的特殊論述：

> 故吾輩每言某國之民自由，某國之民不自由，其本旨非指完全

自由之事，乃謂一人之身，既入國群之後，其一一之動作云爲，常
分兩部。其一受命於他人之心志，其一自制於一己之心志。以各國
政治不齊，是兩部者，常爲消長。有多受命於外志者，有多自制於
己志者。後者謂之自由之民，前者謂之不自由之民。非言有無，乃
論多寡。（嚴復合集，6: 62）

在西萊原文中，只是簡單地將國家中個人的生活區分爲「政府的
領域」（province of government）以及「自由的領域」（province of liberty），
前者意味著個人生活服從於權威及其意志，後者則屬於個人可以自行
決定的範圍（Seeley, 1896: 120）。這個簡單的區分，嚴復通過之前赫胥
黎的論述取向，強調的是一人之身「**既入國群之後**」所區分的兩個部
分。雖然嚴復此時已經放棄了用社會契約來證成國家或國群的形成，
而改用前述的有機體理論加以說明；但仍可觀察到個人原來具有完全
自由的狀態，而在進入國群之後產生政府權威與個人自由的消長關係。
這個政治哲學的觀點，嚴復並不會感到違和，因爲這與本書十六章所
述，他在《天演論》時期所援引赫胥黎在政治哲學方面的基本主張的取
向大體相同。

進一步而言，通過西萊的政治自由論，嚴復也修正了他早期受到
斯賓賽影響所產生的自由、國家富強，以及公道或正義之間的緊密關
係：「時人著論演說，好取自由名詞，感慨歆歟道之。一若民既自由，
則國無不強，民無不富，而公道大申也者」（嚴復合集，6: 62）。這個評
論，表面上是對當時以自由爲名的時人論述，但實際上牽涉到的，是斯
賓賽在《倫理學原理》下卷對自由與正義的論述，而爲嚴復在《天演
論》的案語中所引述者（參見本書第十六章第七節）。

接下來的重要理論議題則在於，既然「民之自由與否，其於法令
也，關乎其量，不關其品也」（嚴復合集，6: 62），而這個自由的「量」
又牽涉到「政府的領域」以及「自由的領域」的界限，那麼「其界限立
於何處？」（嚴復合集，6: 55），也就是嚴復著名的「**群己權界**」之議
題。對「各種國家，其權限大小出入何如？」這個關鍵問題，其初步之

解答，乃是「自歷史中求之」（嚴復合集，6: 55）。然而，眞正基於政治科學所產生的理論分析，則是《政治講義》第六會的主題，其最終的判準仍在於社會演化論：「政府權界廣狹，爲天演自然之事，視其國所處天時地勢，民質何如」（嚴復合集，6: 67）。

在上一節中，吾人已經論述西萊與嚴復的國家自然有機體論，而運用到國家的統治機關（政府）與人民自由間之界限時，其標準乃是：「政府權界廣狹，視其國所當外來壓力之何如，而民眾自由，乃與此爲反比例」（嚴復合集，6: 68）。換言之，從演化論的分析角度，政府權限以及個人自由，都是以國家作爲有機體在其環境中所存在的壓力而決定的，並非單純地從個人人格的絕對優先性，或國家神聖性兩種極端加以考慮。西萊以英國與美國獨特的自然條件（孤立於政治紛擾的歐陸之外）來解釋，相較於法國與普魯士，其人民乃得享有較多之自由，甚至「得皆以放任爲主義」（嚴復合集，6: 68）。其中原因並不難理解：「蓋國於天地，必以求存爲先」，爲了求存，則必須修武備，而擴張君權，其結果自然是政府干涉多而放任少。在探討了歷史的治亂盛衰之故後，依據演化理論，可以依據自由來分類國家的「公例」如下：

> 今所立公例係云：凡國成立，其外患深者，其内治密；其外患淺者，其内治疏、疏則其民自由，密者反是。雖然此是大例，至於他因爲用，而生變例，亦自有之。（嚴復合集，6: 69）

在西萊的原文中所謂的「密」與「疏」，乃是 "intense government" 與 "relaxed government" 的對立（Seeley, 1896: 134）。而後者就是以自由主義或放任政策爲原則的國家，其基本功能在於「治安」以及「保護性命財產」（嚴復合集，6: 70）。

西萊進一步引用十九世紀德國的政治理論，來說明前述「疏」與「密」兩種自由程度不同的國家，意味著**專政府**以及**總政府**，在西萊的原文中，前者爲 "minimum province"，後者爲 "large province"，也就是「極小政府」與「大政府」的差別。嚴復在此脈絡的

譯文，可以看出德國與英國政治思想的會通：

> 德國學者之言政治，於此等處最精審。彼於政府，於兵而外無所
> 問者，謂之兵政府，War State，Der Kriegstaate。他如刑政府，Law
> State，Der Rechtsstaat、商政府，Trade State，Der Handelsstaat、警
> 察政府，Police State，Der Polizeistaat，凡此皆一事者也。若夫於
> 國事無所不治者，則謂之教化政府，Culture State，Der Kulturstaat，
> 其爲繁稱如此。（嚴復合集，6: 72-73）

西萊所分類的「專政府」中，德國傳統所述的諸種國家，其中以嚴
復所稱「刑政府」（現譯爲「法治國」）代表著十八世紀以來，以法治爲
核心，維持人民的安全和平以及社會秩序的消極政府型態：「所當事者，
但求對封疆無警，境宇治安，居民無擾，即爲至足，其餘一切，宜聽社
會自謀，無取爲大匠斵乎？」（嚴復合集，6: 73）

這個以維護市民社會秩序爲優先的極小政府，在十九世紀以後，
逐漸被日益擴張的「**立法國家**」（Legislation State）所取代，也就是說，
前引德國傳統中所稱的「教化政府」，其要義在於通過立法權的擴張，
對於社會的各項事務產生更大程度的干涉（Seeley, 1896: 144）。在這個
脈絡中，嚴復以自己的留學經驗爲例，說明了十九世紀下半葉「大政
府」的發展趨勢：

> 二十餘年以往，正鄙人遊學英國之時。當日政府風氣所趨，則大
> 主干涉主義。如教育一事，向爲政府所不關者，大收其權，而有學
> 部之設。不特初級教育，有強逼之政，務求通國無不識字之民；即
> 高等教育，國學庠序之章則課程，亦由議院更定，乃在衛生檢疫，
> 亦經部署，爲置專官。凡此皆向日政府所不過問者也。先之以德
> 法，而英美亦接踵爲之。（嚴復合集，6: 74）

嚴復用這段文字，取代了西萊以相當長的篇幅，回顧西方近代以

來政府管制與個人自由關係之系統變化的原文（Seeley, 1896: 141-
146）：十七世紀以前核心在於國家與教會的關係，十七世紀開始政治
論述的焦點轉變到限制國家治理的領域，而到十八世紀集大成，發展
出放任主義的思潮；但自十九世紀以來，即使自由主義的國家，也運用
立法的權力，干涉社會生活的各個面向。因為西萊所稱的立法國家中，
在民主制度的發展之後，法律被視為基於討論與推理之後的多數人之
意見（Seeley, 1896: 146）。這樣的歷史回顧也顯示出，以演化論為本的
西萊之政治科學，並不視自由主義國家具有某些本質性的特徵（如法
治或放任主義），而是在國家所處的大環境之中，政府依據外在的壓力
所產生的調適。在這個意義上，嚴復追隨西萊的腳步，而且輔以他所熟
知赫胥黎的干涉主義，[10] 顯示出嚴復理解而且同意十九世紀下半葉，
英國由「古典自由主義」轉變為支持政府干涉的「新自由主義」，而其
理據未必僅止於嚴復對於中國必須追求富強所致（cf. Schwartz, 1964:
116），而是根源於英國自由主義政治論述自身在十九世紀下半葉所產
生的重大轉變。

　　綜合以上所述，西萊由政府的管束與個人的自由作為對立的兩極
出發，闡釋「政治自由」一詞的真切意義在於不受政府干涉的領域，個
人有自由行動之權利。也就是說，個人的行動可以被區分為「政府的領
域」以及「自由的領域」，後者的範圍越廣，個人的自由越多，而與國
家獨立與否，或政府施政良善與否，都沒有直接關連。以政治思想史的
角度而言，西萊繼承了本書第五章所述霍布斯的「臣民自由」概念，以
法律所未規定者人民即享有自由，作為自由的政治科學定義。而以當
代政治理論的概念架構而言，如史金納所提出的分析，對西萊而言，自
由的「恰當涵義」（proper signification）乃是「不受干涉」（non-
interference），而這也正是柏林對於「消極自由」（negative liberty）的基
本界定（Berlin, 1969: 122-131; Skinner, 2002b）。不過，在嚴復的闡釋

10　如本書十六章、十八章第六節所論，赫胥黎在〈行政虛無主義〉以及相關著作
　　中（Huxley, 2001 [1893]: 251-280），顯示出與西萊相近的霍布斯主義取向，
　　也可能強化了嚴復在這方面的政治信念。

之中，則相應於當時中國的憲政環境，而產生了獨特的理論寓意：**時人所爭取的立憲政府，和自由不相關涉**。即使嚴復同意當時立憲已經爲水到渠成之勢，但如何依據政治科學加以理解闡釋，仍爲重要的理論課題。在此議題上，吾人將看到嚴復運用第七、八兩講的內容爲立憲政治提出了另一種證成方式。

## 五、立憲真義與文本政治

《政治講義》雖然是嚴復依據西萊的《政治科學導論》加以衍申改寫，但其目標並不僅是介紹英國十九世紀下半葉的政治科學，而更有著具體的現實目的：爲當時清廷的立憲，提供基於政治科學的分析架構。在該書第一到第六會中，嚴復闡釋了國家作爲有機體，以及政界自由兩個核心的觀念。至於對立憲的分析，則在第七、八會加以完成。而此最後兩會的獨特性在於，它不僅是理論的介紹，而更須實際地將西萊的分析，運用於當時中國的政治環境，所以最後這兩會，形成了史金納所稱「**文本表現**」（performativity of texts）的絕佳例證（Skinner, 2013: 199; 史金納，2014: 30）。

對於立憲的現實關懷，當然自始便是嚴復演講的核心要旨，所以他開宗明義地說明「國家近日將有立憲盛舉」（嚴復合集，6: 1）。而在前幾會之中，他也數度提及立憲的意義，如：「風聞朝廷有立憲之意，夫立憲義法固繁，而語其大綱，要不過參用民權而已」（嚴復合集，6: 37），「其方針目的爲何？大抵國民則必享憲法中之自由，而政府則禁無責任之霸權」（嚴復合集，6: 38），而「立憲者，立法也，非立所以治民之刑法也。何者，如是之法？即未立憲，固已有之。立憲者，即立吾儕小人所一日可據以與君上爲爭之法典耳」（嚴復合集，6: 58）。以上文本，都是嚴復在西萊原文之外，自行依據時代需要所發揮者。然而，它們尚未構成依據政治科學進行系統闡述的立憲理念。

只有到《政治講義》最後兩會中，立憲的完整意義才得到系統的闡

釋。不過，比較西萊原文及嚴復的現實目的，二者有著必須進一步爬梳的論述關係。在闡釋完政治自由的觀念後，西萊要進行的是關於不同政府體制的說明，而他依據亞里斯多德以降的三分法，也就是民主（西萊稱之爲 "government by many"）、君主（西萊稱之爲 "government by one"）以及貴族（西萊稱之爲 "government by few"）加以討論。但由於學期的時間限制，最後兩講只論述了前二者，貴族制則留待次一學期的課程。而在第八講的卷尾，西萊爲了授課的目的，整理出十一條「理論陳述」"Theoretical Statements"，綜合整理了他整個學期課程的理論涵義。而嚴復的《政治講義》，則運用最後兩會，分析民主與君主制，並且將西萊的理論，加以擴張，成爲十二條「**政治要例**」，除了標舉爲政治科學的公例外，更是當時立憲可資實行的議程。以下，便就民主制、君主制，以及「政治要例」中的立憲政治觀，分析嚴復轉化西萊文本所產生的獨特憲政論述。

## （一）民主制的辯證

西萊對民主制的分析，始於亞里斯多德所述，在民主與貴族制中，公民方有自由，而在君主制中，人民則無自由。但這個古典共和主義的自由觀，已經通過前兩講加以否定（Seeley, 1896: 152）。西萊接著討論民主制的核心觀念：**自治**（self-government）。而依據西萊的分析，雖然一般認爲自治乃是政治的最高理想，但實際上有著邏輯上的基本問題以及實行上的困難。依據嚴復的翻譯，這個困難如下：

> 蓋使民自治，則一民之身，將有兩節可論。一以箇人言，其心所懷之願望爲何等，二以分子言，其於社會所祈嚮者爲何等。使二者盡如其意，便是自治。便是雖受治而非強其所不欲爲。（嚴復合集，6: 80-81）

換言之，西萊認爲盧梭式的自治理想，意味著所有公民將在某種

普遍性的大會中將共善（例如盧梭的「普遍意志」）當做是他們自己的自由意志與選擇。表面上看來，這會創造出一種「沒有強制力的政府」（government without coercion）；而西萊認為，這或許在古典城邦的小國寡民中還有可能，但在廣土眾民的現代國家中，此種全體公民大會便不再可能是形成公共意志的管道。是以，西萊摒棄「民主」（democracy）一詞，而採用「**多數主治政府**」（government by many）作為現代民主制的恰當名稱。他指出，在現代民主中，兩個「偉大的實踐發明」（great practical inventions）形塑了現代民主政治的基本架構：**多數決原則**以及**代表制**。但代表制與多數決都不符合前述「自治」的界定，而只能稱之為「多數統治少數的政府」（government of the minority by the majority），以及「以相對小型代表會議的統治」（government by a comparatively small assembly of representatives）。

西萊通過政治科學的分析，在現代民主制之中發掘了近似後來Robert Michel（1876-1936）所稱的「寡頭鐵律」（the iron law of oligarchy），即使民主制也是少數人統治，而非全民自治（Michel, 1962: 342-356）。這不但打破了古典傳統所主張的民主及自治之政治原則，當然也否定了盧梭的現代共和民主理想。

## （二）君主制的辯證

西萊對於君主一人「獨治」（government by one）的分析，對嚴復的政治理論而言更為重要，因為這個獨治觀念，包含君主制以及專制（despotism）二者，構成了嚴復可據以修正孟德斯鳩專制理論的重要思想資源。

西萊反對某些「流行的政治哲學」主張，認為民主是幸福的政府，專制則只是恐怖。相反地，西萊主張專制乃是對抗寡頭少數暴政的某種草昧型態的民主（rude form of democracy; Seeley, 1896: 171）。特別是民族草創時期必有的戰爭，使得一人獨治的專制成為不可或缺的統治，而君主制的根源，遂在於此種民族草創時期的「**有機專制**」（organic despotism; Seeley, 1896: 187）。[11] 如此一來，獨治之中的專制，便成為前述國家有機體在草創時期的重要統治型態，而非如孟德斯鳩所述專制乃是君主制的對立面。

西萊進一步主張，所有的有機國家之統治者，其權力都源於共同體的支持；更確切地說，前述「眞正國家」作為有機體，「公共輿論便需要有某種可以辨識的管道以及確定的規則加以表達並確立」（Seeley, 1896: 192）。是以，西萊在討論獨治時，引進了「**支持政府的權力**」（government-supporting power）或「**創制政府的權力**」（government-making power），作為一種「**公共輿論能藉以創造、支持，以及毀滅政府的權力**」（Seeley, 1896: 192-193）的獨特觀點：

> 我們可以說在所有的國家中都有創制政府的權力。我們將此名賦予那些支持政府的人群（無論其為小或大、外國或本國，公正或自私）。在所有的國家中，此種創制政府的權力或者有可以讓其慣習行動的機關（organ），或者沒有此種機關。（Seeley, 1896: 193）

西萊的論旨在於顛覆當時某些「既定的學說」（accepted doctrine），認為「由上而下的政府」（government from above）以及「由下而上的政府」（government from below）可以做出決然的區分（Seeley, 1896: 172）。相對於此，西萊的主張，則使得從草昧時期的「有機專制」朝向常態性的君主制發展過程中，即使「獨治」也有著此種由下而上「創制政府的權力」或「支持政府的權力」之運作。只不過此種權力是否有固定的機關成為確立的管道，則需要通過歷史研究才能確定。如此一來，西萊的「一人獨治」，與其「多數主治」理論其實達到相同的結論：在作為有機體的「眞正國家」中，無論君主制或民主制，都可見到此種創制政府權力的運作，而非僅在民主國中此種權力才能發揮。

---

11　在此吾人可以觀察到本書十五章所述穆勒關於野蠻時期之「親權專制」，在十九世紀末葉被演化論以及有機體說所轉化。

在提出用「創制政府的權力」作爲解釋君主一人獨治的正當性基礎之後，西萊遂能在獨治的範疇中，進一步提出「**專制**」以及「**議會政府**」（government by assembly）的概念區別：當「支持政府的權力」沒有確定的制度管道時，便是一種專制，而專制政府很容易受到非制度性的建制政府權力革命性之挑戰，這時便轉變爲「**毀滅政府的權力**」（government-destroying power）。相對地，西萊所稱的「議會政府」，將支持政府的權力轉化爲制度性的機關，使得變革得以在法律架構之內完成。而這恰恰是英國的憲政體制，雖然是君主政體，但通過議會政府的制度化，使得英國沒有產生過嚴格意義的激烈革命（Seeley, 1896: 195）。

表面上看來，西萊在《政治科學導論》第七、八講之中，分別對民主制或多數統治，以及君主制或獨治提出了基於「政治科學」的分析，並且對於古典傳統對民主與君主統治正當性的論述，均加以推翻並重構。而綜合其論述，可歸納出其理論新穎之處有二：第一，西萊取消了傳統論述中君主制與專制的對立，以及君主制與民主制的對立。對西萊而言，所有的有機國家，基本上都是處在「專制」與「議會政府」的演化序列光譜之中，而其實際統治型態，乃源於國家所處的環境壓力，以及統治者形構支持政府權力的技巧。是以，西萊能夠宣稱：所有的有機體國家都能被稱之爲「邦國」（commonwealth）或共和（republic），無論其政府形式爲何（Seeley, 1896: 182-183）。第二，七、八兩講的結論，也印證了西萊取消民主與君主之對立的觀點，因爲二者的辯證，最後都趨向於議會政府：在多數統治的脈絡中，被稱之爲「**以相對小型代表會議的統治**」（government by a comparatively small assembly of representatives），而在君主獨治的脈絡中，則趨向於「**議會政府**」（government by assembly），這兩者雖然有不同的名稱以及所由產生的不同邏輯，但其作爲描述議會政治，卻沒有差別。

以上是西萊的《政治科學導論》第七、八講依據其政治科學，對政府形式所提出的獨特分析。嚴復的《政治講義》一方面介紹了這個政治科學，但另一方面也把西萊的論述，轉化成對當時中國預備立憲所亟

需的政治論述，其中的關鍵，就在於西萊的政治科學論述，取消了民主
與君主、專制與君主的對立，而以議會爲核心，作爲政治演化的高級型
態，且能通過將建制政府的權力制度化而創造變革的法律架構，使君
主制轉化爲議會政治，而這正是嚴復認爲當時代最重要的立憲政治課
題。[12] 然而，如何從西萊的一般性政治科學，通過政治修辭（rhetoric）
而轉化爲實踐論述？這將脫離西萊的原始文本，而正是嚴復《政治講
義》獨特的知識以及實踐的貢獻。

## （三）立憲真義

在理解了西萊運用政治科學的分析，打破民主與君主、君主與專
制的傳統藩籬之後，吾人可以理解這樣的論述策略，對於嚴復思考「立
憲」眞義的重大理論涵義：

> 有謂近世現行有兩種政制：一爲獨治之專制，一爲自治之民主
> 者，此其言非也。當云有獨治之專制，有以眾治寡之立憲。以眾治
> 寡之制，雖不足當政界極詣之自治，而立憲則捨此殆無他術，故爲
> 今日最要政體。（嚴復合集，6: 81-82）

這個文本是在《政治講義》第七會討論自治的脈絡中，西萊推論出
現代民主其實是運用多數決而施行統治。相較於原文，[13] 嚴復將西萊
所論 "government of the minority by the majority" 翻譯爲「**以眾治寡**」，
並且將之直接稱爲「**立憲**」（雖然西萊原文無立憲一詞）。

---

12　筆者主張，西萊這個理論進程，爲本書第十五章所述穆勒關於專制的「內生改
　　革路徑」提出了基於十九世紀政治科學的分析。

13　"Instead, then, of laying it down that there may be two kinds of government, the
　　personal government of an individual, and the self-government of all the citizens, we
　　should rather state that the opposite of personal government is the government of the
　　minority by the majority. Though this latter is by no means self-government, it is
　　none the less a system of the utmost importance."（Seeley, 1896: 156）

以上是第七會討論民主制所得出對於立憲的初步結論；到了第八會，嚴復就必須詳細論述立憲的眞義，而恰恰在此講之中，西萊以「專制」與「議會政府」的辯證發展，鋪陳出從君主制邁向立憲的議會政治之途徑。嚴復將西萊的論述（Seeley, 1896: 185）標舉爲兩項公例：「一、凡獨治之權，未有不賴群扶而克立者」，「二、即在有機體國家，亦常有專制之形式。此種國家，雖無議院，其有待於國民之扶立則同」（嚴復合集，6: 94）。這個脈絡，正是西萊討論國家初立時專制的不可避免性，但嚴復在此直接提出了他的立憲主張：

> 舊說謂專制之權，由上及下，眾治之權，由下及上。吾所發明，乃謂專制之權，亦係由下而成，使不由下，不能存立。然則舊之界說，不可復用明矣。雖然，專制眾治，固自有別，而其異果安在耶？此是八會結穴問題。所謂圖窮而匕首見者，不得不爲諸公鄭重出之。又近者，吾國國家方議立憲，立憲非他，即是眾治。眾治則不得不用從眾、代表兩制，凡此皆相因而生，無由解免。（嚴復合集，6: 95）

相較於西萊原文，[14] 吾人可以察覺此第八會中的「**眾治**」一詞，乃是 "government by assembly"。換言之，嚴復融合了西萊的政治科學，

---

14 "I have been labouring all this time to make room for the true distinction between despotism and government by assembly, by removing an imaginary one. Government from above, it appears, is a chimera formed by misconceiving the nature of an inorganic government which chances to depend on some small, scarcely visible, group of supporters alien to the community. Such government by an alien group, a mercenary or foreign band, is indeed despotism, and despotism of a kind very frequent in history; but then it is inorganic, and therefore does not concern us here. Organic despotism may seem at first sight impossible, an incongruous conception, but I trust I have shown you that it is not so, and that the greatest, most civilised despotisms known to history are of this kind. Being organic, these despotisms rest on the consent of the people not less than parliamentary or republican governments." （Seeley, 1896: 187-188）

指出無論民主制或君主制，其理想之歸趨，皆在於議會政治，也就是「眾治」，而立憲國家則是在這個意義底下，運用「從眾」（多數決原則）以及「代表」兩種制度的「眾治」。[15] 而在此脈絡中，西萊所論應該將「建制政府的權力」加以機關化，使得輿論得以如實反映地論述，就成爲「立憲之國」與「專制之國」最大的區別。嚴復指出，英國之所以在百年之間「國日強富」：

> 無他，有機關焉，以達此國民眾治之力故耳。專制之國，國主當陽，而宰相輔治，宰相之黜陟由人主。立憲之國，人主仰成，宰相當國，而宰相之黜陟由國民。此英國至今，所以可決言其無革命之事也。雖然，謂英國無革命可，謂英國時時革命亦可。一政府之改換，皆革命也。專制之革命，必誅殺萬人、流血萬里，大亂數十餘年而後定。英民革命，輕而易舉，不過在議院占數之多違。莊生有言，萬死方不死，眞立憲制政如是耳。國家景命所以靈長，而有萬世不傾之皇室也。（嚴復合集，6: 99）

在當時（1905 年）革命與立憲已經浮現爲實際的政治選項時，有別於梁啓超運用日本的思想資源來說明立憲的必要性，嚴復則依據西萊基於演化論所發展的英國政治科學，闡釋由專制之國轉向立憲之國的必要性。全書的最後結論，乃是十二條「政治要例」，如前所述，這其實是西萊總結其上學期教學內容所整理出的十一條 "Theoretical Statements"。通過詳細比較二者之異同，吾人可以看出嚴復對於立憲，

---

15　佐藤慎一（2006: 267-272）曾經分析《政治講義》中「眾治」概念的重要性。然而，由於未曾對比原文，佐藤將嚴復的眾治理解爲「民主」，這遠非嚴復之原意。事實上，「眾治」一詞，在《政治講義》中也有意義變遷的軌跡。剛開始是翻譯西萊的 "government by many"，這比較接近民主一詞。但隨着嚴復演講的進展，他在最後兩會將「眾治」作爲西萊在第七、八講中兩個主要結論："government of the minority by the majority" 以及 "government by assembly" 的統稱，而等同於立憲。請參閱筆者英文論文更詳細的論述（Shaw, 2016: 321-325）

不但提出了理論證成，並且提出了實際的進程。下表整理、對比西萊的
原文以及嚴復的擴充性譯文：

| Seeley "Theoretical Statements" 原文 | 嚴復「政治要例」譯文<br>嚴復顯著變更西萊原文的部分，以黑體強調標誌 |
|---|---|
| 1. Government rests upon force or coercion. | （1）凡有政府，則有約束。**約束必以壓力無自由者**。 |
| 2. In most cases government is forced to assume a form more or less monarchical. In an army there is one commander; in a law court there is either one judge or a small number. | （2）**政府以專制為常，以眾治為變**，如軍中惟一主將，**法廷惟一士師**。 |
| 3. One person cannot apply force or coercion to a large number except by receiving assistance from at least a considerable number. | （3）然以一身而御眾人，其力當不足者也；故勢不能無待以群扶。 |
| 4. Such assistance must be given voluntarily or from conviction, though the motives of those who render it may be good or bad, selfish or disinterested, low or high. | （4）群扶之力，必自靖自獻而後可；至其為此之利益公私，乃所不論。 |

| 5. It follows that in every governed community there must be not merely two things, the government and the governed, as we are apt to suppose, but three things, the government, the government-supporting body, and the governed. | （5）故一國之中，不僅治人、治於人二方面而止，而常有扶持政府者為之居間，成三方面：治者，扶治，受治。 |
|---|---|
| 6. What supports the government also makes it, and when it chooses to withdraw its support destroys it. The government-supporting body or power is therefore the government-making power. | （6）既能扶之，斯能傾之，亦能造之。是故扶持政府之權力，即建造政府之權力，破壞政府之權力也。 |
| 7. This power may be in a particular instance entirely without organisation, or again it may be entirely unorganised as such.　Louis XIV. was supported by a public opinion almost unanimous but entirely unorganised; Cromwell was supported by his army, that is, by a body organised indeed, but not organised avowedly for the purpose of supporting him. | （7）但此種權力，常無機關。或有機關矣，而未正名，為扶持政府之用者。如法之路易十四，幾為全國民心之所歸，然無機關，而達群扶之力。英之克倫謨爾，以兵眾自輔，可謂有機關矣，然其名則為他用，不曰扶持克之政府者也。**此二現象，見於專制之國最多，於吾中國，正復如是。** |
| 8. In other cases the government-making power may be organised. In other words, some states have not only a government-making power, but also a government-making organ. | （8）**政界天演程度既高**，則其國不獨有扶傾政府之權力也，而又有扶傾政府之機關，**以宣達扶傾政府之權力。** |

| | (9) 機關未具，則扶傾政府之權力，其用事也，常至於橫決；此一治一亂之局之所以成，而皇室無不終於傾覆之理。機關既具，前之權力，不但宣達有從，又可測視，得以及時為之劑洩，而亂無由作。此立憲之國，所以無革命，而代表皇室可不傾也。 |
|---|---|
| 9. In such states there is an assembly which often appears to govern. In reality it usually does not govern, but makes, supports, and destroys the government. | (10) 立憲之國會，於國事無所不問者也。其實乃無所問，要在建造、扶持、破壞見行之政府，以此為天職而已。 |
| 10. In the former class of states there is no similar assembly. The government stands apparently alone. It therefore easily represents itself and supposes itself to govern by an inherent force, or by supernatural or providential assistance. In reality it is supported by a power below, by a power not visible, because is not organised. | (11) 機關未具，扶傾政府之權力，每患不偏不公，或現或隱。其政府有獨治一國之外形，不知其力之起於下也，則轉以扶持者為忠順，破壞者為叛逆，且以其物為天命之所扶，而一切矯誣符命之事起實矣。 |
| 11. This is despotism; the other is government by assembly. | (12) 如此者，謂之君主，謂之專制；而若前所言者，謂之眾治，謂之立憲。 |

　　在以上的對照表中，筆者將嚴復顯著變更西萊原文的部分，以黑體形式標誌出來。基本上，政治要例第（9）條是嚴復所加，其餘（1）、（2）、（7）、（11）、（12）有比較顯著的變更，其中一個變更乃是將「專制」加到西萊論述「君主」的文本之中。

　　詮釋「政治要例」的關鍵，當然是第（9）條嚴復所自創者。在這一條之中，他用中國知識分子所能理解的「一治一亂之局」輔以西萊所詮釋，當未建立扶持政府的機關時，必然產生一治一亂的結果。而在（11）條中，用中國傳統將「矯誣符命」託爲「天命之所扶」，促成叛逆與破壞，強化沒有扶傾政府權力之機關時之後果。而唯有通過立憲或建立此種機關，可以「無革命，而代表皇室可不傾」[(9)]。在這個基礎之上，中國的傳統政治可以被視爲是一種專制[(7)]，因爲不具有此種扶持政府之權力機關；而唯有通過建立「立憲之國會」，產生扶傾政府之機關，符合政治界的天演發展[(8)]。是以，第（12）條主張，君主與專制同屬一範疇，即爲西萊所述的 "government by one"，而眾治與立憲恰是西萊所述之 "government by assembly"。

　　基於以上，這十二條「政治要例」，能夠由原意爲西萊綜合摘要一個學期教學內容的「理論陳述」，被嚴復創造性轉化中成爲當時立憲之理據以及步驟，此不可不謂是嚴復的巧思，使得理論與實踐能緊密地結合起來。

　　蕭公權（1982, 2: 879）在分析《政治講義》時，指出嚴復意中有兩種政體：「無輿論機關之專制」，以及「有輿論機關之立憲」，這是一個相當準確的觀察。然而，蕭公權嚴厲批評該書卷尾「政治要例」十二條中的第（2）條「政府以專制爲常，以眾治爲變」，認爲此語乃是嚴復之「圖窮匕見」，而且不符嚴復開講時自謂之「內籀術」（即歸納法）──意指廣取古今中外國家來加以觀察。蕭公權看出，嚴復之「洋洋五萬餘言中，未嘗一語道及法美諸國民選元首之制」，嚴復之論實「與康有爲虛君立憲之說，如出一口」，其意在「響應清廷立憲，而非在純粹科學之探討」。蕭公權在此顯然已經看出了《政治講義》文本中的實踐性格。

　　然而，蕭公權的批判應該是以孟德斯鳩的專制觀作爲此處專制概念的本源，所以達到「圖窮匕見」之結論。但是如前所述，西萊的演化理論，使得專制（特別是「有機專制」）與君主獨治基本上成爲同一概念的兩種樣態，且可通過建立議會而轉變成爲議會政治，也就是嚴復所主張的立憲。在孟德斯鳩的概念架構中，並不存在專制轉變爲寬和的君主制之可能性，而是西萊的政治科學，爲嚴復提供了思想資源。蕭公權對這一點之批判，實肇因於不理解十九世紀西方政治思想對專制觀念所做的轉化。[16]

## 六、嚴復的憲法政治論

　　嚴復本人綜合孟德斯鳩與西萊的政治理論，轉化爲其自身的立憲思想，可以由他在 1906 年底於安徽高等學堂演說的〈憲法大義〉得到印證（嚴復合集，2: 472-481）。這個演講雖然因爲聽衆的特性，使嚴復必須用淺顯的論述說明立憲，但也因此能夠觀察到嚴復如何說服一般的聽衆。

　　嚴復首先指出，「立憲」表面上看來，其實即爲一種立法，然而憲法並不同於其他的法律，所以必須仔細探討立憲之義。他接著指出，從西方思想史的角度而言，亞里斯多德的政體論是持續最久的古典理論，但孟德斯鳩的《法意》一書，不再用統治權的人數區別政體，而是以有無「上下同守共由之法」進行區別，成爲立憲之說的濫觴（嚴復合集，2: 473-474）。孟德斯鳩的政府論，區別民主、獨治以及專制，前二者包含了多數治國的民主，以及少數治國的賢政，但民主與獨治的共同特

---

16　史華慈（Schwartz, 1964: 155）已指出，孟德斯鳩的分類是一種靜態的理想型分類，缺乏政體之間變遷的路徑甚至可能性，但這並不符合十九世紀演化論的思考中，不同的政體可以在演化的序列中加以開展。史華慈（Schwartz, 1964: 161-162）也依據《法意》案語，分析嚴復嘗試修正孟德斯鳩的政體分類成爲動態性的分類學。但對比史華慈所引《法意》案語以及《政治講義》，可以看出，嚴復在《法意》案語中所展示出的理論取向，已經是西萊的政治科學。

性，都是具有上下所同守共由之法，所以可謂之「立憲政府」；而只有
在專制中，沒有此種憲法。

　　略述亞里斯多德的政體論以及孟德斯鳩的政府論之後，嚴復進一
步提出個人的立憲論述，敏銳的讀者可以察覺，他已經運用西萊的理
論修正了前述孟德斯鳩所創立的立憲政府論。嚴復認爲「立憲」有「深
淺精粗之異」，從而有兩種不同的涵義。「自其粗者、淺者、普通者而言
之」，假如立憲只不過是立法，那麼「吾國本來其爲立憲之國久矣」，那
麼當時朝野紛紛擾擾要談預備立憲，有何意義？事實上，嚴復此處所
謂粗淺意義的立憲，指涉的恰恰是本書第十七章所述，張相文的論述
策略，直接將有法的君主獨治當做是所謂的立憲政府。如此一來，中國
傳統便已經是有法統治，爲一立憲國家，那麼立憲之說便失去了意義。

　　相對於此，嚴復主張立憲還有「**自其深者、精者、特別者而言之**」，
而在這個取向上，立憲的意義「**乃將採歐美文明諸邦所現行立國之法
制，以為吾政界之改良**。故今日立憲云者，無異云以英、法、德、意之
政體，變中國之政體」（嚴復合集，2: 474）。然而，這些國家的政治制
度並不相同：英國是最老牌的「**立憲治體**」，法國與美國是「民主立憲」，
而德意諸國乃是「君主立憲」，制度不盡相同。但在這些西方現代的各
種立憲政體中，嚴復歸納出立憲政府的基本原則：以「體式」而言，立
憲政治的核心原則是立法權、行法權與司法權必須加以區別的「三權
之異」；至於立憲之「用」則有三大制度：「代表」、「從眾」（多數決原
則），以及「分黨」（也就是政黨政治）三者。

　　〈憲法大義〉不僅簡要地說明了三權分立以及代議的相關制度；
嚴復更進一步以西萊的理論爲本，提出了建立立憲政府的改革途徑。
在概念層次，嚴復揚棄了孟德斯鳩將專制與君主制或立憲政府相對立
的格局，而主張「制無美惡，期於適時；變無遲速，要在當可」，即使
爲政治理論家所詬病的專制，也並非完全沒有作用。表面上看來，嚴復
在此呼應了 1905 年梁啓超所提出的「開明專制」論（嚴復合集，2: 475），
但事實上，嚴復真正的用意是結合孟德斯鳩與西萊的立憲說。嚴復強
調，中國自古以來就是一種「有法之專制」（嚴復合集，2: 480），但專

制仍然有體制變遷的可能性，從而必須問：「專此制者爲何等人？其所以專之者，心乎國與民乎？抑心乎己與子孫乎？」（嚴復合集，2: 474-475），前者是普魯士伏烈大力（即腓特烈二世）所行之開明專制，後者則是中國秦隋的專制政治。這個論述，其實進一步發展了本書第十五章第四節以及十六章第六節所述，嚴復繼受了穆勒關於專制政府在「好的專制主」引領下，通過內生改革路徑成爲立憲君主制之可能。嚴復所處的時代情境，恰恰是立憲政府作爲一種政治秩序，從中國傳統「有法之專制」如何被轉化、創造出來的根本議題。〈憲法大義〉對這個問題所提出的解決，呼應了本書第十六章第六節在分析「嚴復時刻」所提出「新聖王」的政治能動性，並加以憲政主義化：

> 顧欲爲立憲之國，必先有立憲之君，又必有立憲之民而後可。立憲之君者，知其身爲天下之公僕，眼光心計，動及千年，而不計一姓一人之私利。立憲之民者，各有國家思想，知愛國爲天職之最隆，又濟之以普通之知識，凡此皆非不學未受文明教育者之所能辨明矣。（嚴復合集，2: 481）

在「立憲之君」以及「立憲之民」之間，前者乃是可以先存的，也就是君主個人之心，可以在乎國與民；困難其實在於後者，必須通過教育加以陶鑄。「立憲之君」可以成立新的立憲政府，之後再通過教育形成新的國民。這是嚴復在辛亥革命前，對其自1895年以來關於創建政治秩序議題的終極反思。


# 七、結語：理論與政治現實

依據本章的分析，嚴復在1905年清廷預備立憲的時刻，通過引介西萊的《政治科學導論》的核心內容，一方面介紹了當時以歷史與演化論爲本的「政治科學」，分析國家作爲有機體、政府的治理形式，以及

政治自由的意義等理論課題；並巧妙地連結西萊對「眾治」以及「獨治」所提出的「政治科學」分析，將二者同樣歸結於必須建立議會來從事正當治理的重要性，從而對當時所亟需關於立憲的理論證成，提出了基於政治科學的完整論述。換言之，「理論」與「實踐」兩個不易結合的領域，在嚴復的《政治講義》中得到了一種巧妙的結合。

事實上，當時的政治行動者，已經注意到嚴復運用演化論以及政治科學理論來形構對現實有所影響的政治論述。胡漢民在《民報》第二期（1905 年 11 月）所發表的〈述侯官嚴氏最近政見〉，便因為「嚴氏為譯介泰斗，而學有本源，長于文章，斯真近世所許為重言者也」（張枬、王忍之，1963, 1: 143），而不得不對嚴復當時譯著中所表達的政治見解加以辯駁。胡漢民批判的主要對象是《社會通詮》第十二章之案語（嚴復合集，12: 145-146），主張民族主義屬於宗法社會的遺緒，而基於民族主義所產生的排滿以及排外主張，並不能將國民帶到現代國家之境。胡漢民援引日本學者小野塚平次郎關於機體說的理論，嘗試駁斥嚴復本於斯賓賽生物學理論所提出的國家有機體說。

值得注意的是，胡漢民在全文篇末，提到嚴復「最近政治學講義」的理論，但特別強調書中以「壓力」而形成的「非自然國家」，也就是通過征服所形成的「無機國家」。在嚴復的文本中，只有舉出元代作為此種國家的範例，但胡漢民敏銳地觀察到，此種基於征服以及壓力所產生的非自然國家，可以運用到當時漢人被滿人宰制以及列強欺凌的處境，並且運用嚴復所提的理論，推論出符合革命派排滿主張的論述：

> 且嚴氏雖純自學理觀察，未嘗雜以感情，而其言正足使亡國之民，發至悲痛。今漢人之被征服于滿洲，無異元代，而吾民之抵掌盱衡者，猶曰：「勿為印度。」不悟我之為勝家所有，固已久矣。
> （張枬、王忍之，1963, 1: 152）

換言之，當時的中國已經是「勝家所有」的被征服之國（state by conquest）。而在這樣的國家中，應該提倡民族主義，因為完全符合進

化之理。所以，胡漢民認爲嚴復的學說，表面上看來反對民族主義，但如此運用其學說的，其實是「奄然媚世」的「僞稱嚴氏者」的主張。而實際上，嚴復是「明哲保身之一道」，所以誦讀嚴復之文者，「知其爲最近言民族主義之一人，是亦足矣」。換言之，胡漢民通過《政治講義》的特殊閱讀方式，而將嚴復的政治思想，呈現爲民族主義的提倡者之一，以駁斥《社會通詮》反民族主義的案語。[17] 在《民報》第三期（1906年4月）的〈民報之六大主義〉第一項「傾覆現今之惡劣政府」中，胡漢民再度引用嚴復《政治講義》中國家被征服後，其機關消失的理論，強調嚴復「舉胡元而不及滿清者，固爲有所隱諱」（張枬、王忍之，1963，1: 375）。這可說是在劇烈的政治鬥爭、爭取論述霸權的時代中，一種特殊的論述策略，使得最新的政治科學，也可以證成革命主張的正當性。

---

17　事實上，嚴復本人在1904年不署名地撰寫了〈讀新譯甄克思《社會通詮》〉，發表在四月底的《大公報》與五月初的《外交報》第七十一期，來加強他翻譯《社會通詮》以批判民族主義之力道（嚴復合集，2: 338-344）。但因未署名，所以可以被胡漢民理解爲是「奄然媚世」的「僞稱嚴氏者」的主張。

結論

# 政治現代性

## 系統論與系譜學

## 一、前言

本書以「探索政治現代性」爲主題，在政治思想史的層次，此探究始於馬基維利。他在《李維羅馬史疏義》（約 1517）卷首，以地理大發現之喻，說明他對共和價值的探索：

> 人們嫉妒的天性使得尋找新模式與新制度險象環生不下於新海域和新陸地，因爲人們情願指責而不樂意讚美別人的行爲；儘管如此，與生俱來的一股慾望肆無忌憚驅策我去從事我相信將會對每一個人帶來共同利益的那些事，我決定走一條還沒有人踩過的途徑。（Machiavelli, 1996: 5）

馬基維利所稱「一條還沒有人踩過的途徑」，乃是通過重新思索古典共和傳統，創造出「新模式與新制度」，這不但標示著西方思想界探索現代性的開端，同時也顯現出，現代性的探索必然與傳統的重新創造密不可分。三個半世紀之後，現代性的政治價值與政治制度，在一代又一代的思想家持續之探索，以及世界各國所從事的政治制度改革中，不但得以成形，而且成爲一種具有支配性的政治現實與意識形態。

當十九世紀末葉，嚴復開始其探索時，現代性以「世變」的型態展示於中國人的心靈。他在〈論世變之亟〉（1895）開宗明義指出：

> 嗚呼！觀今日之世變，蓋自秦以來未有若斯之亟也。夫世之變也，莫知其所由然，強而名之曰運會。運會既成，雖聖人無所爲力，蓋聖人亦運會中之一物。既爲其中之一物，謂能取運會而轉移之，無是理也。彼聖人者，特知運會之所由趨，而逆睹其流極。唯知其所由趨，故後天而奉天時；唯逆睹其流極，故先天而天不違。於是裁成輔相，而置天下於至安。（嚴復合集，1: 28）

　　嚴復在同時期所發表的文章迄於《天演論》，均嘗試從理論的角度
分析西方政治制度的根本原則，並且與中國傳統政治理念加以比較，
探討國家在當時劇變中的未來走向，乃是本書終結的探索者。

　　在〈導論〉中已經論述，本書以「**自由、民主、權利、憲政，以及
國家主權這些政治現代性的價值，是如何在西方近代思想中『開出』
的？**」以及「**哪些核心的西方政治理論經典影響了中國現代政治價值
的形成？而這些經典的語彙以及理論證成的方式，如何通過在地的知
識以及行動，轉化成為中國知識分子及行動者在中國的語境中，用來
論辯、說服，以及進行意識形態鬥爭的工具？**」兩個問題意識為出發
點。前者構成本書第一、二篇的論述主軸，通過兩波現代性的歷史脈
動，分析了現代西方政治思想從馬基維利到穆勒與柏捷特的理論發展，
如何在第一波現代性以絕對主義與民權論的對抗為主軸，完成現代國
家概念，並於第二波現代性中，隨著商業社會之興起，開展出各種不同
的社會想像，如文明階段史論、國家有機體論，以及民族作為國家與憲
法形成的基源力量等。從論述型態而言，近代早期的國家觀念大體上
皆以社會契約為論述基礎發展出政治秩序論，而第二波現代性的論述，
則逐漸揚棄了社會契約論，發展出歷史主義論述，而國家有機體論則
強調政治社群的倫理與歷史性格。本書對各思想家的討論，注重核心
政治價值被提出之脈絡以及證成方式，並觀照其歷史的變遷。至於第
二個問題意識，乃是以比較政治思想史詮釋中國近代思想發展之關鍵，
本書以孟德斯鳩與盧梭在憲政與民主共和的對立，闡釋以嚴復為代表
之中國近代知識分子在轉型時期的關鍵時刻，如何轉化啟蒙思想與英
國文明論述，創造出一套新的概念體系。

　　由於本書〈導論〉三、四兩節已經對各章的內容撮述其要，在此不
再重複。以下筆者嘗試以「**核心政治概念**」（core political concepts）的
取向，簡要分析現代性政治價值的**系統論**，以及由西方擴展至中國等
東方社會時，所產生多面向的**系譜學**。

## 二、現代政治價值的系統論

從文獻的角度而言，當代理論家如 Noberto Bobbio（1987; 1989; 1990; 1996）以及較近期的 Martin Loughlin（2003; 2010; 2017）都是基於核心政治概念或概念叢結（complex）來論述當代政治理論議題，亦有直接與當代議題發展對話之論著（Loughlin, 2007）。然而，這畢竟將是另一種取向的專書規模之論述，在本書卷帙已相當浩繁的狀況下，在結論的有限篇幅實無可能進行此種深入的概念分析。

除了篇幅外，對於政治現代性價值是否形成一個系統的議題，筆者基本上亦抱持著懷疑論者的態度。本書的脈絡主義方法，主張政治價值是在實際的行動與論辯場域中浮現的，所以這些價值除了行動者的選擇與理由、偏好外，是否能用一個連貫的論述，構成一種「大理論」（grand theory）？實有商榷餘地。進一步而言，既然政治價值乃是在行動與論辯場域中浮現，當詮釋者盡量回復其歷史脈絡中的意義與意圖時，這仍是依循各個理論自身的視野所做的分析；然而，一旦詮釋者嘗試將所分析的價值組織成爲一個體系時，便不可避免地會涉入其**個人**特定的視野。

這個思想史分析所蘊含的意識形態問題，有時即使是重要史家亦難避免。舉例而言，十九世紀影響力很大的史家基爾克（Otto von Gierke, 1841-1921），其分析往往旁徵博引古今各種作品。當他處理西方現代核心政治概念的發展時（Gierke, 1939: 142-361），爬梳了許多重要概念，如國家契約、人民主權、代表、聯邦主義，以及法治國家等，並註明出處。然而，細讀之後將察覺其分析取向與線索，其實相當單一化：中古後期原存在於社會的多元主義以及社團人格（corporate person）論，隨著布丹絕對主義主權觀的興起而被破壞殆盡，而絕對主義思想的負面影響，從此一直影響到法國大革命。在其論述中，唯一的例外乃是奧圖修斯，能夠秉承多元社團論建構社會契約。然而，如同歐克秀所點出（Oakeshott, 2004: 418），基爾克的思想史論述，因爲過份執著於有一個「正確的」社會契約論述，其結果是，除了奧圖修斯時刻，在此之前

理論的分析焦點乃是何以它們未嘗掌握到此正確的社會契約論，而之後的論述則以奧圖修斯理論之量尺評估它們背離「正確的社會契約論」之幅度。歐克秀指出，此種型態之論述實難謂之為對政治思想之歷史探究（historical enquiry）。

　　關於現代政治價值的系統論，真正重要的典範乃是施密特。其主要角色雖為公法學者，但他依據對政治思想的深入研究，也對現代政治價值提出了系統性的詮釋。以下以其《憲法學說》（施密特，2004）及相關著作中，關於西方現代性政治價值體系的建構加以分析。

　　《憲法學說》呈現出二十世紀初以德國威瑪共和憲法為本之當代憲法理論，但施密特的思想史涵養使本書具有一般憲法書籍所缺乏的重要政治思想研究洞見。[1] 他的核心主張在於：現代國家具有兩個完全不同，甚至互相衝突的基本要素：其一為政治決斷，另一則為對國家權力實施限制的憲政主義。其中政治決斷要素，在《政治神學》中發展為現代主權概念。然而，由於主權被界定為「決斷非常狀態」（Schmitt, 1985a: 3），從而是一種「邊界概念」（borderline concept），界定邊界範圍而非本質。所以，《憲法學說》並未如一般憲法教科書所為，用主權作為終極的最高政治權力之基礎展開論述。相對地，施密特通過「制憲權」作為「一種政治意志，憑藉其權力或權威，制憲權主體能夠對自身政治存在的類型和形式做出具體的總決斷」（施密特，2004: 103-104），來建構其憲法學體系中的政治決斷面向。制憲權決定了政治統一體的存在，也就是《憲法學說》第一章所稱的「絕對的憲法概念」（施密特，

---

1　施密特本人政治思想史之素養，充分展現在他對 Meinecke（1957）之書評（施密特，2006）。他指出，Meinecke 將「國家理性」以及「馬基維利主義」做擴張解釋，形成一種不受節制的政治權力與普遍道德之間在近代歐洲思想的二元對立，並從馬基維利一直討論到德國觀念論（集大成於黑格爾）。施密特認為這反映出 Meinecke 本人的自由主義預設，意在對於帝國主義到第一次世界大戰的權力政治提出警惕。但如此一來，從思想史研究的角度而言，喪失了「國家理性」論述在十七、八世紀對抗暴君放伐論的歷史特殊性。施密特主張，「國家理性論」必須放在近代絕對主義君主的興起脈絡，而在此議題上，他相當接近脈絡主義的精神。

2004: 3-16），之後並發展出該書第三部分所論「近代憲法的政治要素」，包括民主制、君主制，以及基於貴族制所發展出的現代議會制。

相反的，憲政主義或德國法治國理論傳統所提出的基本權利、個人自由，以及政府權力分立諸原則，其基本取向乃是對國家權力加以限制。施密特指出，以法治國原則所形構的憲法，乃基於兩個原則：其一為「分配原則」，意指個人的自由領域被預設為一種先於國家存在的事物，且在原則上不受限制；而國家干預個人自由之權力則在原則上要受到限制。其二為「組織原則」，意指為了限制政府權力，要由幾個不同機構來分享該權力，並納入一個受限定的權限系統中。基於分配原則發展出了公民的基本權利以及自由論述，而基於組織原則，則形成了近代政府權力分立，彼此監督制衡的政府論。換言之，這兩個原則以及所發展出來的各種理論，形成了現代以法治為核心的憲政國家之基本內涵（施密特，2004: 172-175）。

然而，為了批判自由主義、法治國原則與憲政主義所強調的代議機構，施密特從相當哲學的角度，進一步分析現代法治國作為一種「混合憲法」。基於霍布斯與盧梭的理論分析，施密特指出政治共同體或國家構成的方式有兩種相對立的原則：第一個可能的原則為「**同一性**」（identity），意指構成國家的人民具有高度的同質性，並可以通過共同的行動來構成政治統一體。相對地，另一種形成國家的原則則是「**代表性**」（representation），也就是通過統治者作為人格化的代表，來賦予並不實際具有同一性人民的統一性（施密特，2004: 274）。他指出，前者在盧梭以普遍意志為基礎的民主論述中得到理想型的理論證成，而其涵義則在於持續的民主深化，也就是除了代議機構代表之選舉外，盡量通過公民創制以及複決權的行使，持續地形構公民之同質性、統治者與被治者之同一性，並影響政治決策。相對地，「代表性」則強調國家統治者作為代表所具有的公共性、存在性、權威性、獨立性，以及人格性等特質，使得統治者能夠在異質化的國家中，基於自身之權威實施統治。以古典政治哲學的立場而言，施密特的論述其實是淬鍊出民主制與君主制兩種理想型。而此種「代表性」與「同一性」的二元對立

架構之企圖，乃是運用霍布斯式的主權代表概念對抗現代議會制對「代表」的論述霸權。對施密特而言，十八、九世紀市民階級所追求的議會制，其實是法治國原則與貴族制的代表原則相結合所產生的混合政體，以孟德斯鳩為代表思想家（施密特，2004: 290）。

關鍵在於，《憲法學說》除了運用前述「政治決斷要素」與「法治國原理」二元對立的架構開展其憲政論述外，更進一步認定後者只是「反面命題」（限制國家權力），自身缺乏創造政治秩序的能動性（施密特，2004: 153）。對政治思想史的研究而言，這蘊含著特定的歷史觀點：施密特對於政治決斷、主權以及霍布斯式「代表」的強調，使其論述刻意壓抑自由主義與憲政國家形成過程中所發展出的「政治」要素。在施密特的史觀中，布丹與霍布斯代表了前述政治決斷與國家主權的「政治性」思維（施密特，2004: 191-194）。相對地，他認定近代法治國理論淵源於暴君放伐論，通過混合政體的古典理論，反對近代早期絕對王權主義。這個思維透過博林布魯克（Bolingbroke, Henry St. John, Viscount, 1678-1751）所論權力均衡說、孟德斯鳩的三權分立論，影響到康德的憲政主義，以及十九世紀德國的法治國傳統（施密特，2004: 245-247, 270-273）。

施密特「政治決斷」與「法治國」的二元系統，雖然掌握了西方兩波現代性所產生的核心政治價值，卻是一個經過意識形態扭曲後所呈現的政治現代性價值系統論，如同馬克思與恩格斯在《德意志意識型態》中批判意識型態如照相機暗房中之「**倒立影像**」（*camera obscura*；馬克思、恩格斯，2016: 24）一般。[2] 關鍵在於，施密特以第一波現代

---

2　事實上，對施密特思想史分析所蘊含的意識形態，恩師吳庚教授在《政治的新浪漫主義》一書，基於「意識形態批判法」（吳庚，1981: 3），對決斷主義政治概念運用到憲法學所產生的問題，已經提出了精闢的分析。在第六章「隱藏於法律概念中的意識形態」中，他首先指出，施密特的政治決斷論必然導致秩序優於規範的結論，也必然反對當時以凱爾森（Hans Kelsen）所代表的法學規範主義。他同時以法律究竟是基於「理」（*ratio*）或是「意」（*voluntas*）分析了決斷論以及自然法傳統（吳庚，1981: 108-117），並進一步明確指出，施密特依據「假自然法學」的論述，否定法治國傳統，以及法實證主義所建立的法

性環繞政治秩序所產生的核心價值——如絕對性之主權與國家作為政治統一體——為主，強調這些價值的形成乃是中古政治神學「世俗化」（secularization）的結果（Schmitt, 1985a: 36），也唯有通過政治神學世俗化的思想史線索，方能精確掌握第一波現代性政治價值的涵義（Schmitt, 1985a: 36-38）。相對地，施密特對於由近代商業社會發展所產生的市民社會與文明等論述，基本上抱持否定的態度。他對第二波現代性的詮釋觀點乃是「去政治化」（depoliticization）與「中立化」（neutralization），[3] 強調以市民社會為基礎的自由主義，支持由下而上的政治影響力，結果產生多元的社會力量侵蝕主權，並且通過憲政主義的包裝將國家改造成一個規範的秩序，在君主制與民主制的鬥爭中，延遲政治決斷，而且企圖將主權涵攝於憲法之下，形塑「憲法主權」或「理性主權」（Schmitt, 1985b: 22-50）。而在第二波現代性中，施密特獨鍾於西耶斯的國民制憲權概念，將之與德國傳統所發展出的民族或國民有機體論結合，作為其憲法政治要素的決斷根源。在政治思想史層次，施密特在論述此種二元系譜學時，批判的對象乃是前述十九世紀主張社會團體與國家人格論的理論家基爾克，特別是基爾克關於奧

律適用理論。是以，施密特認為，當時威瑪國會所制定的法律，因為黨派之爭無法實現實質理性與正義，如此一來，這個任務便落在行政機關所發布的具體命令或處置之上；換言之，行政獨裁的意識形態在此便取代了法治國傳統的法律適用理論（吳庚，1981: 112-113）。然而，當遭遇到左派馬克思主義以及社會主義運動挑戰資產階級法治國的財產秩序時，施密特又以「法治國優先於社會化的政治意識形態」將基本權利提高為威瑪憲法的核心部分（也就是高於「憲法法規」之「憲法」自身；吳庚，1981: 126-127）。但終極而言，施密特的決斷論以及制憲權理論，所導向的結論乃是當「非常狀態」的例外產生時，獨裁（dictatorship），特別是「委任獨裁」（commissary dictatorship），由於其權力來自於憲政機關的委託，目的則在於維護及恢復現存的憲法秩序，乃是維護「絕對的憲法概念」的終極途徑。吳師指出，這是韋伯所稱的「凱撒主義」（Caesarism），以及十九世紀自由主義所批判的波拿巴主義（Bonaparitism），其思想的根源，仍在於馬基維利主義（吳庚，1981: 135-137）。換言之，本章所分析的思想史線索，及施密特憲法理論中所存在的政治憲法學之偏見，已經在吳師意識形態批判的如椽巨筆下展露無遺。

3 施密特以「去政治性」批判自由主義之觀點，對中國大陸對新左派產生重大影響。可參閱筆者英文論文之分析（Shaw, 2017）。

圖修斯與現代政治思想發展的經典作品（Gierke, 1939）。[4]

　　以本書的分析架構而言，施密特的現代政治價值系統論作為馬克思所述的意識形態式「倒立影像」，可以經過「翻轉」而成為西方現代前兩波現代性價值系統比較平衡的再現，關鍵議題在於國民制憲權的概念。施密特對制憲權的討論，集中在法國大革命思想家西耶斯之思想（施密特，2004: 106-111），而並未追溯制憲權概念本身的歷史發展。然而，根據本書前兩篇之思想史的爬梳，可觀察到施密特所刻意忽略或壓抑的制憲權系譜學：事實上，國民制憲權的概念源於第一波現代性中，自暴君放伐論開始所主張的「人民優位論」，在布丹主權概念的影響之下，通過奧圖修斯以及洛克所論述人民集體可以「構成」國家或憲政制度的理論，將古典暴君放伐論的人民抵抗權論述，轉化成為人民的制憲權。是以，它自始便是一個基於民權論並具有高度政治性的概念，足以與主權觀念分庭抗禮。[5]　如此一來，被施密特所「去政治化」的自由主義與法治國傳統，便將在更為廣闊的歷史視野中，重現出在第一波現代性中絕對主義與民權論的對立，發展到第二波現代性有機國家與基於市民社會的自由憲政之對立，但均有其政治能動性的完整圖像。在這個視野下，西方近代政治思想的發展，乃至歐洲以外各國追求政治現代性的不同軌跡中，都將在第二波現代性產生國家主權與人民制憲權或人民主權的複雜交織，而這也正是當代西方政治思想史研究方興未艾的重大研究課題（如 Bourke & Skinner, 2016; Lee, 2016; Tuck, 2016）。

---

4　施密特在《憲法學說》中如何引用並批判基爾克關於奧圖修斯與現代政治思想發展的經典作品（Schmitt, 2008: 118, 126, 154, 182, 237, 247, 309），並關聯於施密特在《政治的概念》中他所批評對基爾克對英國多元主義者如 G. D. H. Cole 與 Harold Laski 之影響（Schmitt, 1996: 41-43），乃是另一個值得研究的議題。

5　Friedrich（1932: xci 註 3）自承，他受到施密特《憲法學說》的影響而探討奧圖修斯的人民制憲權理論，並因此編輯刊行了奧圖修斯政治學的拉丁文本（Althusius, 1979）。

## 三、現代政治價值的系譜學

在思想史詮釋與系譜學層次，與本書最為相關的典範是史華慈的名著《尋求富強：嚴復與西方》。於該書最後一章論述其分析之涵義時（Schwartz, 1964: 237-247），史華慈完整地陳述了其歷史詮釋觀點。他認為，西方現代性可以區別出兩大潮流，其一為**「浮士德－普羅米修斯張力」**（the Faustian-Promethean strain），頌揚大自然與人類社會的能量（energy）與力量（power），控制自然並改造社會，結果導致社會經濟的機械化，或韋伯所說的「合理化」（rationalization）進程；另一則為**「社會－政治理想主義思潮」**（the stream of social-political idealism），關注自由、平等、民主以及社會主義等理想，嘗試在主體人際關係中形塑能夠保障這些社會倫理目標的結構（Schwartz, 1964: 243）。其中前一類型所稱的浮士德主義，源於史賓格勒（Oswald A. G. Spengler, 1880-1936）對西方現代性的歷史哲學與文化類型學的分析批判，他認為古典時期可以阿波羅精神為代表，現代西方文明則是一種無止境追求的浮士德精神（Spengler, 1932, 1: 183-216; cf. Schwartz, 1964: 238）。

在史華慈的詮釋架構中，「浮士德－普羅米修斯張力」通過斯賓賽的社會達爾文主義，影響及於嚴復關於「民德、民智、民力」的思維，使得他特別強調中國傳統缺乏積極進取的精神與能量。史華慈認為嚴復的自由主義在此取向的影響下，無法真正理解「自由主義終極的精神核心」（the ultimate spiritual core of liberalism），乃是在社會中人格構成目的自身的終極價值，以及彼此合作建構能實現此終極價值的社會與政治制度（Schwartz, 1964: 240）。換言之，在史華慈的詮釋下，嚴復由於受到「浮士德－普羅米修斯張力」的影響，無法真正理解「社會－政治理想主義思潮」，其結果乃是將自由價值工具化，成為尋求國家富強的手段。對史華慈而言，幾乎所有嚴復的政治觀點偏離正統自由主義之處，以及其譯文的錯誤或曲解，均可追溯到他被「浮士德－普羅米修斯張力」的現代性單一面向所影響之結果。

史華慈進一步主張，嚴復此種「工具化」的自由主義，深刻影響了

近代中國的知識分子，包括五四運動與共產主義革命。其終極之結果乃是，無須通過民主，而是通過「現代積極的威權主義國家」（modern positive authoritarian state），也能發展嚴復所謂的民力與民智以及個人的選擇自由；然而在這樣的國家中，犧牲了能保障個人不受侵犯的市民權利（civil rights）、精神自由、政治民主，乃至社會平等（Schwartz, 1964: 246）。如同哈茲（Louis Hartz）的導言所述（Schwartz, 1964: xi-xx），史華慈對嚴復的詮釋，一方面講述嚴復對自由主義價值的誤解乃源於對國家富強的過度關切；但另一方面也同時對 1960 年代興盛的「現代化理論」提出質疑，因為現代性本身具有至少兩種矛盾衝突的基本取向。然而，也恰恰在此議題上，可觀察到史華慈的分析取向，其實源於史賓格勒對現代文明的批判，而且將自由主義與民主精神歸類於「社會－政治理想主義思潮」，而與「浮士德－普羅米修斯張力」對立。

　　然而，經過本書前兩篇對兩波於現代性的分析，與以之為基礎於第三篇所重新詮釋嚴復的政治思想，則可提出遠較史華慈的分析更為精準的思想史詮釋。關鍵在於，嚴復對於「民智、民德、民力」的強調，除源於斯賓賽的社會演化論及其教育理念外（王道還，2012: xxxi），更有穆勒論社會自由時所強調的個體原創性（individual originality）。穆勒自由論的這個面向，如本書第十五章所述，直接受到洪堡特美學式個人主義的影響，而筆者亦已在本書第十二章第六節闡釋洪堡特本人運用「浮士德精神」來描述現代性。關鍵在於，洪堡特對於現代商業社會與國家機器的批判，如其引文所顯示，受到弗格森《文明社會史論》的深刻影響。所以終極而言，史華慈所批判嚴復過分偏重「力量」之議題，追索其根源，乃是弗格森在批判現代商業社會時，援引古典共和主義論述，強調運用公民的德行與力量來對抗商業社會過分分工之後的異化。換言之，嚴復對「民力」之強調，源於十九世紀英國自由主義穆勒、斯賓賽與柏捷特之文明論述，但終極的思想史根源則是弗格森所主張商業社會應力圖提振共和主義德行與力量之主張（cf. Burrow, 1988: 77-124）。在此歷史詮釋下，方能理解嚴復主張之真義，且可關連

到蘇格蘭啓蒙運動與英國自由主義文明論。嚴復的根本見解乃是，發展自由與自治的三項前提爲「血氣體力之強」、「聰明智慮之強」以及「德行仁義之強」（嚴復合集，1: 51），這意味著**自由與德行必須爲文明社會公民所不可或缺的特質，方能實現自由國家**。這個意義上，嚴復並未曲解西方或英國自由主義傳統。甚至可以說，史華慈在冷戰時期所建立的分析架構，將消極自由作爲自由主義的核心價值，其實具有時代背景，未必反映啓蒙運動至十九世紀西方自由主義的眞實樣貌，而他對嚴復之批判也因而未必合理。

既然現代性政治價值自身具有脈絡性以及意識形態性，而如前節所述，體系化往往導致進一步意識形態的結果。爲了避免此種惡性辯證，筆者認爲只有從事史金納所提出的系譜學性反思，較有可能克服此困境。這些核心的政治價值，筆者認爲大體上可以自由、民主，以及現代國家爲最重要之綱領。如嚴復所提出的重要主張「以自由爲體，以民主爲用」（嚴復，1998，1: 42），以及他指出的「其始也，種與種爭，及其成群成國，則群與群爭，國與國爭」（嚴復，1998，1: 35）。雖然社會達爾文主義已不再是顯學，國際政治格局也已經脫離帝國主義時代，但在「大國崛起」的時代脈動中，國家與文明衝突仍未曾泯滅，在二十一世紀尙有加劇之勢。

所幸史金納本人對西方現代自由以及國家觀念，已經提出了系統性的系譜學分析（史金納，2014）；而塔克在其近著中，則以民主爲核心，在結論中進行了系譜學的考察以及當代意義的分析（Tuck, 2016: 249-283）。據此，以下以自由、民主，以及國家三個核心政治概念，綜述本書所論的政治現代性價值，並從系譜學的角度來說明本書各章論述的歷史意義與當代涵義。

## （一）自由

相較於其國家系譜學的歷史取向，史金納所提出的自由系譜學較具有哲學取向。原因在於，自二戰以來，柏林的「兩種自由概念」（two concepts of liberty）已經成為學界的典範（Berlin, 1969: 118-172）：自由主義所主張的「消極自由」意味著個人免於干涉（free from interference）而行使其自由（Berlin, 1969: 127）；而「積極自由」則意指人類的本性中有某些高貴的目標必須加以實現，屬於一種控制自我（self-mastery）以完成自我實現（self-realization）的哲學理想（Berlin, 1969: 131-134）。史金納針對這個二元論架構，提出「第三種自由」（the third concept of liberty; Skinner, 2002），亦即根據羅馬法對於自由人的定義：「自由──人們也據之被稱為自由人──確實是每個人做他喜歡做的、不由強力或依法禁止做的事情的自然能力」（優士丁尼，2000: 23），強調自由乃是不處於他人的力量之下以及不受他人之支配，否則一個人若受他人專斷意志的宰制，就會失去自由而處於奴役的狀態。史金納強調，此種「新羅馬式」（neo-Roman）或共和主義自由觀，乃是現代之前，西方世界歷史最為悠久的自由觀，並且在現代世界持續發揮影響力（cf. Shaw, 2003）。

　　進一步而言，自由主義的消極自由概念，源於霍布斯在《利維坦》第二十一章的總結，自由只不過是「行動上沒有外部障礙」（absence of external impediment of motion; cf. 史金納，2014: 49-52），如本書第五章所分析，個人在不受外力干擾下，有權利追求自己意欲的目標，包括自然狀態中的自然自由與國家中的臣民自由二者。在三種自由觀中，史金納的系譜學論述強調對於消極自由的歷史分析，包括洛克與邊沁對於「強制」（coercion）的修正論述，也就是在被強制的狀態下，人是缺乏自由的（史金納，2014: 54-57），而絕非如霍布斯的自然主義所述，只要沒有外力干涉，個人依據其思慮過程的最後一個欲望行動，即為意志與自由之行動。洛克與邊沁的修正論述強調，若行動存在於雖未被實質干涉但會影響行動者抉擇的情境中，如強盜用武器威脅行動者，該行動即非自由。最後，十九世紀的穆勒，在直接干涉與不受強制之外，更基於文明社會的發展，指出公共輿論的枷鎖會導致個人的虛矯之心（inauthenticity），應該力圖矯正（史金納，2014: 58-63），而這也連結上積極自由的概念（史金納，2014: 65-69）。在本書論述中，現代

積極自由源於盧梭對抗自然的道德自由觀，以自律自主作爲道德格律，以自我立法作爲政治正當性準則，影響及於德國觀念論和法國大革命。

從比較政治思想的角度，分析嚴復與西方現代自由的系譜學，則如本書第十九章所述，嚴復運用西萊的政治學討論「政界自由」或政治自由時，已經清楚地介紹了自由作爲獨立自主的古典共和主義意義，以及限制政府的自由主義觀等自由的歧義觀念。西萊本人基於政治科學所發展出的自由觀，則是霍布斯式的，乃是「與政令繁苛，或管制太過」的對立面，也就是免於干涉之意。

然而，筆者認爲，在史金納所提出的自由系譜學中，洛克對於消極自由的修正觀，其實對嚴復具有極爲重要的影響。史金納在討論洛克對於霍布斯自由主義式自由概念的批判時，基於《政府論下篇》176 與 222 兩段，著重於當意志受到強迫而屈從於他人之所欲時，便非自由（史金納，2014: 55-56）。以本書之論旨而言，更爲關鍵的，則是洛克在《政府論下篇》第四章對於自由概念的重要討論（Locke, 1988: 283-285）：他主張自由有兩種，「自然自由」意指除自然法外不受制於任何上級權力之自由，「人在政府下之自由」或「人在社會中的自由」則意指「有長期有效的規則作爲生活的準繩，這種規則爲一切成員所共同遵守，並爲社會所建立的立法機關所制定」（Locke, 1988: 284）。孟德斯鳩關於政治自由的論述，基本上繼承了洛克的分析，他指出，「政治自由並不是意欲做什麼就做什麼。在一個國家裡，也就是說在一個有法律的社會裡，自由僅僅是：一個人能夠做他應該做的事情，而不被強迫去做他不應該做的事情。……自由是做法律許可的一切事情的權利」（Montesquieu, 1989: 155）。[6] 而本書第六、七章所論洛克與孟德斯鳩的自由觀，在赫胥黎的思想中，則轉化爲人類成立社會之前的自然自

---

6  一個關鍵的理論議題是，嚴復在《法意》中，將孟德斯鳩此處所討論的「個人自由」與「政治自由」翻譯爲「小己自由」與「國群自繇」，之後並有國群自繇優先於小己自由的案語（嚴復，1998，13: 441）。引發了史華慈的強烈批判，認爲在此議題上反映出嚴復背離自由主義的思想取向（Schwartz, 1964: 172）。對此議題不同的分析，請參考黃克武（1998: 249-255）。

由以及群體內的社會自由，從而構成了本書第十六章所論嚴復之「倫理自由主義」。必須強調的是，此種倫理自由觀著重的是在群體生活中必須適度地壓抑控制自然自由，而非柏林所述，強調自我實現的積極自由。這乃是本書第三篇論嚴復諸章對自由系譜學所能提出的比較政治思想之貢獻。

　　至於與自由息息相關的「權利」概念，本書分析了從格勞秀斯確立自然權利理論基礎，以及在霍布斯思想中自然權利與自然法的對立，通過社會契約的權利讓渡，產生現代主權國家的正當性基礎。現代自然權利論的論述高峰，乃是在美國與法國大革命的進程中，通過天賦人權論而將自然權利實證化，產生了現代憲政主義。然而，在邊沁激烈批判自然權利之後，「權利」一詞成為法律架構中與義務（duty）相對的概念，不復具有自然權利說的政治動能。[7] 在十九世紀以效益主義為主軸的英國自由主義論述中，權利概念並不扮演核心的角色，所以嚴復雖曾就權利一詞與梁啓超在信函中有過討論，認為以「權利」（中文原意近於「力征經營」）來翻譯 "right" 實為「以霸譯王」，主張 "right" 有「直」之義，故可譯為「民直」（嚴復，1998, 1: 288-289）。中國近代的權利概念系統首創者為梁啓超的《新民說》，結合德國法學家耶林（Rudolph von Jhering, 1818-1892）與日本加藤弘之（1836-1916）之論述而成，對中國政治意識之影響，乃嚴復之後重要的思想史課題（cf. 黃進興，2013: 153-197）。

## （二）民主

　　塔克的近著《沉睡之主權者：現代民主的發明》（*The Sleeping Sovereign: The Invention of Modern Democracy*）嘗試為現代的代議民主爬梳思想史的淵源與系譜。他主張布丹區別「主權」與「政府」，一方

---

7　邊沁指出，唯有實在法律能創造實在權利（Parekh, 1973: 288），而一主體之權利必定關連到另一主體作為或不作為之義務（Bentham, 1988: 208）。

面以主權邏輯推翻了古典混合憲政傳統，另一方面主權與政府之辯證，則在主權決斷與治理之間，產生了全新範疇可加以論述，其全書處理布丹、自然法學家（格勞秀斯、霍布斯與普芬道夫）、十八世紀的法國思想包括盧梭與法國大革命，以及美國立憲與憲政運作等。於結論（Tuck, 2016: 249-283）中，[8] 塔克重述了布丹對主權與政府區別之重要性，並指出格勞秀斯主權之「共同主體」與「特殊主體」相應於主權與政府的區別，[9] 而普芬道夫的「二約一令」，也是區別主權與政府治理的二重正當性結構。在塔克系譜中最重要的，當然是霍布斯早期的基源民主論，這本來便是塔克民主思想史探究的開端（Tuck, 2006），然後在《沉睡之主權者》中建構出較爲完備的歷史流變與系譜學。

以本書之論旨而言，則可以重新建構一個比塔克更爲複雜的民主系譜。筆者認爲，塔克所強調的布丹區別主權與政府的重要性，仍然不及布丹運用絕對主義範疇界定主權作爲邦國最高權力的原創性。如本書第二章所述，基於此種絕對、至高無上、不可分割的主權論，布丹已經開始思考一種「絕對民主」的可能性，雖然這在其理論中僅爲一潛流。關鍵在於，自格勞秀斯以後，社會契約論逐漸成爲主流論述，國家必須以人民的同意爲正當性基礎時，「多數決原則」成爲同意論不可或缺的理論要素，本書在格勞秀斯、霍布斯與洛克諸章皆有所討論。然而，「多數決原則」尚非「民主」；唯有當霍布斯早期思想將基源民主與社會契約二者理解爲一個平行論述，正式將民主的公民大會與社會契約締約時刻關聯起來，多數決原則方才轉化爲民主。如本書第四、五章所論，這個關鍵性的論述策略奠定了民主的優先性，雖然在《利維坦》中他於此議題上撤退，放棄基源民主論，但其論述對史賓諾莎、洛克，以及盧梭都產生關鍵性的影響。在此之後，民主理念成爲近代西方政治思想的重要理想之一，雖然民主制度的形成仍需要數個世紀加以落

---

8　對筆者而言，塔克本書結論所呈現的完成度，實不及他同一年所發表之另一篇論文 "Democratic Sovereignty and Democratic Government: The Sleeping Sovereign," 收錄於 Bourke & Skinner（2016: 115-141），讀者可參閱比較。

9　請參考本書第三章第四節的分析。

實。

　　塔克民主系譜學的關鍵在於盧梭。在一般的詮釋中，盧梭被認為是主張小國寡民的直接民主；但塔克則強調，盧梭民主共和主義的眞義在於運用了布丹的架構：人民所匯集而成的普遍意志，乃是主權層次的運作，普遍意志雖然不能被代表，但是在國家的治理上，仍然能委託政府來執行，也就是本書第八章以及筆者在《西方共和主義思想史論》（蕭高彥，2013: 178-189）所討論盧梭之政府論。塔克認為，在現代民主理論中，依此理解的盧梭展現了人民作為主權者，在建構後處於「沉睡」的狀態，而日常的治理則由政府為之。這樣的「二元民主論」（dualist democracy），[10] 在美國與法國大革命中都得到理論與實踐的印證。在立憲或制定憲法的關鍵時刻，需要人民作為主權者的意志展現，所以憲法的複決有其必要；而在常態化的憲法政治中，則以代表原則治理，但是若有現行憲法規定不足處需要修改，將是再度喚醒人民主權者的時刻。塔克特別指出法國大革命的三派：本書所論之西耶斯，其制憲權之運作完全通過代表，無須公民複決，這是偏向自由主義的理論；雅各賓黨則認為任何法律都必須通過人民同意，而人民有權隨時對法律或官員終止其授權，這是偏向純粹民主的進路；只有吉倫丁黨（Girondin）在民主與憲政穩定性之間取得平衡，一方面立憲與修憲需要公民複決，另一方面也容許重大政治議題從事公民複決，其它則為主權者「沉睡」時刻，美國共和憲法亦然（Tuck, 2016: 158, 180）。

　　塔克的民主系譜學終結於美國與法國大革命；而以本書之論旨而言，則史賓諾莎與青年馬克思代表了另外一種激進民主的論述可能，且將國家形式消融在人民的集體決斷之中。

　　若以嚴復的民主概念而言，則受到西萊的影響，運用演化論的邏輯，將君主制與直接民主制都運用理論辯證化為一種代議民主制。當然，嚴復也受到孟德斯鳩政體論的影響，但他自始並未如孟德斯鳩一

---

10　這是當代政治理論家 Bruce Ackerman 對美國憲政主義提出的民主詮釋，參閱蕭高彥（2013: 220-255, 269 註 14）。

般認定民主只能在小國寡民的城邦運作，而是採用了十九世紀政治科學的觀點，支持立憲民主的理想。本書十七章論述了嚴復在《法意》案語終極的政治理想，他用自己的分析觀點，將君主國由上而下的統治，以及立憲國參用民權由下而上具有正當性的統治，作了明確的比較。他指出「雖有朝進夕退之官吏，而亦有國存與存之主人，主人非他，民權是已」，可以說是運用民權作爲主權者的永久性之屬性，以此相對於從事治理的官吏之朝進夕退，也符合塔克對現代民主之詮釋。

## （三）現代國家

史金納所提出的國家系譜學，對西方第一波現代性國家概念的建立與發展，提供了極佳的分析視野。從馬基維利提出君主必須「維持國家」也就是維持其政治支配地位的出發點，在其後宗教改革的紛亂中，逐漸發展出現代國家作爲一種「政治體」（body politic）的理論進程。關鍵的意識形態鬥爭，產生於偏向君主方的絕對主義，以及支持人民集體力量的民權論間之論辯鬥爭。在絕對主義一方，通過布丹所建立「主權是邦國所具有的絕對且永久的權力」，開啓了現代國家法權論述的基礎。而在民權論一方，其淵源乃是法國胡格諾教派依據《舊約聖經》所提出的暴君放伐論，主張人民在神聖權威的見證下，已經通過盟約成爲一個集合體（universitas），而君主的統治權則是由人民授權而具有正當性基礎。君主的地位雖然高於個別的臣民，但人民的整體卻優位於君主，當後者的治理違反託付時，人民集體有權利反抗。

主權論與民權論在格勞秀斯之後所開展的社會契約論傳統中，產生了彼此互相影響的複雜理論進程，而集大成者乃是霍布斯的理論體系。在其早期理論中，基源民主論乃運用民權論的理論前提，結合社會契約與主權論述，期望證成君主制的優越性。然而，如本書第四章指出，基源民主論對現代民主觀產生重大影響，但並未能克服民權論的人民優位論。是以，在霍布斯後期的《利維坦》中，改變論述策略，運用人格與授權論，將國家理解爲由雜衆授權所產生的代表。如此一來，

國家成為一種「虛擬人格」，將國家提升到君主與人民的對立之上，正式完成了現代國家概念（史金納，2014: 85-102）。在霍布斯之後，普芬道夫重新恢復人類社會性所扮演的理論角色，並提出政治國家作為一種道德人格；之後，布萊克斯通在英國國內法以及 Emer de Vattel 在萬民法方面，同時運用了霍布斯與普芬道夫的國家人格論。

　　史金納關於近代早期國家的系譜，忽略了塔克所提出的關鍵區別：主權與政府；而如本書所述，在政府治理的層次上，馬基維利主義者約略與布丹主權論同時，發展出君主的治理應當追求國家利益的「國家理性論」，雖然在法權論述上，不及主權概念能在社會契約論述中與民權論對抗，但如近年來傅柯（Foucault, 2007）所強調，近代國家著重的「治理性」乃國家理性論的原創性所在。而如本書所述，在第一波現代性思想家中，包括布丹與霍布斯，都吸收了國家理性論並討論治理，之後並影響盧梭的政府論，以及費希特與黑格爾之「理性國家」觀念。

　　在論述霍布斯的國家虛擬人格論之後，史金納的國家系譜學較為簡略，基本上強調邊沁的古典效用主義所產生「化約主義」（reductionism）的思考方式，認為國家只不過是政府的權力，毋須做無意義、神秘化的理論建構，而此種理論觀點影響到法實證論者認為國家只不過是一個政府機器之主張（史金納，2014: 104-106）。

　　以本書之分析架構而言，史金納的國家系譜學在西方第二波現代性以後之發展，只描述了化約主義的興起及其影響，並未提出全面性的觀照，實為美中不足。基於本書第二篇的分析，則第二波現代性的核心趨勢乃是商業社會興起後，逐漸發展出具有自主性的社會、文明社會，或市民社會觀念，通過新的經濟與社會關係影響甚至形構政治，而在第一波現代性所形成的國家觀念，也因此產生了重大的轉變。基於本書的分析，第二波現代性逐漸發展出兩種不同的國家觀。其一為憲法、立憲政府或憲政國家的概念，最重要的理論進程則在於美國與法國大革命，將自然權利實證化，從而將前此的自然法傳統，轉化為受憲法所保障的天賦人權論。雖然天賦人權說在大革命後受到廣泛批判，但以「憲法」作為組織政府權力的觀念，卻成為第二波現代性最重要的

理論進程，從孟德斯鳩三權分立論、自由主義者貢斯當的憲政理論，乃至德國觀念論用憲政來界定法權狀態等，都是第一波現代性所未見，而於第二波現代性所產生的重要政治論述。

另一個理論進程，則是由盧梭所奠基的對抗自然欲求的道德自由論，在他之後由德國觀念論做出進一步的理論闡釋，除了發展出自由作為人類自主性的領域外，隨著法國大革命後的理論進程，在社會契約的法權論述的底層，建構出更為基源的共同體論述，逐漸發展出國家有機體論。這個在費希特早期思想中萌芽的理論，於黑格爾的論述集大成，而且通過倫理國家與市民社會的二元對立，完成一種國家作為倫理整合的更高實體，以克服現代商業社會的異化現象。十九世紀下半葉，國家有機體論受到演化論的影響，產生新的變化，在本書的分析中，柏捷特的理論結合了英國自由國家（free state）論與演化論，產生了新的理論綜合，直接影響稍後的嚴復思想。

如本書十九章所述，嚴復的國家觀念受到十九世紀下半葉英國政治思潮的影響，屬於有機體論傳統。在運用西萊的論述時，嚴復指出當時中國人由於大一統之故，其政治意識中「只有天下，並無國家」（嚴復，1998, 6: 5），所以對國家概念提出了自己的界定：「國者，多數眾民所合而成一特別團體之名也」（嚴復，1998, 6: 5），作為有機體，其重點在於「分官設職，部勒經緯，使一群之中之支部，有相資相待之用，而後成為國家」（嚴復，1998, 6: 20）。換言之，嚴復用憲政主義來理解國家有機體，所以強調凡號為「文明種族」的近代國家，大體上都用「三權鼎足分治之形式」，構成了現代「立憲國家」的基本政制，也是他的政治理想。

最後，基於比較政治思想的觀點，在現代國家系譜學中，「專制」概念特別值得注意。暴君放伐論所批判的對象仍為古典傳統的「暴君」；但如本書第二篇所述，從布丹與格勞秀斯運用專制概念來理解戰敗國的法權狀態起，在霍布斯的系統中發展出「取得的邦國」與「建制的邦國」之對立關係，影響到西方第一波現代性的國內法與國際法思維。自孟德斯鳩起，以專制概念作為政治領域的絕對惡，暴君概念逐漸從西

方思想史的論述中退場。然而，孟德斯鳩不以政治性的征服來理解專制，而建構了傳統中國作爲專制帝國之原型，並運用地理與氣候環境的因素提出解釋。孟德斯鳩的專制概念，在十九世紀帝國主義發達後，與國家有機體論以及社會演化論結合，產生了原始社會可以通過專制而加以提升的論述，在穆勒、柏捷特，以及西萊的政治論述中都可觀察到此種理論要素。然而，當嚴復在面對西方所建構的專制概念時，他一方面需要重新理解中國的政治傳統，另一方面也需要對未來加以擘劃。而如本書十七章所述，他通過中國歷朝「有道」與「無道」之區分，來吸納西方的專制論，而對於國家之未來，則主張立憲民主、參用民權，使得政治制度化之後，中國能與西方國家相同，「相勖於文明」（嚴復，1998, 1: 272）。源於西方的專制概念，自梁啓超〈中國專制政治進化史論〉（梁啓超，1960，文集 9: 59-90）開始，成爲分析傳統帝制中國的統治型態，並深刻影響二十世紀的政治論述與歷史書寫。至於是否允當，則爲一方興未艾之議題（cf. 侯旭東，2008）。

## 四、結語

梁啓超於《近世歐洲四大家政治學說》自序曾謂：

即如政治一端，舉凡十九世紀新國之所以立，憲法之所以成，政府之所以鞏固而安全，人民之所以康樂而仁壽，抑何一非食十七八世紀陸克盧梭孟德斯鳩諸賢之賜也。若諸賢者，手曾無尺寸之柄，躬未親廊廟之業，生當濁世，明珠暗投，往往不爲時俗所重。其甚者乃至舉國欲殺，顚連窮餓，極人生不堪之境遇，及其身沒數十年百年之後，而食其福者乃嘵於天下焉。……

若今日之中國，猶未經過歐美之十九世紀時代也。然則思所以播其種而起其蟄者。其不可不求諸十八世紀以前甚明矣。審如是也。則斯編者，其亦我國民道鐸之一助夫。（梁啓超，1902 自序 1-

2；梁啓超，2005, 1:109-110）

梁啓超之喟嘆，百廿載以後仍未失其時代意義。當時他需藉助中江兆民之譯著引介西方政治思想四大家學說，而嚴復雖翻譯許多西方思想原典，但在政治思想史的判斷上，仍需藉助赫胥黎的思想史論述與西萊的政治科學，後學者能不深自惕勵乎？

本書〈導言〉所設定的目標，是在比較政治思想的角度下，以筆者個人所建立的詮釋觀點，將西方政治現代性的流變與中國現代政治價值的發展，治於一爐且融會貫通，以完成新的綜合分析。如同本書之書名，「探索政治現代性」是沒有終點的，永遠在歷史過程中，基於「世變」產生持續探索反思之空間。而韋伯在〈學術作爲一種志業〉早已指出，「在學術工作上，每一次『完滿』，意思就是新『問題』的提出；學術工作要求被『超越』，要求過時。任何有志獻身學術工作的人，都必須接受這項事實」（韋伯，1991: 143），旨哉斯言！

# 參考書目

一、外文部分

Abensour, Miguel. 2011. *Democracy Against the State: Marx and the Machiavellian Moment*, tran. M. Blechman and M. Breaugh. Cambridge: Polity.

Alschuler, Albert. 1994. "Sir William Blackstone and the Shaping of American Law," *New Law Journal,* (144): 896.

Althusser, Louis. 1982 (1972). *Montesquieu, Rousseau, Marx: Politics and History*, tran. B. Brewster. London: NLB.

Althusius, Johannes. 1979 (1932). *Politica Methodice Digesta of Johannes Althusius*, with an introduction by Carl J. Friedrich. New York: Arno Press.

Althusius, Johannes.1995. *Politica*, abridged and translated by F. S. Carney. Indianapolis: Liberty Fund.

Arendt, Hannah. 1958. *The Human Condition*. Chicago: University of Chicago Press.

Arendt, Hannah. 1977 (1961). *Between Past and Future: Eight Exercises in Political Thought*. Harmondsworth: Penguin.

Arendt, Hannah. 1982. *Lectures on Kant's Political Philosophy*, ed. R. Beiner, Chicago: University of Chicago Press.

Arendt, Hannah. 1990 (1963). *On Revolution*. Harmondsworth: Penguin.

Arendt, Hannah. 2005. *The Promise of Politics*, ed. J. Kohn. New York: Shocken.

Aristotle. 1975. *Nichomachean Ethics*, tran. M. Ostwald. Indianapolis: Bobbs-Merrill.

Aristotle. 1984. *The Politics*, tran. Carnes Lord. Chicago: University of Chicago Press.

Aron, Raymond. 1979. *Main Currents in Sociological Thought*. 2 vols. Harmondsworth: Penguin.

Ashcraft, Richard. 1986. *Revolutionary Politics & Locke's Two Treatises of*

*Government*. Princeton: Princeton University Press.

Avineri, Shlomo. 1968. *The Social and Political Thought of Karl Marx*. Cambridge: Cambridge University Press.

Avineri, Shlomo. 1972. *Hegel's Theory of the Modern State*. Cambridge: Cambridge University Press.

Baehr, Peter & Richter, Melvin. eds. 2004. *Dictatorship in History and Theory: Bonapartism, Caesarism and Totalitarianism*. Cambridge: Cambridge University Press.

Baker, Keith Michael. 1990. *Inventing the French Revolution*. Cambridge: Cambridge University Press.

Baker, Keith Michael. 1994. "The Idea of a Declaration of Rights," in D. K. Kley ed. *The French Idea of Freedom: The Old Regime and The Declaration of Rights of 1789*. Stanford: Stanford University Press, pp. 154-196.

Barker, Ernst. 1930. "The Study of Political Science in Relation to Its Cognate Studies," in *idem.*, *Church, State, and Study: Essays*. London: Methuen.

Barker, Ernest. 1951. *Essays on Government*, 2nd edition. Oxford: Oxford University Press.

Barker, Ernest. 1954. *Political Thought in England 1848 to 1914*. Oxford: Oxford University Press.

Baumgold, Deborath. 1988. *Hobbes's Political Theory*. Cambridge: Cambridge University Press.

Bell, Duncan. 2010. "John Stuart Mill on Colonies," *Political Theory*, 38(1): 34-64.

Bentham, Jeremy. 1988. *A Fragment on Government*. Cambridge: Cambridge University Press.

Berlin, Isaiah. 1969. *Four Essays on Liberty*. Oxford: Oxford University Press.

Besselink, Leonard. 1988. "The Impious Hypothesis Revisited," *Grotiana*, 9: 3-63.

Bireley, Robert. 1990. *The Counter-Reformation Prince: Anti-Machiavellianism or Catholic Statecraft in Early Modern Europe*. Chapel Hill: University of North Carolina Press.

Blackstone, William. 2002. *Commentaries on the Laws of England*. 4 vols. New Jersey: The Law Book Exchange.

Bluntschli, Johann K. 1971 (1895). *The Theory of the State*. Freeport: Books for

Libraries Press.

Bobbio, Norberto. 1987. *The Future of Democracy: A Defence of the Rules of the Game*, tran. R. Griffin. Cambridge: Polity.

Bobbio, Norberto. 1989. *Democracy and Dictatorship: The Nature and Limits of State Power*, tran. P. Kennealy. Cambridge: Polity.

Bobbio, Norberto. 1990. *Liberalism and Democracy*, tran. M. Ryle & K. Soper. New York: Verso.

Bobbio, Norberto. 1993. *Thomas Hobbes and the Natural Law Tradition*, tran. D. Gobetti. Chicago: University of Chicago Press.

Bobbio, Norberto. 1996. *The Age of Rights*, tran. A. Cameron. Cambridge: Polity.

Bodin, Jean. 1955. *Six Books of the Commonwealth,* abridged and translated by M. J. Tooley, Oxford: Basil Blackwell.

Bodin, Jean. 1962 (1606). *The Six Bookes of a Commonweale,* tran. R. Knolles, ed. K. D. McRAE. Cambridge, Mass.: Harvard University Press.

Bodin, Jean. 1966. *Method for the Easy Comprehension of History*, tran. B. Reynolds. New York: Octagon.

Bodin, Jean. 1986. *Les Six Livres de la République,* 6 vols, texte revu par Christiane Frémont, Marie-Dominique Couzinet, Henri Rochais. Paris: Fayard.

Bodin, Jean. 1992. *On Sovereignty: Four Chapters from the Six Books of the Commonwealth*, ed. & tran. J. H. Franklin. Cambridge: Cambridge University Press.

Boesche, Roger. 1995. *Theories of Tyranny: From Plato to Arendt.* University Park: Pennsylvania State University Press.

Botero, Giovanni. 1956. *The Reason of State*, tran. O. J. & D. P. Waley, New Haven: Yale University Press.

Bourke, Richard & Skinner, Quentin. eds. 2016. *Popular Sovereignty in Historical Perspective*. Cambridge: Cambridge University Press.

Bowden, Brett. 2009. *The Empire of Civilization: The Evolution of Imperial Idea.* Chicago: University of Chicago Press.

Böckenförde, Ernst-Wolfgang. 1991. *State, Society and Liberty: Studies in Political Theory and Constitutional Law*, tran. J. A. Underwood. New York: Berg.

Breckman, Warren. 1999. *Marx, the Young Hegelians, and the Origins of Radical*

*Social Theory.* Cambridge: Cambridge University Press.

Brett, Annabel. 2002. "Natural Right and Civil Community: The Civil Philosophy of Hugo Grotius," *The Historical Journal*, 45(1): 31-51.

Brett, Annabel. 2011. *Changes of State: Nature and the Limits of the City in Early Modern Natural Law.* Princeton: Princeton University Press.

Brint, M. E. 1985. "Jean-Jacques Rousseau and Benjamin Constant: A Dialogue on Freedom and Tyranny," *The Review of Politics*, 47(3): 323-346.

Burd, L. Arthur. 1891. "Introduction," in *idem.*, ed. *Il Principe by Nicolò Machiavelli.* Oxford: Clarendon Press, pp. 1-69.

Burke, Edmund. 1999. *Selected Works of Edmund Burke*, 3vols. Indianapolis: Liberty Fund.

Burke, Martin J. & Richter, Melvin eds. 2012. *Why Concepts Matter: Translating Social and Political Thought.* Leiden: Brill.

Burlamaqui, Jean-Jacques. 1972 (1807). *The Principles of Natural and Politic Law*, 2 volumes in one. New York: Arno.

Burrow, J. W. 1988. *Whigs and Liberals: Continuity and Change in English Political Thought (The Carlyle Lectures).* Oxford: Oxford University Press.

Calvin, John. 1960. *Institutes of the Christian Religion*, 2 vols., ed. J. T. McNell, tran. F. L. Battles. Philadelphia: Westminster.

Campos, Andre Santos. 2012. *Spinoza's Revolutions in Natural Law.* New York: Palgrave Macmillan.

Caplan, Jane & Torpey, John. eds. 2001. *Documenting Individual Identity: The Development of State Practices in the Modern World.* Princeton: Princeton University Press.

Cassirer, Ernst. 1946. *The Myth of the State.* New Haven: Yale University Press.

Cassirer, Ernst. 1963. *Rousseau, Kant, Goethe: Two Essays*, trans. J. Gutmann, P. O. Kristeller & J. H. Randall. Princeton: Princeton University Press.

Cassirer, Ernst. 1989. *The Question of Jean-Jacques Rousseau,* ed. & tran. P. Gay, New Haven: Yale University Press.

Caygill, Howard. 1995. *A Kant Dictionary.* Oxford: Blackwell.

Chang Chih-Tung (Zhang Zhidong). 1900. *China's Only Hope: An Appeal by Her Greatest Viceroy Chang Chi-Tung, with the Sanction of the Present Emperor*, Kwang Sü, tran. S. I. Woodbridge, New York: Fleming H. Revell.

Chiu, Yvonne & Taylor, Robert S. 2011. "The Self-Extinguishing Despot: Millian

Democratization," *The Journal of Politics*, 73（4）: 1239-1250

Church, William, F. 1941. *Constitutionalism Thought in Sixteen-Century France: A Study in the Evolution of Ideas*. Cambridge, Mass.: Harvard University Press.

Çırakman, Aslı. 2001. "From Tyranny to Despotism: The Enlightenment's Unenlightened Image of the Turks," *International Journal of Middle East Studies,* 33（1）: 49-68.

Clark J. C. D. 2018. *Thomas Paine: Britain, America, and France in the Age of Enlightenment and Revolution*. Oxford: Clarendon Press.

Cohen, Jean & Arato, Andrew. 1992. *Civil Society and Political Theory*. Cambridge, Mass: MIT Press.

Coker, F. W. 1910. *Organistic Theories of the State: Nineteenth Century Interpretations of the State as Organism or as Person*. New York: Columbia University Press.

Colletti, Lucio. 1972. *From Rousseau to Lenin: Studies in Ideology and Society*. New York: Monthly Review.

Collini, Stefan. 1991. *Public Moralists: Political Thought and Intellectual Life in Britain, 1850–1930*. Oxford: Clarendon Press.

Collini, Stefan & Winch, Donald & Burrow, John. 1983. *That Noble Science of Politics: A Study in Nineteenth-Century Intellectual History*. Cambridge: Cambridge University Press.

Constant, Benjamin. 1988. *Political Writings*, tran. B. Fontana. Cambridge: Cambridge University Press.

Constant, Benjamin. 2003. *Principles of Politics Applicable to All Governments*, tran. D. O'Keeffe. Indianapolis: Liberty Fund.

Conze, Werner. 1985. "From 'Pöbel' to 'Proletariat'. The Socio-Historical Preconditions of Socialism in Germany," in G. Iggers ed. *The Social History of Polotics: Critical Perspectives in West German Historical Writings since 1945*. New York: Berg, pp.49-80.

Cox, Richard, H. 1987. "Hugo Grotius," in *History of Political Philosophy*, eds. L. Strauss & J. Cropsey. Chicago: University of Chicago Press, pp. 386-395.

Cullen, Bernard. 1988. "The Mediating Role of Estates and Corporations in Hegel's Theory of Political Representation," in Bernard Cullen ed. *Hegel Today*, Brookfield: Avebury, pp. 22-41.

Curtis, Michael. 2009. *Orientalism and Islam: European Thinkers on Oriental Despotism in the Middle East and India.* Cambridge: Cambridge University Press.

Deleuze, Gilles. 1988. *Spinoza: Practical Philosophy*, tran. R. Hurley. San Francisco: City Lights.

Della Volpe, Galvano. 1979. *Rousseau and Marx*, trans., J. Fraser. Atlantic Highlands: Humanities Press.

D'Entrevès, A. P. 1955 (1951). *Natural Law: An Introduction to Legal Philosophy*. London: Hutchinson University Library.

Descartes, René. 1985. *The Philosophical Writings of Descartes*, 2 vols., trans., J. Cottingham et. al. Cambridge: Cambridge University Press.

Devisch, Ignaas. 2011. "The Progress of Society: An Inquiry into an 'Old-Fashioned' Thesis of Walter Bagehot," *British Journal for the History of Philosophy*, 19(3): 519-541.

Dodge, Guy H. 1980. *Benjamin Constant's Philosophy of Liberalism*. Chapel Hill: University of North Carolina Press.

Draper, Hal. 1977. *Karl Marx's Theory of Revolution*, vol. 1, *State and Bureaucracy*. New York: Monthly Review.

Dufour, Alfred. 1991. "Pufendorf," in J. H. Burns & M. Goldie eds. *The Cambridge History of Political Thought 1450-1700*. Cambridge: Cambridge University Press, pp.563-588

Durkheim, Emile. 1975. *Montesquieu and Rousseau: Forerunners of Sociology*, tran. R. Manheim. Ann Arbor: University of Michigan Press.

Dunn, John. 1969. *The Political Thought of John Locke: An Historical Account of the Argument of the 'Two Treaties of Government'*. Cambridge: Cambridge University Press.

Edelstein, Dan. 2009. *The Terror of Natural Right: Republicanism, the Cult of Nature, and the French Revolution.* Chicago: University of Chicago Press.

Fell, A. London. 1987. *Bodin's Humanistic Legal System and Rejection of "Medieval Political Theology"*. Cambridge, Mass.: Oelgeschlager, Gunn & Hain.

Ferguson, Adam. 1966. *An Essay on the History of Civil Society (1767)*, ed. D. Forbes. Edinburgh: Edinburgh University Press.

Ferguson, Adam. 1995. *An Essay on the History of Civil Society*, ed. F. Oz-

Salzberger. Cambridge: Cambridge University Press.

Ferguson, Michael. 2012. "Unsocial Sociability: Perpetual Antagonism in Kant's Political Philosophy," in *Kant's Political Theory: Interpretations and Applications*, ed. E. Ellis, University Park: Pennsylvania State University Press, pp.150-169.

Ferry, Luc & Renaut, Alain. 1990-1992. *Political Philosophy*, 3 vols., tran. F. Philip. Chicago: University of Chicago Press.

Feuer, Lewis Samuel. 1983. *Spinoza and the Rise of Liberalism*. Connecticut: Greenwood Press.

Fichte, Johann Gottlieb. 1968. *Addresses to the German Nation*, ed. G. A. Kelly. New York: Harper & Row.

Fichte, Johann Gottlieb. 2000. *Foundations of Natural Right*, ed. F. Neuhouser, tran. M. Baur. Cambridge: Cambridge University Press.

Fontana, Biancamaria. 1988. "Introduction," in *idem.*, ed. *Benjamin Constant: Political Writings*. Cambridge: Cambridge University Press, pp.1-42.

Fontana, Biancamaria. 1991. *Benjamin Constant and the Post-Revolutionary Mind*. New Haven: Yale University Press.

Forbes, Duncan. 1966. "Introduction," in *idem.*, ed. *An Essay on the History of Civil Society*. Edinburgh: Edinburgh University Press, pp. xiii-xli.

Forsyth, Murray. 1981. "Thomas Hobbes and the Constituent Power of the People, " *Political Studies,* XXIX(2): 191-203.

Forsyth, Murray. 1987. *Reason and Revolution: The Political Thought of the Abbè Sieyes*. New York: Leicester University Press.

Foster, M. B. 1935. *The Political Philosophies of Plato and Hegel*. Oxford: Oxford University Press.

Foucault, Michel. 2003. *Society Must be Defended: Lectures at the Collège de France*, 1975-1976. New York: Picador.

Foucault, Michel. 2007. *Security, Territory, Population: Lectures at the Collège de France*, 1977-1978. New York: Palgrave Macmillian.

Foucault, Michel. 2010. *The Birth of Biopolitics: Lectures at the Collège de France*, 1978-1979. New York: Palgrave.

Franklin Julian H. ed. 1969. *Constitutionalism and Resistance in the Sixteenth Century: Three Treatises by Hotman, Beza, & Mornay*, ed. & tran. J. Franklin. New York: Pegasus.

Franklin, Julian H. 1973. *Jean Bodin and the Rise of Absolutist Theory*. Cambridge: Cambridge University Press.

Franklin, Julian H. 1991. "Sovereignty and the Mixed Constitution: Bodin and his Critics," in J. H. Burn and M. Goldie, eds. *The Cambridge History of Political Thought 1450-1700*. Cambridge: Cambridge University Press, pp. 298-328.

Franklin, Julian H. 2001. "The Question of Sovereignty in Bodin's Account of Sovereignty", in A. Grafton & J. Salmon ed. *Historians and Ideologues: Studies in Early Modern Intellectual History*. Rochester: University of Rochester Press, pp.40-48.

Friedrich, Carl J. 1932. "Introduction," in Johannes Althusius, *Politica Methodice Digesta of Johannes Althusius*. New York: Arno Press 1979 (1932), pp.xv-xcix.

Furet, François. 1986. *Marx and the French Revolution*, tran. D. K. Furet, ed. L. Calvie. Chicago: University of Chicago Press.

Furet, François and Ozouf, Mona eds. 1989. *A Critical Dictionary of the French Revolution*, tran. A. Goldhammer. Cambridge, Mass.: Belknap.

Garnett, George. 1994. *Vindiciae, Contra Tyrannos: Or, Concerning the Legitimate Power of a Prince over the People, and of the People over a Prince*, ed. & tran. G. Garnett. Cambridge: Cambridge University Press.

Gauthier, David. 1969. *The Logic of Leviathan*. Oxford: Oxford University Press.

Gelderen, Martin van & Skinner, Quentin. eds. 2002. *Republicanism: A Shared European Heritage*, 2 vols. Cambridge: Cambridge University Press.

Gierke, Otto Friedrich von. 1939. *The Development of Political Theory*, tran. B. Freyd. New York: Norton.

Gilbert, Alan. 1991. "Political Philosophy: Marx and Radical Democracy," in T. Carver ed. *The Cambridge Companion to Marx*. Cambridge: Cambridge University Press.

Goldie, Mark, 2006. "The Context of *The Foundations*," in *Rethinking the Foundations of Modern Political Thought*, eds. A. Brett *et. al.* Cambridge: Cambridge University Press, pp.3-19.

Goldsmith, M. M. 1966. *Hobbes's Science of Politics*. New York: Columbia University Press.

Goldstein, Marc Allan ed. 1997. *Social and Political Thought of the French*

*Revolution 1788-1797.* New York: Peter Lang.

Gourevitch, Victor. 1988. "Rousseau's Pure State of Nature," *Interpretation*, 16(1): 23-59.

Grotius, Hugo. 1925. *On the Law of War and Peace* (*De Jure Belli ac Pacis*), tran. F. W. Kelsey. Oxford: Clarendon Press.

Grotius, Hugo. 1926. *The Jurisprudence of Holland*, tran. R. W. Lee. Oxford: Clarendon Press.

Grotius, Hugo. 1950. *Commentary on the Law of Prize and Booty* (*De Jure Praedae Commentarius*), tran. G. Williams. Oxford: Clarendon Press.

Grotius, Hugo. 2005. *The Rights of War and Peace,* 3vols, ed. R. Tuck, from the edition by Jean Barbeyrac. Indianapolis: Liberty Fund.

Haakonssen, Knud. 1985. "Hugo Grotius and the History of Political Thought," *Political Theory*, 13(2): 239-265.

Habermas, Jürgen. 1973. *Theory and Practice,* tran. J. Viertel. Boston: Beacon Press.

Habibi, Don. 1999. "The Moral Dimension of J. S. Mill's Colonialism," *Journal of Social philosophy*, 30(1): 125-146.

Hamburger, Joseph. 1999. *John Stuart Mill on Liberty and Control.* Princeton: Princeton University Press.

Hampsher-Monk, Iain. Tilmans, Karin. & Vree, Frank van eds. 1998. *History of Concepts: Comparative Perspectives.* Amsterdam: Amsterdam University Press.

Hampton, Jean. 1986. *Hobbes and the Social Contract Tradition.* Cambridge: Cambridge University Press.

Harrington, James. 1992. *The Commonwealth of Oceana and A System of Politics*, ed. J. G. A. Pocock. Cambridge: Cambridge University Press.

Harris, Abram L. 1964. "John Stuart Mill: Servant of the East India Company," *The Canadian Journal of Economics and Political Science / Revue Canadienne d'Economique et de Science Politique*, 30(2): 185-202

Hayek, F. A. 1967. *Studies in Philosophy, Politics, and Economics.* Chicago: University of Chicago Press.

Hayek, F. A. 1978 (1960). *The Constitution of Liberty.* Chicago: University of Chicago Press.

Hegel, G. W. F. 1973. *Vorlesungen über Rechtsphilosophie 1818-1831*, ed. Karl-

Heinz Ilting. Stuttgart: Frommann-Holzboog.

Hegel, G. W. F. 1979. *System of Ethical Life and First Philosophy of Spirit*, ed. & trans., H. S. Harris & T. M. Knox. Albany: State University of New York Press.

Hegel, G. W. F. 1983.*Vorlesungen über Naturrecht und Staatswissenschaft: Heidelberg 1817/19 Nachgescherieben von P. Wannenmann*, hrsg. von C. Becker et al., Hamburg: Felix. Meiner Verlag.

Hegel, G. W. F. 1986. *The Philosophical Propaedeutic,* trans., A. V. Miller. Oxford: Basil Blackwell.

Hegel, G. W. F. 1990. *Encyclopedia of the Philosophical Sciences in Outline and Critical Writings*, ed. E. Behler. New York: Continuum.

Hegel, G. W. F. 1991. *Elements of the Philosophy of Right*, ed. Allen Wood, trans., H. B. Nisbet. Cambridge: Cambridge University Press.

Hegel, G. W. F. 1995. *Lectures on Natural Right and Political Science*, trans., J. M. Stewart & P. C. Hodgson. Berkeley: University of California Press.

Hegel, G. W. F. 1999. *Hegel: Political Writings*, tran. L. Dickey. Cambridge: Cambridge University Press.

Hegel, G. W. F. 2011. *Lectures on the Philosophy of World History*, eds. & trans., R. F. Brown & P. C. Hodgson, Oxford: Clarendon Press.

Hegel, G. W. F. 2018. *Hegel: The Phenomenology of Spirit*, tran. M. Inwood. Oxford: Oxford University Press.

Heine, Heinrich. 1985. *The Romantic School and Other Essays*, eds. J. Hermand & R. C. Holub, New York: Continuum.

Henrich, Dieter. 2004. "Logic Form and Real Totality: The Authentic Conceptual Form of Hegel's Concept of the State," in R. Pippin & O. Höffe eds. *Hegel on Ethics and Politics*. Cambridge: Cambridge University Press, pp. 241-267.

Hexter J. H. 1973. "The Predatory Vision: Niccolò Machiavelli *Il Principe* and *lo stato*" in *The Vision of Politics on the Eve of the Reformation: More, Machiavelli and Seyssell*. New York: Basic Books, pp.150-172.

Hirschman, Albert O. 1977. *The Passions and the Interests: Political Arguments for Capitalism before its Triumph*. Princeton: Princeton University Press.

Hobbes, Thomas. 1983. *De Cive: The English Version Entitled, in the First Edition, Philosophical Rudiments Concerning Government and Society*, a critical edition by H. Warrender, Oxford: Clarendon Press.

Hobbes, Thomas. 1984 (1889). *The Elements of Law*, ed. F. Tönnies, New Impression, London: Frank Cass & Co. Ltd.

Hobbes, Thomas. 1990 (1889). *Behemoth or the Long Parliament*, ed. F. Tönnies, with a New Introduction by S. Holmes. Chicago: University of Chicago Press.

Hobbes, Thomas. 1994. *Leviathan, with selected variants from the Latin edition of 1668*, ed. E. Curley. Indianapolis: Hackett.

Hobbes, Thomas. 1998. *On the Citizen,* eds. & tran. R. Tuck and M. Silverthorne. Cambridge: Cambridge University Press.

Hoekstra, Kinch 2006. "A Lion in the House," in *Rethinking the Foundations of Modern Political Thought*, eds. A. Brett *et. al*. Cambridge: Cambridge University Press, pp.191-218.

Holmes, Stephen. 1982a. "Liberal Uses of Bourbon Legitimism," *Journal of the History of Ideas*, 43(2): 229-248.

Holmes, Stephen. 1982b. "Two Concepts of Legitimacy," *Political Theory*, 10(2): 165-183.

Holmes, Stephen. 1984. *Benjamin Constant and the Making of Modern Liberalism*. New Haven: Yale University Press.

Holmes, Stephen. 1995. *Passions and Constraint: On the Theory of Liberal Democracy*. Chicago: University of Chicago Press.

Hont, Istvan. 2005. *Jealousy of Trade: International Competition and the Nation-state in Historical Perspective*. Cambridge, Mass., Harvard University Press.

Hont, Istvan. 2015. *Politics in Commercial Society: Jean-Jacques Rousseau and Adam Smith*. Cambridge, Mass.: Harvard University Press.

Horne, Thomas A. 1990. *Property Rights and Poverty: Political Arguments in Britain, 1605-1834*. Chapel Hill: University of North Carolina Press.

Horstmann, Rolf-Peter. 2004. "The Role of Civil Society in Hegel's Political Philosophy," in R. Pippin & O. Höffe eds. *Hegel on Ethics and Politics*. Cambridge: Cambridge University Press, pp. 208-238.

Höpfl, H. M. 1978. "From Savage to Scotsman: Conjectural History in the Scottish Enlightenment," *Journal of British Studies*, 17(2): 19-40.

Humboldt, Wilhelm von. 1993. *The Limits of State Action*, ed. J. W. Burrow. Indianapolis: Liberty Fund.

Huxley, Thomas Henry. 2001 [1893]. *Method and Results*. Bristol: Thoemmes.

Huxley, Thomas Henry. 2001 [1894]. *Evolution and Ethics, and other Essays*. Bristol: Thoemmes.

Hyppolite, Jean. 1996. *Introduction to Hegel's Philosophy of History*, trans., B. Harris & J. B. Spurlock. Gainesville: University Press of Florida.

Inwood, M. J. 1984. "Hegel, Plato and Greek 'Sittlichkeit'," in Z. A. Pelczynski ed. *The State and Civil Society: Studies in Hegel's Political Philosophy*. Cambridge: Cambridge University Press, pp. 40-54.

Isaac, Jeffrey C. 1990. "The Lion's Skin of Politics: Marx on Republicanism," *Polity*, 22(3): 461-488.

Israel, Jonathan I. 2006. *Enlightenment Contested: Philosophy, Modernity, and the Emancipation of Man 1670-1752*. Oxford: Oxford University Press.

Jefferson, Thomas. 1984. *Thomas Jefferson: Writings*. New York: The Library of America.

Jellinek, Georg. 1979 (1901). *The Declaration of the Rights of Man and of Citizens: A Contribution to Modern Constitutional History*, tran. M. Farrand. Westport: Hyperion Press.

Judge, John. 1994. "Public Opinion and the New Politics Constellation in Late Qing, 1904-1911," *Modern China*, 20(1): 64-91.

Kalyvas, Andreas & Katznelson, Ira. 2008. *Liberal Beginnings: Making a Republic for the Moderns*. Cambridge: Cambridge University Press.

Kant, Immanuel.1996. *Practical Philosophy*, ed. & tran. M. J. Gregor. Cambridge: Cambridge University Press.

Kant, Immanuel. 2000. *Critique of the Power of Judgment*, ed. & tran. P. Guyer. Cambridge: Cambridge University Press.

Kant, Immanuel. 2007. *Anthropology, History, and Education*, eds. G. Zöller & R. B. Louden. Cambridge: Cambridge University Press.

Kantorowicz, Ernst. 1957. *The King's Two Bodies: A Study in Mediaeval Political Theology*. Princeton: Princeton University Press.

Klencke H. and Schlesier. 1852. *Lives of the Brothers Humboldt, Alexander and William*, tran. J. Bauer. London: Ingram Cooke.

Knemeyer, Franz-Ludwig. 1980. "Polizei," *Economy and Society*, 9(2):172-196.

Koebner, Richard. 1951. "Despot and Despotism: Vicissitudes of a Political Term," *Journal of the Warburg and Courtauld Institutes*, 14(3/4): 275-302.

Kojève, Alexandre 1969. *Introduction to the Reading of Hegel*, ed. A. Bloom, tran. J. H. Nichols, Jr. Ithaca: Cornell University Press.

Koselleck, Reinhart. 1985. *Futures Past: On the Semantics of Historical Time*, tran. K. Tribe. Cambridge, Mass.: MIT Press.

Koselleck, Reinhart. 1988. *Critique and Crisis: Enlightenment and Pathogenesis of Modern Society*. Cambridge, Mass.: MIT Press.

Koselleck, Reinhart. 2002. *The Practice of Conceptual History: Timing, History, Spacing Concepts*, tran. T. S. Presner *et al*. Stanford: Stanford University Press.

Kouvelakis, Stathis. 2003. *Philosophy and Revolution: From Kant to Marx*, trans., G. M. Goshgarian. London: Verso.

Krieger, Leonard, 1975. *An Essay on the Theory of Enlightened Despotism*. Chicago: University of Chicago Press.

Kwong, Luke S. K. 2001. "The Rise of Linear Perspective on History and Time in Late Qing China c. 1860-1911," *Past & Present*, 173: 157-190.

Lee, Daniel. 2016. *Popular Sovereignty in Early Modern Constitutional Thought*. Oxford: Oxford University Press.

Lefebvre, Georges. 1979. *The Coming of the French Revolution*, tran. R. R. Palmer. Princeton: Princeton University Press.

Leopard, David. 2007. *The Young Karl Marx: German Philosophy, Modern Politics, and Human Flourishing*. Cambridge: Cambridge University Press.

Levin, Michael. 2004. *Mill on Civilization and Barbarism*. London: Routledge.

Levinson, Joseph R. 2005 (1958). *Confucian China and its Modern Fate, vol.1: The Problem of Intellectual Continuity*. London: Routledge.

Lin, Yü-sheng. 1979. *The Crisis of Chinese Consciousness: Radical Antitraditionalism in the May Fourth Era*. Madison: University of Wisconsin Press.

Locke, John. 1960. *Two Treaties of Government*, ed. P. Laslett. Cambridge: Cambridge University Press.

Locke, John. 1988. *Two Treaties of Government*, ed. P. Laslett, Cambridge Texts in Political Thought. Cambridge: Cambridge University Press.

Louden, Robert B. 2000. *Kant's Impure Ethics: From Rational Beings to Human Beings*. Oxford: Oxford University Press.

Loughlin, Martin. 2003. *The Idea of Public Law*. Oxford: Oxford University Press.

Loughlin, Martin. 2006. "The Positivization of Natural Rights", in G. L.

McDowell & J. O'Neill (eds.) *America and Enlightenment Constitutionalism*. London: Palgrave Macmillan, pp. 57-80.

Loughlin, Martin. 2010. *Foundations of Public Law*. Oxford: Oxford University Press.

Loughlin, Martin & Walker, Neil eds. 2007. *The Paradox of Constitutionalism: Constituent Power and Constitutional Form*. Oxford: Oxford University Press.

Loughlin, Martin. 2017. *Political Jurisprudence*. Oxford: Oxford University Press.

Machiavelli, Nicolò. 1985. *The Prince*, tran. H. C. Mansfield. Chicago: University of Chicago Press.

Machiavelli, Nicolò. 1996. *Discourses on Livy*, tran. H. C. Mansfield & N. Tarcov. Chicago: University of Chicago Press.

Malcolm, Noel. 1991. "Hobbes and Spinoza," in *The Cambridge History of Political Thought, 1450-1700*, ed. J. H. Burns. Cambridge: Cambridge University Press, pp.530-557.

Mandeville, Bernard. 1988. *The Fable of the Bees*, ed. F. B. Kaye, 2 vols. Indianapolis: Liberty Fund.

Manent, Pierre. 1994. *An Intellectual History of Liberalism*, tran. R. Balinski. Princeton: Princeton University Press.

Mansfield, Harvey. 1983. "On the Impersonality of the Modern State: A Comment on Machiavelli's Use of *Stato*," *The American Political Science Review*, 77(4): 849- 857.

Mansfield, Harvey. 1989. *Taming the Prince: The Ambivalence of Modern Executive Power*, New York: Free Press.

Marx, Karl. 1970. *Critique of Hegel's 'Philosophy of Right'*, trans., A. Jolin and J. O'Malley, ed. J. O'Malley. Cambridge: Cambridge University Press.

Marx, Karl. 1975. *Early Writings*. tran. R. Livingstone & G. Benton. New York: Vintage.

Marx, Karl & Engels, Friedrich. 1975-2004. *Collected Works*, London: Lawrence & Wishart.

Marx, Karl & Engels, Friedrich. 1982ff. *Marx / Engels Gesamtausgabe（MEGA）*. Berlin: Dietz.

Marx, Karl & Engels, Friedrich. 1986ff. *Marx Engels Werke*. Berlin: Dietz.

Master, Roger D. 1968. *The Political Philosophy of Rousseau*. Princeton: Princeton University Press.

McAdam, James I. 1963. "Rousseau and the Friends of Despotism," *Ethics*, 74(1): 34-43.

McDaniel, Iain. 2013a. "Philosophical History and the Science of Man in Scotland: Adam Ferguson's Response to Rousseau," *Modern Intellectual History*, 10(3): 543-568.

McDaniel, Iain. 2013b. *Adam Ferguson in the Scottish Enlightenment: The Roman Past and Europe's Future*. Cambridge, Mass.: Harvard University Press.

McIlwain, Charles Howard. 1939. *Constitutionalism and the Changing World: Collected Papers*. New York: Macmillan.

McLellan, David. 1980. *Marx before Marxism*. London: Macmillan.

McPherson, C. B. 1962. *The Political Theory of Possessive Individualism: Hobbes to Locke*. Oxford: Oxford University Press.

Meek, Ronald L. 1976. *Social Science and the Ignoble Savage*. Cambridge: Cambridge University Press.

Mehta, Uday Singh. 1999. *Liberalism and Empire: A Study in Nineteenth-Century British Liberal Thought*. Chicago: University of Chicago Press.

Meier, Heinrich. 1988-89. "The Discourse on the Origin and the Foundations of Inequality among Men: On the Intention of Rousseau's Most Philosophical Work," *Interpretation*, 16: 211-228.

Meinecke, Fridrich. 1957. *Machiavellism: The Doctrine of Raison d'Etat and Its Place in Modern History*, tran. D. Scott. New Haven: Yale University Press.

Michel, Robert. 1962. *Political Parties: A Sociological Study of the Oligarchical Tendencies of Modern Democracy*, tran. E. & C. Paul. New York: Free Press.

Mill, John Stuart. 1924. *Autobiography*, ed. J. J. Coss. New York: Columbia University Press.

Mill, John Stuart. 1996 (1977). *The Collected Works of John Stuart Mill, Volume 18-19, Essays on Politics and Society*, ed. J. M. Robson. London: Routledge.

Min, Tu-Ki. 1985. "Late Ching Reformists (1895-1898) and Rousseau: *Min-Ch'üan* versus Popular Sovereignty," 閔斗基，〈清季變法派之民權論與盧梭之《民約論》〉，《清華學報》，新竹，卷 17 第 1、2 期合刊，頁 199-210。

Minogue, Kenneth. 1988. "Method in Intellectual History: Quentin Skinner's

Foundations," in *Meaning and Context: Quentin Skinner and His Critics*, ed. J. Tully. Cambridge: Polity, pp.176-193.

Moland, Lydia L. 2011. *Hegel on Political Identity: Patriotism, Nationality, Cosmopolitanism*. Evanston: Northwestern University Press.

Montag, Warren & Stolze, Ted eds. 1997. *The New Spinoza*. Minneapolis: University of Minnesota Press.

Montesquieu, Baron de. 1949. *The Spirit of the Laws*, tran. Thomas Nugent, with introduction by Franz Neumann. New York: Hafner Press.

Montesquieu, Baron De. 1989. *The Spirit of the Laws*, trans. & eds. by A. M. Cohler, B. C. Miller & H. S. Stone. Cambridge; New York: Cambridge University Press.

Müller, Jan-Werner, 2008. "Fear and Freedom: On 'Cold War Liberalism'," *European Journal of Political Theory*, 7(1): 45-64.

Muthu, Sankar. 2003. *Enlightenment against Empire*. Princeton: Princeton University Press.

Nederman, Cary. J. 1985. "Quentin Skinner's State: Historical Method and Traditions of Discourse," *Canadian Journal of Political and Social Theory*, 17(2): 339-352.

Nedham, Marchamont. 1969. *The Case of the Commonwealth of England*, ed. P. A. Knachel, Charlottesville: University Press of Virginia.

Negri, Antonio. 1997. "*Reliqua Desiderantur*: A Conjecture for a Definition of the Concept of Democracy in the Final Spinoza," in W. Montag & T. Stolze eds. *The New Spinoza*. Minneapolis: University of Minnesota Press, pp. 219-247.

Negri, Antonio. 1999. *Insurgencies: Constituent Power and the Modern State*, tran. M. Boscagli. Minneapolis: University of Minnesota Press.

Neumann, Franz L. 1986. *The Rule of Law: Political Theory and the Legal System in Modern Society*. Leamington: Berg.

Nippel, Wilfried. 2015. *Ancient and Modern Democracy: Two Concepts of Liberty?*, tran., K. Tribe. Cambridge: Cambridge University Press.

O'Neille, Onora. 2012. "Kant and the Social Contract Tradition," in *Kant's Political Theory: Interpretations and Applications*, ed. E. Ellis. University Park: Pennsylvania State University Press, pp. 25-41.

Oakeshott, Michael. 1975. *Hobbes on Civil Association*. Indianapolis: Liberty Fund.

Oakeshott, Michael. 1980. "Review: The Foundation of Modern Political Thought," *The Historical Journal*, 23(2): 449-453.

Oakeshott, Michael. 2004. *What is History and Other Essays*, ed. L. O'Sullivan. London: Imprint Academic.

Oakley, Francis. 2005. *Natural Law, Laws of Nature, Natural Rights: Continuity and Discontinuity in the History of Ideas*, New York: Continuum.

Oz-Salzberger, Fania. 1995. "Introduction," in Adam Ferguson, *An Essay on the History of Civil Society*. Cambridge: Cambridge University Press, pp. vii-xxv.

Paine, Thomas. 1995. *Thomas Paine: Collected Writings*. New York: The Library of America.

Palmeri, Frank. 2016. *State of Nature, Stages of Society: Enlightenment Conjectural History and Modern Social Discourse*. New York: Columbia University Press.

Pangle, Thomas. 1973. *Montesquieu's Philosophy of Liberalism: A Commentary on the Spirit of the Laws*. Chicago: University of Chicago Press.

Pappe, H. O. 1964. "Mill and Tocqueville," *Journal of the History of Ideas*, 25(2): 217-234.

Peperzak, Adriaan T. 2001. *Modern Freedom: Hegel's Legal, Moral, and Political Philosophy*. Dordrecht: Kluwer.

Parekh, Bhikhu. ed. 1973. *Bentham's Political Thought*. Barnes & Noble.

Pettit, Philip. 1997. *Republicanism: A Theory of Freedom and Government*. Oxford: Clarendon Press.

Pitkin, Hanna. 1964a. "Hobbes's Concept of Representation (I)," *American Political Science Review*, 58(2): 328-340.

Pitkin, Hanna. 1964b. "Hobbes's Concept of Representation (II)," *American Political Science Review*, 58(4): 902-918.

Pitkin, Hanna F. 1984. *Fortune is a Woman: Gender and Politics in the Thought of Niccolò Machiavelli*. Berkeley: University of California Press.

Pitts, Jennifer. 2005. *A Turn to Empire: The Rise of Imperial Liberalism in Britain and France*. Princeton: Princeton University Press.

Plato, 1968. *The Republic of Plato*, tran. A. Bloom. New York: Basic Books.

Pocock, J. G. A. 1975. *The Machiavellian Moment: Florentine Political Thought and the Atlantic Republican Tradition*. Princeton: Princeton University Press.

Pocock, J. G. A. 1979. "Reconstructing the Traditions: Quentin Skinner's Historians' History of Political Thought," *Canadian Journal of Political and Social Theory*, 3(3): 95-113.

Pocock, J. G. A. 1987. "Spinoza and Harrington. An Exercise in Comparison," *BMGN - Low Countries Historical Review*, 102(3): 435-449.

Pocock, J. G. A. 1996. "Concepts and Discourses: A Difference in Culture? Comment on a Paper by Melvin Richter," in H. Lehmann & M. Richter eds. *The Meaning of Historical Terms and Concepts: New Studies on Begriffsgeschichte,* Occasional Paper No. 15, German Historical Institute, pp. 47-58.

Pocock, J. G. A. 1999. *Narrative of Civil Government*, vol. 2 of *Barbarism and Religion*. Cambridge: Cambridge University Press.

Poggi, Giafranco. 1978. *The Development of the Modern State: A Sociological Introduction*. Stanford: Stanford University Press.

Ptolemy of Lucca, 1997. *On the Government of Rulers*, tran. J. M. Blythe. Philadelphia: University of Pennsylvania Press.

Pufendorf, Samuel, Freiherr von. 1927. *The Two Books on the Duty of Man and Citizen according to the Natural Law [De officio hominis et civis juxta legem naturalem libri duo]*, tran. F. G. Moore. Oxford: Clarendon Press.

Pufendorf, Samuel, Freiherr von. 1931. *The Elements of Universal Jurisprudence in two books [Elementorum Juriprudentiae Universalis libri duo]*, tran. W. A. Oldfather. Oxford: Clarendon Press.

Pufendorf, Samuel, Freiherr von. 1934. *On the Law of Nature and Nations Eight Books [De jure naturae et gentium libri octo]*, tran. C. H. Oldfather & W. A. Oldfather. Oxford: Clarendon Press.

Pufendorf, Samuel, Freiherr von. 1991. *On the Duty of Man and Citizen according to Natural Law,* ed. J. Tully; tran. M. Silverthorne. Cambridge: Cambridge University Press.

Pusey, James Reeve. 1983. *China and Charles Darwin*. Cambridge, Mass.: Harvard University Asia Center.

Prezzolini, Giuseppe. 1967. *Machiavelli*. New York: Farrar, Straus & Giroux.

Rahe, Paul A. 2009. *Soft Despotism, Democracy's Drift: Montesquieu, Rousseau, Tocqueville and the Modern Prospect*. New Haven: Yale University Press.

Richter, Melvin, 1973. "Despotism," in *Dictionary of the History of Ideas,* vol. 2, ed. P. P. Wiener. New York: Charles Scriber's Sons, pp.1-18.

Richter, Melvin. 1982. "Toward a Concept of Political Illegitimacy: Bonapartist Dictatorship and Democratic Legitimacy," *Political Theory* 10(2): 185-214.

Richter, Melvin. 1995. *The History of Political and Social Concepts: A Critical Introduction*. New York: Oxford University Press.

Richter, Melvin. 1996. "Appreciating a Contemporary Classic: *Geschichtliche Grundbegriffe* and Future Scholarship," in H. Lehmann & M. Richter eds. *The Meaning of Historical Terms and Concepts: New Studies on Begriffs-geschichte,* Occasional Paper No. 15, German Historical Institute, pp. 7-19.

Richter, Melvin. 2005. "A Family of Political Concepts: Tyranny, Despotism, Bonapartism, Caesarism, Dictatorship, 1750-1917," *European Journal of Political Theory*, 4(3): 221-248.

Richter, Melvin. 2007. "The Concept of Despotism and *l'abus des mots*," *Contributions to the History of Concepts*, 3: 5-22.

Riedel, Manfred. 1984. *Between Tradition and Revolution: The Hegelian Transformation of Political Philosophy*, tran., W. Wright. Cambridge: Cambridge University Press.

Riedel, Manfred. 1996. "In Search of a Civic Union: The Political Theme of European Democracy and Its Primordial Foundation in Greek Philosophy," in R. Lilly ed. *The Ancients and the Moderns*. Indiana: Indiana University Press, pp.19-28.

Riley, Patrick,1982. *Will and Political Legitimacy: A Critical Exposition of Social Contract Theory in Hobbes, Locke, Rousseau, Kant, and Hegel*. Cambridge; Mass: Harvard University Press.

Riley, Patrick. 1983. *Kant's Political Philosophy*. Totowa, N.J.: Rowman & Littlefield.

Ritter, Joachim. 1982. *Hegel and the French Revolution,* trans. R. D. Winfield. Cambridge, Mass.: MIT Press.

Ritter, Joachim. 1983. "On the Foundations of Practical Philosophy in Aristotle," in D. E. Christensen et. al. eds. *Contemporary German Philosophy*, vol. 2. Philadelphia: University of Pennsylvania Press, pp. 39-58.

Rosanvallon, Pierre. 2008. *Counter-Democracy: Politics in an Age of Distrust,* trans. A. Goldhammer. Cambridge, Cambridge University Press.

Rosenberg, Hans. 1985. "The Pseudo-Democratisation of the Junker Class," in G.

Iggers ed. *The Social History of Politics: Critical Perspectives in West German Historical Writings since 1945*. New York: Berg, pp. 81-112.

Rousseau, Jean-Jacques. 1992. *The Discourses on the Origins of Inequality, Polemics, and Political Economy,* The Collected Writings of Rousseau, vol. 3, eds. R. D. Master & C. Kelly. Hanover, London: University Press of New England.

Rousseau, Jean-Jacques. 1994. *Social Contract, Discourse on the Virtue most necessary for a Hero, Political Fragments, and Geneva Manuscript,* The Collected Writings of Rousseau, vol. 4, eds. R. D. Master & C. Kelly. Hanover, London: University Press of New England.

Rousseau, Jean-Jacques. 1997a. *The Discourses and Other Early Political Writings*, tran. Victor Gourevitch. Cambridge: Cambridge University Press.

Rousseau, Jean-Jacques 1997b. *The Social Contract and Other Later Political Writings*, tran. Victor Gourevitch. Cambridge: Cambridge University Press.

Rousseau, Jean-Jacques. 2010. *Emile, or On Education*, The Collected Writings of Rousseau, vol. 13, tran. C. Kelly & A. Bloom, Dartmouth: Dartmouth College Press.

Rowbotham, Arnold H. 1950. "China in the Esprit des Lois: Montesquieu and Mgr. Foucquet," *Comparative Literature*, 2(4): 354-359.

Rubel, Maximilien. 1981. *Rubel on Karl Marx*, eds. J. O'Malley and K. Algozin. Cambridge: Cambridge University Press.

Rubiés, Joan-Pau. 2005. "Oriental Despotism and European Orientalism: Botero to Montesquieu," *Journal of Early Modern History*, 9 (1-2): 109-180.

Rubinstein, Nicolai. 1971. "Notes on the Word *Stato* in Florence before Machiavelli," in *Florilegium Historiale: Essays Presented to W. K. Ferguson*, eds. J. G. Rowe & W. H. Stockdale. Toronto: University of Toronto Press, pp. 313-326.

Rudé, George. ed. 1967. *Roberspierre: Great Lives Observed*, Englewood Cliffs. NJ: Prentice-Hall.

Runciman, David. 2000. "What Kind of Person Is Hobbes's State? A Reply to Skinner," *Journal of Political Philosophy,* 8: 268–78.

Runciman, David. 2007. "The Paradox of Political Representation." *Journal of Political Philosophy,* 15: 93-117.

Runciman, David. 2012, "Hobbes's Theory of Representation: Anti-Democratic or Proto-Democratic?" in *Political Representation*, eds, I. Shapiro *et. al.* Cambridge University Press, pp.15-34.

Rutland, Robert Allen. 1955. *The Birth of the Bills of Rights 1776-1791*. Chapel Hill: University of North Carolina Press.

Sabine, George H. 1953. *A History of Political Theory*. New York: Henry Holt.

Said, Edward. 1978. *Orientalism*. New York: Vintage.

Salmon, J. H. M.1987. "Bodin and the Monarchomachs," in *idem., Renaissance and Revolt: Essays in the Intellectual and Social History of Early Modern France.* Cambridge: Cambridge University Press, pp.119-135.

Schelling, Friedrich Wilhelm Joseph von. 1966. *On University Studies*, tran. E. S, Morgan. Athens: Ohio University Press.

Schmitt, Carl. 1976. *The Concept of the Political*, tran. G. Schwab. New Brunswick: Rutgers University Press.

Schmitt, Carl. 1985a. *Political Theology: Four Chapters on the Concept of Sovereignty.* tran. G. Schwab. Cambridge, Mass.: MIT Press.

Schmitt, Carl. 1985b. *The Crisis of Parliamentary Democracy,* tran. E. Kennedy. Cambridge, Mass.: MIT Press.

Schmitt, Carl. 1993 (1929) "The Age of Neutralizations and Depoliticizations," trans. M. Konzert &J. P McCormick, *Telos*, (96):130-142.

Schmitt, Carl. 1996. *The Leviathan and the State Theory of Thomas Hobbes: Meaning and Failure of a Political Symbol*, trans., G. Schwab & E. Hilfstein. Westport: Greenwood.

Schmitt, Carl. 2004. *On the Three Types of Juristic Thought*, tran. J. Bendersky. Westport: Praeger.

Schmitt, Carl. 2008. *Constitutional Theory,* tran. J. Seitzer. Durham: Duke University Press.

Schmitt, Carl. 2014. *Dictatorship: From the Origin of the Modern Conept of Sovereignty to Proletarian Class Struggle*, tran. M. Hoelzl & G. Ward. Cambridge: Polity.

Schwartz, Benjamin. 1964. *In Search of Power and Wealth: Yen Fu and the West*. Cambridge, Mass.: Belknap Press.

Schwartz, Benjamin. 1996. *China and Other Matters*. Cambridge, Mass.: Harvard University Press.

Seeley, J. R. 1896. *Introduction to Political Science: Two Series of Lectures.*

London: Macmillan.

Seeley, J. R. 1906(1883). *The Expansion of England: Two Courses of Lectures*. London: Macmillan.

Shackleton, Robert. 1961. *Montesquieu: A Critical Biography*. Oxford: Oxford University Press.

Shaw, Carl K. Y. 1992. "Hegel's Theory of Bureaucracy," *American Political Science Review*, 86(2): 381-389.

Shaw, Carl K. Y. 2003. "Quentin Skinner on the Proper Meaning of Republican Liberty," *Politics*, (23):1, pp.46-56.

Shaw, Carl K. Y. 2016. "Yan Fu, John Seeley and Constitutional Discourses in Modern China: A Study in Comparative Political Thought," *History of Political Thought*, 37(2): 306-335.

Shaw, Carl K. Y. 2017. "Toward a Radical Critique of Liberalism: Carl Schmitt and Leo Strauss in Contemporary Chinese Discourses," in *Carl Schmitt and Leo Strauss in the Chinese-Speaking World: Reorienting the Political*, eds. K. Marchal and C. K. Y. Shaw. Lexington Books, pp. 37-57.

Shklar, Judith. 1982. *Men and Citizens: A Study of Rousseau's Social Theory*. Cambridge: Cambridge University Press.

Shklar, Judith. 1987. *Montesquieu*. Oxford: Oxford University Press.

Siep, Ludwig. 2004. "Constitution, Fundamental Rights, and Social Welfare in Hegel's *Philosophy of Right*," in R. Pippin & O. Höffe eds. *Hegel on Ethics and Politics*. Cambridge: Cambridge University Press, pp. 268-290.

Sieyès, Emmanuel-Joseph. 1964. *What is the Third Estate?* tran. S. E. Finer. New York: Praeger.

Sieyès, Emmanuel Joseph. 2014. *The Essential Political Writings*, ed. Oliver W. Lembcke & Florian Weber. Leiden: Brill.

Skinner, Quentin. 1978. *The Foundations of Modern Political Thought,* 2 vols. Cambridge: Cambridge University Press.

Skinner, Quentin. 1989. "The State," in T. Ball *et. al.* eds. *Political Innovation and Conceptual Change*. Cambridge: Cambridge University Press, pp. 90-130.

Skinner, Quentin. 1998. *Liberty before Liberalism*. Cambridge: Cambridge University Press.

Skinner, Quentin. 2002a. *Visions of Politics*, 3 vols. Cambridge: Cambridge University Press.

Skinner, Quentin. 2002b. "A Third Concept of Liberty," *Proceedings of the British Academy,* 117: 237-268.

Skinner, Quentin. 2006. "Surveying the *Foundations*," in *Rethinking the Foundations of Modern Political Thought*, eds. A. Brett *et. al.*. Cambridge: Cambridge University Press, pp. 236-261.

Skinner, Quentin. 2008. *Hobbes and Republican Liberty.* Cambridge: Cambridge University Press.

Skinner, Quentin. 2009. "A Genealogy of the State," *Proceedings of British Academy*, 162: 325-70.

Skinner, Quentin. 2013. "Truth and the Historian," *Intellectual History*（《思想史》）, 1: 187-212.

Smith, Adam. 1980. *Essays on Philosophical Subjects*, eds. W. P. D. Wightman & J. C. Brycez. Oxford: Clarendon Press.

Smith, Steven B. 1989. *Hegel's Critique of Liberalism: Rights in Context*. Chicago: University of Chicago Press.

Smith, Steven B. 1997. *Spinoza, Liberalism, and the Question of Jewish Identity*. New Haven: Yale University Press.

Spencer, Herbert. 1893. *First Principles*. Edinburgh: Williams & Norgate.

Spencer, Herbert. 1900. *The Principles of Sociology*. 3 vols. New York: Appleton.

Spencer, Herbert. 1978. *The Principles of Ethics*. 2 vols. Indianapolis: Liberty Fund.

Spencer, Herbert. 1982. *The Man versus the State*. Indianapolis: Liberty Fund.

Spencer, Herbert. 1996 [1873]. *The Study of Sociology*. New York: Routledge/ Thoemmes Press.

Spengler, Oswald. 1932. *The Decline of the West*, 2vol. trans. C. F. Atkinson. New York: Alfred A. Knopf.

Spinoza, de Benedict. 1965. *The Political Works: The Tractatus Theologico-Politicus in part and the Tractatus Politicus in full*, ed. & tran. A. G. Wernham. London: Oxford University Press.

Starobinski, Jean. 1988. *Jean-Jacques Rousseau: Transparency and Obstruction*, tran. A. Goldhammer. Chicago: University of Chicago Press.

Steinberg, Justin D., 2002. "Spinoza on Being *sui iuris* and the Republican Conception of Liberty," *History of European Ideas*, 34: 239-249.

Stepelevich, Lawrence S. ed. 1983. *The Young Hegelians: An Anthology*.

Cambridge: Cambridge University Press.

Stewart, John Hall. 1969. *A Documentary History of the French Revolution*. New York: Macmillan.

Straumann, Benjamin. 2015. *Roman Law in the State of Nature*, Cambridge: Cambridge University Press.

Strauss, Leo. 1953. *Natural Right and History*. Chicago: University of Chicago Press.

Strauss, Leo. 1963 (1936). *The Political Philosophy of Hobbes: Its Basis and Its Genesis*. Chicago: University of Chicago Press.

Strauss, Leo. 1972. "On the Intention of Rousseau," in *Hobbes and Rousseau: A Collection of Essays*, eds. M. Cranston & R. S. Peters. Garden City: Doubleday, pp. 254-290.

Strauss, Leo. 1988 [1959]. *What Is Political Philosophy? And Other Studies*. Chicago: University of Chicago Press.

Strauss, Leo. 1989. "The Three Waves of Modernity," in *An Introduction to Political Philosophy: Ten Essays by Leo Strauss*, ed. H. Gildin. Detroit: Wayne State University Press, pp.81-98.

Strauss, Leo. 1997 (1965). *Spinoza's Critique of Religion*, tran. E. M. Sinclair. Chicago: The University of Chicago Press.

Suh, Byung-Hoon. 2016. "Mill and Tocqueville: A Friendship Bruised," *History of European Ideas*, 42(1): 55-72.

Talmon, Jacob Leib. 1970. *The Origins of Totalitarian Democracy*. New York: Norton.

Thompson, Dennis. 1976. *John Stuart Mill and Representative Government*. Princeton: Princeton University Press.

Tierney, Brian.1997. *The Idea of Natural Rights: Studies on Natural Rights, Natural Law, and Church Law, 1150-1625*, Atlanta: Scholars Press.

Todorov, Tzvetan. 1999. *A Passion for Democracy: Benjamin Constant*, tran. A. Seberry. New York: Algora.

Tocqueville, Alex de. 2000. *Democracy in America*, tran. H. C. Mansfield & D. Winthrop. Chicago: University of Chicago Press.

Tracy, Destutt de. 1969 (1811). *A Commentary and Review of Montesquieu's Spirit of Laws*. New York: Burt Franklin.

Tuck, Richard. 1979. *Natural Rights Theories: Their Origin and Development*.

Cambridge: Cambridge University Press.

Tuck, Richard. 1987. "The 'Modern Theory' of Natural Law," in *The Languages of Political Theory in Early-Modern Europe*, ed. A. Pagden. Cambridge: Cambridge University Press, pp. 99-119.

Tuck, Richard. 1989. *Hobbes*. Oxford: Oxford University Press.

Tuck, Richard. 1993. *Philosophy and Government, 1572-1651*. Cambridge; Cambridge University Press.

Tuck, Richard. 1996. "Introduction," in Thomas Hobbes, *Leviathan*, ed. R. Tuck. Cambridge: Cambridge University Press, pp. ix-xiv.

Tuck, Richard. 1998. "Introduction," in Thomas Hobbes, *De Cive*, ed. R. Tuck. Cambridge: Cambridge University Press, pp. viii-xxxxiii.

Tuck, Richard. 1999. *The Rights of War and Peace: Political Thought and the International Order from Grotius to Kant*. Oxford: Oxford University Press.

Tuck, Richard. 2006. "Hobbes and Democracy," in *Rethinking the Foundations of Modern Political Thought*, eds. A. Brett *et. al.*. Cambridge: Cambridge University Press, pp.171-190.

Tuck, Richard. 2016. *The Sleeping Sovereign: The Invention of Modern Democracy*. Cambridge: Cambridge University Press.

Tuck, Richard. 2018. "From Rousseau to Kant," in *Markets, Morals, Politics: Jealousy of Trade and the History of Political Thought*, eds. B. Kapossy & I. Nakhimovsky. Cambridge, Mass: Harvard University Press, pp. 82-110.

Tully, James. 1980. *A Discourse on Property: John Locke and his Adversaries*. Cambridge: Cambridge University Press.

Venturi, Franco. 1963. "Oriental Despotism," *Journal of the History of Ideas*, 24(1): 133-142.

Vile, M. J. C. 1998. *Constitutionalism and the Separation of Powers*. Indianapolis: Liberty Fund.

Viroli, Maurizio. 1992. *From Politics to Reason of State: The Acquisition and Transformation of the Language of Politics, 1250-1600*. Cambridge: Cambridge University Press.

Volpillhac-Auger, Catherine. 2008. "On the Proper Use of the Stick: The Spirit of Laws and the Chinese Empire," in R. E. Kingston ed. *Montesquieu and His Legacy*. Albany: State University of New York Press.

Voltaire, 1994. *Political Writings*, ed. & tran. D. Williams. Cambridge: Cambridge

University Press.

Vopa, Anthony J. La. 2001. *Fichte: The Self and the Calling of Philosophy, 1762–1799*. Cambridge, Cambridge University Press.

Wakelyn Jon L. ed. 2006. *America's Founding Charters: Primary Documents of Colonial and Revolutionary Era Governance*, 4 vols. London: Greenwood Press.

Waldron, Jeremy. 1987. *'Nonsense Upon Stilts': Bentham, Burke, and Marx on the Rights of Man*, ed. with introductory and concluding essays by J. Waldron. London: Methuen.

Warrender, Howard. 1957. *The Political Philosophy of Hobbes: His Theory of Obligation*. Oxford: Clarendon Press.

Watson, Walter. 1979. "Montesquieu and Voltaire on China," *Comparative Civilizations Review,* 2: 38-51.

Weber, Max. 1961. *General Economic History*, tran. F. H. Knight, New York: Collier.

Weber, Max. 1978. *Economy and Society: An Outline of Interpretative Sociology*, 2 vols., eds. G. Roth & C. Wittich. Berkley: University of California Press.

Wheare, K. C. 1975. "Lecture on a Master Mind, Walter Bagehot," *Proceedings of the British Academy*, 60: 173-197.

Whelan, Frederick G. 2001. "Oriental Despotism: Anquetil-Duperron's Response to Montesquieu," *History of Political Thought*, 22(4): 619-47.

Williams, Robert, R. 1992. *Recognition: Fichte and Hegel on the Other*. New York: State University of New York Press.

Williams, Robert, R. 1998. *Hegel's Ethics of Recognition*. Berkeley: University of California Press.

Wolff, Michael. 2004. "Hegel's Organicist Theory of the State: On the Concept and Method of Hegel's 'Science of the State'," in R. Pippin & O. Höffe eds. *Hegel on Ethics and Politics*. Cambridge: Cambridge University Press, pp. 291-322.

Wood, Allen W. 1990. *Hegel's Ethical Thought*. Cambridge: Cambridge University Press.

Wood, Dennis. 1993. *Benjamin Constant: A Biography*. London: Routledge.

Wormill, Deborah. 1980. *Sir John Seeley and the Use of History*. Cambridge, Cambridge University Press.

Young, David. 1978. "Montesquieu's View of Despotism and His Use of Travel Literature," *The Review of Politics*, 40(3): 392-405.

Yü, Ying-shih. 1993. "The Radicalization of China in the Twentieth Century," *Daedelus*, 122(2): 125-150.

## 二、中文部分

丁韙良（譯），1998（1864），《萬國公法》，台中：中國國際法學會重印。

于波，2011，《張相文與中國近代地學的興起》，昆明：雲南大學出版社。

小野川秀美（編），1972，《民報索引》，二冊，京都：京都大學人文科學研究所。

中江兆民，1983，《中江兆民全集》，十八冊，井田雄也編，東京：岩波書店。

亓冰峰，2006，《清末革命與君憲的論爭》，台北：中央研究院近代史研究所。

孔令侃，1970，《暴君政治》，二冊，台北：正中。

巴斯蒂・瑪麗安，1990，〈辛亥革命前盧梭對中國政治思想的影響〉，收入劉宗緒主編，《法國大革命二百週年紀念論文集》，北京：三聯書店，頁 55-63。

王天根，2006，《天演論傳播與清末民初的社會動員》，合肥：合肥工業大學出版社。

王世杰，1989（1933），《比較憲法》，收入民國叢書，第一編，政治・法律・軍事類，冊 30，上海：上海書店。

王旭東、姜海波，2016，《馬克思《克羅茨那赫筆記》研究讀本》，北京：中央編譯出版社。

王汎森，2003，《中國近代思想與學術的系譜》，台北：聯經出版公司。

王汎森，2008，〈近代中國的線性歷史觀：以社會進化論爲中心的討論〉，《新史學》，第十九卷第二期，頁 1-46。

王汎森，2011，〈時間感、歷史觀、思想與社會：進化思想在近代中國〉，收錄於陳永發主編，《明清帝國及其近現代轉型》，台北：允晨文化，頁 369-393。

王汎森，2015，〈中國近代思想中的「未來」〉，《探索與爭鳴》，第九期，頁 64-71。

王汎森等，2007，《中國近代思想史的轉型時代》，台北：聯經出版公司。

王栻，1976，《嚴復傳》，上海：上海人民出版社。

王道還，2009，〈《天演論》原著文本及相關問題〉，收錄於黃興濤主編，《新史學》，第三卷，《文化史研究的再出發》，北京：中華書局，頁 133-154。

王道還，2012，〈導讀〉，收入赫胥黎著，嚴復譯，王道還導讀・編輯校注，《天演論》，台北：文景書局。

王爾敏，1976，《晚清政治思想史論》，台北：華世出版社。

王曉苓，2014，〈盧梭「普遍意志」概念在中國的引介及其歷史作用〉，《思

想史》，第三期，頁 1-66。

王憲明，1999a，〈關於戊戌時期嚴復傳播「社會契約論」和「天賦人權論」問題再探討〉，收錄於劉桂生、林啓彥、王憲明編《嚴復思想新論》，北京：清華大學出版社，頁 315-327。

王憲明，1999b，〈解讀「闢韓」──兼論戊戌時期嚴復與李鴻章張之洞之關係〉，《歷史研究》，第 4 期，頁 113-128。

王韜，1998，《弢園文新編》，李天綱編校，香港 ：三聯書店。

王蘧常，1977，《嚴幾道年譜》，台北：臺灣商務印書館。

加爾文（John Calvin），1959，《基督教要義》，謝秉德譯，香港：基督教文藝出版社。

史金納（Quentin Skinner），2004，《現代政治思想的基礎》，二冊，新店：左岸。

史金納（Quentin Skinner），2014，《政治價值的系譜》，蕭高彥編，台北市：聯經出版公司。

史華茲〔慈〕（Benjamin Schwartz），1989，《尋求富強：嚴復與西方》，葉鳳美譯，南京市：江蘇人民出版社。

皮後鋒，2003，《嚴復大傳》，福州：福建人民出版社。

任達（Douglas R. Reynolds），1998，《新政革命與日本：中國（1898─1912）》，李仲賢譯，南京：江蘇人民出版社。

朱浤源，2011，《同盟會的革命理論：「民報」個案研究》，台北：中央研究院近代史研究所。

江宜樺，2001，《自由民主的理路》，台北：聯經出版公司。

佐藤慎一，2006，《近代中國的知識分子與文明》，劉岳兵譯，南京：江蘇人民出版社。

何啓、胡禮垣，2010，《新政真詮》，二冊，廈門：廈門大學。

利馬竇（Matteo Ricci），2001，《利瑪竇中國箚記》，利瑪竇・金尼閣著；何高濟，王遵仲，李申譯，桂林市：廣西師範大學出版社。

吳庚，1981，《政治的新浪漫主義──卡爾・史密特政治哲學之研究》，台北：五南出版社。

吳庚，1986，〈唯心論與社會主義──費希特政治哲學之研究〉，《社會科學論叢》，第三十四輯，頁 235-292。

吳展良，1999，〈嚴復《天演論》作意與內涵新詮〉，《臺大歷史學報》，第 24 期，頁 103-176。

吳雅凌，2009，〈盧梭《社會契約論》的漢譯及其影響〉，《現代哲學》，104(3)：

84-93。

呂貝爾（Maximilien Rubel），2009，《呂貝爾馬克思學文集》，鄭吉偉、曾枝盛等譯，北京：師範大學出版社。

秋崎斌（編），1966，《譯書彙編》，台北：臺灣學生書局。

李澤厚，1996，《中國現代思想史論》，台北：三民書局。

李國俊，1986，《梁啓超著述系年》，上海：復旦大學出版社。

李猛，2015，《自然社會：自然法與現代道德世界的形成》，北京：生活‧讀書‧新知三聯書店。

李強，2006，〈嚴復與中國近代思想的轉型──兼評史華慈《尋求富強：嚴復與西方》〉，收錄於許紀霖、宋宏編，《史華慈論中國》，北京：新星出版社，頁 400-434。

汪暉，2004，《現代中國思想的興起》，四冊，北京：生活‧讀書‧新知三聯書店。

沈國威，《近代中日詞彙交流研究：漢字新詞的創制、容受與共享》，北京：中華書局，2010。

沈國威編著，2011，《新爾雅，附解題‧索引》，上海：上海辭書出版社。

茅海建，2014，《戊戌變法的另面：「張之洞檔案」閱讀筆記》，上海：上海古籍出版社。

周振甫，1964，《嚴復思想述評》，台北：臺灣中華書局。

孟德斯鳩（Baron de Montesquieu），1998，《論法的精神》，張雁深譯，台北：臺灣商務印書館。

承紅磊，2014，〈嚴復〈民約平議〉文本來源及其撰文目的在議：兼論赫胥黎在嚴復思想中的位置〉，《中國文化研究所學報》，第 58 期，頁 229-257。

拉賓‧尼，1982，《馬克思的青年時代》，南京大學外文系俄羅斯語言文學教研室翻譯組譯，北京：三聯。

林啓彥，2002，〈嚴復與章士釗──有關盧梭《民約論》的一次思想論爭〉，《漢學研究》，第 20 卷第 1 期，頁 339-367。

林毓生，1983，《思想與人物》，台北市：聯經出版公司。

林毓生，2014，〈二十世紀中國激進化反傳統思潮、中式馬列主義與毛澤東的烏托邦主義〉，收錄於林毓生主編，《公民社會基本觀念》，台北：中央研究院人文社會科學研究中心，第二冊，頁 785-863。

林載爵，1999，〈嚴復對自由的理解〉，收錄於劉桂生、林啓彥、王憲明編，《嚴復思想新論》，北京：清華大學出版社，頁 172-260。

金觀濤、劉青峰，2008，《觀念史研究：中國現代重要政治術語的形成》，香

港：香港中文大學。

耶利內克（Jellinek, Georg），2012，《人權與公民權利宣言：現代憲政史上的一大貢獻》，鍾雲龍譯，北京：中國政法大學出版社。

范廣欣，2014，〈盧梭「革命觀」之東傳：中江兆民漢譯《民約論》及其上海重印本的解讀〉，《思想史》，第三期，頁 67-104。

俞政，2003a，〈評嚴復的社會起源說〉，《史學月刊》，2003 年第 8 期，頁 54-59。

俞政，2003b，《嚴復著譯研究》，蘇州：蘇州大學出版社。

施米〔密〕特（Carl Schmitt），2003，《政治的概念》，劉宗坤等譯，上海：上海人民出版社。

施密特（Carl Schmitt），2004，《憲法學說》，劉鋒譯，台北：聯經出版公司。

施米〔密〕特（Carl Schmitt），2006，〈評梅內克的《國家理由觀念》〉，收錄於施米〔密〕特，《論斷與概念》，朱雁冰譯，上海：人民出版社，頁 37-46。

洛克（John Locke），1982 (1964)，《政府論》下冊，葉啓芳, 瞿菊農譯，北京：商務印書館。

科爾紐・奧古斯特（Auguste Cornu），1980，《馬克思恩格斯傳》，劉丕坤、王以鑄、楊靜遠譯，三冊，北京：三聯。

侯旭東，2008，〈中國古代專制說的知識考古〉，《近代史研究》，166 期，頁 4-28。

邪志（選注），1994，《猛回頭──陳天華 鄒容集》，瀋陽：遼寧人民出版社，。

韋伯（Max Weber），1991，《學術與政治：韋伯選集 I》，錢永祥等譯，台北：遠流。

唐君毅，1974，《說中華民族之花果飄零》，台北：三民書局。

唐文明，2016，〈儒教文明的危機意識與保守主題的展開〉，宣讀於「晚清思想中的中西新舊之爭學術研討會，2016 年 12 月 10-11 日，北京清華大學。

夏良材，1998，《盧梭》，香港：中華書局（香港）有限公司。

孫江，2014，〈布魯門巴哈在東亞：「人分五種說」在東亞的傳布及文本之比較〉，孫江、陳力衛編，《亞洲概念史研究》，第二輯，北京：三聯書店，頁 61-95。

孫應祥，2003，《嚴復年譜》，福州：福建人民出版社。

孫應祥、皮後鋒，2004，《《嚴復集》補編》，福州：福建人民出版社。

浦薛鳳，1968，《西洋近代政治思潮》，二冊，台北：台灣商務印書館。

曾國祥，2009，《主體危機與理性批判：自由主義的保守詮釋》，台北：巨流。

狹間直樹，1991，〈中國人重刊《民約譯解》——再論中江兆民思想在中國的傳播〉，《中山大學學報論叢（哲學社會科學）》，號 25，頁 149-154。

狹間直樹，2002，〈對中國近代「民主」與「共和」觀念的考察〉，收入中國史學會編，《辛亥革命與二十世紀的中國》（下），北京：中央文獻出版社，頁 1583-1598。

狹間直樹，2013，〈「東洋盧梭」中江兆民在近代東亞文明史上的地位〉，收入沙培德、張哲嘉主編，《中央研究院第四屆國際漢學會議論文集：近代中國新知識的建構》，台北：中央研究院，頁 53-68。

貢斯當（Benjamin Constant），2004，《古代人的自由與現代人的自由——貢斯當政治論文選》，閻克文，劉滿貴譯，台北：桂冠。

馬克思、恩格斯（Karl Marx & Friedrich Engels），1965，《馬克思恩格斯全集》，中共中央馬克思恩格斯列寧斯大林著作編譯局譯，北京：人民出版社。

馬克思、恩格斯（Karl Marx & Friedrich Engels），1972，《馬克思恩格斯選集》，四卷本，中共中央馬克思恩格斯列寧史達林著作編譯局編，北京：人民出版社。

馬克思、恩格斯（Karl Marx & Friedrich Engels），2016，《德意志意識形態 I. 費爾巴哈原始手稿》，孫善豪譯注，台北：聯經出版公司。

馬君武，1906，〈帝民說〉，《民報》，號 2，頁 1-6（全本頁 25-30）。

馬君武（譯），1966，《盧騷民約論》，台北：台灣中華書局。

海涅（Heinrich Heine），2000，《論德國宗教和哲學的歷史》，海安譯，北京：商務印書館。

屠仁守，1897，〈孝感屠梅君侍御辨闢韓書〉，時務報館編，《時務報》，冊 30（1897 年 6 月 20 日），收入《近代中國史料叢刊三編》，台北：文海出版社重印本，1987，輯 33，總頁 2051-2055。

康德（Immanuel Kant），1990，《道德底形上學之基礎》，李明輝譯，台北市：聯經出版公司。

康德（Immanuel Kant），2013，《歷史哲學論文集》（增訂版），李明輝譯注，台北市：聯經出版公司。

康德（Immanuel Kant），2015，《道德底形上學》，李明輝譯注，台北市：聯經出版公司。

張之洞，1967，《勸學篇》，收入沈雲龍主編，近代中國史料叢刊，第九輯，冊 84-85，台北縣：文海。

張旺山，1995，〈馬基維理革命：「國家理性」觀念初探之一〉，收錄於陳秀容、江宜樺主編，《政治社群》，台北：中央研究院中山人文社會科學研究所，頁 77-102。

張旺山，1998，〈由「國家理性」思想論近代國家的發展與本質〉，收錄於《哲學論文集》，台北：國科會人文處及中央研究院中山人文社會科學研究所，頁 135-162。

張朋園，1999，《梁啓超與清季革命》，台北：中央研究院近代史研究所。

張朋園，2005，《立憲派與辛亥革命》，台北：中央研究院近代史研究所。

張枬、王忍之（編），1963，《辛亥革命前十年間時論選集》，第二卷（兩冊），北京：三聯書店。

張星烺，1996〔1935〕，〈泗陽張沌谷居士年譜〉，收錄於張相文，《南園叢稿》第二輯卷尾，上海：上海書局。

張相文，1996〔1935〕，《南園叢稿》，第二輯，民國叢書第五編，綜合類，冊98-99，上海：上海書局。

張奚若，1989，〈社約論考〉，收入《張奚若文集》，北京：清華大學出版社，頁 29-66。

張海珊，1983，〈記張相文、白雅雨的革命活動——中國地學與辛亥革命〉，收錄於政協江蘇省泗陽縣委員會文史資料委員會編《泗陽文史資料》第一輯，頁 51-77。

張灝，2004，《時代的探索》，台北：中央研究院／聯經出版公司。

張福建，2010，〈權利條款入憲的爭議：梅迪遜、聯邦派與反聯邦派〉，《政治與社會哲學評論》，第三十四期，頁 45-94。

戚學民，2004，〈嚴復〈政治講義〉文本溯源〉，《歷史研究》，第 2 期，頁 85-97。

戚學民，2005，〈再論嚴復的政治自由觀念——以〈政治講義〉爲中心的討論〉，祝平次、楊儒賓主編《天體、身體與國體：回向世界的漢學》，台北：台灣大學出版中心，頁 367-400。

戚學民，2014，《嚴復〈政治講義〉研究》，北京：人民出版社。

曹帥（譯），2012，《反暴君論》，南京：譯林出版社。

曼德維爾（Bernard Mandeville），2002，《蜜蜂的寓言》，肖津譯，北京：中國社會科學出版社。

梁啓超，1902，《近世歐洲四大家政治學說》，上海：廣智書局。

梁啓超，1960，《飲冰室合集》，林志鈞編，台北：臺灣中華書局。

梁啓超，2005，《《飲冰室合集》集外文》，三冊，夏曉虹編，北京：北京大

學出版社。

梁啓超，2011，《新民說》，黃克武導讀，台北：文景書局。

章士釗，1925，〈讀嚴幾道民約平議〉，《甲寅雜誌存稿》，上海：商務，卷上，頁 377-405。

許明龍，1989，《孟德斯鳩與中國》，北京：國際文化出版公司。

郭正昭，1978，〈從演化論探析嚴復型危機感的意理結構〉，《中央研究院近代史研究所集刊》，第 7 期，頁 527-555。

郭博文，2000，《社會哲學的興起》，台北：允晨文化。

陳正國，2008，〈宗教與世俗的辯證——佛格森論歷史與自由〉，《中央研究院歷史語言研究所集刊》，第七十九本，第二分，頁 187-233。

陳思賢，1995，〈激進輝格與保守輝格的民主理念：潘恩與柏克的對比〉，收錄於張福建、蘇文流主編《民主理論：古典與現代》，台北：中央研究院中山人文社會科學研究所專書（35），頁 21-49。

陳獨秀，1989。《獨秀文存》，民國叢書，第一編，綜合類，冊 92，上海：上海書店。

博〔布〕丹（Jean Bodin），2008，《主權論》，朱利安‧富蘭克林編；李衛海，錢俊文譯，北京：北京大學出版社。

費希特（Johann Gottlieb Fichte），2014，《糾正公眾對於法國革命的評論》，收錄於梁志學編譯，《費希特全集》，第一卷，北京：商務印書館，頁 169-411。

費爾巴哈（Ludwig Feuerbach），1984，《費爾巴哈哲學著作選集》，二冊，榮震華、王太慶、劉磊譯，北京：商務印書館。

黃克武，1998，《自由的所以然：嚴復對約翰彌爾自由思想的認識與批判》，台北：允晨文化。

黃克武，2010，《惟適之安：嚴復與近代中國的文化轉型》，台北：聯經出版公司。

黃克武，2014，〈何謂天演？嚴復「天演之學」的內涵與意義〉，《中央研究院近代史研究所集刊》，第 85 期，頁 129-187。

黃風（編著），2002，《羅馬法詞典》，北京：法律出版社。

黃進興，2013，《從理學到倫理學：清末民初道德意識的轉化》，台北：允晨文化。

黑格爾（Georg W. F. Hegel），1961，《法哲學原理》，范揚, 張企泰譯，北京：商務印書館。

黑格爾（Georg W. F. Hegel），1981，《黑格爾政治著作選》，薛華譯，北京：

商務印書館。

黑格爾（Georg W. F. Hegel），2006，《精神哲學》，楊祖陶譯，北京：人民出版社。

黑格爾（Georg W. F. Hegel），2013，《哲學史講演錄》（四卷本），賀麟、王太慶等譯，北京：商務印書館。

普芬道夫（Samuel Pufendorf），2009，《人和公民的自然法義務》，鞠成偉譯，北京：商務印書館。

楊廷棟（譯），1902，《路索民約論》，上海：作新社／開明書店。

楊學功，2017，《馬克思《黑格爾法哲學批判》研究讀本》，北京：中央編譯出版社。

鄒容，1954（1903），《革命軍》，台北：中央文物供應社。

實藤惠秀，1982，《中國人留學日本史》，譚汝謙、林啓彥譯，香港：香港中文大學出版社。

漢普歇爾-蒙克（Iain Hampsher-Monk），2010，《比較視野中的概念史》，周保巍譯，上海：華東師範大學出版社。

熊月之，2002，《中國近代民主思想史》（修訂本），上海：上海社會科學院。

劉禾，2008，《跨語際實踐：文學、民族文化與被譯介的現代性（中國 1900 到 1937）》，宋偉杰等譯，北京：生活・讀書・新知三聯書店。

劉師培，1975（1903），《中國民約精義》，收入《劉申叔先生遺書》，卷一，台北：華世出版社。

潘光哲，2011a，〈晚清中國士人與西方政體類型知識「概念工程」的創造與轉化──以蔣敦復與王韜爲中心〉，《新史學》，22 卷 3 期（2011 年 9 月），頁 113-159。

潘光哲，2011b，〈美國傳教士與西方政體類型知識「概念工程」在晚清中國的發展（1861-1896）〉，《東亞觀念史集刊》，第 1 期（2011 年 11 月），頁 179-230。

蔡英文，2002，《政治實踐與公共空間──漢娜・鄂蘭的政治思想》，台北：聯經出版公司。

蔡英文，2015，《從王權、專制到民主；西方民主思想的開展及其問題》，台北：聯經出版公司。

鄭匡民，2003，《梁啓超啓蒙思想的東學背景》，上海：上海書店出版社。

鄭師渠，1995，〈嚴復與盧梭的《民約論》〉，《福建論壇》（人文社會科學版），1995 年第 2 期，頁 45-50。

承紅磊，2014，〈嚴復〈民約平議〉文本來源及其撰文目的在議：兼論赫胥黎

在嚴復思想中的位置〉，《中國文化研究所學報》，第 58 期，頁 229-257。

盧梭（Jean-Jacques Rousseau），1962，《論人類不平等的起源和基礎》，[勒賽克爾評注]，李常山譯，北京：商務印書館。

盧梭（Jean-Jacques Rousseau），1980，《社會契約論》，何兆武譯，北京：商務印書館。

盧梭（Jean-Jacques Rousseau），1986，《懺悔錄》，黎星、范希衡譯，北京：商務印書館。

盧梭（Jean-Jacques Rousseau），2015，《德行墮落與不平等的起源》，苑舉正譯註，台北：聯經出版公司。

盧騷（著），1898，《民約通義》，人鏡樓主人書、東莞咽血嚨胡子誌，上海：大同譯書局。

盧騷・戎雅屈（著），日本中江篤介譯並解，1910，〈民約論譯解〉，《民報》，號 26（1910 年 2 月），附錄頁 1-30。

蕭公權，1982，《中國政治思想史》，二冊，台北：聯經出版公司。

蕭高彥，2013，《西方共和主義思想史論》，台北：聯經出版公司。

霍布斯（Thomas Hobbes），1985，《利維坦》，黎思復、黎廷弼譯，北京：商務印書館。

霍布斯（Thomas Hobbes），2003，《論公民》，應星、馮克利譯，貴州：貴州人民出版社。

顏厥安，1999，〈否定性與絕對倫理──由黑格爾之自然法論文壇現代社會之危機〉，《國立政治大學哲學學報》，第五期，頁 235-262。

魏楚陽，2017，〈論黑格爾對盧梭普遍意志概念的批評〉，《人文及社會科學集刊》，第二十九卷第 4 期，頁 1-36。

羅家倫編，1968，《國民報彙編》，台北：國民黨中央委員會黨史會。

譚嗣同，1977，《譚嗣同全集》，台北：華世。

嚴復，1986，《嚴復集》，五冊，王栻編，北京：中華書局。

嚴復，1998，《嚴復合集》，二十冊，王慶成、葉文心、林載爵編，台北：辜公亮文教基金會。

嚴復，2013-2014，《嚴復全集》，卷一，《天演論》，汪征魯、方寶川、馬勇主編，馬勇、黃令坦點校，福州：福建教育出版社。

蘇中立，2014，《百年天演：〈天演論〉研究經緯》，福州：福建人民出版社。

蘇中立、涂光久主編，2011，《百年嚴復──嚴復研究資料精選》，福州：福建人民出版社。

優士丁尼，2000，《法學階梯》，徐國棟譯，北京：中國政法大學出版社。

# 主題索引

## 五劃

## 六劃

## 八劃

## 十劃

## 十一劃

## 二十三劃

# 主要引用學者索引

## 十二劃

## 十三劃

# 探索政治現代性：從馬基維利到嚴復

2020年12月初版　　　　　　　　　　　　　　　　　定價：新臺幣900元
有著作權・翻印必究
Printed in Taiwan.

|  |  |  |  |
|---|---|---|---|
| 著　　者 | 蕭 | 高 | 彥 |
| 叢書主編 | 沙 | 淑 | 芬 |
| 封面設計 | 沈 | 佳 | 德 |

| | | | | | |
|---|---|---|---|---|---|
| 出　版　者 | 聯經出版事業股份有限公司 | 副總編輯 | 陳 | 逸 | 華 |
| 地　　　址 | 新北市汐止區大同路一段369號1樓 | 總 編 輯 | 涂 | 豐 | 恩 |
| 叢書主編電話 | (02)86925588轉5310 | 總 經 理 | 陳 | 芝 | 宇 |
| 台北聯經書房 | 台北市新生南路三段94號 | 社　　長 | 羅 | 國 | 俊 |
| 電　　　話 | (02)23620308 | 發 行 人 | 林 | 載 | 爵 |
| 台中分公司 | 台中市北區崇德路一段198號 | | | | |
| 暨門市電話 | (04)22312023 | | | | |
| 台中電子信箱 | e-mail：linking2@ms42.hinet.net | | | | |
| 郵政劃撥帳戶第0100559-3號 | | | | | |
| 郵撥電話 | (02)23620308 | | | | |
| 印　刷　者 | 世和印製企業有限公司 | | | | |
| 總　經　銷 | 聯合發行股份有限公司 | | | | |
| 發　行　所 | 新北市新店區寶橋路235巷6弄6號2樓 | | | | |
| 電　　　話 | (02)29178022 | | | | |

行政院新聞局出版事業登記證局版臺業字第0130號

本書如有缺頁，破損，倒裝請寄回台北聯經書房更換。　　ISBN　978-957-08-5532-6 (精裝)
聯經網址：www.linkingbooks.com.tw
電子信箱：linking@udngroup.com

**國家圖書館出版品預行編目資料**

**探索政治現代性**：從馬基維利到嚴復/蕭高彥著 . 初版 .
新北市 . 聯經 . 2020年12月 . 808面 . 16.3×23公分
ISBN　978-957-08-5532-6（精裝）

1.政治學　2.政治思想　3.比較政治

570.9　　　　　　　　　　　　　　　　109005703